재판실무자료

[제 3판]

소가·인지산정 사례집

김덕원·이창희 공편

- 소가산정사례 및 계산방법
  (민사, 행정, 가사, 도산, 지식재산권 등)
- 각종 소송서식, 송달료, 주택채권 등
- 소송실무 양식 및 예시
- (인지 관련) 법률 · 규칙 · 예규

진원사

제3판을 내면서 …

이번 판은 제3판으로, 제2판 개정 이후 민사소송 등 인지규칙과 가사소송수수료 규칙의 일부 개정으로 인하여 소장 등에 납부할 인지액이 다소 인상되었다.

이와 같이 인지액 납부액이 일부 변경됨에 따라 이러한 부분을 중심으로 소가·인지실무에 관한

전반적인 내용을 수정, 보완하였다.

이 책의 구성과 특징을 보면,

제7편으로 나뉘어, 제1편과 제2편에서는 민사소송, 민사집행법상의 소송, 도산관련 소송, 행정소송, 지식재산권에 관한 소송, 가사사건 등 각종 소송의 전반에 관한 소송물가액 및 인지산정방법을, 제3편에서는 소가 및 인지 관련 판례를, 제4편에서는 요건사실과 입증방법을, 제5편에서는 소송실무 양식 및 예시를, 제6편에서는 소송실무 자료를, 제7편에서는 인지 관련 법률·규칙·예규를 수록하여 실무를 적용하는데 어려움이 없도록 하였다.

특히 이 책의 가장 큰 특징은 필요한 사건의 특성에 맞는 사례와 예시를 충분히 수록하여 소송에 효율적으로 활용할 수 있도록 하였다.

끝으로 이 책을 출간하기까지 수고를 해주신 진원사 양진수 사장님을 비롯한 편집부 직원 여러분께 깊은 감사를 드립니다.

2019. 6. .

김 덕 원 드림

개정판을 내면서 …

"민사소송 등 인지법" 일부 개정법률이 2011. 7. 18. 시행됨에 따라 전자소송시스템을 통한 소장 및 신청서 접수시 인지액이 10% 인하되었고, 2011. 8. 19.부터는 각종 증명서의 교부신청서와 소송기록의 열람 및 복사신청의 경우를 제외하고 종전 정액 인지를 붙이던 신청서에 대하여 인지가 전액 감면되는 등 인지 납부방법도 일부 변경되었습니다.

따라서 이 책은 위와 같이 인지액 및 납부방법이 일부 변경됨에 따라 이러한 부분을 중심으로 소가·인지실무에 관한 전반적인 내용을 수정, 보완하였습니다.

국내에는 최근 발간된 소가 및 인지 관련 실무서가 없는 것이 사실입니다.

이러한 사정을 잘 알고 있는 저자는 실무에 도움을 주고자 초판에 이어 개정판을 출간하게 되었으나 아직까지는 다소 미흡한 부분이 있을 줄로 압니다.

이 점 선배제현께서 지적해 주시고 너그러이 충고해 주시면 추후 판을 거듭하여 보완해 나갈 것입니다.

끝으로, 어려운 출판현실 속에서도 좋은 책이 될 수 있도록 애써주신 진원사 양진수 사장님을 비롯한 편집부 직원 여러분께 깊은 감사를 드립니다.

2012. 9.

편저대표 **김 덕 원**

머 리 말

원고가 소로서 주장하는 권리 또는 법률관계에 관하여 가지는 이익을 객관적으로 평가하여 금액으로 표시한 것이 소가 또는 소송물가액이라고 합니다.

소가는 사물관할을 정하는 표준이 되며, 소장에 첩용할 인지액을 정하는 기준이 되며 소의 유형이나 심판의 난이 등과는 무관하게 산정됩니다.

예를 들면, 목적물이 토지나 건물인 경우, 민사소송등인지규칙 제9조에 따라 목적물가액은 시가표준액의 30%가 됩니다. 이 목적물가액에 소의 종류와 권리의 종류별로 세분화된 산정기준을 적용하면 소송물가액이 산출되고, 소송물가액은 인지계산의 기준이 되며 사건마다 다르게 적용됩니다. 이러한 소송물가액 산정 및 인지계산의 기준을 마련하여 소송실무자 및 소송관여자들에게 보다 업무의 능률향상을 도모하기 위하여 이번에 저자가 체계적으로 집필한 '소가·인지산정 사례집'란 책자를 발간하게 되었습니다.

사실 몇 년 전까지만 해도 소가 및 인지실무에 관한 책자가 전무하다가 최근 들어 몇 가지 훌륭한 소가관련 책자가 발간되긴 했지만 실무를 하다보면 요즘에도 동일한 사례에서 붙여지는 인지가 법원마다 차이가 나는 경우가 종종 있습니다. 결국 복잡하게 전개되는 소가의 경우, 소가와 인지가 얼마인가에 대한 객관적인 해답이나 이에 대한 대법원 판례 등이 별로 없어 명확한 해답을 찾기가 어렵습니다.

이에 저자는 기존에 출간된 소가 및 인지산정에 관한 서적과 자료 등을 수집, 정리하여 좀 더 깊이 있고 체계적이면서도 이해하기 쉽도록 기술하여 본서를 출간하게 되었습니다.

또한 실무를 하는데 유용한 책이 되도록 소가 및 인지산정방법과 아울러 각종 재판실무서식 및 소송실무자료를 추록하였습니다.

나름대로 공부하고 연구하는 자세로 열과 성을 다하였지만, 미흡한 부분이 있거나 법령이 개정될 경우 판을 거듭하여 보완해 나갈 것을 약속드립니다.

끝으로 이 책을 집필하는 동안 함께 수고해 주신 유동근 법무사님과 본서의 출간을 맡아주신 진원사 양진수 사장님을 비롯한 편집부 및 직원 여러분께 깊은 감사를 드립니다.

2010. 10.

편저대표 **김 덕 원**

주요 참고자료

◦ 법원실무제요 민사집행(Ⅰ)	법원행정처
◦ 법원실무제요 민사집행(Ⅱ)	법원행정처
◦ 법원실무제요 민사집행(Ⅲ)	법원행정처
◦ 법원실무제요 민사소송실무(Ⅰ)	법원행정처
◦ 법원실무제요 민사소송실무(Ⅱ)	법원행정처
◦ 부동산입찰제도	법원행정처
◦ 민사소송법 규칙해설	법원행정처
◦ 민사소송법개정내용해설	법원행정처
◦ 인지실무	인지실무연구회 2015 법원행정처
◦ 인지실무	인지실무연구회 2010. 법원행정처
◦ 소가산정실무	이남우 법무사, 2016. 백영사
◦ 새로운 소가산정실무 및 사례	안재후, 2010. 법률정보센타
◦ 법률사무도우미	2010. 로북스 편집부
◦ 신모델과 요건사실	법원행정처
◦ 민사집행실무연구	손창환, 법률정보센타
◦ 청구·신청취지기재례	고경송 외 5. 2010. 백영사
◦ 민사집행소송신청서 작성과 실무	양원도, 법률정보센타
◦ 알기쉬운 민사소액재판처리실무	유재복, 법률정보센타
◦ 나홀로 하는 민사소송	이병일. 2010. 진원사
◦ 금융기관민사사건실무	김덕원, 법률미디어
◦ 주석판례 민사소송실무총람(1권)	이병호 외 2 동민출판사
◦ 손해배상사건 처리실무(상·하권)	장종운, 법률정보센타

목 차

제1편 총 론_ 1

제2편 소의 종류별 소가산정_ 135

제3편 소가 및 인지 관련 판례 관련_ 451

제4편 요건사실과 입증방법_ 491

제5편 소송실무 양식 및 예시_ 555

제6편 소송실무 자료_ 613

제7편 (인지 관련) 법률·규칙·예규_ 649

제1편

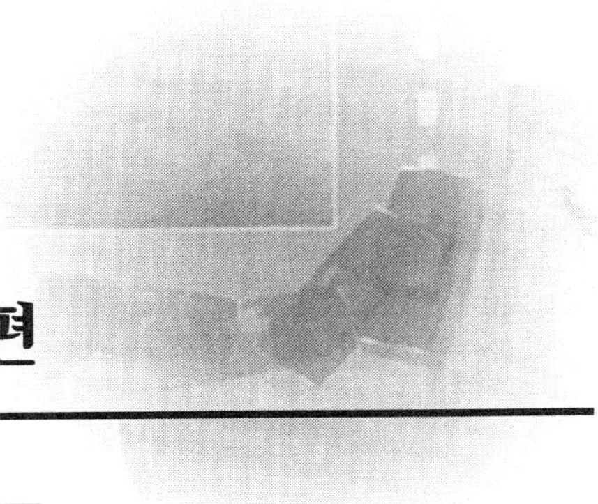

총 론

제1장 서 론

제1절 기본원리 및 산정기준

민사소송등인지법 제1조에 의하면, 민사소송절차, 행정소송절차, 그 밖에 법원에서의 소송절차 또는 비송사건절차에서 소장이나, 신청서 또는 신청의 취지를 적은 조서에는 다른 법률에 특별한 규정이 있는 경우가 아니면 인지를 붙이거나 그 인지액에 해당하는 금액을 현금이나 신용카드·직불카드 등으로 납부하도록 하고, 민인법 제10조 단서에서는 법원의 직권발동을 촉구하는 정도의 신청서(기일지정신청, 변론재개신청 등)에는 인지를 붙이지 않도록 규정하고 있다.

당사자 등 소송관계인이 부담하여야 인지액을 어떻게 산정할 것인지에 대하여는 정액제, 정률제, 역진제가 있다. 정액제는 소송 등을 통해 얻게 될 원고의 이익(이하, '소송목적의 값'이라 한다.)에 상관없이 정액의 인지액을 납부하는 방식이고, 역진제는 소송목적의 값에 따라 단계별로 체감하여 인지액을 납부하는 방식이다. 예컨대, 회생절차개시신청, 개인회생절차개시신청, 채권자가 하는 파산신청 등은 소송목적의 값에 상관없이 3만원의 인지액을 납부하여야 하고, 소·상소·화해신청·지급명령신청·반소·청구변경신청·당사자참가신청 등은 소송목적의 값에 따라 일정한 비율로 정해진 인지액을 납부하여야 한다.

소송목적의 값은 인지액을 산정하는 기준이 되거나 관할의 기준이 된다. 소송목적의 값 산정 방식에 관하여는, 민사소송법(제26조, 제27조), 민사소송등인지법(제2조 제5항), 민사소송등인지규칙(제6조 내지 제26조), 가사소송수수료규칙(제2조 제2항, 제5조), '채무자회생 및 파산에 관한 법률'(제178조, 제470조, 제609조)에서 규정을 두고 있다.

1. 소송목적의 값 산정

가. 소송목적의 값 산출을 위한 자료제출

민사소송등인지규칙 제8조 제1항에 의하면 원고·상소인 그 밖의 신청인(이하 '신청인등'이라 한다.)은 소장에 소송목적의 값 계산을 위한 자료를 붙여야 하는데, 그 자료는 신용할 수 있는 것이어야 한다. 반드시 공문서나 공적인 증명서임을 요하지는 않으나 신빙성이 있는 자료이어야 한다.

나. 제출하여야 할 자료

(1) 토지 또는 건물에 관한 소송

목적물의 개별공시지가 또는 시가표준액을 알 수 있는 토지대장등본, 공시지가확인원 또는 건축물대장등본 등을 제출하여야 한다(민인규 제8조 제2항). 개별공시지가를 알 수 없는 토지의 경우, '부동산가격공시 및 감정평가에 관한 법률' 제9조의 규정에 의해 국토교통부장관이 제공한 토지가격비준표에 의해 시장·군수 또는 구청장이 이미 산정한 지가의 자료를 제출하고(민인규 제9조 제1항), 자료가 없는 경우 인근 토지의 개별공시지가에 의하여 산정하고 있다.

(2) 선박 등

시가표준액을 기준으로 하며, 당해 자방자치단체의 장이 거래가격, 수입가격, 신축·건조·제조가격 등을 참작하여 정한 기준가격에 종류·구조·용도·경과연수 등 대통령령이 정하는 과세대장별 특성을 감안하여 매년 1월 1일 현재의 값으로 결정한다(지방세법 제4조 제2항). 다만, 시가표준액이 결정되지 아니한 과세대상의 경우에는 납세의무성립일 현재를 기준으로 결정한 값을 시가표준액으로 하고, 이미 결정된 시가표준액이 기준가격의 변동 또는 기타 사유로 현저하게 불합리하다고 인정되는 경우에는 시가표준액을 변경하여 결정할 수 있으므로, 이를 확인할 수 있는 자료를 제출하여야 한다.

(3) 증권거래소에 상장된 유가증권

일간지에 유가증권 종가가 보도되므로 일자가 기재된 시세표를 제출하게 하면 되고, 물가시세로 보도되는 품목 역시 신문이 자료로 될 수 있다. 그 밖에 전문적인 업계에 있어서는 각기 동업자 협회 또는 조합이 해당 취급품목에 관하여 시세를 알리는 자료를 제출하여야 한다.

2. 인지보정

가. 보정권고와 보정명령

접수담당 법원사무관 등은 소송목적의 값 또는 첩부인지액이나 현금납부액이 상당하지 아니하다고 인정할 때에는 신청인등에게 보정을 권고한다(민인규 제2조 제5항). 재판장 또는 법원사무관등은 소장에 법률의 규정에 따른 인지를 붙이지 아니한 경우 상당한 기간을 정하여 그 기간 내에 보정하도록 명하고(민소 제254조 제1항), 첩부된 인지액 또는 그에 갈음한 현금납부액이 상당하지 아니하다고 인정할 때에는 지체 없이 인지 또는 납부액의 보정을 명한다(민인규 제4조).

한번 보정을 명하였음에도 다시 부족함을 발견하면 재차 보정을 명하고, 소송진행 중에 올바른 소송목적의 값이 판명되었거나 인지납부의 사유가 발생한 때(청구취지의 확장, 반소, 참가, 중간확인의 소 등)에는 지체 없이 인지의 추가납부 등 보정 등을 명한다.

보정명령에 대하여는 독립하여 이의신청이나 항고를 할 수 없다(대법원 1993. 8. 19. 선고 93재수13 판결).

나. 보정의 효과

보정명령에 응하여 인지를 보정하면 신청 등은 신청당시를 소급하여 적용한다. 설사 보정명령에 정한 보정기간 경과 후일지라도 각하 재판을 하지 않고 있는 사이에 보정을 하면 신청 등을 각하할 수 없다.

그러나 인지보정명령에 대하여 소정기간 내에 보정을 하지 아니하여 소장각하명령이 있은 경우에는 이에 대하여 즉시항고하고 인지를 보정하더라도 재판을 경정할 수 없다(대법원 1968. 7. 29.자 68사49 결정). 이는 소장·상소장 각하 및 기타 신청서의 각하에 있어서도 마찬가지이다.

다. 보정명령에 불응할 경우

(1) 소 장

원고가 인지보정명령을 받고서도 소정기간 내에 보정하지 않는 때에 민사소송법 제254조의 규정이 적용되는 경우(준용·유추적용되는 경우 포함)에는 재판장의 명령으로 소장 등을 각하하지만, 소장부본이 송달되어 소송이 계속된 후에는 변론 없이 판결로 소를 각하한다(민소 제219조). 소장에 관한 민사소송법 제254조의 규정이 적용되지 않는 신청 등의 경우에는 결정으로써 신청 등을 각하한다. 소장각하명령에 대하여 즉시항고를 할 수 있고(민소 제254조 제3항), 각하판결에 대하여 항소·상고할 수 있다.

(2) 제소전화해 또는 민사·가사조정이 성립되지 아니하여 소송이나 심판절차로 이행된 경우

신청인등이 보정명령을 어기고 부족 인지를 추가 납부하지 아니할 경우에는 일반적으로 화해신청서 또는 조정신청서 등을 각하한다.

(3) 독촉절차

채권자가 법원으로부터 채무자의 주소를 보정하라는 명령을 받고 소제기신청을 한 때, 법원이 공시송달에 의하지 아니하고는 송달할 수 없거나 외국으로 송달하여야 할 때에 해당한다고 하여 지급명령신청사건을 소송절차에 부치는 결정을 한 때 및 채무자가 지급명령에 대하여 적법한 이의신청을 한 때에 법원은 채권자에게 상당한 기간을 정하여 인지보정을 명하고, 위 기간 이내에 보정하지 아니한 때에는 결정으로 지급명령신청서를 각하한다(민소 제473조 제1항·제2항).

(4) 상 급 성

원심이 간과한 인지의 미첩 또는 부족을 상급심에서 발견한 때에는 상급심이 보정을 명하여야 하나, 이러한 보정명령에 불응할 경우에도 이를 이유로 원심을 파기할 수는 없다. 이는 인지의 미첩 또는 부족을 간과하고 재판을 한 경우라도 그 재판의 효력까지 무효로 할 수는 없기 때문이다(대법원 2002. 11. 26. 선고 2002다48719 판결).

3. 인지액의 납부

가. 현금납부의 범위

소장 등에 첩부하거나 보정하여야 할 인지액(이미 납부한 인지액이 있는 경우에는 그 합산액)이 1만원 이상인 때에는 신청인등은 그 인지의 첩부 또는 보정에 갈음하여 인지액 상당의 금액 전액을 현금으로 납부하여야 한다(민인규 제27조 제1항).

인지액이 1만원 미만인 경우에도 신청인등은 인지의 첩부에 갈음하여 인지액 상당의 금액을 현금으로 납부할 수 있다(민인규 제27조 제2항).

시·군법원에 제출하는 소장 등에는 인지를 첩부하거나 인지액 상당의 금액을 현금 또는 신용카드 등으로 납부할 수 있다. 다만, 소를 제기하는 경우에 소장에 붙여야 할 인지액이 10만원을 초과하는 화해·지급명령 또는 조정신청 사건에 대하여 민사소송법 제388조, 제472조 또는 민사조정법 제36조에 따라 소의 제기가 있는 것으로 보아 인지를 보정하는 경우에는 현금 또는 신용카드 등으로 납부하여야 한다(민인규 제27조 제4항).

나. 현금납부절차

인지액의 현금납부는 송달료규칙 제3조 제1항에 규정된 송달료수납은행에 하여야 한다(민인규 제28조). 신청인등은 수납은행에 가서 납부서·영수증·영수필확인서에 의하여 현금으로 직접 납부하여야 하고, 수납은행으로부터 교부받은 영수필확인서를 소장 등에 첨부하여 법원에 제출하여야 한다(민인규 제29조 제1항 본문, 제2항).

신청인등은 수납은행의 홈페이지에 개설된 인터넷뱅킹을 이용하여 계좌이체의 방법으로 현금납부하거나 인지납부대행기관의 인터넷 홈페이지에서 신용카드 등으로 납부할 수도 있는데, 이 경우 신청인등은 수납은행이나 인지납부대행기관에서 인터넷으로 제공받아 출력한 영수필확인서를 소장 등에 첨부하여 법원에 제출하여야 한다(민인규 제29조 제1항 단서, 제2항).

다. 가사사건의 수수료 납부

(1) 납부의 방법

수수료는 수입인지로 납부함을 원칙으로 하므로 소장, 심판청구서, 가사조정신청서, 기타의 신청서에는 인지를 붙여야 한다. 다만, 가정법원은 대법원규칙으로 정하는 바에 따라 수수료를 현금이나 신용카드·직불카드 등으로 납부하게 할 수 있다(가수규칙 제7조 제1항).

수수료의 현금납부에 관하여는 민사소송등인지규칙에 규정되어 있는 바, 민사소송등인지규칙 제27조 제1항은 수수료 액이 1만원 이상인 때에는 인지첩부 또는 보정에 갈음하여 인지액 상당의 금액 전액을 현금으로 납부할 것을 의무화하고 있다. 가사조정신청의 수수료, 라류 가사비송사건 신청수수료 및 '가사접수서류에 붙일 인지액 및 그 편철방법 등에 관한(재판예규 제1510호)'에서 규정한 수수료 외에는 모두 현금납부의무규정이 적용된다.

인지액이 1만원 미만인 경우에도 신청인등은 인지의 첩부에 갈음하여 인지액 상당의 금액을 현금으로 납부할 수 있다(민인규 제27조 제2항).

(2) 수수료를 납부하지 아니한 효과

수수료를 납부하여야 하는 경우, 즉 답변서, 증거신청서 및 법원의 직권발동을 촉구하는 의미의 신청을 제외한 나머지 신청에 소정의 인지를 붙이지 아니하면 그 신청은 부적법하다(가수규칙 제7조 제2항 본문).

라. 전자수입인지제도의 도입

'수입인지에 관한 법률'의 개정으로 2013. 12. 19.부터 전자수입인지제도가 도입되었다(동 법률 제2조). 전자수입인지는 기존 우표형태의 현물 수입인지의 불편함을 해소하기 위해 실물인지의 대체수단으로 도입된 것으로 기존에 실물인지의 첨부가 허용되는 경우에 한해 전자수입인지의 사용도 허용된다.

제2절 인지의 환급

1. 과오납금 반환과 인지액 환급

납부한 인지액을 돌려주는 경우로, '과오납금 반환'과 '인지액 환급'이 있다. '과오납금 반환'이란 당사자의 계산착오 등으로 정당한 인지액을 초과하여 납부한 경우에 그 초과분을 반환하는 것이고, '인지액 환급'이란 법률에서 정한 사유가 있는 경우에 인지액 중 일정액을 환급해 준다.

예컨대, 50만원의 인지액을 납부한 원고가 마음을 바꾸어 소장을 제출하지 않은 경우에는 과오납금 반환(민인규 제32조)에 준하여 50만원 전액을 반환하나(인지예규 제10조 제4항), 소장에 접수인이 찍힌 경우에는 즉시 소 취하를 하더라도 인지액 환급(민인규 제33조)에 의해 25만원(50만원 × 1/2)을 환급한다.

2. 인지액 환급

가. 환급요건

(1) 환급 대상(민인법 제14조 제1항 본문)

① 민사사건뿐만 아니라 가사·행정·특허사건에 대하여도 적용된다.

② 소장·항소장·상고장, 반소장·부대항소장·부대상고장, 청구취지변경신청서, 재심소장·준재심소장, 독립적인 소장에 준하는 독립당사자참가(민소 제79조)·공동소송참가(민소 제83조)의 신청서, 피신청인이 승계인의 승계주장사실을 다투는 경우의 승계인 소송참가(민소 제81조)의 신청서에 납부하는 인지액이다.

③ 일반적인 신청사건이나 조정·화해·지급명령 신청사건의 경우에는 환급이 인

정되지 아니하지만, 조정·화해신청 사건 또는 지급명령 사건이 본안소송으로 이행된 후에는 환급 대상이 된다(아래 사례 1).

❑ 사례 1 : 지급명령에서의 인지액 환급	
[문제 1]	50만원(소장에 납부할 인지액 500만원 1/10)의 인지액 납부한 지급명령신청서 제출 후 신청을 취하한 경우 인지환급금액
[답 변]	본안소송으로 이행하기 전에 취하한 것이므로 환급대상이 안된다.
[문제 2]	50만원(소장에 납부할 인지액 500만원의 1/10)의 인지액 납부한 지급명령신청서를 제출하였다가 이의제기로 인지 450만원(9/10)을 보정하였는데, 독촉기록을 송부하기 전에 취하한 경우 인지환급금액
[답 변]	이의신청에 의해 본안소송으로 이행한 이후에 환급사유가 발생하였으므로 환급대상이 된다. 납부인지액이 500만원이므로 환급인지액은 250만원(500만원 × 1/2)이다.

※ 인지환급 대상

원고·상소인 그 밖의 신청인은 소장 등의 각하, 취하, 포기·인낙, 재판상 화해·조정이 이루어진 경우 소장·항소장·상고장·반소장·청구변경신청서·당사자참가신청서 및 재심소장에 붙인 인지액의 2분의 1에 해당하는 금액(인지액의 2분의 1에 해당하는 금액이 10만원 미만인 때에는 인지액에서 10만원을 빼고 남은 금액)의 환급을 청구할 수 있다(민인법 제14조 제1항).

위 규정의 소장 등은 제한적 열거규정이므로 지급명령 신청사건의 경우에는 환급이 인정되지 아니한다. 다만, 지급명령 사건은 일정한 사유가 있는 경우 소가 제기된 것으로 간주되므로 '본안소송으로 이행된 후'에는 환급의 대상이 된다.

※ 지급명령이 본안소송으로 이행하는 사유

① 채권자로부터 '적법한 소제기신청이 있는 경우'(민소 제472조 제1항) ② 법원의 '소송절차회부결정이 있는 경우'(민소 제472조 제1항) ③ 채무자의 '이의신청이 있는 경우'(민소 제472조 제2항) 지급명령을 신청한 때에 소가 제기된 것으로 본다.

④ 환급대상의 사건은 아래와 같이 2004. 2. 1. 이후에 접수된 사건만이 대상이 된다(민인규 부칙).

㉠ 항소가 2004. 2. 2.에 제기되어 항소취하가 2004. 4. 4.에 된 경우에는 항소심 인지액을 환급한다.

㉡ 항소가 2003. 2. 2.에 제기되어 항소취하가 2004. 3. 3.에 된 경우에는 항소심 인지액을 환급하지 않는다.

㉢ 소제기가 2003. 4. 4.에, 청구취지변경신청서가 2004. 6. 6.에 제출되어 조정이 2005. 8. 8. 이루어진 경우에는 소장 접수일이 기준이므로, 인지액을 환급하지 않는다.

(2) 환급사유

(가) 소장 등의 각하(민인법 제14조 제1항 제1호)

소장 등에 대한 각하명령(민소 제254조 제2항, 제399조 제2항, 제402조 제2항, 제425조)이 확정된 때에는 인지액의 환급사유가 된다. 그러나 무변론 소각하 판결(민소 제124조, 제219조, 제413조, 제425조)의 경우에는 환급사유가 되지 아니한다.

(나) 소취하 또는 상소취하

① 변론종결 전의 소 등 취하(민인법 제14조 제1항 제2호)

1심 또는 항소심에서 당해 심급의 변론종결 전에 소·항소·반소·청구변경신청·당사자참가신청 또는 재심의 소가 취하(취하로 간주되는 경우를 포함)된 때 환급사유가 된다. 그러나 변론종결 후 판결선고 전의 소취하, 항소취하가 있는 경우에는 환급사유가 되지 않는다.

항소심 변론종결 전에 소 취하가 있는 경우 항소장에 붙은 인지액에 대한 환급사유가 된다. 또한 항소의 취하로 부대항소가 같이 소멸하는 경우 항소장에 붙은 인지액은 물론이고 부대항소장에 붙은 인지액도 환급사유가 된다.

② 상고취하(민인법 제14조 제1항 제3호)

상고이유서 제출기간 경과 전에 취하(취하로 간주되는 경우도 포함)된 경우에만 환급사유가 된다. 이는 상고이유서 제출기간이 경과한 다음에 비로소 상고기록을 대법원에서 검토가 시작되기 때문이다.

③ 수개 청구 중 일부 청구의 취하

객관적 병합, 주관적 병합, 원시적 병합, 후발적 병합을 통하여 수개의 청구가 병합되었는데 그 중 일부 청구가 취하된 경우 환급사유가 되는지 문제된다.

④ 합산법칙이 적용되는 경우

취하된 청구에 관한 환급금액 계산방식이 규정되어 있으므로 환급사유에 해당한다.

수개의 청구 중 '일부에 대하여 환급사유가 생긴 때'이어야 한다. 따라서 1개의 소로 여러 개의 청구를 하였다가 그 여러 청구 중 일부를 이루는 어느 청구가 취하된 경우에는 '일부에 대하여 환급사유가 생긴 때'에 해당하지만, 단순히 하나의 청구 중 일부를 감축한 데 그친 경우에는 그에 해당하지 아니하다(대법원 2012. 4. 13.자 2012마249 결정). 예컨대 불법행위에 기해 1억 5,000만원(적극적 1억원, 소극적 손해 5,000만원)의 손해배상청구소송을 제기한 원고가 소극적 손해 5,000만원을 취하한 경우 환급사유에 해당하지만, 적극적 손해 중 6,000만원만을 취하한 경우에는 환급사유에 해당하지 않는다.

복수의 청구에 대하여 환급사유가 발생한 경우에, 앞에서 본 공제최소액 규정(민인법 제14조 제1항)과 관련하여 '일부에 대하여 환급사유가 생긴 때'에 해당하는지를 어떻게 결정할 것인가 문제된다. 환급사유가 생긴 각각의 개별청구마다 공제최소액 규정을 적용하여 환급사유 발생여부를 결정한다는 견해와 환급사유가 생긴 복수청구 전체에 대하여 공제최소액 규정을 적용하여 환급사유 발생여부를 결정한다는 견해가 있는데, 후자가 타당하다. 예를 들면 3,000명의 원고들이 피고를 상대로 각 1,000만원의 손해배상청구소송을 하나의 소(합산법칙이 적용되어 총 소송목적의 값 300억원, 납부인지액 105,555,000원)로 제기하였다가 그 중 1,000명이 소 취하를 한 경우 환급할 전체금액은 17,592,500원이고 취하한 개인별 환급금액은 각 17,592원이다.

⑤ 흡수법칙, 불산입법칙이 적용되는 경우

흡수법칙이 적용되는 경우의 환급금액 계산방식에 관한 명문규정이 없는 것과 일부 청구의 취하 시 환급사유가 되는지 문제 된다. 계산방식에 관한 규정이 없다는 것은 환급사유에 해당하지 않음을 전제로 한 것이라는 소극적 견해와 법률(민인법 제14조)에 규정되어 있는 환급사유를 규칙으로 제한할 수는 없다는 적극적 견해가 있는데, 후자가 타당하다.

적극적 견해에 의할 때 취하로 인하여 인지액이 감소되는지 여부에 의하여 환급여부를 결정하게 된다. 즉, 취하된 청구에 관하여 어떤 인지액이 납부되어 있어 취하로 인하여 인지액이 감소되는 경우에 취하된 청구에 관한 인지액을 환급한다.

예컨대 토지에 대한 소유권확인청구(소송목적의 값 2억원)와 동일 토지에 대한 소유권에 기한 인도청구(소송목적의 값 1억원)가 병합되었는데(흡수법칙이 적용되어 병합청구의 소송목적의 값 2억원, 그에 대한 인지액 855,000원 납부)가 그 중 소유권확인청구를 취하한 경우 이로 인하여 인지액이 감소되었으므로 환급사유에 해당한다. 다만, 잔존청구에 대해 역무제공이 계속되고 있다는 점을 고려하여야 하므로 취하된 청구인 소유권확인청구에 관한 환급금액 계산방식이 문제되는데 이는 뒤에서 본다. 이에 비하여 취하된 청구에 관하여 인지액이 납부된 적이 없어 취하로 인하여 인지액이 감소되지 않는 경우에는 취하된 청구에 관한 인지액이 환급되지 않는다, 예컨대 위 사안에서 소유권에 기한 인도청구를 취하한 경우 인지액 855,000원은 잔존청구에 대해 납부되었을 뿐 취하된 청구에 대해 납부된 것이 아니므로 환급하지 않는다.

연대보증인인 공동피고 중 일부에 대한 청구를 취하한 경우처럼 흡수법칙이 적용되는 주관적 병합에서 일부를 취하한 경우에도 위와 동일한 방식으로(즉, 취하로 인하여 인지액이 감소되는지 여부에 의하여 환급여부를 결정) 처리한다.

불산입법칙이 적용되는 부대청구를 취하한 경우에도 부대청구에 관하여 인지액이 납부된 적이 없고 취하로 인하여 인지액 감소도 없으므로 환급하지 않는다.

(다) 청구의 포기·인낙(인지법 제14조 제1항 제4호)

청구의 포기·인낙은 구두변론을 거치고, 법원이 당사자의 의사를 확인하여 포기 또는 인낙조서를 작성하는 역무를 제공하지만, 종국판결이라는 본래의 소송목적을 이룬 것은 아니고, 변론종결 전까지 취하하면 환급해 주는 경우와의 균형상 1심 및 항소심까지는 환급사유로 인정한다.

(라) 조정·화해(민인법 제14조 제1항 제5호)

변론종결 후 조정·화해가 성립된 경우에도 환급사유가 된다.

(마) 화해권고결정, 조정을 갈음하는 결정

화해권고결정(민소 제231조), 조정을 갈음하는 결정(민조 제34조 제4항)이 확정된 경우도 환급사유가 된다.

(바) 심리불속행 상고기각(민인법 제14조 제1항 제6호)

상고심절차에 관한 특례법 제4조에 해당되어 상고 기각되는 경우로 환급사유가 된다.

(사) 상고이유서 미제출로 인한 상고기각(민인법 제14조 제1항 제7호)

민사소송법 제429조에 해당되어 기각되는 경우로 환급사유가 된다.

(3) 환급청구기간(민인법 제14조 제2항)

환급사유가 발생한 날부터 3년 내에 청구하여야 한다.

나. 환급금액

(1) 원 칙

환급금액(X)은 소장 등에 붙인 인지액(K)의 2분의 1에 해당하는 금액이다. 예컨대, 소송목적의 값 1억원, 소장에 붙인 인지액 455,000원이라면 환급금액은 227,500원(455,000원×1/2)이 된다.

환급금액의 구체적 범위를 정함에 있어서 납부한 인지액을 기준으로 할 것인지, 납부할 정당한 인지액을 기준으로 할 것인지에 관하여는 견해 대립이 가능하나, 납부한 인지액을 기준으로 한다(아래 사례 2).

❑ 사례 2 : 인지환급에서의 산정기준	
[문제 1]	인지환급액 100만원의 인지대금을 납부해야하는데 60만원의 인지대금을 납부하여 인지미보정을 이유로 소장각하명령을 받았다.
[답 변]	환급할 인지액은 30만원이다.

※ 납부한 인지액을 기준

1. 민사소송민인법 제14조 제1항에서 '붙인 인지액'이라고 규정하고 있으므로 문리해석상 '납부한 인지액'을 기준으로 하여야 한다. 따라서 환급인지액은 30만원(현실로 납부한 인지액 60만원×1/2)이다.

2. 민사소송등인지법 제14조 제1항 본문 중의 "…소장에 붙인 인지액의 2분의 1에…"부분과 관련하여, 최초에는 "…붙여야 할 인지액 …"으로 성안되었으나, 구체적 입법단계에서 "…붙인 인지액…"으로 규정되었다, 이와 같은 입법 경위로 비추어 볼 때 '납부한 인지액'을 기준으로 산정함이 타당하다.

(2) 예 외

소장 등에 붙인 인지액의 2분의 1에 해당하는 금액이 10만원 미만인 때에는 인지액에서 10만원을 공제하고 남은 금액을 환급한다. 법원을 이용한 이상 최소한 10만원의 인지액은 국고에 우선적으로 귀속시키겠다는 취지이다. 예컨대 소송목적의 값이 3,000만원이라면 인지액의 2분의 1은 10만원 미만(납부액은 14만원이고 그 2분의 1은 7만원)이므로 환급금액은 4만원(14만원 - 10만원)이 된다. 따라서 소장 등에 붙인 인지액(K)이 10만원(인지액 95,000원)인 소액사건에 대하여는 인지액의 환급제도가 적용될 여지가 없다.

○ 원칙 → X = K × 1/2
○ 예외(K × 1/2 〈 10만원일 경우) → X = K - 10만원 따라서 K가 10만원 이하인 경우 환급하지 않음

(3) 병합청구의 일부에 대하여 환급사유가 발생한 경우

수개의 청구가 병합되어 그 수개의 청구에 대하여 인지가 납부되었는데 그 중 일부 청구에 대하여 환급사유가 발생한 경우 환급사유 있는 청구 부분은 환급대상이 되지만 잔존청구 부분은 역무제공이 계속되고 있으므로 환급대상이 되지 않는다. 따라서 '환급사유 있는 청구부분에 대한 인지액'을 구해야 하는데, 편의상 환급사유가 소 최하인 경우를 산정하여 설명한다.

① 합산법익이 적용되는 경우

각 청구의 가액에 따라 안분한 후 환급사유가 있는 청구부분의 인지액에 해당하는 금액에서 환급금액을 계산한다(민인규 제33조 제3항). 즉, 취하된 청구에 대한 환급금액(X)는 [취하전 청구에 관한 인지액(K) × 취하된 청구의 소송목적의 값 / 취하전 청구의 소송목적의 값 × 1/2]가 된다.

예컨대 불법행위에 기해 1억 5,000만원(1억 5,000만원에 대한 인지액 655,000원, 적극적 손해 1억원, 소극적 손해 5,000만원)의 손해배상청구소송을 제기한 원고가 소극적 손해 5,000만원을 취하한 경우 환급금액(X)는 109,100원[655,000원 × 5,000만원/1억원 5,000만원 × 1/2]가 된다.

한편 소 변경에 따른 인지액 추납사유와 소 취하에 따른 환급사유가 동시에 발생하는 경우가 있는데, 이 때에는 추납할 인지액을 납부받은 후 환급함이 상당하다. 예컨대 갑 토지에 대한 소유권확인청구(소송목적의 값 5,000만원에 대한 인지액 230,000원 납부) 계속중 을 토지에 대한 소유권확인청구(소송목적의 값 2억원)의 교환적 변경을 신청한 경우, 이는 갑 및 을 토지에 대한 추가적 병합을 거쳐 '논리의 1초' 후에 갑 토지에 대한 소취하가 있는 것이 된다. 따라서 원칙적으로 을 토지의 교환적 변경에 따른 인지액 825,000원(민사소송등인지법 제15조 제1호에 따라 계산한 금액)을 추가 납부한 후, 갑 토지의 소 취하에 따른 인지액 105,500원[취하전 청구에 관한 인지액 1,055,000원(230,000원 + 825,000원) × 5,000만원/2억 5,000만원 × 1/2]을 환급받은 것이 상당할 것이나, 추가납부 해야 할 금액과 환급받을 금액의 차액(719,500원)만을 납부하는 방식으로 하고 있다.

② 흡수법칙이 적용되는 경우

흡수법칙이 적용되는 경우에 취하로 인하여 인지액이 감소되는 때에는 환급대상이 된다는 견해가 타당함을 앞에서 본 바와 같지만, 명문규정이 없어 구체적인 환급금액 계산방식이 문제된다. 취하된 청구 부분에 관한 환급금액(X)은 취하전 청구에 붙인 인지액(K)에서 잔존청구에 관한 인지액을 공제한 액의 2분의 1에 해당하는 금액으로 함이 상당하다.

예컨대 갑 토지에 대한 소유권확인청구의 소송목적의 값 2억원, 동일 토지에 대한 소유권에 대한 인도청구의 소송목적의 값 1억원(이에 대한 인지액 455,000원)에 관하여 흡수법칙이 적용되어 병합청구의 소송목적의 값 2억원(이에 대한 인지액 855,000원 납부)으로 진행되다가 소유권확인청구를 취하한 경우, 잔존청구인 소유권에 기한 인도청구에 대한 역무제공이 계속되고 있다는 점을 고려하여야 한다. 취하된 청구인

소유권확인청구에 관한 환급금액은 200,000원[(855,000원 - 455,000원) × 1/2]이다.

또한 갑 토지에 대한 소유권확인청구 및 그에 대한 소유권에 기한 인도청구, 을 토지에 대한 소유권확인청구 및 그에 대한 소유권에 기한 인도청구가 병합되었는데, 을 토지에 대한 소유권확인청구가 취하된 경우에도 환급한다.

○ 합산법칙이 적용되는 경우 → X = K × (취하된 청구의 소송목적의 값 / 취하전 청구의 소송목적의 값) × 1/2 ○ 흡수법칙이 적용되는 경우 → X = (K - 잔존청구에 관한 인지액) × 1/2

다. 환급사유 등의 고지

법원사무관등은 환급사유가 발생하였음을 안 때에는 그에 따른 환급금액을 계산하여 환급할 금액이 있는지 여부를 확인하고, 환급금액이 있으면 당사자에게 환급청구할 수 있음을 고지하여야 한다(인지예규 제11조 제1항).

구체적으로는 소장각하명령을 송달하는 경우에는 각하명령을 송달하는 기회에 환급 안내서를 동봉하는 방법으로, 소 취하서를 접수하는 경우에는 접수사무관등이 환급 안내서를 교부하는 방법 등으로 고지할 수 있다. 다만, 법정에서 조정·화해, 소취하의 진술을 하는 경우에는 재판장이 직접 환급사유가 됨을 고지할 수 있는데 재판장에 의한 법정고지가 이루어진 때에는 별도로 고지할 필요가 없다(인지예규 제11조 제1항 단서).

라. 환급절차

환급청구인은 환급받은 예금계좌번호 등을 기재한 인지액 환급청구서(전산양식 A1216)를 담당 재판부에 제출하여야 한다(민인규 제33조 제2항). 재판부에서 당사자에게 인지환급통지서를 발송하면 당사자는 전자소송홈페이지를 통해 전자적으로 환급신청서를 제출할 수 있다. 종이소송 환급청구서 제출시에는 소송등인지의 환급사유 및 환급금액 확인서 1부, 영수증 사본(현금으로 납부한 경우) 1부, 주민등록증 앞·뒷면 사본 1부, 예금통장 사본 1부를 첨부하여야 한다. 환급신청서를 전자제출할 경우에는 소송등인지의 환급사유 및 환급금액 확인서만 첨부하면 되고 기타 서류는 제출할 필요가 없다. 다만, 전자소송시스템에 환급계좌를 등록하지 않았거나, 등록된 계좌가 아닌 신청인의 다른 계좌로 환급받기를 원하는 경우에는 모두 첨부하여야 한다(민사소송 등에서의 전자문서이용 등에 관한 업무처리지침 제92조 제3항).

마. 불복절차

환급청구는 서면으로 당해 법원의 수입징수관에게 하여야 하고, 이 청구서에는 당해 사건의 담당 법원사무관등이 환급사유 및 환급금액을 확인한 서면을 첨부하여 한다(민인규 제33조 제1항, 제2항). 상소 등으로 인하여 환급사유가 발생한 법원과 기록이 있는 법원이 다른 경우, 환급청구는 환급사유가 발생한 법원(인지를 납부받은 법원)의 수입징수관에게만 하고(민인규 제33조 제1항) 환급사유 및 환급금액 확인서면의 발급신청은 기록이 존재하는 법원사무관등에게도 할 수 있다.

담당 법원사무관등이 환급사유 및 환급금액 확인서면을 발급하지 않거나 수입징수관이 환급청구를 기각하는 경우에 환급청구인은 다음과 같은 방식으로 불복할 수 있다. 첫째, 담당 법원사무관등의 확인서면 발급거부에 대하여 민사소송법 제223조에 따라 법원사무관등의 처분에 대한 이의신청으로 불복할 수 있다(대법원 2012. 4. 13.자 2012마249 결정). 둘째, 수입징수관의 환급청구 기각결정(민인규 제33조 제4항, 제32조 제3항)에 대한 불복방법이 항고소송인지 국가를 상대로 한 부당이득반환청구소송인지 견해 대립이 있다. 한편, 인지과오납반환을 민사상 부당이득금반환소송으로 청구한 데 대하여 본안심리 후 이를 기각한 하급심판결(서울중앙지법 2005. 12. 2. 선고 2005나17715 판결)이 있고, 하급심에서 본안 심리(부당이득금반환소송)를 거쳐 상고된 사건을 상고기각한 대법원 판결(대법원 2008. 11. 13. 선고 2008다64621 판결) 등이 있다. 이와 유사한 구조인 구조인 환급거부에 대해 대법원은 민사상 부당이득금반환청구가 가능하고 항고소송 대상은 아니라는 입장이다(대법원 1989. 6. 15. 선고 88누6436 전원합의체 판결, 대법원 1990. 2. 13. 선고 88누6610 판결).

제2장 인지액 산정

제1절 역진제가 적용되는 경우

1. 소 장

소장(반소장 및 대법원에 제출하는 소장을 제외)에는 소송목적의 값에 대한 다음과 같은 산정식에 의하여 계산된 인지액을 납부하여야 한다(민인법 제2조 제1항).

구 분	소 가	산 정 식
소 장	1천만원 미만	소가×0.005
	1천만원 이상 ~ 1억원 미만	소가×0.0045 + 5,000원
	1억원 이상 ~ 10억원 미만	소가×0.004 + 55,000원
	10억원 이상	소가×0.0035 + 555,000원

위와 같이 계산된 인지액이 1,000원 미만인 때에는 이를 1,000원으로 하고, 1,000원 이상인 경우에 100원 미만의 단수가 있는 때에는 그 단수는 계산하지 않는다(민인법 제2조 제2항).

2. 항소장, 상고장

항소장에는 소장의 1.5배액, 상고장(대법원에 제기하는 소장을 포함)에는 소장의 2배액의 인지를 붙여야 한다(민인법 제3조). 당사자 사이에 1심의 종국판결에 대하여 비약적 상고의 합의가 있는 경우에도 항소심을 거치지 아니하고 직접 상고할 수 있는데(민소 제422조 제2항, 제390조 제1항 단서), 비약상고장에도 1심의 2배에 해당하는 인지를 붙여야 한다.

소장에 붙인 인지액이 1,000원 미만이어서 1,000원의 인지를 붙인 경우에는 항소장에는 1,500원, 상고장에는 2,000원의 인지를 납부한다. 100원 미만의 단수는 계산하지 아니하므로(민인법 제2조 제2항), 100원 미만을 제외한 금액을 기준으로 1.5배(항소장), 2배(상고장)에 해당하는 인지를 붙여야 한다(민인법 제3조). 예컨대, 1심 인지액이 95,980원으로 계산된 경우 100원 미만의 단수인 80원은 계산하지 아니하므로 1심 인지액은 95,900원이고, 항소심 인지액은 95,900원에 1.5배액을 곱한 금액(143,850원)에서 100원 미만은 제외한 143,800원이다.

한편, 대법원을 1심으로 하여 소장을 제출하는 경우가 있다. 예컨대 지방의회의결무효소송, 교육위원회의결무효소송 등의 소장에는 민사소송등인지법 제2조 규정액의 2배액인 460,000원(소송목적의 값은 5,000만원이고, 이에 대한 민사소송등인지법 제2조 제1항에 의한 인지액은 230,000원이므로 230,000원×2배)의 인지를 붙여야 한다(민인법 제3조). 그리고 선거에 관한 소송에 있어서는 민사소송등인지법에 규정된 금액의 10배액을 붙여야 하므로(공직선거법 제229조) 대법원을 1심으로 하여 대통령, 국회의원, 시·도지사 선거소송(선거무효소송, 당선무효소송)을 제기하는 경우 460만원(소송목적의 값 5,000만원에 대한 민사소송등인지법 제2조 제1항에 의한 인지액 230,000원×2배×10배)의 인지를 붙여야 한다.

고등법원(특허법원 포함)을 1심으로 하여 소장을 제출하는 경우, 예컨대, 특허 관련소송, 기초자치단체장이나 기초자치단체의원 선거소송 등의 소장에는 민사소송등인지법 제2조 규정액을 납부하여야 하고, 1.5배액을 납부할 것이 아니다(아래 사례 3).

예시 1 **항소심의 인지액(1심에서 청구금액 2,000만원에 대하여 인용한 금액이 1,200만원이고, 나머지는 기각한 판결에 대하여 원·피고 쌍방이 항소한 경우)**

원고의 항소취지

피고는 원고에게 800만원과 이에 대하여 2015. 7. 10.부터 원심판결선고일까지는 연 5%, 그 다음날부터 다 갚는 날까지는 연 15%의 각 비율로 계산한 돈을 지급하라.

피고의 항소취지

원심판결 중 피고에 대하여 원고에게 1,200만원과 이에 대하여 2015. 7. 10.부터 원심판결선고일까지는 연 5%, 그 다음날부터 다 갚는 날까지는 연 15%의 각 비율로 계산한 돈의 지급을 명한 피고 패소부분을 취소하고, 이에 해당하는 원고의 청구를 기각한다.

► 소가산정 ◄

1. 목적물의 종류에 따른 가액

가. 원고항소의 소가 : 금전지급청구는 청구금액을 소가로 한다 (민인법 제2조).

나. 피고항소의 소가 : 금전지급청구는 청구금액을 소가로 한다 (민인법 제2조).

2. 산출공식

가. 원고항소의 소가 : 800만원으로 소가가 1,000만원 미만이 되므로 800만원 × 0.005 = 40,000원 × 1.5 = 60,000원

나. 피고항소의 소가 : 1,200만원으로 소가가 1,000만원 이상 1억원 미만이 되므로, 5,000 + (1,200만원 × 0.0045) = 59,000원 × 1.5 = 88,500원

※ 본 소는 제1심에서 청구금액 2,000만원에 대하여 인용한 금액이 1,200만원이고 나머지는 기각한 판결에 대하여 원피고 쌍방이 항소한 경우이다.
항소장에 첩부할 인지액은 상소로써 불복하는 범위의 소가를 기준으로 하여 산정한다(민인규 제25조). 그러므로 전부인용한 판결의 부대청구부분만을 대상으로 항소한 경우에는 제1심에서 소가에 산입되지 않았던 부대청구부분이 독립한 항소의 소송물이 되어 항소심에서의 소가산정의 대상이 된다.
항소의 소가산정의 기준시는 항소시가 아니라 제1심의 소제기시를 기준으로 한다. 그러므로 목적 부동산의 평가액이 제1심 소제기시와 항소제기시에 변동이 생겼어도 제1심 소제기시의 평가액에 의하여 산정한다.
항소장에는 민인법 제2조 규정액의 1.5배액의 인지를 붙인다(민인법 제3조).

[판례] 피고가 항소하면서 제1심판결의 인용액 중 일정금액을 초과하여 지급을 명한 지급을 명한 피고 패소 부분의 취소를 구한 경우 (대법원 2002. 4. 23. 선고 2000다9048 판결).

[판례] 판결 중 지연손해금의 일부에 대하여 항소를 한 경우 인지액 (대법원 1962. 10. 18. 고지 62라11 결정).

[판례] 쌍방이 항소하였으나 피고의 항소장은 인지미첩부로 각하되고 원고의 항소는 기각된 경우, 피고에게 상고할 이익이 있는지 여부 (대법원 1991. 12. 10. 선고 91다36116 판결).

예시 2 **가집행의 원상회복 및 손해배상 항소사건(민소법 제215조 제2항)**

위 당사자간 귀원 2015나 2345호 손해배상청구 항소사건에 관하여, 피고는 원심판결의 가집행선고로 인한 지급물의 반환을 민사소송법 제215조 제2항에 의하여 다음과 같이 신청합니다.

원상회복신청취지

원고는 피고에게 ○○지방법원 2015가합 1234호 판결의 가집행선고로 인하여, 원고에게 지급된 5,000만원과 이에 대하여 2015. 7. 20.부터 다 갚는 날까지 연 15%의 비율로 계산한 돈을 반환하라.

► 소가산정 ◄

1. **목적물의 종류에 따른 가액**
   금전지급청구는 청구금액 5,000만원을 소가로 한다(민인법 제2조).

2. **산출공식**
   인지액의 산출은 5,000+(5,000만원×0.0045) = 230,000원이 된다.
   위 금액을 현금으로 납부한다.

※ 가집행의 원상회복 및 손해배상신청(민소법 제215조 제2항)은 반소의 성질을 갖는다. 따라서 소가산출도 반소의 경우와 같이 민사소송등인지규칙 제2조에 준하여 신청하는 심급에 따라 인지액을 납부한다. 따라서 통상의 소의 경우와 다른

점은 없다.

예시 3 상고심의 소가

► **소가산정** ◄

상고장에는 민인법 제2조 규정액의 2배의 인지를 붙여야 한다(민인법 제3조). 비약상고(민소법 제422조 제2항)·부대상고의 인지액도 동일하다. 상고장에 첩부할 인지액은 상고로써 불복하는 범위의 소가를 기준으로 하여 산정한다(민인규 제25조). 그러므로 항소의 소가산정방법에 준하여 산출한다. 상고심에서는 사실심과는 달리 청구의 변경, 반소의 제기는 인정되지 않으므로 이와 같은 신청서가 제출되어도 인지를 추가하지 아니한다.

❑ 사례 3 : 고등법원 또는 대법원에서 제기하는 소에서의 인지액

[문제 1]	대법원에 국회의원 당선무효소송을 제기한 경우 인지액
[답 변]	국회의원 당선무효소송은 대법원이 1심을 관할하고(공직선거법 제223조 제1항), 그 소송목적의 값은 5,000만원이다(민인규 제17조 제4호, 18조의2 본문). 대법원에 소장을 제출하는 경우 1심 인지액의 2배액이고(민인법 제3조), 선거에 관한 소송은 민사소송등인지법에 규정된 금액의 10배액이다(공직선거법 제229조). 따라서 납부할 인지액은 4,600,000원(5,000만원에 대한 1심 인지액 230,000원 × 2배 × 10배)이다.
[문제 2]	고등법원에 서울특별시 서초구청장 당선무효소송을 제기한 경우 인지액
[답 변]	기초자치단체장 선거소송은 고등법원이 1심을 관할하고(공직선거법 제222조 제2항), 그 소송목적의 값은 5,000만원이다(민인규 제17조 제4호, 제18조의2 본문). 고등법원에 소장을 제출하는 경우 1심 인지액과 동액이고(민인법 제3조는 대법원에 소장을 제출하는 경우의 규정이고, 고등법원에 소장을 제출하는 경우의 인지액은 민인법 제2조에 의한다), 선거에 관한 소송에는 민사소송등인지법에 규정된 금액의 10배액이다. 따라서 납부할 인지액은 2,300,000원(1심 인지액 230,000원 × 10배)이다.
[문제 3]	서울특별시장이 대법원에 서울시의회를 피고로 하여 조례안재의결무효확인소송을 제기한 경우 인지액

[답 변]	지방의회의결무효소송은 대법원이 1심을 관할하고(지방자치법 제107조 제3항 또는 제172조 제3항), 그 소송목적의 값은 5,000만원이다(민인규 제17조 제4호, 제18조의2 본문). 대법원에 소장을 제출하는 경우 1심 인지액의 2배액을 붙인다(민인법 제3조). 따라서 납부할 인지액은 460,000원(1심 인지액 230,000원×2배)이다. 다만, 주무부서 장관이 원고가 되어 지방의회의결무효확인소송을 제기하는 경우에는 인지를 붙이지 않는다(인지첩부·첨부 및 공탁제공에관한특례법 제2조).

3. 반 소 장

가. 원 칙

반소의 인지액의 계산도 통상의 소와 마찬가지로 반소를 제기한 때를 기준으로 반소 자체의 소송목적의 값을 별개로 계산하고 그에 대한 인지액을 납부한다. 따라서 1심에서의 반소장에 납부할 인지액의 산정방법은 소장의 경우와 같다.

그러나 항소심에서의 반소장에 납부할 인지액은 위와 같은 방법으로 산출한 금액의 1.5배액으로 한다(민인법 제4조 제1항). 다만, 본소와 목적이 동일한 반소장에는 원래 납부하여야 할 인지액에서 본소의 소송목적의 값에 대한 인지액(항소심에서는 그 1.5배액)을 뺀 나머지 액수의 인지를 붙인다(민인법 제4조 제2항).

나. 원칙에 대한 예외규정

반소가 본소와 동일한 소송물인 경우 또는 반소의 목적물이 작을 경우 다음과 같이 인지를 붙이지 아니하는 경우가 있다.

(1) 본소와 목적이 동일하여 인지를 붙이지 아니하는 경우

- 본소·반소가 동일목적물에 대한 각 "소유권확인의 청구"일 경우 또는 "점유권에 기한 청구"이고 그에 대한 "반소청구"일 경우에는 목적물가액이 같으므로 인지를 붙이지 아니한다. 소유권은 목적물의 가액을 소가로 한다(민인규 제10조 제1항).

- 본소가 "소유권에 기한 명도청구"이고, 반소가 동일목적물에 대하여 "임차권확인의 청구"일 경우에는 목적물가액이 같으므로 인지를 붙이지 아니한다.
  - 소유권에 기한 명도청구 : 목적물가액의 1/2을 소가로 한다(민인규 제12조 제5호, 가목).
  - 임차권확인 : 목적물가액의 1/2을 소가로 한다(민인규 제10조③).
- 본소가 "이혼 및 위자료 청구"이고, 반소가 "이혼청구"일 경우에는 인지를 붙이지 아니한다. "이혼청구"일 경우가 목적물이 적기 때문이다.
- 본소가 "고용관계존재확인청구"이고, 반소가 "고용관계부존재확인청구"일 경우에는 인지를 붙이지 아니한다. 양 청구의 목적물이 같다.
- 본소가 "소유권확인청구"이고, 반소가 동일목적물에 대하여 "소유권이전등기이행청구"일 경우에는 인지를 붙이지 아니한다. 양 청구의 목적물이 같기 때문이다.

(2) 본소와 목적이 동일하나 차액분을 붙이는 경우

- 본소가 "소유권에 기한 명도청구"이고, 반소가 동일목적물에 대하여 "소유권확인청구"일 경우에는 본소와의 차액분의 인지를 붙인다.
  - 소유권에 기한 명도청구 : 목적물가액의 1/2을 소가로 한다(민인규 제12조 제5호, 가목).
  - 소유권확인청구 : 목적물의 가액을 소가로 한다(민인규 제10조 제1항).
- 본소가 "지역권확인청구"이고, 반소가 "소유권에 기한 방해배제청구"일 경우에는 본소와의 차액분의 인지를 붙인다.
  - 지역권 : 승역지가액의 1/3을 소가로 한다(민인규 제10조④).
  - 소유권에 기한 방해배제청구 : 목적물가액의 1/2을 소가로 한다(민인규 제12조 제5호, 가목).
- 본소가 "채무부존재확인청구"이고 반소가 동일한 채권관계에 기한 "금원청구 또는 저당권설정등기 절차이행청구"일 경우에는 본소와의 차액분의 인지를 붙인다.
  - 채무부존재확인청구 : 재산권상의 소로서 그 소가를 산출할 수 없는 것에

해당, 소가는 5,000만원으로 한다(민인규 제18조의2, 전단).

- 금전지급청구 : 청구금액을 소가로 한다(민인법 제2조).
- 저당권설정등기 절차이행청구 : 목적물의 가액을 한도로 한 피담보채권액을 소가로 한다(민인규 제13조 제2호, 나목).

- 본소가 "공정증서의 무효를 이유로 하는 청구이의"이고, 반소가 "기본채권확인의 청구 및 그 반대유형"일 경우에는 본소와의 차액분의 인지를 붙인다.
  - 청구이의의 소 : 집행력의 배제대상인 집행권원에서 인정된 권리의 가액을 소가로 한다(민인규 제16조 제3호).
  - 금전지급청구 : 청구금액을 소가로 한다(민인법 제2조).

(3) 본소와 목적이 동일하지 아니하여 인지액이 공제되지 않는 경우

- 본소가 건물명도청구이고 반소가 시설비를 구하는 반소 청구
- 본소가 보증금반환청구이고 반소가 미지급임차료를 구하는 반소 청구
- 격투로 입은 손해의 배상을 일방이 본소로, 타방이 반소로 청구하는 경우
- 건물철거 및 토지인도를 구하는 본소청구에 대하여 건물매수청구권행사에 의한 건물매수대금의 지급을 구하는 반소 청구
- 매매대금잔액 청구의 본소에 대하여 매매계약해제에 따라 이미 지급한 대금의 반환을 구하는 반소 청구
- 매매목적물의 인도를 구하는 본소 청구에 대한 대금지급의 반소 청구
- 제3자의 본소 청구에 대한 사해행위취소의 반소 청구
- 점포명도의 본소 청구에 대한 과불보증금 반환의 반소 청구
- 매매대금감액 청구에 기한 대금반환의 본소 청구에 대하여, 매매계약의 무효를 이유로 한 말소등기절차이행의 반소 청구
- 입목벌채반출 방해배제의 본소 청구에 대하여 입목소유권에 기한 손해배상의 반소 청구
- 혼인무효청구에 대하여 약혼불이행에 의한 손해배상의 반소 청구
- 이혼의 본소청구에 대한 이혼 및 위자료의 반소청구시의 위자료 청구

예시 1 **반소가 본소와 목적물이 동일한 경우(소가를 산정할 수 없는 채무부존재의 본소에 대한 반소의 경우)**

본소 청구취지

2015. 10. 20.자 소비대차에 기한 원고와 피고 사이의 채무는 존재하지 아니함을 확인한다.

반소 청구취지

원고(반소피고)는 피고(반소원고)에게 8,000만원과 이에 대하여 이 사건 소장부본 송달다음날부터 다 갚는 날까지 연 15%의 비율로 계산한 돈을 지급하라.

► **소가산정** ◄

1. **목적물의 종류에 따른 가액**
   가. 본소의 경우 : 채무부존재확인청구는 재산권상의 소로서 그 소가를 산출할 수 없는 것에 해당하여 소가는 5,000만원으로 한다(민인규 제18조의2, 전단).
   나. 반소의 경우 : 금전지급청구는 청구금액을 소가로 하므로(민인법 제2조), 8,000만원이 소가가 되고 지연손해금은 부대청구로 보아 소가에 산입하지 아니한다(재민 2003-1).

2. **산출공식**
   위 청구취지의 경우 반소 금 8,000만원에 대한 인지액 - 금 5,000만원에 대한 인지액 = 금 3,000만원(차액)을 소가로 하여 인지를 붙여야 한다(민인법 제4조 제2항).

※ 본 소는 원고가 피고를 상대로 채무부존재확인의 본소(소가를 산정할 수 없는 경우)를 제기한 후, 피고가 원고를 상대로 금 8,000만원의 대여금 청구의 소를 제기한 경우이다.
위 청구취지의 경우에는 본소와 목적이 동일하나 차액분의 인지액을 붙이는 경우에 해당된다(위 원칙에 대한 예외규정 참조). 민인법 제4조 제2항은 “본소와 그

목적이 동일한 반소장에는 원래 붙여야 할 인지액으로부터 심급에 따라 본소의 소가에 대한 인지액을 공제한 액의 인지를 붙여야 한다."고 규정하고 있다.

예시 2 **반소가 본소와 목적물이 동일한 경우(일정액의 범위를 넘는 채무부존재의 본소에 대한 반소의 경우)**

본소 청구취지

2015. 12. 10.자 ○○시 ○○구 ○○동 1가 ○○○-○○ 소재 슈퍼창고에서 맥주상자를 옮기다가 허리를 다친 사고와 관련하여, 원고와 피고 사이의 1,600만원을 넘는 보험계약에 기한 보험금지급채무는 존재하지 아니함을 확인한다.

반소 청구취지

원고(반소피고)는 피고(반소원고)에게 5,000만원과 이에 대하여 이 사건 소장부본 송달다음날부터 다 갚는 날까지 연 15%의 비율로 계산한 돈을 지급하라.

► 소가산정 ◄

1. **목적물의 종류에 따른 가액**
   가. 본소의 경우 : 금전지급청구는 청구금액을 소가로 하므로(민인법 제2조), 1,600만원이 소가가 된다.
   나. 반소의 경우 : 금전지급청구는 청구금액을 소가로 하므로(민인법 제2조), 5,000만원이 소가가 되고 지연손해금은 부대청구로 보아 소가에 산입하지 아니한다(재민 2003-1).

2. **산출공식**
   위 청구취지의 경우 반소 금 5,000만원에 대한 인지액 - 1,600만원에 대한 인지액 = 3,400만원(차액)에 대한 인지를 붙여야 한다(민인법 제4조 제2항).

※ 본 소는 원고가 피고를 상대로 일정액의 범위를 넘는 금액에 대하여 채무부존재의 본소를, 피고는 이에 대하여 금 5,000만원을 지급하라는 반소청구를 하였다. 위 청구취지의 경우에는 본소와 목적이 동일하나 차액분의 인지를 붙이는 경우에 해당된다(위 원칙에 대한 예외규정 참조). 민인법 제4조 제2항은 "본소와 그 목적이 동일한 반소장에는 원래 붙여야 할 인지로부터 심급에 따라 본소의 소가에 대한 인지액을 공제한 액의 인지를 붙여야 한다."고 규정하고 있다.

예시 3 **반소가 본소와 목적물이 동일한 경우(명도와 소유권이전등기)**

본소 청구취지

피고는 원고에게 ○○시 ○○구 ○○동 100-12 시멘트 블록조 기와지붕 1층 주택 60㎡를 명도하라.

반소 청구취지

원고(반소피고)는 피고(반소원고)에게 ○○시 ○○구 ○○동 100-12 시멘트 블록조 기와지붕 1층 주택 60㎡에 관하여 2015. 11. 10. 대물 변제약정을 원인으로 한 소유권이전등기절차를 이행하라.

► 소가산정 ◄

1. **목적물의 종류에 따른 가액**
   가. 본소의 건물명도 : 목적물가액의 1/2을 소가로 한다(민인규 제13조 제4호, 가목).
   나. 반소의 소유권이전등기청구 : 목적물가액을 소가로 한다(민인규 제10조 제1항).

2. **산출공식**
   가. 본소의 경우 : 건물기준가액 × 구조지수 × 용도지수 × 위치지수 × 경과년수잔가율 × 면적(㎡) × 가감산율 = 과세시가표준액 × 50/100 × 1/2 = 가액

나. 반소의 경우 : 건물기준가액 × 구조지수 × 용도지수 × 위치지수 × 경과년수잔가율 × 면적(m²) × 가감산율 = 과세시가표준액 × 50/100 = 가액

3. 소가 : 위 반소의 소가 - 본소의 소가 = 소가(차액분)

※ 1. 본소는 원고가 피고를 상대로 위 부동산의 명도를 구하고, 피고는 이에 대하여 대물변제약정을 원인으로 한 소유권이전등기절차를 이행하라는 반소를 제기하였다, 위 청구취지의 경우에는 반소가 본소와 목적이 동일하나 차액분을 붙이는 경우에 해당된다(위 원칙에 대한 예외규정 참조).

2. 반소의 목적물에 반소장에 기재된 대지 및 임야 총평수 17,078평 중 본소의 목적물이 임야 3,922평이라면 그 3,922평에 대하여는 반소장에 인지의 첨부를 요하지 아니하나 그 이외의 대지 및 임야 계 13,156평에 대하여는 반소장에 인지를 첨부하여야 한다(대법원 1969. 8. 28. 고지 69마375 결정).

예시 4 본소와 목적이 동일하지 아니하여 인지액이 공제되지 않는 경우 (매매대금잔액 청구의 본소에 대하여 매매계약해제에 따라 이미 지급한 대금의 반환을 구하는 반소)

본소청구취지

피고는 원고에게 4,000만원과 이에 대하여 이 사건 소장부본 송달 다음날부터 다 갚는 날까지 연 15%의 비율로 계산한 돈을 지급하라.

반소청구취지

원고(반소피고)는 피고(반소원고)로부터 별지 목록 기재 중기를 인도받음과 동시에 피고에게 3,000만원과 이 중 2,000만원에 대하여는 2015. 12. 10.부터, 나머지 1,000만원에 대하여는 소장송달 다음날부터 각 다 갚는 날까지 연 15%의 비율로 계산한 돈을 지급하라.

► 소가산정 ◄

1. 목적물의 종류에 따른 가액

가. 본소의 경우 : 금전지급청구는 청구금액을 소가로 한다(민인법 제2조).

나. 반소의 경우 : 중기의 경우 과세시가표준액에 의하여 산출한 액으로 하나(민인규 제9조 제1항), 본 건에서는 금전지급청구로 보므로 청구금액을 소가로 한다(민인법 제2조). 지연손해금은 부대청구로 보아 소가에 산입하지 아니한다(재민 2003-1).

2. 산출공식

가. 본소의 경우 : 금 4,000만원

나. 반소의 경우 : 금 3,000만원

3. 소 가

본소와 목적이 동일하지 아니하여 인지액이 공제되지 않는 경우에 해당되므로 금 3,000만원에 대한 인지액을 납부한다.

※ 본소는 중기매매대금 잔액인 금 4,000만원을 청구하고, 반소는 매매계약해제에 기하여 이미 지급한 대금의 반환을 구하는 경우이다. 위 청구취지의 경우에는 본소와 목적이 동일하지 아니하여 인지액이 공제되지 않는 경우에 해당된다(위 원칙에 대한 예외규정 참조).

위 반소의 청구취지에서 "중기를 인도 받음과 동시에 금 3,000만원을 지급하라"고 한 청구는 반대급부와 상환으로 이행을 구하는 소이며, 여기서 반소원고가 구하고자 하는 목적물은 금 3,000만원이다. 소가는 원고가 청구취지로써 구하는 범위 내에서 원고의 입장에서 보아 전부 승소할 경우에 직접 받게 될 경제적 이익을 객관적으로 평가하여 금액으로 정함을 원칙으로 하므로(민인규 제6조). 본 건에서는 이미 지급한 대금 3,000만원만을 소가로 산정하여야 한다. 반대급부와 상환으로 구하는 소에서는 원고가 구하는 청구권의 가액이 그대로 소가가 되며 그 가액에서 반대급부의 액을 공제한 액이 소가로 되는 것은 아니다.

4. 청구변경신청서

1심에서의 청구변경신청서에서는 변경 후의 청구에 관하여 원래 붙였어야 할 인지액에서 변경 전의 청구에 관한 인지액을 뺀 나머지 액의 인지를 납부하여야 하고, 2심에서의 청구변경신청서에는 변경 후의 청구에 관하여 원래 붙였어야 할 인지액의 1.5배액에서 변경 전의 청구에 관한 인지액을 뺀 나머지 액의 인지를 붙인다(민인법 제5조).

사건이 조정에 회부된 후 제출되는 청구취지확장신청서는 조정절차를 위한 것으로 보아 처리하고, 조정기일에서 청구취지(신청취지)를 확장하는 이상 조정신청서사건에 준하여 일단 인지액의 10분의 1을 납부하게 한 후 조정불성립 등으로 사건이 소송절차로 복귀되면 원래 붙였어야 할 인지액에서 위 인지액을 뺀 나머지 금액 상당의 인지를 보정하여야 한다(재민 95-1).

예시 1 **청구변경의 경우(추가적 변경)**

변경 전 청구취지

피고들은 연대하여 원고에게 5,000만원과 이에 대하여 이 사건 소장부본 송달다음날부터 다 갚는 날까지 연 15%의 비율로 계산한 돈을 지급하라.

변경 후 청구취지

피고들은 연대하여 원고에게 8,000만원과 이에 대하여 이 사건 소장부본 송달다음날부터 다 갚는 날까지 연 15%의 비율로 계산한 돈을 지급하라.

► 소가산정 ◄

1. **목적물의 종류에 따른 가액**
   금전지급청구는 청구금액을 소가로 한다(민인법 제2조).
2. **산출공식**
   가. 변경 전 : 금 5,000만원
   나. 변경 후 : 금 8,000만원
3. **소 가**
   365,000원 - 230,000원 = 135,000원의 인지액을 추가로 첩부한다.

※ 본 소는 추가적변경의 경우로써, 청구변경신청서에는 변경 후의 청구에 관하여 원래 붙여야 할 인지액으로 부터 변경 전의 청구에 관한 인지액을 공제한 책의 인지를 붙여야 한다(민인법 제5조).

예시 2 **교환적변경의 경우(교환적 변경)**

변경 전 청구취지

피고는 원고에게 별지 부동산 목록 기재 부동산에 관하여 2015. 7. 10. 신탁을 원인으로 한 소유권이전등기절차를 이행하라.

변경 후 청구취지

피고는 원고에게 별지 부동산 목록 기재 부동산에 관하여 2015. 7. 12. 매매를 원인으로 한 소유권이전등기절차를 이행하라.

► 소가산정 ◄

본소는 교환적 변경의 경우이다. 그러나 위 청구취지에서는 변경이 있더라도 소의 목적물가액은 변함이 없으므로 소가도 변경이 없다. 소가에 변경이 있으면 민사소송등인지규칙상 소가산정기준의 적용에 있어서 변경이 있어야 한다. 점유권에 기한 확인청구를 소유권에 기한 확인청구로 변경하는 경우에는 전자(변경전 청구취지)의 경우 목적물가액의 1/3이 소가로 되고(민인규 제10조 제2항), 후자(변경후 청구취지)의 경우는 목적물가액이 소가(민인규 제10조 제1항)가 되므로 소가에 변경이 생긴다.

[판례] 청구의 교환적변경이 허용된 사례(부산지법 1974. 12. 24. 선고 74나206 판결)

5. 소송참가신청서

1심에서 하는 독립당사자참가(민소 제79조)와 공동소송참가(민소 제83조)의 신청서에는 소장에 준하여 소송목적의 값에 따른 액수의 인지를 납부하고, 항소심에서 하는 위와 같은 참가신청서에는 1.5배액의 인지를 납부한다(민인법 제6조 제1항).

그러나 권리승계인의 소송참가(민소 제81조)의 경우에는 피신청인이 신청인의 승계주장사실을 다투는 경우에만 위와 같은 인지를 납부한다(민인법 제6조 제2항). 필수적 공동소송인의 추가신청서(민소 제68조), 예비적·선택적 공동소송인 추가신청서(민소 제70조), 보조참가신청서(민소 제71조), 공동소송적 보조참가신청서(민소 제78조), 의무승계인의 소송참가신청서(민소 제81조) 등에는 인지를 붙이지 아니한다(민인법 제10조 단서).

예시 1 **항소심에서의 보조참가인의 인지첩부 여부**

1. 피참가인과 보조참가인이 각 항소를 하였으나 보조참가인이 인지를 첨부한 경우

보조참가인의 소송행위는 특별한 사정이 없는 한 피참가인이 한 것과 같은 효력이 있는 바, 제1심 판결에 대하여 피고보조참가인이 항소한 경우 피참가인이 항소한 것과 같은 효력이 있다 할 것이므로(대법원 1965. 4. 27. 선고 65다101 판결 참조), 피참가인은 인지를 첨부하지 않아도 된다(대법원 1969. 10. 18. 고지 69마683 결정 참조).

2. 피참가인과 보조참가인이 각 항소를 하면서 모두 인지를 첨부한 경우

보조참가인의 과오납에 의한 인지액반환(민인규 제32조)을 청구할 수 있다. 보조참가인의 참가적효력은 기판력(민소법 제218조)이 없고 피참가인의 보조역할에 불과 할 뿐이므로 인지액반환을 청구할 수 있다.

3. 국(國)이 보조참가하고 있는 소송의 경우 인지첩부 여부

국가를 당사자로 하는 소송 및 행정소송절차에서 국가는 민사소송등인지법에서 규정하는 인지를 첩부하지 아니한다(인지첩부및공탁제공에관한특례법 제2조).

그러나 국(國)이 당사자 일방을 위하여 보조참가하고 있는 소송은 위 법률에서 말하는 국가를 당사자로 하는 소송이 아니므로 국이 보조참가인의 자격으로 제1심판결에 불복하여 항소를 제기함에 있어서는 응당 민사소송등인지법 소정의 인지를 첩부하여야 한다(대법원 1969. 10. 18. 고지 69마683 결정).

예시 2 **독립당사자참가(민소법 제79조)**

참가취지

위 당사자간 귀원 2015가합 324호 소유권확인청구사건에 관하여 참가인 등은 민사소송법 제79조에 의하여 당사자 쌍방을 상대로 쌍방을 상대로 하여 이 사건 소송에 독립당사자로서 참가하기 위하여 신청합니다.

독립당사자참가인의 청구취지

원고와 피고 및 독립당사자참가인 사이에서 ○○시 ○○동 ○○○-○○ 시멘트 블록조 기와지붕 1층 주택 80㎡가 소외 김일남, 같은 김이남, 같은 김삼남의 별지 목록 기재 공유지분에 따른 공유임을 확인한다.

► 소가산정 ◄

1. **목적물의 종류에 따른 가액**
   소유권확인은 목적물가액을 소가로 한다(민인규 제10조 1항).

2. **산출공식**
   건물기준가액 × 구조지수 × 용도지수 × 위치지수 × 경과년수잔가율 × 면적(㎡) × 가감산율 = 과세시가표준액 × 50/100 = 가액

3. **소　가**
   위 가액을 각 지분별(김일남 1/10, 김이남 2/10, 김삼남 3/10)로 산출한 후 모두 합산한 가액을 소가로 한다.

※ 1. 독립당사자의 참가신청의 경우, 일반 소장과 같이 심급에 따라 그에 준하는 인지를 붙여야 한다(민인법 제6조 제1항).
2. 건물의 경우에는 "지방세법 시행령" 제4조 제1항 제1호의 방식에 의하여 산정한 시가표준액에 50/100을 곱하여 산정한 후(민인규 제9조 제2항) 소가산정기준에 의하여 목적물의 종류에 따라 소가를 산정한다.
3. 독립당사자 참가신청서에 소정의 인지를 첩용하지 아니하였을 때 그 참가신청은 부적법하다 할 것이나, 제1,2심 재판장이 모두 그 흠결을 발견 못하여 보정명령을 하지 않고 간과하였다면 이러한 경우까지도 참가인의 당사자 참가신청

이 부적법한 것으로 그 흠결을 보정할 수 없는 것이라 하여 각하하여야 할 것은 아니라 한 것인바(대법원 1963. 10. 22 선고 66다34 판결 참조) 기록에 의하면 참가인의 본건 당사자참가신청서에는 소론과 같이 첩용인지의 부족이 있음에도 불구하고 제1심 재판장은 이를 간과하여 이에 대한 보정을 명한 흔적이 없고 원심법원도 이를 간과하고 보정을 명한 바 없음이 분명하므로(참가인은 상고심에 와서 전액 보정함) 원심으로서는 참가인의 본건 당사자참가신청을 부적법한 소로서 그 흠결을 보정할 수 없는 경우라 하여 각하할 수 없다(대법원 1969. 12. 26. 선고 67다1744, 1745, 1746 판결).

예시 3 **승계인의 소송참가(민소법 제81조)**

참가취지

승계참가인은 이 사건 소송목적물인 대지를 2015. 7. 10. 원고로부터 매수하여 소유권이전등기를 마치고 그 권리를 승계하였으므로, 이 소송에 참가함.

승계참가인의 청구취지

피고는 원고승계참가인에 대하여, ○○시 ○○구 ○○동 ○○○-○○의 위 지상 목조기와지붕 가건물 1층 50㎡(별지 도면표시 가, 나, 다, 라, 가를 순차로 연결한 선내부분)를 철거하고, 위 대지를 인도하라.

► 소가산정 ◄

1. 목적물의 종류에 따른 가액

가. 토지인도의 경우 : 목적물가액을 1/2을 소가로 한다(민인규 제12조 제5호, 가목).

나. 건물철거의 경우 : 목적물가액을 1/2을 소가로 한다(민인규 제12조 제5호, 가목).

2. 산출공식

가. 토지인도의 경우 : 공시지가 × 면적(㎡) × 50/100 × 1/2 = 소가

나. 건물철거의 경우 : 건물기준가액 × 구조지수 × 용도지수 × 위치지수 × 경과년수잔가율 × 면적(m²) × 가감산율 = 과세시가표준액 × 50/100 = 소가

3. 소 가

흡수법칙에 따라 위 금액 중 다액을 소가로 한다.

※ 1. 본소에서는 건물철거와 동시에 대지인도를 청구하고 있다. 본소의 경우 1개의 청구(건물철거)가 다른 청구(부지인도)의 수단에 지나지 아니하므로 특별한 규정이 있는 경우를 제외하고, 그 가액은 소가에 산입하지 아니한다. 다만, 수단인 청구의 가액이 주된 청구의 가액보다 다액인 경우에는 그 다액을 소가로 한다(민인규 제21조).
민사소송법 제81조의 규정에 의한 참가신청의 경우 피신청인이 신청인의 승계 주장사실을 다투는 경우에만 일반 소장과 같이 심급에 따라 그에 준하는 인지를 붙인다(민인법 제6조 제2항).
2. 토지의 경우에는 "부동산가격공시 및 감정평가에 관한 법률"에 의한 개별공시지가(개별공시지가가 없는 경우에는 토지가격비준표에 의하여 산정한 가액)에 50/100을 곱하여 산정한 후(민인규 제9조 제1항)에, 건물의 경우에는 "지방세법 시행령" 제4조 제1항 제1호의 방식에 의하여 산정한 시가표준액 50/100을 곱하여 산정한 후(민인규 제9조 제2항), 소가산정기준에 의하여 목적물의 종류에 따라 소가를 산정한다.

예시 4 **공동소송참가(민소법 제83조)**

참가취지

위 당사자간의 2015나 1234호 부동산공유권확인 청구사건에 관하여, 공동소송참가인은 다음의 청구취지 기재와 같은 청구를 하고자, 민사소송법 제83조에 의하여 원고측 공동소송인으로 참가함.

참가인의 청구취지

원고와 피고는 ○○시 ○○구 ○○동 ○○○-○○ 대 300m²가 참가인의

소유임을 확인한다. 피고는 참가인에 대하여 이 사건 당사자참가신청서부본 송달일 신탁해지를 원인으로 한 소유권이전등기절차를 이행하고, 같은 부동산을 인도하라.

► **소가산정** ◄

1. 목적물의 종류에 따른 가액

가. 소유권확인 : 목적물가액을 소가로 한다(민인규 제10조 제1항).

나. 소유권이전등기 : 목적물가액을 소가로 한다(민인규 제13조 제1항).

다. 부동산인도 : 목적물가액을 1/2을 소가로 한다(민인규 제12조 제5호, 가목).

2. 산출공식

가. 소유권확인 : 공시지가 × 면적(㎡) × 50/100 = 가액

나. 소유권이전등기 : 공시지가 × 면적(㎡) × 50/100 = 가액

다. 부동산인도 : 공시지가 × 면적(㎡) × 50/100 × 1/2 = 가액

3. 소 가

흡수법칙에 따라 위 가액 중 다액을 소가로 한다.

※ 1. 본 소에서 참가인은 부동산소유권확인과 소유권이전등기절차이행 및 부동산명도를 구하고 있다. "소유권이전등기이행 및 부동산명도의 경우"는 "부동산소유권확인청구"에 기한 원인된 사실로부터 발생하는 경우에 해당되기 때문에 "경제적 이익"이 동일하거나 중복되는 청구에 해당되므로 위 청구취지의 경우에는 흡수법칙을 적용하여야 한다.

민소법 제83조의 공동소송참가의 경우에도 일반 소장과 같이 심급에 따라 그에 준하는 인지를 붙여야 한다(민인법 제6조 제1항).

2. 흡수법칙은 "1개의 소로써 주장하는 수 개의 청구의 경제적 이익이 동일하거나 중복되는 때(민인규 제20조)"와 "1개의 청구가 다른 청구의 수단에 지나지 않을 때 (민인규 제21조)"로 나뉜다. 전자의 경우에는 중복되는 범위 내에서 흡수되고, 그중 가장 다액인 청구의 가액을 소가로 하고(민인규 제20조). 후자의 경우에는 특별한 규정이 있는 경우를 제외하고, 그 가액은 소가에 산입하지 아니한다. 다만, 수단인 청구의 가액이 주된 청구의 가액보다 다액인 경우에는 그 다액을 소가로 한다(민인규 제21조).

3. 토지의 경우에는 "부동산가격공시 및 감정평가에 관한 법률"에 의한 개별공시지가(개별공시지가가 없는 경우에는 토지가격비준표에 의하여 산정한 가액)에 50/100을 곱하여 산정한 후(민인규 제9조 제1항), 소가산정기준에 의하여 목적물의 종류에 따라 소가를 산정한다.

6. 화해·조정신청·지급명령신청

가. 화해신청서

(1) 신청서에 납부할 인지액

화해신청서에는 소장에 납부할 인지액의 5분의 1의 인지액을 납부한다(민인법 제7조 제1항). 즉, 소제기에 준하여 소송목적의 값을 정하고 이에 따른 인지액을 산출한 후 그 5분의 1에 해당하는 인지를 붙인다(소송목적의 값의 5분의 1이 아님).

소제기에 준하여 소송목적의 값을 산정해야 하지만 화해신청에 있어서의 신청취지는 소장에 있어서의 청구취지와 달리 신청인의 권리사항 외에 의무이행사항까지 함께 기재되는 것이 보통이므로, 화해불성립되어 소제기 신청에 의해 통상의 민사소송절차로 이행되면 원고는 제1회 기일에 청구취지를 말로 진술하므로, 제1회 기일에 말로 정리될 것으로 예상되는 청구취지 즉, 신청인의 권리사항에 의해 산정함이 타당하다(아래 사례 4).

❑ 사례 4 : 제소전 화해신청에서의 인지액

[화해조항]

1. 임차인은 2017. 4. 4. 임대인에게 별지 목록 기재 건물을 인도한다. 이 경우 건물과 보증금반환은 동시이행으로 한다.
2. 임차인은 임대인에게 매월 말일 임대료 300만원을 2006. 4. 4.부터 이 사건 건물 인도일까지 지급한다.
3. 임대인은 임차인으로부터 별지 목록 기재 건물을 인도받음과 동시이행으로 임대차보증금 2억원을 지급한다.
   ○ 임대기간 : 2015. 4. 4. ~ 2017. 4. 3.
   ○ 건물가액 : 3억원

[문제 1]	임대인이 제소전 화해신청을 제기한 경우 인지액
[답 변]	☞ 소송목적의 값 임대인이 제소전 화해신청한 경우 신청인의 권리사항 및 소송목적의 값은 다음과 같다. ① 소유권에 기한 건물인도청구 또는 임대차계약 해제에 기한 건물인도청구의 소송목적의 값은 1억 5,000만원(3억원×1/2, 민인규 제12조 제5호 가목 또는 나목)이다. ② 임료상당 부당이득반환청구 또는 손해배상청구의 소송목적물의 값은 소제기시까지의 기발생분 및 장래 1년분의 합산액(민인규 제12조 제4호)이다. 문제는 화해신청 단계에서, 소제기신청이 되어 제1회 기일에 말로 정리될 것으로 예상되는 청구취지를 파악하기 어렵다는 점이다. 사례의 경우 화해 불성립으로 인하여 ①청구만 하는 경우, ②청구만 하는 경우, ①, ②청구를 병합청구하는 경우를 산정할 수 있는데, 이때에는 획일성의 요청에 의해 사안이 많을 것으로 예상되는 경우를 기준으로 소송목적의 값을 산정하여야 한다. ①, ②청구를 병합청구할 경우 ②청구는 ①청구의 부대청구에 해당하여 불산입하므로(재민 98-5) 소송목적의 값은 1억 5,000만원이다. ☞ 인지액 화해신청은 소장에 붙여야할 인지액의 5분의 1의 인지를 붙여야 하므로(민인법 제7조 제1항), 인지액은 131,000원(소송목적의 값 1억 5,000만원에 대한 인지액 655,000×1/5이다).
[문제 2]	임차인이 제소전 화해신청을 제기한 경우 인지액
[답 변]	☞ 소송목적의 값 임차인이 제소전 화해신청한 경우 권리사항은 임대차보증금반환청구이므로, 소송목적의 값은 2억원이다(민인규 제12조 제3호). ☞ 인지액 화해신청은 소장에 붙여야할 인지액의 5분의 1의 인지를 붙여야 하므로 인지액은 171,000원(소송목적의 값 2억원에 인지액 855,000원×1/5)이다.

(2) 보정할 인지액

기일에서 화해가 불성립되는 경우에 당사자(신청인은 물론 피신청인 쪽에서도)는 그 분쟁을 소송으로 해결하기 위하여 소제기 신청을 할 수 있다(민소 제388조 제1항).

적법한 소제기 신청이 있으면 화해신청시로 소급하여 소를 제기한 것으로 보게 된다(민소 제388조 제2항 전단).

화해신청인이 소제기 신청을 하는 경우에는 소제기 신청서에 화해신청서에 붙인 인지액 5분의 1을 제외한 나머지 5분의 4에 대하여 인지를 납부하여야 하나(민인법 제7조 제3항), 피신청인이 소제기 신청을 하는 경우에는 지급명령에 대한 이의신청서에 준하여 인지를 붙이지 아니한다.

소제기 신청이 있으면 소송기록을 본안의 관할법원에 송부하여야 한다(민소 제388조 제2항 후단). 소송기록은 송부받은 본안법원의 법원사무관 등이 화해신청서를 심사하여 부족 인지액에 대한 보정권고를 한다. 여기서 피신청인이 소제기 신청을 한 경우에도 법원은 원고에게 인지 추가 납부명령을 발하게 되는데, 원고가 일부러 인지를 추가 납부하지 않고 소장각하의 재판을 받으려고 할 경우 피고는 신속히 본안에 관한 답변서를 제출하고 원고를 위하여 인지를 대납하지 않으면 본안판결을 받을 수 없다.

예시 1 **제소전화해신청과 소송으로 이행하는 경우의 소가**

1. 신청인은 피신청인에게 5,000만원과 이에 대하여 2015. 8. 10.부터 다 갚는 날까지 연 15%의 비율로 계산한 돈을 지급한다.
2. 신청인이 위 기일까지 위 채권액을 지급하지 아니할 때에는 신청인은 피신청인에게 ○○시 ○○구 ○○동 ○○○-○○ 대 200㎡에 관하여 담보의 목적으로 이미 한 매매예약을 원인으로 한 소유권이전등기청구권보전의 가등기에 기한 본등기절차를 이행하고 이를 인도한다.
3. 피신청인은 신청인으로부터 위 채권액을 수령함과 동시에 신청인에게 위 가등기의 말소등기절차를 이행하라.

► 소가산정 ◄

1. 목적물의 종류에 따른 가액

가. 금전지급청구의 경우 : 지급하려고 하는 금액을 소가로 한다(민인법

제2조).

나. 가등기에 기한 본등기의 경우 : 가등기 또는 그에 기한 본등기는 목적물가액의 1/2를 소가로 한다(민인규 제13조 제3호).

다. 토지인도의 경우 : 목적물가액의 1/2를 소가로 한다(민인규 제12조 제5호, 가목).

라. 가등기의 말소의 경우 : 설정 또는 양도계약이 해제, 해지된 경우는 목적물가액의 1/2(민인규 제13조 제3호)을 소가로 한다(민인규 제13조 제4호, 가목).

2. 산출공식

가. 금전지급청구의 경우 : 금 5,000만원

나. 가등기에 기한 본등기의 경우 : 공시지가 × 면적(㎡) × 50/100 × 1/2 = 가액

다. 토지인도의 경우 : 공시지가 × 면적(㎡) × 50/100 × 1/2 = 가액

라. 가등기의 말소의 경우 : 공시지가 × 면적(㎡) × 50/100 × 1/2 = 가액

3. 소 가

흡수법칙에 따라 위 금액 중 다액을 소가로 하여 그 인지액을 정하고, 그 인지액의 1/5의 인지를 붙여야 한다(민인법 제7조 제1항).

※ 1. 본 소는 신청인이 금 5,000만원의 채권액에 대하여 그 지급기일을 정하면서 그 기일까지 위 채권액을 지급하지 아니할 때에는 피신청인에게 담보의 목적으로 한 소유권이전등기청구권보전의 가등기에 기한 본등기절차를 이행하고 이를 명도한다고 하고, 위 금 5,000만원을 지급하였을 경우에는 피신청인은 위 가등기의 말소를 이행하라는 제소전 화해신청을 하였다.
위 소의 경우 돈을 갚으면 가등기를 말소하고, 돈을 갚지 않으면 본등기 후 명도한다는 것으로, 한쪽 집행권원의 집행요건이 성취되면 다른 집행권원은 집행할 수 없는 관계에 있기 때문에 "경제적 이익"이 동일하거나 중복되는 청구에 해당되므로 위 소의 경우 흡수법칙을 적용하여야 한다.

2. 흡수법칙은 "1개의 소로써 주장하는 수 개의 청구의 경제적 이익이 동일하거나 중복되는 때(민인규 제20조)"와 "1개의 청구가 다른 청구의 수단에 지나지 않을 때(민인규 제21조)"로 나뉜다. 전자의 경우에는 중복되는 범위 내에서 흡수되고, 그중 가장 다액인 청구의 가액을 소가로 하고(민인규 제20조). 후자의 경우에는 특별한 규정이 있는 경우를 제외하고, 그 가액은 소가에 산입하지

아니한다. 다만, 수단인 청구의 가액이 주된 청구의 가액보다 다액인 경우에는 그 다액을 소가로 한다(민인규 제21조).

3. 토지의 경우에는 "부동산가격공시 및 감정평가에 관한 법률"에 의한 개별공시지가(개별공시지가가 없는 경우에는 토지가격비준표에 의하여 산정한 가액)에 50/100을 곱하여 산정한 후(민인규 제9조 제1항) 소가산정기준에 의하여 목적물의 종류에 따라 소가를 산정한다.
4. 소의 제기가 있는 것으로 보는 인지액
   소의 제기가 있는 것으로 보는 때에는 소를 제기하는 경우에 소장에 붙여야 할 인지액으로부터 당해 신청서에 붙인 인지액을 공제한 액의 인지, 즉 5분의 4를 추가 납부하여야 한다(민인법 제7조 제3항).

나. 조정신청서

(1) 신청서에 납부할 인지액

조정신청서에는 소장에 납부할 인지액의 10분의 1의 인지를 붙인다(민사조정법 제5조 제4항, 민사조정규칙 제3조 제1항). 소송목적의 값 계산방식은 화해신청과 동일하다.

(2) 보정할 인지액

조정신청을 한 때에 소가 제기된 것으로 보는 경우(조정을 하지 아니하기로 하는 결정이 있는 때, 조정이 성립되지 아니한 것으로 종결된 때, 조정에 갈음하는 결정에 대하여 이의신청이 있는 때)에 조정신청서에 붙인 인지액 10분의 1을 제외한 나머지 인지액 10분의 9를 보정한다(민사조정법 제36조 제2항).

다. 지급명령신청서

(1) 신청서에 납부할 인지액

지급명령신청에는 소장에 납부할 인지액의 10분의 1의 인지액을 납부하여야 한다(민인법 제7조 제2항).

(2) 보정할 인지액

지급명령신청을 한 때에 소가 제기된 것으로 보는 경우(지급명령신청인의 소제기 신청이 있는 때, 지급명령에 대한 이의가 있는 때, 법원의 소송절차회부결정이 있는 때) 지급명령신청서에 붙인 인지액 10분의 1을 제외한 나머지 인지액 10분의 9을 보정한다(민인법 제7조 제3항). 지급명령신청이 소송으로 이행하게 되는 경우 지급명령신청 시의 청구금액을 소송목적의 값으로 하여 인지액을 계산함이 원칙이나, 소송기록이 관할법원으로 송부되기 전에 지급명령신청 시의 청구금액을 기준으로 한 인지 부족액이 보정되지 않은 상태에서 채권자가 지급명령을 발령한 법원에 청구금액을 감액하는 청구취지 변경신청서를 제출하는 등 특별한 사정이 있는 경우에는 변경 후 청구취지에 관한 소송목적의 값에 따라 인지액을 계산한다(대법원 2012. 5. 3.자 2012마73 결정). 이의신청서에는 인지를 붙이지 아니한다.

여러 사람을 상대로 한 지급명령신청에 대하여 피신청인들 중 1인이 이의신청한 경우에는 그 이의신청인에 대하여 소를 제기한다면 납부하여야 할 인지액에서, 이미 지급명령신청서에 붙인 인지액 중 이의신청인에 해당하는 액[지급명령신청서에 붙인 인지액×(이의신청인에 대한 소송목적의 값 / 피신청인 전원에 대한 소송목적의 값)]을 공제한 나머지 액을 보정한다(아래 사례 5). 다만, 연대채무자 여러 사람에 대한 지급명령 신청시에는 채무액 전액(소송목적의 값)에 대한 10분의 1의 인지를 납부하였을 것이므로, 그 중 1인만이 이의신청할 때에도 채무액 전액을 기준으로 인지의 보정을 명한다.

피신청인이 여러 개의 청구에 대한 지급명령 중 일부 청구에 대해서만 이의신청한 경우에도 위와 같은 산정방식에 의한다.

❑ 사례 5 : 지급명령신청인이 납부할 인지액	
[문제 1]	지급명령신청인이 납부할 인지액 "채무자 갑, 을, 병은 채권자에게 각 1억원과 각 이에 대하여 지급명령정본송달 다음날부터 다 갚는 날까지 연 15%의 비율로 계산한 돈을 지급하라"는 지급명령이 발령되었는데 채무자 병이 이의신청을 하였다.
[답 변]	☞ 지급명령신청서에 납부해야 할 인지액 ① 각 청구의 소송목적의 값

갑, 을, 병에 대한 청구의 소송목적의 값은 각 1억원이다.

② 병합청구의 소송목적의 값
갑, 을, 병에 대한 청구는 경제적 이익이 독립된 별개의 것이므로 합산법칙이 적용되므로 소송목적의 값은 3억원이다(민인규 제19조).

③ 인지액
지급명령신청서에는 민사소송등인지법 제2조 규정액의 10분의 1의 인지액을 납부하여야 한다(민인법 제7조 제2항). 3억원에 대한 인지액은 1,255,000원이므로 지급명령신청서에는 125,500원(=1,255,000원×1/10)을 납부하여야 한다.

☞ 이의신청서에 납부할 인지액
인지를 납부하지 아니한다.

☞ 보정할 인지액
여러 사람을 상대로 한 지급명령신청서에 대하여 피신청인들 중 1인이 이의신청한 경우 보정할 인지액은 그 이의신청인에 대하여 소를 제기한다면 납부할 인지액에서, 이미 지급명령신청서에 납부할 인지액 중 이의신청인에 해당하는 액[지급명령신청서에 납부한 인지액×(이의신청인에 대한 소송목적의 값÷피신청인 전원에 대한 소송목적의 값)]을 공제한 나머지 액이다.

① 이의신청인 병에 대하여 소를 제기한다면 납부할 인지액 :
병에 대한 청구의 소송목적의 값 1억원에 대한 인지액 455,000원이다.

② 지급명령신청서에 납부한 인지액 중 이의신청인 병에 해당하는 인지액
125,500원×(1억원÷3억원) = 41,800원(41,833.33원이지만 민사소송등인지법 2항을 준용하여 100원 미만은 33.33원은 계산하지 아니한다)

③ 보정할 인지액 : 채권자는 ①에서 ②를 공제한 나머지 413,200원(455,000원－41,800원)을 보정하여야 한다.

7. 정정보도청구 등

'언론중재 및 피해구제 등에 관한 법률'에 따른 정정보도청구, 반론보도청구 및 추후보도청구사건은 민사집행법의 가처분절차에 관한 규정에 의해 재판하도록 되어 있으나(언론중재 및 피해구제 등에 관한 법률 제26조 제6항), 인지액은 민사소송등인지법 제2조 제4항에 의하여 납부한다(정정보도청구등사건심판규칙 제7조 제1항). 따라서 신청인은 소송목적의 값 5,000만원(민인규 제18조의2 본문)에 대한 인지액 230,000원

을 납부한다.

한편, 언론중재위원회에서 행한 직권조정결정에 관하여 이의신청이 있는 경우 이의신청이 있은 때에 소가 제기된 것으로 보는데(언론중재 및 피해구제 등에 관한 법률 제22조 제4항), 납부해야 할 인지액(소송목적의 값 5,000만 100원에 대한 인지액 230,000원)에서 중재위원회에 대한 조정신청시 납부한 수수료를 뺀 금액 상당의 인지를 보정해야 한다(정정보도청구등사건심판규칙 제7조 제2항).

피해자 및 언론사는 모두 언론중재위원회의 직권조정결정에 대한 이의신청을 할 수 있다(언론중재 및 피해구제 등에 관한 법률 제22조 제3항). 이의신청이 있는 경우 피해자를 원고로, 상대방인 언론사를 피고로 한다(언론중재 및 피해구제 등에 관한 법률 제22조 제4항). 따라서 피해자가 이의신청한 경우에는 인지액 보정도 피해자가 하면 된다. 그런데 언론사가 이의신청한 경우에도 법원은 피해자(원고)에게 인지 추가 납부명령을 발하게 되는데, 피해자(원고)가 인지를 추가 납부하지 않을 경우 언론사(피고)가 피해자(원고)를 위하여 인지를 대납하지 않으면 본안판결을 받을 수 없다.

정정보도청구 등을 인용한 재판에 대하여 항소하는 경우에는 1심 인지액의 1.5배액을 납부한다(민인법 제3조). 한편, 정정보도청구 등을 변론 없이 각하한 결정에 대하여는 항고로 불복할 수 있는데, 이 경우에는 2,000원의 인지를 붙인다(민인법 제11조 제2항).

8. 재심·준재심

가. 재심 소장

재심 소장에는 이를 제출하는 법원의 심급에 따라 각각 소장, 항소장 또는 상고장에 납부할 인지액과 같은 액의 인지를 납부한다(민인법 제8조 제1항).

(1) 소송목적의 값 산정방식

재심의 소송목적의 값 산정방식에 관해서는 재심원고가 재심에 의해 전부승소할 경우 직접 받게 될 경제적 이익의 관점에서 확정판결에 대해 재심 청구취지로써 불복하는 범위를 기준으로 계산해야 한다(민인규 제25조 유추적용).

예컨대, 원고가 1억원의 대여금청구와 소유권에 기한 건물인도청구[건물가액은 4억원, 소송목적의 값은 2억원(민인규 제12조 제5호 가목)]을 병합제기 하였는데, 건물인도청구는 인용되고 대여금청구는 기각되어 1심 판결이 확정된 후 1억원의 대여금청구 부분에 대하여 판결취소와 1억원의 대여금 지급을 구하는 재심 소장을 1심에 제출한 경우, 재심의 소송목적의 값은 1억원이고, 이에 대한 인지액은 455,000원이다.

실무상 재심 청구취지에 의한 불복범위를 검토하지 않고 확정사건의 1심 소장 인지액을 그대로 재심 소장에 납부시키는 경우에 있는데 이는 잘못이다.

재심 소장에는 이를 제출하는 법원의 심급에 따른 인지액을 납부하여야 한다. 예컨대, 원고가 건물에 대한 소유권이전등기청구[건물가액은 1억원, 소송목적의 값은 1억원(민인규 제13조 제1항 1호)]을 하여 1, 2심에서 모두 승소·확정되었는데, 피고가 확정 판결의 취소 및 청구기각을 구하는 재심 소장을 항소심에 제출할 경우, 재심의 소송목적의 값은 1억원이고, 이에 대한 항소심·인지액인 682,500원(1심 인지액 455,000원 ×1.5배)을 납부하여야 한다.

(2) 기 준 시

소송목적의 값은 소제기시를 기준으로 산정하는데(민인규 제7조), 재심사건의 경우 재심제기시를 기준으로 할 것인지, 아니면 재심대상사건의 소제기시를 기준으로 할 것인지 견해대립이 있다. 재심의 소는 신소제기라는 형식을 취하고 재심 전의 소송과는 분리되므로(대법원 1991. 3. 27.자 90마970 결정), 재심제기시를 기준으로 함이 타당하다(아래 사례 6). 다만, 재심은 원판결을 한 법원의 전속관할이므로 관할을 정함에 있어서는 재심 제기전의 소송목적의 값을 기준으로 한다.

예시 1 재심의 소

> 피고는 원고에게 ○○시 ○○동 ○○○ 대 350㎡에 관하여 2015. 7. 20. 매매를 원인으로 한 소유권이전등기절차를 이행하라.

► 소가산정 ◄

1. 목적물의 종류에 따른 가액

소유권이전등기는 목적물의 가액을 소가로 한다(민인규 제13조 제1호).

2. 산출공식

가. 제1심의 경우 : 공시지가 × 면적(㎡) × 50/100 = 목적물가액(소가)

[예 ; 소가가 3,00만원일 경우 : 소가가 1,000원이상 1억원미만에 해당되므로 5,000 + (3,000만원 × 0.0045) = 140,000원을 현금으로 납부한다].

나. 항소심의 경우 : 공시지가 × 면적(㎡) × 50/100 = 목적물가액(소가)

항소장에는 제1심 소장 인지액의 1.5배액의 인지액을 붙여야 한다.

[예 ; 소가가 3,000만원일 경우 : 소가가 1,000원이상 1억원미만에 해당되므로 5,000 + (3,000만원 × 0.0045) = 140,000원 × 1.5 = 210,000원의 인지액을 납부한다].

다. 상고심의 경우 : 공시지가 × 면적(㎡) × 50/100 = 목적물가액(소가)

상고장(대법원에 제출하는 소장을 포함한다)에는 제1심 소장 인지액의 2배액의 인지액을 납부한다.

[예 ; 소가가 3,00만원일 경우 : 소가가 1,000원이상 1억원미만에 해당되므로 5,000 + (3,000만원 × 0.0045) = 140,000원 × 2 = 280,000원을 현금으로 납부한다].

[판례] 소의 일부분에 관하여만 재심청구를 한 경우 소송목적물의 가액(대법원 1991. 1. 16.자 90마878 결정).

[판례] 재심 소장에 잘못 계산한 인지가 첨부된 채로 판결을 한 경우 상고장의 인지액(대법원 1991. 1. 16.자 90마878 결정)

[판례] 재심의 소에서 신청구를 병합할 수 있는 지 여부(대법원 1997. 5. 28. 선고 96다41649 판결)

예시 2 **제소전화해조서(민소법 제386조)에 대한 준재심**

준재심대상조서

위 당사자간의 ○○지방법원 ○○지원 2015자 32호 부동산소유권이전등기 제소전 화해신청사건에 관한 2015. 8. 20.자 화해조서

준재심대상사건의 신청취지

피신청인은 신청인에게 별지 목록 기재 부동산(토지)에 관하여 제소전화해신청서 부본의 송달일자 매매를 원인으로 한 소유권이전등기절차를 이행하라.

준재심청구취지

신청인(준재심피고)이 피신청인(준재심원고)를 상대로 하여 제기한 당원 2015자 32호 부동산(토지)소유권이전등기 제소전 화해신청사건에서 이루어진 화해의 내용이 기재된 ○○지방법원 ○○지원의 2015. 8. 20.자 화해조서는 이를 취소하고, 신청인의 위 제소전화해신청을 기각한다.

► 소가산정 ◄

1. **목적물의 종류에 따른 가액**

   소유권이전등기에 관한 제소전 화해조서에 대한 준재심이므로 소가는 목적물가액으로 한다(민인규 제13조 제1호).

2. **산출공식**

   공시지가 × 면적(㎡) × 50/100 = 목적물가액(소가)

3. **소　가**

   제소전 화해에 대한 준재심의 소장에는 화해신청서와 같은 민사소송등인지법 제2조 규정액의 1/5의 인지액을 붙인다(민인법 제8조 제2항). 여기서 소가의 1/5분의 아닌 인지액의 1/5분이라는 점에 주의.

※ 1. 화해, 포기 인낙의 조서 또는 즉시항고로 불복을 신청할 수 있는 결정이나

명령이 확정한 경우에 재심사유에 기재한 사유가 있는 때에는 확정판결에 대한 민사소송법 제451조 내지 제460조의 규정에 의하여 재심을 제기할 수 있는 바(민소법 제461조), 이를 준재심이라 한다.

화해·청구의 포기·인낙조서에 대한 준재심의 소의 경우(민소법 제220조)도 제1심 소장의 경우와 같다. 따라서 심급에 따라 민사소송등인지법 제2조(1심 소장), 제3조(항소장, 상고장) 또는 제4조 제1항(반소장) 규정액의 인지를 붙여야 한다(민인법 제8조 제2항 전단). 다만, 제소전 화해조서(민소법 제386조)에 대한 준재심의 소장에는 제1심 소장에 붙여야 할 민사소송등인지법 제2조 규정액의 5분의 1의 인지를 붙인다(민인법 제8조 제2항 단서).

2. 토지의 경우에는 "부동산가격공시 및 감정평가에 관한 법률"에 의한 개별공시지가(개별공시지가가 없는 경우에는 토지가격비준표에 의하여 산정한 가액)에 50/100을 곱하여 산정한 후(민인규 제9조 제1항) 소가산정기준에 의하여 목적물의 종류에 따라 소가를 산정한다.

[판례] 인지보정명령이 송달받을 권한이 없는 자에게 잘못 송달된 결과 상고장이 각하된 경우와 준재심사유 유무(대법원 1982. 11. 24. 선고 81사6 판결).

예시 3 제권판결에 대한 불복의 소

ㅇㅇ지방법원이 피고의 신청에 의하여 2015. 8. 20. 2015카 1234호로 별지 ㅇㅇ증권에 대하여 한 "별지 목록 기재의 증권에 대하여 2015. 5. 13. 공시 최고한 바, 그 기일인 2015. 8. 20. 10:00까지 권리의 제출, 신고나 청구 및 증권을 제출한 자가 없으므로 신청인의 신청에 의한 동 증권의 무효를 선고한다.고 한 제권판결은 이를 취소한다.

► 소가산정 ◄

1. 목적물의 종류에 따른 가액

가. 증서의 무효를 위한 공시최고

증서를 무효를 위한 공시최고의 제권판결에 대한 불복의 소에서 유가증권의 가액은 액면금액 또는 표창하는 권리의 가액으로 하되, 증권거래소에 상장된 증권의 가액은 소제기 전날의 최종거래가격으로 한다(민인규 제9조 제4항). 액면금액 또는 표창하는 권리의 가액이 없을 때는 소가산정 불능으로 보아 5,000만원으로 한다(민인법 제2조 제4항, 민인규 제18조의2, 전단).

나. 등기·등록의 말소를 위한 공시최고
등기·등록절차에 관한 공시최고의 경우는 민사소송등인지규칙 제13조의 규정에 따른다.

2. 산출공식

가. 증권거래소에 상장된 증권일 경우 : 주권매수 × 소제기 전날의 최종거래가격 = 소가(주권이 증권거래소에 상장된 유가증권인 경우에는 일간지에 종가가 보도되므로 일자가 기재된 시세표를 제출하여야 한다).

나. 증권거래소에 상장된 증권이 아닐 경우 : 주권매수 × 액면금액 또는 표창하는 권리의 가액 = 소가

※ 제권판결은 공시최고절차의 마지막단계로서 신청 대상이 된 권리의 무효, 즉 실권의 효력을 발생시키는 형성적 재판인 바, 제권판결에 대한 불복의 소는 제권판결의 절차 또는 내용에 일정한 중대하자가 있을 때에 이해관계인이 신청인에 대하여 소의 형식으로 하는 불복신청이다.
소가는 원고가 청구취지로써 구하는 범위 내에서 원고의 입장에서 보아 전부 승소할 경우에 직접 받게 될 경제적 이익을 객관적으로 평가하여 금액으로 정함을 원칙으로 한다(민인규 제6조).

[판례] 제권판결에 대한 불복의 소의 법적 성질과 다른 청구의 병합 가부(대법원 1989. 6. 13. 선고 88다카7962 판결).

□ 사례 6 : 재심에서의 소송목적의 값

[문제 1]

소송목적의 값

1. 귀원은 2013가합 1000 건물인도청구사건에 관하여 2015. 2. 2. 선고한 판결은 이를 취소한다.
2. 피고(재심피고)는 원고(재심원고)에게 별지 목록 건물을 인도하다.
   ※ 청구원인은 소유권에 기한 건물인도 청구
   ○ 재심대상판결 소제기일 기준 건물가액 : 3억원
   ○ 재심 제기일 기준 건물가액 : 9억원

[답 변]	재심 제기일 기준일을 기준으로 소송목적의 값을 산정 1. 확정된 사건에 대해 다시 판결을 구하는 재심과 확정되지 아니한 사건에 대해 재차 판결을 구하는 상소는 구별되므로 상소의 경우와 달리 취급하여 재심제기일 기준으로 한다. 2. 민사소송법 제41조 제5호의 "전심관여"에서 제척사유로 보지 않는 점(대법원 1994. 8. 9. 선고 94재누94 판결) 점, 재심은 신소의 제기라는 형식을 취하고 재심 전의 소송과는 일응 분리되는 점(대법원 1991. 3. 27.자 90마970 결정), 청구변경신청의 경우에도 청구변경일을 기준으로 한다는 점 등을 고려할 때 재심 제기일을 기준으로 함이 타당하다. 다만, 재심은 원판결을 한 법원의 전속관할이므로 관할을 정함에 있어서는 재심제기전의 소송목적의 값을 기준으로 한다. 재심 제기일을 기준으로 할 경우 건물가액은 9억원이므로 소송목적물의 값은 4억 5,000만원(인지규칙 제12조 제5호 가목)이다.

(3) 상 소

재심에 대한 판결이 나고 이에 대해 상소할 경우는 상소로써 불복하는 범위를 소송목적의 값으로 한다(민인규 제25조).

나. 준 재 심

(1) 의 의

확정판결과 같은 효력을 갖는 조서와 즉시항고로 불복을 신청할 수 있는 것으로서 확정된 결정·명령에 대해 재심사유가 있는 때에, 재심의 소에 준하여 재심을 제기하는 것을 준재심이라 한다. 조서에 대한 준재심(소의 방식에 의함)과 결정·명령에 대한 준재심(신청의 방식에 의함)이 있는데, 민사소송등인지법에서는 전자에 대하여는 역진제를, 후자에 대하여는 정액제를 채택하고 있다.

(2) 조서에 대한 준재심

(가) 재판상 화해조서 등

재판상 화해조서, 청구의 포기·인락조서(민소 제220조), 재판상 화해와 동일한 효력을 가진 조정조서에 대해 불복하는 경우가 여기에 해당한다. 비록 결정의 형식을 취하지만 재판상 화해와 동일한 효력이 인정되는 확정된 화해권고결정에 대해 불복하는 경우도 여기에 해당한다.

준재심 소장에는 이를 제출하는 법원의 심급에 따라 각각 소장, 항소장 또는 상고장에 납부할 인지액과 같은 액의 인지를 붙인다(민인법 제8조 제2항 본문, 제8조 제1항).

준재심의 소송목적의 값 산정방식에 관하여는, 준재심 원고가 준재심에 의해 전부승소할 경우 직접 받게 될 경제적 이익의 관점에서 보면 준재심 청구취지로써 불복하는 범위를 기준으로 한다(민인규 제25조 유추적용). 예컨대, 3억원의 대여금청구소송에서 피고는 원고에게 2억원을 지급하고 나머지 청구는 포기하는 내용의 재판상 화해가 1심에서 성립되었는데, 원고가 나머지 1억원을 받겠다고 소장을 제출한 경우 소송목적의 값은 1억원이고, 반대로 피고가 2억원을 못주겠다고 준재심 소장을 제출한 경우 소송목적의 값은 2억원이다.

(나) 제소전 화해조서

제소전 화해조서(민소 제386조)에 대한 준재심 소장에는 제소전 화해신청서에 붙이는 인지액과 동액의 인지를 붙인다(민인법 제8조 제2항 단서, 제7조 제1항). 따라서 민사소송등인지법 제2조에 규정된 인지액의 5분의 1의 인지를 붙인다.

준재심 소송목적의 값은, 준재심 원고가 준재심에 의해 전부승소할 경우 받게 될 경제적 이익의 관점에서 보면 준재심 청구취지로써 불복하는 범위를 기준으로 한다(민인규 제25조 유추). 예컨대, 제소전 화해조서에 “피고는 원고에게 1억원을 지급한다”라고 기재되었는데, 피고가 1억원 중 5,000만원 부분이 무효라며 준재심을 제기한 경우 소송목적의 값은 5,000만원이고, 납부해야 할 인지액은 46,000원(5,000만원에 대한 인지액 230,000원×1/5)이다.

(3) 결정·명령에 대한 준재심

(가) 규 정

즉시항고로 불복을 신청할 수 있는 결정 또는 명령이 확정된 경우에 하는 준재심신청, 예컨대 확정된 소장각하명령(민소 제254조 제3항), 상소장각하명령(민소 제402조,

제425조), 소송비용에 관한 결정(민소 제110조, 제113조, 제114조) 과태료의 결정(민소 제363조, 제370조 제1항) 등에 대한 준재심에는 정액인 2,000원의 인지를 붙인다(민인법 제9조 제4항 제4호).

그리고 대법원의 결정·명령에 대한 준재심이 인정되는데(대법원 2000. 1. 7.자 99재마4 결정), 이 경우에도 2,000원의 인지를 붙인다.

(나) 항고 및 재항고

준재심 신청에 대한 기각결정에 대해 항고, 재항고하는 경우에는 당해 신청서에 붙인 인지액의 2배에 해당하는 인지를 붙여야 한다(민인법 제11조 제1항).

예컨대, 1심의 소장각하명령에 대한 준재심 신청을 제기하는 경우에는 2,000원의 인지(민인법 제9조 제4항 제4호), 1심 법원의 준재심 기각결정에 대한 즉시항고를 하는 경우에는 4,000원의 인지, 항고법원의 기각결정에 대한 재항고를 하는 경우에는 4,000원의 인지를 각 붙인다.

제2절 정액제가 적용되는 경우

1. 인지액 30,000원(민인법 제9조 제1항)

회생절차개시신청, 개인회생절차개시신청, 채권자가 하는 파산신청(채무자가 하는 파산신청은 1,000원이다) 그 밖에 이에 준하는 신청 등 주로 도산절차의 신청이 이에 해당한다.

2. 인지액 10,000원(민인법 제9조 제2항)

가. 개별신청

민사집행법에 따른 가압류·가처분의 신청이나 가압류·가처분 결정에 대한 이의 또는 취소의 신청을 위한 신청서가 이에 해당한다. 다만, 임의시의 지위를 정하기 위한 가처분의 신청 및 그에 대한 이의 또는 취소의 신청은 역진제가 적용되므로(민인법 제2조 제2항 단서). 인지 10,000원의 정액제가 적용되는 가처분은 계쟁물에 대한 가처분을 의미한다.

나. 병합신청

(1) 신청의 개수를 정하는 기준

여러 개의 신청이 병합되었을 때 무엇을 신청의 개수를 정하는 기준으로 삼을 것인가 견해 대립이 가능하겠지만 보전소송에서는 ① 신청사항(당자자가 법원에 구하는 처분)의 수 ② 채권자 또는 채무자의 수를 기준으로 함이 타당할 것이다(아래 사례 7). 이하 신청사항이 복수인 경우와 채권자 또는 채무자의 수가 복수인 경우로 나누어 설명한다.

❑ 사례 7 : 수개의 집행권원에 기한 압류 및 추심명령의 신청, 채권자 또는 채무자가 복수인 가압류 신청의 인지액 등

[문제 1]	수개의 집행권원에 대한 압류 및 추심명령의 신청의 인지액에 관한 사안 : 갑은 을에 대한 2개의 집행권원에 기하여 1건의 신청서로 을의 정기예금채권 3개에 대하여 압류 및 추심명령 신청을 함.
[답 변]	인지액은 8,000원이다. 신청서에는 8,000원[압류명령신청 4,000원(2,000원×2) + 추심명령신청 4,000원(2,000원×2)의 인지를 붙인다

※ **집행권원의 개수를 표준으로 한다.**

신청의 근거는 집행권원인 점, 우연한 사정으로 재산이 나누어져 있다는 이유로 집행목적물의 개수에 따라 인지액을 붙이는 것은 부당한 점, 집행목적물의 개수에 따라 역무의 제공 정도가 차이가 나지 않는 점, 인지산정 업무의 간이화 등을 고려할 때 집행권원의 개수를 표준으로 하는 견해가 타당하다. 전부명령도 추심명령과 동일한 원칙에 의해 사건의 개수를 정한다(재만 87-9).

[문제 2]	채권자 또는 채무자가 복수(주관적 병합)인 가압류신청의 인지액에 관한 사안 ① 채권자 갑은 연대채무자 을, 병에 대하여 가압류 신청을 함. ② 동일 교통사고로 손해를 입은 채권자 정, 무는 각자의 손해배상청구권에 기하여 가해자(을)에 대하여 가압류 신청을 함.
[답 변]	①에 대한 인지액은 10,000원이다.

채무자가 2명이므로 신청의 개수도 2개인데, 을, 병은 연대채무 관계에 있으므로 청구병합의 경우라면 흡수법칙이 적용된다(민인규 제20조). 따라서 유추적용 긍정설에 의하면 각 신청 사이에는 흡수법칙이 적용되고 인지액 계산에 있어서는 결과적으로 신청이 1개로 취급되는 것과 같게 되며 이 경우 인지액은 10,000원이다(민인법 제9조 제2항 본문).

※ 본래 여러 개의 독립된 신청으로 할 것을 편의상 1통으로 신청한 것에 불과함에도 인지액 산정의 편의를 이유로 1개의 신청으로 취급하는 것은 형편에 반하여 부당하다. 그렇다면 무엇을 기준으로 신청의 개수를 정할 것인가 문제인데, 보전소송에서는 신청사항(당사자가 법원에 구하는 처분)의 수, 채권자 또는 채무자의 수를 기준으로 함이 일반적이다.

②에 대한 인지액은 20,000원이다.

채권자가 2명이므로 신청의 개수도 2개인데 청구병합의 경우라면 합산법칙이 적용된다(민인규 제19조). 따라서 유추적용 긍정설에 의하더라도 신청은 2개가 되며 이 경우 인지액은 20,000원(10,000원×2)이다.

☞ 민사소송등인지법이 채택하고 있는 재판유상주의(민인법 제1조)를 구체적으로 구현한다는 점에서 정액제와 역진제는 동일한 기반 위에 있으므로 유추적용을 긍정하여도 부당하지 않을 것이다.

[문제 3] **수개의 부동산에 대한 부동산가압류 또는 수명의 제3채무자에 대한 채권가압류신청시 인지액에 관한 사안**

① 채권자 갑이 채무자 을의 5개 부동산에 대해 부동산가압류신청을 함

② 채권자 갑이 채무자 을의 예금채권에 대해 가압류신청을 하면서 제3채무자를 5개(금융기관)를 지정한 경우

[답 변] ①에 대한 인지액은 10,000원이다.

②에 대한 인지액은 10,000원이다.

☞ 집행목적물의 개수만큼 개수를 산정하는 것이 어떤 면에서는 더 논리적이라고 볼 수 있고, 그 경우 과잉신청(다수의 부동산, 다수의 제3채무자에 대한 보전신청)을 억제하는 부수적 효과를 기대할 수 있는 것도 사실이다. 그러나 채무자 소유의 수개 집행목적물에 대하여 보전신청을 하였다 하더라도 이는 채무자의 재산이 분산되어 있다는 우연한 사정에 따른 것일 뿐 결국 1명의 채권자가 1명의 채무자를 상대로 한 신청에 불과하다고 볼 수 있는 데다가, 정액제 인지는 소정의 인지와 달리 피보전권리의 가액이나 목적물과 무관하게 정하여지는 것이 원칙이고 보전처분 신청의 본질상 신속성. 명확성, 간이성에 따라 인지의 기준이 되는 신청의 수는 간명하게 판별한 것이 정책적으로도 타당하다고 보아 실무에서 이를 1개의 신청으

로 보고 있다.

※ **소송목적의 값**

- 민사소송등인지법 제2조(소장)
  ⑤ 1개의 소로서 비재산권을 목적으로 하는 소송과 그 소송의 원인이 된 사실로부터 발생하는 재산권에 관한 소송을 병합한 경우에는 액수가 많은 소송목적의 값에 따라 인지를 붙인다.
- 민사소송등인지규칙 제19조(합상의 법칙)
  1개의 소로써 수개의 청구를 하는 경우에 그 수개의 청구의 경제적 이익이 독립한 별개의 것인 때에는 합산하여 소가를 산정한다.
- 민사소송등인지규칙 제20조(중복청구의 흡수)
  1개의 소로써 주장하는 수개의 청구의 경제적 이익이 동일하거나 중복되는 때에는 중복되는 범위 내에서 흡수되고, 그 중 가장 다액인 청구의 가액을 소가로 한다.

(2) 신청사항이 복수(객관적 병합)인 경우

(가) 가 압 류

원칙적으로 신청의 개수는 1개이므로 인지는 10,000원이다. 채권자 1인이 채무자 1인에게 가압류신청을 하는 경우 피보전채권의 병합 유무에 관계 없이 신청의 개수는 1개이므로 인지는 10,000원이다. 예컨대 대여금채권, 예탁금반환채권을 피보전채권으로 하여 1통으로 신청하는 경우 성질이 다른 피보전채권이 복수일지라도 신청의 개수는 1개로 취급된다. 한편 1건의 신청서로 수개의 부동산에 대한 부동산가압류 또는 수명의 제3채무자에 대한 채권가압류를 신청하는 경우, 신청의 개수가 복수라는 견해도 있으나 1인의 채권자가 1인의 채무자를 상대로 한 1건의 신청으로 보는 것이 실무례이다(위 사례 7).

(나) 처분금지 가처분

원칙적으로 신청의 개수는 1개이므로 인지는 10,000원이다. 신청취지가 완전히 별개인 복수의 분쟁관계에 대하여 각각 필요한 처분을 구하고 있을 경우에는 신청의 개수는 복수가 된다. 이에 비하여 1개의 분쟁관계에 대하여 복수의 처분을 구할 경우에 신청의 개수는 1개이므로 예컨대 건물철거 및 토지인도청구권을 피보전권리로 하여 동일 채무자에게 건물의 처분금지와 점유이전금지를 구하는 경우에 신청의 개수는 1개이다.

(3) 채권자 또는 채무자가 복수(주관적 병합)인 경우

원칙적으로 신청의 개수는 당사자 수만큼 복수가 된다. 다만, 여러 명의 채권자에 의한 또는 여러 명의 채무자에 대한 경제적 이익이 동일 또는 중복되는 경우에 신청의 개수는 1개로 취급할 것인지 복수로 취급할 것인지 현재 대립이 가능하지만 1개로 취급함이 상당할 것이다(위 사례 7).

〈채권자 또는 채무자가 복수인 경우의 예시〉

1. 가압류

(1) 신청의 개수를 1개로 취급하는 사례

○ 여러 명의 연대채무자에 대한 신청

○ 동일 어음의 발행인과 배서인에 대한 신청

(2) 신청의 개수를 복수(10,000원×개수분)로 취급하는 사례

○ 동일 교통사고로 손해를 입은 수인의 채권자가 각자의 손해배상청구권에 기하여 하는 신청

2. 처분금지가처분

(1) 신청의 개수를 1개로 취급하는 사례

○ 건물의 소유명의자인 채무자에 대한 처분금지가처분신청과 그 건물을 점유하는 다른 채무자에 대한 점유이전금지가처분신청

(2) 신청의 개수를 복수(10,000원×개수분)로 취급하는 사례

○ 여러 명의 채무자에 대한 각자의 부동산점유부분(임대한 방 등)에 관한 점유이전금지가처분신청

○ 건물의 소유명의자인 채무자에 대한 처분금지가처분과 그 건물 대지의 소유명의자인 다른 채무자에 대한 대지의 처분금지가처분신청

3. 인지액 5,000원(민인법 제9조 제3항)

부동산 강제경매의 신청, 담보권의 실행을 위한 경매의 신청, 그 밖에 법원에 의한 경매의 신청, 강제관리의 신청이나 강제관리의 방법으로 하는 가압류집행의 신청, 그 밖에 이에 준하는 신청으로서 대법원규칙으로 정하는 신청이 이에 해당한다.

수개의 저당권에 기하여 1건의 경매신청을 하는 경우 본래 수개의 독립된 신청으로 할 것을 편의상 1건으로 신청한 것에 불과하므로 저당권의 수에 상응한 인지를 첨부하여야 한다(재민 69-1). 예컨대 1개의 부동산에 대하여 1번 저당권 및 2번 저당권에 기하여 임의경매를 신청한 경우 10,000원(5,0000원×2)의 인지를 붙인다. 그리고 목적 부동산이 복수로서 공동담보 관계에 있는 경우 실체법상 저당권의 개수로 복수로 인정된다고 하더라도 인지와 관련해서는 저당권을 1개로 취급함이 상당할 것이므로 예컨대 공동저당권에 기하여 20개의 구분건물에 대하여 임의경매를 신청할 경우 5,000원의 인지를 붙인다.

수개의 집행권원에 기하여 1건의 신청서로 수개의 부동산에 대한 강제경매를 신청하는 경우에 집행권원의 수에 상응한 인지를 첨부하여야 한다. 예컨대, 2개의 판결문에 기해 1건의 신청서로 3개의 부동산에 대한 강제경매를 신청하는 경우 10,000원(5,000원×2)의 인지를 붙인다.

4. 인지액 2,000원(민인법 제9조 제4항)

채권의 압류명령신청, 그 밖에 법원에 의한 강제집행신청(부동산 강제경매 등 위 2항의 신청 제외)이 이에 해당한다. 수개의 집행권원에 기하여 압류·추심(전부)명령을 신청하거나 또는 수개의 채권에 대한 압류·추심(전부)명령의 신청을 하는 경우 ① 집행권원의 개수에 의한다는 견해 ② 피압류채권·피전부채권 등에 의한다는 견해가 있으나, 집행권원의 개수에 의하여 산정함이 타당하다(위 사례 7).

다만, 전부명령은 수개의 압류된 채권 전체가 하나로써 채권자에게 전부되는 것이므로 1건으로 취급한다(재민 87-9). 예컨대, 2개의 집행권원에 기해 1건의 신청서로 3개의 채권에 대한 압류 및 추심명령을 신청하는 경우의 인지액은 8,000원{압류명령신청 4,000원(2,000원×2)+추심명령신청 4,000원(2,000원×2)}이지만, 2개의 집행권원에 기해 1건의 신청서로 3개의 채권에 대한 압류 및 전부명령을 신청하는 경우의 인지액은 6,000원{압류명령신청 4,000원(2,000원×2)+전부명령신청 2,000원}이다.

행정소송법에 따른 집행정지의 신청, 부동산등기법 제90조 제1항에 따른 가처분명령의 신청, 그 밖에 등기 또는 등록에 관한 법령에 따른 가등기 또는 가등록의 가처분명령의 신청, 즉시항고로 불복을 신청할 수 있는 결정 또는 명령이 확정된 경우에 하는 준재심의 신청, 그 밖에 이에 준하는 신청으로서 대법원규칙에 정하는 신청의 인지액은 2,000원이다.

5. 인지액 1,000원(민인법 제9조 제5항)

민사소송법 제475조에 따른 공시최고의 신청, 비송사건절차법에 따라 재판을 구하는 신청, 재산명시신청이나 채무불이행자명부등재신청 또는 그 말소신청, 그 밖에 대법원규칙이 정하는 각종 사건부에 등재할 신청(위 제1항 내지 제3항의 신청 제외)이 이에 해당한다. 각종 사건부에 등재할 신청이라 함은 사건부를 대신하여 전산입력하는 경우를 포함한다, 예컨대, 재산조회신청서의 경우 신청사건으로 전산입력하고, 1,000원의 인지를 납부한다.

6. 인지액 500원(민인법 제10조)

민사소송등인지법 제2조부터 제9조까지에 규정되지 아니한 신청서애는 500원의 인지를 붙여야 한다(민인법 제10조 본문). 다만 대법원규칙으로 정하는 신청서에는 인지를 붙이지 아니하는데(민인법 제10조 단서), 여기에서 인지를 붙이지 아니하는 신청서는 민사소송절차와 민사소송법에 준용되는 소송절차, 집행절차 및 비송절차에서 민사소송법 제162조에 따른 신청서를 제외한 나머지 신청서를 말한다(민인규 제2조의2). 따라서 민사소송법 제162조에 따른 신청서인 소송기록의 열람과 증명서의 교부청구 신청서에는 500원의 인지를 붙이지만 그 이외의 신청서에는 인지를 붙이지 아니한다. 예컨대 민사소송법 제213조 제1항에 의한 가집행선고신청서(직권에 의한 가집행선고) 및 민사소송법 제406조, 제435조에 의한 가집행선고신청서(당사자의 신청에 따른 항소심, 상고심에서의 불복없는 부분에 대한 가집행선고) 등에는 인지를 붙이지 아니한다(민인법 제10조 단서).

7. 소송기록의 열람·복사 및 재판서 등·초본 발급 등에서의 인지액

재판서 또는 조서의 등본 또는 초본 발급을 청구하는 경우에는 대법원규칙이 정하는 금액의 인지를 붙여야 한다(민인법 제12조). 구체적인 인지액 산정기준액은 "재판기록 열람·등사규칙"과 "재판기록열람복사예규(재일 2003-3)"에서 규정하고 있다.

예컨대, 11쪽 분량의 판결정본의 교부신청, 재도부여 신청, 송달증명원 1통 및 확정증명원 1통 발급을 신청한 경우 ① 사건에 관한 증명서의 교부에는 1건당 500원(재판·복사규칙 제4조 제1항 제3호)이므로 송달증명원 500원, 확정증명원 500원, ② 재판서 정본에는 매수에 상관없이 1건당 1,000원, ③ 집행문 부여의 경우 1통마다 500원이므로 재도부여 신청도 500원이다. 따라서 이를 각 합산한 2,500원의 인지를 붙여야 한다.

- 소송기록 등의 인지액
  - ① 소송기록의 열람·복사 : 1건마다 500원(이 경우 복사가 열람과 동시에 또는 열람 후 즉시 이루어지는 경우에는 1건의 복사로 본다)
  - ② 재판서·조서의 정본·등본·초본의 교부 : 1건마다 1,000원
  - ③ 사건에 관한 증명서의 교부 : 1건마다 500원
  - ④ 집행문 부여 : 1통마다 5,00원(다만, 재판서 정본도 교부하는 때에는 위 ②의 수수료를 따로 납부하여야 한다)

가. 소송기록의 열람·복사

"재판기록열람·복사규칙" 제4조에서 수수료에 관한 사항을 규정하고 있다.

재판기록의 열람·복사에 대하여는 1건마다 500원의 수수료를 수입인지로 납부하여야 하고, 복사가 열람과 동시에 또는 열람 후 즉시 이루어지는 때에는 1건의 복사로 한다.

민사소송법 제162조의 2항(권리구제·학술연구 또는 공익적 목적을 위한 소송기록 열람)에 따라 확정된 소송기록의 열람을 신청할 경우 신청인은 1건마다 1,000원의 수수료를 수입인지로 납부하여야 한다.

형사소송법 제59조의3에 따라 법원에서 형사 판결서 등의 열람 및 복사를 신청할 경우 신청인은 복사물 1장마다 50원의 수수료를 수입인지로 납부하여야 한다.

사건의 당사자 및 그 법정대리인·소송대리인·변호인, 보조인 등이 그 사건의 계속 중에 재판기록의 열람을 하는 때에는 위와 같은 수수료를 납부하지 아니한다.

열람수수료 면제여부와 상관없이 신청인이 필요한 부분을 특정하여 법원의 복사기 등 법원설비를 이용한 복사물의 교부를 신청하는 경우에는 복사물 1장마다 50원의 수수료를 수입인지로 납부하여야 한다(열람·복사규칙 제6조 제2항).

재판기록 중 슬라이드, 필름, 테이프, 디스크, 전자파일 등의 특수매체기록에 대한 열람(청취·시청을 포함)·복사(복제·인화를 포함)를 신청하거나, 조서의 일부인 녹음물, 영상녹화물, 속기록 전자파일, 녹취서 전자파일을 열람·복사를 신청하는 경우 신청인이 납부하여야 할 수수료의 금액은 '재판기록 열람·복사규칙' 별표 1, 2에서 규정하고 있다. 예컨대 영상녹화물(비디오자료) 60분짜리 1개당 시청의 수수료는 500원, 복제의 수수료는 500원(매체비용은 별도)이다.

나. 재판서·조서의 정본·등본·초본의 발급

정본·등본·초본에 대한 교부신청서에는 당사자이건, 이해관계 있는 제3자이건 불문하고 원본 1건마다 1,000원의 수수료를 수입인지로 납부한다(열람·복사규칙 제4조 제1항 제2호, 제4항).

다. 사건에 관한 사항의 증명서 발급

송달증명·확정증명 등 소송에 관한 사항의 증명서 발급 신청서에는 1건마다 500원의 인지를 붙인다(열람·복사규칙 제4조 제1항 제4호).

8. 항고장 및 재항고장

항고, 재항고의 대상이 되는 결정이나 명령이 민사소송등인지법 제9조, 제10조의 신청에 관한 재판인 경우에는 당해 신청서에 붙인 인지액의 2배에 해당하는 인지를 항고장, 재항고장에 붙인다(민인법 제11조 제1항). 항고의 경우에는 상소심할증제가 적용되지만 재항고의 경우에는 적용되지 않는다. 예컨대, 법관 기피신청의 기각결정에 대한 항고, 재항고의 경우 기피신청서에는 1,000원의 인지를 붙이므로 항고장 및 재항고에는 2,000원의 인지를 붙인다.

가압류·가처분의 신청에 대한 결정 또는 가압류·가처분결정에 대한 이의(취소)신청에 대한 결정에 대하여 항고할 경우에는 심급을 구별하지 않고 신청서에 붙여진 10,000원의 배액인 20,000원을 붙인다(민인법 제11조 제1항, 제9조 제2항). 예컨대, 1심법원에 가압류 신청 → 가압류 결정과 그에 대한 가압류 이의신청 → 이의신청에 대한 기각결정과 그에 대한 즉시항고 → 항고법원의 즉시항고 기각결정과 그에 대한 재항고 순으로 절차가 진행된 경우 가압류 신청서에 10,000원, 가압류 이의신청에 10,000원, 즉시항고장에 20,000원, 재항고장에 20,000원의 인지를 각 붙인다.

민사소송민인법 제11조 제1항의 항고장 외의 항고장에는 2,000원의 인지를 붙인다(민인법 제11조 제2항). 예컨대, 소장각하명령에 대하여 즉시항고 및 재항고를 제기한 경우에는 각 2,000원의 인지를 붙인다.

제3절 전자소송에서의 인지 특례

1. 민사소송 등 민인법 제16조

'민사소송 등에서의 전자문서이용등에관한법률 제8조에 따라 등록사용자로서 전산정보처리시스템을 이용하여 민사소송 등의 진행에 동의한 자가 전자문서로 제출하는 소장에는 제2조에 따른 인지액의 10분의 9에 해당하는 인지를 붙여야 한다(민인법 제16조 제1항).'고 규정하고 있고, '제1항은 제3조부터 제10조까지의 규정에 준용한다(민인법 제16조 제2항)'라고 규정하여 전자소송에서의 인지특례를 규정하고 있다.

그리고 이 조항은 최종 종이기록사건이지만 사후적으로 전자소송 홈페이지에 사용자 등록과 전자소송 동의를 한 후 전자적으로 항소장 등에 제출하게 되는 경우에도 적용된다는 점에 유의하여야 한다.

2. 경과규정

전자문서로 제출하는 소장 등에 관한 인지 감경취지의 위 규정은 공표한 날(2011. 7. 18.)부터 시행되었으며, 시행 후 최초로 접수되는 소장, 신청서, 기타 각 소송서류에 대하여 적용된다.

시행 후에 접수되는 서류이어야 하므로, 시행 전에 소장 등이 접수되었으나 인지를 납부하지 않고 있는 상태에서 이 법이 시행된 경우에는 특례규정이 적용되지 않는다.

3. 구체적 계산방식

가. 기본원칙

인지감액대상이 되는지 여부는 기본적으로 당사자별, 심급별로 판단하여야 한다. 1심 또는 2심에서 전자소송 등의 여부를 떠나 항소장 또는 상고장을 전자문서로 제출하면 감액규정이 적용된다.

나. 정액제가 적용되는 사건

인지액 산정방식 중에 정액제가 적용되는 사건을 전자문서로 제출하는 경우에는 '정액'인 인지액의 10분의 9에 해당하는 인지를 붙이면 된다. 이때에는 민사소송등 인지법 제2조 제2항(100원미만 단수 불산입)이 적용되지 않으므로, 동법 제10조가 적용되는 신청서를 전자문서로 제출한 경우에는 인지액이 450원이 된다(500 × 0.9배 = 450원).

다. 역진제가 적용되는 사건(사례 8)

역진제가 적용되는 사건을 전자문서로 제출하는 경우 민사소송등인지법 제16조 제1항에서 '제2조에 따른 인지액의 10분의 9에 해당하는 인지'를 붙여야 한다고 규정하고 있다. 따라서 전자문서로 제출하는 소장에는 일반적인 소장 인지액을 먼저 계산한 후 10분의 9를 곱하는데, 이때 동법 제2조 제2항에 의한 절삭이 이중으로 이루어진다. 예를 들면, 민사소송등인지법 제2조 제1항에 따라 계산한 인지액이 95,980원인 경우 100원 미만의 단수인 80원은 계산하지 아니하므로 95,900×0.9배 =86,310원에서 100원 미만을 제외한 86,300원이 전자문서로 제출한 소장에 첨부할 인지액이 된다.

청구변경신청서를 전자문서로 제출한 경우 소장의 전자제출여부에 영향받지 않고 감액규정이 적용된다. 즉 소장을 전자문서로 제출하였든 종이문서로 제출하였든 청구변경신청서만 전자문서로 제출하면 감액규정이 적용되며 그 계산방식도 동일하다.

❑ 사례 8 : 전자문서로 제출한 소장 등에 첨부할 인지액	
[문제 1]	원고가 피고를 상대로 대여금(22,100,000원) 청구소송 소장을 전자문서로 제출하였다.
[답 변]	인지액은 93,900원이다. ※ 계산방식 : 항소장의 전자문서 제출시 인지액=종이소송 인지액×1.5 ×0.9 ※ 소송목적의 값이 22,100,000원이므로 종이문서 제출시 인지액 104,400원(104,450원에서 50원 버림)의 10분의 9에 해당하는 93,900원(93,960원)에서 60원 버림)이 전자문서에서 첨부할 인지액이 된다. ※ 민사소송등인지법 제2조 제1항에 따라 계산한 인지액이 1,000원 이상일 때 100원 미만은 계산하지 않는데, 전자문서 제출시 인지액은 이와 같이 100원 미만을 버린 후에 0.9를 곱하고 여기서 100원 미만이 있는 경우 이를 다시 버린다. 이중 절삭으로서 민사소송등인지법 제16조 제1항에서 '제2조에 따른 인지액의 10분의 9'로 규정하고 있기 때문이다(종지소송 인지액 계산 → 100원 미만 버림 → 0.9 곱함 → 100원 미만 버림)
[문제 2]	원고가 전부패소한 대여금(22,100,000원) 청구소송 1심판결에 대하여 전자문서로

	항소장을 제출하였다.
[답 변]	인지액은 140,900원이다. ※ 계산방식 ① 항소장의 전자문서 제출시 인지액 = 종이소송 인지액 × 1.5 × 0.9 ① 상고장의 전자문서 제출시 인지액 = 종이소송 인지액 × 2.0 × 0.9 ※ 1심 소송목적의 값에 대한 종이문서 제출시 인지액 104,400원 → 이에 대한 1.5배 156,000원(이 계산에서 100원 미만의 금액이 있는 때에는 이를 버린다) → 이에 대한 0.9배인 140,000원(140,900원에서 40원 버림) ※ 1심 또는 2심에서 전자소송에 동의하였는지 여부에 관계없이 항소장 또는 상고장을 전자문서로 제출한 경우에는 감경대상이 된다.
[문제 3]	**원고가 종이문서로 1억원의 대여금청구소송 진행중 전자문서로 청구금액을 2억원으로 변경하는 청구변경신청서를 제출하였다(소장 접수시 1억원에 대한 인지 455,000원 납부).**
[답 변]	인지액은 360,000원(총 인지 납부액 : 815,000원)이다. ※ 변경 후 2억원에 대한 인지액 855,000원에서 변경 전 청구에 관한 인지액(455,000원)을 공제한 400,000원 → 이에 대한 0.9배인 360,000원(총 인지 납부액 : 815,000원 = 455,000원 + 360,000원). ※ 1심 소송목적의 값에 대한 종이문서 제출시 인지액 104,400원 → 이에 대한 1.5배 156,600원(이 계산에서 100원 미만의 금액이 있는 때에는 이를 버린다) → 이에 대한 0.9배인 140,900원(140,940원에서 40원 버림) ☞ 소장의 전자제출 여부는 청구변경신청서 인지 감액여부에 영향을 미치지 아니한다. 즉, 소장을 전자문서로 제출하였든 종지문서로 제출하였든 청구변경신청서만 전자문서로 제출하면 감액규정이 적용된다. 따라서 소장을 전자문서로 제출하였다고 하여 위의 '변경 전 청구에 관한 인지액' 0.9를 미리 곱할 필요가 없다. 또한 위 '변경 후 청구에 관한 인지액'은 당연히 종이문서로 제출할 경우의 인지액이다.

※ 규 정

- 민사소송등인지법 제6조(전자소송에서의 특례)
  ① 「민사소송등에서의전자문서이용등에관한 법률」 제8조에 따라 등록사용자로서 전산정보처리시스템을 이용한 민사소송 등의 진행에 동의한 자가 전자문서로 제출하는 소장에는 제2조에 따른 인지액의 10분의 9 해당하는 인지를 붙여야 한다.
  ② 제1항은 제3조부터 제10조까지의 경우에 준용한다.

- 민사소송등인법 제2조(소장)
  ① 소장(반소장 및 대법원에 제출하는 소장은 제외한다)에는 소송목적의 값에 따라 다음 각 호의 금액에 해당하는 인지를 붙여야 한다.
  ② 제1항에 따라 계산한 인지액이 1천원 미만이면 그 인지액은 1천원으로 하고, 1천원 이상이면 100원 미만은 계산하지 아니한다.

제4절 인지를 붙이지 않는 경우

1. 진술에 해당하는 신청

신청인 아닌 진술(민소 제161조 제1항)은 법원에 대하여 행위를 요구하는 것이 아니고 단지 특정사실의 보고 또는 의사의 신고를 하는데 불과하므로 인지를 붙이지 않는다. 신청이란 형식으로 제출된 경우에도 그 실질이 위와 같은 진술인 경우에는 진술과 같이 취급한다.

예컨대, 답변서(민인법 제10조 단서)와 준비서면, 증거신청서(민인법 제10조 단서), 당사자선정서 및 선정당사자 변경서 또는 취소서(민소 제53조), 소송능력보정서(민소 제59조, 제61조), 소송행위추인서(민소 제60조), 법정대리권 등의 증명서와 그 소멸 또는 변경통지서(민소 제58조, 제63조), 소송대리인 사임 또는 해임신고(민소 제89조), 소송탈퇴서와 동의서(민소 제80조), 소송비용계산서(민소 제110조), 담보취소에 관한 동의서(민소 제125조 제2항), 설명요구신청(민소 제136조), 송달장소 및 송달영수인의 신고(민소 제184조), 사망신고(민소 제233조), 각종 취하서(민소 제266조, 제393조, 제425조, 민집 제93조), 증언거절서(민소 제314조), 관할합의서와 불항소합의서(민소 제29조, 제390조), 상소권포기서(민소 제395조, 제425조, 제443조), 제3채무자 진술서(민집 제237조), 채권신고서(민집 제84조 제4항) 등이 있다.

2. 법원의 직권발동을 촉구하는 신청

법원에 대해 일정한 행위를 구하는 신청이지만 그 행위가 법원의 "직권사항"에 속하는 것으로서 신청은 단지 그 직권의 발동을 촉구함에 불과한 경우에는 인지를 붙이지 아니한다(민인법 제10조 단서). 기일의 지정·연기·속행·변경신청(민소 제165조 제1항, 제268조 제2항), 변론의 제한·분리·병합·재개의 신청(민소 제141조, 제142조) 등이다.

3. 지급명령 등에 대한 이의신청

지급명령에 대한 이의신청(민소 제469조 제2항), 이행권고결정에 대한 이의신청(소액사건심판법 제5조의4 제1항), 화해권고결정에 대한 이의신청(민소 제226조 제1항), 강제조정결정에 대한 이의신청(민조 제34조 제1항) 등에는 인지를 붙이지 아니한다.

예시 1 **지급명령신청과 소송으로 이행하는 경우**

채무자는 채권자에게 5,000만원과 이에 대하여 이 사건 지급명령정본송달다음날부터 다 갚는 날까지 연 15%의 비율로 계산한 돈과 독촉절차비용을 지급하라.

► 소가산정 ◄

1. **지급명령신청의 경우**

가. 인지액

지급명령신청서에는 민사소송등인지법 제2조 규정액의 10분의 1의 인지를 붙여야 한다(민인법 제7조 제2항). 여기서 소가의 10분의 1이 아닌 인지액의 10분의 1이라는 점을 주의하여야 한다. 지급명령은 채무자가 이의신청을 한 때(민소법 제469조 제2항)에 소송으로 이행하게 된다.

나. 산출공식

소가가 금 5,000만원이므로, 공식에 따라 5,000+(5,000만원×0.0045) = 230,000원(인지액)×1/10 = 23,000원이 된다.

2. **소송으로 이행하는 경우**

가. 지급명령신청이 소송으로 이행하는 경우(민소법 제472조)에는 채권자가

소장에 붙여야 할 인지액으로부터 당해 신청서에 붙인 인지액(1/10)을 공제한 액의 인지(9/10)를 보정하여야 한다(민인법 제7조 제3항).

나. 수인의 피신청인 중 1인이 이의신청한 경우에는 그 이의신청인에 대하여 소를 제기한다면 붙여야 할 인지액으로부터, 지급명령신청서에 첩부한 인지액의 총액을 피신청인의 전원에 대한 소가 중 이의신청인에 대한 소가의 몫으로 나눈액을 공제하여 추가로 납부하여야 한다. 다만 연대채무자 수인에 대한 지급명령신청서에는 채무액 전액(소가)에 대한 10분의 1의 인지를 납부하였을 것이므로, 그 중 1인만이 이의신청한 경우에도 채무액전액의 소가에 따른 인지를 추가로 납부하여야 한다.

다. 피신청인의 수 개 청구에 대한 지급명령 중 일부청구에 대해서만 이의신청한 경우에도 위 주관적병합시의 산출 방법에 준한다.

4. 국 가

국가는 국가를 당사자로 하는 소송 및 행정소송절차에서 민사소송등인지법에 따른 인지를 붙이지 않는다(인지첩부·첨부 및 공탁제공에 관한 특례법 제2조). 그러나 국가가 당사자 일방을 위하여 보조참가인으로 참가하고 있는 소송은 “인지첩부 및 공탁제공에 관한 특례법” 제2조에서 말하는 국가를 당사자로 하는 소송이라고 볼 수 없으므로 국가가 피참가인인 당사자를 위하여 보조참가인의 자격에서 1심 판결에 불복하여 항소를 제기함에 있어서는 민사소송등인지법 소정의 인지를 첨부하여야 한다(대법원 2008. 7. 11.자 2008마600 결정)(아래 사례 9).

❑ 사례 9 : 국가나 지방자치단체가 제기하는 소송에서의 인지액

[문제 1]	서울특별시 지방경찰청장을 상대로 한 자동차운전면허취소처분취소판결에 대하여 지방경찰청장의 소송수행자가 항소를 제기한 경우 인지액
[답 변]	① 항소인인 지방경찰청장은 국가공무원이므로 인지첩부·첨부 및 공탁제공에 관한 특례법 제2조의 국가에 해당하고, ② 자동차운전면허취소처분취소소송은 행정소송에 해당하므로(행소 제3조 제1호) 항소장에 인지를 붙이지 않는다.
[문제 2]	서울특별시장이 시의회가 재의결한 조례안에 대하여 지방자치법 제107조에 기하여 대법원에 조례안재의결무효확인의 소를 제기한 경우 인지액
[답 변]	① 조례안재의결무효확인소송은 행정소송에 해당하지만(행정소송법 제3조 제4호), ② 원고인 서울특별시장은 특례법 제2조의 국가에 해당하지 않으므로 소장에 인지를 붙여야 한다. 서울특별시장이 제기한 소는 기관소송이면서 무효확인소송에 해당하므로 그 소송목적의 값은 5,000만원이다(민인규 제17조 제4호, 제18조의2 본문). 대법원에 소장을 제출한 경우에는 1심 인지액의 2배액을 붙여야 하므로(민인법 제3조) 인지액은 460,000원(소송목적의 값 5,000만원에 대한 1심 인지액 230,000원×2배)이다.
[문제 3]	교육부장관이 지방자치법 제172조에 기하여 대법원에 조례안재의결무효확인의 소를 제기한 경우 인지액
[답 변]	① 원고인 교육부장관은 지방자치법 제2조의 국가에 해당하고, ② 조례안재의결무효확인소송은 행정소송에 해당하므로 소장에 인지를 붙이지 않는다.
[문제 4]	갑이 을을 상대로 제기한 민사소송에 국가가 을을 위하여 보조참가하였다가 항소장을 제출한 경우 항소 인지액
[답 변]	① 항소인이 지방자치법 제2조의 국가에 해당함은 명백하지만 ② 민사소송에서는 소송당사자이어야 하는데 보조참가인으로서 항소하는 것이므로 항소장에 인지를 붙여야 한다(대법원 1969. 10. 18.자 69마683 결정).

※ **인지면제요건**

인지가 면제되기 위해서는, ① 인지첩부의무자 즉, 원고·상소인·참가신청인 등이 '국가'이고 ② '국가를 당사자로 하는 소송' 또는 '행정소송'이어야 한다.

1. 국가일 것

가. 민사소송

민사소송에서는 원고 등이 국가인지 아닌지 쉽게 구별할 수 있다. 국가를 당사자로 하는 소송에 있어서는 국가가 당사자로 표시되는 동시에 국가의 대표자로 법무부장관이 표시되기 때문이다.

나. 행정소송

기관소송과 당사자소송에서는 원고 등이 국가인지 쉽게 구별할 수 있다. 그러나 항고소송에서는 그 구별이 쉽지 않은 경우가 있다. 항고소송의 피고가 국가인지 아닌지는 항고소송의 대상인 처분·재결의 효과가 귀속되는 권리주체자 국가인지 아닌지에 의해 결정되어야 한다. 따라서 항고소송의 대상인 처분·재결의 효과가 귀속되는 권리주체가 국가인 경우에는 인지를 첨부하지 않아도 되고, 국가로부터 독립된 별개의 법인격을 갖춘 공공단체의 경우에는 인지를 붙여야 한다. 예컨대, 처분청이 지방자치단체, 공공조합(산림조합·재개발조합·도시재개발조합·변호사회 등과 같이 일정한 행정목적을 위해 설립되는 것), 영조물법인(한국도로공사·한국전력공사 등과 같이 공사나 특수은행 등), 공법상재단(한국정신문화연구원, 한국과학재단 등) 소속의 공무원인 경우에는 인지를 붙여야 한다.

2. 국가를 당사자로 하는 소송 또는 행정소송일 것

가. 국가를 당사자로 하는 소송

'민사소송 등'에서 국가는 원고·항소인·상고인·당사자참가인·독립참가인 등 소송당사자이어야 한다.

나. 행정소송

'행정소송'에서는 국가는 당사자인 경우는 물론이고 당사자 아닌 참가인(행소 제17조)인 경우에도 인지를 붙이지 않는다.

※ 규 정

인지첩부·첨부 및 공탁제공에 관한 특례법 제2조(인지불첩부 밑 불첨부) : 국가는 국가를 당사자로 하는 소송 및 행정소송절차에 있어서 민사소송등인지법에 따른 인지를 붙이지 아니한다.

제5절 인지첨부의무 발생이 저지되는 경우

민사소송등인지법 제1조 본문은 민사소송절차, 행정소송절차 등에 있어서의 소장이나 신청서 또는 신청의 취지를 기재한 조서에는 다른 법률에 특별한 규정이 있는 경우를 제외하고는 위 법이 정하는 인지를 붙여야 한다고 규정하고 있는바, 민사소송법상 소송구조는 위 '다른 법률에 특별한 규정이 있는 경우'에 해당하므로, 소송구조신청이 있는 경우 원칙적으로 그에 대한 기각결정이 확정될 때까지는 인지첨부의무 발생이 저지된다고 할 것이어서 재판장은 소장 등에 인지가 첨부되어 있지 아니함을 이유로 소장 등을 각하할 수 없다(대법원 2005. 7. 15.자 2004마1134 결정,

대법원 2008. 6. 2.자 2007무77 결정 등).

제6절 그 밖의 경우

민사소송등인지법에서 직접 규정하고 있지 아니한 신청서류를 포함하여 각종 민사사건 신청서류에 납부하여야 할 인지액에 대하여는 재판예규 "민사접수서류에 붙일 인지액 및 그 편철방법 등에 관한 예규(재민 91-1)"에서 상세히 규정하고 있다. 또한 행정사건에 관하여는 '행정사건의 접수서류에 첨부할 인지액과 그 편철방법 등에 관한 예규(재특 91-4)'에서, 가사사건에 관하여는 '가사접수서류에 붙일 인지액 및 그 편철방법 등에 관한 예규(재판예규 제1510호)'에서 각 규정하고 있다.

제3장 소송목적의 값

제1절 기본원칙

소송목적의 값은 원고가 청구취지로써 구하는 범위 내에서 원고의 입장에서 보아 전부승소할 경우에 직접 받게 될 경제적 이익을 객관적으로 평가하여 금액으로 정함을 원칙으로 한다(민인규 제6조).

1. 소제기시 기준

소송목적의 값은 소를 제기한 때(법률의 규정에 의하여 소의 제기가 의제되는 경우에는 그 소를 제기한 것으로 되는 때)를 기준으로 하여 계산한다(민인규 제7조). 또한 법원의 관할을 정하는 기준시가 소제기한 때로 정해진다(민소 제33조).

따라서 소제기 후 소송목적물의 등락이나 가치 손상 등 사정변경이 있어도 같은 목적물인 한 그 소의 소송목적의 값 계산에 이를 고려할 필요가 없고, 상소심에 이심된 경우에도 상소심은 1심의 소제기 당시의 소송목적의 값을 기준으로 삼아야 한다. 예컨대, 미화로 표시된 청구를 하는 경우에 환율의 변동이 있어도 소제기 당시의 환율을 기준으로 한다. 제소전화해·지급명령이 소송으로 이행된 경우에도 그 신청서에 소급하여 소제기가 의제되므로(민소 제388조 제2항, 제472조 제1항·제2항), 그 신청시의 값이 기준으로 된다.

또한, 소송계속중의 소에 해당하는 청구의 변경, 중간확인의 소, 반소에 관하여는 소장으로 인정되는 신청서 또는 반소장이 법원에 접수된 때를 기준으로 하여 계산한다.

재심의 경우에는 재심대상 사건의 소제기로 보는 견해와 재심제기시로 보는 견해가 있으나, 재심제기시로 봄이 타당하다(아래 사례 10).

❏ 사례 10 : 재심에서의 소송목적의 값	
[문제 1]	소송목적의 값 1. 귀원이 2015가합 1247 건물인도청구사건에 관하여 2017. 8. 10. 선고한 판결은 이를 취소한다. 2. 피고(재심피고)는 원고(재심원고)에게 별지 목록 건물을 인도하다. ※ 청구원인은 소유권에 기한 건물인도 청구 ○ 재심대상판결 소제기일 기준 건물가액 : 3억원 ○ 재심 제기일 기준 건물가액 : 9억원
[답 변]	재심 제기일 기준일을 기준으로 소송목적의 값을 산정 : 건물가액은 9억원이므로 소송목적의 값은 4억 5,000만원(9억원 × 1/2)이다 (민인규 제12조 제5호 가목). 1. 확정된 사건에 대해 다시 판결을 구하는 재심과 확정되지 아니한 사건에 대해 재차 판결을 구하는 상소는 구별되므로 상소의 경우와 달리 취급하여 재심제기일 기준으로 한다. 2. 민사소송법 제41조 제5호의 "전심관여"에서 제척사유로 보지 않는 점(대법원 1994. 8. 9. 선고 94재누94 판결), 재심은 신소의 제기라는 형식을 취하고 재심 전의 소송과는 일응 분리되는 점(대법원 1991. 3. 27.자 90마970 결정), 청구변경신청의 경우에도 청구변경일을 기준으로 한다는 점 등을 고려할 때 재심 제기일을 기준으로 함이 타당하다. 다만, 재심은 원판결을 한 법원의 전속관할이므로 관할을 정함에 있어서는 재심제기전의 소송목적의 값을 기준으로 한다.

2. 청구취지 기준

소송목적의 값은 소장의 '청구취지로써 구하는 범위'에 의하여 계산하고, 항소, 상고, 재심, 준재심의 경우에는 항소, 상고, 재심, 준재심으로 불복하는 범위에 의해 계산한다.

예컨대, 청구원인에서 1억원의 채권이 존재하고 있다고 주장하더라도 청구취지에서 5,000만원의 지급을 구하면 소송목적의 값은 5,000만원이다.

3. 원고 기준

소송목적의 값은 '원고의 입장'에서 계산하고, 항소, 상고, 재심, 준재심의 경우에는 '항소인 등'의 입장에서 보아 계산한다.

원고의 입장에서 본 이익을 기초로 계산하는 것이기 때문에 동일 권리관계인 경우에도 어느 쪽이 원고가 되는가에 따라 그 소송목적의 값에 차이가 생길 수 있다. 예컨대, 부동산매매계약의 해제를 이유로 매도인이 소유권이전등기의 말소등기청구를 하는 경우에는 부동산의 가액이 소송목적의 값이 되고(민인규 제13조 제1항), 매수인이 매매대금의 반환청구를 하는 경우에는 지급한 매매대금이 소송목적의 값이 된다(민인규 제12조 제3호).

제3자의 소송담당에서는 주주의 대표소송(민인규 제15조 제1항) 등과 같이 원고를 기준으로 하는 경우와 증권관련 집단소송, 선정당사자에 의한 소송(대법원 1998. 10. 26.자 98무38 결정), 등과 같이 권리의 귀속주체를 기준으로 하는 경우가 있다.

다만, 채권자대위소송의 경우에는 채권자 자신의 채권보전을 위해 권리의 귀속주체인 채무자의 권리를 대위행사하는 것이므로 그 소송목적의 값은 대위행사되는 채무자의 권리의 가액에 의하되, 보전되는 원고의 채권액을 한도로 한다(결국 두 개의 소송목적의 값 중 적은 쪽이 소송목적의 값으로 된다(아래 사례 11, 12)).

❑ 사례 11 : 채권자대위소송에서의 소송목적의 값 (1)

[문제 1]	원고가 피고 갑(임차인)으로부터 피고 갑의 피고 을(임대인)에 대한 1억원의 임대보증금반환채권을 양수하고 임대차계약종료 후 피고 을에게 임대보증금반환청구와 피고 을의 피고 갑에 대한 부동산인도청구를 다음과 같이 병합제기한 경우의 소송목적의 값 피고 갑(임차인)은 피고 을(임대인)에게 별지 목록 기재 부동산을 인도하고, 피고 을은 피고 갑으로부터 위 부동산을 인도받음과 동시에 원고에게 1억원을 지급하라. ○ 부동산가액 : 10억원 ○ 임대차보증금 : 1억원
[답 변]	소송목적의 값은 1억원이다.

※ 각 청구의 소송목적의 값

1. 피고 갑에 대한 청구
   원고의 피고 갑에 대한 청구는 피고 을을 대위하고 피고 을의 피고 갑에 대한 인도청구권을 대위행사하는 것이다.
   채권자대위권에 기하여 소를 제기할 경우 소송목적의 값 산정방식에 관한 명문규정이 없으므로 원고가 전부승소할 경우 직접 받게 될 경제적 이익을 객관적으로 평가한 금액에 의하여야 한다(민인규 제6조), 대위행사되는 채무자의 권리의 가액에 의하되, 보전되는 원고의 채권액을 한도로 하여 소송목적의 값을 산정하여야 하는데, 결국 두 개의 소송목적의 값 중 적은 쪽이 소송목적의 값으로 된다.
   ① 원고의 피보전채권액은 1억원이고(민인규 제12조 제3호), ② 대위행사되는 피고 을(임대인, 채무자)의 피고 갑에 대한 권리는 소유권에 기한 인도청구권 또는 임대차계약 종료에 따른 인도청구권이므로 5억원(10억원×1/2)이 권리의 가액이다(민인규 제12조 제5호 가목 또는 나목). 소송목적의 값은 ①과 ② 중 저액인 1억원이다.
2. 피고 을에 대한 청구
   금전지급청구의 소이므로 청구금액인 1억원이 소송목적의 값이다(민인규 제12조 제3호).

※ 병합청구의 소송목적의 값

원고는 양수인으로서 임대차보증금을 지급받기 위하여 임대인의 임차인에 대한 인도청구권을 대위행사한 것이므로, 인도청구는 임대차보증금 반환청구의 수단에 지나지 않는다. 따라서 인도청구의 가액은 소송목적의 값에 산입하지 않으므로(민인규 제21조 본문), 금전지급청구의 소에 해당하는 1억원이 소송목적의 값이다.

❑ 사례 12 : 채권자대위소송에서의 소송목적의 값 (2)

[문제 1]	소송목적의 값 별지 목록 기재 건물에 관하여, 가. 피고 을은 피고 갑에게 2015. 10. 1. 매매를 원인으로 한, 나. 피고 갑은 원고에게 2017. 10. 1. 매매를 원인으로 한 각 소유권이전등기절차를 이행하라. ○ 건물가액 : 2억원
[답 변]	소송목적의 값은 2억원이다.

※ 흡수법칙 적용

책임재산 보전소송은 피보전채권을 담보하기 위한 것으로 목적·수단인 관계에 있고 목적·수단관계를 인정하지 않더라도 경제적 이익이 동일 또는 중복되는 관계로 볼 수 있으므로 흡수법칙을 적용하는 것이 타당하다.

※ 각 청구의 소송목적의 값

1. 피고 을에 대한 청구
채권자대위소송의 소송목적의 값은 대위 행사되는 채무자의 권리의 가액에 의하되, 보전되는 원고의 채권액을 한도로 한다. 대위 행사되는 채무자의 권리의 가액과 보전되는 원고의 채권의 가액이 소유권이전등기청구권으로 동일하므로 소송목적의 값은 2억원이다(민인규 제13조 제1항).
2. 피고 갑에 대한 청구
소유권이전등기절차 이행을 구하는 것이므로 소송목적의 값은 2억원이다(민인규 제13조 제1항).

※ 병합청구의 소송목적의 값

중복청구 흡수법칙 또는 수단청구 불산입법칙을 적용하면(민인규 제20조 또는 제21조 본문), 병합청구의 소송목적의 값은 2억원이다.

4. 직접 받게 될 이익의 기준

소송목적의 값은 원고가 전부승소판결을 받아 그 내용이 실현될 경우에 '직접 받게 될 이익'에 의해 계산한다. 경제적 이익은 직접적 이익인 한, 예방적 이익 혹은 기대적 이익이라도 확정적 이익과 같이 보아야 한다. 간접적 이익이나 반사적 이익은 고려하지 않는다.

(1) 경제적 이익은 기판력이 생기는 소송물에 관한 이익이므로 상환이행청구와 같이 자기의 반대급부와 맞바꿀 것을 조건으로 이행을 구하는 경우에 반대급부를 공제할 필요가 없다. 예컨대, 원고가 피고에게 "피고는 원고로부터 금 1,000만원을 지급받음과 동시에 건물을 인도하라"는 청구를 한 경우 소송목적의 값은 건물의 가액이므로, 상환이행청구인 1,000만원을 공제하지 않는다.

(2) 관급공사 수주를 위한 경쟁입찰에서 낙찰자의 지위는 계약상대자로 결정되어 계약을 체결할 수 있는 지위에 불과하고 계약을 체결하여 계약상의 권리의무가 발생한 계약당사자의 지위와는 다르다고 보여지므로, 최초입찰에 있어서 낙찰자지위확인을 구하는 소에서 원고가 승소하더라도 결국 금전으로 가액을 산출하기 어려운 경제적 이익을 얻는 데 불과하므로 낙찰자지위확인을 구하

는 소는 재산권상의 소로서 그 소가를 산출할 수 없는 경우에 해당한다(대법원 1994. 12. 2. 선고 94다41454 판결).

5. 객관적으로 평가한 금액 기준

소송목적의 값은 '경제적 이익을 객관적으로 평가한 금액'에 의해 정한다. 따라서 사건해결의 난이도, 피고의 응소 정도, 원고가 주관적으로 평가한 가치 등은 고려할 필요가 없다.

제2절 산정의 표준

1. 물건 등의 가액

가. 토지·건물 등(민인규 제9조)

(1) 토 지

토지의 가액은 '부동산가격공시 및 감정평가에 관한 법률'에 의한 개별공시지가(개별공시지가가 없는 경우에는 시장·군수 또는 구청장이 같은 법 제9조의 규정에 의하여 국토교통부장관이 제공한 토지가격비준표를 사용하여 계산한 지가)에 100분의 50을 곱하여 계산한 금액으로 한다(민인규 제9조 제1항). 따라서 토지의 시가와 민사소송등인지규칙 제9조 제1항에 의한 가액은 서로 다를 수 있다(이 책에서는 토지의 가액 또는 평가액은 인지규칙 제9조 제1항에 의한 가액을 의미한다). 예컨대, 면적 10㎡, 1㎡당 개별공시지가 300만원, 1㎡당 시가 500만원인 토지의 가액은 1,500만원(300만원 × 10 × 50/100)이다.

(2) 건 물

건물의 가액은 지방세법 시행령 제4조 제1항 제1호의 방식에 의하여 산정한 시가표준액(이 경우 같은 법 시행령 제4조 제1항 제1호의 건축물은 건물로 한다)에 100분의 50을 곱한 금액으로 한다(민인규 제9조 제2항).

위 시가표준액은 소득세법 제99조 제1항 제1호 나목에 따라 산정·고시하는 가액을 기초로 산정된다(지방세법 제4조 제1항 제1호). 건물에 대한 양도소득세 등의 과세표준이 되는 기준시가 산정방식에는 세가지(소득세법 제99조 제1항 제1호 나목, 다목, 라목)가 있는데, 위 시가표준액은 소득세법 제99조 제1항 제1호 나목에 따라 산정·고시하는 가액을 기초로 삼고 있다. 실무상 계산방식의 용이성 등을 이유로 소득세법 제99조 제1항 제1호 다목 또는 라목의 가액을 기초로 시가표준액을 계산하는 사례가 있으나 이는 잘못이다. 민사소송등인지규칙 제9조 제2항에 위배됨은 물론 소득세법 제99조 제1항 제1호 다목 또는 라목의 가액에는 토지의 가액도 포함되어 있기 때문이다.

건물의 가액은 위 시각표준액에 100분의 50을 곱한 금액으로 산정하기 때문에 시가와 민사소송등인지규칙 제9조 제2항에 의한 가액은 서로 다를 수 있으나(이 책에서 건물의 가액 또는 평가액은 민인규 제9조 제2항에 의한 가액을 의미한다). 예컨대, 시가 3억원, 시가표준액 1억원인 건물의 가액은 5,000만원이다. 시가표준액에 100분의 30을 곱하도록 하던 구 민사소송등인지규칙(2004. 7. 1. 대법원규칙 제2541호로 개정되기 전의 것)이 위와 같이 개정되어 2014. 10. 1.부터 시행되었고(부칙 1조), 개정규칙은 시행 전에 법원에 접수된 사건에 대해서는 적용하지 아니한다(부칙 2조), 예컨대, 건물의 시가표준액 1억원, 개정규정시행 전에 건물관련 소제기, 시행 후 항소 제기된 경우 개정 전 규정이 적용되므로 제1심 및 항소심의 건물가액은 모두 3,000만원이다.

(3) 선박·차량·건설기계·입목·항공기 등

지방세법 제10조 제2항 단서, 지방세법 시행령 제4조에 따른 시가표준액의 정함이 있는 것의 가액은 그 시가표준액으로 한다(민인규 제9조 제3항).

나. 그 밖의 물건(민인규 제11조)

민사소송등인지규칙 제9조에 규정되지 않은 물건의 가액은 소를 제기할 당시의 시가로 하고, 시가를 알기 어려운 때에는 그 물건의 취득가격 또는 유사한 물건의 가액으로 한다(민인규 제11조).

2. 권리의 가액

가. 소유권 등(민인규 제10조)

소유권, 점유권, 지상권, 임차권, 지역권, 담보물건, 전세권의 가액은 그 물건가액을 기초로 산정한다. 소유권은 그 물건가액, 점유권은 그 물건가액의 1/3, 지상권 및 임차권은 물건가액의 1/2, 지역권은 승역지 가액의 1/3로 하고, 담보물건은 목적물건의 가액을 한도로 한 피담보채권의 원본액(근저당권의 경우에는 채권최고액), 전세권(채권적 전세권을 포함한다)은 목적물건의 가액을 한도로 한 전세금액으로 한다(민인규 제10조). 물건가액 산정방식은 민사소송등인지규칙 제9조, 제11조에 의한다.

나. 지식재산권(민인규 제18조)

지식재산권은 인간의 창조적 활동 또는 경험 등에 의하여 창출되거나 발견된 지식·정보·기술, 사상이나 감정의 표현, 영업이나 물건의 표시, 생물의 품종이나 유전자원, 그 밖에 무형적인 것으로서 재산적 가치가 실현될 수 있으며 법령 또는 조약 등에 따라 인정되거나 보호되는 재산권을 지칭한다. 즉, 저작물 보호를 위한 저작권, 실연가 등을 보호하기 위한 저작인접권, 과학적소유권, 반도체 칩 보호권, 특허권, 실용신안권, 노하우에 대한 권리, 디자인권, 상표권, 상호권, 부정경쟁으로부터 보호되는 제권리 및 이익을 총칭하는 개념이다.

지식재산권의 가액 산정표준에 관한 구체적 규정은 없지만 민사소송등인지규칙 제18조는 무체재산권에 관한 소라는 제목으로 '무체재산권에 관한 소는 소가를 산출할 수 없는 소송으로 본다'라고 규정하고 있기 때문에 같은 규칙 제18조의2 단서에 따라 그 소송목적의 값을 1억원으로 보아야 한다. 다만, 지식재산권에 관한 소 중 지급이나 물건의 인도를 목적으로 하는 경우에는 민사소송등인지규칙 제12조 제3호와 제5호의 각 규정에 따른다.

다. 유가증권 등 그 밖의 권리(민인규 제9조 제4항, 제11조)

민사소송등인지규칙 제10조에 규정되지 않은 권리의 가액은 특별규정이 없는 한 소를 제기할 당시의 시가로 하고, 시가를 알리 어려운 때에는 그 권리의 취득가격 또는 유사한 권리의 시가로 한다(민인규 제11조).

(1) 유가증권

유가증권의 가액은 액면금액 또는 표창하는 권리의 가액으로 하되, 증권거래소에 상장된 증권의 가액은 소제기 전날의 최종거래가격으로 한다(민인규 제9조 제4항).

(2) 유가증권 이외의 증서

유가증권 이외의 증서의 가액은 200,000원으로 한다(민인규 제9조 제5항). 유가증권 이외의 증서의 가액을 정하는 방법으로, ① 일정액으로 의제하는 방법 ② 그 증서가 재산권에 관계된 것인가 아닌가를 구별하여, 재산권에 관계되는 것인 경우에는 그 증서가 표창하는 권리 또는 물건의 가액을, 그 밖의 경우에는 소송목적의 값 산정이 어려운 경우로 보거나 일정액으로 의제하거나 기타의 기준을 정하는 방법이 있다. 그러나 어느 경우에나 원고가 실제로 얻게 되는 경제적 이익을 제대로 반영하기 어렵다는 난점을 안고 있으므로, 민사소송등인지규칙은 유가증권 이외의 증서의 가액을 그 권면액 또는 표창하는 권리나 물건의 가액과 동일시 할 수는 없다는 데에서 출발하여 민사소송등인지법 제2조 제2항의 규정에 의한 최저 인지액을 역산한 가액(20만원)을 소송목적의 값으로 정하고 있다.

(3) 공업권·어업권·골프회원권·승마회원권·콘도미니엄회원권·종합체육시설이용회원권·요트회원권 등

지방세법 제10조 제2항 단서, 지방세법 시행령 제4조에 따른 시가표준액의 정함이 있는 것의 가액은 그 시가표준액으로 한다(민인규 제9조 제3항).

(4) 채 권

채권의 가액 산정표준에 대한 규정이 없으므로 시가 등에 의한다(민인규 제11조). 특별한 사정이 없는 한 시가 등은 채권의 가액에 의한다. 예컨대, 1억원의 지명채권 양도 및 양도통지절차의 이행을 구하는 소가 제기된 경우 소송목적의 값은

1억원이다.

제3절 재산권상 청구와 비재산권상 청구

1. 재산권상 청구

재산권상의 청구는 물건·채권·준물건·지식재산권 등에 관한 청구와 같이 성질상 경제적 이익 또는 금전적 가치를 직접적 내용으로 하는 권리 또는 법률관계에 관한 청구를 말한다. 인격권은 그 자체가 재산권은 아니지만 그에 기하여 발생하는 경제적 이익을 내용으로 하는 권리를 소송목적으로 하는 때에는 재산권상의 청구가 된다.

한편, 낙찰자지위확인의 소(대법원 1994. 12. 12. 선고 94다41454 판결)와 같이 재산권상의 소임은 명백하지만 소송목적의 값을 산출할 수 없는 경우가 있다. 재산권상의 소로서 그 소가를 산출할 수 없는 소송의 소송목적의 값은 대법원규칙으로 정하고(민인법 제2조 제4항), 이에 따라 민사소송등인지규칙(제18조의2 본문)은 소송목적의 값을 5,000만원으로 간주하고 있다. 주주의 대표소송(민인규 제15조 제1항), 특허법원의 전속관할에 관한 소송(민인규 제17조의2), 지식재산권에 관한 소 중 금전의 지급이나 물건의 인도를 목적으로 하지 아니하는 소송(민인규 제18조)에 대하여는 소가를 산출할 수 없는 소송으로 보아 그 소송목적의 값은 1억원으로 하고 있다(민인규 제18조의2 단서).

재산권상의 소로서 소송목적의 값을 산출할 수 없는 것인지 여부가 명확하지 않은 경우 무조건 소송목적의 값을 5,000만원으로 볼 것이 아니라 재판장이 필요한 조사를 행하여 소송목적의 값을 정함이 상당하다(민인규 제2조 제5항 후문, 제3조).

2. 비재산권상 청구

비재산권상의 청구는 혼인의 무효·취소 등 가사소송, 인격권·성명권·초상권 등에 기한 금전청구소송 등과 같이 성질상 경제적 이익을 직접적 내용으로 하지 아니하는 청구를 말한다. 예컨대, 상법의 규정에 의한 회사 관계소송(민인규 제15조 제2항)과 회사 이외의 단체에 관한 것으로서 그에 준하는 소송(민인규 제15조 제3항), 해고무효확인의 소(민인규 제15조 제4항), 명예회복을 위한 처분 청구의 소로서 그 처분에 통상 소요되는 비용을 산출하기 어려운 경우(민인규 제14조), 행정소송 중 민사소송등인지규칙 제17조 제1호 내지 제3호에 규정된 것 이외의 소(민인규 제17조 제4호) 등이다.

비재산권을 목적으로 하는 소송의 소송목적의 값은 5,000만원이다. 다만, 민사소송등인지규칙 제15조 제2항 내지 제3항에 정한 소송의 소송목적의 값은 1억원이다(민인규 제18조의2). 재산권상의 소로서 소송목적의 값을 산출할 수 없는 것과 비재산권을 목적으로 하는 소의 소송목적의 값은, 2001. 4. 30.까지 1,000만원 100원이었고(구 민인법 제2조 제4항), 이후 개정되어, 2001. 5. 1.부터 민사소송등인지규칙 제18조의2로 2,000만원 100원으로 인상되었다가, 2014. 7. 1. 다시 개정되어 현행 민사소송등인지규칙 제18조의 2에 규정된 금액으로 인상되었다.

제4절 병합청구

1. 개 요

병합청구란 1개의 소로써 수개의 청구를 하는 것으로, 객관적 병합과 주관적 병합이 있고, 다시 원시적 병합과 후발적 병합으로 나눌 수 있다. 원시적 병합의 소송목적의 값 계산은 민사소송법 제27조(청구를 병합한 경우의 소송목적의 값), 민사소송등인지규칙 제19조(합산의 원칙), 제20조(중복청구의 흡수), 제21조(수단인 청구의 흡수), 제22조(비재산권상 청구의 병합), 제23조(재산권상 청구와 비재산권상 청구의 병합), 민사소송등인지법 제2조 제5항 등에서 규정하고 있다. 그리고 객관적 후발적 병합의 소송목적의 값 계산은 민사소송등인지법 제4조(반소), 제5조(청구변경)에서, 주관적 후발적 병합의 소송목적의 값 계산은 민사소송등인지법 제6조(공동소송참가신청, 승계참가신청, 독립당사자참가신청)에서 각 규정하고 있다.

2. 원시적 병합

원시적 병합청구의 경우에 소송목적의 값 산정에는 합산·흡수·불산입이 있는데, 현행법은 원칙적으로 합산하되 예외적으로 흡수와 불산입하도록 규정하고 있다.

가. 합산법칙

(1) 병합청구를 하는 경우에는 원칙적으로 그 여러 청구의 값을 모두 합하여 소송목적의 값을 정한다(민소 제27조 제1항).

(2) 경제적 이익이 독립한 별개의 청구

수개의 청구의 경제적 이익이 독립한 별개의 것인 때에는 합산하여 소송목적의 값을 산정한다(민인규 제19조).

예컨대, 피고 갑, 을에게 '각' 1억원의 금전지급청구를 병합하여 청구하는 경우 소송목적의 값은 2억원이다. 그러나 피고 갑, 을에게 '공동하여(또는 연대하여, 합동하여)' 1억원의 금전지급청구를 하는 경우 소송목적의 값은 1억원이 된다.

(3) 수개의 비재산권의 청구

1개의 소로써 수개의 비재산권을 목적으로 하는 청구를 병합한 때에는 각 청구의 소송목적의 값을 합산한다(민인규 제22조 본문). 예컨대, 운전면허정지처분취소(소송목적의 값은 5,000만원)와 면허정지기간중의 운전을 이유로 한 운전면허취소처분의 취소(소송목적의 값은 5,000만원)를 병합제기하는 경우 소송목적의 값은 1억원이다.

(4) 재산권상 청구와 비재산권상 청구

1개의 소로써 비재산권을 목적으로 하는 청구와 재산권을 목적으로 하는 청구를 병합한 때에는 각 청구의 소송목적의 값을 합산한다(민인규 제23조 제1항). 예컨대, 공정거래법위반행위에 대한 시정명령 및 과징금부과처분(취소를 구하는 과징금은 3억원)의 각 취소를 구하는 경우 시정명령처분취소청구의 소송목적의 값은 5,000만원

(민인규 제17조 제4호, 제18조의2 본문), 과징금부과처분취소청구의 소송목적의 값은 1억원(3억원×1/3, 민인규 제17조 제1호)이므로, 합산한 1억 5,000만원이 소송목적의 값이다.

그러나 1개의 소로써 비재산권을 목적으로 하는 소송과 그 소송의 원인된 사실로부터 발생하는 재산권상의 소송을 병합한 때에는 다액인 소송목적의 값에 의한다(민인법 제2조 제5항). 예컨대, 해고무효확인과 그 해고가 무효임을 전제로 한 임금지급청구(청구금액은 1,000만원)를 병합제기하는 경우 해고무효확인청구의 소송목적의 값은 5,000만원(민인규 제15조 제4항, 제18조의2 본문). 임금지급청구의 소송목적의 값은 1,000만원(민인규 제12조 제3호)이므로, 다액인 5,000만원이 소송목적의 값이다(대법원 1994. 8. 31.자 94마1390 결정).

나. 흡수법칙

(1) 수단인 청구

1개의 청구가 다른 청구의 수단인 청구에 지나지 않는 때에는 그 가액을 소송목적의 값에 산입하지 않지만(민인규 제21조 본문), 수단인 청구의 가액이 주된 청구의 가액보다 다액인 경우에는 그 다액을 소송목적의 값으로 한다(민인규 제21조 단서). 민사소송등인지규칙 제21조 본문은 다른 청구의 수단에 해당하는 경우에는 소송목적의 값에 산입하지 않는다는 불산입법칙을 규정하고, 단서는 수단인 청구가 주된 청구보다 다액인 경우에는 다액에 의하도록 함으로써 흡수법칙을 규정한 것이다.

예컨대, 채권자인 원고가 수익자에 대한 사해행위취소 및 원상회복 청구와 채무자에 대한 금전지급청구를 병합청구한 경우, 수익자에 대한 청구와 채무자에 대한 금전지급청구는 수단과 목적의 관계에 해당하므로, 소송목적의 값은 다액인 쪽이다. 또한 채권자인 원고가 재3채무자에 대한 채권자대위소송과 채무자에 대한 이행소송을 병합제기한 경우도 마찬가지이다(아래 사례 13).

□ 사례 13 : 채권자대위소송에서의 소송목적의 값 (2)

[문제 1]	소송목적의 값 별지 목록 기재 건물에 관하여, 가. 피고 을은 피고 갑에게 2017. 10. 1. 매매를 원인으로 한, 나. 피고 갑은 원고에게 2017. 10. 1. 매매를 원인으로 한 각 소유권이전등기절차를 이행하라. ○ 건물가액 : 2억원
[답 변]	소송목적의 값은 2억원이다.

※ 흡수법칙 적용

책임재산 보전소송은 피보전채권을 담보하기 위한 것으로 목적·수단인 관계에 있고, 목적·수단관계를 인정하지 않더라도 경제적 이익이 동일 또는 중복되는 관계로 볼 수 있으므로 흡수법칙을 적용하는 것이 타당하나 실무에서는 합산하고 있다,

※ 각 청구의 소송목적의 값

1. 피고 을에 대한 청구
   채권자대위소송의 소송목적의 값은 대위 행사되는 채무자의 권리의 가액에 의하되, 보전되는 원고의 채권액을 한도로 한다. 대위 행사되는 채무자의 권리의 가액과 보전되는 원고의 채권의 가액이 소유권이전등기청구권으로 동일하므로 소송목적의 값은 2억원이다(민인규 제13조 제1항).
2. 피고 갑에 대한 청구
   소유권이전등기절차 이행을 구하는 것이므로 소송목적의 값은 2억원이다(민인규 제13조 제1항).

※ 병합청구의 소송목적의 값

중복청구 흡수법칙 또는 수단청구 불산입법칙을 적용하면(민인규 제20조 또는 제21조 본문), 병합청구의 소송목적의 값은 2억원이다.

(2) 경제적 이익이 동일 또는 중복되는 청구

1개의 소로써 주장하는 수개의 청구의 경제적 이익이 동일하거나 중복되는 때에는 중복되는 범위 내에서 흡수되고, 그 중 가장 다액인 청구가액을 소송목적의 값으로 한다(민인규 제20조). 경제적 이익이 동일 또는 중복되는 관계에 있는 청구에는 다음과 같은 것이 있다.

(가) 단순병합청구 중 경제적 이익이 동일 또는 중복관계에 있는 것

예컨대, 동일물에 대한 소유권확인과 그 인도를 구하는 청구, 동일 토지에 대한 경계확인청구와 인도청구, 매매계약무효확인청구와 목적물반환청구, 종류물 인도청구와 변론종결후 집행불능에 대비한 대상청구, 대여금 채권자가 대여금 채무자와 연대보증인을 공동피고로 하여 대여금 반환을 구하는 청구 등이 이에 해당한다.

(나) 예비적 또는 선택적 병합청구

예비적 또는 선택적으로 임대차기간 종료시 소유권에 기한 인도청구와 임대차계약에 기한 인도청구를 병합청구하는 경우, 불법행위에 기한 손해배상청구와 채무불이행에 기한 손해배상청구를 병합청구하는 경우, 특정물 인도청구와 변론종결전의 이행불능을 이유로 한 대상청구를 병합청구하는 경우, 매매계약의 유효를 전제로 매매계약에 의한 대금지급청구와 그 매매계약이 무효가 된 경우를 대비하여 목적물의 반환청구를 병합청구하는 경우, 어음금의 지급을 구하면서 그 어음이 무효인 경우에 대비하여 원인관계인 대여금채권에 기하여 동일한 금원의 지급을 구하는 경우 다액인 쪽의 소송목적의 값에 의한다.

(다) 예비적·선택적 공동소송(민소 제70조)

공작물의 설치·보존에 흠이 있음을 이유로 점유자에 대한 손해배상청구와 소유자에 대한 손해배상청구를 병합청구하는 경우, 대리인을 상대하였던 거래상대방이 본인에 대한 계약이행청구와 무권대리가 될 경우를 대비하여 무권대리인에 대한 청구를 병합청구하는 경우 다액인 쪽의 소송목적의 값에 의한다.

(라) 필수적 공동소송

① 고유필수적 공동소송

종중 재산(부동산의 가액이 3억원)에 대한 불법등기명의자를 상대로 종중의 구성원 전원이 당사자가 되어 원인무효를 원인으로 한 소유권말소등기청구의 소를 제기할 수 있는데(대법원 2005. 9. 15. 선고 2004다 44971 판결), 이 경우 원고의 수와 상관없이 소송목적의 값은 1억 5,000만원(3억원×1/2)이다(민인규 제13조 제1항 제4호 나목).

② 유사필수적 공동소송

여러 사람의 주주가 주주대표소송을 제기한 경우에는 경제적 이익이 동일·중복되므로 흡수법칙을 적용하여야 한다.

그러나 여러 사람의 채권자가 채권자대위소송을 제기하는 경우에는 달리 보아야 한다. 예컨대, 채무자 병에 대하여 각 2,000만원과 4,000만원의 채권을 보유한 원고 갑과 을이 제3채무자 정을 상대로 금전지급청구소송을 제기한 경우(병의 정에 대한 피대위채권은 합계 5,000만원), 갑 청구의 소송목적의 값은 2,000만원, 을 청구의 소송목적의 값은 4,000만원이고, 갑의 청구와 을의 청구는 경제적 이익이 독립한 별개의 관계에 있으므로 합산법칙을 적용하지만, 합산한 가액이 피대위채권 5,000만원을 초과할 수는 없어 소송목적의 값은 5,000만원이다.

(마) 필수적 공동소송

① 수개의 말소등기청구

수개 등기의 말소를 통하여 얻은 이익은 각 등기마다 별개이므로 소송목적의 값도 각 등기마다 계산한 후 합산법칙을 적용하는 것이 원칙이다. 그러나 이 경우에도 각 청구 사이에 경제적 이익이 동일 또는 중복관계인 때에는 흡수법칙을 적용한다. 예컨대, 소유명의가 전전이전된 동일 부동산에 대하여 취득자 및 전득자를 공동피고로 하여 제기되는 소유권이전등기의 말소등기청구, 권리자가 동일한 담보물권 설정등기와 동일 채권의 담보를 위하여 등기된 소유권이전가등기의 말소등기청구 등이 이에 해당한다.

한편, 동일 부동산 위에 권리자를 달리하여 설정된 수개의 저당권설정등기의 말소를 1개의 소로써 청구하는 경우에 견해 대립이 가능하지만, 경제적 이익이 동일 또는 중복관계에 있다고 할 수 없으므로, 합산법칙을 적용하여야 한다. 다만, 이 경우에도 목적물에 대한 소유권가액, 즉 목적물 가액을 한도로 해야 한다. 합산법칙을 적용하더라도 그로써 받는 경제적 이익은 목적물에 대한 완전한 소유권 회복으로 얻는 이익을 초과할 수 없기 때문이다(아래 사례 14).

❑ 사례 14 : 하나의 부동산에 설정된 수개의 저당권에 대한 말소등기청구가 병합된 경우

[문제 1]	소송목적의 값 원고 소유의 건물 위에 설정된 1번 근저당권자 갑(채권최고액 3억원), 2번 근저당권자 을(채권최고액 2억원), 3번 근저당권자 병(채권최고액 2억원) 명의의 근저당권등기에 관하여 등기원인의 무효를 이유로 각 말소등기를 구하는 소를 1개의 소장으로 제기 ○ 건물가액 : 3억원
[답 변]	소송목적의 값은 3억원이다.

※ 합산법칙을 적용

1. 복수의 담보물권설정등기에 대하여 등기원인의 무효 등을 이유로 하여 말소를 구하려고 하는 경우에는 말소를 구하는 이유가 동일하다고 하더라도 경제적 이익이 공통하다고 말할 수 없기 때문에 합산법칙을 적용하되, 목적물건의 가액을 한도로 한다.
2. 하나의 부동산에 설정된 수개의 저당권등기에 대해 등기원인의 무효 등을 이유로 말소를 구하는 경우 그 말소 사유가 동일하다고 해서 경제적 이익이 같다고 할 수는 없으므로 목적물의 가액을 한도로 한 합산법칙을 적용함이 타당하다. 한편, 소유권보존등기가 이루어지고 이에 터잡아 근저당권설정등기가 경료된 후 그 소유등기명의가 전전 이전된 동일 부동산에 대하여 소유권보존등기명의자, 근저당권자 및 전득자를 공동피고로 하여 말소등기를 청구하는 경우에는 1개의 소로써 주장하는 수개의 청구의 경제적 이익이 동일하거나 중복되는 때에 해당하여 중복되는 범위 내에서 그 중 다액인 청구의 가액을 소송목적의 가액으로 한다(대법원 1998. 7. 27.자 98마938 결정).

※ 각 청구의 소송목적의 값

1. 갑에 대한 청구
   소송목적의 값은 1억 5,000만원(3억원 × 1/2)이다(민인규 제13조 제1항 제4호 나목).
2. 을에 대한 청구
   소송목적의 값은 1억원(2억원 × 1/2)이다.
3. 병에 대한 청구
   소송목적의 값은 1억원(2억원 × 1/2)이다.

※ 병합청구의 소송목적의 값

합산법칙을 적용하면 3억 5,000만원이지만 목적물건 가액을 한도로 하므로 소송목적의 값은 3억원이다.

※ 사례 비교

1. 한 개의 부동산에 설정된 저당권 및 전세권

A부동산(가액 1억원)에 설정된 1번 근저당권등기(채권최고액 6,000만원), 2번 저당권등기(피담보채권 8,000만원), 전세권등기(전세금액 8,000만원)에 대해 원인무효를 이유로 각 말소등기를 구하는 경우, 합산법칙을 적용하되 목적물가액을 한도로 하므로 소송목적의 값은 1억원{1번 근저당권말소등기청구 3,000만원(민인규 제13조 제1항 제4호 나목), 2번 저당권말소등기청구 4,000만원, 전세권말소등기청구 4,000만원을 합하면 1억 1,000만원이나, 목적물건의 가액인 1억원 보다 많으므로 적은 쪽인 1억원이 소송목적의 값이다}이다.

2. 두 개 이상의 부동산에 설정된 공동저당권 등

① A, B 두 부동산에 설정된 공동저당권등기 중 A부동산에 대해서만 원인무효를 이유로 저당권의 말소를 구하는 경우(A부동산 가액 8,000만원, B부동산 가액 1억원 4,000만원, 피담보채권 1억원이라고 가정한다), A만을 기준으로 한다는 견해와 소제기되지 않은 B도 고려한다는 견해로 나뉘지만 전자의 견해가 타당하므로 소송목적의 값은 4,000만원이다.

위 사례에서 A, B 두 부동산에 설정된 공동저당권등기의 각 말소등기를 구하는 경우, 전체를 합쳐서 산정하므로 소송목적의 값은 5,000만원{두 부동산 전체의 합산액 2억 2,000만원과 피담보채권 1억원 중 저액인 쪽에 2분의 1을 곱한다(민인규 제13조 제1항 제4호 나목)}이다.

② 갑은 A, B 두 부동산에 대한 공동저당권자, 을은 B에 대한 2번 저당권자인데 부동산의 소유자가 갑·을에 대하여 원인무효를 이유로 저당권등기의 각 말소를 구한 경우(A부동산 가액 2억원, B부동산 가액 4억원, 갑의 피담보채권 3억원, 을의 피담보채권 3억원이라고 가정한다),

소송목적의 값은 3억원{갑에 대한 청구 1억 5,000만원(두 부동산 전체의 합산액 6억원과 피담보채권 3억원 중 저액인 쪽에 2분의 1을 곱한다)과 을에 대한 청구 1억 5,000만원(B부동산의 가액 4억원과 피담보채권액 3억원 중 저액인 쪽에 2분의 1을 곱한다)을 합산}이다.

참고로, 원인무효의 소유권보존등기가 이루어지고 이에 터잡아 근저당권설정등기가 경료된 후 그 소유등기명의가 전전 이전된 동일 부동산에 대하여 소유권보존등기명의자, 근저당권자 및 전득자 등을 공동피고로 하여 제기된 소유권보존등기, 근저당권설정등기, 소유권이전등기의 각 말소를 구하는 경우 수개의 말소등기청구 중에서 가장 다액인 쪽의 소송목적의 값에 의한다(대법원 1998. 7. 27.자 98마938 결정).

② 연대채무 등

수인의 연대채무자 또는 주채무자와 연대보증인이 당사자로 되는 경우에 가장 다액인 쪽의 소송목적의 값에 의한다.

(3) 비재산권을 목적으로 하는 청구와 그 소송의 원인된 사실로부터 발생하는 재산권상의 청구

다액인 쪽의 소송목적의 값에 의한다(민인법 제2조 제5항). 이는 비재산권상 청구에 대한 심리에 의해 재산권상 청구에 대한 결론이 자동적으로 도출되는 관계에 있는 경우에는 그렇지 않은 경우에 비하여 법원이 제공하는 역무의 양은 그 만큼 적어진다고 말할 수 있으므로 흡수법칙을 적용한 것이다(재판유상주의). 예컨대, 해고무효확인(소송목적의 값은 5,000만원)과 그 해고가 무효임을 전제로 한 임금지급청구(소송목적의 값은 1,000만원)를 병합제기하는 경우 소송목적의 값은 다액인 5,000만원이다(대법원 1994. 8. 31.자 94마1390 결정). 또한 행정처분의 무효확인청구와 국가배상청구를 병합하는 경우도 다액인 쪽의 소송목적의 값에 의한다.

'비재산권을 목적으로 하는 청구'가 아니라 '재산권상 소로서 그 소송목적의 값을 산출할 수 없는 청구'가 병합된 경우, 예컨대 특허권 침해금지청구와 1억원의 손해배상청구가 병합된 경우에도 민사소송등인지법 제2조 제5항을 적용할 수 있을 것인지에 대하여 견해의 대립이 있으나, 위 규정을 적용하지 않고 합산하는 것이 실무이다(아래 사례 15).

❑ 사례 15 : 특허권침해행위금지청구와 손해배상청구가 병합된 경우 소송목적의 값

[문제 1]	소송목적의 값 특허권 침해를 원인으로, ㉠ 침해행위의 금지 ㉡ 특허권침해로 인한 손해배상을 병합하여 소제기 ○ 손해배상액 : 2억원
[답 변]	소송목적의 값은 3억원이다.

※ 소송목적의 값

1. 각 청구
   가. 침해행위금지청구
      소송목적의 값은 1억원(민인규 제18조, 제18조의2 단서)이다.
   나. 손해배상청구
      소송목적의 값은 2억원(민인규 제12조 제3호)이다.

2. 병합청구
재판유상주의에 근거한 규정인 민사소송등인지법 제2조 제5항 유추적용을 부정할 경우 경제적 이익의 원리에 근거한 규정인 민사소송등인지규칙 제19조, 제20조에 의해 합산·흡수여부를 결정하여야 한다. 침해행위금지청구와 손해배상청구는 경제적 이익이 독립한 별개의 것이므로 합산법칙을 적용하여야 한다(민인규 제19조). 따라서 소송목적의 값은 3억원(2억원+1억원)이다.

※ 민사소송등인지법 제2조 제5항을 유추적용할 수 없다.

1. 민사소송등인지법 제2조 제5항은 '비재산권을 목적으로 하는 청구'에 적용되는 규정이므로 사안과 같이 '재산권상의 소로서 그 소송목적의 값을 산출할 수 없는 소'에는 유추적용할 수 없다. 이 견해가 실무례이다.
2. 재판유상주의에 근거한 규정인 민사소송등인지법 제2조 제5항은 엄격하게 해석해야 한다. 이를 너그럽게 해석할 경우 '경제적 이익'의 원리에 의해 병합청구의 소송목적의 값을 산출함을 대원칙으로 하는 민사소송등인지규칙 제19조, 제20조의 원리를 훼손할 수 있기 때문이다.

---

(4) 수개의 비재산권을 목적으로 하는 청구와 그 원인된 사실로부터 생기는 재산권을 목적으로 하는 청구

수개의 비재산권상의 청구의 소송목적의 값을 합산한 액과 재산권을 목적으로 하는 청구의 소송목적의 값을 비교하여 다액인 쪽에 의한다(민인규 제23조 제2항). 이는 민사소송등인지법 제2조 제5항과 동일한 취지이다.

예컨대, 위법한 영업정지처분의 취소(소송목적의 값은 5,000만원) 및 위 영업정지기간중의 영업을 이유로 한 영업허가취소처분의 취소(소송목적의 값은 5,000만원)와 위 영업정지 및 영업허가취소처분으로 인하여 발생한 손해배상청구(2억원)를 병합하여 제기하는 경우, ㉠ 비재산권을 목적으로 하는 청구들의 소송목적의 값을 합산한 가액 1억원(5,000만원+5,000만원)과 ㉡ 그 소송의 원인된 사실로부터 발생하는 재산권을 목적으로 하는 청구의 소송목적의 가액 2억원을 비교하여 다액인 2억원이 소송목적의 값이다.

한편, 근로자 갑이 사용자를 피고로 하여 해고무효확인청구와 1,000만원의 임금지급청구를, 근로자 을이 같은 사용자를 피고로 하여 해고무효확인청구와 1억원의 임금지급청구를 하나의 소장으로 제소한 경우, 소송당사자별로 선정한 후 합산한

1억 5,000만 100원(갑 청구의 가액 5,000만원+을 청구의 가액 1억원)이 소송목적의 값이다(아래 사례 16).

❑ 사례 16 : 수인의 해고무효확인과 임금지급청구가 병합된 경우 소송목적의 값

[문제 1]	소송목적의 값 근로자 갑과 을이 사용자를 상대로 해고무효확인을 구함과 동시에 그 해고가 무효임을 전제로 임금지급청구를 병합하여 소제기 ○ 갑의 임금지급청구액 : 1,000만원 ○ 을의 임금지급청구액 : 1억원
[답 변]	소송목적의 값은 1억 5,000만원이다.

※ 경제적 이익의 원리에 입각한 규정(민인규 제19조)적용

① 재판유상주의에 입각한 규정인 민사소송등인지규칙 제23조 제2항을 적용할 수 없고, 경제적 이익의 원리에 입각한 규정인 민사소송등인지규칙 제19조에 따라 합산하여 소송목적의 값을 산정한다. 따라서 민사소송등인지규칙 제23조 제2항을 유추적용하여 ① 두 개의 해고무효확인청구의 소송목적의 값을 1억원(5,000만원+5,000만원)으로 보고, ② 두 개의 임금지급청구의 소송목적의 값을 1억 1,000만원(1억원+1,000만원)으로 보아 ①과 ②를 비교하여 다액인 1억 1,000만원을 소송목적의 값으로 계산함은 잘못이다.

※ 소송목적의 값

(1) 각 청구

① 갑의 청구

소송목적의 값은 5,000만원{해고무효확인청구 5,000만원(민인규 제15조 제4항, 제18조의2 본문)과 임금지급청구 1,000만원(민인규 제12조 제3호)을 비교하여 다액}(민인법 제2조 제5항).

② 을의 청구

소송목적의 값은 1억원(해고무효확인청구 5,000만원과 임금지급청구 1억원을 비교하여 다액)이다(민인법 제2조 제5항).

(2) 병합청구의 소송목적의 값

병합청구의 소송목적의 값은 1억 2,000만 100원(1억원+5,000만 원)이다(민인규 제19조)

(5) 수개의 비재산권상 청구가 병합되고 목적이 1개의 법률관계에 해당하는 청구

1개의 소로써 수개의 비재산권상의 청구를 병합한 경우에는 각 청구의 소가를 합산하지만(민인규 제22조 본문), 청구의 목적이 1개의 법률관계인 때에는 1개의 소로 본다(민인규 제22조 단서).

① 행정소송

실질적으로 동일한 행정처분에 대한 소송이어서 청구의 목적이 1개의 법률관계에 해당한다고 인정될 경우에는 1개의 소로 보아 소송목적의 값을 산정한다. 예컨대, 갑·을·병 3인의 인근 주민이 1개의 소장으로 소외인에 대한 건축허가처분취소청구를 제기한 경우 1개의 소로 보아 소송목적의 값은 5,000만원이다(민인규 제17조 제4호, 제18조의2 본문, 제22조 단서).

② 회사관계소송

3인의 주주가 1개의 소장으로 주주총회결의취소의 소를 제기한 경우 1개의 소로 보아 소송목적의 값은 1억원이다(민인규 제15조 제2항, 제18조의2 단서, 제22조 단서).

다. 불산입법칙

(1) 부대청구(민소 제27조 제2항)

원본 또는 원물과 함께 이자 등을 병합하여 청구하는 경우에 그 이자 등은 소송의 부대 목적으로 평가하여 그 가액은 소송목적의 값으로 산입하지 않는다. 주된 청구에 해당하는 원본 또는 원물의 가액만을 소송목적의 값으로 하는 것으로, 부대청구 가액 계산의 번잡을 피하고 사물관할을 용이하게 판단할 수 있도록 하기 위함이다(대법원 1962. 10. 18.자 62라11 결정).

(2) 수단인 청구

1개의 청구가 다른 청구의 수단에 지나지 않을 때에는, 특별한 규정이 있는 경우를 제외하고, 그 가액은 소송목적의 값에 산입하지 아니한다(민인규 제21조 본문). 다만 수단인 청구의 가액이 주된 청구의 가액보다 다액인 경우에는 그 다액을 소송목적의 값으로 한다(민인규 제21조 단서).

예컨대, 대지인도를 구하기 위해 그 지상 건물의 철거를 동시에 청구하는 경우(대지가액은 1억원, 건물가액은 4,000만원인 경우)에 건물철거청구는 대지인도청구의 수단에 해당하므로 대지인도청구의 소송목적의 값인 5,000만원이 소송목적의 값이 된다. 따라서 건물가액을 소송목적의 값 산정의 기초로 삼는 경우가 있는데 이는 잘못이다.

라. 수개의 소장(상소장)에 의한 소(상소)

이상에서 언급한, 병합청구의 소송목적의 값 산정에 있어서 합산, 흡수, 불산입은 원고가 1개의 소장에 의해 여러 청구를 병합제기한 경우에만 적용되고, 별개의 소장으로 제소하는 경우에는 적용되지 아니한다, 즉 1개의 소로써 병합제기할 수 있는 청구를 수개의 소장으로 나누어 소를 제기하는 경우에는 각 소장마다 별도로 소송목적의 값을 산정한다(민인규 제24조). 예컨대, 갑 → 을 → 병 순으로 불법등기가 순차경료되었는데 2018. 2. 2. 갑·병을 공동피고로 하여 원인무효를 이유로 한 소유권말소등기의 소를, 2018. 7. 10. 을에 대해 원인무효를 이유로 한 소유권말소등기의 별소를 각 제기한 경우(부동산의 가액이 2억원) 2018. 2. 2.자 제기한 소의 소송목적의 값은 1억원(민인규 제13조 제1항 제4호 나목, 제20조). 2018. 7. 10.자 제기한 별소의 소송목적의 값은 1억원이므로 각 455,000원의 인지액을 납부하여야 한다. 2018. 7. 10.자 소장에 인지액을 납부하지 아니하고 병합신청을 하는 경우가 있는데 병합결정을 하기 전에 인지액 보정명령을 발하여 이에 불응하면 소장을 각하함이 상당하다(민소 제254조 제2항).

또한, 수개의 청구에 대해 전부판결이 난 후, 이 판결에 대해 수개의 항소장으로 나누어 항소를 제기하는 경우에는 각각 별도로 1심의 소송목적의 값을 기준으로 산정한 인지를 항소장에 납부하여야 하고, 그 항소인들이 당초에는 수개의 항소장으로 나누어 항소를 제기하였다가 나중에 공동명의로 하여 하나의 항소장을 다시 제출하였다고 하더라도 이와 달리 취급할 것은 아니다(대법원 2011. 1. 27.자 2010마1491 결정).

한편, 제소 후 소송계속 중에 병합결정이 있는 경우에 이미 결정한 소송목적의 값 및 납부인지에 관하여는 아무런 영향을 미치지 아니한다. 그러나 변론병합결정 후 수개의 청구에 대한 판결이 나고, 이 판결에 대해 한 개의 상소장으로 상소를 할 경우에는 합산·흡수·불산입을 적용하여 소송목적의 값을 산정한다(아래 사례 17).

❏ 사례 17 : 항소인별로 항소를 제기한 경우의 인지액

[문제 1]	을·병이, ① 각별로 항소장을 제출한 경우와 ② 한 통의 항소장으로 함께 항소한 경우 항소장에 각 첩부할 인지액 • 채권자 갑은 2017. 2. 2. 주채무자 을을 피고로 하여 1억원의 대여금지급청구소송을 제기하였고, 2개월 후인 2017. 4. 2. 연대보증인 병을 피고로 하여 1억원의 금원지급청구소송을 별소로 제기하였다. • 두 개의 소송이 별도로 진행되던 중 2018. 6. 6. 변론이 병합되어 갑의 을·병에 대한 청구가 전부인용되는 내용의 1심판결이 선고되었다.
[답 변]	☞ 각별로 항소장을 제출한 경우 민사소송등인지규칙 제24조는 항소제기에도 적용된다. 따라서 을의 항소장에 소송목적의 값 1억원에 대한 항소심 인지액 682,500원, 병의 항소장에 소송목적의 값 1억원에 대한 항소심 인지액 682,500원을 각별로 납부한다. ☞ 한 통의 항소장으로 함께 항소한 경우 항소의 소송목적의 값을 산정할 때에도 합산·흡수·불산입이 적용된다. 을의 항소와 병의 항소는 경제적 이익이 동일 또는 중복관계에 있으므로 흡수법칙이 적용되므로, 항소장에 소송목적의 값 1억원에 대한 항소심 인지액 682,500원을 납부한다.

※ 규 정

- 민사소송등인지규칙 제20조(중복청구의 흡수) : 1개의 소로써 주장하는 수개의 청구의 경제적 이익이 동일하거나 중복된 때에는 중복되는 범위 내에서 흡수되고, 그중 가장 다액인 청구의 가액을 소가로 한다.
- 민사소송등인지규칙 제24조(수개의 소장에 의한 소) : 1개의 소로써 병합제기할 수 있는 청구를 수개의 소장으로 나누어 소를 제기하는 경우에는 각각 별도로 소가를 산정한다.

3. 후발적 병합

가. 개 요

원시적 병합청구의 인지액은 민사소송등인지법 제2조에 의하여 통일적으로 규정됨에 반하여, 후발적 병합청구 중 객관적 병합은 민사소송등인지법 제4조(반소), 제5조(청구변경)에 의하여, 주관적 병합은 민사소송민인법 제6조(공동소송참가신청, 승계참가신청, 독립참가신청)에 의하여 규정되어 차이가 있다. 이로 인하여 후발적 병합의 인지액 계산은 원시적 병합의 경우보다 더 복잡하다.

원시적 병합과 후발적 병합의 인지액 비교

<table>
<tr><th></th><th>원시적병합</th><th colspan="3">후발적 병합</th></tr>
<tr><td rowspan="4">주관적
병합</td><td rowspan="4">소송목적의 값을 합산, 흡수, 불산입하고 그에 해당하는 인지액을 납부</td><td colspan="3">독립당사자, 공동소송참가는 소제기에 준하여 인지액 납부</td></tr>
<tr><td colspan="3">예비적 선택적 공동소송인 추가·필수적 공동소송인 추가·피고경정은 인지액 납부 불요</td></tr>
<tr><td colspan="3">승계참가 중 피신청인이 승계사실을 다투거나, 의무승계인으로서 별도의 청구를 하는 경우에는 소제기에 준하여 인지액을 납부</td></tr>
<tr><td colspan="3">승계참가 중 피신청인이 승계사실을 다투지 않거나, 의무승계인으로서 별도의 청구를 하지 않는 경우에는 인지액 납부 불요</td></tr>
<tr><td rowspan="3">객관적
병합</td><td rowspan="3">소송목적의 값을 합산, 흡수, 불산입하고 그에 해당하는 인지액을 납부</td><td colspan="3">청구변경은 ㉠ 변경 후의 청구에 관한 인지액에서 ㉡ 변경 전의 청구에 관한 인지액을 공제한 인지액을 납부</td></tr>
<tr><td rowspan="2">반
소</td><td>본소와 목적이 동일</td><td>[반소의 원칙적 인지액] - [본소청구 중 반소와 그 목적을 같이 하는 청구의 소송목적의 값에 대한 인지액]</td></tr>
<tr><td>본소와 목적이 다름</td><td>소제기에 준하여 인지액 납부</td></tr>
</table>

나. 청구변경

(1) 인지액 공제방식

청구변경신청서에는 심급에 따라 변경 후의 청구에 관한 인지액에서 변경 전의 청구에 관한 인지액을 공제한 인지액을 납부하여야 한다(민인법 제5조). 따라서 청구변경신청서에는 ㉠ 변경 후 청구의 소송목적의 값에 대한 인지액과 ㉡ 변경 전 청구의 소송목적의 값에 대한 인지액을 각 산정하여, ㉠의 인지액에서 ㉡의 인지액을 공제한 인지액을 납부하여야 한다.

주의하여야 할 점은 인지액을 상호 비교하여 차액을 계산하여야 하고, 소송목적의 값을 비교한 차액을 기준으로 인지액을 계산하면 안 된다. 예컨대, 청구금액이 6,000만원인 대여금소송 계속 중 청구금액을 1억원으로 증액하는 청구변경신청을 할 경우, ㉠ 변경 후 청구 1억원에 대한 인지액 455,000원에서 ㉡ 변경 전 청구 6,000만원에 대한 인지액 275,000원을 공제한 180,000원(455,000원－275,000원)이 납부하여야 할 인지액이다.

(2) 변경 전 청구의 인지액 산정

1심 계속 중 청구변경신청서가 접수된 경우에 변경 전 청구의 인지액은 1심 인지액을 기준으로 하면 된다. 2심 계속 중 청구변경신청서가 접수된 경우에 변경 전 청구에 대한 인지액을 1심 인지액에 의할 것인지 2심 인지액(1심 인지액의 1.5배액)에 의할 것인지 견해 대립이 있으나, 2심 인지액에 의함이 타당하다(아래 사례 18).

❑ 사례 18 : 항소심 청구변경신청에서의 인지액

[문제 1]	인지액 1심 청구금액 8,000만원을 전부기각하는 내용의 판결이 선고되자, 패소부분에 대해 전부항소하였다. 2심 계속중 청구취지를 1억 2,000만원에 추가하여 총 2억원으로 확장하는 소변경신청을 하였다.
[답 변]	인지액은 735,000원이다.

※ 민사소송등인지법 제4조와 제5조가 달리 규정된 것은 이를 구별하여 취급하려는 입법자의 의도이므로 1심 인지액을 기준으로 하여야 한다는 견해가 있다. 그러나 청구변경

신청과 반소는 모두 소송중의 소제기이고, 민사소송등인지법은 양자에 대하여 동일하게 인지액을 공제하도록 규정하고 있으므로, 양자를 달리 취급할 이유가 없다. 따라서 ① 변경 후 청구 2억원에 대한 항소심 인지액 1,282,500원에서 ② 변경 전 청구 8,000만원에 대한 항소심 인지액 547,500원을 공제한 735,000원을 납부하여야 한다.

※ 규 정

- 민사소송등인지법 제4조(반소장)
  ① 제1심에 제출하는 반소장에는 제2조에 따른 금액의 인지를 붙이고, 항소심에 제출하는 반소장에는 제2조에 따른 금액의 1.5배에 해당하는 인지를 붙여야 한다.
  ② 본소와 그 목적이 같은 반소장에는 심급에 따라 다음 각 호에 해당하는 금액의 인지를 붙여야 한다.
  1. 제1심의 경우에는 제1항 전단에 따른 금액에서 본소의 소송목적의 값에 대한 제2조에 따른 금액을 뺀 금액
  2. 항소심의 경우에는 제1항 후단에 따른 금액에서 본소의 소송목적의 값에 대한 제2조에 따른 금액의 1.5배를 뺀 금액
- 민사소송등인지법 제5조(청구변경신청서) : 청구변경신청서에는 심급에 따라 다음 각 호에 해당하는 금액의 인지를 붙여야 한다.
  1. 제1심의 경우에는 변경 후의 청구에 관한 제2조에 따른 금액에서 변경 전의 청구에 관한 인지액을 뺀 금액
  2. 항소심의 경우에는 변경 후의 청구에 관한 제2조에 따른 금액의 1.5배액에서 변경 전의 청구에 관한 인지액을 뺀 금액

또한, 3억원의 대여금지급을 구하다가 1억원으로 청구감축(2억원 부분을 소 취하)한 후 다시 3억원으로 청구취지확장신청서를 제출하는 경우 변경 전 청구의 소송목적의 값은 1억원이므로 80만원(변경 후 청구 3억원에 대한 인지액 1,255,000원 − 변경 전 청구 1억원에 대한 인지액 455,000원)이 납부해야 할 인지액이다.

(3) 변경 후 청구의 인지액 산정

변경 후 청구의 소송목적의 값은 통상의 소송목적의 값 산정과 동일한 방식으로 한다. 그리고 청구변경에 의해 청구병합이 생기는 경우 당초부터 청구의 병합이 있는 경우에 준하여(즉, 원시적 병합의 경우에 준함) 합산, 흡수, 불산입을 적용하여 산정한다.

(가) 추가적 변경

① 합산법칙이 적용되는 경우

1억원의 대여금지급을 구하다가 대여금 2,000만원을 추가청구하는 경우에, 변경 전 청구 1억원 부분과 추가된 청구 2,000만원 부분은, 원시적 병합의 경우에 준하여 파악하면 양 청구는 경제적 이익이 독립한 별개의 것이므로 합산법칙을 적용한다. 따라서 1억 2,000만원이 변경 후 청구의 소송목적의 값이 되고, 변경 후 청구에 대한 인지액 535,000원에서 변경 전 청구에 대한 인지액 455,000원을 공제하면 납부해야 할 인지액은 80,000원이다.

② 흡수법칙이 적용되는 경우

소유권에 기한 건물인도청구(소송목적의 값은 5,000만원)를 구하다가 건물에 대한 소유권확인청구(소송목적의 값은 1억원)를 추가하는 경우에 변경 전 청구 5,000만원 부분과 추가된 청구 1억원 부분은, 원시적 병합의 경우에 준하여 파악하면 양 청구는 경제적 이익이 동일 또는 중복되어 흡수법칙이 적용된다. 따라서 다액인 1억원이 변경 후 청구의 소송목적의 값이 되고, 변경 후 청구에 대한 인지액 455,000원에서 변경 전 청구에 대한 인지액 230,000원을 공제하면 납부해야 할 인지액은 225,000원이다.

추가적·예비적 병합을 구하는 경우에도 흡수법칙이 적용된다. 예컨대, 3억원의 소득세부과처분무효확인을 구하다가 소득세부과처분의취소청구를 예비적으로 추가하는 경우{3억원이 소득세부과처분무효확인청구, 취소청구의 소송목적의 값은 각 1억원(3억원 × 1/3)이 된다. 민인규 제17조 제1호} 변경 전 청구와 추가된 청구는, 원시적 병합의 경우에 준하여 파악하면 흡수법칙이 적용되므로 1억원이 변경 후 청구의 소송목적의 값이 되고, 변경 후 청구에 대한 인지액 455,000원에서 변경 전 청구에 대한 인지액 455,000원을 공제하면 납부해야 할 인지액은 0원이다.

③ 불산입법칙이 적용되는 경우

소유권에 기한 건물인도(소송목적의 값은 5,000만원)를 구하다가 임료상당의 부당이득반환청구(소송목적의 값은 6,000만원)를 추가하는 경우에 변경 전 청구 5,000만원 부분과 추가된 청구 6,000만원 부분은, 원시적 병합의 경우에 준하여 파악하면 양 청구는 주된 청구와 부대청구에 해당하여 불산입법칙이 적용된다. 따라서 5,000만원이 변경 후 청구의 소송목적의 값이 되고, 변경 후 청구에 대한 인지액 230,000원에서 변경 전 청구에 대한 인지액 230,000원을 공제하면 납부하여야 할 인지액은 0원이다.

(나) 교환적 변경

교환적 변경은 그 실질이 구소 취하와 '동시에' 하는 신소제기에 해당하지만, 구소와 신소가 병합되고 나서 '논리의 1초 후'에 구소에 대한 취하가 있었다고 보아야 한다. 즉, 추가적 변경을 거쳐 구소 취하를 한 경우와 동일하게 취급하여야 하는데, 그렇지 않으면 추가적 변경을 거쳐 구소 취하라는 형식을 취한 때보다 교환적 변경 형식을 취한 때에 인지액이 많은 경우가 발생할 수 있어 교환적 변경 신청인의 의사에 반하게 되기 때문이다. 예컨대, 주된 청구(소송목적의 값 1억원)의 취하와 동시에 부대청구(소송목적의 값 2억원)를 하려는 경우, 추가적 변경을 거쳐 주된 청구를 취하하는 형식을 취할 경우에는 인지액을 납부하지 않음에 비하여 교환적 변경의 형식을 취할 경우에는 부대청구의 소송목적의 값 2억원에 상응하는 인지액을 납부한다고 한다면 교환적 변경신청인의 의사에 반한다. 따라서 교환적 변경에서 '변경 후 청구의 소송목적의 값'은 구청구와 신청구가 병합된 것이므로 원시적 병합의 경우에 준하여 합산법식, 흡수법칙, 불산입법칙을 적용하여 산정한다.

① 합산법칙이 적용되는 경우

갑 토지에 대한 소유권확인청구(소송목적의 값 5,000만원에 대한 인지액 230,000원) 계속 중 을 토지에 대한 소유권확인청구(소송목적의 값 2억원)를 교환적 변경신청한 경우 갑 토지에 대한 소유권확인청구와 을 토지에 대한 소유권확인청구를 원시적 병합의 경우에 준하여 파악하면 합산법칙이 적용된다(민소 제27조 제1항). 따라서 변경 후 청구의 소송목적의 값은 2억 5,000만원이 되고, 변경 후 청구에 대한 1심 인지액 1,055,000원에서 변경 전 청구의 소송목적의 값 5,000만원에 대한 1심 인지액 230,000원을 공제하면 납부하여야 할 인지액은 825,000원이 된다.

② 흡수법칙이 적용되는 경우

건물에 대한 소유권확인청구(소송목적의 값은 8,000만원)를 구하다가, 그 건물이 화재로 멸실하여 1억원의 손해배상청구로 교환적 변경하는 청구변경신청서를 제출하는 경우, 소유권확인청구와 손해배상청구를 원시적 병합에 준하여 파악하면 경제적 이익이 동일 또는 중복되어 흡수법칙을 적용된다. 따라서 변경 후 청구의 소송목적의 값은 1억원이 되고, 변경 후 청구에 대한 인지액 455,000원에서 변경 전 청구의 소송목적의 값 8,000만원에 대한 인지액 365,000원을 공제하면 납부하여야 할 인지액은 90,000원이다.

③ 불산입법칙이 적용되는 경우

소유권에 기한 건물인도청구(소송목적의 값은 5,000만원)와 2,000만원의 차임상당 부당이득반환청구를 병합하여 소송을 제기하였다가, 피고가 건물을 자진하여 인도하여 건물인도청구를 취하하고 임료상당 부당이득반환청구금액을 8,000만원으로 증액하는 내용의 교환적 변경신청서를 제출하는 경우, 소유권에 기한 건물인도청구와 8,000만원의 부당이득반환청구는 주된 청구와 부대청구의 관계에 있어 원시적 병합에 준하여 파악하면 불산입법칙을 적용한다. 따라서 변경 후 청구의 소송목적의 값은 5,000만원이 되고, 변경 후 청구에 대한 인지액 230,000원에서 변경 전 청구에 대한 인지액 230,000원을 공제하면 납부하여야 할 인지액은 0원이다.

(4) 항소심에서 청구의 변경

(가) 통상의 청구변경에 해당하는 경우

항소심에서의 청구변경신청서에는 변경 후의 청구에 관하여 납부하여야 할 인지액의 1.5배액(항소심 인지)에서 변경 전의 청구에 관한 인지액의 1.5배(항소심 인지액)을 공제한 금액의 인지를 납부하여야 한다(민인법 제5조).

예컨대, 1억원의 손해배상청구(적극적 손해 7,000만원, 소극적 손해 3,000만원) 중 적극적 손해 7,000만원의 지급을 명하는 일부인용판결에 대해, 기각된 소극적 손해 3,000만원에 대하여 원고가 항소를 제기하고, 항소심 계속중에 위자료 5,000만원의 추가지급을 구하는 추가적 변경신청을 하는 경우, 납부해야 할 인지액은 30만원(변경 후 청구의 소송목적의 값 1억 5,000만원에 대한 항소심 인지액 982,500원 − 변경 전 청구의 소송목적의 값 1억원에 대한 항소심 인지액 682,500원)이다.

(나) 소변경을 위한 부대항소에 해당하는 경우

두 가지 경우를 나누어 보기로 한다.

① 위 (가) 사례에서 피고가 인용부분(적극적 손해 7,000만원)에 대해 항소를 제기하고, 항소심 계속중에 원고가 위자료 5,000만원의 추가지급을 구하는 추가적 변경신청을 하는 경우, 이는 소변경을 위한 부대항소에 해당하므로 인지액은 민사소송등인지법 제5조에 의하여 계산한다(민인규 제26조 단서). 따라서 납부해야 할 인지액은 30만원(변경 후 청구의 소송목적의 값 1억 5,000만원에 대한 항소심 인지액 982,500원 – 변경 전 청구의 소송목적의 값 1억원에 대한 항소심 인지액 682,500원)이다.

② 1억원의 손해배상청구(적극적 손해 6,000만원, 소극적 손해 4,000만원) 중 적극적 손해 6,000만원의 지급을 명하는 일부인용판결에 대해, 피고가 패소부분에 대해 항소를 제기하고, 항소심 계속중 원고가 6,000만원(소극적 손해 4,000만원+위자료 2,000만원)을 더 받기 위해 소변경신청서를 제출한 경우, ㉠ 소극적 손해 4,000만원은 순수한 부대항소이므로 민사소송등인지규칙 제26조 본문, 제25조에 의하여 인지액을 산정하고, ㉡ 위자료 2,000만원은 소변경을 위한 부대항소이므로 민사소송등인지규칙 제26조 단서, 민사소송등인지법 제5조에 의하여 인지액을 산정한 후 ㉠과 ㉡의 각 인지액을 합산한다(아래 사례 19). 따라서 납부해야 할 인지액은 397,500원[㉠ 4,000만원에 대한 항소심 인지액 277,500원 +㉡ 2,000만원에 대한 항소심 인지액 120,000원(변경 후 청구의 소송목적의 값 1억원 2,000만원에 대한 항소심 인지액 802,500원-변경 전 청구의 소송목적의 값 1억원에 대한 항소심 인지액 682,500원)]이다.

❑ 사례 19 : 일부 인용판결에 대한 항소와 소변경을 위한 부대항소에서의 인지액

[문제 1]	부대항소장에 납부할 인지액 • 원고는 불법행위를 원인으로 한 손해배상청구(적극 손해 6,000만원 및 소극 손해 4,000만원)을 제기하였는데, 적극 손해 6,000만원만 인용되었다. • 피고는 패소부분인 6,000만원에 대해 항소를 제기하였다. • 원고는 항소제기기간 도과 후 1심보다 6,000만원(패소부분 4,000만원 및

	추가청구 2,000만원)을 더 받기 위해 부대항소를 제기하였다.
[답 변]	인지액은 397,500원이다.

※ 각 해당 조항별로 계산하는 견해

1. ㉠ 4,000원 부분은 통상의 부대항소이므로 민사소송등인지규칙 제26조 본문 및 제25조에 의하여 인지액을 계산하고, ㉡ 2,000만원 부분은 소변경을 위한 부대항소이므로 민사소송등인지규칙 제26조 단서 및 민사소송등인지법 제5조에 의하여 인지액을 계산한 후, ㉠의 인지액과 ㉡의 인지액을 합산한다는 견해이다
   이에 의하면, ㉠ 4,000만원에 대한 항소심의 인지액은 277,500원이고, ㉡ 2,000만원에 대한 항소심 인지액은 120,000원(변경 후 청구 1억 2,000만원에 대한 항소심 인지액 802,500원－변경 전 청구 1억원에 대한 항소심 인지액 682,500원)이므로, 결국 인지액은 397,500원(277,500원＋120,000원)이다.
2. 반소제기에 관한 규정을 유추적용하여 계산하는 견해는 소변경을 위한 부대항소에 관한 규정이 존재함에도 반소제기에 관한 규정을 유추적용할 법적 근거도 없고, 부대항소로 불복하는 범위에 의하여 계산하는 견해는 민사소송등인지규칙 제26조 단서의 적용범위를 둘로 나눌 법적 근거가 없다는 점에서 부당하다.
   부대항소의 인지액 계산방식을 2원화(통상의 부대항소는 '상소의 방식'에 의해, 소 변경을 위한 부대항소는 '청구변경신청의 방식'에 의해 인지액을 계산)시킨 민사소송등인지규칙 제26조의 취지에 비추어 볼 때 각 해당조항별로 계산하는 견해가 타당하다.

※ 규 정

민사소송등인지법 제4조(반소장)

① 제1심에서의 반소장에는 제2조 규정액의 인지를, 항소심에서의 반소장에는 제2조 규정액의 1.5배액의 인지를 붙여야 한다.

② 본소와 그 목적이 동일한 반소장에는 제1항 규정액으로부터 심급에 따라 본소의 소가에 대한 제2조 규정액 또는 제2조 규정액의 1.5배액을 공제한 액의 인지를 붙여야 한다.

따라서 납부해야 할 인지액은 397,500원{㉠ 4,000만원에 대한 항소심 인지액 277,500원＋㉡ 2,000만원에 대한 항소심 인지액 120,000원(변경 후 청구의 소송목적의 값 1억 2,000만원에 대한 항소심 인지액 802,500원－변경 전 청구의 소송목적의 값 1억원에 대한 항소심 인지액 682,500원)}이다.

(5) 그 밖의 경우

(가) 소송목적의 값 산정의 기준시

청구변경은 소송중의 소제기이므로 소송목적의 값 계산의 기준시는 '청구변경시'

이다(민인규 제7조). 즉, 동일 목적물에 대한 소송에서 목적물건 가액의 변동이 있는 경우 변경 후 청구와 변경 전 청구의 소송목적의 갓 계산의 기준시는 모두 청구변경시이다. 따라서 '변경 전 청구에 관한 소송목적의 값에 대한 인지액'은 변경시를 기준으로 하여 다시 산정한 소송목적의 값에 기초하여 산출하여야 하고, 이미 납부된 인지액으로 하여서는 안된다. 예컨대, 소유권에 기한 건물인도청구 소송계속중 동일 건물에 대해 소유권확인청구로 교환적 청구변경신청을 한 경우(건물 가액은 소 제기시 1억원, 청구변경신청시 3억원이라고 가정함), 납부해야 할 인지액은 600,000원(변경 후 청구의 소송목적의 값 3억원에 대한 인지액 1,255,000원－변경 전 청구의 소송목적의 값 1억 5,000만원에 대한 인지액 655,000원)이다.

(나) 청구감축

금전청구에서 양적으로 일부 줄이는 경우와 단순이행청구에서 상환이행청구로 질적으로 축소하는 경우까지 청구감축에 해당한다. 청구의 감축은 소의 변경이 아니므로 감축된 한도에서 원고의 의사에 따라 소 취하 또는 청구의 포기가 되는데, 그 의사가 분명하지 않은 경우는 소 취하로 본다.

청구의 포기 또는 소 취하에 인지를 붙이지 아니하므로 청구감축의 경우에는 인지를 붙이지 아니한다.

(다) 청구금액의 실질적 변동이 없는 청구변경

채무불이행에 기한 1억원의 손해배상청구소송을 제기하였다가 불법행위에 기한 1억원의 손해배상청구소송으로 청구변경을 한 경우, 민사소송등인지법 제5조에 따라 산정하면 인지액이 0원이므로 인지액을 납부할 필요가 없다.

다. 반 소

(1) 민사소송등인지법 제4조

(가) 본소와 그 목적이 동일하지 않은 경우

① 반소도 역시 소이기 때문에 본소와 반소의 목적이 동일하지 않은 경우 그 인지액의 계산도 통상의 소와 마찬가지로 반소 제기의 때를 기준으로 반소 자체의

소송목적의 값을 별개로 산정하고, 그에 대한 인지를 붙인다. 1심 반소장에 납부할 인지액은 소장과 같이, 수개의 청구를 병합하여 반소 제기를 할 경우 반소장이 제출된 때를 기준시로 합산, 흡수, 불산입을 적용하여 반소가액과 인지액을 계산한다. 그리고 항소심에서의 반소장에 납부할 인지액은 위와 같은 방법으로 산출한 금액의 1.5배액으로 한다(민인법 제4조 제1항).

② 목적이 동일하지 않은 예

㉠ 격투로 인해 입은 손해의 배상을 일방이 본소로, 타방이 반소로 청구

㉡ 건물철거 및 토지인도를 구하는 본소청구에 대하여 건물매수청구권 행사에 의한 건물매수대금의 지급을 구하는 반소청구

㉢ 매매목적물의 인도를 구하는 본소청구에 대한 대금지급의 반소청구

㉣ 매매대금잔액 청구의 본소에 대하여 매매계약 해제에 따라 이미 지급한 대금의 반환을 구하는 반소청구

㉤ 점포인도의 본소청구에 대한 보증금 반환의 반소청구

㉥ 공사대금지급의 본소청구에 대하여 공사의 하자를 이유로 한 손해배상의 반소청구

㉦ 보증금반환의 본소청구에 대한 임료상당의 손해배상 또는 부당이득의 반소청구

㉧ 제3자이의의 본소청구에 대한 사해행위취소의 반소청구

㉨ 이혼의 본소청구에 대한 이혼의 반소청구{반소청구가 본소와 그 목적이 동일한 것으로 보아 본소인지액을 공제한다는 견해와 공제하지 않는다는 견해가 있으나, 민사소송등인지법 제4조 제2항과 달리 가사소송법 제5조 및 가사소송수수료규칙 제2조 제4항에 의하여 본소 인지액을 공제하지 않음이 타당하다(아래 사례 20)}.

❑ 사례 20 : 가사사건에서 반소(반대)청구의 수수료 (가사 1)

[문제 1]	청구인이 미성년자인 사건본인(1인)의 양육자로 자신을 지정할 것을 청구하자, 상대방도 반대청구로 자신을 양육자로 지정할 것을 청구한 경우 수수료
[답 변]	수수료를 납부하지 않는다.

〈해 설〉

가사비송사건에서 본래의 청구와 반대의 청구가 그 목적이 동일하면 수수료를 납부하지 않는다(가수규칙 제3조 제3항 단서). 본래청구와 반대청구의 목적이 동일하다 함은, ① 본래청구 및 반대청구가 소송의 목적 즉, 소송물이 동일한 경우를 의미하지만, 실무례는 좀도 넓게 해석하여 ② 본래청구 및 반대청구가 동일물을 서로 배척하는 청구의 목적물로 하고 있는 경우도 포함시킨다. 이와 같이 본래청구와 그 목적이 동일한 반대청구의 수수료에 관하여 특별 취급을 하는 이유는 본래청구에 대한 심리, 판단에 의하여 저절로 이에 상반되는 반대청구에 관한 결론을 얻을 수 있기 때문이다(재판유상주의).

[문제 2] **이혼청구의 본소에 대하여, 이혼 및 위자료 5,000만원을 구하는 반소를 제기한 경우 수수료**

[답 변] 수수료는 230,000원이다.

〈해 설〉

1. 가사비송사건의 반대청구에 대해서는 민사소송등인지법 제4조 제2항에 대응하는 규정을 두면서(가수규칙 제3조 제3항 단서) 가사소송사건의 반소청구에 대해서는 그와 같은 규정을 두지 않고 있는 점(가수규칙 제2조 제4항), 가사소송수수료규칙 제2조 제4항은 민사소송등인지법 제4조의 특별규정에 해당하는 점을 고려할 때 유추적용을 부정함이 상당하다. 따라서 가사소송사건에서는 본소와 반소의 동일한 경우에도 본소의 인지액을 공제하지 않는다.
2. 수수료 산정
   가. 재판상이혼청구
   나류 4) 사건이므로 20,000원이다(가수규칙 제2조 제1항).
   나. 위자료 청구
   다류 2) 사건이므로 소송목적의 값은 청구금액 5,000만원이고(가수규칙 제2조 제2항, 민인규 제12조 제3호), 이에 대한 수수료는 230,000원이다(민인법 제2조 제1항 제2호).
   다. 병합청구
   가사소송법 제14조 제1항의 규정에 의해 수개의 가사소송청구를 병합한 것이므로 수개의 청구 중 다액인 수수료에 의한다(가수규칙 제5조 제1항). 따라서 병합청구의 수수료는 230,000원이다.

(나) 본소와 그 목적이 동일한 경우

① 의 미

본소와 그 목적이 동일한 반소장에는 민사송등지인법 제4조 제1항의 방식에 의해 산출한 인지액으로부터 심급에 따라 본소의 소송목적의 값에 대한 민사소송등인지법 제2조 규정액(1심에서 반소 제기한 경우) 또는 제2조 규정액의 1.5배(항소심에서 반소 제기한 경우)을 공제한 액의 인지를 납부하여야 한다(민인법 제4조 제2항).

본소와 그 목적이 동일한 반소라 함은,

㉠ 본소 및 반소가 소송의 목적 즉, 소송물이 동일한 경우를 의미하지만, 실무례는, ㉡ 본소 및 반소가 동일물을 서로 배척하는 청구의 관계가 있는 경우도 포함한다. 이와 같이 본소와 그 목적물이 동일한 반소의 인지액에 관하여 특별 취급을 하는 이유는 본소청구에 대한 심리, 판단에 의하여 저절로 이에 상반되는 반소청구에 관한 결론을 얻을 수 있기 때문이다. 즉 본소청구의 인용 또는 기각이 논리적으로 반소청구의 배척 또는 인용으로 귀결되는 관계에 있을 경우 그렇지 않은 경우에 비하여 법원이 제공하는 역무의 양은 적다고 말할 수 있으므로 인지액을 감경하자는 취지이다(재판유상주의).

예컨대, A토지에 대한 소유권확인청구의 본소가 1심 계속 중 A토지에 대한 임차권확인청구의 반소를 제기한 경우는 본소의 A토지 소유권확인청구와 반소의 A토지 임차권확인청구는 양 소송의 목적이 동일한 경우에 해당하지 아니한다. 왜냐하면 본소의 소유권확인청구에 대한 심리, 판단에 의하여 A토지의 임차권확인청구가 저절로 해결되는 관계라고는 할 수 없기 때문이다.

반면에, B건물에 대한 소유권에 기한 인도청구의 본소가 1심 계속중 B건물에 대한 임차권확인청구의 반소를 제기한 경우에는 양 소송의 목적이 동일한 경우라고 할 수 있다. 왜냐하면 본소의 소유권에 기한 B건물의 인도청구의 경우 이를 심리, 판단함으로써 저절로 B건물에 대한 임차권의 존부에 관하여도 결론을 끌어낼 수 있기 때문이다.

② 목적이 동일한 예

㉠ 동일 목적물에 대한 각 소유권 확인의 본소와 반소

㉡ 동일 부동산에 대한 소유권에 기한 인도청구의 본소와 소유권확인, 임차권

확인, 소유권이전등기절차이행, 소유권이전등기말소등기절차이행청구 등의 반소

㉢ 임차권확인청구의 본소에 대한 소유권에 기한 방해배제청구의 반소

㉣ 채무부존재확인청구의 본소에 대한 동일한 채권관계에 기한 금원청구 또는 저당권설정등기절차이행청구의 반소

㉤ 공정증서의 무효를 이유로 하는 청구이의의 본소에 대한 기본채권 확인의 반소청구

③ 계산방식

본소청구가 A청구와 B청구 등으로 병합되거나 반소청구가 갑청구와 을청구 등으로 병합된 경우에는 다음과 같은 방식으로 계산한다.

[반소장에 납부할 인지액] = [반소의 원칙적 인지액] - [본소청구 중 반소와 그 목적을 같이 하는 청구의 소송목적의 값에 대한 인지액]

예컨대, 소유권에 기한 A토지인도(토지의 가액은 9,000만원, 소송목적의 값은 4,500만원, 인지액은 207,500원)와 5,000만원의 임료상당 부당이득반환청구의 본소가 1심 계속중, A토지에 대한 임차권확인(소송목적의 값은 4,500만원, 인지액은 207,500원)의 반소가 제기된 경우, ㉠ 임차권확인의 인지액을 산정하고 ㉡ 임차권확인과 목적이 동일한 본소청구는 소유권에 대한 인도청구이므로 그 인지액을 산정하여, ㉠의 인지액에서 ㉡의 인지액을 공제하면 0원(207,500원 − 207,500원 = 0원)이 된다.

(2) 가집행선고 실효로 인한 원상회복(또는 손해배상) 신청

민사소송법 제215조 제2항의 신청에 납부할 인지액에 대하여, 그 밖의 신청서로 보아 민사소송등인지법 제10조에 의할 것인지, 아니면 통상의 반소와 동일하게 보아 민사소송등인지법 제4조에 의할 것인지 견해가 대립하나, 후발적 병합소송의 일종으로 예비적 반소의 성질을 가지므로, 후자에 의함이 타당하다.

또한 원상회복(또는 손해배상) 신청은 본소청구가 '배척'될 것에 대비하여 제기한다는 점에서 본소청구의 인용 또는 배척이 논리적으로 원상회복(또는 손해배상) 신청의 배척 또는 인용으로 귀결되는 관계에 있으므로, 본소와 그 목적이 동일한 반소의

경우와 마찬가지로 본소청구에 대한 인지액을 공제한 금액을 신청서에 납부한다(민인법 제4조 제2항).

예컨대, 1억원의 대여금청구 소송에서 원고가 전부승소하여 가집행선고부 1심판결에 기하여 1억을 강제집행한 상태에서 피고가 항소를 제기하면서 가집행선고 실효로 인한 원상회복신청을 한 경우, 소송목적의 값 1억원에 대한 항소심 인지액 682,500원에서 본소청구인 소송목적물 값 1억원에 대한 항소심 인지액 682,500원을 공제하면 인지액은 0원이다(아래 사례 21).

❑ 사례 21 : 가집행선고 실효로 인한 원상회복(또는 손해배상) 신청에서의 인지액

[문제 1]	인지액 1억원의 대여금청구 소송에서 원고가 전부승소하여 가집행선고부 1심판결에 기해 1억원을 강제집행하였다. 이에 피고가 민사소송법 제215조 제2항에 의해 가집행선고 실효로 인한 1억원의 손해배상 신청서를 제출하였다.
[답 변]	인지액은 0원이다.

※ 인지액은 '신청인이 받게 될 경제적 이익'을 기준으로 산정함이 상당하고(민인규 제6조), 원상회복신청이 반소와 성격이 유사하므로 반소에 관한 규정을 유추적용함이 상당하다.

1. 민사소송등인지법 제4조의 반소장에 준하는 것으로 파악한다면 본소와 그 목적이 동일한 경우에 해당하는지가 문제이다. 위 사례에서 원고의 청구는 대여금채권에 기한 금전지급청구이고, 피고의 청구는 일종의 불법행위에 기한 손해배상청구이다, 이 신청은 본소청구가 '배척'될 것에 대비하여 제기한다는 점, 본안이 취소·변경될 것을 정지조건으로 하는 조건부신청이라는 점에서 목적이 동일한 경우에 해당한다. 즉, 대여금청구의 인용 또는 배척이 논리적으로 손해배상신청의 배척 또는 인용으로 귀결되는 관계에 있으므로, 민사소송등인지법 제4조 제2항을 적용하여 산정한다.
2. 소송목적의 값 1억원에 대한 항소심 인지액은 682,500원이고, 본소청구 중 반소와 그 목적을 같이하는 청구의 인지액도 682,500원(소송목적의 값 1억원에 대한 항소심 인지액 682,500원)이므로, 반소장에 납부할 인지액은 0원(682,500원 — 682,500원)이다.

※ 규 정

- 민사소송등인지법 제4조(반소장)

① 제1심에 제출하는 반소장에는 제2조에 따른 금액의 인지를 붙이고, 항소심에 제출하는 반소장에는 제2조에 다른 금액의 1.5배에 해당하는 인지를 붙여야 한다.

② 본소와 그 목적이 같은 반소장에는 심급에 따라 다음 각 호에 해당하는 금액의 인지를

붙여야 한다.

1. 제1심의 경우에는 제1항 전단에 따른 금액에서 본소의 소송목적의 값에 대한 제2조에 따른 금액을 뺀 금액
2. 항소심의 경우에는 제1항 후단에 따른 금액에서 본소의 소송목적의 값에 대한 제2조에 따른 금액의 1.5배를 뺀 금액

- 민사소송등인지법 제10조(그 밖의 신청서)

제2조부터 제9조까지에 규정되지 아니한 신청서에는 500원의 인지를 붙여야 한다. 다만, 답변서, 증거신청서 및 법원의 직권발동을 촉구하는 의미의 신청서 및 대법원규칙으로 정하는 신청서에는 인지를 붙이지 아니한다.

(3) 항소심에서의 반소

(가) 통상의 반소에 해당하는 경우

항소심에서 반소 제기하는 경우에는 1심 반소장에 납부할 인지액의 1.5배액을 납부하여야 한다(민인법 제4조 제1항, 제2항). 예컨대, 소유권에 기한 건물인도청구(건물가액은 1억원, 소송목적물의 값은 5,000만원, 1심 인지액은 230,000원, 항소심 인지액은 345,000원)가 인용되자 피고가 항소를 제기하면서 동일 건물의 소유권확인청구(소송목적의 값은 1억원, 항소심 인지액은 682,500원)를 반소로 제기한 경우, 반소장에 납부할 인지액은 337,500원(682,500원－345,000원, 본소와 그 목적이 동일하여 본소 인지액을 공제함)이다.

(나) 반소 제기를 위한 부대항소에 해당하는 경우

원고의 항소에 편승하여 항소심에서 피고가 반소 제기를 위한 부대항소를 하는 경우, 반소 제기를 위한 부대항소장에 납부할 인지액은 민사소송등인지법 제4조에 의하여 계산한다(민인규 제26조 단서). 예컨대, 원고가 건물에 대해 소유권확인(건물가액은 1억원, 소송목적의 값은 1억원)을 구하고 패소하여 항소했는데 피고가 반소 제기를 위한 부대항소로써 그 건물에 대해 소유권에 기한 인도(소송목적의 값은 5,000만원이다)를 구하는 경우에 민사소송등인지법 제4조 제2항이 적용된다. 따라서 이 경우 인지액은 0원이다(5,000만원에 대한 항소심 인지액 345,000원－1억원에 대한 항소심 인지액 682,500원＝－337,500원).

(4) 기 타

(가) 소송목적의 값 산정의 기준시

반소는 소송중의 소제기이므로 반소 제기시를 기준으로 소송목적의 값을 산정한다(민인규 제7조). 따라서 본소 제기 후 부동산의 평가액에 변동이 있는 경우 반소 제기시의 시가표준액 또는 개별공시지가를 표준으로 부동산의 가액을 산정하여야 한다.

예컨대, 건물에 대한 소유권확인청구의 본소에 대해 동일 건물에 대한 임차권확인청구의 반소를 제기한 경우에 본소 제기시 건물 가액이 3,000만원이었는데 반소 제기시 1억원으로 가격이 폭등하였다면, 반소 인지액은 230,000원(반소 소송목적의 값 5,000만원에 대한 인지액)이다.

본소와 그 목적이 동일한 반소인 경우 공제하는 본소의 인지액은 반소 제기시를 기준으로 본소청구의 소송목적의 값을 재산정하고, 그 소송목적의 값을 기초로 해서 다시 산정한다. 예컨대, 건물에 대한 소유권확인청구의 본소에 대해 동일 건물에 대한 소유권확인의 반소청구를 제기한 경우에 본소 제기시 건물의 시가표준액이 2,000만원 이었는데 반소 제기시 1억원으로 폭등하였다면, 본소의 인지액은 반소 제기시의 소송목적물의 값인 1억원에 대한 455,000원이다. 따라서 반소장에 납부해야 할 인지액은 0원이다(반소의 인지액 455,000원－본소의 인지액 455,000원).

(나) 인지액이 0원으로 계산되는 반소장에서의 인지액

반소장에 납부할 인지액이 0원 이하로 계산된 경우(주로 민사소송등인지법 제4조 제2항이 적용되는 경우) 인지액을 붙이지 않는다.

(다) 본소·반소에 대한 항소

항소장에 납부할 인지액은 항소로써 불복하는 범위의 소송목적의 값을 기준으로 한다(민인규 제25조).

동일 당사자가 본소청구 부분과 반소청구 부분에 대하여 불복하는 경우에도 본소·반소와 상관없이 통상의 항소와 마찬가지로 합산·흡수·불산입을 적용하여 항소의 소송목적의 값을 산정한다.

① 합산법칙을 적용하는 경우

항소인이 불복하는 본소청구와 반소청구가 경제적 이익이 독립한 별개의 것에 해당하는 경우에는 합산한다(민인규 제19조). 예컨대, 상호격투로 갑이 본소(1억원)를 제기하자 을이 반소(5,000만원)를 제기하였는데, 1심이 본소 전부 인용, 반소 전부기각 판결을 선고한 경우, 피고가 1심판결에 대해 전부 항소하였다면 항소의 소송목적의 값은 1억원 5,000만원(본소 1억원+반소 5,000만원)이고 이에 대한 항소심 인지액은 982,500원(1심 인지액 655,000원×1.5배)이다(예 ; 본소 항소부분 1억원에 대한 항소심 인지액 682,500원과 반소 항소부분 5,000만원에 대한 항소심 인지액 345,000원을 합산한 인지액 1,027,500원을 납부하는 경우가 실무에서 있는데 이는 잘못된 계산방식이다).

② 흡수법칙을 적용하는 경우

항소인이 불복하는 본소청구와 반소청구의 경제적 이익이 동일 또는 중복되는 경우에는 흡수법칙을 적용한다(민인규 제20조). 예컨대, 소유권확인의 본소(건물 가액은 1억원, 소송목적의 값은 1억원)에 대하여 소유권에 기한 인도(소송목적의 값은 5,000만원)의 반소를 제기하였는데, 1심이 본소청구 인용, 반소청구 기각한 판결을 선고한 경우, 피고가 1심 판결에 대해 전부 불복한다면 항소의 소송목적의 값은 1억원(소유권에 기한 인도의 소송목적의 값은 다액인 소유권확인의 소송목적의 값인 1억원에 흡수)이고 이에 대한 항소심 인지액은 682,500원이다.

③ 불산입법칙을 적용하는 경우

항소인이 불복하는 본소청구와 반소청구가 주된 청구와 부대청구의 관계에 해당하는 경우에는 불산입법칙을 적용한다(민소 제27조 제2항). 예컨대, 1,000만원 이자지급을 구하는 본소에 대하여 원금 1억원의 채무부존재확인을 구하는 반소를 제기하였는데, 1심이 본소청구 기각, 반소청구 인용하는 판결을 선고한 경우, 원고가 1심 판결에 대해 전부 불복한다면 항소의 소송목적의 값은 1억원이고 이에 대한 항소심 인지액은 682,500원이다.

라. 당사자의 변경과 제3자의 소송참가

(1) 개 요

다수당사자소송 형태에는, 2인 이상의 당사자가 원고 또는 피고측에서 공동으로 소송에 관하여는 공동소송, 종전의 소송에 제3자가 가입하는 제3자의 소송참가, 그리고 당사자의 추가·변경 등이 있다. 이 중 주관적 원시적 병합인 공동소송의 소송목적의 값 계산방식은 이미 다루었다. 여기서는 제3자의 소송참가와 당사자의 추가·변경에 관해 설명하자면, 제3자의 소송참가에는 보조참가(민소 제71조), 공동소송적 보조참가(민소 제78조), 독립당사자참가(민소 제79조), 승계참가(민소 제81조), 인수참가(민소 제82조), 공동소송참가(민소 제83조) 등이 있고, 당사자의 추가·변경에는 필수적 공동소송인의 추가(민소 제68조), 피고의 경정(민소 제260조), 예비적·선택적 공동소송(민소 제70조) 등이 있다. 이 중 세가지 유형의 참가신청서 즉, 독립당사자참가(민소 제79조), 공동소송참가(민소 제83조)의 경우와 승계참가(민소 제81조)에 대하여 피신청인이 신청인의 승계주장사실을 다투는 경우에 소 제기에 따른 인지액을 납부하여야 한다(민인법 제6조). 따라서 위 세가지 유형의 참가신청인이 참가취지로써 구하는 범위 내에서 전부승소할 경우에 받게 될 경제적 이익에 의하여 참가신청시를 기준으로 하여 소송목적의 값을 계산한다. 다만, 참가로 인하여 청구병합이 발생하더라도 참가 전 청구와의 관계에서 합산, 흡수, 불산입법칙은 적용되지 않는데, 이 점이 객관적·후발적 병합의 경우와 다른 점이다. 물론, 세가지 유형의 참가 이후 판결이 선고되고 그에 대하여 상소할 경우에는 일반원칙에 따라 합산, 흡수, 불산입법칙이 적용되는데 이는 뒤에서 본다.

(2) 독립당사자참가

독립참가신청서를 1심에서 제출하는 경우에는 민사소송등인지법 제2조에 의한 인지액을 납부하여야 하고, 2심에서 제출하는 경우에는 항소심 인지액(1심 인지액의 1.5배액)을 납부하여야 한다(민인법 제6조 제1항). 예컨대, 원고 갑이 피고 을에게 건물(건물 가액은 1억원)에 대한 소유권확인청구를 제기하여 소송계속중, 병이 갑에 대해서는 소유권에 기한 인도청구(소송목적의 값은 5,000만원)를 을에 대해서는 소유권확인

청구(소송목적의 값은 1억원)를 구하는 취지로 참가신청하는 경우 독립참가의 소송목적의 값은 1억원이다. 왜냐하면 병의 참가는 쌍면참가로서 갑에 대한 소유권에 기한 인도청구와 을에 대한 소유권확인청구가 병합(독립참가의 성질을 병합소송으로 보지 않더라도 경제적 이익을 파악함에 있어서는 병합소송과 같이 파악해도 무방함)된 것인데, 양 청구는 경제적 이익이 동일 또는 중복관계에 해당하여 흡수법칙이 적용되기 때문이다(민인규 제20조).

독립당사자참가는 소송중의 소제기에 해당하므로, 소송목적의 값 계산의 기준시는 참가신청시이다(민인규 제7조).

(3) 공동소송참가

(가) 원고측 참가

공동소송참가신청서를 1심에서 제출하는 경우에는 민사소송등인지법 제2조에 의한 인지액을 납부하여야 하고, 2심에서 제출하는 경우에는 항소심 인지액(1심 인지액의 1.5배액)을 납부하여야 한다(민인법 제6조 제1항). 예컨대, 소수주주 갑이 이사를 상대로 "피고는 ○○주식회사에게 10억원과 이에 대하여 이 사건 소장부본 송달다음 날부터 다 갚는 날까지 연 20%의 비율로 계산한 돈을 지급하라"는 내용의 대표소송을 제기하여 소송계속 중, 회사가 원고측에 당사자로서 참가할 경우 이는 공동소송참가에 해당하는데(대법원 2002. 3. 15. 선고 2000다9086 판결). 공동소송참가의 소송목적의 값은 10억원이다(민인규 제12조 제3호). 왜냐하면 공동소송참가인 회사의 입장에서 보면 주주 대표소송이 아니고 통상의 손해배상에 불과하기 때문이다. 소수주주 갑이 제기한 주주대표소송의 소송목적의 갑이 1억원인 것과 구별된다(민인규 제15조 제1항, 제18조의2 단서).

또한, 주주 갑이 회사를 상대로 주주총회결의부존재확인의 소를 제기하자 그 판결의 효력을 받는 다른 주주 을이 원고측에 공동소송참가하는 경우 소송목적의 값은 1억원이다(민인규 제15조 제2항, 제18조의2 단서).

(나) 피고측 참가

피고측에 공동소송참가하는 경우에는 청구 기각판결을 구하기 위해 참가하는 것이고, 그 실질이 소송중의 소제기가 아니므로 인지를 붙이지 않는다(민인법 제10조).

(4) 승계참가

소송계속중에 계쟁물이 양도되었을 때 그 양수인이 그 때까지 형성된 유리한 소송상태를 이용하기 위하여 스스로 소송절차에 참가하는 것을 말한다. 권리와 의무는 표리관계에 있으므로 권리의 양수인(권리승계)은 물론 실체법상의 의무승계인(의무승계) 종래의 소송수행과정에서 유리한 소송상태를 이용하기 위하여 참가방식을 이용할 수 있다.

(가) 권리승계

① 승계를 다투는 경우

승계참가신청(민소 제81조)에 대하여 피신청인이 신청인의 승계주장사실을 다투는 경우에는 삼면소송관계가 성립되므로, 신청인은 독립당사자참가신청, 공동소송참가신청에 준하여 인지를 붙여야 한다(민인법 제6조 제2항). 예컨대, 원고 갑(임대인)이 을(임차인)을 상대로 소유권에 기한 건물인도청구(건물 가액이 1억원, 소송목적의 값은 5,000만원)를 제기하여 소송계속중 그 건물을 자기가 갑으로부터 매수했다며 병(참가신청시 소유권 등기명의자라고 가정한다)이 승계참가신청을 하였는데, 갑과 병 사이의 매매계약은 무효라며 갑이 승계사실을 다투는 경우 승계참가의 청구목적은 소유권에 기한 건물인도청구이고 소송목적의 값은 5,000만원, 인지액은 230,000원이다.

② 승계를 다투지 않는 경우

위 사례에서 갑이 병의 승계주장사실을 다투지 않는 경우에는 종전당사자와 동일한 지위에 있게 되므로 인지를 붙이 않는다(민인법 제10조).

③ 승계를 다투는지를 알 수 없는 경우

승계참가신청서의 접수단계에서는 피신청인이 승계주장사실을 다투는지 알 수 없으므로 인지를 붙이지 않는다. 참여사무관 등은 피신청인이 제출하는 준비서면 등을 검토하여 승계주장사실을 다툰다고 판단되면 인지보정조치를 취하여야 한다.

(나) 의무승계

피고측 의무(채무) 승계인으로서 승계참가하는 경우는 구체적인 청구를 하면서 참가하는 경우(실무에서 그 예를 찾아보기 어렵다)와 구체적인 청구를 하지 않고 단순히 청구기각을 구하는 경우로 분류할 수 있다. 전자는 원고에게 별도의 청구를 하는 것이므로 민사소송등인지법 제6조 제2항에 준하여 인지액을 납부하여야 한다. 그러나 단순히 청구기각을 구할 뿐 자신의 독자적인 청구가 없는 경우에는 인지를 붙이지 않는다(민인법 제10조 단서).

(5) 보조참가·추가 등

제3자의 소송참가와 당사자의 추가·변경 중 민사소송등인지법 제6조에서 규정하지 않는 것이 있다. 예컨대, 제3자의 소송참가에는 보조참가(민소 제71조), 공동소송적 보조참가(민소 제78조), 인수참가(민소 제82조) 등이 있고, 당사자의 추가·변경에는 필수적 공동소송인의 추가(민소 제68조), 피고의 경정(민소 제260조), 예비적·선택적 공동소송(민소 제70조) 등인데, 이들에 관하여 인지액을 어떻게 산정할 것인지가 문제이다.

(가) 실질이 소송중의 소제기에 해당하는 신청서

필수적 공동소송인의 추가, 피고의 경정, 예비적·선택적 공동소송인의 추가신청은 그 실질이 소송중의 소제기에 해당하지만, 민사소송등인지법 제10조 단서, 인지액·편철방법예규에 따라 인지를 붙이지 않는다.

(나) 실질이 소송중의 소제기에 해당하지 않는 신청서

보조참가신청서와 공동소송적 보조참가신청서에는 인지를 붙이지 않는 점(민인법 제10조 단서)에는 견해 대립의 여지가 없다. 이들은 소송중의 소제기로 볼 수 없기 때문이다.

공동소송적 보조참가에 관하여 살펴보기로 한다. 주주 갑이 회사를 상대로 주주총회결의취소의 소를 제기하자 다른 주주 을이 주주총회결의일로부터 2개월[제소기간은 주주총회결의일로부터 2개월이다(상법 제376조 제1항)]이 도과하기 전에 공동소송참가를 하였다면 소송목적의 값은 1억원(민인규 제13조 제2항, 제18조의2 단서)이고 이에 대한 인지를 붙여야 한다. 반면에 주주총회결의일로부터 2개월 도과 후에 공동소송적 보조참가를 하였다면, 보조참가인은 원고적격이 없어 소송중의 소제기에 해당하지 않으므로 인지를 붙이지 않는다(민인법 제10조 단서).

행정소송법 제16조에 의해 원고 측에 참가하는 경우, 행정소송법 제17조에 의하여 처분청 이외의 행정청이 참가하는 경우 인지를 붙이지 않는다(민인법 제10조, 재특 91-4).

행정소송에서 참가인이 국가기관인 경우는 인지를 붙이지 않는다(인지 첩부·첨부 및 공탁제공에 관한 특례법 제2조).

(6) 항 소

제3자의 소송참가 또는 당사자의 추가·변경을 한 후 1심 판결이 선고되고 이에 대하여 항소할 경우에도 일반원칙이 그대로 적용된다. 따라서 항소장에 납부할 인지액은 항소인의 불복범위에 의하여 정해진다(민인규 제25조).

(가) 독립당사자참가

참가인이 원고에게 건물의 소유권확인청구(건물가액은 1억원, 소송목적의 값은 1억원)를 구하고, 피고에게 소유권에 기한 인도청구(소송목적의 값은 5,000만원)를 구하는 독립참가신청이 기각되자 전부불복한 경우, 불복범위는 원고에 대한 소유권확인청구와 피고에 대한 소유권에 기한 인도청구가 병합된 것으로 볼 수 있는데, 양 청구의 경제적 이익이 동일 또는 중복관계에 해당하여 흡수법칙이 적용되므로(민인규 제20조), 항소의 소송목적의 값은 다액인 1억원이다.

(나) 공동소송참가

소수주주 갑이 이사를 상대로 "피고는 ○○주식회사에게 10억원과 이에 대하여 이 사건 소장부본 송달 다음날부터 다 갚는 날까지 연 15%의 비율로 계산한 돈을 지급하라"는 내용의 대표소송을 제기하여 소송계속중, 회사가 원고측에 참가할 경우 공동소송참가의 소송목적의 값은 10억원이다. 여기에서 이사측이 승소했다고 할 때, 회사의 소수주주 갑이 연명으로 한 통의 항소장을 제출하면 소송목적의 값은 10억원이 된다. 갑이 제기한 주주대표소송의 항소의 소송목적의 값은 1억원(민인규 제15조 제2항, 제18조의2 단서)이고 회사가 제기한 손해배상 항소의 소송목적의 값은 10억원(민인규 제12조 제3호)인데, 양자는 경제적 이익이 동일 또는 중복 관계에 해당하여 흡수법칙이 적용되므로 항소의 소송목적의 값은 다액인 10억원이다(민인규 제

25조, 제20조). 회사가 단독명의로 항소장을 제출한 경우에도 소송목적의 값은 10억원이다. 그런데 갑이 단독 명의로 항소를 제기하면 항소의 소송목적의 값은 1억원이고, 이 항소의 효력은 회사에게도 미치므로 결국 갑과 회사가 연명으로 항소하거나 회사가 단독으로 항소하는 경우에 비해 인지액을 절약할 수 있게 된다. 다만, 상소심의 심판범위는 실제 상소한 자에 의해 특정되게 되며, 상소 취하 여부도 그에 의하여 결정된다.

(다) 예비적·선택적 공동소송

도로에 설치된 맨홀의 부실로 신체의 상해를 입은 원고가 갑구청을 상대로 1억원의 손해배상청구소송을 제기하여 소송계속중 청구금액을 1억 2,000만원으로 하여 을시를 예비적 피고로 추가했는데, 1심에서 원고가 패소하여 '한 통의 항소장으로' 전부항소하는 경우, 갑구청에 대한 항소의 소송목적의 값은 1억원이고, 을시에 대한 항소의 소송목적의 값은 1억 2,000만원이다. 그런데 양자는 경제적 이익이 동일 또는 중복관계에 해당하므로 흡수법칙이 적용되어 항소의 소송목적의 값은 다액인 1억 2,000만원이고(민인규 제20조), 그에 대한 인지액은 802,500원이다. 갑구청과 을시에 대해 '각별로' 항소장을 제출하는 경우 갑구청에 대한 항소장에는 1억원에 대한 항소심 인지액 682,500원, 을시에 대한 항소장에는 1억 2,000만원에 대한 항소심 인지액 802,500원을 각 납부하여야 한다(민인규 제25조).

제5절 부대청구불산입 원칙

1. 개 요

과실·손해배상·위약금 또는 비용의 청구가 소송의 부대목적이 되는 경우에는 그 값은 소송목적의 값에 넣지 않는데(민소 제27조 제2항), 이를 부대청구불산입 원칙이라 한다. 원래 부대청구도 주된 청구와 별개의 소송물이므로 원칙적으로 합산법칙(민소 제27조 제1항, 민인규 제19조) 또는 흡수법칙(민인규 제20조)을 적용하여 소송목적의 값을 산정하여할 것이나, 부대청구 가액의 계산번잡을 피하고 그 관할을 용이하게 판단 할 수 있도록 하기 위해 소송목적의 값으로 산정하지 않는 것이다(대법원

1962. 10. 18.자 62라11 결정).

따라서, 주된 청구와 그 과실 등 부대청구를 1개의 소로써 병합청구하는 때에는 소송목적의 값은 주된 청구에 의하여 산정되고, 부대청구의 가액은 그 금액의 다과와 상관없이 소송목적의 값에 산입하지 아니한다. 예컨대, 원금 5,000만원과 이자·지연손해금 1억원을 함께 청구하는 경우 소송목적의 값은 5,000만원이다. 또한, 부대청구인 이상 급부의 소 뿐만 아니라 소극적 확인의 소, 청구이의의 소 등 집행관계소송에서도 산입하지 않는다.

2. 요 건

부대청구불산입 원칙을 적용하기 위해서는 ㉠ 주된 청구로부터 발생하는 과실·손해배상·위약금·비용의 청구이고 ㉡ 과실 등의 청구가 소송의 부대목적이어야 한다. 이에 대한 예규로, '부동산의 명도·인도와 임료 등을 병합하여 청구하는 소가산정에 관한 업무처리지침(재민 98-5)', '부대청구가 있는 금전지급청구소송에 있어서는 소송목적의 값 산정요령(재민 2003-1)'이 있다.

가. 과실 등의 청구

(1) 과 실

과실은 주된 청구로부터 발생한 천연과실 및 법정과실은 말한다(민법 제101조). 원본의 사용대가인 이자, 토지·건물의 사용대가인 지료·차임 등이 법정과실에 해당한다. 물건을 현실적으로 사용하여 얻는 사용이익(예컨대 타인의 토지를 무단으로 점유하고 얻은 이익)도 과실에 준하는 것으로 취급된다(재민 98-5).

(2) 손해배상

민사소송법 제27조 제2항에서 말하는 손해배상이란 주된 청구의 이행지체에 관한 손해배상(지연배상)을 의미한다. 이행에 갈음하는 손해배상(전보배상)은 그 자체가 주된 청구로서의 성질을 가지므로 여기에 해당하지 않는다. 손해배상액이 예정되어 있는 경우(민법 제398조) 그것이 지연배상의 성질을 갖는 한 여기에 해당한다.

주된 청구로 불법점유자에 대한 물건의 인도청구와 부대청구로 인도시까지의 차임 상당의 손해배상청구를 병합 제기하는 경우 이는 본조의 손해배상에 해당한다. 예컨대, 토지의 불법점유자에게 토지의 인도청구(토지인도청구의 소송목적의 값 2,000만원) 및 토지 인도시까지의 손해배상청구(소송목적의 값 1억원)를 병합제기한 경우 소송목적의 값은 2,000만원이다.

그러나 불법행위로 발생한 손해 자체의 배상을 구하는 경우에는 부대청구가 아니다. 예컨대, 불법의 강제집행으로 식당을 경영하지 못하였음을 이유로 손해배상을 청구하는 경우를 들 수 있는데(대법원 1992. 1. 7.자 91마692 결정), 이 경우에는 손해배상 자체가 독립된 청구이므로 소송목적의 값으로 산정한다.

(3) 위 약 금

위약금은 손해배상액의 예정으로 추정되는데(민법 제309조 제4항), 주된 청구의 이행지체로 인한 지연배상의 성질을 갖는 것에 한하므로 전보배상의 성질을 갖는 계약해제를 예정한 위약금은 여기의 위약금에 해당하지 않는다.

위약금이라는 명칭을 갖더라도 지연배상을 전제로 한 약정금이 아닌 신용보증기금법 제34조의 규정에 의한 위약금, 시설대여업자(리스회사)와의 약정에 따른 규정손해금은 위약금이 아니므로 소송목적의 값에 산입하여야 한다(재민 2003-1, 제2조 제3항). 예컨대, 대위변제금 2,000만원, 위약금(신용보증기금법상) 100만원, 지연손해금 500만원인 경우 소송목적의 값은 2,100만원이다.

(4) 비 용

비용은 주된 청구의 권리행사를 위하여 쓰인 경비를 말한다. 예컨대, 이행최고비(민법 제544조)나 거절증서작성비(어음법 제48조 제1항 제3호, 제49조 제3호)등을 들 수 있다.

주된 청구의 권리행사를 위하여 쓰인 비용을 의미하므로 예컨대, 사무관리자가 지출한 비용(민법 제739조 제1항), 수임인이 지출한 사무처리비용은 본조의 비용에 포함되지 않는다. 또한 신용보증기금 등 수탁보증인이 지출한 채권보전 또는 실행을 위한 법적 절차비용은 본조의 비용에 포함되지 아니한다(재민 2003-1, 제2조 제2항 제1호). 예컨대, 대위변제금 2,000만원, 채권보전비용 100만원, 지연손해금 500만원의 경우 소송목적의 값은 2,100만원이다.

(5) 신용카드이용대금 수수료

신용카드이용대금사건은 원금(일시불, 할부, 현금서비스), 수수료(할부수수료, 현금서비스 수수료), 연체료 등을 청구하는 경우가 대부분인데, 연체료는 부대청구인 지연손해금에 해당하는 것임에는 의문이 없으나 수수료에 대하여는 의견이 대립한다.

수수료는 원금 사용에 대한 대가이므로 이자 또는 지연손해금과 그 실질을 달리한다. 따라서 소송목적의 값에 산입함이 상당하나, 실무는 산정업무의 편의상 산정하지 않는다.

나. 소송의 부대목적

(1) 원시적 병합

소송의 부대목적이란 과실 등의 청구가 그 발생기초인 주된 청구와 동일 소송절차에서 부차적으로 청구된 경우를 말한다. 즉 부대청구와 주된 청구가 1개의 소로써 병합청구되어야 한다. 따라서 과실 등의 청구가 주된 청구로부터 분리·독립하여 이루어진 경우에는 부대청구불산입 원칙은 적용되지 않는다(재민 2003-1, 제3조 제3항). 반면에 청구취지에서 특정된 금액에 부대청구가 포함된 경우에는 부대청구불산입 원칙이 적용된다(재민 2003-1, 제3호 제2항). 예컨대, 청구취지상 특정된 금액 2,200만원이 관리비 미수금 1.600만원 및 그에 대한 확정 연체료 600만원으로 구성되어 있다면 소송목적의 값은 1,600만원이다(대법원 2013. 6. 27. 선고 2013다4906 판결).

일부변제 등으로 소멸한 원본 부분에 대한 이자 등이 잔존 원본과 함께 청구될 경우에 부대청구로 취급할 것인지 문제된다. 예컨대, 원금 잔액이 500만원(2,000만원 중 1,500만원은 2002. 12. 31. 변제완료), 이미 변제한 1,500만원에 대하여 1999. 1. 1.부터 2002. 12. 31.까지 발생한 지연손해금 300만원, 원금 잔액 500만원에 대하여 1999. 1. 1.부터 2002. 12. 31.까지 발생한 지연손해금이 100만원인 경우, 소멸한 원본 부분에 대한 지연손해금 300만원은 독립된 청구라는 견해가 타당하므로 소송목적의 값은 800만원(원본 잔액 500만원 + 소멸한 원본에 대한 지연손해금 300만원)이다(재민 2003-1).

또한 부동산의 인도청구에 차임을 병합하여 청구하는 경우에 차임 청구는 소송목적의 값에 산입하지 않지만, 차임만을 독립하여 청구하는 경우에는 차임의 기발생분 및 장래 1년분의 합산액이 소송목적의 값이 된다(재민 98-5).

당사자 합의나 법률 규정에 의하여 이자가 원본에 편입되면 부대청구가 아닌 것으로 된다.

청구취지 제1항으로 구한 손실보상금 청구(제1청구라 한다)와 청구취지 제2항으로 구한 위약금 청구(제2청구라 한다)를 하면서 제1청구의 청구금액에 대한 지연손해금의 지급을 구한 외에 그 지연손해금 청구와 별도로 제2청구에서 위약벌 청구를 하고, 제2청구의 소송목적의 값 중 2,287,964,383,561원에 대하여는 다시 상법과 소송촉진등에관한특례법에 의한 지연손해금을 구한 사안에서, 제1청구를 제2청구에 대한 주된 청구라고 보기 어려운 점 등을 종합하면 대상사건의 제2청구를 민사소송법 제27조 제2항이 정한 제1청구의 부대목적이 되는 위약금청구라고 볼 수 없다고 한 원심판결을 수긍한 대법원 판례가 있다(대법원 2014. 4. 24. 선고 2012다47494 판결).

(2) 후발적 병합

부대청구가 주된 청구에 원시적으로 병합된 경우 뿐 아니라, 후발적을 병합된 경우에도 적용된다. 예컨대, 임대차종료에 의한 건물인도 청구(소송목적의 값은 1억원)에서 연체차임 또는 차임 상당 손해금 6,000만원의 청구를 추가하는 경우 이는 청구의 추가적변경에 해당한다. 민사소송법등민인법 제5조에 의해 청구변경신청서에는 ㉠ 변경 후 청구의 소송목적의 값에 대한 인지액에서 ㉡ 변경 전 청구의 소송목적의 값에 대한 인지액을 공제한 금액을 납부하여야 하므로 인지액은 0원(변경 후 청구의 소송목적의 값 1억원에 대한 인지액 455,000원－변경 전 청구의 소송목적의 값 1억원에 대한 인지액 455,000원)이다.

또한 이자 등 지급청구 소송계속중 주된 청구를 병합하는 경우에도 적용된다. 예컨대, 차임 상당 손해금 1억원 지급청구에서 건물인도청구(소송목적의 값은 8,000만원)를 추가하는 경우 납부할 인지액은 0원(㉠ 변경 후 청구의 소송목적의 값 8,000만원에 대한 인지액 365,000원) - ㉡ 변경 전 청구의 소송목적의 값 1억원에 대한 인지액 455,000원 = - 90,000원)이다.

(3) 항 소

원금과 지연손해금에 대한 전부기각판결에서 원고가 원금 및 지연손해금에 대하여 함께 항소하는 경우에도 지연손해금 부분은 항소심 소송목적의 값에 산입하지 않는다. 그러나 이자나 지연손해금만을 따로 떼어 독립하여 항소하는 경우에는 주된 청구부분이 없어졌으므로 부대청구부분을 독립된 소송목적의 값으로 계산하되 주된 청구의 가액을 한도로 한다(대법원 1962. 10. 18.자 62라11 결정).

예컨대, 원금은 1,000만원이고, 원금에 대한 항소 제기일까지의 이자 및 지연손해금이 2,000만원인 경우, 전부패소한 원고가 이자 및 지연손해금 2,000만원에 대해서만 항소하였다면 항소심 소송목적의 값은 1,000만원이다.

3. 적용범위

㉠ 주된 청구와 부대청구가 병합된 경우, ㉡ 담보물확인의 소의 경우{담보물권의 가액은 목적물건 가액을 한도로 한 피담보채권액의 원본액(근저당권의 경우 채권최고액)으로 한다}에 이자 등은 소송목적의 값에 산입하지 않음이 규정상 명백하다. 그렇다면 ㉢ 사행행위취소소송[사해행위취소의 소에 있어서는 소송목적의 값은 취소된 법률행위 목적의 가액을 한도로 한 원고의 채권액(민인규 제12조 제9호)], ㉣ 담보물건 또는 전세권에 관한 등기절차에 관한 소송[담보물권 또는 전세권 등기절차에 관한 소에 있어서 소송목적의 값은 목적물건 가액을 한도로 한 피담보채권액(민인규 제13조 제1항 제2호 나목)]의 경우에도 이자 등은 소송목적물의 값에 산입하지 않을 것인지 의문이 있을 수 있다. 부대청구 불산입 원칙의 취지가 이자 등 가액계산의 번잡을 피하고 관할 판단의 용이성을 확보하기 위한 것인데, 위와 같은 경우에도 그러한 필요성이 인정되므로 부대청구 불산입 원칙을 적용함이 타당하다. 따라서 ㉢의 경우에는 피담보채권액 원금(근저당권의 경우에는 채권최고액)이 기준이 되고, 이것이 실무례이다.

제6절 항 소

1. 개 요

상소심의 심판범위는 불복신청한 범위에 국한되므로(민소 제415조, 제431조) 상소가 전부 인용될 경우 상소제기에 의해 상소인이 직접 받게 될 경제적 이익은 불복범위와 동일하게 된다. 따라서 항소장 또는 상고장에 납부할 인지액은 상소로써 불복하는 범위의 소송목적의 값을 기준으로 한다(민인규 제25조).

불복범위는 상소인 입장에서 보아 불복신청한 부분을 표준으로 하여 정한다. 예컨대, 1억원의 금전지급청구에 대하여 4,000만원의 지급을 인용하는 1심판결에 대해, 양쪽 당사자가 자신의 패소부분을 전부 항소한 경우 원고의 항소심 소송목적의 값은 6,000만원이고 피고의 항소심 소송목적의 값은 4,000만원이다. 따라서 원고는 6,000만원에 대한 항소심 인지액 412,500원을, 피고는 4,000만원에 대한 항소심 인지액 277,500원을 각 납부하면 된다.

한편, 1심에서 청구의 감축, 청구의 일부포기 등이 있었던 때에는 축소된 부분이 항소심 소송목적의 값의 표준이 된다. 예컨대, 해고무효확인청구와 3,000만원의 임금지급청구를 병합제소하였다가 임금지급청구 부분을 1,000만원으로 감축하였는데 전부패소당한 원고가 전부 불복한 경우, 불복범위는 해고무효확인청구(소송목적의 값은 5,000만원)와 임금지급청구(소송목적의 값은 1,000만원)이고, 양자는 비재산권을 목적으로 하는 청구와 그 원인된 사실로부터 발생하는 재산권상의 청구이므로 다액인 5,000만원이 항소심 소송목적이 값이 된다(민인법 제2조 제5항 유추적용).

반대로 1심에서 청구의 확장이 있었던 때에는 확장 전의 소송목적의 값에 확장된 부분의 소송목적의 값을 합한 가액을 표준으로 항소심 소송목적의 값을 정한다. 예컨대, 갑·을 지역으로 이루어진 한 필지 토지의 일부(갑 지역 면적 50㎡, 소제기시 기준으로 평가액 6,000만원)에 대한 소유권확인청구에서 나머지 토지(을 지역 면적 50㎡, 개별공시지가의 2배 상승으로 청구변경시 기준으로 평가액 1억 2,000만원)에 대한 소유권확인청구를 추가하였는데, 원고 전부패소 및 전부항소 순으로 소송절차가 진행된 경우, ① 소장에는 소송목적의 값 6,000만원에 대한 인지액 275,000원, ② 청구변경신청서에는 인지액 480,000원, ③ 항소장에는 소송목적의 값 1억 8,000만원(확장전 청구의 소송목적의 값 6,000만원(갑 지역의 가액으로서 소제기시 기준이다)과 확장 후 청구의 소송목적의 값 1억 2,000만원(을 지역의 가액으로서 청구변경시 기준이다)을 합산한 가액이다]에 대한 항소심 인지액 1,162,500원을 붙여야 한다.

2. 단일청구

가. 단순이행청구에 대한 상환이행판결, 현재이행청구에 대한 장래이행판결

(1) 단순이행청구에 대한 상환이행판결

원고가 단순이행청구를 함에 대하여 피고의 동시이행의 항변 또는 유치권항변이 이유 있을 때에 반대의 의사표시를 하지 않는 한 원고의 채무이행을 받음과 상환으로 피고의 채무이행을 명하는 판결을 한다. 이 경우 1심 원·피고 쌍방 모두 항소의 이익을 가진다. 1심 원고가 항소하는 경우 항소인의 불복부분은 이행과 상환으로 출연을 명령받은 부분이므로 그 부분 가액이 항소심 소송목적의 값이 되고, 다만 1심 소송목적의 값을 한도로 한다. 왜냐하면, 일부패소에 대해 불복한 경우가 전부패소에 대해 불복한 경우보다 소송목적의 값이 고액이 되어 균형을 잃게 되는 경우가 있기 때문이다.

예컨대, 임대차계약 종료를 원인으로 원고(임차인)가 피고(임대인)에게 "피고는 원고에게 5,000만원을 지급하라"는 임대차보증금반환을 구하는 소를 제기하였는데, 피고(임대인)가 토지인도를 동시이행항변으로 주장하여 "피고는 원고로부터 이 사건 토지를 인도받음과 동시에 원고에게 5,000만원을 지급하라"는 1심 판결이 선고되어 원고가 항소하는 경우, 원고가 상환이행부분에 대해 항소할 경우 토지 가액이 2,000만원이면 항소심 소송목적의 값은 1,000만원(토지가액이 2,000만원이면 임대차계약 종료를 원인으로 한 토지인도청구의 소송목적의 값은 1,000만원[2,000만원×1/2, 민인규 제12조 제5호 나목)이다], 토지 가액이 2억원이면 항소심 소송목적의 값은 5,000만원(토지인도청구의 소송목적의 값은 1억원이나, 1심 소송목적의 값 5,000만원을 초과하므로 그 한도인 5,000만원이 소송목적의 값이 된다)이다.

한편, 1심 피고가 항소하는 경우 상환이행을 제외하면 원고 청구 자체는 1심에서 전부 인용되어 있기 때문에 항소인의 불복부분은 1심 청구 그 자체이다. 이 경우의 항소심 소송목적의 값은 1심 소송목적의 값과 동일한 금액이 된다. 예컨대, 위 사례에서 피고가 5,000만원 인용부분에 대해 항소할 경우 항소심 소송목적의 값은 5,000만원이 된다.

(2) 현재이행청구에 대한 장래이행판결

현재이행청구에 대한 장래이행판결은 일부인용 판결로 위와 동일한 방식으로 항소심 소송목적의 값을 산정하면 된다. 예컨대, 원고가 피담보채무의 소멸을 이유로 저당권설정등기말소청구를 한 경우에, 심리결과 원고에게 아직 채무가 남아 있는 것으로 밝혀졌을 때, 장래의 이행청구로서 남은 채무의 변제를 조건으로 등기말소를 구하는 취지도 포함되었다고 보아 잔존채무의 선이행을 조건으로 청구를 인용한 판결을 하는 경우, 항소심의 소송목적의 값은 원고의 경우에는 1심 소송목적의 값 한도 내에서 선이행을 명한 부분이고, 피고의 경우에는 1심 소송목적의 값과 같다.

나. 정기금지급청구

(1) 1심 판결이 전부인용 또는 전부기각인 경우

소제기 단계에서는 소제기시까지의 기발생분 및 장래 1년분의 정기금합산액이 소송목적의 값이 된다(민인규 제12조 제4호). 항소심 소송목적의 값 산정기준시는 항소 제기시가 아니라 1심 소제기시를 기준으로 한다. 따라서 정기금지급청구에 대한 전부인용 또는 전부기각의 1심 판결에 대한 전부항소의 소송목적의 값은 1심의 소송목적의 값과 같은 액수로 한다.

(2) 1심 판결이 일부인용인 경우

원고가 피고에 대해 100만원을 지급할 것을 청구하였는데, 매월 60만원 부분을 인용하면서 나머지 부분을 기각한 판결에 대해 원고가 항소하는 경우 불복부분인 40만원을 기초로, 피고가 항소하는 경우 불복부분인 60만원을 기초로 소제기까지의 기발생분과 장래 1년분의 합산액을 항소심 소송목적의 값으로 한다.

다. 형식적 형성의 소

불복범위는 원심에서의 당사자의 신청과 판결주문을 형식적으로 비교하여 결정함이 원칙이지만 형식적 형성소송은 처분권주의가 적용되지 않으므로 항소심 소송목적의 값을 산정하기 곤란한 경우가 있다.

(1) 공유물분할청구

(가) 전부인용 또는 전부기각에 대한 불복

1심 청구에 대해 전부인용 또는 전부기각(예컨대, 소각하 또는 청구기각)판결이 선고되어 이에 대해 전부 불복할 경우에 항소심의 소송목적의 값은 1심과 동일하다.

(나) 불복범위 산정이 곤란한 경우

원고가 현물분할을 청구하였는데 경매에 의한 대금분할 판결을 하거나, 원고가 청구한 지분비율보다 적은 지분비율로 판결이 선고되어 이에 대해 항소한 경우, 항소심 소송목적의 값 산정방식에 관하여, ① 재산권상의 소로서 소송목적의 값을 산출할 수 없는 경우(민인규 제18조의 2 본문)에 준하여 5,000만원으로 하는 방법과 ② 1심 소송목적의 값과 동액으로 하는 방법이 있다.

① 1심 소송목적의 값이 5,000만원보다 훨씬 다액이거나 훨씬 소액인 경우 항소심 소송목적의 값을 일률적으로 5,000만원으로 하게 되어 부당한 점,

② 분할방법이 원고의 신청과 다르면 원고에게 항소의 이익이 인정되고, 항소심에서는 불이익변경금지의 원칙이 적용되지 않기 때문에 항소심의 심판의 범위는 1심의 그것과 다르지 않고 원고의 불복부분 이외의 부분에 대하여도 항소심 판결에서는 변경될 가능성이 있는 점(피고가 분할방법에 대하여 불복하는 경우에도 마찬가지이다).

③ 지분비율에 대해 불복하는 것은 분할방법에 대해 불복한다는 것도 되기 때문에 항소심 소송목적의 값 산정에 있어서 다른 경우와 달리 취급할 필요가 없는 점 등에 비추어, 후자의 방법에 의하여 산정함이 타당하다.

(2) 경계확정청구

(가) 원 칙

경계확정청구도 불복범위를 기준으로 항소심 소송목적의 값을 정한다.

따라서 원칙적으로 1심판결이 정한 경계와 항소인이 주장하는 경계로 둘러싸여진 범위의 토지 가액을 항소심 소송목적의 값으로 한다.

(나) 불복범위 산정이 곤란한 경우

원고가 소명자료로 제출한 토지 도면과 판결에 인용된 토지 도면만으로는 불복부분의 면적을 산출하기 곤란한 경우, 항소심 소송목적의 값 산정방식에 관하여, ① 재산권상의 소로서 소송목적의 값을 산출할 수 없는 경우(민인규 제18조의2 본문)에 준하여 5,000만원을 항소심 소송목적의 값으로 하는 방법과 ② 1심 소송목적의 값과 동액으로 하는 방법이 있다. 공유물분할청구에서 지적한 바와 같이 후자의 방법에 의하여 산정함이 타당하다.

라. 일시금청구에 대한 정기금판결

불법행위에 기한 손해배상청구의 소에서 일시금 지급을 구했는데 정기금 지급판결이 선고되고 이에 대해 항소한 경우 불복범위 산정이 곤란하다. 사안이 다양하고 불복범위의 산정이 지극히 곤란한 경우가 많으므로 재판장의 소송목적의 값 인정권한(민인규 제3조)에 의해 산정함이 타당하다. 따라서 재판장은 원칙적으로 일시금 청구금액을 한도로 하여 항소심 소송목적의 값을 산정한다.

3. 병합청구

가. 주관적 병합

주관적 병합의 경우에는 통상공동소송과 필수적 공동소송이 있고, 또 원고가 복수인 경우와 피고가 복수인 경우가 있다.

(1) 통상공동소송

통상공동소송에서 항소에 의한 이심의 효력은 당사자별로 생긴다. 한통의 항소장으로 복수의 원고 또는 피고가 항소하는 경우, 혹은 한 통의 항소장으로 복수의 상대방에 대하여 항소하는 경우에는 합산·흡수법칙이 적용되지만, 각 당사자로부터 또는 각 당사자에 대하여 수통의 항소장으로 항소하는 경우는 각 당사자에 관한 부분에 대하여 각각 별도로 항소심 소송목적의 값을 산정한다(민인규 제24조, 대법원 1998. 7. 27.자 98카938 결정, 대법원 2011. 1. 27.자 2010마1491 결정).

(2) 필수적 공동소송

필수적 공동소송의 경우는 판결에 대하여 1인이 항소하면 항소인의 지위에 서는 것은 현실적으로 항소한 자에 한하지만 그 항소의 효력은 전원에 대하여 미치므로, 이심의 효력도 전원에 대하여 발생하지만 항소심 소송목적의 값 산정은 현실적으로 항소장을 제출한 사람을 기준으로 한다.

예컨대, 필수적 공동소송에서 패소한 공동원고 갑, 을 중 갑이 단독명으로 항소장을 제출할 경우 을에게도 항소의 효력이 미치기는 하지만 갑이 특정한 불복범위를 기준으로 항소심 소송목적의 값을 산정한다.

위 사례에서 갑이 항소장을 제출한 후 을도 단독으로 항소장을 제출한 경우(독립참가소송에서 원고 갑이 단독명의로 항소장을 제출하고 독립참가인 을이 며칠 후 단독으로 항소장을 제출한 경우도 동일한 문제가 발생) 을은 자기의 불복부분에 대해 인지액을 납부하여야 한다. 왜냐하면 을이 별도의 항소장을 제출한 것은 '단순히 항소심 당사자'가 아닌 '항소인'으로서 절차보장을 받기 위한 것이고 을의 불복부분에 대하여 법원이 심판하여야 하기 때문이다.

나. 객관적 병합

원·피고가 자기의 패소부분에 대하여 항소하는 경우는 각각의 불복부분의 가액이 항소심 소송목적의 값으로 된다(민인규 제25조). 당초부터 병합하여 소가 제기되고 있었던 경우에는 항소심 소송목적의 값도 합산, 흡수, 불산입을 적용하여 산정한다.

또 각각 별도로 소가 제기되고 그 후 변론이 병합되어 하나의 판결이 선고되고, 이에 대하여 항소가 제기된 경우에도 합산, 흡수, 불산입을 적용한다.

부대청구에 대한 항소심 소송목적의 값 산정방식은 두가지로 나누어 검토하여야 한다.

과실(이자 등), 손해배상, 위약금 또는 비용의 청구가 소송의 부대목적이 되는 때에는 그 값은 소송의 목적의 가액에 산입하지 아니한다(민소 제27조 제2항). 따라서 원본 및 이자 등에 대하여 판결이 선고되고 '원본 및 이자 등에 대해 함께 항소'하는 경우 이자 등은 항소심 소송목적의 값에 산입하지 않는다.

그러나, '이자 등을 떼어내어 독립하여 항소'하는 경우에는 그 부분을 독립된 소송물로 보아 인지를 납부하여야 한다(대법원 1962. 10. 18.자 62라11 결정). 예컨대, "1,000만원과 이에 대하여 2017. 1. 1.부터 다 갚는 날까지 연 15%의 비율로 계산한 돈을 지급하라"라는 원고 청구에 대하여, 1심이 "1,000만원과 이에 대하여 2017. 1. 1.부터 다 갚는 날까지 연 5%의 비율로 계산한 돈을 지급하라"라고 판결하여, 원고가 부대청구부분만을 따로 떼어내어 "원판결 중 원고 패소부분을 취소한다. 피고는 원고에게 1,000만원에 대하여 2017. 1. 1.부터 다 갚는 날까지 연 12%의 비율로 계산한 돈을 지급하라"라고 항소한 경우, 1,000만원에 대한 2017. 1. 1.부터 항소제기일까지 연 12%의 비율로 계산한 금액으로서 원본 1,000만원의 한도 내에서의 금액에 대한 인지액을 납부하여야 한다. 부대청구의 가액이 주된 청구의 가액을 넘는 경우에 주된 청구의 가액을 한도로 하는 이유는 일부패소에 대해 불복하는 경우가 전부패소에 대해 불복하는 경우보다 항소심 소송목적의 값이 고액으로 된다고 하는 것은 부당하기 때문이다.

4. 부대항소

가. 개 요

부대항소라 함은 항소를 당한 피항소인이 항소인의 항소에 의하여 개시된 항소심 절차에 편승하여 항소심의 심판범위를 확장시키는 신청이다, 민사소송등인지규칙은 부대항소의 소송목적의 값 산정방식에 관해 두가지 경우로 나누어 달리 취급하고 있다.

나. 원칙(민인규 제26조 본문)

부대항소로써 불복하는 범위의 소송목적의 값을 기준으로 하여 산정한다(민인규 제26조 본문, 제25조). 부대항소는 항소가 아니라는 것이 판례, 통설의 입장이지만 부대항소가 인용될 경우 불복신청하는 범위만큼 경제적 이익을 받게 된다는 점에서 항소의 소송목적의 값 산정방식과 동일하게 취급하는 것이다.

예컨대, 1심 청구금액 1억원에 대해 8,000만원의 일부인용판결이 나자, 피고가 8,000만원 인용부분에 대해 항소하고, 그 후 원고가 자신의 항소기간 도과 후 패소부분 2,000만원 부분에 대해 부대항소를 제기하는 경우 부대항소의 소송목적의 값은 2,000만원이다.

다. 예외(민인규 제26조 단서)

(1) 소변경을 위한 부대항소

소 변경을 위한 부대항소장에는 민사소송등인지법 제5조의 규정에 의해 산정한 인지액을 납부한다(민인규 제26조 단서). 즉 부대항소의 소송목적의 값에 대한 항소심 인지액에서 부대항소 제기 전의 소송목적의 값에 대한 항소심 인지액을 공제하여 산정한다.

(2) 반소 제기를 위한 부대항소

반소 제기를 위한 부대항소장에는 민사소송민인법 제4조의 규정에 의해 산정한 인지액을 납부한다(민인규 제26조 단서). 즉, 본소와 그 목적이 동일하지 않는 경우에는 부대항소장이 제출된 때를 기준시로 하여 합산, 흡수, 불산입을 적용하여 소송목적의 값을 산정하여 인지액을 산출하고, 여기에 1.5배를 한다. 본소와 그 목적이 동일한 경우에는 부대항소의 (항소심)인지액에서 본소의(항소심)인지액을 공제한 액을 납부한다.

5. 항소취지의 확장

패소부분의 일부에 대하여 항소한 항소인은 그 후 패소부분의 전부에 대하여 불복부분의 확장을 신청하는 것이 가능하다. 항소불가분의 원칙에 따라 이심의 효력은 사건전체에 미치기 때문이다. 이 경우에 항소취지 확장에 의해 항소인이 받게 될 경제적 이익은 청구취지 확장에 의해 원고가 받게 될 경제적 이익과 유사하므로 소 변경에 관한 민사소송등인지법 제5조를 준용함이 타당하다. 따라서 항소취지확장신청서에는 ㉠ 확장 후 항소심 소송목적의 값에 대한 항소심 인지액과 ㉡ 확장 전 항소심 소송목적의 값에 대한 항소심 인지액을 구한 후 ㉠의 인지액에서 ㉡의 인지액을 공제한 액을 납부하여야 한다.

㉠과 관련하여 확장 후 항소심 소송목적의 값을 산정함에 있어서는 합산, 흡수, 불산입을 적용한다. 예컨대, 1억원의 대여금청구에 대해 2,000만원 인용판결이 나자 원고가 패소부분 중 5,000만원에 대해 일부항소하고, 항소심 계속 중 나머지 3,000만원의 항소취지 확장을 하는 경우 항소취지확장신청서에는 202,500원(8,000만원에 대한 항소심 인지액 547,500원－5,000만원에 대한 항소심 인지액 345,000원)을 납부하여야 한다.

㉡과 관련하여 항소취지 감축이 있었던 경우에는 축소된 부분이 확장 전 항소심 소송목적의 값이 된다. 예컨대, 항소취지가 3억원이었는데 1억원으로 항소취지 감축(상소불가분의 원칙상 항소의 일부 취하는 허용되지 아니하므로, 이는 단지 2억원 만큼 불복범위를 감축한 것에 불과함)한 후 다시 3억원으로 항소취지확장신청서를 제출하는 경우 확장 전 항소심의 소송목적의 값은 1억원이므로 120만원(확장 후 항소심 소송 목적의 값 3억원에 대한 항소심 인지액 1,882,500원－확장 전 항소심 소송목적의 값 1억원에 대한 항소심 인지액 682,500원)의 인지액을 납부해야 한다.

6. 항소장 인지계산시 유의사항

가. 항소장에 첩부할 인지액을 계산할 때 100원 미만의 단수가 있을 때 이를 절사한 경우에는 절사전 금액을 기준으로 1.5배액을 산정하여서는 아니되고, 절사한 금액을 기준으로 1.5배액의 인지를 산정하여야 한다.

나. 민사소송민인법 제9조 또는 제10조의 신청에 관한 재판(항고법원의 재판을 포함한다.)에 대한 항고장 및 상소장에는 당해 신청서에 붙여진 인지액의 배액을 붙여야 한다(예: 가압류, 가처분사건의 판결에 대한 상소 등).

제2편

소의 종류별 소가산정

제1장 확인의 소

제1절 총 설

확인의 소는 권리 또는 법률관계의 존부의 확정을 목적으로 하는 소송이다. 확인의 소는 적극적 확인의 소와 소극적 확인의 소로 분류되며, 원칙적으로 권리 또는 법률관계만이 확인의 소의 대상이 되나, 법률관계를 증명하는 증서가 진정으로 작성되었는가 여부의 사실 확인이 예외적으로 허용된다.

확인의 소의 대상은 권리, 법률관계 또는 증서의 진정 여부(민소 제250조)이다. 소의 대상이 권리인 경우(소극적 확인의 소를 포함) 권리의 종류에 따라 민사소송등인지규칙 제10조 및 제11조의 규정에 의한 가액이 소송목적의 값이 된다(민인규 제12조 제1호). 예컨대 유치권의 가액이 1억원일 경우(민인규 제10조 제5항) 유치권 존재 확인의 소 또는 유치권 부존재확인의 소의 소송목적의 값은 모두 1억원이 된다. 그리고 소의 대상이 증서의 진정 여부인 때에는 그 증서가 유가증권인 경우에는 그 가액이 2분의 1, 기타 증서인 경우에는 20만원이 소송목적의 값이 된다(민인규 제12조의 제2호). 한편, 소의 대상이 법률관계인 경우에는 규정이 없으므로 원고가 전부승소할 경우 직접 받게 될 경제적 이익을 객관적으로 평가한 금액이 소송목적의 값이 된다(민인규 제6조).

제2절 권리의 확인

1. 소 유 권

목적물 가액이 소송목적의 값이 된다(민인규 제10조 제1항). 소유권은 사용·수익·처분권으로 이루어지는데(민법 제211조) 이들 권능의 가치는 물건 가액과 동일하다고 할 수 있기 때문에 목적물 가액을 소송목적의 값으로 한 것이다.

토지, 주택 등 목적물의 가액 산정방식은 민사소송등인지규칙 제9조 및 제11조에 의한다.

한편, 공유권의 확인을 구하는 경우에는 목적물의 가액에 원고의 공유지분의 비율을 곱해서 얻은 금액이 소송목적의 값이다.

예시 1 **토지·건물 매매계약무효확인 청구의 소(매도인의 경우)**

원고는 피고에게 ○○시 ○○동 ○○○-○○ 대 200㎡ 및 위 지상 시멘트 블록조 기와지붕 1층 주택 120㎡ 건물에 관하여 2017. 9. 10. 맺은 매매계약에 터잡은 소유권이전등기의무가 없음을 확인한다.

► **소가산정** ◄

1. **목적물의 종류에 따른 가액**

   본 소는 소유권확인에 해당하여 목적물가액을 소가로 한다(민인규 제10조 제1항)

2. **산출공식**

   - 토지 : 공시지가 × 면적(㎡) × 50/100 = 가액
   - 건물 : 건물기준가액 × 구조지수 × 용도지수 × 위치지수 × 경과년수잔가율 × 면적(㎡) × 가감산율 = 과세시가표준액 × 50/100 = 가액

3. **소 가**

   위 2항의 토지가액 + 건물가액 = 소가

※ 토지의 경우에는 "부동산가격공시 및 감정평가에 관한 법률"에 의한 개별공시지가(개별공시지가가 없는 경우에는 토지가격비준표에 의하여 산정한 가액)에 50/100을 곱하여(민인규 제9조 제1항)에, 건물의 경우에는 "지방세법 시행령" 제4조 제1항 제1호의 규정에 의하여 산정한 시가표준액 50/100을 곱하여 산정한 후(민인규 제9조 제2항) 소가 산정기준에 의하여 목적물의 종류에 따라 소가를 산정한다.

예시 2 토지소유권 확인청구(소유권보존등기말소, 등기원인무효)

> 피고는 별지 목록 1, 2 기재의 각 부동산이 원고의 소유임을 확인하고, 원고에게, 별지 목록 1 기재의 부동산에 대한 ○○지방법원 ○○지원 ○○등기소 2017. 9. 20.로 마친, 같은 목록 2 기재 부동산에 대한 위 같은 등기소 2016. 8. 12. 접수 제000호로 마친 각 소유권보존등기의 말소등기절차를 이행하라.

► 소가산정 ◄

1. 목적물의 종류에 따른 가액

가. 소유권확인의 경우 : 목적물가액을 소가로 한다(민인규 제10조 제1항).

나. 소유권보존등기의 말소의 경우 : 등기원인이 무효 또는 취소에 기한 소유권보존등기의 말소는 목적물가액의 1/2를 소가로 한다(민인규 제13조 제4호, 나목).

2. 산출공식

- 소유권확인청구의 경우 : 공시지가 × 면적(㎡) × 50/100 = 목적물가액
- 소유권보존등기의 말소의 경우 : 공시지가 × 면적(㎡) × 50/100 × 1/2 = 목적물가액

3. 소 가

흡수법칙에 있어서는 다액인 청구의 가액을 소가로 하므로 "소유권확인청구의 경우"가 소가가 되고, 소유권확인청구의의 공식에 의하여 산출한 2개의 토지에 대한 목적물가액을 합산한 금액을 소가로 한다.

※ 1. 토지의 경우에는 "부동산가격공시 및 감정평가에 관한 법률"에 의한 개별공시지가(개별공시지가가 없는 경우에는 토지가격비준표에 의하여 산정한 가액)에 50/100을 곱하여(민인규 제9조 제1항)에, 소가 산정기준에 의하여 목적물의 종류에 따라 소가를 산정한다.

2. 소가는 원고가 청구취지로써 구하는 범위 내에서 원고의 입장에서 보아 전부 승소할 경우에 직접 받게 될 경제적 이익을 객관적으로 평가하여 금액으로 정함을 원칙으로 한다(민인규 제6조).

3. 병합청구의 소가산정에 있어서 합산원칙(민인규 제19조)을 적용할 것인가 아니면 흡수법칙(민인규 제20조, 제21조)을 적용할 것인가의 여부는 "경제적 이익"이 독립된 것인가(민인규 제19조), 아니면 동일하거나 중복되는 것인가(민인규 제20조), 또는 수단의 청구의 것인가(민인규 제21조)의 여부에 따라 결정된다.
병합청구의 소가산정에 있어서 합산, 흡수, 불산입 등의 원칙은 원고가 1개의 소로서 병합 제기한 경우에만 적용되고, 병합의 요건이 충족되더라도 별개의 소장으로 제소하는 경우에는 적용되지 아니한다(민인규 제24조).

예시 3 **토지소유권 확인청구(철거·인도, 금전지급)**

1. 서울특별시 ○○구 ○○동 111-21 대 1,200㎡ 중 별지 도면 표시 1, 2, 21, 22, 1의 각 점을 순차로 연결한 선태 ㉰㉱㉲부분 합계 800㎡가 원고 소유임을 확인한다.
2. 피고는 원고에게 위 같은동 111-21 대 1,200㎡ 중 별지 도면 표시 8, 9, 10, 11, 13, 14, 15, 8의 각 점을 순차로 연결한 선내 ㉰부분 50㎡ 지상의 시멘트 벽돌조 슬래브지붕 지하 1층, 지상 2층 건물을 철거하여 위 도면표시 ㉰㉱㉲부분 합계 800㎡를 인도하고, 금 200만원 및 위 800㎡의 인도시까지 매월 금 10만원의 비율로 계산한 돈을 각 지급하라.

► 소가산정 ◄

1. 목적물의 종류에 따른 가액

가. 소유권확인의 경우 : 목적물의 가액을 소가로 한다(민인규 제12조 제1호).
나. 토지인도 : 목적물의 가액의 1/2을 소가로 한다(민인규 제12조 제5호, 가목).
다. 건물철거 : 목적물의 가액의 1/2을 소가로 한다(민인규 제12조 제5항, 가목).
라. 금진지급청구 : 청구금액을 소가로 한다(민인법 제2조).

마. 인도일까지 금원청구 : 기간이 확정되지 아니한 정기금에 해당하므로 기발생분 및 이후 1년(12개월) 상당의 정기금합산액을 소가로 한다(민인규 제12조 제4호). 기발생분 및 위 정기금은 소제기일을 기준으로 산출한다.

2. 산출공식

가. 소유권확인의 경우 : 공시지가 × 면적(㎡) × 50/100 = 목적물가액

나. 토지인도 : 공시지가 × 면적(㎡) × 50/100 × 1/2 = 목적물가액

다. 건물철거 : 건물기준가액 × 구조지구 × 용도지수 × 위치지수 × 경과년수잔가율 × 면적(㎡) × 가감산율 × 1/2 = 과세시가표준액 × 50/100 = 목적물가액

[건물철거는 부지인도의 수단에 지나지 아니하므로 그 가액은 소가에 산입하지 아니한다. 다만, 수단인 청구의 가액이 주된 청구의 가액보다 다액인 경우에는 그 다액을 소가로 한다(민인규 제21조).]

라. 금전지급청구 : 여기서는 부대청구에 해당하여 소가에 산입하지 아니한다(민소법 제27조 제2항).

마. 인도일까지 금원청구 : 임료 등 청구는 부동산의 명도·인도 소송의 부대목적이 된다 할 것이므로(민소법 제27조 제2항), 그 청구가 이미 발생한 임료 등인가, 장래 발생할 임료 등인가에 관계없이 그 임료 등의 가액을 소가에 산입한지 아니한다. 다만 임료 등의 청구만을 독립하여 청구하는 경우에는 민사소송등인지규칙 제12조 제4호를 기발생분 및 1년분의 임료 등 합산액을 그 소가로 한다.

3. 소 가

흡수법칙에 의하여 다액인 청구의 가액을 소가로 한다.

※ 1. 본 소는 "토지소유권확인"과 "그 지상에 있는 건물을 철거하고 임료상당의 손해배상청구를 병합한 소이다. 본 소의 "건물철거와 토지인도"는 "소유권확인청구에 의한 원인된 사실로부터 발생하는 경우"에 해당되어 경제적 이익이 동일하거나 중복되는 경우이므로 흡수법칙을 적용하여 산출하여야 한다.

2. 흡수법칙은 "1개의 소로써 주장하는 수 개의 청구의 경제적 이익이 동일하거나 중복되는 때(민인규 제20조)"와 "1개의 청구가 다른 청구의 수단에 지나지 않을 때(민인규 제21조)"로 나뉜다. 전자의 경우에는 중복되는 범위 내에서

흡수되고, 그중 가장 다액인 청구의 가액을 소가로 하고(민인규 제20조). 후자의 경우에는 특별한 규정이 있는 경우를 제외하고, 그 가액은 소가에 산입하지 아니한다. 다만, 수단인 청구의 가액이 주된 청구의 가액보다 다액인 경우에는 그 다액을 소가로 한다(민인규 제21조).

3. 토지의 경우에는 "부동산가격공시 및 감정평가에 관한 법률"에 의한 개별공시지가(개별공시지가가 없는 경우에는 토지가격비준표에 의하여 산정한 가액)에 50/100을 곱하여 산정한 후(민인규 제9조 제1항) 소가산정기준에 의하여 목적물의 종류에 따라 소가를 산정한다.

예시 4 **지분권공유확인 등 청구(주위적·예비적청구)**

1. 주위적으로,
별지 목록 기재 부동산이 소외 김○○, 이○○, 박○○, 최○○, 정○○의 각 1/5 지분에 따른 공유임을 확인한다.
2. 예비적으로,
별지 목록 기재 부동산이 소외 김○○, 이○○, 박○○, 최○○의 각 1/4지분에 따른 공유임을 확인한다.

► 소가산정 ◄

1. 목적물의 종류에 따른 가액

지분의 공유확인의 소는 소유권에 해당되므로 목적물의 가액을 소가로 한다(민인규 제10조 제1항).

2. 산출공식

가. 주위적청구의 경우 : 공시지가 × 면적(㎡) × 50/100 = 목적물가액
나. 예비적청구의 경우 : 공시지가 × 면적(㎡) × 50/100 = 목적물가액

3. 소 가

주위적청구와 예비적청구의 경우는 그중 다액인 청구의 가액을 소가로 하나, 본 소에서는 목적물이 같으므로 위 가, 나, 중 하나를 소가로 한다.

※ 1. 본 소는 "주위적 청구와"와 "예비적 청구"를 병합한 소이다. 청구의 예비적

병합이란 주위적 청구(제1차 청구)가 인용되지 않을 것에 대비하여 그 인용을 해제조건으로 예비적 청구(제2차 청구)에 관하여 심판을 구하는 경우로써, 주위적 청구와 예비적 청구는 그중 다액인 청구의 가액을 소가로 한다.

2. 토지의 경우에는 "부동산가격공시 및 감정평가에 관한 법률"에 의한 개별공시지가(개별공시지가가 없는 경우에는 토지가격비준표에 의하여 산정한 가액)에 50/100을 곱하여 산정한 후(민인규 제9조 제1항) 소가산정기준에 의하여 목적물의 종류에 따라 소가를 산정한다.

예시 5 토지매매계약무효확인 청구

원고와 피고사이에 충남 ○○군 ○○면 ○○리 산 134-3 임야 3,000㎡ 중 2,000㎡에 관한 2017. 5. 15. 매매계약 및 위 같은 리 산 126-7 임야 1,500㎡에 관한 2017. 7. 12. 매매계약은 각 무효임을 확인한다.

► 소가산정 ◄

1. 목적물의 종류에 따른 가액

매매계약무효확인은 소유권에 해당하여 목적물가액을 소가로 한다(민인규 제10조 제1항).

2. 산출공식

공시지가 × 면적(㎡) × 50/100 = 목적물가액

3. 소 가

목적물이 2개이므로 A부동산의 가액과 B부동산의 가액을 합산한 금액을 소가로 한다.

※ 1. 본 소는 2개의 목적물에 대하여 매매계약무효확인을 구하는 소이다. 본 소의 경우는 목적물이 2개이므로 경제적 이익이 독립한 별개의 경우에 해당하여 합산원칙을 적용하여 소가를 산출한다.

2. 민사소송법 제27조 제1항에서 "하나의 소로 여러 개의 청구를 하는 경우에는 그 여러 청구의 값을 모두 합하여 소송목적의 값을 정한다"고 하였으며, 민사소송등인지규칙 제19조에서 "1개의 소로써 수 개의 청구를 하는 경우에 그

수 개의 청구를 경제적 이익이 독립한 별개의 것인 때에 합산하여 소가를 산정한다"고 하였다.

3. 토지의 경우에는 "부동산가격공시 및 감정평가에 관한 법률"에 의한 개별공시지가(개별공시지가가 없는 경우에는 토지가격비준표에 의하여 산정한 가액)에 50/100을 곱하여 산정한 후(민인규 제9조 제1항) 소가산정기준에 의하여 목적물의 종류에 따라 소가를 산정한다.

예시 6 **토지매매계약무효확인 청구(소유권이전등기이행채무부존재)**

원고는 피고들에게 충남 ○○군 ○○면 ○○리 111-2 대 300㎡에 관하여 2018. 5. 10. 체결한 매매계약에 터잡은 소유권이전등기절차이행채무는 부존재함을 확인한다.

► 소가산정 ◄

1. **목적물의 종류에 따른 가액**
   소유권이전등기채무부존재는 목적물가액을 소가로 한다(민인규 제10조 제1항).

2. **산출공식**
   공시지가 × 면적(㎡) × 50/100 = 목적물가액(소가)

※ 토지의 경우에는 "부동산가격공시 및 감정평가에 관한 법률"에 의한 개별공시지가(개별공시지가가 없는 경우에는 토지가격비준표에 의하여 산정한 가액)에 50/100을 곱하여 산정한 후(민인규 제9조 제1항) 소가산정기준에 의하여 목적물의 종류에 따라 소가를 산정한다.

예시 7 **선박소유권확인 및 인도청구**

1. 별지 목록 기재의 선박이 원고의 소유임을 확인한다.
2. 피고 등은 원고에게 위 선박을 인도하라.

► **소가산정** ◄

1. 목적물의 종류에 따른 가액

가. 선박소유권확인 : 목적물가액을 소가로 한다(민인규 제10조 제1항).

나. 선박인도 : 목적물가액의 1/2을 소가로 한다(민인규 제12조 제5호, 가목).

2. 산출공식

가. 소유권확인 : 과세시가표준액(소가)

나. 선박인도 : 과세시가표준액 × 1/2 = 소가

3. 소 가

흡수법칙에 있어서는 다액인 청구의 가액을 소가로 하므로 "소유권확인 청구의 경우"가 소가로 된다.

※ 1. 본소는 "선박소유권확인" "그 선박의 인도"를 구하는 병합형태이다, 여기서 선박의 인도는 선박의 소유권확인에 의한 원인된 사실로부터 발생한 경우로써, "경제적 이익이 동일하거나 중복되는 때(민인규 제20조)"에 해당되어 흡수법칙을 적용하여 소가를 산출한다.

2. 흡수법칙은 "1개의 소로써 주장하는 수 개의 청구의 경제적 이익이 동일하거나 중복되는 때(민인규 제20조)"와 "1개의 청구가 다른 청구의 수단에 지나지 않을 때 (민인규 제21조)"로 나뉜다. 전자의 경우에는 중복되는 범위 내에서 흡수되고, 그중 가장 다액인 청구의 가액을 소가로 하고(민인규 제20조). 후자의 경우에는 특별한 규정이 있는 경우를 제외하고, 그 가액은 소가에 산입하지 아니한다. 다만, 수단인 청구의 가액이 주된 청구의 가액보다 다액인 경우에는 그 다액을 소가로 한다(민인규 제21조).

3. 선박은 과세시가표준액의 정함이 있는 것이므로 선박시가표준액에 의하여 시가표준액을 산출한 후 목적물의 종류에 따른 가액에 의하여 소가를 산정한다(민인규 제9조 제3항).

예시 8 **불상소유권확인 및 인도청구**

1. 별지 목록 기재의 각 불상은 원고의 소유임을 확인한다.
2. 피고는 원고에게 위 불상을 인도하라.

► **소가산정** ◄

1. 목적물의 종류에 따른 가액

가. 불상소유권확인 : 목적물가액을 소가로 한다(민인규 제10조 제1항). 소가를 산출할 수 있는 자료 등을 제출하여야 한다.

나. 불상인도 : 목적물가액의 1/2을 소가로 한다(민인규 제12조 제5호, 가목).

2. 산출공식

가. 소유권확인 : 목적물가액(소가)

나. 불상인도 : 목적물가액 × 1/2 = 소가

3. 소 가

흡수법칙에 따라 다액인 청구의 가액을 소가로 하므로 "소유권확인청구의 경우"가 소가로 된다.

※ 1. 본소는 "불상에 대하여 소유권의 확인"과 "그 불상의 인도"를 구하는 병합형태이다, 여기서 불상의 인도는 불상의 소유권확인청구에 의한 원인된 사실로부터 발생하는 경우로써, "경제적 이익이 동일하거나 중복되는 때"에 해당되어 흡수법칙을 적용하여 소가를 산출한다.

2. 흡수법칙은 "1개의 소로써 주장하는 수 개의 청구의 경제적 이익이 동일하거나 중복되는 때(민인규 제20조)"와 "1개의 청구가 다른 청구의 수단에 지나지 않을 때(민인규 제21조)"로 나뉜다. 전자의 경우에는 중복되는 범위 내에서 흡수되고, 그중 가장 다액인 청구의 가액을 소가로 하고(민인규 제20조). 후자의 경우에는 특별한 규정이 있는 경우를 제외하고, 그 가액은 소가에 산입하지 아니한다. 다만, 수단인 청구의 가액이 주된 청구의 가액보다 다액인 경우에는 그 다액을 소가로 한다(민인규 제21조).

예시 9 **입목소유권확인 및 인도청구**

1. ○○도 ○○군 ○○읍 ○○리 산 100 임야 3정 5단 6무보 지상 입목 중 소인으로 김○○(○)을 표시한 소나무 20본을 제외한 나머지 입목이 원고의 소유임을 확인한다.
2. 피고는 원고에게 위 입목을 인도하라.

► **소가산정** ◄

1. 목적물의 종류에 따른 가액

가. 입목소유권확인 : 목적물가액을 소가로 한다(민인규 제10조 제1항).

나. 입목인도 : 목적물가액의 1/2을 소가로 한다(민인규 제12조 제5호, 가목).

2. 산출공식

가. 입목소유권확인 : 과세시가표준액(목적물가액)

나. 입목인도 : 과세시가표준액(목적물가액) × 1/2 = 소가

3. 소 가

흡수법칙에 따라 다액인 청구의 가액을 소가로 하므로 "소유권확인청구의 경우"가 소가로 된다.

※ 1. 본소는 "입목에 대하여 소유권의 확인"과 "그 입목의 인도"를 구하는 병합형태이다, 여기서 입목의 인도는 입목의 소유권확인청구에 의한 원인된 사실로부터 발생하는 경우로써, "경제적 이익이 동일하거나 중복되는 때"에 해당되어 흡수법칙을 적용하여 소가를 산출한다.

2. 흡수법칙은 "1개의 소로써 주장하는 수 개의 청구의 경제적 이익이 동일하거나 중복되는 때(민인규 제20조)"와 "1개의 청구가 다른 청구의 수단에 지나지 않을 때(민인규 제21조)"로 나뉜다. 전자의 경우에는 중복되는 범위 내에서 흡수되고, 그중 가장 다액인 청구의 가액을 소가로 하고(민인규 제20조). 후자의 경우에는 특별한 규정이 있는 경우를 제외하고, 그 가액은 소가에 산입하지 아니한다. 다만, 수단인 청구의 가액이 주된 청구의 가액보다 다액인 경우에는 그 다액을 소가로 한다(민인규 제21조).

3. 입목은 과세시가표준액의 정함이 있는 것이므로 과세시가표준에 의하여 가액을 산출한 후 목적물의 종류에 따른 가액에 의하여 소가를 산정한다(민인규 제9조 제3항).

2. 점 유 권

목적물 가액의 3분의 1이 소송목적의 값이 된다(민인규 제10조 제2항). 점유권이 인정됨으로써 원고가 직접 받게 될 경제적 이익은 통상 본권이 인정됨으로써 얻을 경제적 이익보다 더 적을 것이기 때문에 획일적으로 소유권 가액의 3분의 1로 정한

것이다.

예시 1 **토지점유권 확인청구**

별지 목록 기재의 각 토지에 대한 점유권이 원고에게 있음을 확인한다.

► 소가산정 ◄

1. **목적물의 종류에 따른 가액**
   점유권확인은 목적물가액의 1/3을 소가로 한다(민인규 제10조 제2항).

2. **산출공식**
   공시지가 × 면적(m²) × 50/100 × 1/3 = 목적물가액(소가)

※ 토지의 경우에는 "부동산가격공시 및 감정평가에 관한 법률"에 의한 개별공시지가(개별공시지가가 없는 경우에는 토지가격비준표에 의하여 산정한 가액)에 50/100을 곱하여 산정한 후(민인규 제9조 제1항) 소가산정기준에 의하여 목적물의 종류에 따라 소가를 산정한다.

예시 2 **건물점유권 확인청구**

○○광역시 ○○구 ○○동 ○○-○○ 지상의 하천 복개상에 ○○○에 건립된 시멘트 블록조 슬래브지붕 1층 제1 내지 4공구 건물 옥상 중에 별지 도면 표시 2, 3, 4, 5, 14, 15, 2의 각 점을 연결한 400m² 및 같은 도면 표시 6, 7, 8, 9, 10, 11, 6의 각 점을 연결한 300m²와 위 각 공구 건물 중 옥상으로 통하는 각 계단에 80m²의 점유권이 원고에게 있음을 확인한다.

► 소가산정 ◄

1. **목적물의 종류에 따른 가액**
   점유권확인은 목적물가액의 1/3을 소가로 한다(민인규 제10조 제2항).

2. 산출공식

건물기준가액 × 구조지구 × 용도지수 × 위치지수 × 경과년수잔가율 × 면적(m^2) × 가감산율 = 과세시가표준액 × 50/100 × 1/3 = 소가

※ 본소는 건물일부에 관하여 점유권 확인을 구하는 소로써, 건물의 경우에는 "지방세법 시행령 "제4조 제1항 제1호의 방식에 의하여 산정한 시가표준액에 100분의 50을 곱하여 산정한 후(민인규 제9조 제2항) 소가산정기준에 의하여 목적물의 종류에 따라 소가를 산정한다.

3. 지상권, 임차권

목적물 가액의 2분의 1이 소송목적의 값이 된다(민인규 제10조 제3항). 지상권과 임차권이 인정됨으로써 원고가 직접 받게 될 경제적 이익은 통상 소유권이 인정됨으로써 얻을 경제적 이익보다 더 적을 것(소유권은 물건에 대한 사용·수익·처분권을 내용으로 하고, 지상권 및 임차권은 물건에 대한 사용·수익권을 내용으로 하는 권리이기 때문이다)이므로, 획일적으로 소유권 가액의 2분의 1로 정한 것이다.

예시 1 분묘기지권 확인청구

원고에게 ○○시 ○○동 산 97 임야 9,526m^2 중 별지 제1도면 표시 3, 4, 5, 6, 7, 8, 9, 3의 각 점을 순차로 연결한 선내 ㉮부분 및 240m^2 및 별지 제1도면 표시 21, 22, 23, 24, 25, 21의 각 점을 순차로 연결한 선내 ㉰부분 125m^2에 대한 분묘기지권이 있음을 확인한다.

► 소가산정 ◄

1. 목적물의 종류에 따른 가액

분묘기지권은 지상권으로 보아 목적물가액의 1/2을 소가로 한다(민인규 제10조 제3항).

2. **산출공식**

공시지가 × 면적(m²) × 50/100 × 1/2 = 목적물가액(소가)

3. **소 가**

본 건의 경우 목적물이 2개이므로 위 공식에 의하여 산출한 금액을 합산한다.

※ 토지의 경우에는 "부동산가격공시 및 감정평가에 관한 법률"에 의한 개별공시지가(개별공시지가가 없는 경우에는 토지가격비준표에 의하여 산정한 가액)에 50/100을 곱하여 산정한 후(민인규 제9조 제1항) 소가산정기준에 의하여 목적물의 종류에 따라 소가를 산정한다.

예시 2 토지임차권확인청구

○○광역시 ○○구 ○○동 ○○○-○○ 대 300m² 중 100m²에 대한 임차권이 원고에 있음을 확인한다.

► 소가산정 ◄

1. **목적물의 종류에 따른 가액**

임차권은 목적물가액의 1/2을 소가로 한다(민인규 제10조③).

2. **산출공식**

공시지가 × 면적(m²) × 50/100 × 1/2 = 목적물가액(소가)

※ 토지의 경우에는 "부동산가격공시 및 감정평가에 관한 법률"에 의한 개별공시지가(개별공시지가가 없는 경우에는 토지가격비준표에 의하여 산정한 가액)에 50/100을 곱하여 산정한 후(민인규 제9조 제1항) 소가산정기준에 의하여 목적물의 종류에 따라 소가를 산정한다.

예시 3 건물임차권 확인청구의 소

> ○○광역시 ○○구 ○○동 ○○○-○○ 대 200㎡의 지상 시멘트 블록조 기와지붕 1층 주택 70㎡ 건물에 관하여 2017. 9. 10. 원고와 피고 사이에 임대차계약에 의한 기간 2년, 임대차보증금 3,000만원, 차임 매월 100만원으로 된 임차권이 있음을 확인한다.

► 소가산정 ◄

1. 목적물의 종류에 따른 가액

가. 건물의 임차권 : 목적물가액의 1/2을 소가로 한다(민인규 제10조 제3항).

나. 보증금 3,000만원 : 금전지급을 청구금액을 소가로 한다(민인법 제2조).

다. 월 차임 100만원 : 기간이 확정되지 아니한 정기금에 해당하므로 기발생분 및 이후 1년(12개월) 상당의 정기금합산액을 소가로 한다(민인규 제12조 제4호). 기발생분 및 위 정기금은 소제기일을 기준으로 산출한다.

2. 건물임차권의 경우

건물기준가액 × 용도지수 × 위치지수 × 경과년수잔가율 × 면적(㎡) × 가감산율 = 과세시가표준액 × 50/100 × 1/2 = 소가

3. 임대보증금 및 월 임대료

- 임대보증금 : 금 3,000만원
- 월 임대료 : 기발생분(없음)
- 1년분의 정기금 합산액 : 12개월 × 100만원 = 1,200만원,
  금 3,000만원 + 금 1,200만원 = 4,200만원

4. 소 가

위 2, 3의 금액 중 다액을 소가로 한다.

※ 건물의 경우에는 "지방세법 시행령 "제4조 제1항 제1호의 방식에 의하여 산정한 시가표준액에 100분의 50을 곱하여 산정한 후(민인규 제9조 제2항)소가산정기준에 의하여 목적물의 종류에 따라 소가를 산정한다.

4. 지 역 권

지역권이란 어느 토지의 편익을 위하여 타인의 토지를 이용하는 용익물권으로, 편익을 받은 토지는 요역지이고 편익을 제공하는 토지는 승역지이다.

승역지 가액의 3분의 1이 소송목적의 값이 된다(민인규 제10조 제4항). 지역권이 인정됨으로써 원고가 직접 받게 될 경제적 이익은 통상 소유권이 인정됨으로써 얻을 경제적 이익보다 더 적을 것(지역권과 지상권은 모두 타인의 토지를 이용하는 용익물권이지만 일반적으로 전자의 가치가 후자보다 더 적을 것이기 때문에 소유권 가액의 3분의 1, 2분의 1로 달리 규정하고 있다)이므로, 획일적으로 승역지 소유권 가액의 3분의 1로 정한 것이다(아래 사례 22).

예시 1 **지역권확인청구**

○○시 ○○구 ○○동 ○○○ 전 100㎡에 관하여 통로로 사용하는 것을 목적으로 하는 존속기간 20○○. ○. ○.부터 20○○. ○. ○.인 지역권을 원고가 갖고 있음을 확인한다.

► 소가산정 ◄

1. **목적물의 종류에 따른 가액**
   지역권은 승역지가액의 1/3을 소가로 한다(민인규 제10조 제4항).
2. **산출공식**
   공시지가 × 면적(㎡) × 50/100 × 1/3 = 목적물가액(소가)

※ 토지의 경우에는 "부동산가격공시 및 감정평가에 관한 법률"에 의한 개별공시지가(개별공시지가가 없는 경우에는 토지가격비준표에 의하여 산정한 가액)에 50/100을 곱하여 산정한 후(민인규 제9조 제1항) 소가산정기준에 의하여 목적물의 종류에 따라 소가를 산정한다.

예시 2 주위토지통행권확인 청구

> 피고는 원고에게 별지 목록 제1항 기재 부동산 중 별지 제3도면 표시 ㄱ2, ㄴ2, ㄷ2, ㄹ2, ㅈ2, ㅊ2,ㄱ2의 각 점을 순차로 연결한 선내 (다)부분 156 ㎡ 및 별지 목록 제2항 기재 부동산 중 별지 제3도면 표시 ㄹ2, ㅁ2, ㅂ2, ㅅ2, ㅇ2, ㅈ2, ㄹ2의 각 점을 순차로 연결할 선내 (라) 1부분 28㎡에 대한 통행권이 있음을 확인한다.

► **소가산정** ◄

1. 목적물의 종류에 따른 가액

통행권은 지역권에 해당하여 승역지가액의 1/3을 소가로 한다(민인규 제10조 제4항).

2. 산출공식

공시지가 × 면적(㎡) × 50/100 × 1/3 = 목적물가액(소가)

3. 소　가

목적물이 2개이므로 위 공식에 의하여 산출한 가액을 합산한 금액을 소가로 한다.

※ 1. 본 소에서 "별지 목록 기재 부동산 중 (다)부분과 (라)부분은 소송의 목적물을 2개로 보아, 경제적 이익이 독립한 별개의 것에 해당하므로 위 목적물가액을 합한 금액을 소가로 한다.
2. 민사소송법 제27조 제1항에서 "하나의 소로 여러 개의 청구를 하는 경우에는 그 여러 청구의 값을 모두 합하여 소송목적의 값을 정한다"고 하였으며, 민사소송등인지규칙 제19조에서 "1개의 소로써 수 개의 청구를 하는 경우에 그 수 개의 청구를 경제적 이익이 독립한 별개의 것인 때에 합산하여 소가를 산정한다"고 하였다.
3. 토지의 경우에는 "부동산가격공시 및 감정평가에 관한 법률"에 의한 개별공시지가(개별공시지가가 없는 경우에는 토지가격비준표에 의하여 산정한 가액)에 50/100을 곱하여 산정한 후(민인규 제9조 제1항) 소가산정기준에 의하여 목적물의 종류에 따라 소가를 산정한다.

❑ 사례 22 : 주위토지통행권과 통행지역권에서의 소송목적의 값	
[문제 1]	소송목적의 값 "피고는 원고에 대하여, ○○시 ○○동 산 114-5 임야 10,000㎡ 중 별지 도면 17, 18, 19, 20, 21, 22, 17의 각 점을 순차로 연결한 선상 및 같은 도면 표시 7, 12, 13, 14, 15, 16, 7의 각 점을 순차로 연결한 선내부분 통행로 300㎡에 관하여 통행권 있음을 확인한다"는 소장을 제출하였다. ○ 통행로 물건가액 900만원
[답 변]	• 주위토지통행권 확인을 구하는 경우 상린관계상 청구이므로 부담을 받는 이웃 토지 부분 가액의 3분의 1을 소송목적의 값으로 한다(민인규 제12조 제6호). 따라서 소송목적의 값은 300만원(900만원×1/3이다) • 통행지역권 확인을 구하는 경우 통행지역권 확인의 소에 해당하므로 승역지 가액의 3분의 1을 소송목적의 값으로 한다(민인규 제12조 제1호, 제10조 제4항). 원고의 통행지역권이 미치는 범위는 300㎡이므로 소송목적의 값 300만원 (900만원×1/3이다)

5. 담보물권

저당권, 질권, 유치권 등 담보물권의 소송목적의 값은 목적물건 가액을 한도로 한 피담보채권의 원본액으로 한다(민인규 제10조 제5항). 피담보채권액은 등기, 등록된 채권액 또는 약정된 채권액을 기준으로 한다.

근저당권의 가액은 목적물건 가액을 한도로 한 채권최고액으로 한다(민인규 제10조 제5항). 근저당권의 가액을 위와 같이 규정한 것은 산정업무의 획일성·신속성을 기하기 위한 것이다.

6. 지식재산권

지식재산권은 인간의 지적활동의 성과로 얻어진 정신적·무형적 재화에 대한 재산권을 지칭하는 것으로서, 저작물 보호를 위한 저작권, 실연가 등을 보호하기 위하 저작인격권, 과학적 소유권, 반도체 칩 보호권, 특허권, 실용실안권, 노하우에 대한 권리, 디자인권, 상표권, 상호권, 부정경쟁으로부터 보호되는 제권리 및 이익을 총칭하는 개념이다.

지식재산권의 가액 산정방식에 관한 명문규정은 없지만 민사소송등인지규칙 제18조는 무체재산권에 관한 소라는 제목으로 '무체재산권에 관한 소 중 금전의 지급이나 물건의 인도를 목적으로 하지 아니하는 소는 소가를 산출할 수 없는 소송으로 본다'라고 규정하고 있기 때문에 같은 규칙 제18조의2 단서에 따라 그 소송목적의 값을 1억원으로 보아야 한다.

7. 그 밖의 권리

위에서 열거하지 않는 권리(민인규 제11조)에 대한 확인의 소의 소송목적의 값도 당해 권리의 가액으로 한다(민인규 제12조 제1항). 권리의 가액은 특별규정이 없는 한 소를 제기할 당시의 시가로 하고, 시가를 알기 어려운 때에는 그 권리의 취득가격 또는 유사한 권리의 시가로 한다(민인규 제11조).

예시 1 **아파트수분양자지위확인 청구의 소**

> 피고 ○○주식회사는 원고 김○○이 별지 목록 1기재 아파트의 원고, 박○○이 같은 목록 2기재 아파트의, 원고 이○○이 같은 목록 3기재 아파트의 수분양권임을 각 확인한다.

► 소가산정 ◄

1. **목적물의 종류에 따른 가액**
   본 건의 경우 낙찰자 지위확인청구의 소와 같이 보아야 하므로 소가는 5,000만원이 된다(민인규 제18조의 2, 전단).
2. **산출공식**
   5,000원만 × 원고 3인 = 1억 5천만원이 소가가 된다.

※ 1. 본 건의 경우 원고 3명이 1개의 소로 아파트분양회사를 상대로 분양자 지위확

인을 구하는 소로써 소송목적물이 3개로 나뉘어져 있어 경제적 이익이 독립한 별개의 것에 해당되어 합산법칙을 적용하여 산출하여야 한다.

2. 민사소송법 제27조 제1항에서 "하나의 소로 여러 개의 청구를 하는 경우에는 그 여러 청구의 값을 모두 합하여 소송목적의 값을 정한다"고 하였으며, 민사소송등인지규칙 제19조에서 "1개의 소로써 수개의 청구를 하는 경우에 그 수개의 청구의 경제적 이익이 독립한 별개의 것인 때에는 합산하여 소가를 산정한다"고 하였다.

예시 2 토지수용보상금 수령권자확인 및 보상금지급청구

피고들은 각 피고 ○○○군이 2018. 3. 10. ○○지방법원 2018년 금 ○○○호로 공탁한 토지수용보상금 2억원 중 경남 ○○군 ○○읍 123-1 답 600㎡에 대한 보상금 5,000만원은 원고가 그 수령권자임을 확인하고, 위 돈을 원고에게 지급하라.

► 소가산정 ◄

1. 목적물의 종류에 따른 가액

가. 수령권자지위확인 : 토지수용보상금수령권자확인은 원고가 법원으로부터 토지수용보상금수령권자의 지위에 있음을 확인받아 그에 따른 토지수용보상금수령권을 행사할 수 있는 권리를 취득하는 것이므로, 이는 토지수용보상금수령권이 원고에게 있다는 지위에 불과한 것이다. 따라서 지위확인은 금전으로 가액을 산출하기 어려운 경제적 이익을 얻는데 불과하므로 공탁금지위확인을 구하는 소는 재산권상의 소로써 그 소가를 산출할 수 없는 소에 해당하여 소가는 5,000만원으로 인정하는 것이 타당하다(대법원 1994. 12. 2. 선고 94다41454 판결 참조).

나. 금전지급청구 : 금전지급청구는 청구금액을 소가로 하므로(민인법 제2조) 소가는 금 5,000만원이다.

2. 산출공식

가. 수령권자지위확인 : 5,000만원

나. 보상금지급청구 : 5,000만원

3. 소 가

흡수법칙에 의하여 다액을 소가로 하므로 금 5,000만원을 소가로 한다.

※ 1. 본 소는 토지수용보상금 중 일부에 대하여 수령권자지위확인과 위 금원의 지급을 구하는 병합의 소이다. 본 소는 1개의 소로서 재산권을 목적으로 하는 소송과 그 소송의 원인된 사실로부터 발생하는 금전지급을 구하는 소송을 병합한 소이므로 흡수법칙에 의하여 다액을 소가로 한다.
소가는 원고가 청구취지로서 구하는 범위 내에서 원고의 입장에서 보아 전부 승소할 경우에 직접 받게 될 경제적 이익을 객관적으로 평가하여 금액으로 정함을 원칙으로 한다(민인규 제6조).

2. 흡수법칙은 "1개의 소로써 주장하는 수 개의 청구의 경제적 이익이 동일하거나 중복되는 때(민인규 제20조)"와 "1개의 청구가 다른 청구의 수단에 지나지 않을 때(민인규 제21조)"로 나뉜다. 전자의 경우에는 중복되는 범위 내에서 흡수되고, 그중 가장 다액인 청구의 가액을 소가로 하고(민인규 제20조). 후자의 경우에는 특별한 규정이 있는 경우를 제외하고, 그 가액은 소가에 산입하지 아니한다. 다만, 수단인 청구의 가액이 주된 청구의 가액보다 다액인 경우에는 그 다액을 소가로 한다(민인규 제21조).

예시 3 **묘지분양·사용료 수령권리확인 등 청구**

경남 ○○시 ○○동 산 5 소재 ○○공원묘원 1차묘역 중 별지 내역표 기재순묘지 1,465기 면적 합계 6,000평에 대한 사용권을 타에 분양하여 그 사용료를 수령할 권리가 원고에게 있음을 확인한다.

► 소가산정 ◄

1. **목적물의 종류에 따른 가액**

소가가 5,000만원이므로 소가가 1,000만원 이상 1억원 미만에 해당하여 5,000원+(5,000만원×0.0045) = 230,000원이 된다.

※ 1. "사용권을 타에 분양하여 그 사용료를 수령할 권리확인"은 원고가 법원으로부터 그 지위를 확인받아 그에 따른 권리를 행사할 수 있는 권리를 취득하는

것이므로 이는 위 권리가 원고에게 있다는 지위에 불과하다. 따라서 본 소의 경우 금전으로 가액을 산출하기 어려운 경제적 이익을 얻는 데 불과하므로 위 소는 재산권상의 소로써 그 소가를 산출할 수 없는 소에 해당하여 소가는 5,000만원으로 인정하는 것이 타당하다(대법원 1994. 12. 2. 선고 94다41454 판결 참조).

2. 토지의 경우에는 "부동산가격공시 및 감정평가에 관한 법률"에 의한 개별공시지가(개별공시지가가 없는 경우에는 토지가격비준표에 의하여 산정한 가액)에 50/100을 곱하여 산정한 후(민인규 제9조 제1항) 소가산정기준에 의하여 목적물의 종류에 따라 소가를 산정한다.

예시 4 분묘의 망자확인 및 상석·망주석철거

1. 전남 ○○군 ○○읍 ○○리 산 100-2 임야 ○정 ○단 ○무보 중 별지 도면 표시의 (ㄱ)지점에 설치된 분묘는 원고의 9대조고 주○○의 분묘임을, 위 (ㄱ)지점 분묘와 쌍분으로 설치된 (ㄴ)지점 분묘는 위 망 주○○의 배위인 원고의 9대조고비 망 ○○장씨의 분묘임을 확인한다.
2. 피고는 위 (ㄱ)지점 분묘직하 내계상에 설치한 상석 1개와 위 (ㄱ)(ㄴ)지점 분묘기지 하위 좌우에 설치한 망주석 2개를 각 철거하라.

► 소가산정 ◄

1. **목적물의 종류에 따른 가액**

가. 망자의 분묘확인 : 비재산권을 목적으로 하는 소송에 해당하여 소가는 5,000만원으로 한다(민인규 제18조의2, 전단). 비재산권의 소라 함은 경제적 이익을 직접내용으로 하지 아니하는 청구로써 신분권(혼인의 무효, 취소 등), 인격권, 성명권, 초상권 등에 관한 소송과 사단관계소송으로서 사단의 존립이나 의사결정에 관한 소송이 포함된다.

나. 망주석철거 : 망주석은 그 제작비를 산출하여 물건의 인도·명도(철거 포함) 또는 방해배제청구를 구하는 소의 민인규 제12조 제5호로 가목을 적용하여 목적물가액의 1/2을 소가로 한다. 망주석이라 함은 무덤

앞 양쪽에 설치한 돌기둥을 말한다. 망주석제작비는 망주석을 설치하는 전문회사의 견적서 등을 첨부하여 제작설치비 등을 소가로 산정하는 것이 타당할 것으로 보인다.

2. 산출공식

가. 망자의 분묘확인 : 5,000만원×분묘 2기 = 1억원

나. 망주석철거 : 망주석제작비×2개×1/2 = 소가

3. 소 가

흡수법칙에 의하여 위 가, 나, 중 다액을 소가로 한다.

※ 1. 본 소는 분묘 2기에 대한 "망자의 분묘확인"과 "분묘직하 내계상에 설치한 상석 및 망주석철거"를 구하는 병합형태이다. "망주석철거의 경우"는 "망자의 분묘확인"에 기한 원인된 사실로부터 발생하는 경우의 수단인 청구에 해당되기 때문에 "경제적 이익"이 동일하거나 중복되는 청구에 해당하므로 위 청구취지의 경우에는 흡수법칙을 적용하여 다액을 소가로 하여야 한다.

2. 흡수법칙은 "1개의 소로써 주장하는 수 개의 청구의 경제적 이익이 동일하거나 중복되는 때(민인규 제20조)"와 "1개의 청구가 다른 청구의 수단에 지나지 않을 때(민인규 제21조)"로 나뉜다. 전자의 경우에는 중복되는 범위 내에서 흡수되고, 그중 가장 다액인 청구의 가액을 소가로 하고(민인규 제20조). 후자의 경우에는 특별한 규정이 있는 경우를 제외하고, 그 가액은 소가에 산입하지 아니한다. 다만, 수단인 청구의 가액이 주된 청구의 가액보다 다액인 경우에는 그 다액을 소가로 한다(민인규 제21조).

예시 5 낙찰자 지위확인 청구

1. 피고가 2018. 5. 10.자 조달청 시설공고 제2018-1234호로 공사입찰공고하여 2018. 6. 24. 15:00 실시한 목포 - 무안간 도로 4차선 확장 및 포장공사의 입찰에 있어서 원고가 낙찰자임을 확인한다.
2. 조달청장의 2018. 8. 16.자 조달청공고 제2018-1234-1호로 공사업입찰공고한 위 같은 공사의 2018. 8. 16.자 입찰은 무효임을 확인한다.

► 소가산정 ◄

1. 목적물의 종류에 따른 가액

구 민사소송등인지법(1990. 12. 31. 법률 제4229호)은 제2조 4항에서 재산권상의 소로서 그 소가를 산출할 수 없는 것과 비재산권을 목적으로 하는 소송의 소가는 1천만 100원으로 하던 것을, 현재의 민인규 제18조의2로 옮겨와 그 소가를 5,000만원으로 개정하였다(동조 전단).

2. 산출공식

가. 낙찰자의 확인 : 5,000만원

나. 입찰의 무효확인 : 5,000만원

3. 소 가

흡수법칙에 의하여 5,000만원이 소가가 된다.

※ 1. 본 소는 입찰에 있어서 "낙찰자의 확인"과 "그 입찰의 무효확인"을 구하는 병합형태이다. "입찰무효확인의 경우"는 "낙찰자의 확인"에 의한 원인된 사실로부터 발생하는 경우에 해당되기 때문에 "경제적 이익"이 동일하거나 중복되는 청구에 해당되므로 흡수법칙을 적용하여 산출하여야 한다.

2. 흡수법칙은 "1개의 소로써 주장하는 수 개의 청구의 경제적 이익이 동일하거나 중복되는 때(민인규 제20조)"와 "1개의 청구가 다른 청구의 수단에 지나지 않을 때(민인규 제21조)"로 나뉜다. 전자의 경우에는 중복되는 범위 내에서 흡수되고, 그중 가장 다액인 청구의 가액을 소가로 하고(민인규 제20조). 후자의 경우에는 특별한 규정이 있는 경우를 제외하고, 그 가액은 소가에 산입하지 아니한다. 다만, 수단인 청구의 가액이 주된 청구의 가액보다 다액인 경우에는 그 다액을 소가로 한다(민인규 제21조).

3. 낙찰자의 지위는 계약상대자로 결정되어 계약을 체결할 수 있는 지위에 불과하고 계약을 체결하여 계약상의 권리의무가 발생한 계약당사자의 지위와는 다르다고 보여지므로, 최초입찰에 있어서 낙찰자지위확인을 구하는 소에서 원고가 승소하더라도 원고는 계약당사자와 같이 공사대금의 청구 등 계약상의 권리를 취득하게 되는 것이 아니라 원고가 유효한 낙찰자의 지위에 있음을 확인받아 그에 따른 계약을 체결하여 줄 것을 청구할 수 있는 권리를 취득하는 것이고 이는 결국 금전으로 가액을 산출하기 어려운 경제적 이익을 얻는데 불과하므로 낙찰자지위확인을 구하는 소는 재산권상의 소로서 그 소가를 산출할 수 없는 경우에 해당한다(대법원 1994. 12. 2.선고 94다41454 판결).

예시 6 **입찰참가자격제재처분 무효확인 청구**

> 피고가 2017. 6. 20.자 원고에 대하여 2017. 7. 1.부터 2018. 6. 30.까지 1년간 입찰참가자격을 제한한 제재처분은 무효임을 확인한다.

► 소가산정 ◄

1. **목적물의 종류에 따른 가액**
   재산권상의 소로서 그 소가를 산출할 수 없는 것으로 보아 소가는 5,000만원으로 한다(민인규 제18조의2, 전단).

가. 주 주 권

주주권확인의 소(또는 주주지위확인의 소)의 소송목적의 값은 원고가 보유하는 주식의 가액으로 한다. 증권거래소에 상장된 주식의 가액은 소제기 전날의 최종거래가액에 의하고 상장되지 않은 주식의 가액은 액면금액에 의한다(민인규 제9조 제4항).

예시 1 **주식소유권확인 청구**

> 별지 목록 기재 주권에 관하여 피고 김○○은 2018. 6. 20. 원고와 피고 사이에 작성한 주식양도증서에 의한 주식 5,000주는 진정하게 성립한 문서에 의한 양도, 양수임으로 별지 목록 기재의 주식은 원고의 소유주식임을 확인한다.
>
> ※ 최종거래가격이 주당 10,000원임

► 소가산정 ◄

1. **목적물의 종류에 따른 가액**
   유가증권의 가액은 액면금액 또는 표창하는 권리의 가액으로 하되, 증권거래소에 상장된 증권의 가액은 소제기 전날의 최종거래가격으로 한다

(민인규 제9조 제4항). 주권이 증권거래소에 상장된 유가증권인 경우에는 일간지에 종가가 보도되므로 일자가 기재된 소 제기 전날의 시세표를 제출한다.

2. 산출공식

5,000주 × 10,000원(주당가격) = 5,000만원(소가)

예시 2 경영권양도무효확인 및 주식인도 청구

1. 계약무효확인 청구부분
   원고와 피고 ○○주식회사 사이에 2018. 5. 20. 체결된, 위 원고 소유 ○○토건 주식회사 발행의 별지 제1목록의 6 기재 각 주식과 위 회사의 경영권 양도, 양수에 관한 각 계약은 무효임을 확인한다.
2. 주식인도 청구부분
   피고 ○○주식회사는 피고 주식회사 ○○로부터 25,000주의 주식을 반환 받음과 동시에 원고에게 위 주식 중 10,000주을 인도하라.
3. 대상부분
   피고 ○○회사는 원고에게 5억원과 이에 대하여 이 사건 소장부본 송달다음날부터 다 갚는 날까지 연 15%의 비율로 계산한 돈을 지급하라.

► 소가산정 ◄

1. 목적물의 종류에 따른 가액

가. 경영권양도·양수무효확인 : 소유권에 기한 경영권양도·양수무효확인은 목적물의 가액을 소가로 한다(민인규 제10조 제1항). 따라서 양도·양수에 따른 계약서상의 금액을 목적물로 한다.

나. 주식인도 : 소유권에 기한 주식인도는 목적물가액의 1/2을 소가로 한다(민인규 제12조 제5호, 가목). 유가증권의 가액은 액면금액 또는 표창하는 권리의 가액으로 하되, 증권거래소에 상장된 증권의 가액은 소제기 전날의 최종거래가격으로 한다(민인규 제9조 제4항).

다. 대상청구 : 소가에 산입하지 아니하나 수단인 청구의 가액이 주된 청구의 가액보다 다액인 경우에는 그 다액을 소가로 한다(민인규 제21조).

2. 산출공식

가. 경영권양도·양수무효확인 : 목적물가액(소가)

나. 주식인도 : 10,000주 × 유가증권의 가액 또는 소제기 전날의 최종거래가격 × 1/2 = 소가

다. 대상청구 : 금 5억원

3. 소 가

흡수법칙을 적용하므로 위 금액 중 다액인 금액을 소가로 한다.

※ 1. 본 소는 경영권양도·양수의 무효확인과 그로 인하여 양수받은 주식의 반환, 그리고 위 청구에 대한 이행이 불가능한 때에는 그에 해당하는 돈을 지급하라는 대상청구를 병합한 소이다. 여기서 "주식인도 청구부분과 대상청구부분"은 "경영권 양도, 양수에 관한 계약무효"의 원인된 사실로부터 발생하는 경우이므로 "경제적 이익"이 동일하거나 중복되는 청구에 해당하여 흡수법칙을 적용하여 소가를 산출하여야 한다.

2. 흡수법칙은 "1개의 소로써 주장하는 수 개의 청구의 경제적 이익이 동일하거나 중복되는 때(민인규 제20조)"와 "1개의 청구가 다른 청구의 수단에 지나지 않을 때(민인규 제21조)"로 나뉜다. 전자의 경우에는 중복되는 범위 내에서 흡수되고, 그중 가장 다액인 청구의 가액을 소가로 하고(민인규 제20조). 후자의 경우에는 특별한 규정이 있는 경우를 제외하고, 그 가액은 소가에 산입하지 아니한다. 다만, 수단인 청구의 가액이 주된 청구의 가액보다 다액인 경우에는 그 다액을 소가로 한다(민인규 제21조).

예시 3 주주명의변경무효확인 등 청구

피고는 원고에 대하여 피고회사 주주명부에 기재된 피고회사 발행의 주식 10,000주에 대하여 소외 망 김○○ 명의에서 피고 명의로 이행된 2018. 6. 20.자 명의변경은 무효임을 확인하고, 동 명의변경의 말소절차를 이행하라.

► **소가산정** ◄

1. 목적물의 종류에 따른 가액

가. 주식명의변경무효확인 : 소유권에 기한 주식명의변경무효확인은 목적물의 가액을 소가로 한다(민인규 제10조 제1항).

나. 명의변경의 말소 : 소유권에 기한 주식명의변경말소는 등기·등록절차에 관한 소외 민인규 제13조 제1항 제4호, 가목을 적용하여 목적물의 가액을 소가로 한다.

2. 산출공식

가. 주식명의변경무효확인 : 10,000주 × 유가증권의 가액 또는 소제기 전날의 최종거래가격 = 소가

나. 명의변경의 말소 : 10,000주 × 유가증권의 가액 또는 소제기 전날의 최종거래가격 = 소가

3. 소 가

흡수법칙을 적용하므로 위 금액 중 다액인 금액을 소가로 한다.

※1. 본 소는 주식에 대한 명의변경무효확인과 그 원인된 사실로부터 경우인 주식명의변경의 말소를 구하는 소이므로 "경제적 이익"이 동일하거나 중복되는 청구에 해당하여 흡수법칙을 적용하여 소가를 산출하여야 한다.

2. 유가증권의 가액은 액면금액 또는 표창하는 권리의 가액으로 하되, 증권거래소에 상장된 증권의 가액은 소제기 전날의 최종거래가격으로 한다(민인규 제9조 제4항). 따라서 일자가 기재된 일간지신문의 주식시세표를 제출하여야 한다.

예시 4 **주식소유권확인 및 명의개서 청구**

1. 피고들은 피고 주식회사 ○○○○이 발행한 주식 중 1주당 5,000원 보통주식 10,000주가 원고의 소유임을 확인한다.
2. 피고 주식회사 ○○○○은 그 주주명부에 피고 김○○ 소유로 기재된 1주당 5,000원의 보통주식 중 10,000주에 대하여 피고 김○○ 명의의 말소절차를 이행하고, 같은 주식에 대하여 원고를 주주로 하는 명의개서절차를 이행하고 위 주식을 인도하라.

► **소가산정** ◄

1. 목적물의 종류에 따른 가액

가. 소유권확인의 경우 : 소유권은 목적물가액을 소가로 한다(민인규 제10조 제1항).

나. 소유권에 기한 주식인도의 경우 : 목적물가액의 1/2을 소가로 한다(민인규 제12조 제5호, 가목).

다. 명의의 말소 및 개서 : 명의개서는 소유권이전으로 보아 목적물의 가액을 소가로 한다(민인규 제13조 제1호).

2. 산출공식

가. 소유권확인의 경우 : 10,000주 × 유가증권의 가액 또는 소제기 전날의 최종거래가격 = 소가

나. 소유권에 기한 주식인도의 경우 : 10,000주 × 유가증권의 가액 또는 소제기 전날의 최종거래가격 × 1/2 = 소가

다. 명의의 말소 및 개서 : 10,000주 × 유가증권의 가액 또는 소제기 전날의 최종거래가격 = 소가

3. 소 가

위 금액 중 다액인 금액을 소가로 한다.

※1. 본 소는 주식의 소유권확인 및 명의개서와 그 주식의 인도를 구하는 병합의 소이다. 주식인도청구는 소유권확인 및 명의개서에 기한 원인된 사실로부터 발생하는 경우이므로 수단인 청구에 해당하여 "경제적 이익"이 동일하거나 중복되므로 흡수법칙에 의한다.

2. 흡수법칙은 "1개의 소로써 주장하는 수 개의 청구의 경제적 이익이 동일하거나 중복되는 때(민인규 제20조)"와 "1개의 청구가 다른 청구의 수단에 지나지 않을 때(민인규 제21조)"로 나뉜다. 전자의 경우에는 중복되는 범위 내에서 흡수되고, 그중 가장 다액인 청구의 가액을 소가로 하고(민인규 제20조). 후자의 경우에는 특별한 규정이 있는 경우를 제외하고, 그 가액은 소가에 산입하지 아니한다. 다만, 수단인 청구의 가액이 주된 청구의 가액보다 다액인 경우에는 그 다액을 소가로 한다(민인규 제21조).

3. 유가증권의 가액은 액면금액 또는 표창하는 권리의 가액으로 하되, 증권거래소에 상장된 증권의 가액은 소제기 전날의 최종거래가격으로 한다(민인규 제9조 제4항).

나. 광업권·어업권·골프회원권·콘도미니엄회원권·종합체육시설이용회원권 등

권리의 가액을 소송목적의 값으로 하는데 이들 권리의 가액은 ① 지방세법 제10조 제2항 단서, 같은 법 시행령 제4조에 따른 시가표준액의 정함이 있는 것의 가액은 그 시가표준액으로 하고(민인규 제9조 제3항). ② 시가표준액의 정함이 없는 것의 가액은 민사소송등인지규칙 제11조에 따른 가액으로 한다(대법원 2006. 1. 17.자 2005마691 결정).

제3절 법률관계 또는 증서의 진정여부 확인

1. 법률관계의 확인

가. 개 요

법률관계에 대한 확인의 소의 소송목적의 값 산정방식에 대해서 민사소송등인지규칙은 개별적인 규정만 두고 있고 일반규정은 없다. 개별적인 규정이 없는 경우에는 전부승소할 경우 원고가 직접 받게 될 경제적 이익을 객관적으로 평가한 금액을 소송목적의 값으로 할 것이다(민인규 제6조). 예컨대, 국가를 상대로 낙찰자지위확인을 구하는 소송은 재산권상의 소로서 그 소가를 산정할 수 없는 경우에 해당하므로(대법원 1994. 12. 2. 선고 94다41454 판결), 소송목적의 값은 5,000만원이다

나. 회사 등 관계소송, 행정소송

주주총회결의 무효확인의 소, 해고무효확인의 소는 비재산권을 목적으로 하는 소송으로 본다(민인규 제15조 제2항, 제4항). 소송목적의 값은 전자의 경우 1억원이고(민인규 제18조의2 단서), 후자의 경우 5,000만원이다(민인규 제18조의2 본문).

조세 기타 공법상의 금전·유가증권 또는 물건의 납부를 명한 처분의 무효확인을 구하는 소송의 소송목적의 값은, 그 청구가 인용됨으로써 원고가 납부의무를 면하게 되거나 환급받게 될 금전·유가증권 또는 물건의 가액의 3분의 1로 하되, 다만

그 금전·유가증권 또는 물건의 가액이 30억원을 초과하는 경우에는 이를 30억원으로 본다(민인규 제17조 제1호).

예시 1 **공탁금수령권자 지위확인 청구**

소외 주식회사 ○○이 20○○. 6. 10. ○○지방법원 20○○년 제○○○호로 한 공탁금 8,000만원에 대한 출금청구권이 원고에게 있음을 확인한다.

► 소가산정 ◄

1. **목적물의 종류에 따른 가액**
   재산권상의 소로서 그 소가를 산출할 수 없는 소송으로 보아 소가는 5,000만원이므로. 소가가 1,000만원 이상 1억원 미만에 해당하므로 5,000원+(5,000만원×0.0045) = 230,000원이 된다.

※ 본 소는 공탁금수령권지위확인청구의 소로써, 원고가 공탁금출금청구권의 지위에 있음을 확인받아 그에 따른 공탁금출급청구권을 행사할 수 있는 권리를 취득하는 것이므로 이는 공탁금출금청구권이 원고에게 있다는 지위에 불과한 것이다. 따라서 위 청구취지의 경우 금전으로 가액을 산출하기 어려운 경제적 이익을 얻는데 불과하므로 공탁금지위확인을 구하는 소는 재산권상의 소로써 그 소가를 산출할 수 없는 소에 해당하여 소가는 5,000만원으로 인정하는 것이 타당하다(대법원 1994. 12. 2. 선고 94다41454 판결 참조).

예시 2 **적색거래처규제조치 무효확인 청구**

피고가 20○○. 6. 20.자 원고에 대하여 금융기관불량거래처에 대한 정보교환 및 규제규약 제4조 제11항에 의한 적색거래처로 규제한 조치는 무효임을 확인한다.

► 소가산정 ◄

1. **목적물의 종류에 따른 가액**
   재산권상의 소로서 그 소가를 산출할 수 없는 소송으로 보아 소가는

5,000만원이므로. 소가가 1,000만원 이상 1억원 미만에 해당하므로 5,000원+(5,000만원×0.0045) = 230,000원이 된다.

예시 3 **해고무효확인과 임금지급청구(1인이 비재산권을 목적으로 하는 소송과 그 소송의 원인된 사실로부터 발생하는 재산권상의 소송을 병합청구한 경우)**

1. 피고가 원고에게 한 2018. 2. 10.자 해고는 무효임을 확인한다.
2. 피고는 원고에게 2018. 2. 10.부터 복직시까지 매월 100만원의 비율로 계산한 돈을 지급하라.

※ 소장 접수일 2018. 6. 20.

► 소가산정 ◄

1. 목적물의 종류에 따른 가액

가. 해고무효확인청구 : 비재산권상의 소이므로 5,000만원을 소가로 한다(민인규 제15조 제4항, 제18조의2).

나. 기간이 확정되지 아니한 정기금 : 기발생분 및 이후 1년(12개월) 상당의 정기금합산액을 소가로 한다(민인규 제12조 제4호). 소가의 산정은 소제기시 또는 소의 제기가 의제되는 때를 기준으로 하여 산정하므로(민인규 제7조), 기발생분 및 정기금은 소제기일을 기준으로 산출한다.

2. 산출공식

가. 해고무효확인 : 5,000만원

나. 기간이 확정되지 아니한 정기금

- 기발생분(해고일부터 소제기일까지) 5개월×100만원 = 500만원
- 정기금 100만원×12개월 = 1,200만원
- 합계 : 5,00만원+1,200만원 = 1,700만원

3. 소 가

위 금액 중 다액을 소가로 하므로 비재산권의 소가인 5,000만원이 소가가

된다.

※1. 본 소는 원고 1인이 "해고무효확인과 그 해고가 무효임을 전제로 한 임금지급을 1개의 소로 제기한 경우이다. 따라서 본 소는 비재산권을 목적으로 하는 소송과 그 소송의 원인된 사실로부터 발생하는 재산권상의 소송을 병합청구한 경우이다.

2. 해고무효확인청구와 그 해고가 무효임을 전제로 한 임금지급청구가 1개의 소로 병합된 경우에는 비재산권을 목적으로 하는 소송(민인규 제15조 제4항)과 그 소송의 원인된 사실로부터 발생하는 재산권상의 소송을 병합한 때에 해당하여 그중 다액인 소가에 의한 인지만을 붙이면 됨(민인법 제2조 제5항)에도, 해고무효확인청구의 소가와 임금지급청구의 소가를 합산한 금액을 위 소의 소가로 보고 한 제1심 재판장의 인지보정명령은 위법하고, 그 보정명령이 적법한 것임을 전제로 한 제1심 재판장의 항소장 각하명령 역시 위법하다(대법원 1994. 8. 31.자 94마1390 결정).

예시 4 **해고무효확인과 임금 등 지급청구(1인이 임금 및 성과금을 병합청구한 경우)**

1. 피고가 원고에 대하여 한 2018. 2. 10.자 해고는 무효임을 확인한다.
2. 피고는 원고에게 2018. 2. 10.부터 복직시까지 매월 금 100만원의 비율로 계산한 돈을 지급하라.
3. 피고는 원고에게 5,000만원과 이에 대하여 2018. 2. 10.부터 1심판결선고일까지는 연 5%, 그 다음날부터 다 갚는 날까지는 연 15%의 각 비율로 계산한 돈을 지급하라.

※ 1인이 해고무효확인청구와 그 해고가 무효임을 전제로 한 임금 및 성과급을 병합청구한 경우(소장 접수일 2018. 6. 20).

► 소가산정 ◄

1. 목적물의 종류에 따른 가액

가. 해고무효확인청구 : 비재산권상의 소이므로 5,000만원을 소가로 한다(민인규 제15조 제4항, 제18조의2).

나. 기간이 확정되지 아니한 정기금 : 기발생분 및 이후 1년(12개월) 상당의 정기금합산액을 소가로 한다(민인규 제12조 제4호). 소가의 산정은 소제기시 또는 소의 제기가 의제되는 때를 기준으로 하여 산정하므로(민인규 제7조), 기발생분 및 정기금은 소제기일을 기준으로 산출한다.

다. 성과급(스톡옵션) : 금전지급청구는 청구금액을 소가로 한다(민인법 제2조).

2. 산출공식

가. 해고무효확인 : 5,000만원

나. 기간이 확정되지 아니한 정기금

- 기발생분(해고일부터 소제기일까지) 5개월×100만원 = 500만원
- 정기급 100만원×12개월 = 1,200만원
- 합계 : 500만원+1,200만원 = 1,700만원

다. 성과급(스톡옵션) : 금 5,000만원

3. 소 가

위 2항의 가, 나 중 다액을 다와 합산한 금액을 소가로 한다.

위 가, 나 중 비재산권의 소가인 5,000만원이 다액이므로 5,000만원 + 5,000만원 = 금 1억원이 소가가 된다.

※1. 본 소는 원고 1인이 "해고무효확인과 그 해고가 무효임을 전제로 한 임금지급 및 성과급(스톡옵션)을 병합하여 1개의 소로 제기한 경우이다. 따라서 본 소는 비재산권을 목적으로 하는 소송과 그 소송의 원인된 사실로부터 발생하는 재산권상의 소송을 병합청구한 경우이다.

2. 민사소송등인지법 제2조 제5항에서는 "1개의 소로서 비재산권을 목적으로 하는 소송과 그 소송의 원인된 사실로부터 발생하는 재산권상의 소송을 병합한 때에는 다액인 소가에 의하여 인지를 붙여야 한다(민인법 제2조 제5항, 대법원 1994. 8. 31. 선고 94마1390 결정). 그런데 대법원 판례(2001다76328)에 의하면 성과급은 임금에 해당된다고 볼 수 없다고 판시하여 성과급의 경우는 합산원액에 의하여 소가를 산출하여야 할 것이다.

3. 성과급이 임금에 해당하는지 여부 빛 그 성과급의 지급일

피고회사가 영업직원에게 지급하는 성과급은 근로자 개인의 실적에 따라 그 지급여부와 지급액수가 결정되는 것인 바, 근로자 개인의 실적에 따라 결정되는 성과급은 지급조건과 지급시기가 단체협약 등에 정하여져 있다 하더라도

지급조건의 충족 여부는 근로자 개인의 실적에 따라 달라지는 것으로서 근로자의 근로제공자체의 대상이라고 볼 수 없으므로 임금에 해당된다 볼 수 없고, 이러한 성격의 성과금은 단체협약 등에 지급일이 규정되어 있는 경우 그 지급일에 구체적인 청구권을 취득하는 것이므로 단체협약 등에 성과금을 그 지급일에 재직하고 있는 자에 한하여 지급한다는 규정을 두고 있거나 근로해약에서 위와 같은 성과금의 지급조건을 규정하고 있는 경우 성과급지급의 해석에 있어서 위 지급일 재직요건 규정의 효력을 부인할 수 있는 특별한 사정이 없는 한 위 규정에서의 지급일은 성과급을 지급할 사유가 발생한 날이 아니라 단체협약 등에 규정된 성과급의 현실적 지급일을 의미하는 것이다(대법원 2001다76328 법률신문 2004. 5. 27.자).

예시 5 **해고무효확인과 임금지급청구(수인이 비재산권을 목적으로 하는 소송과 그 소송의 원인된 사실로부터 발생하는 재산권상의 소송을 병합청구한 경우)**

1. 피고가 원고에 대하여 한 2018. 2. 10.자 해고는 무효임을 확인한다.
2. 피고는 원고에게 김○○에게 2018. 2. 10.부터 복직시까지 매월 100만원, 원고 이○○에게 2018. 2. 10.부터 복직시까지 매월 90만원, 원고 박○○에게 2018. 2. 10.부터 복직시까지 매월 80만원과 이에 대하여 판결선고일 다음날부터 다 갚는 날까지 연 15%의 비율로 계산한 돈을 지급하라.

※ 수인이 해고무효확인청구와 그 해고가 무효임을 전제로 한 임금지급청구가 1개의 소로 병합청구한 경우(소장 접수일 2018. 6. 20).

► **소가산정** ◄

1. **목적물의 종류에 따른 가액**

가. 해고무효확인청구 : 비재산권상의 소이므로 5,000만원을 소가로 한다(민인규 제15조 제4항, 제18조의 2).

나. 기간이 확정되지 아니한 정기금 : 기발생분 및 이후 1년(12개월) 상당

의 정기금합산액을 소가로 한다(민인규 제12조 제4호). 소가의 산정은 소제기시 또는 소의 제기가 의제되는 때를 기준으로 하여 산정하므로(민인규 제7조), 기발생분 및 정기금은 소제기일을 기준으로 산출한다.

다. 지연손해금 : 소가에 산입하지 아니한다(재민 2003-1).

2. 산출공식

가. 비재산권의 소가(해고무효확인) : 5,000만원×3명 = 1억 5천만원

나. 재산권의 소가

- 기발생분(해고일부터 소제기일까지) 5개월×270만원 = 1,350만원 (3명 기발생분합계금)
- 정기급 270만원×12개월 = 3,240만원(3명 정기급합계금)
- 합계 : 1,350만원 + 3,240만원 = 4,590만원

3. 소 가

비재산권청구의 소가와 재산권의 소가 중 다액을 소가로 하므로 위 비재산권의 소가인 1억 5천만원이 소가가 된다.

※1. 본 소는 여러명이 원고가 되어 "해고무효확인과 그 해고가 무효임을 전제로 한 임금지급을 1개의 소로 병합청구한 경우이다

2. 수개의 비재산권을 목적으로 하는 청구와 그 원인된 사실로부터 생기는 재산권을 목적으로 하는 청구를 1개의 소로서 제기하는 때에는 비재산권청구를 합산한 소가(민인규 제22조 전단)와 재산권을 목적으로 하는 청구의 소가 중 다액을 소가로 한다(민인규 제22조 전단). 따라서 위 청구취지에서는 "원고가 3명으로, 소송의 목적물이 모두 3개로 나뉘어져 있어 경제적 이익이 독립한 별개의 것에 해당되므로 이 경우에는 개인별 해고무효확인의 가액을 합산한 소가와 개인별 임금지급청구의 가액을 합산한 소가 중 많은 금액을 소가로 한다.

즉, 민사소송등인지규칙 제23조 제2항은 원고가 여러 명이 되어서 "해고무효확인과 그 해고가 무효임을 전제로 한 임금지급을 1개의 소로 청구하는 경우"에 적용되고, 민사소송등인지법 제2조 제5항은 원고 1인이 "해고무효확인과 그 해고가 무효임을 전제로 한 임금지급을 1개의 소로 청구하는 경우"에 적용된다.

예시 6 임금협정무효확인 청구

원고(선정당사자)와 피고들 사이에 체결한 2018. 6. 12.자 단체임금협정 중 제1조 제1항 "1일 운송수익금은 주유대를 제외하고 1일 10만원으로 한다. 주간 7만원, 야간 3만원으로 하되 주야 수입금은 회사별로 조정할 수 있다."는 규정은 무효임을 확인한다.

► **소가산정** ◄

1. **목적물의 종류에 따른 가액**
   상법의 규정에 의한 회사관계소송에 준하는 소송(민인규 제15조 제3항)에 해당하여 1억원을 소가로 한다(민인규 제18조2, 단서).

2. **소　가**
   금 1억원이 소가이다.

예시 7 주식회사설립무효확인 등 청구

1. 피고 회사의 별지 목록 1기재 부동산을 기본재산으로 한 2018. 6. 20. 설립은 무효임을 확인한다.
2. 피고 회사의 별지 목록 2기재 각 이사회의 결의는 무효임을 확인한다.

► **소가산정** ◄

1. **목적물의 종류에 따른 가액**
   상법의 규정에 의한 회사관계소송(민인규 제15조 제2항), 즉 회사설립무효 또는 취소, 주주총회 또는 이사회결의의 부존재, 무효확인 또는 취소, 신주발행무효, 자본감소무효, 합병무효, 회사해산, 이사해임 등은 비재산권을 목적으로 하는 소송으로 본다. 비재산권에 해당하는 소 중 상법의 규정에 의한 회사관계소송의 소가는 1억원으로 한다(민인규 제18조의2 단서).

2. 산출공식

가. 주식회사설립무효 : 1억원

나. 이사회결의무효 : 1억원

3. 소 가

1억원 + 1억원 = 2억원이 소가가 된다.

※1. 본 소는 "주식회사설립무효"와 "이사회결의무효"를 구하는 병합형태이다. 1개의 소로써 수개의 비재산권을 목적으로 하는 청구를 병합한 때에는 경제적 이익이 독립한 별개의 것인 때에 해당하여 합산원칙을 적용하여 소가를 산출하여야 한다(민인규 제22조 전단).

2. 민사소송법 제27조 제1항에서 "하나의 소로 여러 개의 청구를 하는 경우에는 그 여러 청구의 값을 모두 합하여 소송목적의 값을 정한다"고 하였으며, 민사소송등인지규칙 제19조에서 "1개의 소로써 수 개의 청구를 하는 경우에 그 수 개의 청구를 경제적 이익이 독립한 별개의 것인 때에 합산하여 소가를 산정한다"고 하였다.

예시 8 주주총회결의부존재확인 등 청구

피고회사가 2018. 6. 30. 개최한 임시주주총회에서 보조참가인 김○○, 소외 이○○, 같은 박○○을 각 이사로 선임한다는 결의, 2018. 3. 29. 개최한 정기주주총회에서 소외 최○○를 감사로 선임한다는 결의는 모두 존재하지 아니함을 확인하고, 피고회사가 2018. 7. 3. 개최한 임시주주총회에서 피고회사의 자동차 운송사업면허를 양도하기로 한 결의는 존재하지 아니함을 확인한다.

► 소가산정 ◄

1. 목적물의 종류에 따른 가액

상법의 규정에 의한 회사관계소송(민인규 제15조 제2항), 즉 회사설립무효 또는 취소, 주주총회 또는 이사회결의의 부존재, 무효확인 또는 취소, 신주발행무효, 자본감소무효, 합병무효, 회사해산, 이사해임 등은 비재산권을 목적으로 하는 소송으로 본다. 비재산권에 해당하는 소 중 상법의 규정에 의한 회사관계소송의 소가는 1억원으로 한다(민인규 제18조의2,단서).

2. **산출공식**

가. 2018. 3. 29. 정기주주총회결의부존재 : 1억원

나. 2018. 6. 30. 임시주주총회결의부존재 : 1억원

다. 2018. 7. 3. 임시주주총회결의부존재 : 1억원

3. **소 가**

위 금액을 합산한 금액 1억 5,000만원이 소가가 된다.

※1. 본 소는 "3개의 정기주주총회 및 임시주주총회결의부존재"를 구하는 병합형태이다. 1개의 소로써 수개의 비재산권을 목적으로 하는 청구를 병합한 때에는 경제적 이익이 독립한 별개의 것인 때에 해당하여 합산원칙을 적용하여 소가를 산출하여야 한다(민인규 제22조 전단).

2. 민사소송법 제27조 제1항에서 "하나의 소로 여러 개의 청구를 하는 경우에는 그 여러 청구의 값을 모두 합하여 소송목적의 값을 정한다"고 하였으며, 민사소송등인지규칙 제19조에서 "1개의 소로써 수 개의 청구를 하는 경우에 그 수 개의 청구를 경제적 이익이 독립한 별개의 것인 때에 합산하여 소가를 산정한다"고 하였다.

예시 9 이사회결의무효확인 등 청구(상법상회사의 경우)

피고회사의 2018. 1. 5.자 임시이사회에서 ○○선교원을 분리하여 독립법인을 설립하기로 한 결의, 2018. 7. 8.자 피고법인 이사회에서의 피고법인 정관변경에 관한 결의는 각 무효임을 확인한다.

► 소가산정 ◄

1. **목적물의 종류에 따른 가액**

본 소는 상법의 규정에 의한 회사관계소송(민인규 제15조 제2항)에 해당하고, 비재산권에 해당하는 소 중 상법의 규정에 의한 회사관계소송의 소가

는 1억원으로 한다(민인규 제18조의2, 단서).

2. 산출공식

가. 2018. 1. 5. 독립법인설립결의무효 : 1억원

나. 2018. 7. 8. 정관변경경의무효 : 1억원

3. 소 가

위 금액을 합산한 금액 2억원이 소가가 된다.

※1. 본 소는 2개의 이사회결의에 대하여 무효를 구하는 병합형태이다. 따라서 1개의 소로써 수개의 비재산권을 목적으로 하는 청구를 병합한 경우이므로 경제적 이익이 독립한 별개의 것인 때에 해당하여 합산원칙을 적용하여 소가를 산출하여야 한다(민인규 제22조 전단).

2. 민사소송법 제27조 제1항에서 "하나의 소로 여러 개의 청구를 하는 경우에는 그 여러 청구의 값을 모두 합하여 소송목적의 값을 정한다"고 하였으며, 민사소송등인지규칙 제19조에서 "1개의 소로써 수 개의 청구를 하는 경우에 그 수 개의 청구를 경제적 이익이 독립한 별개의 것인 때에 합산하여 소가를 산정한다"고 하였다.

예시 10 **이사회결의무효확인 청구(상법상회사의 수인의 이사가 청구하는 경우)**

피고회사의 2018. 6. 20.자 임시주주총회에서 한 원고 김○○와 이○○를 이사직에서 각 해임하고, 소외 박○○, 같은 최○○을 이사로 각 선임한 결의는 무효임을 확인한다.

► 소가산정 ◄

1. 목적물의 종류에 따른 가액

본 소는 비재산권에 해당하는 소 중 상법의 규정에 의한 회사관계소송의 소가는 1억원으로 한다(민인규 제18조의2, 단서).

※1. 본 소는 원고 2인이 임시주주총회에서 한 본인들의 이사직 해임에 대하여 무효를 구하는 비재산권상의 소에 해당한다.

2. 민사소송민인규 제22조에서는 "1개의 소로써 수개의 비재산권을 목적으로 하는 청구를 병합한 때에는 각 청구의 소가를 합산한다(동조 본문). 다만, 청구의 목적이 1개의 법률관계인 때에는 1개의 소로 본다(동조 단서)."고 규율하고 있다.
본 소는 상법의 규정에 의한 회사관계소송으로써 1회의 주주총회결의를 통하여 수인의 이사가 해임되는 경우이므로 하나의 법률관계에 해당하여 위 규칙 단서의 적용을 받는다. 따라서 합산원칙을 적용하지 아니한다.
한편 비재산권에 해당하는 "수인의 1개의 소로 제기하는 해고무효확인의 소(민인규 제15조 제4항, 제18조의2)"는 합산원칙을 적용하여야 하는데 "해고무효확인의 경우"와 다른 것은 상법의 규정에 의한 회사관계에 적용된다는 것이다.

예시 11 **파산채권확정 청구**

► 소가산정 ◄

파산채권의 확정에 관한 소송에서의 목적물가액은 배당예정액을 표준으로 하여 파산법원이 이를 정한다(채무자회생 및 파산에 관한 법률 제609조).

다. 채무부존재확인

(1) 소송목적의 값

채무부존재확인의 소에서 원고가 전부승소할 경우 직접 받게 될 경제적 이익은 부존재를 주장하는 채무액의 지급을 면한다는 점에 있기 때문에 소송목적의 값은 '원고가 부존재를 주장하는 금액'이다(민인규 제6조).

(2) 채무액이 특정된 경우

① "원고와 피고 사이의 2018. 6. 1.자 1,000만원의 금전소비대차계약에 기한 원고의 피고에 대한 차용금채무는 존재하지 아니함을 확인한다".

② "원고와 피고 사이의 2018. 6. 1.자 1,000만원의 금전소비대차계약에 기한 원고의 피고에 대한 차용금채무 중 200만원을 초과하는 부분은 존재하지 아니함

을 확인한다"의 경우, 원고가 부존재를 주장하는 금액은 ①의 경우 1,000만원이고 ②의 경우 800만원(채무의 상환액에서 자인하는 액을 공제한 금액)이므로 소송목적의 값은 ① 1,000만원, ② 800만원이다.

(3) 채무액이 특정되지 않는 경우

(가) 원 칙

청구취지에 채무액이 특정되지 않는 경우에는 원고가 부존재를 주장하는 금액을 산정하기 어렵다. 예컨대, "갑이 2018. 6. 1. 23:00경 서울 1마 1234호 옵티마 택시를 운전하여 서울 서초구 서초동 서초역 사거리 앞 편도 3차선 중 2차로를 진행하던 중 피고 운전의 서울 1가 2131호 쏘나타 택시를 들이받은 사고에 관하여, 원고의 피고에 대한 손해배상채무는 존재하지 아니함을 확인한다"는 청구가 제기된 경우 청구취지만으로는 그 금액을 특정하기 곤란하다.

이런 경우에는 우선 소장 접수단계에서는 재산권상의 소로서 그 소를 목적이 값을 산출할 수 없는 경우(민인규 18조의2 본문)에 준하여 5,000만원을 잠정적인 소송목적의 값으로 하되, 추후 심리도중에 원고가 부존재를 주장하는 금액이 명확해지면 소송목적의 값을 산정하여 과납인 경우 과납 인지대금을 환급하고, 인지대금이 부족한 경우 인지 추가납부의 보정조치를 취한다.

채무의 상환액을 전제하지 않고 특정금액 이상은 존재하지 않음의 확인청구나 금액은 특정하지 않고 일정한 거래관계로 인한 대금지급채무가 존재하지 않음의 확인청구를 구하는 경우도 마찬가지로 처리한다.

(나) 반소가 제기된 경우의 산정방식

위와 같은 본소청구에 대하여 피고가 "원고(반소피고)는 피고(반소원고)에게 600만원과 이에 대하여 2018. 2. 1.부터 2018. 6. 4.까지 연 5%, 그 다음날부터 다 갚는 날까지는 연 15%의 비율로 계산한 돈을 지급하라"는 반소를 제기한 경우, 본소와 그 목적이 동일한 경우에 해당하므로, [반소의 원칙의 인지액]−[본소청구 중 반소와 그 목적을 같이하는 청구의 소송목적의 값에 대한 인지액]으로 산정한다. 반소장에 납부할 인지액이 0원 이하로 계산될 경우에는 인지액을 납부하지 않는다.

예시 1 **채무부존재확인청구**

> 2018. 6. 18. 소비대차에 기한 원고의 피고에 대한 채무는 존재하지 아니함을 확인한다.

예시 2 **채무부존재확인청구**

> 2018. 5. 20. 소비대차에 기한 원고의 피고에 대한 채무는 5,000만원을 초과하지 아니함을 확인한다.

► 소가산정 ◄

1. 목적물의 종류에 따른 가액

채무부존재확인청구는 청구취지 및 청구원인에서 주장하는 채무부존재의 금원을 소가로 하고 채무액을 특정할 수 없는 경우에는 소가의 산정을 위한 자료를 첨부하여야 하나 자료에 의하여도 소가를 산정할 수 없는 경우에 비로소 재산권상의 소로서 그 소가를 산출할 수 없는 경우로 보아 소가를 5,000만원으로 한다(민인규 제18조의 2, 전단).

2. 산출공식

가. 예시 1의 경우 : 5,000만원(소가)
나. 예시 2의 경우 : 5,000만원(소가)

※ 채무부존재확인의 경우 실무에서 위 예시 1과 같이 청구취지에 채무액을 명백히 특정하지 아니한 경우가 있는데, 이러한 경우 "재산권상의 소로서 그 소가를 산출할 수 없는 경우"로 보아 5,000만원으로 하여(민인규 제18조의 2 전단) 이에 해당하는 인지액을, 위 예시 2의 경우는 청구취지에서 명시한 액을 그대로 소가로 보아 그에 따른 인지액를 첩부하고 있다. 예시 1과 같이 소가를 산정할 수 없는 경우를 5,000만원을 소가로 한다면 원고가 인지액을 줄이는 수단으로 사용할 가능성이 있다.
소가는 원고가 청구취지로써 구하는 범위 내에서 원고의 입장에서 보아 전부 승소할 경우에 직접 받게 될 경제적 이익을 객관적으로 평가하여 금액으로 정함을 원칙으로 한다(민인규 제6조).고 규정하고 있는데, "채무부존재의 확인을 구하는

소의 경우"는 성질상 채무를 부인해야하는 소이므로 다른 소와는 달리 위 민인규 제6조를 적용하기는 무리가 아닐까 생각한다. 따라서 위 소의 경우에는 소장을 접수할 때 소장의 청구원인에서 그 기본이 되는 채무액를 조사하여 그에 따른 인지를 첨부하도록 해야 할 것이다.

예시 3 선박우선특권이 있는 채권부존재확인청구

별지 제1목록 기재 선박에 대하여 피고 ○○주식회사는 별지 제2목록 기재와 같은 금 35,600,000원의 선박우선특권이 있는 채권이 존재하지 아니함을 확인한다.

► 소가산정 ◄

전 소인 채무부존재 확인청구(위 예시 1, 2)의 소 참조

예시 4 채무부존재확인 및 근저당권설정등기말소청구

1. 원고의 피고에 대한 20○○. 5. 10. 금전소비대차에 의한 5,000만원의 원금과 이에 대한 이자채무는 존재하지 않음을 확인한다.
2. 피고는 원고에게 ○○시 ○○동 123 대 250㎡에 관하여 ○○지방법원 ○○지원 20○○. 5. 10. 접수 제○○○호로 경료된 근저당권설정등기의 말소등기절차를 이행하라.

► 소가산정 ◄

1. **목적물의 종류에 따른 가액**
   가. 채무부존재확인청구 : 위 청구취지의 경우에는 금액이 명시되어 있으므로 청구금액을 소가로 한다(민인법 제2조).
   나. 설정계약의 해지에 기한 근저당권설정등기의 말소 : 목적물의 가액을

한도로 한 채권최고액을 소가로 한다(민인규 제13조 제1항 제4호, 가목).

2. 산출공식

가. 채무부존재확인청구 : 5,000만원(소가)

나. 근저당권설정등기의 말소 : 공시지가 × 면적(㎡) × 50/100 = 목적물의 가액을 한도로 한 채권최고액

(예, 채권최고액이 2천만원이고 목적물가액이 1천만원일 경우에는 1천만원이 소가가 되고, 목적물가액이 3천만원이라면 채권최고액 2천만원이 소가가 된다. 즉, 목적물 가액을 넘을 수 없다)

3. 소 가

흡수법칙에 의하여 다액을 소가로 하므로 금 5,000만원을 소가로 한다.

※1. 본 소는 "금전소비대차계약에 의한 채무부존재청구"와 그 계약에 기하여 체결된 "토지상의 근저당권설정등기말소"를 구하는 병합형태이다. 본 소의 경우 "근저당권설정등기말소"는 "채무부존재확인청구"에 기한 원인된 사실로부터 발생하는 경우에 해당되기 때문에 "경제적 이익"이 동일하거나 중복되는 청구에 해당되므로 흡수법칙을 적용하여 산출하여야 한다.

2. 흡수법칙은 "1개의 소로써 주장하는 수 개의 청구의 경제적 이익이 동일하거나 중복되는 때(민인규 제20조)"와 "1개의 청구가 다른 청구의 수단에 지나지 않을 때(민인규 제21조)"로 나뉜다. 전자의 경우에는 중복되는 범위 내에서 흡수되고, 그중 가장 다액인 청구의 가액을 소가로 하고(민인규 제20조). 후자의 경우에는 특별한 규정이 있는 경우를 제외하고, 그 가액은 소가에 산입하지 아니한다. 다만, 수단인 청구의 가액이 주된 청구의 가액보다 다액인 경우에는 그 다액을 소가로 한다(민인규 제21조).

3. 토지의 경우에는 "부동산가격공시 및 감정평가에 관한 법률"에 의한 개별공시지가(개별공시지가가 없는 경우에는 토지가격비준표에 의하여 산정한 가액)에 50/100을 곱하여 산정한 후(민인규 제9조 제1항) 소가산정기준에 의하여 목적물의 종류에 따라 소가를 산정한다.

예시 5 신원보증계약무효 및 채무부존재확인 청구(연대보증인들의 청구)

1. 2018. 2. 23.자 원고들과 피고 사이에 체결한 소외 김○○에 대한 신원보증계약은 무효임을 확인한다.
2. 원고들의 피고에 대한 2018. 6. 20. 소외 이○○을 위한 신원보증계약에 기한 채무는 존재하지 아니함을 확인한다.

► 소가산정 ◄

1. 목적물의 종류에 따른 가액

가. 신용보증계약무효청구 : 재산권상의 소로서 그 소가를 산출할 수 없는 소송의 소가는 5,000만원으로 한다(민인규 제18조의2, 전단).
신원보증계약무효청구는 그 자체는 재산권은 아니지만 그에 기하여 발생하는 경제적 이익을 내용으로 하는 소송의 목적으로 하므로 재산권상의 청구가 된다.

나. 채무부존재확인청구 : 채무부존재확인청구는 청구취지 및 청구원인에서 주장하는 채무부존재의 금원을 소가로 하고 채무액을 특정할 수 없는 경우에는 소가의 산정을 위한 자료를 첨부하여야 하나 자료에 의하여도 소가를 산정할 수 없는 경우에 비로소 재산권상의 소로서 그 소가를 산출할 수 없는 경우로 보아 소가를 5,000만원(민인규 제18조의2, 전단)으로 한다.

2. 산출공식

가. 신원보증계약무효 : 5,000만원

나. 채무부존재확인청구 : 5,000만원(여기서는 자료에 의하여도 소가를 산정할 수 없는 경우로 한다)

3. 소 가

흡수법칙에 의하여 다액을 소가로 하나 소가가 같으므로 5,000만 원이 소가로 된다.

※1. 본 소는 "신원보증계약무효청구"와 "그 계약에 기하여 기한 채무부존재청구"를

구하는 병합형태이다. "채무부존재청구의 경우"는 "신원보증계약무효청구"에 기한 원인된 사실로부터 발생하는 경우에 해당되기 때문에 "경제적 이익"이 동일하거나 중복되는 청구에 해당되므로 흡수법칙을 적용하여 산출하여야 한다.

위 청구취지에서는 원고가 복수이다. 채권자가 채무자인 연대보증인에게 그에 따른 손해금을 청구할 경우에도 소가에 영향을 주지 아니하듯이 여기서도 마찬가지이다.

2. 흡수법칙은 "1개의 소로써 주장하는 수 개의 청구의 경제적 이익이 동일하거나 중복되는 때(민인규 제20조)"와 "1개의 청구가 다른 청구의 수단에 지나지 않을 때(민인규 제21조)"로 나뉜다. 전자의 경우에는 중복되는 범위 내에서 흡수되고, 그중 가장 다액인 청구의 가액을 소가로 하고(민인규 제20조). 후자의 경우에는 특별한 규정이 있는 경우를 제외하고, 그 가액은 소가에 산입하지 아니한다. 다만, 수단인 청구의 가액이 주된 청구의 가액보다 다액인 경우에는 그 다액을 소가로 한다(민인규 제21조).

예시 6 채권확인 및 조정사채양수도계약무효청구

1. 원고가 피고 ○○주식회사에 대하여 2,000만원(월 1.35%)의 조정사채채권이 있음을 확인한다.
2. 피고 김○○은 원고와의 사이에 2018. 6. 4.자 위 조종사채에 대한 양수양도계약이 무효임을 확인한다.

► 소가산정 ◄

1. **목적물의 종류에 따른 가액**

가. 채권존재확인 : 명시된 청구금액이 소가가 된다(민인법 제2조).

나. 사채양수양도계약무효 : 재산권상의 소로서 그 소가를 산출할 수 없는 경우로 보아 소가는 5,000만원으로 한다(민인규 제18조의2, 전단). 재산권상의 청구는 물권, 채권, 준물권, 무체재산권 등에 관한 청구를 의미하며 신분권 또는 인격권은 그 자체가 재산권은 아니지만 그에 기하여 발생하는 경제적 이익을 내용으로 하는 권리를 소송의 목적으로 하는 때에는 재산권상의 청구가 된다.

2. 산출공식

합산원칙에 따라 채권존재확인금액(2,000만원) + 5000만원 = 7,000만원 (소가)

※1. 본 소는 피고 1인에게는 "채권존재확인"을 다른 피고 1인에게는 위 사채에 대한 "양수양도계약"의 무효를 구하는 병합형태이다. 본 소는 목적물이 2개로 나뉘어져 있어 경제적 이익이 독립한 별개의 경우에 해당하여 합산원칙을 적용하여 소가를 산출한다.

2. 민사소송법 제27조 제1항에서 "하나의 소로 여러 개의 청구를 하는 경우에는 그 여러 청구의 값을 모두 합하여 소송목적의 값을 정한다"고 하였으며, 민사소송등인지규칙 제19조에서 "1개의 소로써 수 개의 청구를 하는 경우에 그 수개의 청구를 경제적 이익이 독립한 별개의 것인 때에 합산하여 소가를 산정한다".고 하였다.

(다) 원고가 복수인 경우의 산정방식

① 공동불법행위의 경우

각 원고의 손해배상채무는 소위 부진정연대채무에 해당하므로 부존재 확인을 구하는 청구의 수는 원고의 수 만큼이다. 그러나 수개의 청구의 경제적 이익은 동일하거나 중복되므로(민인규 제20조), 소장 접수단계에서의 잠정적인 소송목적의 값은 원고의 숫자에 상관없이 5,000만원이다.

② 가해자와 보험회사가 원고가 되는 경우

가해자의 손해배상채무는 민법 제750조에 의한 것이고, 보험회사의 채무는 보험계약에 의한 것이므로, 양자는 별개 독립의 채무이다. 그러나 양자는 모두 피해자의 손해를 전보하기 위한 채무이고, 어느 일방에 의해서 손해의 전부가 행해지면 그 범위에서 타방의 채무도 소멸한다. 따라서 수개 청구의 경제적 이익은 동일하거나 중복되기 때문에 소장 접수단계에서의 잠정적인 소송목적의 값은 원고의 숫자에 상관없이 5,000만원이다.

(라) 피고가 복수인 경우의 산정방식

① 동일사실에 기하여 복수의 피해자를 피고로 하여 소를 제기하는 경우

잠정적인 소송목적의 값을 얼마로 할 것인지에 대해 견해의 대립이 있지만 "피고 숫자×5,000만원"으로 한다. 원고가 부존재확인을 구하는 손해배상채무는 피해자의 수 만큼이고 수개 청구의 경제적 이익은 독립한 별개의 것에 해당하므로 합산법칙을 적용해야 하기 때문이다(민인규 제19조).

② 피해자가 사망하여 복수인 상속인을 피고로 하여 소를 제기하는 경우

사망 전의 피해자에 대하여 소를 제기한 경우와 상속인에게 소를 제기한 경우는 원고가 소로써 주장하는 이익이 다르지 않으므로, 피고의 숫자에 상관없이 소장 접수단계에서는 잠정 소송목적의 값을 5,000만원으로 하는 것이 타당하다.

2. 증서의 진정 여부 확인

확인의 소는 법률관계를 증명하는 서면이 진정한지 아닌지를 확정하기 위하여서도 제기할 수 있는데 이를 증서진부확인의 소라 한다(민소 제250조). 법률관계를 증명하는 증서는 그 내용에 의해 직접적으로 현재의 법률관계의 존재가 증명될 수 있는 것으로, 어음·수표 등의 유가증권이나 정관, 매매계약서, 차용증서 등을 말한다.

증서진부확인의 소에 있어서는 그 증서가 유가증권인 경우에는 민사소송등인지규칙 제9조 제4항의 규정에 의한 가액의 2분의 1, 기타의 증서인 경우에는 제9조 제5항의 규정에 의한 가액을 소송목적의 값으로 한다(민인규 제12조 제2호). 따라서 그 증서가 어음·수표인 경우에는 액면금액의 2분의 1을, 매매계약서·차용증서인 경우에는 20만원을 각 소송목적의 값으로 한다.

예시 7 **증서진부확인의 소(공정증서)**

> 공증인가 ○○합동법률사무소 작성의 발행인 원고 및 소외 김○○, 수취인 피고로 된 별지 사본 공정증서는 진정한 성립이 아님을 확인한다.

► **소가산정** ◄

1. **목적물의 종류에 따른 가액**

본 소의 경우 증명될 법률관계의 가액의 1/2분을 소가로 한다(민인규 제12조 제2호). 따라서 유가증권의 가액은 액면금액 또는 표창하는 권리의 가액 1/2로 하되, 증권거래소에 상장된 증권의 가액은 소제기 전날의 최종거래가격으로 한다. 유가증권 이외의 증서의 가액은 200,000원으로 한다.

2. **산출공식**

본 소의 공정증서는 유가증권이외의 경우에 해당되므로 소가는 200,000원이다.

※1. 증서인부확인의 소가 허용되기 위하여는 "그 서면에 의하여 증명되는 법률관계"가 불확정하게 됨으로 인하여 직접 원고의 현재의 권리 내지는 법률상의 지위에 위험 또는 불안이 있고 그 서면의 진부가 확정됨으로써 그 위험 또는 불안이 제거되는 경우에 한한다.

위 "법률관계를 증명하는 서면"이라 함은 그 기재 내용으로부터 직접 일정한 현재의 법률관계의 존부 여부가 증명될 수 있는 문서를 가리키므로 단지 과거의 사실관계를 증명하는 서면은 여기에 해당하지 아니한다(대법원 2001. 12. 14. 선고 2001다53714 판결).

2. 위조된 위임장에 의하여 공정증서가 작성된 경우 무효인 공정증서에 기한 집행력의 배제를 구하는 청구이의의 소를 제기하면 족하고 그 외에 별도로 공정증서무효확인 및 채무부존재확인청구를 하는 것은 소의 이익이 없다(대구지법 1988. 5. 20. 87나573 판결).

제2장 이행청구의 소

제1절 총 설

이행의 소라 함은 이행청구권의 확정과 피고에 대해 이행명령을 할 것을 요구하는 소이므로 이행판결이 확정되면 이행청구권의 존재를 확정하는 기판력과 집행력이 발생한다. 원고가 전부승소할 경우 직접 받게 될 경제적 이익을 객관적으로 평가한 금액을 소송목적의 값으로 하므로(민인규 제6조) 명문규정이 없는 한 기판력과 집행력이 미치는 범위에 의하여 소송목적의 값을 산정함이 원칙이다. 민사소송등인지규칙은 금전지급청구(민인규 제12조 제3호, 제4호), 물건의 인도·방해배제청구(민인규 제12조 제5호), 상린관계상 청구(민인규 제12조 제6호), 명예회복을 위한 처분을 구하는 청구(민인규 제14조)에 대하여 소송목적의 값 산정방식을 규정하고 있다. 등기·등록에 관한 소송, 회사 등 관계소송, 지식재산권에 관한 소송 중 이행의 소에 해당하는 것이 있지만 이들에 대하여는 별도의 규정이 있다.

제2절 금전지급청구

1. 현재이행의 소와 장래이행의 소

가. 현재이행의 소

청구금액이 소송목적의 값이 된다(민인규 제12조 제3호). 청구금액에 이자 등 부대청구가 포함되었다면 이를 공제한 금액을 소송목적의 값으로 한다(민소 제27조 제2항, 부대청구불산입 원칙).

피고가 복수인 경우 청구취지의 기재형식에 따라 그 의미는 모두 다르다. 예컨대, “피고 갑, 을은 원고에게 ① 연대하여 ② 각 ③ 합동하여 ④ 공동하여 1억원을 지급하라"는 소가 제기된 경우 두 개의 청구가 주관적으로 병합된 것인데, ②는 각 청구의 경제적 이익이 독립한 별개의 것이므로 합산법칙이 적용되어 소송목적의 값은 2억원이다. 이에 비하여 ①, ③, ④의 경우는 각 청구의 경제적 이익이 동일 또는 중복되므로 흡수법칙이 적용되어 소송목적의 값은 1억원이다.

나. 장래이행의 소

'미리 청구할 필요가 있는 때'에는 장래이행의 소를 제기할 수 있다(민소 제251조).

① 특정물인도청구와 함께 그 집행불능에 대비한 대상청구를 병합하는 경우의 대상청구부분 소송목적의 값 산정에 관해 견해대립이 있지만 중간이자를 고려하지 않고 청구금액 그 자체를 소송목적의 값으로 함이 타당하다(민인규 제12조 제3호 적용).

② 해고당한 근로자가 사용자를 상대로 복직시까지 매월 100만원의 비율에 의한 금원지급을 구하는 경우, 기간이 확정되지 아니한 정기금청구에 해당하므로 기발생분 및 1년분의 정기금 합산액을 소송목적의 값으로 한다(민인규 제12조 제4호).

2. 정기금청구

정기금청구의 소라 함은 정기적으로 금전 기타 물건을 급부할 것을 구하는 소로서, 이자, 임료, 임금 등의 지급을 청구하는 경우가 그 예이다.

가. 기간이 확정되지 아니한 정기금청구의 소

기간이 확정되지 아니한 정기금청구의 소에 있어서는 기발생분 및 1년분의 정기금 합산액을 소송목적의 값으로 한다(민인규 제12조 제4호).

① 기발생분은 소제기일을 기준으로 이미 발생한 정기금의 총액을 의미한다.

② 기간을 확정하지 않고 정기금 청구를 한 경우에 판결에 의해 확정되는 것은 사실심 변론종결시의 권리관계이므로 변론종결시까지의 청구금액의 합계액을 원고가 전부승소할 경우 직접 받게 될 경제적 이익으로 보는 것이 가능하

다. 문제는 소제기일로부터 1심 변론종결시까지의 기간 즉, 1심의 평균 심리기간을 얼마로 정할 것이냐인데 민사소송등인지규칙 제12조 제4호는 이를 12개월로 규정하였다.

예컨대, "① 피고가 2017. 6. 11. 원고에 대하여 징계해고는 무효임을 확인한다. ② 피고는 원고에게 2017. 6. 12.부터 복직시까지 월 300만원의 비율에 의한 금원을 지급하라"는 소를 2018. 6. 11. 제기한 경우, ①청구의 소송목적의 값은 5,000만원이고(민인규 제15조 제4항, 제18조의2 본문), ②청구의 소송목적의 값은 7,200만원(기발생분 3,600만원+1년분의 정기금 3,600만원)이다. ①청구와 ②청구 중 다액인 쪽에 의하므로 병합청구의 소송목적의 값은 7,200만원이다(민인법 제2조 제5항).

나. 기간이 확정된 정기금청구의 소

이행의 종기가 명확한 경우(해제조건이 부가되어 있는 경우 포함)와 같이 기간이 확정된 정기금청구의 소에서 소송목적의 값 산정방식이 문제가 된다. 예컨대 "피고는 원고에게 원고의 생존을 조건으로' 2024. 9. 20.부터 2028. 9. 20.까지 매년 9. 20.에 2,000만원과 이에 대하여 그 각 지급기일 다음날부터 다 갚는 날까지 연 5%의 비율로 계산한 돈을 지급하라.는 청구에서는 민사소송등인지규칙 제12조 제3항에 의함이 타당하므로 소송목적의 값은 1억원(2,000만원×5년)이다(아래 사례 23).

예시 1 **전부금 청구의 소**

> 피고(임차인)는 피고(임대인)에게 ○○시 ○○구 ○○동 ○○○ 대 170㎡ 및 위 지상 시멘트 블록조 기와지붕 1층 주택 80㎡를 명도하고 피고(임대인)는 원고에게 임대차보증금 5,000만원을 반환하라.

► 소가산정 ◄

1. 사 례

채무자의 임대차보증금에 대하여 압류 및 전부명령채권자가 임차인과 임

대인을 공동피고로 하여 전부금 청구의 소를 제기하는 경우

2. 목적물의 종류에 따른 가액

금전지급청구는 청구금액을 소가로 한다(민인법 제2조).

3. 산출공식

본 건의 경우 소가는 원고가 청구취지로써 구하는 범위 내에서 원고가 전부 승소할 경우에 직접 받게 될 경제적 이익을 객관적으로 평가하여 금액으로 정함을 원칙으로 하므로(민인규 제6조), 위 청구취지에서 원고(압류 및 전부채권자)가 전부 승소할 경우에 받는 경제적 이익은 건물명도가 아닌 임대차보증금이다. 따라서 금 5,000만원이 소가가 된다.

[판례] 제3채무자에 대한 전부금 청구의 소와 채무자에 대한 채무이행의 소와의 병합제기 가부(대법원 1982. 3. 23. 선고 80다2840 판결).

❑ 사례 23 : 기간이 확정된 정기금청구에서의 소송목적의 값

[문제 1]	소송목적의 값 “피고는 원고에게 2024. 9. 20.부터 2028. 9. 20.까지 매년 9. 20.에 2,000만원 및 이에 대하여 각 지급기일 다음날부터 다 갚는 날까지 연 5%의 비율로 계산한 돈을 지급하라.는 소를 제기하였다.
[답 변]	소송목적의 값은 1억원이다.

※ 민사소송등인지규칙 제12조 제3호에 의한다.

1. 민사소송등인지규칙 제12조 제3호는 4호가 적용되는 경우를 제외한 모든 형태의 금전지급청구(1회적 급부를 구하는 소와 반복적 급부를 구하는 소, 현재이행의 소와 장래이행의 소 등)에 적용된다. 이에 의하면 소송목적의 값은 1억원(2,000만원×5년)이다.
2. 민사소송등인지규칙 제12조 제4호의 취지는 소장 접수단계에서 원고가 전부승소할 경우 직접 받게 될 경제적 이익을 정확하게 계산할 수 없기 때문에 산정업무의 신속·획일성을 기하기 위해 민사소송등인지규칙 제6조의 원리를 수정한 것이다. 그렇다면 소장 접수단계에서 원고가 얻게 될 경제적 이익을 정확하게 계산할 수 있는 경우에는 제12조 제3호에 의하여 산정함이 타당하다.

※ 규 정

- 민사소송등인지법 제12조(통상의 소)

통상의 소의 소가는 다음 각호에 규정된 가액 또는 기준에 의하여 산정한다.

3. 금전지급청구의 소에 있어서는 청구금액
4. 기간이 확정되지 아니한 정기청구의 소에 있어서는 기발생분 및 1년분의 정기금 합산액

제3절 물건의 인도 또는 방해배제를 구하는 소

1. 개 요

물건의 인도·방해배제청구권은 계약(매매, 사용대차, 임대차계약 등) 또는 물건(소유권, 점유권, 제한물권 등)에 기하여 발생한다. 청구권원이 되는 권리의 종류에 따라 전부승소한 경우 원고가 직접 받게 될 경제적 이익이 다르므로 민사소송등인지규칙은 소송목적의 값도 달리 규정하고 있다.

민사소송등인지규칙 제12조 제5호 가목 내지 다목의 '목적물건'이란 방해받는 물건을 의미한다. 예컨대, 자기의 토지 위에 불법건물을 축조한 사람을 상대로 토지소유권에 기한 건물철거청구를 구하는 경우 소송목적의 값은 토지 가액의 2분의 1이며 건물 가액의 2분의 1이 아니다.

또한, 방해배제청구의 경우 침해받은 부분이 목적물의 일부인 경우가 있는데 이 경우에는 당연히 침해받은 부분을 기준으로 하여야 한다.

2. 소유권에 기한 경우

소유권에 기하여 물건의 인도 또는 방해배제를 구하는 소에 있어서는 목적물건 가액의 2분의 1을 소송목적의 값으로 한다(민인규 제12조 제5호 가목).

소유권의 내용을 사용·수익·처분권으로 분류한다면(민법 제211조) 제3자가 목적물건의 사용·수익권을 점유 등의 방법에 의해 방해하는 경우 처분권은 직접적으로 방해당하고 있는 것은 아니다. 따라서 인도 또는 방해배제의 소가 전부 인용되는 경우 원고가 직접 받게 될 경제적 이익을 목적물건의 가액 전액으로 하는 것은 타당하지 않다. 이러한 소송에서 원고가 직접적으로 받게 될 경제적 이익을 정확히 계산하는 것이 불가능한 것은 아니지만 그러한 이익은 사안에 따라 다를 것이고 계산에

많은 시간과 노력이 소요될 것이다. 따라서 산정업무의 획일성·신속성을 위해 목적물건 가액의 2분의 1을 소송목적의 값으로 규정하였다.

소유권에 기한 인도 또는 방해배제를 구하는 청구가 아니더라도 경제적 이익의 실질이 그와 유사하면 이 규정을 유추적용할 수 있다. 예컨대, 매매계약 해제를 원인으로 매도인이 건물(1억원)의 인도청구를 구하는 경우 5,000만원(1억원 × 1/2)이 소송목적의 값이 된다(아래 사례 24).

❑ 사례 24 : 인도청구에서의 소송목적의 값	
[문제 1]	소송목적의 값 ① 매매계약에 기해 고려청자의 인도청구를 구하는 경우 ② 절취당한 고려청자에 대하여 소유권에 기한 인도청구를 구하는 경우 ③ 매매계약 해제에 따른 매도인이 원상회복을 원인으로 매도인이 건물인도청구를 구하는 경우 ○ 고려청자가액 : 1억원 ○ 건물가액 : 1억원
[답 변]	[문제 ①에 대한 답변] : 소유권 이전을 목적으로 하는 계약에 기한 동산인도청구에 해당하므로, 소송목적의 값은 목적물건의 가액인 1억원이다(민인규 제12조 제5호 라목). [문제 ②에 대한 답변] : 소유권에 기한 물건의 인도청구에 해당하므로, 소송목적의 값은 목적물건 가액의 2분의 1인 5,000만원이다(민인규 제12조 제5호 가목). [문제 ③에 대한 답변] : 매매계약 해제에 따른 원상회복을 원인으로 매도인이 부동산의 인도를 구하는 소에 있어서 소송목적의 값 산정방식에 관한 명문규정이 없다. 따라서 유추적용할 적절한 규정이 있는 경우에는 유추적용에 의하고, 그러한 규정이 없으면 전부승소할 경우 원고가 직접 받게 될 경제적 이익을 객관적으로 평가한 금액에 의하여 소송목적의 값을 산정해야 한다(민인규 제6조). 매매계약 해제에 의해 부동산 소유권은 원고에게 물권적으로 복귀하므로(대법원 1977. 5. 24. 선고 75다1394 판결), 그 실질이 소유권에 기한 인도청구와 유사하므로, 민사소송등인지규칙 제12조 제5호 가목을 유추적용함이 타당하다. 따라서 소송목적의 값은 5,000만원(1억원 × 1/2)이다.

3. 지상권·전세권·임차권 또는 담보물권에 기한 경우 또는 그 계약의 해지·해제·계약기간의 만료를 원인으로 하는 경우

목적물건 가액의 2분의 1을 소송목적의 값으로 한다(민인규 제12조 제5호 나목).

가. 지상권·전세권·임차권에 기한 경우

(1) 지상권·전세권·임차권은 물건에 대한 사용·수익권을 핵심내용으로 하고 있고, 인도 또는 방해배제의 소에서 전부승소할 경우 직접 받게 될 경제적 이익도 사용·수익권의 회복이라고 할 수 있다. 따라서 권리의 가액(민인규 제10조 제3항) 그 자체를 소송목적의 값으로 규정하였다. 다만, 전세권의 경우 용익물권의 성격과 담보물권의 성격을 동시에 갖는데 민사소송등인지규칙 제10조 제6항에서는 담보물건의 성격에 착안하여 소송목적의 값을 계산하도록 규정하면서 제12조 제5호에서는 용익물건의 성격에 착안하여 소송목적의 값을 계산하도록 규정하였다.

(2) 사용·수익권을 권리의 핵심으로 하면서 권리의 범위도 임차권이나 지상권에 준하는 경우라면 임차권, 지상권에 기한 인도청구에 준하여 소송목적의 값을 산정할 것이다. 예컨대, 사용대차계약에 기한 인도청구를 구하는 경우에 소송목적의 값은 물건가액의 2분의 1이다.

나. 담보물권에 기한 경우

질권이나 저당권에 기한 방해배제청구권이 인정되는데 여기에서 전부승소할 경우 원고가 직접 받게 될 경제적 이익은 교환가치의 상실 또는 감소위험의 방지 이익이고 그것은 사안에 따라 다르다. 산정업무의 신속성·획일성을 기하기 위해 물건가액의 2분의 1을 소송목적의 값으로 규정하였다.

다. 계약의 해지·해제·계약기간의 만료를 원인으로 하는 경우

임대차계약, 지상권설정계약, 전세권설정계약, 담보권설정계약의 해지·해제·계약기간의 만료를 원인으로 물건의 인도청구를 구하는 경우는 물권의 반환을 받아서 사용·수익권을 회복한다는 점에서 소유권에 기한 인도청구의 경우와 경제적 이익이 동일하므로 물건가액의 2분의 1을 소송목적의 값으로 하였다. 따라서 사용대차계약 등의 해제 등에 기한 경우도 사용·수익권을 회복한다는 점에서 위와 동일하므로 물건가액의 2분의 1이 소송목적의 값이 된다.

4. 점유권에 기한 경우

목적물건의 가액의 3분의 1을 소송목적의 값으로 한다(민인규 제12조 제5호 다목). 물건을 사실상 지배하는 것이 점유이고, 여기서 권리로서의 물권을 인정하는 것이 점유권이다(민법 제192조 제1항). 따라서 물건의 인도 또는 방해배제청구가 전부 인용됨으로써 원고가 직접 받게 될 경제적 이익은 점유권 그 자체를 실현함으로써 받게 될 경제적 이익 즉, 물건을 사실상 지배함으로서 받게 될 이익과 유사하다고 말할 수 있다. 그래서 점유권의 가액(민인규 제10조 제2항) 그 자체를 소송목적의 값으로 하였다.

5. 동산인도청구

소유권의 이전을 목적으로 하는 계약에 기한 동산인도청구의 경우에는 목적물건의 가액을 소송목적의 값으로 한다(민인규 제12조 제5호 라목). 원고가 전부승소한 경우 직접 받게 될 경제적 이익은 동산의 가액이라고 할 수 있기 때문이다. 예컨대, 동산의 매수인이 매도인을 상대로 매매계약에 기한 인도청구를 구하는 경우에 물건가액이 소송목적의 값이다.

동산인도청구라 할지라도 소유권의 이전을 목적으로 하는 계약에 기한 것이 아닌 경우에는 민사소송등인지규칙 제12조 제5호 라목을 적용할 수 없다(아래 사례 25).

❑ 사례 25 : 인도청구에서의 소송목적의 값

[문제 1]	소송목적의 값 ① 매매계약에 기해 고려청자의 인도청구를 구하는 경우 ② 절취당한 고려청자에 대하여 소유권에 기한 인도청구를 구하는 경우 ③ 매매계약 해제에 기해 매도인이 건물인도청구를 구하는 경우 ○ 고려청자가액 : 1억원 ○ 건물가액 : 1억원
[답 변]	[문제 ①에 대한 답변] : 소유권 이전을 목적으로 하는 계약에 기한 동산인도청구에 해당하므로, 소송목적의 값은 목적물건의 가액인 1억원이다(민인규 제12조 제5호 라목). [문제 ②에 대한 답변] : 소유권에 기한 물건의 인도청구에 해당하므로, 소송목적의 값은 목적물건 가액의 2분의 1인 5,000만원이다(민인규 제12조 제5호 가목). [문제 ③에 대한 답변] : 매매계약 해제에 따른 원상회복을 원인으로 매도인이 부동산의 인도를 구하는 소에 있어서 소송목적의 값 산정방식에 관한 명문규정이 없다. 따라서 유추적용할 적절한 규정이 있는 경우에는 유추적용에 의하고, 그러한 규정이 없으면 전부승소할 경우 원고가 직접 받게 될 경제적 이익을 객관적으로 평가한 금액에 의하여 소송목적의 값을 산정해야 한다(민인규 제6조). 매매계약 해제에 의해 부동산 소유권은 원고에게 물권적으로 복귀하므로 (대법원 1977. 5. 24. 선고 75다1394 판결), 그 실질이 소유권에 기한 인도청구와 유사하므로, 민사소송등인지규칙 제12조 제5호 가목을 유추적용함이 타당하다. 따라서 소송목적의 값은 5,000만원(1억원 × 1/2)이다.

예컨대, 소유권에 기한 동산인도청구를 구하는 경우에는 물건가액의 2분의 1(민인규 제12조 제5호 가목), 점유권에 기한 동산인도청구를 하는 경우에는 물건가액의 3분의 1(민인규 제12조 제5호 다목)이 소송목적의 값이다.

한편, 유골인도청구의 경우에는 물건가액의 산정이 곤란하므로 소송목적의 값은 5,000만원이다(민인규 제18조의2 본문).

제4절 상린관계상 청구

1. 개 요

민법 제216조 내지 제244조에서는 서로 인접하거나 이웃하는 부동산소유권을 대상으로 하여 그 상호간의 이용을 조절하는 내용을 규정하는데, 이를 상린관계라 하고 여기서 발생하는 권리를 상린권이라고 한다.

상린관계상 청구에 있어서는 부담을 받은 이웃 토지 부분의 가액의 3분의 1을 소송목적의 값으로 한다(민인규 제12조 제6호). 상린관계상 청구가 인용될 경우 원고가 직접 받게 될 경제적 이익은 타인의 토지를 이용할 수 있게 된다는 점에서 타인의 토지를 자기 토지의 편익을 위해 사용하는 지역권과 유사하다는 점을 고려하여 지역권의 가액(민인규 제10조 제4항)과 동액으로 규정하였다.

2. 인지(隣地)사용청구

토지소유자는 경계나 그 근방에서 담 또는 건물을 축조하거나 수선하기 위하여 필요한 범위 내에서 이웃 토지의 사용을 청구할 수 있는데(민법 제216조), 이 경우 소송목적의 값은 사용을 청구하는 인접지 부분의 가액의 3분의 1이다.

3. 주위토지통행권에 기한 청구

토지소유자는 일정한 경우 타인의 토지를 통행할 수 있고, 필요한 경우에는 통로를 개설할 수 있는데(민법 제219조, 제220조), 이 경우 소송목적의 값은 통행의 부담을 받는 부분의 가액의 3분의 1이다(아래 사례 26).

□ 사례 26 : 주위토지통행권과 통행지역권에서의 소송목적의 값

[문제 1]	소송목적의 값 “피고는 원고에 대하여, ○○시 ○○동 산 116-4 임야 10,000㎡ 중 별지 도면 17, 18, 19, 20, 21, 22, 17의 각 점을 순차로 연결한 선상 및 같은

	도면 표시 7, 12, 13, 14, 15, 16, 7의 각 점을 순차로 연결한 선내부분 통행로 300㎡에 관하여 통행권 있음을 확인한다"는 소장을 제출하였다. ○ 통행로 물건가액 900만원
[답 변]	• 주위토지통행권 확인을 구하는 경우 상린관계상 청구이므로 부담을 받는 이웃 토지 부분 가액의 3분의 1을 소송목적의 값으로 한다(민인규 제12조 제6호). 따라서 소송목적의 값은 300만원(900만원 × 1/3이다) • 통행지역권 확인을 구하는 경우 통행지역권 확인의 소에 해당하므로 승역지 가액의 3분의 1을 소송목적의 값으로 한다(민인규 제12조 제1호, 제10조 제4항). 원고의 통행지역권이 미치는 범위는 300㎡이므로 소송목적의 값 300만원(900만원 × 1/3이다)

4. 수목 가지의 제거청구

인접지의 나뭇가지가 경계를 넘는 때에는 그 소유자에게 가지의 제거를 청구할 수 있는데(민법 제240조), 이 경우는 부담을 받은 토지부분이 존재하지 않으므로 민사소송등인지규칙 제12조 제6호를 적용할 수는 없다. 따라서 전부승소할 경우 원고가 직접 받게 될 경제적 이익을 객관적으로 평가한 금액에 의해 소송목적의 값을 산정한다(민인규 제6조).

수목 가지의 제거청구는 자기 소유지의 이용에 대한 방해배제를 구한다는 점에서 점유권에 기한 방해배제청구와 유사하므로, 소송목적의 값은 침해받고 있는 범위의 토지 가액의 3분의 1로 함이 타당하다.

5. 경계선 부근의 건물의 변경·철거청구

건물을 축조함에는 특별한 관습이 없으면 경계로부터 반 미터 이상의 거리를 두어야 하고 이에 위반한 자에 대하여 인접지소유자는 건물의 변경이나 철거를 청구할 수 있다(민법 제242조). 이 경우 소송목적의 값은 경계선에서 반 미터 폭의 토지의 가액의 3분의 1을 소송목적의 값으로 한다.

제5절 명예회복을 위한 처분청구의 소

1. 개 요

명예훼손행위는 인격권(인격권은 권리의 주체와 분리할 수 있는 인격적 이익을 누리는 것을 내용으로 하는 권리이다. 구체적으로 생명·신체·정신의 자유에 대한 권리를 가리키며, 정신적 자유의 권리는 명예·신용·정조·성명·초상·사생활의 보호를 포함한다. 민법 제751조, 제752조)의 침해행위에 해당하는 것이 된다. 명예훼손행위에 대하여 사후적 구제수단으로서 금전에 의한 손해배상(민법 제750조, 제751조)과 명예회복처분(민법 제764조)이, 사전적 구제수단으로서 금지청구권(대법원 1996. 4. 12. 선고 93다40614 판결)이 있다.

금전에 의한 손해배상청구의 소에 있어서는 청구금액을 소송목적의 값으로 한다(민인규 제12조 제3호). 인격권에 기한 명예훼손행위 금지청구의 소에 있어서는 비재산권상의 소에 해당하므로 5,000만원을 소송목적물의 값으로 한다(민인규 제18조의2 본문).

2. 명예회복에 적당한 처분을 구하는 청구

가. 소송목적의 값

민법 제764조의 규정에 의한 명예회복을 위한 적당한 처분을 구하는 소에 있어서는, 그 처분에 통상 소요되는 비용을 산출할 수 있는 경우에는 그 비용을 소송목적의 값으로 하고, 그 비용을 산출하기 어려운 경우에는 비재산권상의 소로 보아 5,000만원을 소송목적의 값으로 한다(민인규 제14조, 제18조의2 본문).

'언론중재 및 피해구제 등에 관한 법률'의 규정에 의해 법원에 신청하는 정정보도청구, 반론보도청구 및 추후보도청구사건은 민사소송등인지법 제2조 제4항의 규정에 따른 인지액을 납부하므로(정정보도청구등심판규칙 제7조 제1항), 소송목적의 값 5,000만원(민인규 제18조의2 본문)에 대한 인지액 230,000원을 납부하여야 한다.

회복을 구하는 명예는 재산권에는 포함되지 않지만 그 침해에 대해 사후적 구제수단으로 인정되는 손해배상과 명예회복처분을 구하는 소는 재산권상의 소에 해당한다. 명예회복처분을 구하는 소에서 원고가 청구하는 것은 명예훼손기사의 취소광고 등 피고의 행위에 의해 지상에 객관화된 광고면 그 자체하고 할 수 있다. 따라서 원고가 청구하는 광고의 객관적 가치를 소송목적의 값이라고 할 수 있는데, 그 객관적 가치를 산출함에 있어서 광고게재비용 이외에 타당한 기준이 없다. 이러한 점을 고려하여 명예회복처분에 통상 소요되는 비용을 소송목적의 값으로 규정한 것이다.

나. 산 정 례

명예회복에 적당한 처분의 예로는 가해자의 비용으로 그가 패소한 민사 손해배상 판결의 신문·잡지 등에의 게재, 형사 명예훼손죄의 유죄판결의 신문·잡지 등에의 게재 등을 들 수 있다(헌법재판소 1991. 4. 1. 선고 89헌마160 결정). 그 밖에 게시판에의 게시, 사내보 등에의 게재 등을 들 수 있다.

(1) 명예회복처분에 통상 소요되는 비용을 산출할 수 있는 경우

신문·잡지 등에의 게재, 방송광고 등을 구하는 경우 소송목적의 값은 명예회복처분에 통상 소요되는 비용이다. 원고는 소명자료로 광고의 게재를 구하는 신문사·잡지사 또는 방송사의 광고게재료 기준표를 제출하면 된다. 다만, 실무에서는 광고게재료를 산정하는 것이 번거롭고 어렵기 때문에 "비용을 산출하기 어려운 경우"로 보아 5,000만원으로 산정하는 경우도 있다.

(2) 명예회복처분에 통상 소요되는 비용을 산출하기 어려운 경우

게시판에의 게시·사내보 등에의 게재 등을 구하는 경우에는 그 비용계산이 어려우므로, 비재산권상의 소로 보아 5,000만원을 소송목적의 값으로 한다.

3. 병합청구한 경우의 소송목적의 값 산정

손해배상과 명예회복에 적당한 처분을 병합청구하는 경우에는 경제적 이익이 별개·독립의 관계에 있으므로 소송목적의 값을 합산한다(민인규 제19조).

제6절 작위·부작위 청구

1. 개 요

작위 또는 부작위를 구하는 이행의 소에서 소송목적의 값 산정기준에 관하여 명문규정이 없는 경우의 소송목적의 값은 전부승소할 경우 직접 받게 될 경제적 이익을 객관적으로 평가한 금액에 의한다(민인규 제6조). 여기서 전부승소할 경우 직접 받게 될 경제적 이익은 작위 또는 부작위 자체의 소송목적의 값이 아니고 작위 또는 부작의 판결을 받음으로써 원고가 받은 이익을 표준으로 하여야 한다(대법원 1969. 12. 30.자 65마198 결정).

2. 작위청구

가. 증서 등의 인도청구

(1) 유가증권

(가) 개 념

강학상 유가증권은 재산적 가치를 가지는 사권을 표창하는 증권으로서, 권리의 발생·이전·행사의 전부 또는 일부에 증권의 소지를 요하는 것을 의미한다. 그러나 민사소송인지규칙 제9조 제4항에서 규정한 유가증권은 강학상 유가증권과 달리 "재산적 가치를 가지는 사권"이면 족하므로, 항공권이나 강연회의 입장권 등도 유가증권이고, 그것에 표창된 운임이나 입장료의 가액을 기준으로 소송목적의 값을 산정한다.

(나) 유가증권 인도청구

민사소송등인지규칙 제12조 제5항에 의할 것이 아니고, 민사소송등인지규칙 제12조 제3호를 유추적용하여 유가증권의 액면금액 또는 표창하는 권리의 가액을 소송목적의 값으로 함이 타당하다. 왜냐하면 종이조각인 유체물 자체 보다는 증권에 화체된 권리가 유가증권의 핵심을 이루기 때문에 물건인도청구에 관한 규정보다는 금전지급청구에 관한 규정을 적용하는 것이 전부승소할 경우 원고가 직접 받게 될 경제적 이익을 정확히 반영한다고 볼 수 있기 때문이다. 예컨대, 증권거래소에 상장된 주권의 가액이 1억원인 경우 주권인도청구의 소송목적의 값은 5,000만원이 아니고 1억원이다.

(다) 주권의 가액

증권거래소에 상장된 증권이라면 소제기 전날의 최종거래가격에 의하고(민인규 제9조 제4항), 신문기사 등이 최종거래가격의 소명자료가 될 수 있다. 문제는 비상장 주권(미발행 비상장주식은 유가증권이 아니지만 주권과 동일하게 취급해도 좋을 것이다)의 가액 산정방식이다. 시가가 소명될 수 있는 한 시가에 의하되, 그것이 불가능하거나 시가에 다툼이 있을 경우 산정업무의 신속·획일성의 요청상 권면액으로 하여도 무방할 것이다.

(2) 유가증권 이외의 증서

유가증권 이외의 증서, 예컨대 차용증·보험증서·영수증과 같은 증거증권, 예금통장·휴대품보관증·화물상환증과 같은 면책증권 등은 재산적 가치 있는 사권이 표창된 것은 아니다. 유가증권 이외의 증서에 대한 인도청구의 소송목적의 값을 산정하기 위해서는 ① 이들 증서의 가액의 가액이 얼마인지, ② 인도청구의 권원이 무엇인지를 살펴 보아야 한다.

우선, ①과 관련하여, 유가증권 이외의 증서의 가액 산정방식에 관해서는 여러 가지 견해가 가능하지만 일률적으로 20만원으로 하면 된다(민인규 제9조 제5항).

다음으로, ②와 관련하여, 인도청구의 권원으로 민사소송등인지규칙 제12조 제5호에 의하는 것이 적절한 경우에는 그에 의하면 된다. 예컨대, 예금통장을 절취한 자를 상대로 예금통장 인도를 구하는 경우 그 청구권원은 소유권이 될 것이므로 소송목적의 값은 10만원(20만원 × 1/2)이고, 산출된 인지액이 1,000원 미만(500원)이므로 인지액은 1,000원이 된다(민인법 제2조 제2항).

나. 금전으로 가액을 산정할 수 없는 채권(민법 제373조)

금전으로 가액을 산정할 수 없는 채권, 예컨대 누구를 위해 기도를 해 주기로 한 약정 이행을 구하는 청구도 재산권상의 소에 해당하지만 그 소송목적의 값 산정은 곤란하다. 따라서 재산권상의 소로서 그 소송목적의 값을 산정할 수 없는 경우에 준하여 소송목적의 값을 5,000만원으로 정함이 타당하다(민인규 제18조의 2 본문).

다. 부대체적 작위의무

하는 채무 중 채무자 본인이 이행하지 않으면 본래의 취지에 따를 수 없는 채무, 즉 부대체적 작위채무가 있다. 유명 피아니스트의 피아노 연주, 유명 가수의 출연, 골동품의 감정 등을 들 수 있는데, 이러한 채무의 이행을 구하는 청구의 소송목적의 값은 “이행의 대가”로 함이 타당하다.

엄밀히 말하면 이행의 대가는 원고가 전부승소할 경우에 직접 받게 될 경제적 이익을 객관적으로 평가한 금액 그 자체하고 할 수는 없지만 위와 같은 계약의 경우 채무에 대한 이행의 대가를 정함이 일반적이고, 달리 객관적인 기준이 없는 이상 당해 이행의 대가를 소송목적의 값으로 하여도 불합리하지 않기 때문이다.

라. 대체적 작위채무

하는 채무 중 채무자 이외의 자가 이행하더라도 무방한 채무, 즉 대체적 작위채무가 있다. 건물의 철거청구, 명예훼손에 대한 구제로서 판결문의 게재청구 등을 들 수 있는데, 토지소유권에 기하여 건물의 철거청구를 하는 경우는 토지 가액의 2분의 1(민인규 제12조 제5호 가목), 명예훼손에 대한 구제로서 판결에서 명한 내용의 게재청구를 하는 경우는 그 게재료(민인규 제14조)를 소송목적의 값으로 한다.

다만, 명문 규정이나 유추 적용할 규정이 없는 경우는 대체적 작위채무의 이행에 소요되는 비용을 소송목적의 값으로 한다. 엄밀히 말하면, 이행에 소요되는 비용은 원고가 전부승소한 경우에 직접 받게 될 경제적 이익을 객관적으로 평가한 금액 그 자체라고 할 수는 없지만 산정업무의 신속·획일성을 위해 민사소송등인지규칙 제6조의 원칙에 어느 정도 수정을 가함이 불가피하기 때문이다. 예컨대, 건물의 하자 보수약정에 기해 하자보수이행청구를 구하는 청구의 경우 원고가 직접 받게 될 경제적 이익은 하자보수로 인한 건물가치의 증가액이지만 이를 산정하기 어려우므로, 하자보수에 소요되는 비용을 소송목적의 값으로 한다.

3. 부작위청구

가. 지식재산권에 기한 금지청구

상표권에 기하여 상표권의 침해행위(예컨대, 상표의 사용금지·상표가 부착된 상품의 판매금지 등) 금지청구의 소에 있어서는 1억원을 소송목적의 값으로 한다(민인규 제18조, 제18조의2 단서).

나. 물권에 기한 방해예방청구

물건의 인도 또는 방해배제를 구하는 소의 소송목적의 값은 민사소송등인지규칙 제12조 제5호에 의하는데, 방해예방청구에 관해서는 명문의 규정이 없다. 방해예방청구의 소에서 전부승소할 경우 원고가 직접 받게 될 경제적 이익은 예방적 이익에 불과하지만 그 산정이 어려우므로 산정업무의 신속·획일성을 위해 확정적 이익과 동일하게 산정한다. 예컨대, 무단으로 타인의 토지 위(방해당하고 있는 토지 면적의 가액은 1억원)에 불법건축물을 축조한 자를 상대로 건축물의 철거청구를 구하는 경우 소송목적의 값은 5,000만원인데(민인규 제12조 제5호 가목), 불법건축물을 축조하려는 자를 상대로 불법건축물의 건축금지청구를 구하는 경우에도 소송목적의 값이 5,000만원이다.

건물 또는 대지에 대한 소유권 등의 침해를 이유로 출입금지를 구하는 경우 이는 소유권 등에 기한 방해예방청구에 해당하므로 민사소송등인지규칙 제12조 제5호 가목을 유추적용하여 침해당하는 권리에 대한 소송목적의 값을 산정한다. 예컨대, 소유권에 기하여 대지(대지 가액은 1억원)에의 출입금지를 구하는 소의 소송목적의 값은 5,000만원(1억원 × 1/2)이다.

다. 인격권에 기한 금지청구

명예훼손행위가 계속되는 경우(예컨대, 타인의 명예를 훼손하는 글을 책에 쓰고 이 책을 배포하는 것)에 그 침해행위의 제거(책의 회수 및 파기)를 청구할 수 있고, 또 명예훼손행위가 있고 나서 그것이 장래에도 계속될 가능성이 있는 때에는 침해행위의 정지·방지(책의 원판의 회수)를 청구할 수 있다. 이처럼 침해행위의 제거 또는 정지 등을 구할 수 있는 권리를 총칭하여 '금지청구권'이라고 한다. 인격권에 기한 명예훼손행위 금지청구의 소는 비재산권상의 소에 해당하므로 소송목적의 값은 5,000만원이다(민인규 제18조의2 본문).

계속·반복적 행위에 의한 명예훼손행위에 대하여, ① 명예훼손행위를 원인으로 한 손해배상청구, ② 명예회복에 적당한 처분의 청구, ③ 명예훼손행위 금지청구, ④ 부작위의무의 이행을 확보하기 위해 민사집행법 제261조에 의한 간접강제 신청을 병합하여 제기하는 경우가 있다. 이 경우 ① 청구의 소송목적의 값은 청구금액(민인규 제12조 제3호), ② 청구의 소송목적의 값은 명예회복 처분에 통상 소요되는 비용(민인규 제14조), ③ 청구의 소송목적의 값은 5,000만원(민인규 제18조의2 본문)이고, ④ 신청은 그 실질이 민사집행법 261조에 의한 간접강제신청으로서 2,000원의 정액 인지를 붙이므로(민인법 제9조 제4항 제1호, 재민 91-1) 소송목적의 값 계산은 필요하지 않다.

①, ②, ③ 병합청구는 경제적 이익이 별개의 독립된 관계에 있으므로 합산법칙에 따라 소송목적의 값을 계산하여(민인규 제19조) 그 소송목적의 값에 상응하는 인지액을 산청하면 된다.

문제는 역진제가 적용되는 사건(①, ②, ③청구)의 인지액과 정액제사건(④신청)의 인지액 사이에 합산(또는 별산)한 것인가 아니면 흡수할 것인가에 있다. 이는 '복수청구의 소송목적의 값' 사이에 적용되는 합산·흡수법칙에 등에 관한 규칙(민인법 제2조 제5항, 민인규 3절 등)을 '역진제 사건의 인지액과 사건의 정액제 사건의 인지액' 사이에 유추적용 할 수 있는가의 문제로 볼 수 있는데, 이를 부정함이 상당할 것이다(아래 사례 27, 28).

❑ 사례 27 : 명예훼손을 원인으로 한 소송에서의 인지액 (1)

[문제 1]	소송목적의 값 신문사의 기사로 인해 자신의 명예가 훼손되었음을 이유로 다음과 같은 청구를 하였다. ㉮ 명예훼손행위에 대한 손해배상금 1억원 청구 ㉯ 정정보도 1회 게재(1회 게재비용 500만원) ㉰ 위 ㉯항을 이행하지 아니할 경우 기만만료 다음날부터 이행완료일까지 매일 100만원의 비율로 계산한 금원지급청구
[답 변]	☞ 각 청구의 소송목적의 값 (1) 손해배상청구 소송목적의 값은 청구금액인 1억원이다(민인규 제12조 제3호). (2) 정정보도청구 그 처분에 통상 소요되는 비용을 산출할 수 있는 경우에는 그 비용을 소송목적의 값으로 하므로 정정보도문 게재비용인 500만원이다(민인규 제14조). (3) 정정보도청구에 대한 간접강제 간접강제는 부대체적 작위채무 또는 부작위채무의 이행을 확보하기 위한 수단으로 인정되는 것인데(민집 제261조), 명예훼손의 피해자인 원고가 민법 제764조에 따라 명예회복을 위한 적당한 처분으로서 가해자인 피고에 대하여 정정보도문의 게재와 그 불이행시의 간접강제를 명할 수 있음이 판례상 인정되고 있다(대법원 2008. 8. 19. 선고 2001다3214 판결). 정정보도문 게재의무의 이행을 확보하기 위한 금원지급 청구는 그 실질이 민사집행법 제261조에 의한 간접강제신청으로서 2,000원의 정액인지를 붙이므로(민인법 제9조 제4항 제1호, 재민 91-1) 소송목적의 값 계산은 필요하지 않다

☞ 병합 청구의 소송목적의 값에 대한 인지액

명예훼손행위에 대하여 금전배상과 명예회복에 적당한 처분이 인정되는 것이고, 양 청구는 경제적 이익이 별개·독립의 관계에 있으므로 합산법칙을 적용한다(민인규 제19조). 따라서 소송목적의 값은 1억 5,000만원(1억원+5,000만원)이고, 이에 대한 인지액은 475,000원이다(민인법 제2조 제1항 제3호).

☞ 역진제 사건과 정액제 사건의 병합

위 사안과 같이 역진제가 적용되는 사건(㉮, ㉯청구)의 인지액과 정액제가 적용되는 사건(㉰신청)이 병합된 경우에 각 인지액 사이에 합산할 것인가 흡수할 것인가에 관하여 명문의 규정을 두어 해결하고 있는 경우도 있지만(가수규 제5조 제1항 참조), 민사소송등인지법과 민사소송등인지규칙은 이러한 규정을 두고 있지 않다. 이로 인하여 '복수청구의 소송목적의 값' 사이에 적용되는 합산·흡수법칙 등에 관한 규정(민인법 제2조 제5항, 민인규 4절 등)을 '역진제 사건의 인지액과 정액제 사건의 인지액' 사이에 유추적용 할 수 있는가 문제된다.

유추적용 부정설은 청구병합 시에 적용되는 합산·흡수법칙 등은 소송목적의 값 사이에 적용되는 개념이므로 이를 각 인지액 사이에 유추적용하기에 적절하지 않고 따라서 사안과 같은 경우에는 언제나 합산법칙(엄밀하게 말하면 양 인지액 상호간에 아무런 영향을 미치지 아니하므로 별산법칙이라는 표현이 적합하다는 견해도 있는데 결론에 있어서 합산법칙과 별산법칙은 동일한 인지액이 된다)을 적용하면 된다는 견해이다. 이에 의하면 인지액은 477,000원(475,000원+2,000원)이 된다.

유추적용 긍정설은 언제나 합산법칙을 적용한다면 경우에 따라 인지액이 지나치게 고액인 경우가 발생할 수 있다는 점을 근거로 사안에 적합하게 합산법칙 또는 흡수법칙을 적용하도록 하여야 한다는 견해이다.

명문규정(가수규 제5조 제1항 참조)이 없다는 점에서 유추적용 부정설이 상당하다.

따라서 위 소송목적물 값에 대한 인지액은 477,000원이다.

❑ 사례 28 : 명예훼손을 원인으로 한 소송에서의 인지액 (2)

[문제 1] 소송목적의 값

텔레비전 방송국이 공무원의 비리를 다룬 특집 다큐멘터리를 방영하여 자신의 명예가 훼손되었음을 이유로 다음의 청구를 하였다.

㉮ 명예훼손행위에 대한 손해배상금 1억원 청구

㉯ 정정보도 방송 1회 청구(1회 방송비용 1,000만원)

㉰ 위 ㉯항을 이행하지 아니할 경우 기만만료 다음날부터 이행완료일까지 매일 300만원의 비율로 계산한 금원지급청구

㉱ 특집 다큐멘터리의 재방송금지청구

㉲ 위 ㉱항을 위반할 경우 그 위반한 행위 1건에 대하여 800만원 청구

[답 변] ☞ 각 청구의 소송목적의 값

(1) 손해배상청구

소송목적의 값은 청구금액인 1원이다(민인규 제12조 제3호).

(2) 정정보도청구

소송목적의 값은 정정보도 방송비용인 1,000만원이다(민인규 제14조).

(3) 정정보도청구에 대한 간접강제

정정보도문 게재의무의 이행을 확보하기 위한 금원지급 청구는 그 실질이 민사집행법 261조에 간접강제신청으로서 2,000원의 정액인지를 붙이

므로(민인법 제9조 제4항 제1호, 재민 91-1) 소송목적의 값 계산은 필요하지 않다.

(4) 재방송금지청구
인격권에 기한 명예훼손금지를 구하는 것이므로, 비재산권상의 소에 해당하여 소송목적의 값은 5,000만원이다(민인규 제18조의 2 본문).

(5) 재방송금지청구에 대한 강제경매
그 실질이 민사집행법 제261조에 의한 간접강제신청으로서, 2,000원의 정액 인지를 붙이므로(민인법 제9조 제4항 제1호, 재민 91-1) 소송목적의 값 계산은 필요하지 않다.

☞ **병합 청구의 소송목적의 값에 대한 인지액**

명예훼손행위에 대하여 사후적 구제수단으로서 금전에 의한 손해배상(민법 제750조, 제751조)과 명예회복처분(민법 제764조)이 인정되고, 사전적 구제수단으로서 금지청구권(대법원 1996. 4. 12. 선고 93다40614, 40621 판결)이 인정된다. 이 청구들은 경제적 이익이 독립한 별개의 것이라고 볼 수 있으므로 합산법칙을 적용함이 타당하다(민인규 제19조). 따라서 소송목적의 값은 1억 6,000만원(손해배상청구 1억원＋정정보도청구 1,000만원＋재방송금지청구 5,000만원)이고, 이에 대한 인지액은 695,000원이다(민인법 제2조 제1항 제3호).

☞ **역진제 사건과 정액제 사건의 병합**

역진제가 적용되는 사건의 인지액과 정액제가 적용되는 사건의 인지액 사이에서는 소송목적의 값 사이에 적용되는 합산·흡수법칙에 관한 규정의 유추적용을 부정하여 합산법칙(또는 별산법칙)에 의하여 인지액을 계산함이 상당하다.
이에 의하면 인지액은 699,000원[역진제 사건의 인지액 695,000원㉮㉯㉱청구)＋정액제 사건의 인지액 4,000원(㉰신청＋㉲신청]이 된다.
따라서 위 소송목적물 값에 대한 인지액은 699,000원이다.

제3장 형성의 소

제1절 총 설

형성의 소라 함은 법률관계를 변동시키는 판결을 목적으로 하는 소이므로 형성판결이 확정되면 형성소권(형성요건)의 존재에 대해 기판력이 발생하는 동시에 법률관계를 발생·변경·소멸시키는 형성력이 발생한다. 원고가 전부승소할 경우 직접 받게 될 경제적 이익을 객관적으로 평가한 금액을 소송목적의 값으로 하므로(민인규 제6조) 명문규정이 없는 한 형성력이 미치는 범위 즉, 지금까지 존재하지 아니하였던 새로운 법률관계를 발생시키고, 기존의 법률관계를 변경·소멸시키는 것의 가치에 의해 소송목적의 값을 산정함이 원칙이다.

민사소송등인지규칙은 공유물분할청구의 소(민인규 제12조 제7호), 경계확정의 소(민인규 제12조 제8호), 사해행위취소의 소(민인규 제12조 제9호), 정기금판결에 대한 변경의 소(민인규 제12조 제10호)에 대하여 소송목적의 값 산정방식을 규정하고 있다. 회사 등 관계소송, 집행법상의 소송, 행정소송, 지식재산권에 관한 소송, 가사소송 등에도 형성의 소에 해당하는 것들이 있지만 이들에 대한 특별규정이 있으므로 그에 의하여 소송목적의 값을 산정한다.

제2절 공유물분할청구

1. 소송목적의 값

공유물분할청구(민법 제269조)의 소송목적의 값은 목적물건의 가액에 원고의 공유지분 비율을 곱하여 산출한 가액의 3분의 1로 한다(민인규 제12조 제7호). 이는 공유물분할청구의 소에서 전부승소할 경우 원고가 직접 받게 될 경제적 이익은 분할전의 공유물에 대해서 원고가 가지는 지분의 가액과 분할후 원고의 단독소유로 된 물건의 가액과의 차액이라고 할 것인데, 소제기시 이 가액이 명백하지 않기 때문에(분할후 원고의 단독소유로 된 물건의 가액을 파악할 수 없기 때문이다) 산정업무의 신속·획일성을 위해 민사소송등인지규칙 제6조의 원리를 일부 수정한 것이다.

원고가 가지는 공유지분의 가액의 3분의 1을 곱하도록 규정한 취지는, 공유물분할은 공유지분에 의해서 상호 제한된 상태를 제거하기 위하여 1개의 소유권을 양적으로 세분하는 것이기 때문에 공유지분권에 기해서 공유물에 대한 지배·점유의 범위를 구체화하는 것이라고 할 수 있고, 이 의미에서 전부승소할 경우 원고가 직접 받게 될 경제적 이익이 점유권확인의 소(민인규 제10조 제2항)와 유사하다고 볼 수 있기 때문이다.

예컨대, 갑·을·병·정·무가 각 5분의 1의 지분에 의하여 물건가액 15억의 토지를 공유하고 있는데, 갑이 공유물분할청구의 소를 제기한 경우 소송목적의 값은 1억원(15억원 × 1/5 × 1/3)이다.

한편, 상속재산분할청구(민법 제1013조 제2항)도 공유재산의 분할청구에 해당하지만 이는 마류 가사비송사건이므로 그 심판청구의 수수료는 10,000원이다(가수규칙 제3조 제1항).

2. 항 소

항소장에 납부할 인지액은 항소로써 불복하는 범위의 소송목적의 값을 기준으로 한정하는데(민인규 제25조), 공유물분할청구에서는 불복범위 산정이 곤란한 경우가 있다.

가. 제1심 원고가 항소를 제기한 경우

① 제1심 판결이 소 각하 또는 청구기각일 때에는 원고의 전면패소라고 할 수 있으므로 항소의 소송목적의 값은 제1심의 소송목적의 값과 동액이 된다.

② 원고가 현물분할을 청구하였는데 경매에 의한 대금분할 판결을 하거나, 원고가 청구한 지분비율보다 적은 지분비율로 판결을 하여 이에 대해 항소한 경우, 항소

심 소송목적의 값 산정방식에 관하여, ㉮ 재산권상의 소로서 소송목적의 값을 산출할 수 없는 경우(민인규 제18조의 2 본문)에 준하여 5,000만원으로 하는 방법과 ㉯ 1심 소송목적의 값과 동액으로 하는 방법이 있다. 후자의 견해가 타당하므로 접수담당자는 항소심 소송목적의 값을 1심 소송목적의 값과 동액으로 하면 된다.

나. 제1심 피고가 항소를 제기한 경우

제1심 판결이 인정한 지분비율이나 분할방법 등에 불복이 있을 때에는 위 가.의 경우와 동일하게 산정한다. 따라서 제1심 소송목적의 값이 항소의 소송목적의 값이 된다.

그리고 원고에게 분할청구권이 없다고 하면서 분할 자체에 대하여 불복항소할 때에도 원고의 청구를 기각하는 판결을 구하는 항소이므로 항소의 소송목적의 값은 제1심 소송목적의 값과 동액으로 한다.

제3절 경계확정의 소

1. 소송목적의 값

경계확정의 소에 있어서는 다툼이 있는 범위의 토지부분의 가액을 소송목적의 값으로 한다(민인규 제12조 제8호).

경계확정의 소는 대부분이 소유권의 범위의 다툼을 그 실체로 하는 것이고, 법원은 양쪽 당사자가 주장하는 경계 사이에서 상당하다고 생각되는 경계를 설정하는 것이 통상적이라는 점에서 다툼이 있는 범위의 토지부분의 가액을 소송목적의 값으로 한 것이다.

경계확정의 소는 소장에 다툼이 있는 토지부분의 범위를 명백하게 밝힐 것이 필수적으로 요청되는 것은 아니고, 다툼이 있는 토지부분의 범위는 피고의 주장 여하에 따라 확정되는 것이므로 그 범위를 명확히 하지 않고 "A·B 양 토지의 경계를 구한다"는 청구도 가능하다. 이런 경우에는 소장 접수단계에서 다툼이 있는 범위의 토지부분의 범위가 명백하지 않아 소송목적의 값을 산정하는 것이 용이하지 않다. 접수담당자는 잠정적으로 소송목적의 값을 5,000만원으로 계산하여 접수하고, 후에 수소법원의 심리를 통해 그 범위가 명백하게 된 단계에서 소송목적의 값을 다시 산정하여 인지보정절차 또는 환급절차를 취함이 타당하다.

2. 병합청구한 경우의 소송목적의 값 산정

① 경계확정의 소(다툼이 있는 토지부분의 가액은 3,000만원, 소송목적의 값은 3,000만원)에, ② 다툼이 있는 토지부분의 입목을 피고가 벌채했음을 이유로 1,000만원의 손해배상과 ③ 다툼이 있는 토지부분에 피고가 공작물을 설치하여 소유권에 기한 공작물의 철거(소유권에 기한 방해배제이므로 소송목적의 값은 물건가액의 1/2인 1,500만원) 및 ④ 다툼이 있는 토지부분의 인도(소유권에 기한 인도청구이므로 소송목적의 값은 물건가액의 1/2인 1,500만원)를 병합하여 청구하는 경우, ③청구는 토지인도의 수단적 성격을 가지므로 소송목적의 값에 산입하지 아니하고(민인규 제21조 본문), ①④청구는 경제적 이익이 동일 또는 중복되어 흡수법칙이 적용되며, ②청구는 ①④청구와 경제적 이익이 독립한 별개의 것에 해당하여 합산법칙이 적용되므로 결국 소송목적의 값은 4,000만원(②청구의 소송목적의 값 1,000만원 + ①④청구의 소송목적의 값 3,000만원)이다(아래 사례 29).

예시 1 **경계확정 청구**

> 원고 소유의 별지 목록 기재 (가)의 토지와 피고 소유의 별지 목록 기재 (나)의 토지의 경계는, 위 (가)토지상의 별지 목록 기재 (다)건물의 동북쪽 모퉁이인 별지 도면 표시 (ㄱ)점으로부터 위 (나)토지상의 별지 목록 기재 (라)건물의 서북쪽 모퉁이인 별지 도면 표시 (ㅅ)점을 향하여 3.8m 거래인 별지 도면 표시 ①점과, 위 (3)건물의 동남쪽 모퉁이인 별지 도면 표시 (ㄴ)점으로부터 위 (라)건물의 서남쪽 모퉁이인 별지 도면 표시 (ㅇ)점을 향하여 2m거리인 별지 도면 표시 ②점을 연결한 직선으로 확정한다.

► **소가산정** ◄

1. 목적물의 종류에 따른 가액

경계확정청구의 소 : 다툼이 있는 범위의 토지부분의 가액을 소가로 한다 (민인규 제12조 제8호).

2. 산출공식

공시지가 × 면적(㎡) × 50/100 = 다툼이 있는 범위의 토지부분의 가액

※1. 경계확정의 소란 인접한 토지의 경계가 사실상 불분명하여 다툼이 있는 경우에 재판에 의하여 그 경계를 확정하여 줄 것을 구하는 소송으로서, 토지소유권의 범위의 확인을 목적으로 하는 소와는 달리, 인접한 토지의 경계가 불분명하여 그 소유자들 사이에 다툼이 있다는 것만으로 권리보호의 필요가 인정된다. 여기서 경계확정소송의 대상이 되는 "경계"란 공적으로 설정 인증된 지번과 지번과의 경계선을 가리키는 것이고, 사적인 소유권의 경계선을 가리키는 것은 아니다(대법원 1997. 7. 8. 선고 96다36517 판결).

2. 토지의 경우에는 "부동산가격공시 및 감정평가에 관한 법률"에 의한 개별공시지가(개별공시지가가 없는 경우에는 토지가격비준표에 의하여 산정한 가액)에 50/100을 곱하여 산정한 후(민인규 제9조 제1항), 소가산정기준에 의하여 목적물의 종류에 따라 소가를 산정한다.

예시 2 **경계확정 및 대지인도 청구(병합)**

1. 원고 소유의 ○○시 ○○동 100-12 대 287㎡와 피고 소유의 같은 동 100-13 대 247㎡와의 경계선은 별지 제1 도면표시 1, 3, 4, 1의 각 점을 순차로 연결한 선으로 확정한다.
2. 피고는 원고에게 위 경계선을 따라 위 같은 동 100-12 대 287㎡ 지상에 축조된 옹벽을 철거하고, 별지 제1 도면 표시 1, 3, 4, 5, ㄱ, ㅊ, ㅈ, ㅇ, 1의 각 점을 순차로 연결한 선 안의 대지 3.5㎡를 인도하라.

► **소가산정** ◄

1. 목적물의 종류에 따른 가액

가. 경계확정의 경우 : 다툼이 있는 범위의 토지부분의 가액을 소가로

한다(민인규 제12조 제8호).

나. 토지인도 : 목적물가액의 1/2을 소가로 한다(민인규 제12조 제5호, 가목).

다. 옹벽철거 : 옹벽철거비용을 소가로 하여 물건의 인도, 명도(철거포함) 또는 방해배제를 구하는 소의 민인규 제12조 제5호, 가목을 적용, 위 비용의 1/2을 소가로 한다(민인규 제12조 제5호, 가목).

2. 산출공식

가. 경계확정의 경우 : 공시지가 × 면적(㎡) × 50/100 × 다툼이 있는 범위의 토지부분 = 소가

나. 토지인도의 경우 : 공시지가 × 면적(㎡) × 50/100 × 1/2 = 소가

다. 옹벽철거 : 옹벽철거비용 × 1/2 = 소가

3. 소 가

흡수법칙에 의하여 위 금액 중 다액을 소가로 한다.

※ 1. 본 소는 "경계확정과 경계선상에 있는 옹벽철거 및 그 대지인도"의 병합형태이다. "경계선상에 있는 옹벽철거 및 그 대지인도의 경우"는 "경계확정청구"에 기한 원인된 사실로부터 발생하는 경우에 해당되기 때문에 "경제적 이익"이 동일하거나 중복되는 청구(민인규 제20조)와, 수단인 청구(민인규 제21조)"에 해당되므로 흡수법칙을 적용하여 산출하여야 한다. 여기서 "경제적 이익이 동일하거나 중복되는 때"에 해당된다 함은 경계의 확인청구에 대한 그 동일 지상에 축조된 옹벽철거 및 토지인도를 말하고, "수단인 청구"에 해당된다 함은 경계의 확인청구는 주된 청구에, 그 동일 지상에 축조된 옹벽철거 및 토지인도는 수단인 청구에 해당되는 것을 말한다.

2. 흡수법칙은 "1개의 소로써 주장하는 수 개의 청구의 경제적 이익이 동일하거나 중복되는 때(민인규 제20조)"와 "1개의 청구가 다른 청구의 수단에 지나지 않을 때(민인규 제21조)"로 나뉜다. 전자의 경우에는 중복되는 범위 내에서 흡수되고, 그중 가장 다액인 청구의 가액을 소가로 하고(민인규 제20조). 후자의 경우에는 특별한 규정이 있는 경우를 제외하고, 그 가액은 소가에 산입하지 아니한다. 다만, 수단인 청구의 가액이 주된 청구의 가액보다 다액인 경우에는 그 다액을 소가로 한다(민인규 제21조).

3. 토지의 경우에는 "부동산가격공시 및 감정평가에 관한 법률"에 의한 개별공시지가(개별공시지가가 없는 경우에는 토지가격비준표에 의하여 산정한 가액)에 50/100을 곱하여 산정한 후(민인규 제9조 제1항), 소가산정기준에 의하여 목적물의 종류에 따라 소가를 산정한다.

예시 3 **공유물분할청구**

> ○○시 ○○동 100-4 대 115㎡ 중 별지 도면 표시 1, 2, 3, 4, 1의 각 점을 순차 연결한 선내의 ㉮ 부분 65㎡를 원고의 소유로, 같은 도면 표시 2, 5, 6, 7, 2의 각 점을 순차 연결한 선내의 ㉯ 부분 50㎡를 피고의 소유로 각 분할한다.

► 소가산정 ◄

1. **목적물의 종류에 따른 가액**
   공유물분할의 경우 목적물가액에 원고의 공유지분비율을 곱하여 산출한 가액의 1/3을 소가로 한다(민인규 제12조 제7호).

2. **산출공식**
   공시지가 × 면적(㎡) × 50/100 = 목적물가액 × 원고의 공유지분비율 × 1/3 = 소가

※1. 본 소는 115㎡ 중 65㎡를 원고의 소유로, 그 나머지를 피고의 소유로 분할하는 소이다. 소가는 원고가 청구취지로써 구하는 범위 내에서 원고의 입장에서 보아 전부 승수할 경우에 직접 받게 될 경제적 이익을 객관적으로 평가하여 금액으로 정함을 원칙으로 하므로(민인규 제6조), 위 65㎡에 대하여만 소가를 산출하여야 한다.

2. 토지의 경우에는 "부동산가격공시 및 감정평가에 관한 법률"에 의한 개별공시지가(개별공시지가가 없는 경우에는 토지가격비준표에 의하여 산정한 가액)에 5/100을 곱하여 산정한 후(민인규 제9조 제1항), 소가산정기준에 의하여 목적물의 종류에 따라 소가를 산정한다.

□ 사례 29 : 경계확정의 소에서의 소송목적의 값

[문제 1]	① 경계확정의 청구와 ② 다툼이 있는 토지부분에 위치한 입목을 피고가 벌채했음을 이유로 1,000만원의 손해배상청구를 병합하여 제기한 경우 소송목적의 값
[답 변]	(1) 각 청구의 소송목적의 값 ① 경계확정청구 소송목적의 값은 다툼이 있는 토지부분의 가액인 3,000만원이다(민인

규 제12조 제8호).

② 손해배상청구

소송목적의 값은 청구금액인 1,000만원이다(민인규 제12조 제3호).

(2) 병합청구의 소송목적의 값

경계확정청구와 손해배상청구는 경제적 이익이 독립한 별개의 것에 해당하므로 합산법칙을 적용한다(민인규 제19조). 따라서 병합청구의 소송목적의 값은 4,000만원(3,000만원+1,000만원)이다.

[문제 2]

① 경계확정의 청구와 ② 다툼이 있는 토지부분에 피고가 공작물을 설치하여 소유권에 기한 공작물의 철거청구 및 ③ 다툼이 있는 토지부분의 인도청구를 병합하여 제기한 경우 소송목적의 값

- 원고 토지(1,000㎡)가액 : 1억원
- 피고 토지(800㎡)가액 : 8,000만원
- 계쟁 토지(300㎡)가액 : 3,000만원

[답 변]

(1) 각 청구의 소송목적의 값

① 경계확정청구

소송목적의 값은 다툼이 있는 토지부분의 가액인 3,000만원이다(민인규 제12조 제8호).

② 공작물철거청구

소유권에 기한 방해배제청구에 있어서는 목적물건 가액의 2분의 1을 소송목적의 값으로 한다(민인규 제12조 제5호 가목). 따라서 소송목적의 값은 1,500만원(3,000만원×1/2)이다.

③ 토지인도청구

소유권에 기한 인도청구에 있어서는 목적물건 가액의 2분의 1을 소송목적의 값으로 한다(민인규 제12조 제5호 가목). 따라서 소송목적의 값은 1,500만원(3,000만원×1/2)이다.

(2) 병합청구의 소송목적의 값

① 소유권에 기한 공작물철거청구는 토지인도청구의 수단인 청구에 해당하여 불산입법칙이 적용되므로(민인규 제21조 본문), 양 청구의 소송목적의 값이 1,500만원임에는 다툼의 여지가 없다. 문제는 경계확정의 청구와 토지인도청구 등에 대하여 합산법칙(민인규 제19조)을 적용할 것인가, 아니면 흡수법칙(민인규 제20조)을 적용할 것인가인데 흡수법칙을 적용한다.

② 흡수법칙을 적용한다는 견해(민인규 제20조)

그 실질이 동일 목적물에 대한 소유권확인청구와 인도청구를 병합한 경우와 유사하므로 경제적 이익이 동일 또는 중복된다고 볼 수 있다는 점을 근거로 든다.

③ 결 론 : 흡수법칙적용

경제적 이익이 독립한 별개의 것인지 아니면 중복·동일의 것인지를 판단함에 있어서 소송의 성질은 그 기준이 될 수 없으므로 흡수법칙을 적용하는 견해가 타당하다. 따라서 병합청구의 소송목적의 값은 3,000만원{(토지인도청구 및 공작물철거청구 1,500만원)과 경계확정청구 3,000만원 중 다액}이다(민인규 제20조).

3. 항 소

가. 원 칙

경계확정의 소에서도 불복범위를 기준으로 항소심 소송목적의 값을 정한다.

따라서 원칙적으로 1심판결이 정한 경계와 항소인이 주장하는 경계로 둘러싸여진 범위의 토지 가액을 항소심 소송목적의 값으로 한다.

나. 불복범위 산정이 곤란한 경우의 처리

원고가 소명자료로 제출한 다툼있는 토지 범위의 도면과 검증 등에 의해 작성되어 판결에 인용된 다툼있는 토지 범위의 도면에서 형상 등에 차이가 생기기 때문에 불복부분의 면적을 용이하게 산출할 수 없는 경우가 있다.

접수담당자는 항소심 소송목적의 값을 1심 소송목적의 값과 동액으로 한다.

제4절 사해행위취소의 소

1. 개 요

가. 소송목적의 값

사해행위취소의 소에 있어서는 취소되는 법률행위의 목적의 가액을 한도로 한 원고의 채권액을 소송목적의 값으로 한다(민인규 제12조 제9호). 전부 인용될 경우 원고가 직접 받게 될 경제적 이익은 채권의 보전이익이고, 채권의 보전이익은 취소되는 법률행위 목적의 가액을 초과할 수 없기 때문이다.

한편, 민법 제406조 제1항은 '채권자는 … 그 취소 및 원상회복을 법원에 청구할 수 있다"로 규정하고 있으므로, 사해행위취소소송은 법률행위 취소청구(형성의 소)와 원상회복청구(이행의 소)가 병합된 형태라고 할 것이다(판례·통설).

그러나 민사소송등인지규칙에는 법률행위 취소청구(형성의 소)에 대한 규정만 있고 원상회복청구(이행의 소)에 대한 규정은 없다.

나. 소송유형 및 소송목적의 값 산정방식

① 법률행위 취소청구만을 구하는 경우이다. 예컨대, 채무면제와 같은 단독행위나 부동산의 매매계약만 체결되고 아직 이전등기는 이루어지지 않아 법률행위의 취소만으로 책임재산의 보전이라는 목적을 달성할 수 있는데, '원고의 채권액(피보전채권의 원금)'과 '취소되는 법률행위 목적의 가액' 중 적은 쪽을 소송목적의 값으로 한다.

② 법률행위 취소청구(형성의 소)와 원상회복청구(이행의 소)를 구하는 경우이다. 법률행위 취소청구의 소송목적의 값은 ①과 같은 방식으로 산정하고, 원상회복청구의 소송목적의 값은 '원상회복의 가액을 한도로 한 원고의 채권액'으로 산정하며, 양 청구의 경제적 이익이 동일하거나 중복되는 경우에 해당하므로 흡수법칙에 따라 양 청구의 소송목적의 값 중 다액인 쪽을 소송목적의 값으로 한다.

③ 채무자에 대한 금전의 지급을 구하는 이행청구(예컨대, 대여금 또는 구상금청구)와

수익자에 대한 법률행위 취소 및 원상회복청구를 주관적으로 병합하여 제거하는 경우이다. 수익자에 대한 청구는 채무자에 대한 청구를 위한 수단에 지나지 않으므로 수익자에 대한 청구의 소송목적의 값은 산입하지 않으나, 그 소송목적의 값이 채무자에 대한 청구의 소송목적의 값 보다 다액인 경우에는 이를 소송목적의 값으로 한다(민인규 제21조).

2. 원고의 채권액

원고의 채권액이란 채무자에 대한 "피보전채권의 원금"을 의미하므로 이자 등 부대청구는 소송목적의 값에 산입하지 않는다(민소 제27조 제2항). 그러나 사해행위취소의 소에 있어서는 피보전채권의 원금이 소장의 청구취지에 기재되지 않는 경우가 있고, 기재되는 경우에도 그것은 피보전채권의 원금이 아닌 경우가 있으므로 참여사무관 등은 소장의 청구원인 등을 검토하여 피보전채권의 원금을 파악하여야 한다. 실무상 원고가 대여금 채권자이거나 구상금 채권자(예컨대, 신용보증기금, 기술신용보증기금, 보증인)인 경우가 많다.

가. 원고가 대여금 채권자인 경우

피보전채권은 '피보전채권 원금＋이자＋지연손해금'으로 구성되는데, 이자와 지연손해금은 부대청구이므로 소송목적의 값에 산입하지 않는다(민소 제27조 제2항).

나. 원고가 구상금 채권자인 경우

피보전채권은 '대위변제금＋채권보전비용＋위약금＋이자＋지연손해금'으로 구성되는데, 이자와 지연손해금은 부대청구이므로 소송목적의 값에 산입하지 않지만, 채권보전비용과 위약금은 모두 부대청구가 아니므로 소송목적의 값에 산입한다(재민 2003-1).

3. 취소되는 법률행위 목적의 가액

가. 개 요

취소되는 법률행위란 사해행위에 해당하는 권리이전행위 또는 권리설정행위를 의미하고, '법률행위 목적의 가액'이라 함은 이전행위 또는 설정행위에 의해 이전 또는 설정된 권리의 가액을 의미하다. 권리의 가액은 민사소송등인지규칙 제10조, 제11조에 의하여 산정한다.

소송목적의 값은 '원고의 채권액(피보전채권의 원금)'과 '취소되는 법률행위 목적의 가액' 중 적은 쪽으로 한다.

나. 산 정 례

(1) 법률행위가 부동산 매매계약인 경우

법률행위의 목적은 부동산 소유권이전행위이므로 부동산 소유권의 가액이 '취소되는 법률행위의 목적의 가액'이 된다. 부동산 소유권의 가액은 그 물건가액으로 한다(민인규 제10조 제1항). 예컨대, 원고의 채권액(피보전채권의 원금)이 2억원이고 부동산의 가액이 3억원인데 부동산매매계약의 취소를 구하는 경우, "취소되는 법률행위 목적의 가액"은 3억원이지만 원고의 채권액이 이보다 적은 2억원이므로 법률행위의 취소청구의 소송목적의 값은 적은 금액인 2억원이다.

(2) 법률행위가 근저당권설정계약인 경우

법률행위의 목적은 근저당권설정행위이므로 근저당권의 가액이 '취소되는 법률행위의 목적의 가액'이고, 근저당권의 가액은 목적물건 가액을 한도로 한 채권최고액이다(민인규 제10조 제5항). 예컨대, 원고의 채권액(피보전채권의 원금)이 2억원, 부동산의 가액이 3억원, 근저당권의 채권최고액이 1억원인데 위 부동산에 대한 근저당권설정계약의 취소를 구하는 경우, '취소되는 법률행위 목적의 가액'은 1억원이고, 원고의 채권액이 2억원이므로 법률행위 취소청구의 소송목적의 값은 적은 금액인 1억원이다.

4. 원상회복청구의 가액

사해행위취소의 소는 법률행의 취소청구(형성의 소)와 원상회복청구(이행의 소)가 병합된 것인데 민사소송등인지규칙에는 전자에 대한 규정만 있고 후자에 대한 규정은 없다. 이로 인해 사해행위취소의 소에 있어서 소송목적의 값 산정시 원상회복청구의 가액을 고려할 것인지, 고려한다면 그 산정방식은 무엇인지가 문제로 된다.

가. 소송목적의 값 산정시 고려 여부

현행법상 불산입법칙이 적용되는 것은 부대청구와 수단청구인데, 부대청구에 대해 "그 값은 소송목적의 값에 넣지 아니한다"라고 규정하고(민소 제27조 제2항) 수단청구에 대해 "그 가액은 소가에 산입하지 아니한다"라고 규정하고 있다(민인규 제21조 본문). 따라서 청구가 병합된 경우 어느 한 청구의 소송목적의 값이 고려되지 않는 것은 그러한 취지가 명문으로 규정된 경우에 한정되므로, 원상회복청구의 가액을 소송목적의 값 산정에 고려해야 함이 타당하다(아래 사례 30).

예시 1 **사해행위취소 등 청구(채무자겸 증여자에게는 금전지급를 청구하고, 수증자에게는 증여계약 및 소유권말소청구를 병합한 경우)**

1. 피고 김○○는 원고에게 5,000만원과 이에 대하여 2017. 2. 18.부터 이 사건 소장부본 송달일까지는 연 5%, 그 다음날부터 다 갚는 날까지는 연 15%의 각 비율로 계산한 돈을 지급하라.
2. 피고 이○○와 같은 김○○와의 사이에 ○○시 ○○동 ○○○-○○ 대 150㎡ 및 위 지상 시멘트블록조 기와지붕 1층 주택 60㎡에 관하여 2017. 8. 12. 체결한 증여계약은 취소한다.
3. 원고에게, 피고 이○○은 위 부동산에 관하여 ○○지방법원 ○○등기소 2017. 8. 13. 접수 제○○○호로 경료된 소유권이전등기의 말소등기절차를 이행하라.

※ 채무자겸 증여자(김○○)에게는 금전지급을 청구하고, 수증자(이○○)에게는 이 사건 증여계약취소와 소유권이전등기의 말소등기절차를 이행하라는 청구를 병합하는 경우

► 소가산정 ◄

1. 목적물의 종류에 따른 가액

가. 금전지급의 경우 : 청구금액을 소가로 한다(민인법 제2조).

나. 증여계약취소의 경우 : 사해행위취소의 소는 취소되는 법률행위의 목적의 가액을 한도로 한 원고의 채권액을 소가로 한다(민인규 제12조 제9호).

다. 소유권이전등기의 말소 : 등기원인이 무효 또는 취소로 보아 목적물 가액의 1/2를 소가로 한다(민인규 제13조 제1항 제4호, 나목).

2. 산출공식

가. 피고 김○○의 금전지급청구부분

위 청구취지의 금액 5,000원이 소가가 된다. 부대청구인 지연손해금 등은 포함하지 아니한다(예규 예민 2003-1 참조).

나. 사해행위취소청구와 소유권이전등기의 말소부분

(1) 토지 증여계약취소부분

① 토지 : 공시지가 × 면적(㎡) × 50/100 = 가액

② 건물 : 건물기준가액 × 구조지수 × 용도지수 × 위치지수 × 경과년수잔가율 × 면적(㎡) × 가감산율 = 과세시가표준액 × 50/100 = 가액

③ (①토지가액 + ②건물가액) = 목적물가액(취소되는 법률행위의 목적의 가액을 한도로 한 원고의 채권액)

예 : 원고의 채권액이 3천만원이고, 취소되는 법률행위의 목적의 가액이 1천만원일 경우 1천만원이 소가가 되고, 법률행위의 목적의 가액이 4천만원이라면 원고의 채권액 3천만원이 소가가 된다.

(2) 소유권이전등기의 말소부분

① 토지 : 공시지가 × 면적(㎡) × 50/100 = 가액

② 건물 : 건물기준가액 × 구조지수 × 용도지수 × 위치지수 × 경과년수잔가율 × 면적(㎡) × 가감산율 = 과세시가표준액 × 50/100 = 가액

③ (위 ①토지가액 + ②건물가액) × 1/2 = 소가

3. 소 가

위 2항 중 가항의 금액(5,000만원) + 위 나항의 (1), (2) 중 다액인 금액 = 소가

※1. 본 소의 경우 채무자겸 증여자(김○○)에게는 금전지급을 청구하고, 수증자(이○○)에게는 대지 및 건물에 대한 증여계약취소와 소유권이전등기의 말소를 구하는 경우이다.

본 소의 경우에는 금전지급청구는 증여계약취소와 합산원칙을, 증여계약취소와 소유권이전등기의 말소는 흡수법칙을 적용하여야 한다.

[판례] "사해행위의 취소는 악의의 수익자나 전득자에게 대하여만 할 수 있고 채무자에 대하여는 행사할 수 없으므로 채무자를 상대로 한 취소청구는 부적법하다(대법원 1967. 12. 26. 선고 67다1839 판결)"하였다. 이는 별개의 청구에 해당된다는 뜻이다. 그렇다면 민인규 제19조에 해당하여 위 청구취지 중 채무자에 대한 금전지급부분은 증여계약취소와 합산원칙을 적용하여야 하고, 소유권이전등기의 말소의 경우에는, 증여계약취소청구에 의한 원인된 사실로부터 발생하는 경우에 해당되므로 흡수법칙을 적용하여야 한다. 또한 민사소송등인지규칙 제12조 제9호에서도 "사해행위의 취소의 소는 취소되는 법률행위의 목적의 가액을 한도로 한 원고의 채권액을 소가로 한다."고 규정하고 있다. 이는 "취소청구"부분은 주된 청구로 보고, "원상회복"부분은 수단인 청구로 본다는 의미이다.

2. 토지의 경우에는 "부동산가격공시 및 감정평가에 관한 법률"에 의한 개별공시지가(개별공시지가가 없는 경우에는 토지가격비준표에 의하여 산정한 가액)에 50/100을 곱하여 산정한 후(민인규 제9조 제1항)에, 건물의 경우에는 "지방세법 시행령" 제4조 제1항 제1호의 방식에 의하여 산정한 시가표준액 50/100을 곱하여 산정한 후(민인규 제9조 제2항), 소가산정기준에 의하여 목적물의 종류

에 따라 소가를 산정한다.

예시 2 **사해행위취소 청구(사해행위로 근저당권을 설정한 경우)**

1. 피고와 소외 김○○ 사이에 ○○시 ○○동 ○○○-○○ 대 180㎡ 및 위 지상 시멘트 블록조 기와지붕 1층 주택 100㎡에 관하여 2018. 7. 10. 체결된 근저당권설정계약(토지·건물공동근저당)을 취소한다.
2. 피고 ○○은행 주식회사는 소외 김○○에게 위 부동산에 관하여 ○○지방법원 ○○등기소 2018. 1. 18. 접수 제○○○호로 마친 근저당권설정등기의 말소등기절차를 이행하라.

► 소가산정 ◄

1. **목적물의 종류에 따른 가액**
   가. 사해행위취소의 소에서는 취소청구부분이 주된 청구가 된다. 민인규 제12조 제9호에서도 "사해행위의취소의 소는 취소되는 법률행위의 가액을 한도로 한 원고의 채권액을 소가로 한다"고 하였다. 그러나 위 규칙의 같은 조문에서 규정하는 법률행위의 목적의 가액은 부동산 자체의 가액을 말하는 것으로써 매매, 증여 등의 경우에 적용되는 것이고, 본 소는 근저당권설정행위로 인한 취소의 경우이므로 법률행위의 목적의 가액을 한도로 한 채권최고액(민인규 제10조 제5항)이 소가로 된다.
   나. 근저당권설정등기의 말소는 등기원인이 무효 또는 취소의 경우로 보아 목적물가액을 한도로 한 피담보채권액(채권최고액)의 1/2을 소가로 한다(민인규 제13조 제1항 제4호, 나목).
2. **산출공식**
   가. 근저당권설정계약취소 부분
      ① 토지 : 공시지가 × 면적(㎡) × 50/100 = 가액
      ② 건물 : 건물기준가액 × 구조지수 × 용도지수 × 위치지수 × 경과년수잔가율 × 면적(㎡) × 가감산율 = 과세시가표준액 × 50/100 = 가액

③ (①토지가액＋②건물가액) = 목적물가액(취소되는 법률행위의 목적의 가액을 한도로 한 원고의 채권액)

예 : 채권최고액이 3천만원이고 취소되는 법률행위의 목적물가액이 1천만원일 경우 1천만원이 소가가 되고, 위 목적물가액이 4천만원이라면 위 채권최고액 3천만원이 소가가 된다.

나. 근저당권설정등기말소 부분

① 토지 : 공시지가 × 면적(m^2) × 5/100 = 가액

② 건물 : 건물기준가액 × 구조지수 × 용도지수 × 위치지수 × 경과년수잔가율 × 면적(m^2) × 가감산율 = 과세시가표준액 × 50/100 = 가액

③ (①토지가액＋②건물가액) = 목적물가액을 한도로 한 피담보채권액(채권최고액)의 1/2

예 : 채권최고액이 3천만원이고, 목적물가액이 2천만원일 경우 채권최고액의 1/2인 1,500만원이 소가가 되고, 목적물가액이 1,000만원이라면 채권최고액의 1/2에 못 미치는 1,000만원이 소가가 된다. 즉 목적물가액을 넘을 수 없다.

3. 소 가

위 가, 나 중 다액인 금액을 소가로 한다.

※1. 본 소는 사해행위로 대지 및 건물에 근저당권을 설정한 경우 이를 취소하는 소인 바, 근저당설정등기말소는 근저당권설정계약취소청구에 의한 원인된 사실로부터 발생하는 경우에 해당되어 흡수법칙을 적용하여 산출하여야 한다.

2. 토지의 경우에는 "부동산가격공시 및 감정평가에 관한 법률"에 의한 개별공시지가(개별공시지가가 없는 경우에는 토지가격비준표에 의하여 산정한 가액)에 50/100을 곱하여 산정한 후(민인규 제9조 제1항)에, 건물의 경우에는 "지방세법 시행령" 제4조 제1항 제1호의 방식에 의하여 산정한 시가표준액 50/100을 곱하여 산정한 후(민인규 제9조 제2항), 소가산정기준에 의하여 목적물의 종류에 따라 소가를 산정한다.

예시 3 **사해행위취소 청구(저당권이 설정된 상태에서 사해행위가 이루어진 후 그 저당권설정등기가 말소된 건물에 대한 취소청구)**

1. 피고 김○○는 2018. 6. 18. 소외 이○○와 사이에 ○○시 ○○동 ○○○-○○ 대 150㎡ 및 위 지상 시멘트 블록조 기와지붕 1층 주택 60㎡에 관하여 체결한 매매계약은 취소한다.
3. 원고에게, 피고 김○○은 위 각 부동산에 관하여 ○○지방법원 ○○등기소 2018. 6. 19. 접수 제○○○호로 마쳐진 각 소유권이전등기의 말소등기절차를 이행하라.

► 소가산정 ◄

1. 목적물의 종류에 따른 가액

가. 매매계약취소의 경우 : 사해행위취소의 소는 취소되는 법률행위의 목적의 가액을 한도로 한 원고의 채권액을 소가로 한다(민인규 제12조 제9호).

나. 소유권이전등기의 말소청구 : 등기원인이 무효 또는 취소로 인한 경우로 보아 목적물가액의 1/2을 소가로 한다(민인규 제13조 제1항 제4호, 나목).

2. 산출공식

가. 원 칙

(1) 매매계약취소 부분의 소가

① 토지 : 공시지가 × 면적(㎡) × 50/100 = 가액

② 건물 : 건물기준가액 × 구조지수 × 용도지수 × 위치지수 × 경과년수잔가율 × 면적(㎡) × 가감산율 = 과세시가표준액 × 50/100 = 가액

③ (①토지가액 + ②건물가액) = 소가(법률행위의 목적의 가액을 한도로 한 원고의 채권액)

예 : 원고의 채권액이 3천만원이고, 취소되는 법률행위의 목적의 가액이 1천만원일 경우 1천만원이 소가가 되고, 법률행위의 목적의 가액이 4천만원이라면 원고의 채권액 3천

만원이 소가가 된다.

(2) 소유권이전등기의 말소등기 부분의 소가

① 토지 : 공시지가 × 면적(㎡) × 50/100 = 가액

② 건물 : 건물기준가액 × 구조지수 × 용도지수 × 위치지수 × 경과년수잔가율 × 면적(㎡) × 가감산율 = 과세시가표준액 × 50/100 = 가액

③ (위 ①토지가액 + ②건물가액) × 1/2 = 소가

나. 피담보채무액(채권최고액)의 공제

원칙적으로 위 (1), (2) 중 가장 다액인 가액을 소가로 하나 판례에 따르면 "목적물의 가액에서 피담보채무액(채권최고액)을 공제한 잔액의 범위 내"로 한다.

3. 소 가

위 (1), (2) 중 다액인 금액 - 피담보채무액(채권최고액) = 소가

※1. 저당권이 설정되어 있는 부동산에 관하여 사해행위가 이루어진 후 그 저당권설정등기가 말소된 경우 사해행위취소의 범위와 원상회복방법 : 부동산에 관한 법률행위가 사해행위에 해당하는 경우에는 원칙적으로 그 사해행위를 취소하고 소유권이전등기의 말소 등 부동산 자체의 회복을 명하는 것이 원칙이지만, 저당권이 설정되어 있는 부동산에 관하여 사해행위가 이루어진 경우에 그 사해행위는 부동산의 가액에서 저당권의 피담보채무액을 공제한 잔액의 범위 내에서만 성립한다고 보아야 하므로, 사해행위 후 변제 등에 의하여 저당권설정등기가 말소된 경우, 사해행위를 취소하여 그 부동산 자체의 회복을 명하는 것은 당초 일반 채권자들의 공동담보로 되어 있지 아니하던 부분까지 회복을 명하는 것이 되어 공평에 반하는 결과가 되므로, 그 부동산의 가액에서 저당권의 피담보채무액을 공제한 한도에서 사해행위를 취소하고 그 가액의 배상을 구할 수 있을 뿐이고, 그와 같은 가액 산정은 사실심 변론종결시를 기준으로 하여야 한다(대법원 2001. 12. 27. 선고 2001다33734 판결). 이러한 법리는 그 부 부동산이 양도담보의 목적으로 이전된 경우에도 마찬가지라고 보았다(대법원 2002. 4. 12. 선고 2000다63912 판결).

위 판례에서 "저당권이 설정되어 있는 부동산에 관하여 사해행위가 이루어지고 그 후 변제 등으로 인하여 저당권설정등기가 말소되었다면 사해행위를 취소하여 그 부동산 자체의 회복을 명하는 것은 당초 담보로 되어 있지 아니하던 부분까지 회복을 명하는 것이 되어 공평에 반하는 결과가 되므로, 그 부동산의 가액에서 저당권의 피담보채무액을 공제한 잔액의 범위 내에서만 성립한다"고

보았다. 그렇다면 본소에서 소가는 "취소되는 법률행의의 목적의 가액을 한도로 한 원고의 채권액"이 아니라 "부동산의 가액에서 피담보채무액을 공제한 잔액의 범위 내"가 될 것이다.

2. 토지의 경우에는 "부동산가격공시 및 감정평가에 관한 법률"에 의한 개별공시지가(개별공시지가가 없는 경우에는 토지가격비준표에 의하여 산정한 가액)에 50/100을 곱하여 산정한 후(민인규 제9조 제1항)에, 건물의 경우에는 "지방세법 시행령" 제4조 제1항 제1호의 방식에 의하여 산정한 시가표준액 50/100을 곱하여 산정한 후(민인규 제9조 제2항), 소가산정기준에 의하여 목적물의 종류에 따라 소가를 산정한다.

예시 4 **사해행위취소 등 청구(A, B에게 신탁계약취소 및 소유권이전등기말소를 구하고, A에게는 말소된 부동산의 소유권이전등기를 청구하는 경우)**

1. 피고 주식회사 ○○와 피고 주식회사 한국토지신탁 사이에 별지 목록 기재 부동산에 관하여 2018. 6. 2. 체결된 을종 부동산관리신착계약을 취소한다.
2. 피고 주식회사 한국토지신탁은 피고 주식회사 ○○에게 별지 목록 기재 부동산에 관하여 ○○지방법원 ○○등기소 2018. 6. 9. 접수 제○○○호로 마친 소유권이전등기에 대하여 이 사건 소장부본 송달일자 신탁해지를 원인으로 한 말소등기절차를 이행하고,
3. 피고 주식회사 ○○은 원고에게 별지 목록 기재 부동산에 관하여 2017. 6. 18. 매매를 원인으로 한 소유권이전등기절차를 이행하라.

► 소가산정 ◄

1. **목적물의 종류에 따른 가액**
   가. 신탁계약취소의 경우 : 사해행위취소의 소는 취소되는 법률행위의 목적의 가액을 한도로 한 원고의 채권액을 소가로 한다(민인규 제12조 제9호).
   나. 소유권이전등기의 말소의 경우 : 등기원인이 무효 또는 취소로 보아 목적물가액의 1/2을 소가로 한다(민인규 제13조 제1항 제4호, 나목).
   다. 소유권이전등기의 경우 : 목적물가액을 소가로 한다(민인규 제13조 제1

항 제1호).

2. 산출공식

가. 원 칙

(1) 신탁계약취소청구부분

① 토지 : 공시지가 × 면적(㎡) × 50/100 = 가액

② 건물 : 건물기준가액 × 구조지수 × 용도지수 × 위치지수 × 경과년수잔가율 × 면적(㎡) × 가감산율 = 과세시가표준액 × 50/100 = 가액

③ (①토지가액 + ②건물가액) = 소가(법률행위의 목적의 가액을 한도로 한 원고의 채권액)

예 : 원고의 채권액이 3천만원이고, 취소되는 법률행위의 목적의 가액이 1천만원일 경우 1천만원이 소가가 되고, 법률행위의 목적의 가액이 3천만원이라면 원고의 채권액 3천만원이 소가가 된다.

(2) 소유권이전등기의 말소 부분

① 토지 : 공시지가 × 면적(㎡) × 50/100 = 가액

② 건물 : 건물기준가액 × 구조지수 × 용도지수 × 위치지수 × 경과년수잔가율 × 면적(㎡) × 가감산율 = 과세시가표준액 × 50/100 = 가액

③ (위 ①토지가액 + ②건물가액) × 1/2 = 소가

(3) 소유권이전등기이행청구부분

① 토지 : 공시지가 × 면적(㎡) × 50/100 = 가액

② 건물 : 건물기준가액 × 구조지수 × 용도지수 × 위치지수 × 경과년수잔가율 × 면적(㎡) × 가감산율 = 과세시가표준액 × 50/100 = 가액

③ (위 ①토지가액 + ②건물가액) × 1/2 = 소가

3. 소 가

위 (1), (2), (3) 중 다액인 금액을 소가로 한다. 따라서 소유권이전등기의 경우가 소가가 된다.

※ 본 소는 분양받은 아파트를 건설회사가 소유권보존등기와 동시에 신탁회사에게 신탁한 사건으로 위탁자와 수탁자에게는 신탁계약취소 및 신탁해지를 원인으로 한 소유권이전등기 말소를 구하고, 위탁자에는 말소된 부동산에 대하여 소유권이전등기절차이행의 소를 병합 청구하는 경우이다.
따라서 본 소는 "소유권이전등기"에 기한 원인된 사실로부터 발생하는 경우에 해당되어 "경제적 이익이 동일"하거나 중복되는 때에 해당하여 흡수법칙을 적용하여야 한다.

[판례] 소유권보존등기가 이루어지고 이에 터 잡아 근저당권설정등기가 경료된 후 그 소유등기명의가 전전 이전된 부동산의 경우 첩부할 인지액 : 소유권보존등기가 이루어지고 이에 터 잡아 근저당권설정등기가 경료된 후 그 소유등기명의가 전전 이전된 동일 부동산에 대하여 소유권보존등기명의자, 근저당권자 및 전득자 등을 공동피고로 하여 제기된 소유권보존등기, 근저당권설정등기, 소유권이전등기의 각 말소를 구하는 소송에 있어서는 1개의 소로써 주장하는 수 개의 청구의 경제적 이익이 동일하거나 중복되는 때에 해당하므로 중복되는 범위 내에서 흡수되고 그 중 가장 다액인 청구의 가액을 소가로 할 것이다(대법원 1998. 7. 27.자 98마938 결정).

❑ 사례 30 : 사해행위취소청구에서의 소송목적의 값 (1)

[문제 1]	다음과 같은 내용의 소장이 제출된 경우 소송목적의 값 • 소외 갑과 피고 을 사이에 별지 목록 기재 건물에 관하여 체결된 2018. 6. 3.자 매매계약은 이를 취소한다. • 피고 을은 원고에게 위 별지 목록 기재 건물에 관하여 ○○지방법원 ○○등기소 접수 ○○호로 마친 소유권이전등기의 말소등기절차를 이행하라. ○ 채권액 : 2억원 ○ 건물가액 : 3억원
[답 변]	소송목적의 값은 2억원이다.

※ 매매계약취소의 소송목적의 값

사해행위취소의 소에 있어서는 취소되는 법률행위의 목적의 가액을 한도로 한 한 원고의 채권액을 소송목적의 값으로 한다(민인규 제12조 제9호).
'원고의 채권액 원금' 2억원이고 '취소되는 법률행위 목적의 가액'은 3억원이므로 소송목적의 값은 2억원(원고의 채권액과 취소되는 법률행위 목적의 가액 중 적은 쪽에 의한다)이다.

※ 소유권이전등기말소청구의 소송목적의 값

(1) 소송목적의 값 산정시 고려여부

현행법상 불산입법칙이 적용되는 것은 부대청구와 수단청구인데, 부대청구에 대해 "그 값은 소송목적의 값에 넣지 아니한다"라고 규정하고(민소 제27조 제2항) 수단청구에 대해 "그 가액은 소가에 산입하지 아니한다"라고 규정하고 있다(민인규 제21조 본문). 따라서 청구가 병합된 경우 어느 한 청구의 소송목적의 값이 고려되지 않는 것은 그러한 취지가 명문으로 규정된 경우에 한정되므로, 원상회복청구의 가액을 소송목적의 값 산정에 고려해야 함이 타당하다.

(2) 소송목적의 값 산정방식

'취소되는 법률행위 목적의 가액' 산정방식에 대하여는 명문규정(민인규 제12조 제9호)이 있는데 비하여 '원상회복청구의 가액'(소유권이전등기말소청구의 가액) 산정방식에 대하여는 규정이 없기 때문에 산정방식이 문제이다. 채권자대위소송과의 균형상 '원상회복의 가액을 한도로 한 원고의 채권액'을 소송목적의 값으로 함이 타당하다. 따라서 원상회복의 가액 1억 5,000만원(3억원 × 1/2)과 원고의 채권액 원금 2억원 중 적은 쪽인 1억 5,000만원이 소송목적의 값이다.

※ 병합청구의 소송목적의 값

법률행위 취소청구(매매계약의 취소)와 그 취소에 따른 원상회복청구(소유권이전등기말소)를 병합하여 제기하는 경우, 합산법칙보다 흡수법칙을 적용하는 것이 타당하다.
따라서 병합청구의 소송목적의 값은 매매계약취소청구의 소송목적의 값 2억원과 소유권이전등기말소청구의 소송목적의 값 1억 5,000만원 중 다액인 2억원이다(민인규 제20조).

나. 소송목적의 값 산정 방식

'취소되는 법률행위 목적의 가액' 산정방식에 대하여는 규정(민인규 제12조 제9호)이 있는데 비하여 '원상회복청구의 가액' 산정방식에 대하여는 규정이 없기 때문에 그 산정방식이 문제가 된다. 원고가 전부승소할 경우 직접 받게 될 경제적 이익을 객관적으로 평가한 금액을 소송목적의 값으로 하여야 할 것인데(민인규 제6조), 원상회복의 가액을 한도로 한 원고의 채권액을 소송목적의 값으로 함이 타당하다(아래 사례 31).

☐ 사례 31 : 채권자대위소송에서의 소송목적의 값 (1)

[문제 1]	원고가 피고 갑(임차인)으로부터 피고 갑의 피고 을(임대인)에 대한 1억원의 임대보증금반환채권을 양수하고 임대차계약종료 후 피고 을에게 임대보증금반환청구와 피고 을의 피고 갑에 대한 부동산인도청구를 다음과 같이 병합제기한 경우의 소송목적의 값 피고 갑(임차인)은 피고 을(임대인)에게 별지 목록 기재 부동산을 인도하고, 피고 을은 피고 갑으로부터 위 부동산을 인도받음과 동시에 원고에게 1억원을 지급하라. ○ 부동산가액 : 10억원 ○ 임대차보증금 : 1억원
[답 변]	소송목적의 값은 1억원이다.

※ 각 청구의 소송목적의 값

1. 피고 갑에 대한 청구

   원고의 피고 갑에 대한 청구는 피고 을을 대위하고 피고 을의 피고 갑에 대한 인도청구권을 대위행사하는 것이다.

   채권자대위권에 기하여 소를 제기할 경우 소송목적의 값 산정방식에 관한 명문규정이 없으므로 원고가 전부승소할 경우 직접 받게 될 경제적 이익을 객관적으로 평가한 금액에 의하여야 한다(민인규 제6조). 대위행사되는 채무자의 권리의 가액에 의하되, 보전되는 원고의 채권액을 한도로 하여 소송목적의 값을 산정하여야 하는데, 결국 두 개의 소송목적의 값 중 적은 쪽이 소송목적의 값으로 된다.

   ① 원고의 피보전채권액은 1억원이고(민인규 제12조 제3호), ② 대위행사되는 피고 을(임대인, 채무자)의 피고 갑에 대한 권리는 소유권에 기한 인도청구권 또는 임대차계약종료에 따른 인도청구권이므로 5억원(10억원×1/2)이 권리의 가액이다(민인규 제12조 제5호 가목 또는 나목). 소송목적의 값은 ①과 ② 중 저액인 1억원이다.

2. 피고 을에 대한 청구

   금전지급청구의 소이므로 청구금액인 1억원이 소송목적의 값이다(민인규 제12조 제3호).

※ 병합청구의 소송목적의 값

원고는 양수인으로서 임대차보증금을 지급받기 위하여 임대인의 임차인에 대한 인도청구권을 대위행사한 것이므로, 인도청구는 임대차보증금 반환청구의 수단에 지나지 않는다. 따라서 인도청구의 가액은 소송목적의 값에 산입하지 않으므로(민인규 제21조 본문), 금전지급청구의 소에 해당하는 1억원이 소송목적의 값이다.

이렇게 소송목적의 값을 산정할 경우 결국 원상회복의 가액과 원고의 채권액 중 적은 쪽이 소송목적의 값으로 된다.

예컨대, 원고의 채권액은 1억원이고 건물가액은 3억원인데 채무자와 수익자 사이의 매매계약 취소청구 및 소유권이전등기말소청구를 제기한 경우 원상회복청구의 소송목적의 값은 채권액 1억원과 소유권이전등기말소청구 1억 5,000만원(민인규 제13조 제1항 제4호 나목) 중 적은 쪽인 1억원이다.

5. 병합청구

다음 가, 나, 다에서 산정된 소송목적의 값은 원고의 피보전채권 원금을 초과할 수 없다.

가. 법률행위 취소청구와 원상회복청구가 병합된 경우

법률행위 취소청구(예컨대, 증여계약의 취소·매매계약의 취소·근저당권설정계약의 취소 등)와 그 취소에 따른 원상회복청구(예컨대, 소유권이전등기말소·저당권설정등기말소 등)를 병합하여 제기하는 경우, 양 청구의 경제적 이익이 동일하거나 중복되는 경우에 해당하므로 흡수법칙을 적용하여 다액인 쪽을 소송목적의 값으로 한다(민인규 제20조)(아래 사례 32).

❑ 사례 32 : 사해행위취소청구에서의 소송목적의 값 (1)	
[문제 1]	다음과 같은 내용의 소장이 제출된 경우 소송목적의 값 • 소외 갑과 피고 을 사이에 별지 목록 기재 건물에 관하여 체결된 2018. 6. 3.자 매매계약은 이를 취소한다. • 피고 을은 원고에게 위 별지 목록 기재 건물에 관하여 ○○지방법원 ○○등기소 접수 ○○호로 마친 소유권이전등기의 말소등기절차를 이행하라. ○ 채권액 : 2억원 ○ 건물가액 : 3억원
[답 변]	소송목적의 값은 2억원이다.

☞ **매매계약취소의 소송목적의 값**

사해행위취소의 소에 있어서는 취소되는 법률행위의 목적의 가액을 한도로 한 한 원고의 채권액을 소송목적의 값으로 한다(민인규 제12조 제9호).

'원고의 채권액 원금' 2억원이고 '취소되는 법률행위 목적의 가액'은 3억원이므로 소송목적의 값은 2억원(원고의 채권액과 취소되는 법률행위 목적의 가액 중 적은 쪽에 의한다)이다.

☞ **소유권이전등기말소청구의 소송목적의 값**

(1) 소송목적의 값 산정시 고려여부

현행법상 불산입법칙이 적용되는 것은 부대청구와 수단청구인데, 부대청구에 대해 "그 값은 소송목적의 값에 넣지 아니한다"라고 규정하고(민소 제27조 제2항) 수단청구에 대해 "그 가액은 소가에 산입하지 아니한다"라고 규정하고 있다(민인규 제21조 본문). 따라서 청구가 병합된 경우 어느 한 청구의 소송목적의 값이 고려되지 않는 것은 그러한 취지가 명문으로 규정된 경우에 한정되므로, 원상회복청구의 가액을 소송목적의 값 산정에 고려해야 함이 타당하다.

(2) 소송목적의 값 산정방식

'취소되는 법률행위 목적의 가액' 산정방식에 대하여는 명문규정(민인규 제12조 제9호)이 있는데 비하여 '원상회복청구의 가액'(소유권이전등기말소청구의 가액) 산정방식에 대하여는 규정이 없기 때문에 산정방식이 문제이다. 채권자대위소송과의 균형상 '원상회복의 가액을 한도로 한 원고의 채권액'을 소송목적의 값으로 함이 타당하다. 따라서 원상회복의 가액 1억 5,000만원(3억원×1/2)과 원고의 채권액 원금 2억원 중 적은 쪽인 1억 5,000만원이 소송목적의 값이다.

☞ **병합청구의 소송목적의 값**

법률행위 취소청구(매매계약의 취소)와 그 취소에 따른 원상회복청구(소유권이전등기말소)를 병합하여 제기하는 경우, 합산법칙보다 흡수법칙을 적용하는 것이 타당하다.
따라서 병합청구의 소송목적의 값은 매매계약취소청구의 소송목적의 값 2억원과 소유권이전등기말소청구의 소의 소송목적의 값 1억 5천만원 중 다액인 2억원이다(민인규 제20조).

예컨대, 원고의 채권액은 1억원, 건물가액은 3억원인데 채무자와 수익자 사이의 매매계약의 취소청구 및 소유권이전등기말소청구를 제기한 경우, 매매계약 취소의 소송목적의 값은 1억원(원고의 채권액은 1억원이고 취소되는 법률행위 목적의 가액은 3억원인데 적은 쪽이 소송목적의 값이 된다)이고, 소유권이전등기말소청구의 소송목적의 값은 1억원(원고의 채권액인 1억원과 소유권이전등기말소청구의 소송목적의 값인 1억 5,000만원 중 적은 쪽)인 바, 흡수법칙을 적용하면 소송목적의 값은 1억원이다.

나. 채무자에 대한 금전지급청구와 사해행위취소청구가 병합된 경우

채무자에 대한 피보전채권의 지급을 구하는 소(예컨대, 대여금 또는 구상금 지급청구)와 수익자(또는 전득자)에 대한 사해행위취소의 소를 병합하여 제기하는 경에 합산법칙을 적용할 것인지 흡수법칙을 적용할 것인지 견해대립이 있다. 사해행위취소의 소는 피보전채권을 보전하기 위한 수단에 불과하므로 그 가액은 소송목적의 값에 산입하지 아니하되, 사해행위의 소의 가액이 피보전채권 지급의 소의 가액보다 다액인 경우는 그 다액을 소송목적의 값으로 함이 타당하다(민인규 제21조 단서)(아래 사례 33).

❑ 사례 33 : 사해행위취소청구에서의 소송목적의 값 (2)

[문제 1]	소송목적의 값 채무자에 대한 대여금청구와 수익자에 대한 대물변제계약취소 및 소유권이전등기말소청구를 병합하여 제기하였다. ○ 채권액 : 3억원 ○ 건물가액 : 2억원
[답 변]	소송목적의 값은 3억원이다.

☞ **채무자에 대한 대여금청구의 소송목적의 값**

금전지급청구의 소에 있어서는 청구금액을 소송목적의 값으로 하므로 3억원이 소송목적의 값이 된다(민인규 제12조 제3호).

☞ **수익자에 대한 사해행위취소청구의 소송목적의 값**

(1) 각 청구의 소송목적의 값

① 대물변제계약취소의 소

취소되는 법률행위 목적의 가액을 한도로 한 원고의 채권액을 소송목적의 값으로 하므로 2억원(취소되는 법률행위 목적의 가액 2억원과 원고의 채권액 3억원 중 적은 쪽에 의한다)이 소송목적이 값이 된다(민인규 제12조 제9호).

② 소유권이전등기말소청구

사해행위취소(법률행위 취소 및 원상회복)의 소에 있어서 원상회복청구부분(사안에서 소유권이전등기말소청구)을 고려할 것인지, 고려한다면 그 소송목적의 값 산정방식은 무엇인지 문제된다. 원상회복청구부분을 고려함이 타당하고, 그 소송목적의 값은 '원상회복의 가액을 한도로 한 원고의 채권액'으로 한다(민인규 제6조). 원상회복의 가액 1억원(2억원×1/2)과 원고의 채권액 3억원 중 적은 쪽에 의하므로 소송목적의 값은 1억원이다.

(2) 병합청구의 소송목적의 값

법률행위 취소청구(대물변제계약의 취소)와 그 취소에 따른 원상회복청구(소유권이전등기말소등기절차의 이행)를 병합하여 제기하는 경우에 합산법칙보다 흡수법칙을 적용하는 것이 타당하다.

따라서 대물변제계약취소의 소의 소송목적의 값 2억원과 소유권이전등기말소청구의 소의 소송목적의 값 1억원 중 다액인 쪽인 2억원이 소송목적의 값이다.

☞ **대여금청구와 사해행위취소청구의 병합**

채무자에 대한 피보전채권의 지급을 구하는 소(대여금청구)와 수익자(또는 전득자)에 대한 사해행위취소의 소를 병합하여 제기하는 경우에 합산법칙을 적용할 것인지, 흡수법칙을 적용할 것인지가 문제된다.

사해행위의 취소의 소는 피보전채권을 보전하기 위한 수단에 불과하거나 양 청구의 경제적 이익은 동일·중복되므로, 흡수법칙을 적용하는 것이 타당하다(대법원 2008. 5. 29.자 2007마761 결정 참조).

따라서 병합청구의 소송목적의 값은 채무자에 대한 대여금청구 3억원과 수익자에 대한 대물변제계약취소·소유권이전등기말소등기청구 2억원 중 다액인 3억원이다(민인규 제20조 또는 제21조 본문).

예컨대, 채무자에 대한 대여금채권이 원금 3억원이고 건물가액이 2억원인데 채무자가 수익자와 대물변제계약을 체결하고 수익자에게 소유권이전등기를 경료하여, 채권자가 채무자에 대한 대여금 3억원의 지급을 구하는 소와 수익자에 대한 대물변제계약 취소 및 소유권이전등기말소의 소를 병합하여 제기한 경우, ① 수익자에 대한 대물변제계약 취소청구와 소유권이전등기말소청구의 소송목적의 값은 2억원이고 ② 채무자에 대한 대여금청구의 소송목적의 값은 3억원인데, ①청구는 ②청구의 수단에 불과하여 소송목적의 값에 산입하지 아니하므로 병합청구의 소송목적의 값은 3억원이 된다(민인규 제21조 본문).

요컨대, 채무자에 대한 금전지급청구와 사해행위취소청구가 병합된 경우 채무자에 대한 일부청구가 아닌 한 피보전채권 원금을 소송목적의 값으로 하면 된다.

다. 수익자 및 전득자에 대한 사해행위취소청구가 병합된 경우

동일 부동산의 수익자 및 전득자를 공동피고로 하여 소유권이전등기말소등기절차의 이행을 구하는 소를 제기하는 경우가 있는데 양 청구의 경제적 이익이 동일 또는 중복되므로 다액인 쪽을 소송목적의 값으로 한다(민인규 제20조). 예컨대, 피보전채권 원금 3억원, 건물가액 2억원이고, 채무자 A → 수익자 B → 전득자 C 순으로 전전이전되어 채권자 갑이 B 및 C를 공동피고로 하여 소유권이전등기의 말소를 구하는 경우 소송목적의 값은 1억원(B 및 C에 대한 청구의 소송목적의 값은 각 1억원)이다. 또한, 채무자가 수익자 을에게 소유권이전등기 후 수익자 을이 병에게 근저당권설정등기를 마치자

채권자가 을, 병에 대하여 사해행위 취소 및 말소등기청구를 구한 경우에도 을, 병에 대한 청구 사이에 흡수법칙이 적용된다(대법원 2008. 5. 29.자 2007마761 결정).

수익자와 전득자가 공동피고가 되어 가액배상을 하는 경우 그들의 가액배상의무는 서로 부진정 연대관계에 있다고 보는 것이 일반적이므로 흡수법칙이 적용된다.

라. 수인의 채권자에 대한 사해행위 취소 및 원상회복 청구가 병합된 경우

여러 명의 채권자가 동일한 사해행위에 관하여 제기한 각 사해행위취소 및 원상회복 청구의 소가 하나의 소송절차에 심판받는 경우에 수익자 또는 전득자에 대하여 가액배상을 명함에 있어 수익자 등이 반환하여야 할 가액 범위 내에서 각 채권자에게 각기 그 피보전채권액 전액을 반환할 것을 명하여야 하지만, 그러한 판결이 확정된 후 그 중 어느 채권자가 가액의 회복을 마친 경우 수익자 등으로서는 다른 채권자에 대하여는 청구이의 등의 방법으로 이중 회복을 거부할 수 있는 점(대법원 2005. 11. 25. 선고 2005다51457 판결 등 참조) 등에 비추어 볼 때, 여러 명의 채권자가 동일한 사해행위에 관하여 제기한 각 사해행위취소 및 원상회복 청구의 소가 하나의 소송절차에서 심판받은 경우는 1개의 소로써 주장하는 수개의 청구의 경제적 이익이 동일하거나 중복되는 때에 해당하여(민인규 제20조) 흡수법칙이 적용된다(대법원 2012. 8. 7.자 2011마156 결정).

6. 상 소

항소장 또는 상고장에 납부할 인지액은 상소로써 불복하는 범위의 소송목적의 값을 기준으로 한다(민인규 제25조). 불복범위는 상소인 입장에서 보아 불복신청한 부분을 표준으로 하여 정한다. 예컨대, 채권자가 채무자에 대한 대여금청구(소송목적의 값은 1억원)와 수익자에 대한 매매계약취소 및 소유권이전등기말소등기절차이행청구(소송목적의 값은 6,000만원)를 병합제기하여 전부인용되었는데 채무자와 수익자가 별도의 항소장을 제출하여 자신의 패소부분에 대해 전부항소한 경우, 채무자의 항소심 소송목적의 값은 1억원, 수익자의 항소심 소송목적의 값은 6,000만원이다.

제5절 정기금판결에 대한 변경의 소

1. 개 요

정기금판결에 대한 변경의 소라 함은 정기금의 지급을 명하는 판결이 확정된 뒤에 그 액수산정의 기초가 된 사정이 현저하게 바뀐 경우에 장차 지급할 정기금의 액수를 바꾸어 달라는 소를 말한다. 이는 확정판결의 변경을 목적으로 하는 소이므로, 소송법상의 형성의 소이다.

예컨대, 노동능력 40% 상실을 전제로 매년 1,000만원씩 수입상의 손해가 생겼다고 매년 1,000만원씩 지급하라는 판결이 확정되었는데. 그 뒤 병세가 더 악화되어 노동능력 완전상실로 사정변경이 생긴 때에는 그 판결의 액수를 증액하여 달라는 청구를 할 수 있다. 또한, 건물인도에 이르기까지 매월 100만원의 임료상당 손해금 또는 부당이득금을 지급하라는 판결이 확정되었는데, 그 뒤 사정변경으로 임료가 900만원으로 상승한 때에는 그 확정판결의 액수를 증액하여 달라는 청구를 할 수 있다.

2. 소송목적의 값

기간이 확정되지 아니한 정기금의 지급을 명한 판결을 대상으로 한 민사소송법 제252조에 규정된 소에 있어서는 그 소로써 증액 또는 감액을 구하는 부분의 1년간 합산액을 소송목적의 값으로 한다(민인규 제12조 제10호).

예컨대, 교통사고로 인한 향후 치료비로 사망시까지 매월 200만원씩 지급을 명하는 판결이 확정되었는데, 예상과 달리 간단한 물리치료만 받으면 될 정도로 건강이 호전되어 매월 200만원에서 매월 50만원으로 감액해 달하는 취지의 변경의 소를 제기한 경우, 감액을 구하는 부분은 150만원(200만원－50만원)이므로 소송목적의 값은 1,800만원(150만원×12)이다(민인규 제12조 제10호).

제4장 등기·등록절차관계소송

제1절 총 설

민사소송등인지규칙은 제12조 제3호 내지 제7호에서 이행의 소의 소송목적의 값 산정방식을 규정하면서 그에 대해 특별관계에 해당하는 등기·등록에 관해서는 민사소송등인지규칙 제13조에서 별도로 규정하고 있다. 따라서 소유권에 기한 말소등기청구는 그 실질이 소유권에 기한 방해배제청구이지만 소송목적의 값 산정은 민사소송등인지규칙 제13조 제1항 제4호에 의하여 산정한다.

제2절 이전(또는 설정)등기

1. 소 유 권

가. 통상의 경우

소유권이전등기의 경우에는 목적물건의 가액을 소송목적의 값으로 한다(민인규 제13조 제1항 제1호). 성립요건주의를 취하는 현행 민법상 소유권이전등기를 경료함으로써 당해 부동산의 소유권을 취득하기 때문에 목적물건의 가액을 소송목적의 값으로 한 것이다.

이는 민사소송등인지규칙 제12조 제5호 라목(소유권의 이전을 목적으로 하는 계약에 기한 동산인도청구의 경우에는 목적물건의 가액), 제12조 제1호(소유권확인의 소의 경우에는 목적물건의 가액)와 그 취지가 동일하다. 즉 소유권의 이전을 목적으로 하는 계약에 기한 동산인도, 소유권 확인, 소유권이전등기의 소에서 전부승소할 경우 원고가 직접 받게 될 경제적 이익은 모두 동일하므로 같은 금액으로 규정한 것이다.

나. 진정명의회복을 원인으로 하는 경우

말소등기에 갈음한 진정명의회복을 원인으로 한 소유권이전등기청구소송의 소송목적의 값 산정방식에 관하여 소유권말소등기에 관한 규정(민인규 제13조 제1항 제4호 나목, 소송목적의 가액은 물건가액의 2분의 1)에 의한다는 견해와 소유권이전등기에 관한 규정(민인규 제13조 제1항 제1호, 소송목적의 값은 물건가액)에 의한다는 견해가 있지만 전자가 타당하다. 왜냐하면 진정명의회복을 원인으로 한 소유권이전등기청구의 실질은 그 소유권에 기한 방해배제로서 말소등기청구와 동일하므로(대법원 2001. 9. 20. 선고 99다37894 전원합의체 판결) 원고가 전부 승소할 경우 직접 받게 될 경제적 이익은 민사소송등인지규칙 제12조 제5호 가목, 제13조 제1항 제4호 나목과 동일하다고 볼 수 있기 때문이다(아래 사례 34). 따라서 소송목적의 값은 목적물건가액의 2분의 1이다.

❑ 사례 34 : 진정명의회복을 원인으로 한 소유권이전등기청구에서의 소송목적의 값

[문제 1]	소송목적의 값 원고 소유의 부동산에 대해 소외 갑이 등기서류를 위조하여 자신의 명의로 소유권이전등기를 경료하고, 갑 → 을 → 병 → 정으로 순차양도하여 정 명의로 소유권이전등기가 경료된 상태이다. 원고가 정을 피고로 하여 진정한 등기명의의 회복을 원인으로 하는 소유권이전등기절차 이행을 구하는 소를 제기하였다. ○ 부동산가액 : 1원
[답 변]	소송목적의 값은 5,000만원이다.

※ 소송목적의 값 산정은 특별규정이 없는 한 원고가 전부승소할 경우 직접 받게 될 경제적 이익을 기준으로 해야 하고, '소송목적을 달성하는 방법이 동일하느냐'를 기준으로 할 것이 아니므로 민사소송등인지규칙 제13조 제1항 제4호에 의하여 산정함이 타당하다. 따라서 소송목적의 값은 5,000만원(1억원 × 1/2)이다(민인규 제13조 제1항 제4호 나목)

※ 규 정

- 민사소송등인지규칙 제13조(등기·등록 등 절차에 관한 소)

① 등기 또는 등록 등(이하 이 조에서는 '등기'라고만 한다.) 절차의 이행을 구하는 소의 소가는 다음 각호에 규정된 가액 또는 기준에 의한다.

1. 소유권이전등기의 경우에는 목적물건의 가액
4. 말소등기 또는 말소회복등기의 경우에는 다음의 구별에 의한다.
   나. 등기원인의 무효 또는 취소에 기한 경우에는 제1호 내지 제3호의 규정에 의한 가액의 2분의 1

- 민사소송등인지규칙 제12조(통상의 소)

통상의 소의 소가는 다음 각호에 규정된 가액 또는 기준에 의하여 산정한다.

5. 물건의 인도·명도 또는 방해배제를 구하는 소에 있어서는 다음의 구별에 의한다.
   가. 소유권에 기한 경우에는 목적물건 가액의 2분의 1

다. 소유권등기의 인수를 구하는 경우

소송목적의 값은 목적물건 가액의 10분의 1이다(민인규 제13조 제2항).

부동산 매수인이 등기를 이전하여 가지 않는 경우에 매도인 측에서 제기하는 등기인수청구소송은, 보통 당해 부동산에 과해지는 재산세의 부과징수를 면할 목적으로 제기하는 소이므로 전부승소할 경우 원고가 직접 받게 될 경제적 이익은 장래 면할 재산세액이라고 생각할 수 있다. 장래 면하게 될 재산세를 어떻게 산정할 것이냐가 문제인데 민사소송등인지규칙 제13조 제2항은 산정업무의 신속·획일성을 위해 목적물건 가액의 10분의 1로 규정하였다.

2. 제한물권

가. 지상권·임차권·지역권

지상권 또는 임차권의 설정·이전등기의 경우에는 목적물건 가액의 2분의 1을 소송목적의 값으로 한다(민인규 제13조 제1항 제2호 가목). 이는 민사소송등인지규칙 제12조 제1호(지상권·임차권 확인의 소의 소송목적의 값은 목적물건 가액의 2분의 1)와 그 취지가 동일하다. 즉, 지상권·임차권의 확인의 소와 이전·설정등기의 소에서 전부승소할 경우 원고가 직접 받게 될 경제적 이익은 동일하다고 말할 수 있기 때문에 소송목적의 값을 같은 금액으로 한 것이다.

지역권의 설정·이전등기의 경우에는 승역지 가액의 3분의 1을 소송목적의 값으로 한다(민인규 제13조 제1항 제2호 다목). 이는 민사소송등인지규칙 제12조 제1호(지역권 확인의 소의 소송목적의 값은 승역지 가액의 3분의 1)와 그 취지가 동일하다.

나. 담보물권·전세권

담보물건 또는 전세권인 경우에는 목적물건 가액을 한도로 한 피담보채권액(근저당권의 경우에는 채권최고액)을 소송목적의 값으로 한다(민인규 제13조 제1항 제2호 나목). 이는 민사소송등인지규칙 제12조 제1호(담보물권 확인의 소의 소송목적의 값은 목적물건 가액을 한도로 한 피담보채권의 원본액, 전세권 확인의 소의 소송목적의 값은 목적물건 가액을 한도로 한 전세금액)와 그 취지가 동일하다.

피담보채권액은 원금만을 의미하고 이자 등은 제외한다.

3. 가등기 설정 또는 가등기에 기한 본등기

가등기 또는 그에 기한 본등기의 경우에는 권리의 종류에 따라 민사소송등인지규칙 제13조 제1항 제1호 또는 제2호의 규정에 의한 가액의 2분의 1을 소송목적의 값으로 한다(민인규 제13조 제1항 제3호).

가. 가등기 설정

가등기 설정청구의 소송목적의 값을 권리가액의 2분의 1로 규정한 취지는 가등기는 종국등기가 아니어서 당해 권리의 온전한 취득이 아니기 때문이다. 예컨대, 소유권이전등기절차 이행의 소와 소유권이전등기청구권보전을 위한 가등기설정절차 이행의 소에서 전부승소할 경우 원고가 직접 받게 될 경제적 이익은 전자가 후자에 비해 크다고 말할 수 있다.

이 경우 가등기설정에 의해 받게 될 경제적 이익을 얼마로 정할 것인지가 문제인데 산정업무의 신속·획일성을 위해 일률적으로 권리의 종류에 따라 권리 가액의 2분의 1로 규정하였다.

나. 가등기에 기한 본등기

가등기에 기한 본등기청구의 소송목적의 값을 권리가액의 2분의 1로 규정한 취지는 전부승소할 경우 원고가 직접 받게 될 경제적 이익이 가등기가 없는 상태에서 본등기절차를 청구하는 경우와 다르기 때문이다. 즉, 이미 가등기가 경료된 경우에는 경료되지 않는 경우에 비하여 목적부동산의 재산상 가치의 일부를 이미 취득하고 있다는 점이다(가등기는 대항력이 없고 순위보전의 효력을 가지는 데 불과하지만, 가등기보다 후순위인 등기는 가등기에 기한 본등기가 이루어진 때에 직권말소되는 점을 보면 알 수 있다).

따라서, ① 소유권이전에 관한 가등기에 기하여 본등기를 구하는 경우에는 목적물건 가액의 2분의 1, ② 지상권·임차권의 설정·이전에 관한 가등기의 경우에는 목적물건 가액의 4분의 1, ③ 담보물건의 설정·이전에 관한 가등기의 경우에는 피담보채권의 금액과 목적물건 가액을 비교하여 그중 저액의 일방에 2분의 1을 곱하여 얻은 액, ④ 지역권의 설정·이전에 관한 가등기의 경우에는 승역지 가액의 6분의 1이 소송목적의 값이 된다.

제3절 말소등기 또는 말소회복등기

1. 소 유 권

가. 말소등기

① 소유권이전계약(매매, 증여, 교환, 명의신탁 등)의 해지나 해제에 기하여 말소등기절차이행을 구하는 경우에는 소유권이전등기의 소송목적의 값과 동액(목적물건의 가액)으로 한다(민인규 제13조 제1항 제4호 가목).

② 등기원인의 무효 또는 취소에 기하여 말소등기절차이행을 구하는 경우에는 소유권이전등기의 소송목적의 값의 2분의 1이다(민인규 제13조 제1항 제4호 나목). 이는 민사소송등인지규칙 제12조 제5호 가목(소유권에 기한 방해배제청구의 경우에는 목적물건 가액의 2분의 1)의 규정과 그 취지가 동일하고, 그 실질이 소유

권에 기한 방해배제청구에 해당하기 때문이다.

③ 이와 같이 말소원인에 따라 차등을 두게 된 것은 말소될 등기가 말소되지 않고 존속함으로써 진정한 소유자인 원고가 소유권을 상실한 가능성은 등기원인이 무효·취소인 경우와 해제·해지의 경우에 차이가 있기 때문이다. 즉, 등기원인이 무효·취소인 경우에는 등기에 공신력이 없는 결과 그러한 등기가 존속하더라도 진정한 소유자인 원고가 소유권을 잃지 않음에 비하여, 해제의 경우에는 민법 제548조 제1항 단서에 의해 제3자가 개입되면 원고가 소유권을 잃게 되는 차이가 있다.

나. 말소회복등기

소유권이전등기의 말소회복을 청구하는 경우에는 말소등기청구 소송목적의 값과 동액으로 한다(민인규 제13조 제1항 제4호).

말소회복등기는 말소등기를 다시 말소하여 말소된 등기를 회복하는 절차이므로, 회복되는 등기에 관련한 권리의 종류에 따라 말소등기절차의 소에 준하여 소송목적의 값을 규정한 것이다.

2. 제한물권

가. 지상권·임차권·지역권

(1) 말소등기

설정계약 또는 양도계약의 해지나 해제에 기하여 말소등기절차이행을 구하는 경우에는 설정·이전등기의 소송목적의 값(지상권·임차권 말소 등기의 경우에는 목적물건 가액의 2분의 1, 지역권 말소등기의 경우에는 승역지 가액의 3분의 1)과 동액으로 하고, 등기원인의 무효 또는 취소에 기하여 말소등기절차이행을 구하는 경우에는 설정·이전등기의 소송목적의 값의 2분의 1(지상권·임차권 말소등기의 경우에는 목적물건 가액의 4분의 1, 지역권 말소등기의 경우에는 승역지 가액의 6분의 1)로 한다(민인규 제13조 제1항 제4호).

이는 지상권 등의 말소등기를 구하는 경우를 설정·이전을 구하는 경우의 반대유형으로 받아들여 양자의 소송목적의 값을 동액(말소대상으로 된 등기의 등기원인이 해제인 경우)으로 하거나 그 2분의 1(등기원인이 무효·취소인 경우)로 한 것이다.

(2) 말소회복등기

지상권·임차권·지역권 등기의 말소회복을 청구한 경우에는 말소등기청구 소송목적의 값과 동액으로 한다(민인규 제13조 제1항 제4호). 동액으로 규정한 취지는 소유권이전등기말소회복등기의 경우와 같다.

나. 담보물건·전세권

(1) 말소등기

설정계약 또는 양도계약의 해지나 해제에 기하여 말소등기절차이행을 구하는 경우에는 설정·이전등기의 소송목적의 값{목적물건 가액을 한도로 한 피담보채권액(근저당권의 경우에는 채권최고액)}과 동액으로 하고, 등기원인의 무효 또는 취소에 기하여 말소등기절차이행을 구하는 경우에는 설정·이전등기의 소송목적의 값의 2분의 1로 한다(민인규 제13조 제1항 제4호).

그 취지는 지상권 등 용익물권에 대한 말소등기의 경우와 같다.

(2) 말소회복등기

담보물권·전세권 등기의 말소회복을 청구하는 소에 있어서는 말소등기청구 소송목적의 값과 동액으로 한다(민인규 제13조 제1항 제4호). 동액으로 규정한 취지는 소유권이전등기말소회복등기의 경우와 같다.

3. 가 등 기

가. 말소등기

설정계약 또는 양도계약의 해지·해제에 기하여 말소등기절차이행을 구하는 경우에는 민사소송등인지규칙 제13조 제1항 제3호의 규정에 의한 가액(권리의 종류에 따라 민인규 제13조 제1항 제1호 또는 제2호의 규정에 의한 가액의 2분의 1)과 동액으로 하고, 등기원인의 무효·취소에 기하여 말소등기절차이행을 구하는 경우에는 3호의 규정에 의한 가액의 2분의 1로 한다(민인규 제13조 제1항 제4호).

말소의 대상으로 된 가등기의 등기원인이 무효·취소인 경우, 소유권에 관한 가등기에 대하여는 목적물 가액의 1/4(1/2×1/2), 지상권·임차권에 관한 가등기에 대하여는 목적물 가액의 1/8(1/2×1/2×1/2), 담보물권·전세권에 관한 가등기에 대하여는 피담보채권액(근저당권의 경우에는 채권최고액)과 목적물 가액을 비교하여 저액인 쪽의 1/4(1/2×1/2), 지역권에 관한 가등기에 대하여는 승역지 가액의 1/12(1/3×1/2×1/2)을 소송목적의 값으로 한다.

나. 말소회복등기

가등기의 말소회복을 청구하는 소에 있어서는 말소등기청구 소송목적의 값과 동액으로 한다(민인규 제13조 제1항 제4호). 동액으로 규정한 취지는 소유권이전등기말소회복등기의 경우와 같다.

제4절 등록절차

건물·토지의 경우에는 공시방법이 등기임에 비하여, 자동차·항공기·건설기계 등은 각각 특별법(자동차저당법·항공법·건설기계관리법)에 의해 등록이라는 공시방법을 갖추고 있는데, 이는 부동산등기에 준하는 효력을 가진다.

민사소송등인지규칙은 소송목적의 값 산정에 있어 등기와 등록을 동일하게 취급하고 있으므로 그 산정방식도 동일하게 취급한다(민인규 제13조)(아래 사례 35).

❑ 사례 35 : 등기(등록)이행을 구하는 청구에서의 소송목적의 값

[문제 1] 소송목적의 값

① 매매계약을 원인으로 부동산에 관하여 소유권이전등기절차의 이행을 구하는 경우

② 지상권설정계약을 원인으로 부동산에 관하여 지상권설정등기절차의 이행

을 구하는 경우
③ 대여금 채무를 담보하기 위해 부동산에 관하여 채권최고액 1,000만원으로 하는 근저당권설정등기절차의 이행을 구하는 경우
④ 매매계약을 원인으로 부동산에 관하여 소유권이전등기청구권 보전을 위한 가등기를 구하는 경우
⑤ 매매계약 해제를 원인으로 부동산에 관하여 소유권이전등기말소를 구하는 경우
⑥ 매매계약 무효를 원인으로 부동산에 관하여 소유권이전등기말소를 구하는 경우
⑦ 매매를 원인으로 부동산에 관하여 소유권이전등기신청절차의 인수를 구하는 경우
⑧ 등록의 원인무효를 이유로 피담보채무액 3,000만원의 자동차에 대한 저당권설정등록말소를 구하는 경우
  ○ 부동산가액 : 3,000만원
  ○ 자동차가액 : 5,000만원

[답 변]

[문제 ①에 대한 답변]

소유권이전등기의 소송목적의 값은 목적물건의 가액이다(민인규 제13조 제1항 제1호). 소송목적의 값은 3,000만원이다.

[문제 ②에 대한 답변]

지상권설정등기의 소송목적의 값은 목적물건 가액의 2분의 1이다(민인규 제13조 제1항 제2호 가목). 소송목적의 값은 1,500만원(3,000만원 × 1/2)이다.

[문제 ③에 대한 답변]

근저당권설정등기청구의 소송목적의 값은 목적물건 가액을 한도로 한 채권최고액(민인규 제13조 제1항 제2호 나목). 소송목적의 값은 1,000만원(목적물건의 가액 3,000만원과 채권최고액 1,000만원 중 저액)이다.

[문제 ④에 대한 답변]

소유권이전등기청구권 보전을 위한 가등기설정청구의 소송목적의 값은 소유권이전등기 가액의 2분의 1이다(민인규 제13조 제1항 제3호). 소송목적의 값은 1,500만원(3,000만원 × 1/2)이다.

[문제 ⑤에 대한 답변]

양도계약의 해제에 기한 소유권이전등기말소등기청구의 소송목적의 값은 소유권이전등기의 가액과 동액이다(민인규 제13조 제1항 제4호 가목). 소송목적의 값은 3,000만원이다.

[문제 ⑥에 대한 답변]

무효를 원인으로 한 소유권이전등기말소등기청구의 소송목적의 값은 소

유권이전등기 가액의 2분의 1이다(민인규 제13조 제1항 제4호 나목). 소송목적의 값은 1,500만원(3,000만원 × 1/2)이다.

[문제 ⑦에 대한 답변]

등기의 인수를 구하는 소의 소송목적의 값은 목적물건 가액의 10분의 1이다(민인규 제13조 제2항). 따라서 소송목적의 값은 300만원이다(3,000만원 × 1/10).

[문제 ⑧에 대한 답변]

민사소송등인지규칙은 소송목적의 산정에 있어 등기와 등록을 동일하게 취급하고 있으므로 그 산정방식도 동일하게 취급하면 된다(민인규 제13조). 저당권등록청구를 구하는 소의 소송목적의 값은 3,000만원(목적물건의 가액 5,000만원과 피담보채권액 3,000만원 중 저액)이므로, 등록의 원인무효에 기한 저당권말소등록를 구하는 소의 소송목적의 값은 1,500만원(3,000만원 × 1/2)이다(민인규 제13조 제1항 제4호 나목).

한편, 지식재산권의 등록절차에 관한 소에 있어서 소송목적의 값 산정의 근거규정에 관하여 ① 등록절차의 이행을 구하는 소이므로 민사소송등인지규칙 제13조의 규정에 의해야 한다는 견해와 ② 지식재산권에 관한 소이므로 민사소송등인지규칙 제18조의 규정에 의해야 한다는 견해가 있다. 산정업무의 신속·획일성을 위해 민사소송등인지규칙 제18조의 규정에 의하여 소송목적의 값을 1억으로 함이 타당하다(아래 사례 36).

❑ 사례 36 : 지식재산권에 관한 소의 소송목적의 값 (1)

[문제 1] 지식재산권침해금지청구에서의 소송목적의 값

[답 변] 소송목적의 값은 1억원이다.

※ 지식재산권에 대한 침해를 이유로 하여 침해행위의 금지 또는 예방을 구할 수 있는 권리를 금지청구권이라고 한다(특허법 제126조). 이 권리에 기한 금지청구소송은 피고가 실시(생산·사용·양도 등)하고 있는 물건 또는 방법이 원고의 특허권을 침해하는 것이므로 그 실시를 금지시켜 달라는 것이다.

이에 대하여는 물권에 대한 방해제거 및 예방청구와 그 성질을 같이 하므로 민사소송등인지규칙 제12조 제5호 가목을 적용해야 한다는 견해도 있을 수 있으나, 경제적 이익의 원리를 우선시하던 예규를 개정한 취지를 고려해 볼 때, 금지청구의 소에서 원고가 받게 될 경제적 이익과 상관없이

	일률적으로 1억원을 소송목적의 값으로 함이 타당하다.
[문제 2]	**지식재산권 등록절차에 관한 청구에서의 소송목적의 값**
[답 변]	소송목적의 값은 1억원이다. ※ 경제적 이익의 실질을 중시하여 민사소송등인지규칙 제13조를 적용해야 한다는 견해도 있을 수 있다. 그러나 민사소송등인지규칙 제13조를 적용할 경우 지식재산권에 관한 소에 있어서 산정업무의 신속·획일성을 확보하고자 하는 민사소송등인지규칙의 입법목적을 저해할 수 있다. 따라서 이전등록을 구하는 경우이든 말소등록을 구하는 경우이든 구별하지 않고 1억원을 소송목적의 값으로 함이 타당하다.
[문제 3]	**신용회복에 필요한 조치청구에서의 소송목적의 값**
[답 변]	소송목적의 값은 1억원이다. ※ 위법한 침해행위에 의해 업무상의 신용을 실추하게 한 자를 상대로 손해의 배상에 갈음하여 또는 손해의 배상과 함께 업무상의 신용회복을 위하여 필요한 조치를 구할 수 있는데(특허법 제131조) 이는 경제적 이익의 관점에서 보면 명예훼손행위에 대해 민법 제764조의 규정에 의한 명예회복을 위한 적당한 처분을 구하는 소와 유사하므로 소송목적의 값 산정도 민사소송등인지규칙 제14조를 유추적용해야 한다는 견해가 있을 수 있다. 그러나 민사소송등인지규칙 제14조에 의할 경우 산정업무의 신속·획일성을 감소시킬 우려가 있다. 예컨대, 특허권 침해를 이유로 신문사에의 해명광고게재청구를 하는 경우 게재비용을 산출할 수 있는 때에는 그 게재비용에 의하여야 하는데 이는 번거롭다. 따라서 신용회복을 취한 처분에 통상 소요되는 비용을 산출할 수 있는지 여부 등에 관계없이 일률적으로 1억원을 소송목적의 값으로 함이 타당하다.
[문제 4]	**행정소송법의 규정에 따라 위법·부당한 특허청의 처분에 대한 불복으로서 행정법원의 관할에 속하는 청구에서의 소송목적의 값**
[답 변]	소송목적의 값은 5,000만원이다. ※ 행정심판법 또는 행정소송법의 규정에 따라 위법·부당한 특허청의 처분에 대한 행정적인 불복이 가능하다, 가장 중요한 것으로는 서류 등의 불수리(특허법시행규칙 제11조), 기간연장의 불허가(특허법 제15조 제1항, 제2항), 절차의 무효(특허법 제16조 제1항), 특허권의 수용(특허법 제106조), 통상실시권설정의 재정(특허법 제107조), 서류의 열람 등에 대한 불허가 등을 들 수 있다. 이 밖에 등록절차에 있어서의 거부처분에 대하여

도 행정소송에 의해 다툴 수 있다.
이 경우 소송목적의 값 산정의 근거규정에 관하여 ① 민사소송등인지규칙 제17조 제4호의 규정에 의해야 한다는 견해와 ② 민사소송등인지규칙 제18조의 규정에 의해야 한다는 견해가 있다. 특허청장의 처분에 대한 취소소송이 통상의 행정소송과 다를 바 없다는 점, 민사소송등인지규칙 제17조 제4호의 규정 자체가 산정업무의 신속·획일성을 확보하기 위한 규정이라는 점, 후자에 의하면 통상의 행정소송과 특허청에 관련된 행정소송을 분리 취급하여 전자의 경우에는 5,000만원, 후자의 경우에는 1억원을 소송목적의 값으로 하여야 하므로 오히려 산정업무의 신속·획일성에 반한다는 점 등을 고려할 때 전자가 타당하고 실무례이다.
따라서 소송목적의 값은 5,000만원으로 한다(민인규 제17조 제4호, 제18조의2 본문).

따라서 양도를 원인으로 한 특허권이전등록절차 이행의 소, 원인무효를 원인으로 한 특허권이전등록의 말소등록절차 이행의 소에 있어서 소송목적의 값은 모두 1억원이다. 또한, 특허권의 전용실시권은 물권적인 권리로서 용익물권인 지상권 또는 전세권과 유사한데 전용실시권설정등록절차 이행의 소와 전용실시권말소등록절차 이행의 소에 있어서 소송목적의 값은 모두 1억원이다.

제5장 회사 등 관계소송

제1절 회사관계소송

1. 주주의 대표소송 등

가. 주주의 대표소송

주주의 대표소송이란 소수주주가 회사를 위하여 이사 등의 책임을 추궁하기 위하여 제기하는 소송이다(상법 제403조 제3항). 이사의 책임을 추궁하는 대표소송에 관한 규정은 발기인·감사·청산인·불공정한 가액으로 신주를 인수한 자 및 주주권의 행사와 관련하여 이익을 공여받은 자에 대한 책임을 추궁하는 경우에도 준용된다(상법 제324조, 제415조, 제542조 제2항, 제424조의2, 제467조의2).

(1) 소송목적의 값

주주의 대표소송은 소송목적의 값을 산출할 수 없는 소송이므로(민인규 제15조 제1항), 소송목적의 값은 1억원이다(민인규 제18조의2 단서). 이는 주주의 대표소송이, ① 그 실질적인 기능 내지 목적의 면에서 고찰하면 주식회사의 구성원인 주주에게 인정된 회사업무 감독기능의 행사라는 점, ② 주주 대표소송에서 승소할 경우 받게 될 이익은 회사가 손해배상을 받음으로써 보전되는 원고를 포함한 주주 전체의 이익이라고 할 것인데, 그 이익을 배당이나 주가의 상승 등에 의하여 산정하여야 하나 그 산정이 사실상 곤란하다는 점에 근거한 것이다.

예컨대, "피고는 ○○주식회사에게 10억원과 이에 대하여 이 사건 소장부본 송달 다음날부터 다 갚는 날까지 연 15%의 비율로 계산한 돈을 지급하라"는 대표소송을 제기한 경우, 소송목적의 값은 1억원이 된다.

(2) 병합청구에서의 소송목적의 값 산정

(가) 복수의 주주가 공동하여 소를 제기하는 경우

흡수법칙을 적용한다(민인규 제20조). 왜냐하면 주주의 대표소송에 의해 얻을 경제적 이익은 원고를 포함한 주주 전체의 권리보전이라는 점이고, 이것은 원고로 된 주주의 수에 따라 증감하지 않기 때문이다. 예컨대, 3인의 원고가 이사를 피고로 하여 주주 대표소송을 제기한 경우 소송목적의 값은 1억원이다.

(나) 주주대표소송 계속중 소송참가

① 회사는 소수주주가 제기한 주주대표소송에 참가할 수 있다(상법 제404조 제1항). 이 소송참가의 성질은 공동소송참가(민소 제83조)에 해당한다(대법원 2002. 3. 15. 선고 2000다9086 판결). 예컨대, "피고는 ○○주식회사에게 10억원과 이에 대하여 이 사건 소장부본 송달 다음날부터 다 갚는 날까지 연 15%의 비율로 계산한 돈을 지급하라"는 주주대표소송에 회사가 공동소송참가를 하는 경우, 회사의 입장에서는 주주의 대표소송이 아니라 통상의 손해배상청구에 해당하므로 소송목적의 값은 10억원이고, 이에 해당하는 인지액을 납부해야 한다(민인법 제6조 제1항).

② 주주대표소송 계속중 다른 주주가 소송참가할 수 있는지, 소송참가의 형태는 무엇인가에 관하여 상법에 명문규정이 없어 견해대립이 있다. 그러나 소송참가가 부적법하다는 견해를 취하더라도 현실적으로 소송참가신청할 경우 참가신청의 형태에 따라 그에 상응하는 인지액을 납부해야 한다. 예컨대, 주주대표소송 계속중 다른 주주가 공동소송참가를 하는 경우에는 소송목적의 값 1억원에 대한 인지를 납부하여야 하고(민인법 제6조 제1항), 공동소송적 보조참가를 하는 경우 인지를 붙이지 아니한다(민입법 제10조 단서).

(3) 상소에서의 소송목적의 값 산정

항소장 또는 상고장에 납부할 인지액은 상소로써 불복하는 범위의 소송목적의 값을 기준으로 하고(민인규 제25조), 불복범위는 상소인 입장에서 보아 불복신청한 부분을 표준으로 하여 정함이 원칙이지만 주주의 대표소송에 관해서는 약간의 논의가 있다.

(가) 원고가 상소한 경우

주주대표소송에서 전부패소한 원고가 항소·상고하는 경우 상소로써 불복하는 범위는 소제기의 범위와 같기 때문에 그 상소심의 소송목적의 값은 1억원이다.

일부인용 판결에 대해 원고가 항소·상고하는 경우 원고가 상소로써 불복하는 범위는 소제기의 범위와 동일하지는 않다. 그러나 원고가 소로써 주장하는 이익을 산정할 수 없다고 보는 이상(민인규 제15조 제1항), 일부기각된 부분을 상소심에서 인용하는 것에 의해 원고가 얻는 경제적 이익을 산정할 수 없다고 보아야 한다. 따라서 상소심의 소송목적의 값도 1억원이 될 수밖에 없는데, 이는 청구금액과 소로써 주장하는 이익과의 연관성이 인정되지 않기 때문이다.

(나) 피고가 상소한 경우

주주대표소송에서 패소한 피고가 항소·상소하는 경우 상소심의 소송목적의 값 산정방식에 대해, 1심 소송목적의 값을 기준으로 하여야 한다는 견해와 원심판결에 대한 피고의 불복범위를 기준으로 하여야 한다는 견해가 있지만 전자가 타당하다. 예컨대, 소수주주 갑이 이사 을을 피고로 하여 ㅇㅇ주식회사에게 10억원을 지급할 것을 청구하고 1심 법원이 전부인용하는 내용의 판결을 선고하자 피고 을이 전부항소한 경우 항소심의 소송목적의 값은 1심 소송목적의 값과 동액인 1억원이다(아래 사례 37).

❑ 사례 37 : 주주 대표소송에서 패소한 피고가 상소하는 경우 상소심 소송목적의 값

[문제 1]	소송목적의 값 소수주주 갑이 이사 을을 상대로 주주의 대표소송을 제기했는데, 1심 법원이 "을은 ㅇㅇ주식회사에게 10억원을 지급하라"는 판결을 선고하였다. 이에 이사 을이 패소부분에 대해 전부 항소하였다.
[답 변]	상소심 소송목적의 값은 1억원이다.

※ 소송목적의 값 산정에 관한 민사소송법 제26조, 민사소송등인지법 제12조 제1항, 제3항, 민사소송등인지규칙 제6조, 제7조의 각 규정 내용, 특히 주주대표소송의 소송목적의 값 산정에 관한 민사소송등인지법 제2조 제4항, 민사소송등인지규칙 제15조 제1항, 제18조의 2 단서의 각 규정 내용 및 항소장·상고장에 붙여야 할 인지액의 산정에 관한

민사소송등인지법 제3조, 민사소송등인지규칙 제25조의 각 규정 내용 등을 종합하여 보면, 주주대표소송에서 패소한 피고가 항소·상고하는 경우에도 그 상소심의 소송목적의 값은 여전히 1억원으로 봄이 상당하다(대법원 2009. 6. 25.자 2008마1930 결정).

나. 이사의 위법행위유지청구의 소, 회사에 대한 신주발행유지 청구의 소

상법 제402조에 기한 이사의 위법행위유지청구의 소, 상법 제424조에 기한 신주발행유지청구의 소에 있어서는 그 소송목적의 값을 산출할 수 없는 것으로 보므로(민인규 제15조 제1항), 소송목적의 값은 1억원이다(민인규 제15조 1항). 이들 소송의 본질은 주주의 대표소송과 유사하므로 소송목적의 값 산정방식도 동일하게 규정한 것이다.

예컨대, "피고는 이사회의 결의 없이 ○○주식회사를 대표하여 별지 목록 기재 부동산을 처분하여서는 안된다"는 위법행위유지청구의 소를 제기한 경우 소송목적의 값은 1억원이다.

2. 상법의 규정에 의한 회사관계소송

가. 소송목적의 값

주주의 대표소송, 이사의 위법행위유지청구의 소, 회사에 대한 신주발행유지청구의 소를 제외하고 상법의 규정에 의한 회사관계소송은 비재산권을 목적으로 하는 소송으로 보므로(민인규 제15조 제2항), 그 소송목적의 값은 1억원으로 한다(민인규 제18조의2 단서).

상법의 규정에 의한 회사관계소송의 의미에 관하여 ① 상법에서 원고 적격, 소제기기간 등을 규정한 소송을 의미한다는 견해, ② 소제기의 목적을 원고 개인의 경제적 이익의 향수를 위한 자익소송과 원고를 포함한 전체 주주의 이익을 위한 경우로 공익소송으로 분류하여 후자의 소송을 의미한다는 견해{이는 주주권의 내용을 주주가 회사로부터 경제적 이익을 받는 권리(자익권)와 이를 확보하기 위한 권리(공익권)로 분류하여 후자에 기한 소송을 상법 규정에 이한 회사관계소송으로 파악하고 있다}, ③ 널리 상법에 의해 인정된 제도에 기인한 소송을 의미한다는 견해가 있지만 두 번째 견해가 타당하다. 왜냐하면 소제기 목적이 원고를 포함한 전체 주주의 이익을 위한 경우(공익권에 기해 소제기한 경우)에는 비재산권상 소에 해당하거나 혹은 재산권상 소에 해당하더라도 전부승소할 경우 직접 받게 될 경제적 이익을 산정한다는 것은 극히 곤란하기 때문이다. 또한, 소제기의 목적이 개인의 경제적 이익을 위한 경우(자익권에 기해 소제기한 경우)에는 원고가 전부승소할 경우 직접 받게 될 경제적 이익을 소송목적의 값으로 산정하면 된다(민인규 제6조).

예컨대, 이사회결의무효확인의 소를 제기한 경우 소송목적의 값은 1억원이지만(민인규 제15조 제2항, 제18조의2 단서), 시가 10억원 상당의 주식에 관한 명의개서절차의 이행을 청구한 경우 소송목적의 값은 10억원이 된다(민인규 제6조)(아래 사례 38).

예시 1 **합자회사사원변경등기 등 청구**

1. 원고와 피고 김○○과의 사이에 있어 김○○이 2018. 5. 10. 피고 합자회사 ○○산업에 대하여 가진 지분 전부를 같은 날 원고에게 양도함으로써 원고가 그 양수인의 지위에 있음으로 확인한다.
2. 피고 합자회사 ○○산업의 원고에 대하여 그 회사등기 중 '무한책임사원 김○○은 2018. 6. 25. 그 지분 전부를 이○○에게 양도하여 퇴사하고 이○○은 같은 날 피고회사의 무한책임사원으로 입사한다'는 사원변경등기절차를 이행하라.

► 소가산정 ◄

1. **목적물의 종류에 따른 가액**

가. 지분양도·양수에 따른 지위확인 : 지분양도·양수에 따른 지위확인은 원고가 법원으로부터 그 지위에 있음을 확인받아 그에 따른 권리를 행사할 수 있는 권리를 취득하는 것이므로 이는 위 권리가 원고에게 있다는 지위에 불과한 것이다. 따라서 위 청구취지의 경우 금전으로 가액을 산출하기 어려운 경제적 이익을 얻는 데 불과하므로 위 소는 재산권 상의 소로써 그 소가를 산출할 수 없는 소에 해당하여 소가는

1억원(민인규 제18조의2, 단서)으로 인정하는 것이 타당할 것이다(대법원 1994. 12. 2. 선고 94다41454 판결).

나. 사원변경등기절차이행 : 비재산권을 목적으로 하는 소송에 해당하여 소가는 1억원으로 한다(민인규 제18조의2, 단서).

2. 산출공식

가. 지분양도·양수에 따른 지위확인 : 1억원

나. 사원변경등기절차이행 : 1억원

3. 소 가

흡수법칙을 적용하므로 위 금액 중 다액인 금액을 소가로 한다.

따라서 소가는 1억원이다.

※1. 본 소는 원고 앞으로의 지분양수지위확인과 그 원인된 사실로부터 발생하는 경우인 사원변경등기절차를 구하는 소이므로 "경제적 이익"이 동일하거나 중복되는 청구에 해당하여 흡수법칙을 적용하여 산출하여야 한다.

2. 흡수법칙은 "1개의 소로써 주장하는 수 개의 청구의 경제적 이익이 동일하거나 중복되는 때(민인규 제20조)"와 "1개의 청구가 다른 청구의 수단에 지나지 않을 때(민인규 제21조)"로 나뉜다. 전자의 경우에는 중복되는 범위 내에서 흡수되고, 그중 가장 다액인 청구의 가액을 소가로 하고(민인규 제20조). 후자의 경우에는 특별한 규정이 있는 경우를 제외하고, 그 가액은 소가에 산입하지 아니한다. 다만, 수단인 청구의 가액이 주된 청구의 가액보다 다액인 경우에는 그 다액을 소가로 한다(민인규 제21조).

3. 상법의 규정에 의한 회사관계소송(민인규 제15조 제2항)은 비재산권을 목적으로 하는 소송으로 본다. 비재산권에 해당하는 소 중 상법의 규정에 의한 회사관계소송은 1억원으로 한다(민인규 제18조의2, 단서).

예시 2 **사원제명선고 청구(합자회사)**

원고는 원고회사의 무한책임사원인 피고 김○○, 유한책임사원인 피고 이○○을 제명한다.

► **소가산정** ◄

1. **목적물의 종류에 따른 가액**

   본 소는 상법의 규정에 의한 회사관계소송(민인규 제15조 제2항)은 비재산권을 목적으로 하는 소송으로 본다. 비재산권에 해당하는 소 중 상법의 규정에 의한 회사관계소송의 소가는 1억원으로 한다(민인규 제18조의2, 단서).

※ 본 소는 피고들이 원고회사의 직무를 집행함에 있어 부정한 행위를 하거나 부정행위에 가담하여 피고들을 제외한 다른 사원 과반수의 제명결의에 의하여 상법 제269조, 제220조에 의하여 피고들에 대한 제명선고를 청구하는 소이다.

예시 3 합자회사 변경등기말소 등 청구

피고는 원고에게 ○○지방법원 ○○지원 2008. 3. 13. 접수 제○○○호 피고회사 변경등기 중 “2018. 3. 10. 유한책임사원 김○○은 그 지분전부를 무한책임사원 이○○에게 양도, 퇴사”라고 한 부분의 말소등기 절차 및 같은 날 말소된 유한책임사원 김○○의 출자의 목적가격과 이 이행을 한 부분과 책임 금 1억원을 전부 이행하라고 한 2018. 7. 20.자 등기의 회복등기절차를 이행하라.

► **소가산정** ◄

1. **목적물의 종류에 따른 가액**

   상법의 규정에 의한 회사관계소송(민인규 제15조 제2항)은 비재산권을 목적으로 하는 소송으로 본다. 비재산권에 해당하는 소 중 상법의 규정에 의한 회사관계소송은 1억원으로 한다(민인규 제18조의2, 단서).

2. **산출공식**

   가. 변경등기의 말소의 경우 : 1억원

   나. 회복등기의 경우 : 1억원

3. **소 가**

   흡수법칙을 적용하므로 위 금액 중 다액인 금액을 소가로 한다.

따라서 소가가 1억원이다.

※1. 본 소는 피고회사 변경등기의 말소등기절차와 말소된 등기의 회복등기절차를 구하는 소이다. 여기서 "변경등기의 말소등기절차"는 "회복등기절차를 구하는 소"의 원인된 사실로부터 발생하는 경우이므로 "경제적 이익"이 동일하거나 중복되는 청구에 해당하여 흡수법칙을 적용하여 산출하여야 한다.

2. 흡수법칙은 "1개의 소로써 주장하는 수 개의 청구의 경제적 이익이 동일하거나 중복되는 때(민인규 제20조)"와 "1개의 청구가 다른 청구의 수단에 지나지 않을 때(민인규 제21조)"로 나뉜다. 전자의 경우에는 중복되는 범위 내에서 흡수되고, 그중 가장 다액인 청구의 가액을 소가로 하고(민인규 제20조). 후자의 경우에는 특별한 규정이 있는 경우를 제외하고, 그 가액은 소가에 산입하지 아니한다. 다만, 수단인 청구의 가액이 주된 청구의 가액보다 다액인 경우에는 그 다액을 소가로 한다(민인규 제21조).

예시 4 신주발행무효 청구

피고가 2018. 6. 10. 임시주주총회에서의 결의에 의해 2018. 6. 20. 행한 신주발행은 무효로 한다.

► 소가산정 ◄

1. **목적물의 종류에 따른 가액**

상법의 규정에 의한 회사관계소송(민인규 제15조 제2항), 즉 회사설립무효 또는 취소, 주주총회 또는 이사회 결의의 부존재, 무효확인 또는 취소, 신주발행무효, 자본감소무효, 합병무효, 회사해산, 이사해임 등은 비재산권을 목적으로 하는 소송으로 본다.

비재산권에 해당하는 소 중 상법에 규정에 의한 소송의 소가는 1억원으로 한다(민인규 제18조의2, 단서).

※ 본 소는 임시주주총회에서의 결의에 의해 발행된 주식에 관하여 무효를 구하는 소이다.

□ 사례 38 : '상법 규정에 의한 회사관계소송'에서의 소송목적의 값

[문제 1]	상법 제380조에 의한 주주총회결의무효확인의 소에서의 소송목적의 값
[문제 2]	이사회결의무효확인의 소에서의 소송목적의 값
[답 변]	[문제 1과 2에 대한 답변] 소송목적의 값은 1억이다. ※ 상법규정에 의한 회사관계소송에 해당하므로 소송목적의 값은 1억원(민인규 제15조 제2항, 제18조의2 단서)이다.
[문제 3]	주식 양수인의 회사에 대한 명의개서절차이행청구의 소(가액 10억원)의 소송목적의 값
[답 변]	소송목적의 값은 10억이다.

※ 상법규정에 의한 회사관계소송이 아니므로 전부승소할 경우 원고가 직접 받게 될 경제적 이익이 소송목적의 값이다(민인규 제6조).

기명주주의 주주는 주주명부에 명의개서를 할 때까지는 회사에 대하여 자기가 주주라는 것을 주장할 수 없으므로(상법 제337조 1항), 명의개서절차 이행의 소는 주주로서의 지위확보를 위한 소송으로 볼 수 있다. 따라서 주주권 또는 주주지위 확인의 소와 동일하게 취급함이 상당하므로, 소송목적의 값은 원고가 명의개서절차의 이행을 구하는 주식의 가액인 10억원이다.

[주] 소제기 목적이 원고를 포함한 주주전체의 이익을 위한 경우를 의미한다.

1. 주주권은 주주가 회사로부터 경제적 이익을 받는 권리(자익권)와 이를 확보하기 위한 권리(공익권)으로 분류할 수 있는데, 후자에 기한 소송이 '상법의 규정에 의한 회사관계소송'에 해당한다. 따라서 문제 1, 2는 상법이 규정의 규정에 의한 회사관계소송에 포함되지만 문제 3은 포함되지 않는다.
2. 상법에서 원고 적격, '소제기기간 등을 규정한 소송'이라고 해석할 경우 이사회결의무효확인의 소와 주주총회결의무효확인의 소를 달리 취급하게 되는데 전부승소할 경우 원고가 직접 받게 될 경제적 이익의 관점에서 보면 양자를 달리 취급할 이유가 없다.
3. '상법에 의하면 인정된 제도에 기인한 소송'이라고 해석하는 경우 명의개서청구, 주주권인도청구, 주주권확인청구 등의 소송목적의 값을 모두 1억원으로 보게 되는데, 이는 주권의 가액을 소송목적의 값으로 규정한 민사소송등인지규칙 제9조 제4항에 반하므로 부당하다.
4. '소제기의 목적이 원고를 포함한 주주 전체의 이익을 위한 경우'로 해석하는 견해가 타당하다. 왜냐하면 소제기 목적이 원고 개인의 경제적 이익을 위한 것일 경우에는 승소함으로써 받게 될 이익을 원고가 직접 받게 될 이익으로 이해할 수 있음에 비하여, 소제기 목적이 원고를 포함한 주주 전체의 이익을 위한 경우에는 승소함으로써 받게 될 이익을 원고가 직접 받게 될 이익으로 이해할 수는 없어 일률적으로 비재산권

상의 소로 이해하는 것이 가능하기 때문이다, 이러한 해석이 민사소송등인지규칙 제15조 제2항의 취지에 부합된다.

※ 규 정

- 민사소송등인지규칙(회사등 관계소송등)

① 주주의 대표소송, 이사의 위법행위유지 청구의 소 및 회사에 대한 신주발행유지청구의 소는 소가를 산출할 수 없는 소송으로 본다.

② 제1항에 규정된 것을 제외하고 상법의 규정에 의한 회사관계소송은 비재산권을 목적으로 하는 소송으로 본다.

③ 회사 이외의 단체에 관한 것으로서 제2항에 규정된 소에 준하여 소송은 비재산권을 목적으로 하는 소송으로 본다.

④ 해고무효확인의 소는 비재산권을 목적으로 하는 소송으로 본다.

나. 유 형

이를 구체적으로 분류하면 ① 공익권은 경영참여를 위한 권리(예컨대, 상법 제369조, 제368조에 의한 주주총회에서의 의결권 등)와 경영감독을 위한 권리(예컨대, 상법 제328조에 의한 설립무효소송, 상법 제380조에 의한 주주총회결의 무효·부존재확인소권, 상법 제424조에 의한 신주발행유지청구, 상법 제529조에 의한 합병무효소송, 상법 제466조에 의한 회계장부열람청구, 상법 제385조 제2항·제415조·제539조 제2항에 의한 이사·감사·청산인의 해임청구, 상법 제402조·제542조 제2항에 의한 이사·청산인의 위법행위유지청구, 상법 제403조·제415조·제467조의2 제4항에 의한 이사·감사에 대한 손해배상청구 및 이익공여금지위반의 경우 이익반환에 관한 대표소송 등)로 분류할 수 있다.

② 자익권은 출자금에 대한 수익을 위한 권리(예컨대, 상법 제462조에 의한 이익배당청구권)와 출자금의 회수를 위한 권리(예컨대, 상법 제355조에 의한 주권교부청구권, 상법 제337조에 의한 명의개서청구권)로 분류할 수 있다.

다. 회사관계소송에 해당하는 경우의 소송목적의 값 산정

(1) 주주총회결의 관련 소송

(가) 복수의 결의사항을 대상으로 하는 경우

주주총회결의에 관한 소송에 있어서 동일 기일의 주주총회에서 복수의 사항에 대해 결의가 행해지고 그에 대해 취소 또는 무효확인 등을 구하는 소송이 제기될 때가 있다. 이 경우 소송목적의 산정방식에 관하여, ① 소집통지서에 기재된 의안의 개수를 기준으로 하는 견해, ② 결의사항의 개별성을 기준으로 하는 견해, ③ 개최된 주주총회의 수를 기준으로 하는 견해 등이 대립하고 있지만 세 번째 견해가 타당하고 다수 실무례이다.

따라서 "피고회사의 2018. 1. 10.자 정기주주총회에서 이사 갑을 해임하고, 을을 이사에 선임한 결의, 2018. 5. 6.자 임시주주총회에서 피고의 상호를 X주식회에서 Y주식회사로 변경한 정관변경결의는 각 무효임을 확인한다"라는 소송을 갑이 제기한 경우 소송목적의 값은 2억원(1억원+1억원)이다.

(나) 원고가 복수인 경우

수인의 원고가 하나의 주주총회결의를 대상으로 소를 제기한 경우 원고의 수에 관계없이 소송목적의 값은 1억원이다. 왜냐하면 원고의 수만큼 주관적 병합이 되었지만 수개의 청구의 목적이 하나의 법률관계에 해당하기 때문이다(민인규 제22조 단서). 따라서 "피고회사의 2018. 6. 2.자 임시주주총회에서 한 원고 갑, 을, 병을 이사직에서 각 해임하고, 소외 A, B, C를 이사로 각 선임한 결의는 무효임을 확인한다"고 제소한 경우 소송목적의 값은 1억원이다.

(다) 원고 및 주주총회결의가 각 복수인 경우

"피고회사의 2018. 6. 2.자 임시주주총회에서 한 원고 갑, 을을 이사직에서 해임한 결의 및 같은 피고의 2018. 6. 5.자 임시주주총회에서 한 소외 X, Y를 이사로 각 선임한 결의는 각 무효임을 확인한다"고 제소한 경우, 원고의 수와 상관없이 2018. 2. 2.자 임시주주총회결의무효확인의 소와 2018. 6. 5.자 임시주주총회결의 무효확인의 소의 소송목적의 값은 각 1억원이고 양 청구의 목적은 하나의 법률관계에 해당하지 않으므로 합산법칙을 적용한다(민인규 제22조 본문). 따라서 병합청구와 소송목적의 값은 2억원(1억원+1억원)이다.

(2) 이사회 결의 관련 소송

주주총회결의 관련 소송에 준하여 소송목적의 값을 산정하면 된다.

라. 회사관계소송에 해당하지 않는 경우의 소송목적의 값 산정

주주권확인의 소, 명의개서절차이행의 소 및 주권인도의 소는 모두 상법규정에 의한 회사관계소송이 아니다. 이들은 소제기 목적이 원고 개인의 경제적 이익의 향수를 위한 것이고 승소할 경우 원고만이 이익을 받기 때문이다. 따라서 전부승소할 경우 원고가 직접 받게 될 경제적 이익을 객관적으로 평가한 금액을 기준으로 소송목적의 값을 산정해야 한다(민인규 제6조).

(1) 주주권 또는 주주지위 확인의 소

전부승소할 경우 원고가 직접 받게 될 경제적 이익은 "원고가 보유한 주식의 가액"이 될 것이므로 이를 소송목적의 값으로 한다. 사안에 따라서는 경영권 다툼과 관련하여 주주권확인을 하는 경우도 있겠으나 경영권에 관한 사항은 간접적 이익에 불과하다고 보아야 한다. 왜냐하면 주주권은 회사에 대한 출자대가로서 경제적 이익을 받은 것을 그 본질로 하는 것이고 주주권확인의 소는 그와 같은 경제적 이익을 목적으로 한 소이기 때문이다.

증권거래소에 상장된 주식의 가액은 소제기 전날의 최종거래가격을 기준으로 계산한다(민인규 제9조 제4항), 비상장주식의 가액은 시가가 소명될 수 있는 한 시가에 의하되, 그것이 불가능하거나 시가에 다툼이 있을 경우 산정업무의 신속·확인설의 요청상 권면액으로 하여도 무방할 것이다.

(2) 명의개서절차 이행의 소

원고가 명의개서절차의 이행을 구하는 주식의 가액을 소송목적의 값으로 한다. 기명주식의 주주는 주주명부에 명의개서를 할 때까지는 회사에 대하여 자기가 주주라는 것을 주장할 수 없으므로(상법 제337조 제1항), 명의개서절차 이행의 소는 주주로서의 지위확보를 위한 소송으로 볼 수 있다.

따라서 주주권 또는 주주지위 확인의 소와 동일하게 취급함이 상당하다.

(3) 주권인도의 소

원고가 인도를 구하는 주권의 가액을 소송목적의 값으로 한다. 물건의 인도에 대한 규정인 민사소송등인지규칙 제12조 제5호에 의할 것이 아니다.

제2절 회사 이외의 단체에 관한 소송

1. 상법의 규정에 의한 회사관계소송에 준하는 소송에 '해당하는 경우'

회사 이외의 단체에 관한 것으로서 상법의 규정에 의한 회사관계소송에 준하는 소송은 비재산권을 목적으로 하는 소송이므로(민인규 제15조 제3항) 그 소송목적의 값은 1억원이다(민인규 제18조의2 단서).

'회사 이외의 단체'라 함은 회사 이외의 사단 또는 재단 등을 의미하여 법인격의 유무를 불문한다.

'상법의 규정에 의한 회사관계소송에 준하는 소송'이라 함은 소제기 목적이 원고를 포함한 구성원 전체의 이익을 위한 것이고 승소할 경우 원고를 포함한 구성원 전체가 이익을 받는 소송(예컨대, 단체운영의 참여 또는 운영의 참여 또는 운영의 감독을 위한 것)을 의미한다. 각종 재단법인의 이사회결의무효확인의 소, 각종 사단법인 또는 비법인사단의 총회결의무효확인의 소, 대표자 지위와 관련한 소 등이 여기에 해당한다(아래 사례 39).

예시 1 **소비자권익침해행위의 금지·중지를 구하는 소송(단체소송)**

피고는 원고(선정당사자) 및 선정자들의 출신학교, 주요 경력 등에 따라 점수를 부여하여 산정한 인맥 지수를 제공하는 서비스, 원고(선정당사자) 및 선정자들에 관한 객관적 정보를 피고의 주관적인 평가 기준에 따라 재처리하여 제공하는 서비스 및 별지 목록 제1항 기재 정보를 제공하는 일체의 서비스를 하여서는 아니된다.

► 소가산정 ◄

1. 목적물의 종류에 따른 가액

소비자기본법 제70조에 따라 제기된 금지·중지 청구에 관한 소비자단체소송은 비재산권을 목적으로 하는 소송으로 본다(민인규 제15조의2). 위 단체소송은 소가를 산출할 수 없는 재산권상의 소인 민사소송 등 민인규 제18조의2, 단서에 해당하여 1억원을 소가로 한다.

※ 공정거래위원회 또는 지방자치단체에 등록된 소비자단체는 사업자가 소비자기본법 제20조의 규정에 위반하여 소비자의 생명·신체 또는 재산에 대한 권익을 직접적으로 침해하고 그 침해가 계속되는 경우 법원에 소비자권익침해행위의 금지·중지를 구하는 소송을 제기할 수 있다(소비자기본법 제70조).
소비자들은 단체소송을 통해 법원에 소비자권익침해행위의 금지·중지를 요구할 수 있으나 피해에 대한 금전배상을 청구할 수 없다. 소비자들이 금전적인 배상을 받고자 할 경우에는 별도로 손해배상청구소송을 제기하여야 한다.

예시 2 노조위원장 선거무효확인 청구

피고(○○노동조합)가 2018. 6. 20. 실시한 피고의 위원장선거는 무효임을 확인한다.

► **소가산정** ◄

1. **목적물의 종류에 따른 가액**
   회사 이외의 단체에 관한 것으로써 상법의 규정에 의한 회사관계소송에 준하여는 소송(민인규 제15조 제3항)에 해당하여 1억원을 소가로 산정하여야 할 것이다(민인규 제18조의2, 단서).

예시 3 농업협동조합장 당선무효확인 청구

소외 ○○농업협동조합이 20○○. ○. ○. 실시한 제○○대 조합장선거에 있어서 피고를 당선인으로 한 위 조합 선거관리위원회의 결정은 무효임을 확인하고, 원고가 당선자임을 확인한다.

► **소가산정** ◄

1. **목적물의 종류에 따른 가액**

   회사 이외의 단체에 관한 것으로써 상법의 규정에 의한 회사관계소송에 준하여는 소송(민인규 제15조 제3항)에 해당하여 1억원을 소가로 산정하여야 할 것이다(민인규 제18조의2, 단서).

예시 4 **중앙종회의원확인 등 청구(청구의 목적이 1개의 법률관계인 때)**

1. 원고가 2014. 9. 1.부터 2017. 8. 31.까지 임기인 한국불교 ○○종 제○○대 중앙종회의원임을 확인한다.
2. 피고가 원고에 대하여 피고종단 초심호계위원회의 2016. 12. 20.자 체탈도첩의 징계결의(초심호계위원회의 2015. 9. 21. 및 2016. 3. 24.자 체탈도첩징계결의에 대한 재심)에 의하여 한 체탈도첩의 징계는 무효임을 확인한다.
3. 피고는 원고가 제○○대 중앙종회의원으로서 임기 중 중앙종회의장에 출입, 의원선서, 발언, 표결 등 중앙종회의원으로서의 일체의 권리행사를 하는 것을 방해하여서는 아니된다.

► **소가산정** ◄

1. **목적물의 종류에 따른 가액**

   본 소는 회사 이외의 단체에 관한 것으로써 상법의 규정에 의한 회사관계소송에 준하는 소송(민인규 제15조 제3항)에 해당하고, 1개의 소로써 수 개의 비재산권을 목적으로 하는 청구를 병합하였으나 민인규 제22조 단서 규정(청구의 목적이 1개의 법률관계인 때에는 1개의 소로 본다)의 적용을 받는다. 따라서 1억원을 소가로 한다(민인규 제18조의2, 단서).

※ 본 소는 "징계결의무효확인"과 위 결의로 박탈된 "종회의원확인청구 및 중앙종회의원으로서의 권리행사방해금지"를 구한 경우이다.

예시 5 통합결의무효확인 청구(노동조합)

> 피고가 2018. 6. 20. 15:00 피고조합 사내식당에서 한 피고조합과 원고조합을 통합하는 결의 및 원고조합의 명칭을 ○○○○노동조합 ○○지부로 변경하고 지부장에 소외 김○○, 부지부장에 소외 이○○을 선임한 결의는 각 무효임을 확인한다.

► 소가산정 ◄

1. **목적물의 종류에 따른 가액**

민사소송규칙 제22조에서는 "1개의 소로써 수개의 비재산권을 목적으로 하는 청구를 병합한 때에는 각 청구의 소가를 합산한다(동조 본문). 다만, 청구의 목적이 1개의 법률관계인 때에는 1개의 소로 본다(동조 단서)."고 규율하고 있다.

본 소는 회사 이외의 단체에 관한 것으로써 상법의 규정에 의한 회사관계소송에 준하는 소송(민인규 제15조 제3항)에 해당하고, 위 청구취지에서 1개의 소로써 수개의 비재산권을 목적으로 하는 청구를 병합하였으나 위 규칙 단서의 적용을 받는다. 따라서 1억원을 소가로 한다(민인규 제18조의2, 단서).

※ 본 소는 회사 이외의 단체에 관한 것으로써 상법의 규정에 의한 회사관계소송에 준하는 소송(민인규 제15조 제3항)에 해당하고, 1개의 소로써 수 개의 비재산권을 목적으로 하는 청구를 병합한 소이다.

예시 6 조합원제명처분무효확인 청구

> 피고(○○조합)가 원고에 대하여 한 2018. 6. 20. 제명처분은 무효임을 확인한다.

► 소가산정 ◄

1. **목적물의 종류에 따른 가액**

회사 이외의 단체에 관한 소송(민인규 제15조 제2항)의 소가는 1억원으로 한다(민인규 제18조의2, 단서).

※ 본 소의 원고는 피고지부소속 조합원으로서 피고지부 ○○분회 분회장이 었던 바, 피고지부 운영위원회는 원고에 대한 제명결의를 하였다.
본 소는 회사 이외의 단체에 관한 것으로써 소송은 비재산권을 목적으로 하는 소송으로 본다(민인규 제15조 제3항).

예시 7 **어업권행사계약체결결의무효확인 청구**

피고의 2018. 6. 20. 임시총회에서 피고가 ○○시 ○○동 ○○지선 수면 중 별지 도면 표시 ㄱ, ㄴ, ㄷ, ㄹ, ㄱ의 각 점을 순차로 연결한 선내의 1,300,000㎡ (어업면허 제○○○호), 같은 도면 1, 2, 3, 4, 1의 각 점을 순차로 연결한 선내의 2,000,000㎡(어업면허 제000호의 1/2)에 대하여 소외 ○○어촌계와 어업권행사계약을 체결하기로 한 결의는 무효임을 확인한다.

► 소가산정 ◄

1. **목적물의 종류에 따른 가액**
   본 소는 회사 이외의 단체에 관한 소송이며, 상법의 규정에 의한 회사관계소송(민인규 제15조 제2항)에 준하는 소송(민인규 제15조 제3항)으로써 비재산권을 목적으로 하는 소송이므로 소가는 1억원으로 한다(민인규 제18조의 2, 단서).

※ 본 소는 임시총회에서 어업권행사계약을 체결하기로 한 결의에 대하여 그 무효를 구하는 소이다. 본 소의 경우 목적물이 2개이나 청구의 목적이 1개의 법률관계인 때에 해당하여 1개의 소로 본다(민인규 제22조 단서).

예시 8 **대의원총회결의무효확인 청구(병합의 경우)**

1. 원고가 피고 산하 ○○남도지회장 ○○시지부장 지위를 보유함을 확인한다.
2. 피고 산하 ○○시지부의 2017. 5. 10.자 대의원총회에서 소외 김○○를 ○○시지부장으로 선출한 결의 및 피고의 2018. 7. 5.자 임시이사회에서 원고에 대한 ○○남도지회장 인준을 취소하고 원고의 피고이사회의 이사 지위를 박탈하기로 한 결의는 무효임을 확인한다.

► 소가산정 ◄

1. **목적물의 종류에 따른 가액**

   본 소는 회사 이외의 단체에 관한 소송이며, 상법의 규정에 의한 회사관계소송(민인규 제15조 제2항)에 준하는 소송(민인규 제15조 제3항)으로써 비재산권을 목적으로 하는 소송이므로 소가는 1억원으로 한다(민인규 제18조의 2, 단서).

2. **산출공식**

   가. 2017. 5. 10.자 대의원총회결의무표 : 1억원

   나. 2018. 7. 5.자 임시이사회결의무효 : 1억원

3. **소 가**

   위 가, 나,를 합산한 금액을 소가로 하므로 2억원이 소가가 된다.

※1. 본 소는 "원고의 지회장 및 지부장지위보유확인청구"와 2017. 5. 10.자 대의원총회결의무효 및 2018. 7. 5.자 임시이사회결의무효를 구하는 병합의 소이다. 여기서 "2개의 총회결의"에 대하여는 "1개의 소로써 수 개의 비재산권을 목적으로 하는 청구를 병합"한 경우이므로 경제적 이익이 독립한 별개의 것인 때에 해당하여 합산원칙을 적용하고(민인규 제22조 전단), "지회장 및 지부장지위보유확인청구"는 위 2개의 총회결의"에 기한 원인된 사실로부터 발생하는 경우에 해당되기 때문에 이 경우에는 "경제적 이익"이 동일하거나 중복되는 청구에 해당되므로 흡수법칙을 적용하여야 한다.

2. 흡수법칙은 "1개의 소로써 주장하는 수 개의 청구의 경제적 이익이 동일하거나

중복되는 때(민인규 제20조)"와 "1개의 청구가 다른 청구의 수단에 지나지 않을 때(민인규 제21조)"로 나뉜다. 전자의 경우에는 중복되는 범위 내에서 흡수되고, 그중 가장 다액인 청구의 가액을 소가로 하고(민인규 제20조). 후자의 경우에는 특별한 규정이 있는 경우를 제외하고, 그 가액은 소가에 산입하지 아니한다. 다만, 수단인 청구의 가액이 주된 청구의 가액보다 다액인 경우에는 그 다액을 소가로 한다(민인규 제21조).

예시 9 **임시총회결의부존재확인 청구(재건축주택조합)**

피고 ○○지구시민아파트 재건축주택조합이 2017. 5. 11.자 임시총회에서 소외 김○○를 조합장으로, 소외 이○○, 박○○, 최○○, 정○○, 양○○, 고○○를 이사로, 소외 한○○, 나○○, 조○○를 감사로 각 선임하고 참여조합원으로 피고 ○○건설 주식회사를 선정한 결의와 2018. 6. 27.자 정기총회에서 1) 완전이주 및 건물철거 기일결정, 2) 사업방해조합원 대책결의, 3) 미이주자에 대한 이자부담건 확인, 4) 사업승인 후 필요한 정관조항 수정, 5) 기타 토의사항에 대하여 한 결의는 각 부존재 또는 무효임을 확인하고, 피고들 사이의 2017. 6. 19.자 공사도급계약과 2018. 1. 18. 자 및 같은 해 3. 28.자 각 추가약정은 무효임을 확인한다.

► 소가산정 ◄

1. 목적물의 종류에 따른 가액

본 소는 회사 이외의 단체에 관한 소송이며, 상법의 규정에 의한 회사관계소송(민인규 제15조 제2항)에 준하는 소송(민인규 제15조 제3항)으로써 비재산권을 목적으로 하는 소송이므로 소가는 1억원을 소가로 한다(민인규 제18조의2, 단서).

2. 산출공식

가. 임시총회결의무효 : 1억원

나. 정기총회결의무효 : 1억원

3. 소 가

위 가, 나,를 합산한 금액을 소가로 하므로 2억원이 소가가 된다.

※ 본 소는 2개의 총회결의에 대하여 부존재 또는 무효확인을 구하고 피고들 사이의 공사도급계약과 추가약정무효를 구하는 소이다. 여기서 "2개의 총회결의"에 대하여는 "1개의 소로써 수개의 비재산권을 목적으로 하는 청구를 병합"한 경우이므로 경제적 이익이 독립한 별개의 것인 때에 해당하여 합산원칙을 적용하고(민인규 제22조 전단), 공사도급계약과 추가약정무효는 "2017 5. 11.자 임시총회"에 기한 원인된 사실로부터 발생하는 경우에 해당되기 때문에 "경제적 이익"이 동일하거나 중복되는 청구에 해당되므로 흡수법칙을 적용하여 소가를 산출하여야 한다.

예시 10 **단체의 정관무효확인 청구**

> 피고(○○회)가 2018. 7. 10. 보훈회관 강당에서 개최된 제○○차 총회에서 결의한 피고의 정관개정결의는 무효임을 확인한다.

► 소가산정 ◄

1. **목적물의 종류에 따른 가액**

본 소는 회사 이외의 단체에 관한 소송이며, 상법의 규정에 의한 회사관계소송(민인규 제15조 제2항)에 준하는 소송(민인규 제15조 제3항)으로써 비재산권을 목적으로 하는 소송이므로 소가는 1억원을 소가로 한다(민인규 제18조의2, 단서).

※ 본 소는 정관개정결의에 대하여 무효를 구하는 소이다.

예시 11 이사·감사 선거무효확인 청구(화교협회)

피고 ○○화교협회의 선거위원회가 2018. 6. 10. 별지 명단 기재의 자를 같은 피고의 제○차 이사, 감사 선거의 당선인으로 결정한 결의 및 같은 피고의 이사회가 2018. 6. 20. 소외 김○○을 같은 피고의 회장으로 선임한 결의가 각 무효임을 확인한다.

► 소가산정 ◄

1. 목적물의 종류에 따른 가액

본 소는 회사 이외의 단체에 관한 소송이며, 상법의 규정에 의한 회사관계소송(민인규 제15조 제2항)에 준하는 소송(민인규 제15조 제3항)으로써 비재산권을 목적으로 하는 소송이므로 소가는 1억원을 소가로 한다(민인규 제18조의2, 단서).

2. 산출공식

가. 선거위원회결의무효 : 1억원

나. 이사회의결의무효 : 1억원

3. 소 가

위 가, 나,를 합산한 금액을 소가로 하므로 2억원이 소가가 된다.

※1. 본 소는 2개의 이사회결의에 대하여 그 무효를 구하는 병합형태이다. 따라서 1개의 소로써 수 개의 비재산권을 목적으로 하는 청구를 병합한 경우이므로 경제적 이익이 독립한 별개의 것인 때에 해당하여 합산원칙을 적용하여 소가를 산출하여야 한다(민인규 제22조 전단).

2. 민사소송법 제27조 제1항에서 "하나의 소로 여러 개의 청구를 하는 경우에는 그 여러 청구의 값을 모두 합하여 소송목적의 값을 정한다"고 하였으며, 민사소송등인지규칙 제19조에서 "1개의 소로써 수 개의 청구를 하는 경우에 그 수 개의 청구를 경제적 이익이 독립한 별개의 것인 때에 합산하여 소가를 산정한다"고 하였다.

예시 12 종회총회결의부존재확인 청구

> 피고가 2018. 6. 23. ○○시 ○구 ○○동 ○○○-○○에서 개최된 임시 총회에서 소외 김○영의 회장직 사표를 수리하고 소외 김○우를 피고 종회의 회장으로 선임한 결의는 부존재 또는 무효임을 확인한다.

► **소가산정** ◄

1. **목적물의 종류에 따른 가액**
   본 소는 회사 이외의 단체에 관한 소송이며, 상법의 규정에 의한 회사관계소송(민인규 제15조 제2항)에 준하는 소송(민인규 제15조 제3항)으로써 비재산권을 목적으로 하는 소송이므로 소가는 1억원을 소가로 한다(민인규 제18조의2, 단서).

※ 본 소는 종회의 회장으로 선임한 결의에 대하여 부존재 또는 무효를 구하는 소이다.

예시 13 주지임명무효확인 청구

> 한국불교 ○○종이 피고를 경남 ○○군 ○○읍 ○○리 산112 소재 ○○사의 주지로 임명한 2018. 6. 20.자 주지임명은 무효임을 확인한다.

► **소가산정** ◄

1. **목적물의 종류에 따른 가액**
   본 소는 회사 이외의 단체에 관한 것으로써 상법의 규정에 의한 회사관계소송에 준하는 소송(민인규 제15조 제3항)에 해당하여 1억원을 소가로 한다(민인규 제18조의2, 단서).

□ 사례 39 : '회사 이외의 단체에 관한 것으로서 상법 규정에 의한 회사관계소송'에 준하는 소송에서의 소송목적의 값

[문제 1]	○○종중의 대표자인 을이 종중을 대표하여 갑을 상대로 대표자지위부존재확인의 소를 제기한 경우 소송목적의 값
[답 변]	소송목적의 값은 1억원이다. ※ 종중 대표자 지위에 관한 소제기의 목적은 원고를 포함한 구성권 전체의 이익을 위한 것이므로 '상법의 규정에 의한 회사관계소송에 준하는 소송'에 해당한다고 볼 수 있다. 왜냐하면 종중의 대표자는 종중의 기관으로서 그 의사결정에 참가하고, 업무집행에 임하는 등 법률적으로 자신의 이익이 아닌 단체의 이익을 추구하기 때문이다. 그러므로 소송목적의 값은 1억원이다(민인규 제15조 제3항, 제18조의2, 단서).
[문제 2]	종원이 ○○종중을 상대로 종원지위존재확인의 소를 제기한 경우 소송목적의 값
[답 변]	소송목적의 값은 5,000만원이다. ※ 종원 지위에 관한 소제기의 목적은 원고 개인의 이익을 위한 것이고 승소할 경우 원고만이 이익을 받으므로 '상법의 규정에 의한 회사관계소송에 준하는 소송'이라고 볼 수 없다. 이는 주주권 확인의 소 또는 주주지위 확인의 소를 '상법의 규정에 의한 회사관계소송'에 해당하지 않는다고 보는 것과 취지를 같이 한다. 소송목적의 값 산정에 관한 별도의 규정이 없으면 일반 원리(민인규 제6조)에 의하는데, 종원지위확인의 소에 대한 별도의 규정이 없으므로 일반 원리에 의해 소송목적의 값을 산정한다. 종원 지위에 관한 소송은 주주지위 확인의 소와 달리 성질상 경제적 이익을 직접적 내용으로 하지 아니하는 청구로서 비재산권상 소에 해당하거나 혹은 재판권상 소에 해당한다고 하더라도 종원의 지위를 확인받음으로써 직접 받게 될 경제적 이익을 산정하기에는 극히 곤란한 경우에 해당하므로, 소송목적의 값은 5,000만원이다(민인규 제18조의2 본문).
[문제 3]	사립학교에 재학중인 학생이 퇴학처분을 당하자 학교법인을 상대로 퇴학처분무효확인의 소를 제기한 경우 소송목적의 값
[답 변]	소송목적의 값은 5,000만원이다. ※ 퇴학처분무효확인의 소는 원고 개인의 이익을 위한 것이고 승소할 경우 원고만이 이익을 받으므로 '상법의 규정에 의한 회사관계소송에 준하는

> 소송'라고 볼 수 없다. 퇴학처분무효확인의 소에서 전부승소할 경우 원고는 재학생으로서의 지위를 인정받는데, 재학생으로서의 권리(예컨대, 수업을 받을 권리 등)는 그 성질상 경제적 이익을 직접적 내용으로 하지 아니하는 청구에 해당하므로 비재산권상 소에 해당한다고 봄이 타당하다. 따라서 소송목적의 값은 5,000만원이다(민인규 제18조의2 본문).

[주] 민사소송등인지규칙 제15조 제3항

회사 이외의 단체에 관한 것으로서 상법의 규정에 의한 회사관계소송에 준하는 소송은 비재산권을 목적으로 하는 소송으로(민인규 제15조 제3항), 그 소송목적의 값은 1억원으로 한다(민인규 제18조의2 단서).

1. '회사 이외의 단체'
   단체는 단체성을 구비하기만 하면 그것이 사단이든 재단이든 혹은 법인격이 있든 없든 불문한다.
2. '상법의 규정에 의한 회사관계소송에 준하는 소송'
   민사소송등인지규칙 제15조 제3항의 '상법의 규정에 의한 회사관계소송에 준하는 소송'은 소제기 목적이 원고를 포함한 구성원 전체의 이익을 위한 소송을 의미하는 것으로 보아야 한다. '상법의 규정에 의한 회사관계 소송에 준하는 소송'에 해당하는 경우 소송목적의 값은 1억원이고(민인규 제15조의 제3항, 제18조의2 단서), 해당하지 않는 경우 별도의 규정이 없으면 일반 원리(민인규 제6조)에 의하여 소송목적의 값을 산정한다.

예컨대, 종중 대표자가 "피고가 원고 종중의 대표자 지위에 있지 아니함을 확인한다"라는 소송을 제기한 경우 소송목적의 값은 1억원이다(민인규 제15조 제3항, 제18조의2 단서).

2. 상법의 규정에 의한 회사관계소송에 준하는 소송에 '해당하지 않는 경우'

소제기 목적이 원고 개인의 이익을 위한 것이고 승소할 경우 원고만이 이익을 받는 때에는 상법의 규정에 의한 회사관계소송에 준하는 소송에 해당하지 않는다. 이 경우에는 민사소송등인지규칙 제15조 제3항에 의할 것이 아니고, 전부승소할 경우 원고가 직접 받게 될 경제적 이익을 객관적으로 평가한 금액에 의해 소송목적의 값을 산정해야 한다(민인규 제6조).

예컨대, 종원이 종중을 상대로 종원지위확인소송을 제기한 경우, 비재산권상의 소에 해당하거나 재산권상의 소라고 하더라도 전부승소함으로써 원고가 직접 받게 될 경제적 이익을 산출하기는 극히 곤란한 경우에 해당하므로 소송목적의 값은 5,000만원이다(민인규 제18조의2 본문).

퇴학처분을 당한 학생이 학교법인을 상대로 제기하는 퇴학처분무효확인소송을 제기한 경우, 학생은 학교법인의 구성원이 아닌 학교시설의 이용자로 개인의 이익을 위해 소를 제기한 것이므로 소송목적의 값은 5,000만원이다(민인규 제18조의2 본문).

제3절 해고무효확인의 소

1. 소송목적의 값

해고무효확인의 소는 비재산권을 목적으로 하는 소송이고(민인규 제15조 제4항), 소송목적의 값은 5,000만원이다(민인규 제18조의2 본문). 단체관계소송의 소송목적의 값은 1억원인데(민인규 제18조의2 단서), 해고무효확인의 소는 단체와 구성원의 관계에서 발생하는 소송이 아니므로 민사소송등인지규칙에서 달리 정한 것이다.

또한, 근로계약은 인격관계법적 요소를 가지므로 근로자 지위에 있음을 확인받음으로써 원고가 받게 될 경제적 이익을 금전으로 평가하기는 곤란하여 비재산권상의 소로 규정하였다.

2. 병합청구한 경우의 소송목적의 값 산정

근로자가 해고무효확인청구와 그 해고가 무효임을 전제로 1억원의 임금지급청구를 병합제기한 경우, 이는 1개의 소로써 비재산권을 목적으로 하는 소송과 그 소송의 원인된 사실로부터 발생하는 재산권상의 소송을 병합한 경우에 해당하므로 다액인 임금지급청구의 소송목적의 값인 1억원이 소송목적의 값이다(민인법 제2조 제5항, 대법원 1994. 8. 31.자 94마1390 결정).

한편, 원고 갑이 해고무효확인청구와 그 해고가 무효임을 전제로 1억원의 임금지급청구를, 원고 을이 해고무효확인청구와 그 해고가 무효임을 전제로 1,000만원의 임금지급청구를 구하는 소를 병합하여 제기한 경우, 갑의 청구의 소송목적의 값은 1억원(해고무효확인청구 5,000만원과 임금지급청구 1억원 중 다액), 을의 청구의 소송목적의 값은 5,000만원(해고무효확인청구 5,000만원과 임금지급청구 1,000만원 중 다액)이고, 갑·을 청구의 경제적 이익이 독립한 별개의 것에 해당하므로 합산법칙을 적용하여 1억 5,000만원이 소송목적의 값이다(아래 사례 40).

예시 1 **퇴학처분무효확인 청구**

> 피고가 원고에 대하여 한 2018. 5. 10.자 권고 퇴학처분 및 같은 달 21.자 퇴학처분은 무효임을 확인한다.

► 소가산정 ◄

1. **목적물의 종류에 따른 가액**
   비재산권을 목적으로 하는 소송에 해당하여 소가는 5,000만원으로 한다 (민인규 제18조의2, 전단).

❑ 사례 40 : 수인의 해고무효확인과 임금지급청구가 병합된 경우 소송목적의 값

[문제 1]	소송목적의 값 원고 갑과 을이 사용자를 상대로 해고무효확인을 구함과 동시에 그 해고가 무효임을 전제로 임금지급청구를 병합하여 소제기 ○ 갑의 임금지급청구액 : 1,000만원 ○ 을의 임금지급청구액 : 1억원
[답 변]	소송목적의 값은 1억 5,000만원이다.

※ 경제적 이익의 원리에 입각한 규정(민인규 제19조) 적용

① 재판유상주의에 입각한 규정인 민사소송등인지규칙 제23조 제2항을 적용할 수 없고, 경제적 이익의 원리에 입각한 규정인 민사소송등인지규칙 제19조에 따라 합산하여 소송목적의 값을 산정한다. 따라서 민사소송등인지규칙 제23조 제2항을 유추적용하여 ①

두 개의 해고무효확인청구의 소송목적의 값을 1억원(5,000만원+5,000만원)으로 보고, ② 두 개의 임금지급청구의 소송목적의 값을 1억 1,000만원(1억원+1,000만원)으로 보아 ①과 ②를 비교하여 다액인 1억 1,000만원을 소송목적의 값으로 계산함은 잘못이다.

※ 소송목적의 값

(1) 각 청구

① 갑의 청구

소송목적의 값은 5,000만원(해고무효확인청구 5,000만원(인지 규칙 제15조 제4항, 제18조의2 본문)과 임금지급청구 1,000만원(민인규 제12조 제3호)을 비교하여 다액(민인법 제2조 제5항).

② 을의 청구

소송목적의 값은 1억원(해고무효확인청구 5,000만 100원과 임금지급청구 1억원을 비교하여 다액)이다(민인법 제2조 제5항).

(2) 병합청구의 소송목적의 값

병합청구의 소송목적의 값은 1억 5,000만원(1억원+5,000만원)이다(민인규 제19조)

제4절 개별법상의 단체소송

1. 소비자단체소송, 개인정보단체소송

소비자단체소송이란 사업자가 '소비자기본법' 제20조에서 정한 소비자의 권익증진관련 기준(안전·거래·표시·광고·개인정보관련 기준 등)을 위반하여 소비자의 생명·신체 또는 재산에 대한 권익을 직접적으로 침해하고 그 침해가 계속되는 경우 소비자기본법 제70조에 규정된 단체가 나서서 그 권리침해행위의 금지·중지를 구하는 소송으로서 공익소송제도이다. 소비자기본법 제70조에 따른 금지·중지 청구에 관한 소송은 이를 통하여 얻는 이익이 소비자권익의 침해에 대한 금전적 회복이 아니라 침해행위의 금지·중지라는 점에서 비재산권상의 소로 보도록 하였다(민인규 제15조의2 1호). 소비자단체소송의 특성상 회사 등 단체에 관한 소송(민인규 제15조 제1항 내지 제3항)과 유사하다고 보아 1억원으로 하였다(민인규 제18조의2 단서).

개인정보단체소송이란 개인정보보호법 제51조에서 정한 단체가 개인정보처리자를 대상으로 그가 집단분쟁을 거부하거나 조정결과를 거부하는 경우에 권리침해행위의 금지·중지를 구하는 소송이다. 개인정보보호법 제51조에 따른 단체소송도 법률상 일정한 요건을 갖춘 단체가 자신의 직접적인 이해관계나 법률상 이익의 침해와는 관계 없이 제3자의 위법행위를 금지·중지하는 것을 내용으로 한다는 점에서 '소비자기본법' 제70조에 따른 단체소송과 유사하므로 그와 동일하게 소송목적의 값을 1억원으로 하였다(민인규 제18조의2 단서).

2. 증권관련 집단소송

증권관련 집단소송이란 유가증권의 거래과정에서 다수의 집단적인 피해자가 생겼다는 이유로 그 중 1인 또는 수인이 대표당사자로 나서 피해자집단의 구성원 전원을 위해 소송수행하여 주는 손해배상청구소송을 말한다. 증권관련 집단소송의 소장에 붙일 인지액은 민사소송등인지법 제2조 제1항에 따라 산출된 금액의 2분의 1에 같은 조 제2항을 적용한 금액으로 하되, 이 경우 인지액의 상한은 5천만원으로 한다(증권관련집단소송법 제7조 제2항). 인지액 상한제를 채택하고 있다.

항소심 및 상고심의 인지액에 대하여는 민사소송등인지법 제3조를 준용한다(증권관련집단소송법 제7조 제3항).

예컨대 증권관련 집단소송으로 300억원의 손해배상청구의 소를 제기하여 전부패소한 원고가 항소하는 경우, 1심 소장에는 5,000만원(300억원에 대한 1심 인지액 105,555,000원×1/2은 52,777,500원인데 5,000만원을 상한으로 한다), 항소장에는 7,500만원을 붙인다.

제6장 민사집행법상의 소송

제1절 총 설

민사소송등인지규칙 제16조에서는 민사집행법상의 소의 소송목적의 값 산정방식에 관하여 규정하고 있다. 민사집행법상의 소에는 집행판결을 구하는 소, 중재판정 취소의 소, 집행문부여 또는 집행문부여에 대한 이의의 소, 청구이의의 소, 제3자이의의 소, 배당이의의 소, 공유관계부인의 소 등이 있다.

제2절 집행판결을 구하는 소·중재판정취소의 소

1. 집행판결을 구하는 소

집행판결이라 함은 외국판결 및 중재판정에 관하여 이에 기한 강제집행을 할 수 있음을 선언하는 판결이다(민집 제26조 제1항, 중재법 제37조 제1항). 집행판결을 얻지 않으면 외국판결이 집행권원으로 될 수 없도록 한 것은 민사소송법 제217조 소정의 요건을 집행력에 대하여는 보다 엄격하게 한 것 같이 보이지만, 집행판결은 단지 외국판결이 민사소송법 제217조의 요건을 갖추고 있는지 여부만을 심사하고 그 옳고 그름을 심사하지 않도록 하고 있으므로(민집 제27조), 결국 실질적으로는 민사소송법 제217조의 요건에 어떠한 요건을 덧붙이는 것은 아니다. 다만, 외국판결의 집행력의 유무에 대하여 집행기관 또는 집행문부여기관이 판단하는 것은 적당하지 않으므로, 이를 법원에서 판단하도록 하기 위한 절차상의 필요에서 마련한 것이 집행판결 절차이다. 중재판정이 법원의 관여 없이 이루어진다는 점에서 차이가 있을 뿐 중재판정에 대한 집행판결 절차는 외국판결에 대한 집행판결절차와 유사한 구조를 갖고 있으므로 양자를 동일한 조문에 규정하였다.

가. 소송목적의 값

집행판결을 구하는 소에 있어서는 외국판결 또는 중재판결과정에서 인정된 권리의 가액의 2분의 1을 소송목적의 값으로 한다(민인규 제16조 제1호 가목).

집행판결은 외국판결 또는 중재판결과 일체가 되어 집행권원이 된다는 점에서 그 소송절차는 통상의 사법상의 권리, 법률관계의 존부에 대한 절차가 아니고 오히려 집행문 부여의 절차에 유사한 구조를 갖는다. 따라서 집행판결을 구하는 소에서 승소할 경우 받게 될 경제적 이익은 집행문을 부여받음으로써 받게 되는 이익과 동일하다고 볼 수 있는데, 이 점에 근거하여 외국판결 또는 중재판정에서 인정된 권리의 가액의 2분의 1을 소송목적의 값으로 한 것이다.

나. 산 정 례

집행권원에 표시된 청구권이 소유권에 기한 물건(부동산 가액은 1억원)의 인도청구권인 경우 소송목적의 값은 2,500만원(1억원 × 1/2 × 1/2)이 된다(민인규 제12조 제5호 가목, 제16조 제1호 가목). 또한 집행권원에 표시된 청구권이 금원지급청구권이고 외국에서 2억원의 금원지급청구의 소를 제기하여 8,000만원이 인용되었는데 이에 대해 집행판결을 구하는 경우 소송목적의 값은 4,000만원(8,000만원 × 1/2)이 된다(민인규 제12조 제3호, 제16조 제1호 가목).

외국법원에서 혼인무효판결을 받은 자가 지방법원에 집행판결을 구하는 소를 제기한 경우, 혼인무효의 소의 소송목적의 값에 대한 규정이 없다(가수규칙 제2조 제1항은 20,000원의 정액인지를 첩부하여야 한다는 점을 규정하고 있을 뿐이다). 그 실질이 비재산권상의 소에 해당하므로 소송목적의 값은 2,500만원(5,000만원 × 1/2)이 된다(민인규 제18조의2 본문, 제16조 제1호 가목).

예시 1 **집행판결을 구하는 소**

[사례 1]

원고와 피고 사이의 "썬○ ○"호 항해 용선계약상의 체선료지급에 대한 중재사건에 관하여 일본해운집회의소가 2018. 6. 10.에 한 별지 기재의 중재판정은 이를 집행할 수 있다.

[사례 2]

원고와 피고 사이의 일본국 대판지방재판소 평성 8년 데와 제24호 대여금 청구사건에 관한 같은 재판소 2018. 1. 20.자 인낙조서에 기한 강제집행을 허가한다.

► **소가산정** ◄

1. **목적물의 종류에 따른 가액**
   외국판결 또는 중재판정에 대한 집행판결을 구하는 소는 외국판결 또는 중재판정에서 인정된 권리의 가액의 1/2을 소가로 한다(민인규 제16조의1호 가목).

2. **산출공식**
   위 권리의 가액이 금 5,000만원일 경우, 소가는 2,500만원이 된다.

2. 중재판정취소의 소

중재합의당사자의 무능력 또는 중재합의의 무효, 적정절차위반, 중재합의의 범위일탈, 중재판정부 구성 또는 중재절차의 위반 등을 이유로 중재판정을 실효시키는 소이다(중재법 제36조).

가. 소송목적의 값

중재판정취소의 소에 있어서는 중재판정에서 인정된 권리의 가액을 소송목적의 값으로 한다(민인규 제16조 제1호 나목). 이는 중재판정취소의 소가 중재판정에 대한 집행판결과 달리 기존에 성립한 중재판정을 번복하여 그 효력을 상실케 하는 형성의 소라는 점에 근거한 것이다.

나. 산 정 례

1억원의 금전의 급부를 명한 중재판정에 대해 취소의 소를 제기하는 경우 소송목적의 값은 1억원이다(민인규 제12조 제3호, 제16조 제1호 나목). 또한 소유권에 기한 물건(물건 가액은 1억원)의 인도를 명한 중재판정에 대해 취소의 소를 제기하는 경우 소송목적의 값은 5,000만원(1억원 × 1/2)이다(민인규 제12조 제5호 가목, 제16조 제1호 나목).

예시 1 **중재판정취소의 소**

원고와 피고 사이의 대한상사중재원 중재 제1111-○○○○호 및 제2221-○○○○호 사건에 관하여 위 중재원이 2018. 6. 20. 한 별지 목록 기재중재판정은 이를 취소한다.

► 소가산정 ◄

1. **목적물의 종류에 따른 가액**
   중재판정취소의 소에 있어서는 중재판정에서 인정된 권리의 가액을 소가로 한다.
2. **산출공식**
   위 권리의 가액이 금 5,000만원일 경우, 5,000원 + (5,000만원 × 0.0045) = 230,000원(인지액)이다.

제3절 집행문부여의 소 및 집행문부여에 대한 이의의 소

1. 집행문부여의 소

채권자가 집행문을 부여받기 위하여 증명서로써 증명하여야 할 사항 즉 집행권원의 집행에 조건을 붙인 경우 그 조건의 성취사실 또는 집행권원에 표시된 당사자 이외의 자에게 승계가 있은 경우에 그 승계사실에 대하여 그 증명을 할 수 없는 때에 증명방법의 제한에서 해방되어 그러한 사유에 기하여 집행력이 현존하고 있다는 것을 주장, 입증하여 판결로써 집행문의 부여를 받기 위한 소이다. 이 소는 집행문부여 신청을 하였으나 집행문이 거부된 때에도 제기할 수 있고, 부여의 신청을 함이 없이 바로 본 소를 제기할 수도 있다.

가. 소송목적의 값

집행문부여의 소에 있어서는 그 대상인 집행권원에서 인정된 권리의 가액의 10분의 1을 소송목적의 값으로 한다(민인규 제16조 제2호).

나. 산 정 례

1억원의 금전의 급부를 명한 판결에 대하여 집행문부여의 소를 제기하는 경우, 소송목적의 값은 1,000만원(1억원×1/10)이다(민인규 제12조 제1호, 제16조 제2호). 또한 소유권에 기한 물건(물건 가액은 1억원)의 인도를 명한 판결에 대해 소를 제기하는 경우, 소송목적의 값은 500만원(1억원×1/2×1/10)이다(민인규 제12조 제5호 가목, 제16조 제2호).

예시 1 집행문부여의 소

원고와 피고 사이의 ○○지방법원 2018가합 2345호 토지소유권이전등기말소등기청구사건의 판결정본에 관하여 위 법원사무관은 이 사건 피고에 대한 강제집행을 실시하기 위한 집행문을 부여할 것을 명한다.

► **소가산정** ◄

1. **목적물의 종류에 따른 가액**
   집행문부여의 소는 집행권원에서 인정된 권리의 가액의 1/10을 소가로 한다(민인규 제16조 제2호).

2. **산출공식**
   토지소유권이전등기 말소등기청구사건은 설정 또는 양도계약이 해제, 해지에 기한 경우에는 목적물가액의 1/10을 소가로 하므로(민인규 제13조 제1항 제4호, 가목), 공사지가 × 면적(m²) × 50/100 = 목적물가액 × 1/10 = 소가가 된다.
   만약, 위 소가가 금 5,000만원일 경우, 5,000원 + (5,000만원 × 0.0045) = 230,000원 × 1/10 = 23,000원의 인지를 첩부한다.

예시 2 **승계집행문부여의 소**

> 원고와 소외 김○○ 외 15인 사이의 ○○지방법원 2018가합 1234호 토지소유권이전등기말소등기청구사건의 판결정본에 관하여 위 법원사무관은 위 김○○ 외 15인의 승계인들인 이 사건 피고들에 대한 강제집행을 실시하기 위한 집행문을 부여할 것을 명한다.

► **소가산정** ◄

1. **목적물의 종류에 따른 가액**
   승계집행문부여의 소는 집행권원에서 인정된 권리의 가액의 1/10을 소가로 한다(민인규 제16조 제2호).

2. **산출공식**
   토지소유권이전등기 말소등기청구사건은 설정 또는 양도계약이 해제, 해지에 기한 경우에는 목적물가액의 1/10을 소가로 하므로(민인규칙 제13조 제1항 제4호, 가목), 공시지가 × 면적(m²) × 30/100 = 목적물가액 × 1/10 = 소가가 된다.

만약, 위 소가가 금 5,000만원일 경우, 5,000원+(5,000만원×0.0045) = 230,000원×1/10 = 23,000원의 인지를 첩부한다.

2. 집행문부여에 대한 이의의 소

집행문부여에 대한 이의의 소는 채무자가 집행문부여시에 증명된 조건의 성취 또는 승계 등의 사유를 다투어 집행문부여의 위법함을 주장함으로써 강제집행을 저지하기 위한 소이다.

가. 소송목적의 값

집행문부여에 대한 이의의 소에 있어서는 그 대상인 집행권원에서 인정된 권리의 가액의 10분의 1을 소송목적의 값으로 한다(민인규 제16조 제2호).

집행권원이 갖는 집행력 자체의 배제를 구하는 것이 아니고 채권자의 집행문부여의 소에 대응하는 것이므로, 집행문부여의 소와 동액으로 규정한 것이다.

나. 산 정 례

1억원의 금전지급을 명하는 집행권원에 대하여 이의의 소를 제기하는 경우 소송목적의 값은 1,000만원(1억원×1/10)이다. 소유권(물건가액 1억원)에 기한 인도를 명한 집행권원에 대하여 이의의 소를 제기하는 경우 소송목적의 값은 500만원(1억원×1/2×1/10)이다.

예시 1 **집행문부여에 대한 이의의 소**

1. 신청인과 피신청인 사이의 귀원 2017가단 1234 대여금 사건의 판결에 귀원 법원주사 김○○이 2017. 8. 24. 부여한 집행문은 이를 취소한다.
2. 위 집행력 있는 판결정본에 기한 강제집행은 이를 불허한다.

► **소가산정** ◄

1. **목적물의 종류에 따른 가액**
   집행문부여에 대한 이의의 소는 집행권원에서 인정된 권리의 가액의 1/10을 소가로 한다(민인규 제16조 제2호).

2. **산출공식**
   만약, 집행권원에서 인정된 권리의 가액이 금 5,000만원일 경우, 5,000원 + (5,000만원 × 0.0045) = 230,000원 × 1/10 = 23,000원의 인지를 첩부한다.

제4절 청구이의의 소

청구이의의 소란 채무자가 집행권원에 표시된 청구권에 관하여 생긴 이의를 내세워 그 집행권원이 가지는 집행력의 배제를 구하는 소이다.

1. 소송목적의 값

청구이의의 소에 있어서는 집행력 배제의 대상인 집행권원에서 인정된 권리의 가액을 소송목적의 값으로 한다(민인규 제16조 제3호). 전부승소할 경우 원고가 직접 받게 될 경제적 이익은 집행력이 배제되는 부분이므로, 집행권원에서 인정된 권리의 가액의 일부의 집행력을 배제하기 위해 청구이의의 소를 제기하는 경우에는 배제를 구하는 부분이 소송목적이 값이 된다.

집행권원에서 인정된 권리의 가액 산정방법은, 집행권원의 이행청구권에 대해 본안소송을 제기하는 경우의 소송목적의 값 산정방법과 동일하다. 따라서 주된 청구 및 부대청구에 관하여 이의가 있는 경우에 부대청구 부분은 소송목적의 값에 산입하지 아니한다(민소법 제27조 제2항). 이 경우 압류된 재산가액에 의하여 정하지 않도록 한다.

2. 산 정 례

① 집행권원에서 인정된 권리가 물건의 인도청구인 경우에는, 인도청구의 기초가 되는 권리를 집행권원 전체의 취지에 의해 판단해야 한다. 예컨대, 물건가액이 6억원이라고 할 때 소유권에 기한 인도청구권인 경우에는 3억원(6억원 × 1/2), 점유권에 기한 인도청구인 경우에는 2억원(6억원 × 1/3)이 각 소송목적의 값이 된다.

② 갑이 을에 대한 1억원의 대여금청구소송을 제기하여 전부승소하였고, 그 후 을은 6,000만원을 변제하였는데 갑이 1억원을 신청금액으로 을의 재산에 대하 강제경매를 신청하여, 을이 4,000만원을 초과하는 부분(즉, 6,000만원이 된다)에 대한 집행력의 배제를 구하는 청구이의의 소를 제기한 경우, '집행권원에서 인정된 권리의 가액'은 1억원이지만 '집행력의 배제를 구하는 부분의 가액'은 6,000만원이므로, 소송목적의 값은 6,000만원이다.

③ 토지 임차인이 건물매수청구권을 행사할 수 있음에도 불구하고 이를 행사하지 아니한 채 임차인에 대하여 토지인도 및 건물철거를 명하는 판결이 확정되었는데, 그 확정판결에 의하여 건물철거가 진행되지 아니한 상태에서 토지 임차인이 건물매수청구권 행사를 이유로 확정판결의 내용 중 '건물철거를 명하는 부분'의 집행력을 배제하기 위한 청구이의의 소를 제기할 수 있다. 토지 가액이 3억원인 경우 본안소송 즉, 토지인도 및 건물철거청구의 소송목적의 값은 1억 5,000만원[소유권에 기한 토지인도청구의 가액은 1억 5,000만원(3억원×1/2, 민인규 제12조 제5호 가목), 소유권에 기한 건물철거청구의 가액은 1억 5,000만원(3억원×1/2)이 되고, 양 청구는 목적과 수단의 관계에 있으므로, 병합청구의 소송목적의 값은 소유권에 기한 토지인도청구의 가액인 1억 5,000만원이다(민인규 제21조 본문)]이 되고, '건물철거를 명하는 부분'의 집행력을 배제하기 위해 청구이의의 소를 제기하는 경우 토지소유권에 기한 건물철거청구의 가액인 1억 5,000만원이 소송목적의 값이다.

④ 기한의 유예 등을 주장하여 일시적 집행의 배제를 구하는 경우에는 원고의 이익은 집행이 연기된 기간 동안 물건 또는 금전을 이용할 수 있는 이익을 금전적으로 평가한 액이 된다. 이것은 집행이 연기된 기간 중 집행권원에서

인정된 권리의 가액에 상당하는 원본을 원고가 이용하여 얻을 수 있는 이익이라고 할 수 있다. 따라서 집행권원에서 인정된 권리의 가액을 원본으로 하고 이에 대한 집행이 연기된 기간 동안 법정과실의 총액(법정이율에 의한 계산)을 소송목적의 값으로 하면 된다. 다만, 위와 같이 산정한 법정과실의 총액이 피고가 강제집행절차에서 청구하고 있는 집행채권액을 초과할 수 없으므로 법정과실이 집행채권액을 초과한 때에는 집행채권액을 소송목적의 값으로 한다.

⑤ 계속·반복적인 급부를 목적으로 한 정기금 채권을 내용으로 하는 집행권원의 집행력 배제를 구하는 경우가 있다.

㉮ 변제 등 '급부청구권의 소멸'을 사유로 하는 경우에는 원고가 소멸했다고 주장하는 금액을 소송목적의 값으로 한다. 예컨대 A가 전 남편 B를 상대로 양육비 지급을 구하는 소송을 제기하여 "B는 A에게 양육비로 2006. 1. 1.부터 2017. 12. 31.까지 매월 말일에 100만원을 지급하라"는 내용의 판결이 확정되자 2006. 4. 4. B가 집행권원 상의 채권 중 2006년부터 2015까지 합산액 1억 2,000만원(100만원 × 12개월 × 10년)을 변제하였다고 주장하며 청구이의의 소를 제기한 경우 소송목적의 값은 1억 2,000만원이다.

㉯ 문제는 '급부청구권의 부존재 또는 불발생'을 사유로 하는 경우이다. 이 경우에도 원칙대로 집행력 배제의 대상인 집행권원에서 인정된 권리가액을 기준으로 하면 족하므로(민인규 제16조 제3호) 종기의 정함이 있는 경우에는 전체 기간의 급부 총액(민인규 제12조 제3호), 종기의 정함이 없는 경우에는 집행권원상 급부청구권의 시기에서 '청구이의 소 제기시까지의 기발생분과 장래 1년분'(민인규 제12조 제4호)을 소송목적의 값으로 한다는 견해, 원칙대로 하면 소송목적의 값이 지나치게 고액으로 되는 경우가 발생한다는 점에서 집행권원 상급부청구권의 시기에서 '소제기(청구이의 소가 아니라 집행권원을 만들어 낸 소를 의미한다)시까지의 기간과 제1심 재판에 있어서 평균심리기간(12개월)을 합계한 기간 내의 급부액'을 소송목적의 값으로 한다는 견해가 있다.

후자는 집행권원을 만들어낸 소의 제기 시까지 기간과 그 이후 12개월의 기간 동안의 급부액을 합산하자는 것으로 이러한 방법을 새로운 입법적 선택에 가까운 것이다. 또한 전자에 의한 경우에 따라 인지액이 지나치게 고액이 되는 사례가 발생할 수 있으나 이는 기간이 확정되지 아니한 정기금청구의 소에 있어서 소송목적의 값 산정에 관한 민사소송등인지규칙 제12조 제4호에 내재되어 있는 문제에 불과하다. 후자는 이를 청구이의의 소에서만 문제 삼아 명문규정에 반하면서까지 시정하자는 것이어서 무리가 있다. 따라서 전자가 타당하다.

예시 1 **청구이의의 소(일부변제 후 잔액에 대하여 전부 부인한 경우)**

피고의 원고에 대한 ○○지방법원 2018. 6. 25. 선고 2018가합 1234호 대여금 사건의 판결에 기한 강제집행은 불허한다.

► 소가산정 ◄

1. 사 례

피고를 상대로 금 500만원을 지급하라는 승소판결을 받은 후, 이중 금 200만원을 변제받고 나머지 금 300만원만 신청금액으로 강제경매신청을 한 후 피고가 원고에 대하여 전액을 변제하였다고 청구이의의 소를 제기한 경우 소가가 얼마인지?

2. 목적물의 종류에 따른 가액

청구이의의 소는 집행력배제의 대상인 집행권원에서 인정된 권리의 가액을 소가로 한다(민인규 제16조 제3호).

위의 경우 규칙을 엄격히 해석하면, 집행권원에서 인정된 금액 금 500만원이 소가가 될 것이나, 소로써 주장하는 직접적인 이익이 소가이므로(민소법 제26조 제1항), 민소등인지규칙 제16조 제3호와 상충되는 부분이 있으나 피고가 집행력의 배제를 구하는 부분인 금 300만원을 소가로 보는 것이 타당하다.

3. 산출공식

금 300만원(소가) × 0.005 = 15,000원의 인지를 첩부한다.

제5절 제3자이의의 소

제3자이의의 소란 집행의 목적물에 대하여 제3자가 소유권을 가지거나 목적물의 양도나 인도를 막을 수 있는 권리를 가진 때 그 제3자가 채권자를 상대로 자신을 권리를 침해하는 강제집행을 대하여 이의를 주장하고 집행의 배제를 구하는 소이다(민집 제48조).

1. 소송목적의 값

제3자이의의 소에 있어서는 집행권원에서 인정된 권리의 가액을 한도로 한 원고의 권리의 가액을 소송목적의 값으로 한다(민인규 제16조 제4호). 즉, ① 원고의 권리의 가액과 ② 집행권원에서 인정된 권리의 가액을 비교하여 저액인 쪽을 소송목적의 값으로 한다.

전부승소할 경우 원고가 직접 받게 될 이익은 현실의 집행행위를 배제함으로써 목적물의 양도 또는 인도를 막는 권리를 확보하는 것이므로, 집행대상에 대한 원고의 권리의 가액을 소송목적의 값으로 규정한 것이다.

또한, 제3자이의의 소는 집행의 배제 기능도 있으므로 원고는 집행에 의해 피고(채권자)가 받는 이익 이상을 얻을 수는 없으므로, 집행권원에서 인정된 권리의 가액을 소송목적의 값의 한도로 규정한 것이다.

가. 원고 권리의 가액

동산에 대한 강제집행을 배제하기 위해 소유권에 기해 소를 제기하는 경우 동산의 가액(민인규 제10조 제1항), 점유권에 기해 소를 제기하는 경우 동산 가액의 3분의 1(민인규 제10조 제1항)이 각 원고의 권리의 가액이 된다. 그리고 집행의 대상이 금전채권인 경우에는 금전채권의 가액(제11조, 대법원 1997. 8. 26. 선고 97다4401 판결), 유가증권인 경우에는 유가증권의 가액(민인규 제9조 제4항)이 원고의 권리의 가액이 된다.

나. 집행권원에서 인정된 권리의 가액

집행권원에서 인정된 권리의 가액은 집행권자의 청구금액을 의미한다. 예컨대, 대여금청구소송에서 인정된 금액이 1억원이고, 그 중 3,000만원을 변제하여 집행채권자(피고)의 청구금액이 7,000만원인 경우, 집행권원에서 인정된 권리의 가액은 7,000만원이 된다.

2. 산 정 례

갑은 을을 상대로 3억원의 대여금지급 확정판결에 기하여 동산(물건가액은 1억원)에 대하여 강제집행을 하자 병이 진정한 소유권자라고 주장하며 갑을 상대로 제3자이의의 소를 제기한 경우, 소송목적의 값은 원고의 가액 1억원(민인규 제10조 제1항)과 집행권원에서 인정된 권리의 가액 즉, 강제집행의 청구금액 3억원(민인규 제12조 제3항)을 비교하여 저액인 1억원이다.

예시 1 **제3자이의의 소(부동산)**

> 피고가 소외 김○○에 대한 ○○지방법원 2018. 6. 18. 선고 2018가합1234 판결의 집행력 있는 정본에 기하여 별지 목록 기재 부동산에 대하여 한 강제집행은 이를 불허한다.

► 소가산정 ◄

1. **목적물의 종류에 따른 가액**

   제3자이의의 소는 집행권원에서 인정된 권리의 가액을 한도로 한 원고 권리의 가액을 소가로 한다(민인규 제16조 제4호).

   "원고 권리의 가액"이라 함은 제3자가 이의를 할 경우, 집행권원의 금액 전부에 대하여 불인정하고 제3자가 주장하는 금액을 제시하므로 그 금액을 말한다. 따라서 "집행권원에서 인정된 권리의 가액을 한도로 한 원고 권리의 가액을 소가로 한다."라 함은 "원고 권리의 가액이 5,000만원이고,

집행권원에서 인정된 권리의 가액이 3,000만원일 경우에는 3,000만원이 소가가 되고, 집행권원에서 인정된 권리의 가액이 6,000만원이라면 원고 권리의 가액 5,000만원이 소가가 된다."

2. **산출공식**
만약, 집행권원에서 인정된 권리의 가액이 금 5,000만원일 경우, 5,000원 + (5,000만원 × 0.0045) = 230,000원(인지)이 된다.

예시 2 **제3자이의의 소(유체동산)**

피고의 소외 김○○에 대한 ○○고등법원 2018나 1234 판결의 집행력 있는 판결정본에 기한 별지 목록 기재 유체동산에 대하여 한 강제집행을 불허한다.

► **소가산정** ◄

1. **사 례**
원고가 피고를 상대로 하여 금 1,000만원의 소를 제기하여 승소한 다음, 피고의 유체동산 등을 경매신청하였을 경우에 제3자가 유체동산은 자기의 물건이므로 원고를 상대로 집행을 불허한다는 취지의 제3자이의의 소를 제기한 경우 소가가 얼마인지?

2. **목적물의 종류에 따른 가액**
제3자이의의 소는 집행권원에서 인정된 권리의 가액을 한도로 한 원고 권리의 가액을 소가로 한다(민인규 제16조 제4호).
만약, 원고 권리의 가액이 3,000만원이고 집행권원에서 인정된 권리의 가액이 1,000만원일 경우에는 1,000만원이 소가가 되고, 집행권원에서 인정된 권리의 가액이 4,000만원이라면 원고의 권리의 가액 3,000만원이 소가가 된다.

3. **산출공식**
유체동산의 경우 집행법원에서 감정가를 산출하는 경우, 그 감정가가 기재된 조서를 등사하면 되나, 소를 제기할 당시 감정이 안된 경우가 대부분이다. 이런 경우 대부분 집행권원에서 인정된 권리의 가액을 기준으로 소가산정을 하고 있는 바, 취득가격이나 감정가격이 없어 산출할 수 없는 경우에는 집행권원에서 인정된 권리의 가액을 소가로 산정하고 있다.

제6절 배당이의의 소

1. 소송목적의 값

배당이의의 소에 있어서는 원고의 이의가 인용될 경우에 배당표의 변경 또는 새로운 배당표의 작성에 의하여 받게 되는 이익인 배당증가액을 소송목적의 값으로 한다(민인규 제16조 제6호).

소송목적의 값은 원고가 소로써 주장하는 이익을 기준으로 계산하여 정하므로(민소 제26조 제1항), 채권자가 제기한 경우와 채무자가 제기한 경우에 발생하는 이익상황이 다르기 때문에 소송목적의 값 산출방식도 다르다.

가. 채권자가 제소한 경우

원고인 채권자가 소로써 주장하는 이익은 배당표의 변경 또는 새로운 배당표의 작성에 의해 받은 배당증가액이므로 이를 소송목적의 값으로 한다(민인규 제16조 제6호). 즉, 당초의 배당표에 의한 원고의 배당액과 변경 또는 새로운 배당표의 작성에 의한 배당액과의 차액을 표준으로 한다. 이의신청으로 상대방 채권자의 채권을 부인한 액수에 의할 것이 아니다.

나. 채무자 또는 소유자가 제소한 경우

원고인 채무자 또는 소유자가 소로써 주장하는 이익은 감소배당액(채무자에게 돌아갈 잉여금이 생기는지와 관계없다)이므로 이를 소송목적의 값으로 한다(민인규 제6조).

따라서 채무자가 제소한 경우의 소송목적의 값 산정은 민사소송등인지규칙 제16조 제6호를 적용해서는 안된다.

감소배당액은 피고에 대한 당초의 배당액과 새로운 배당표에 의한 배당액과의 차액을 표준으로 한다.

2. 산 정 례

① 채무자 겸 소유자인 A의 부동산이 대한 저당권에 기한 임의경매에 있어서, 부동산이 7억원에 매각되어 1번 저당권자 B(피담보채권액 5억원)에게 5억원, 2번 저당권자 C(피담보채권액 2억원)에게 2억원, 3번 저당권자 D(피담보채권액 3억원)에게 0원이 배당된 상태에서 D가 C를 상대로, "법원이 2018. 7. 1. 작성한 배당표 중 피고(C)에 대한 배당액 2억원을 0원으로, 원고(D)에 대한 배당액 0원을 2억원으로 각 경정한다"라는 배당이의의 소를 제기한 경우, 배당표의 경정에 의해 원고가 받는 배당증가액이 소송목적이 값이 되므로(민인규 제16조 제6호), 소송목적의 값은 2억원이다.

② 동일한 사안에서 A가 B와 C를 상대로, "법원이 2018. 6. 1. 작성한 배당표 중 피고 B에 대한 배당액 금 5억원을 금 4억원으로, 피고 C에 대한 배당액 금 2억원을 삭제하고, 각 채권자의 채권순위 및 채권액에 비례하여 이를 배당한다"라는 배당이의의 소를 제기한 경우, 피고들의 감소배당액이 소송목적의 값이 되므로(민인규 제6조), 소송목적의 값은 피고 B에 대한 감소배당액 1억원과 피고 C에 대한 감소배당액 2억원의 합계액인 3억원이다.

예시 1 **배당이의의 소**

○○지방법원 ○○지원 2018타경 1234호 부동산 강제경매사건에 관하여 귀원이 2012. 6. 20. 작성한 배당표 중 피고 김○○에 대한 배당액 금 2,000만원, 피고 이○○에 대한 배당액 금 1,500만원을 삭제하고 원고에 대한 배당액 금 3,000만원을 금 3,500만원으로 경정한다.

► 소가산정 ◄

1. 목적물의 종류에 따른 가액

배당이의의 소는 배당증가액을 소가로 한다(민인규 제16조 제5호).

2. 산출공식

위 청구취지에서 "원고에 대한 배당액 금 3,000만원을 금 3,500만원으로 경정한다."고 하였으므로 배당증가액은 500만원(소가)이 된다.
따라서 금 500만원 × 0.005 = 25,000원의 인지를 첩부한다.

제7절 공유관계부인의 소

채무자 아닌 배우자의 지급요구가 있는 경우, 이에 이의가 있는 채권자는 그 배우자를 상대로 소를 제기하여 압류물이 채무자와 그 배우자의 공유가 아니라 채무자의 단독소유라는 것을 확정함으로써 부당한 지급요구를 배제할 수 있는데 이를 공유관계부인의 소라 한다(민집 제221조 제3항).

1. 소송목적의 값

공유관계부인의 소에 있어서는 원고의 채권액을 한도로 한 목적물건가액의 2분의 1을 소송목적의 값으로 한다(민인규 제16조 제7호). 즉, ① 목적물건 가액의 2분의 1과 ② 원고의 채권액을 비교하여 저액인 쪽을 소송목적의 값으로 한다.

가. 목적물건 가액의 2분의 1

이 소는 성질상 확인의 소에 해당하므로 원고가 전부승소할 경우 받게 될 경제적 이익은 목적물건에 대한 피고의 공유지분이 된다. 공유지분은 구체적 사안에 따라 다를 수 있지만 공유자의 지분은 균등한 것으로 추정하므로(민법 제262조 제2항) 피고의 공유지분은 2분의 1이 되는 경우가 많다. 이 점에 근거하여 일률적으로 물건가액의 2분의 1을 소송목적의 값으로 규정한 것이다.

나. 원고의 채권액

배우자의 공유 주장에 대하여 이의가 있는 채권자가 원고이고, 공유를 주장하는 배우자가 피고이다. 채권자에는 집행채권자 뿐만 아니라 배당요구채권자도 포함된다.

전부승소할 경우 원고는 자신의 경매청구금액 이상의 이익을 받을 수는 없으므로, 원고의 채권액을 소송목적의 값의 한도로 규정한 것이다.

2. 산 정 례

"○○물건에 대하여 피고(배우자)가 1/2의 지분을 가지지 아니함을 확인한다"라는 공유관계부인의 소를 제기한 경우(원고의 경매 청구금액은 8,000만원, 집행의 대상인 유체동산의 시가는 2억원), 원고의 채권액은 8,000만원이고, 목적물건의 가액의 2분의 1은 1억원(2억원×1/2)이므로, 적은 쪽인 8,000만원이 소송목적의 값이다.

예시 1 **토지, 건물 공유관계부인의 소**

원고의 소외 김○○에 대한 ○○지방법원 2018가단 1234호 대여금청구사건의 집행력 있는 판결정본에 기하여 압류한 ○○시 ○○구 ○○동 ○○○ 대 120㎡ 및 위 지상 시멘트 블록조 기와지붕 1층 주택 80㎡에 대하여 피고가 2분의 1 지분을 가지지 아니함을 확인한다.

► 소가산정 ◄

1. **목적물의 종류에 따른 가액**
   공유관계부인의 소에 있어서는 원고의 채권액을 한도로 한 목적물가액의 1/2를 소가로 한다(민인규 제16조 제6호).

2. **산출공식**
   ① 토지 : 공시지가×면적(㎡)×50/100 = 가액

② 건물 : 건물기준가액 × 구조지수 × 용도지수 × 위치지수 × 경과년수잔가율 × 면적(㎡) × 가감산율 = 과세시가표준액 × 50/100 = 가액

3. 소 가

(①토지가액 + ②건물가액) = 소가(원고의 채권액을 한도로 한 목적물가액의 1/2).

예 : 목적물가액이 3,000만원이고, 원고의 채권액이 2,000만원일 경우에는 목적물가액의 2분의 1인 1,500만원이 소가가 되고, 목적물가액이 5,000만원일 경우에는 목적물가액의 2분의 1인 2,500만원이 소가가 되나, 원고의 채권액이 2,000만원이므로 소가는 2,000만원이 된다.

※1. 본 소는 대지 및 건물에 관하여 공유관계를 부인하는 청구이다. 민사소송등인지규칙 제16조 제6호의 집행법상의 소에 해당한다.

2. 토지의 경우에는 "부동산가격공시 및 감정평가에 관한 법률"에 의한 개별공시지가(개별공시지가가 없는 경우에는 토지가격비준표에 의하여 산정한 가액)에 50/100을 곱하여 산정한 후(민인규 제9조 제1항)에, 건물의 경우에는 "지방세법 시행령" 제4조 제1항 제1호의 방식에 의하여 산정한 시가표준액 50/100을 곱하여 산정한 후(민인규 제9조 제2항), 소가산정기준에 의하여 목적물의 종류에 따라 소가를 산정한다.

제8절 민사집행법에 의한 보전소송

1. 정액제와 역진제

민사집행법상의 보전소송은 가압류, 다툼의 대상이 되는 가처분, 임시의 지위를 정하기 위한 가처분으로 분류할 수 있다. 가압류 및 다툼의 대상에 관한 가처분과 관련하여 정액제를, 임시의 지위를 정하기 위한 가처분과 관련하여 역진제를 채택하고 있다(민인법 제9조 제2항).

2. 가압류 및 다툼의 대상에 관한 가처분

민사집행법에 따른 가압류 및 다툼의 대상에 관한 가처분의 신청이나 가압류 및 다툼의 대상에 관한 가처분 결정에 대한 이의 또는 취소의 신청을 위한 신청서에는 1만원의 정액제가 적용된다(민인법 제9조 제2항). 따라서 소송목적의 값은 사물관할을 정하거나(민사및가사소송의사물관할에관한규칙 제2조) 소송비용에 산입되는 변호사 보수를 정하는(변호사보수의소송비용산입에관한규칙 제3조 제2항) 기능을 가질 뿐 인지액과는 무관하다. 예컨대 3억원의 대여금 채권을 피보전권리로 하여 가압류신청을 하는 경우 본안의 소송목적의 값은 3억원(민인규 제12조 제3호)이므로 가압류신청의 사물관할은 합의사건이 된다. 또한 건물(가액은 8,000만원)에 대한 소유권이전등기청구권을 피보전권리로 하여 가처분신청을 하는 경우 본안의 소송목적의 값은 8,000만원(민인규 제13조 제1항 제1호)이므로 가처분신청의 사물관할은 단독사건이 된다.

한편, 건물매매행위가 사해행위에 해당한다고 주장하며 사해행위취소를 원인으로 한 말소등기청구권을 피보전권리로 하여 가처분신청을 할 경우(건물가액은 3억원, 피보전채권은 1,000만원) 소송목적의 값은 1,000만원이다. 위 가처분의 피보전권리는 사해행위 취소를 원인으로 한 원상회복청구권에 해당하는데, 그 소송목적의 값은 취소채권자의 채권액 1,000만원과 소유권이전등기말소등기청구 1억 5,000만원(민인규 제13조 제1항 제4호 마목) 중 적은 금액으로 하기 때문이다.

3. 임시의 지위를 정하기 위한 가처분

가. 내 용

임시의 지위를 정하기 위한 가처분의 신청 및 그에 대한 이의 또는 취소의 신청은 그 본안의 소에 따른 인지액의 2분의 1에 해당하는 인지를 붙여야 한다(민인법 제9조 제2항 단서 1문). 이 경우 인지액의 상한액은 50만원으로 한다(민인법 제9조 제2항 단서 2문).

① 민사소송등인지법 제9조 제2항 본문에 "민사집행법에 따른 ~ ~"이라고 규정되어 있는 것과 관련하여 가사소송법 등에 따른 가처분 중 임시의 지위를 정하기

위한 가처분에 해당하는 사건에 민사소송등인지법 제9조 제2항 단서가 적용되는지 문제 된다.

㉮ 가사소송법에 따른 임시의 지위를 정하기 위한 가처분에 관하여 본다. 가사소송법 가처분에 민시집행법이 준용된다는 점(가소법 제63조 제1항 2문), 다른 법률에 특별한 규정이 있는 경우가 아니면 민사소송등인지법에서 정하는 인지를 붙여야 하는데(민인법 제1조) 가사소송법 및 가사소송수수료규칙 등에 민사소송등인지법 제9조 제2항 단서의 적용을 배제하는 특별 규정이 없다는 점 등을 고려할 때 적극적으로 해석함이 상당할 것이다.

한편 가사소송법상 사전처분(가소법 6 제62조)은 가사사건에 고유한 것으로서 그 수수료에는 민사소송등인지법 제9조 제5항 제4호가 직접 적용되므로(1,000원) 제9조 제2항 단서의 적용여부는 문제되지 않는다.

㉯ 행정소송법에 따른 임시의 지위를 정하기 위한 가처분에 관하여 본다. 항고소송의 대상이 되는 행정처분의 효력이나 집행 혹은 절차속행 등의 정지를 구하는 신청은 행정소송법상 집행정지신청의 방법으로서만 가능할 뿐 민사집행법상 가처분의 방법으로는 허용되지 아니하므로(대법원 2009. 11. 2.자 2009마596 결정, 대법원 1992. 7. 6.자 92마54 결정) 특별규정이 없는 한 임시의 지위를 정하기 위한 가처분신청은 부적법한데 부적법한 신청을 고집할 경우에 적용긍정설에 따라 인지를 받아야 할 것이다.

한편 행정소송법 제23조에 따른 집행정지의 신청에 대하여는 민사소송등인지법 제9조 제4항 제2호가 직접 적용되므로(2,000원) 제9조 제2항 단서의 적용 여부는 문제되지 않는다.

② '임시의 지위를 정하기 위한 가처분'에 적용된다. 처분금지가처분, 점유이전금지가처분 등 다툼의 대상에 관한 가처분에는 본 규정이 적용되지 않는다. 가처분사건에 대하여 일률적으로 정액제를 적용하던 개정 전과 달리 현행법 하에서는 임시의 지위를 정하기 위한 가처분과 다툼의 대상에 관한 가처분을 구별하는 것이 중요해 졌다.

임시의 지위를 정하기 위한 가처분 중 실무상 많이 이용되는 가처분은 특허·실용신안·상표·디자인·저작권·영업비밀 등 지식재산권침해금지가처분,

부정경쟁행위금지가처분, 공사금지가처분, 인도·철거·수거단행가처분, 총회·이사회 개최금지나 결의의 효력정지가처분, 인격권침해금지·업무방해금지가처분, 보증보험금·신용장대금지급금지가처분, 국가 등이 실시하는 입찰절차 속행금지가처분, 유체동산사용금지가처분, 치료비지급가처분, 임금지급가처분, 단체교섭응낙가처분 등이 있고, 사립학교 교수의 파면처분효력정지가처분, 사립학교 학생의 퇴학처분효력정지의 가처분, 이사선임결의의 무효·취소 또는 이사해임의 소가 제기된 경우에 법원이 상법 제407조에 의하여 하는 이사직무집행정지 및 직무대행자 선임의 가처분(합명회사 ·합자회사·민법상 법인·권리능력 없는 사단이나 재단 등의 단체에도 동일한 가처분이 인정됨) 등도 여기에 해당된다.

사안에 따라서 어느 쪽에 해당하는지 명확하지 않은 경우가 있을 수 있는데, 가처분신청의 목적이 다툼의 대상에 관한 집행을 보전하기 위한 것인지 아니면 계속하는 권리관계에 끼칠 현저한 손해를 피하거나 급박한 위험을 막기 위한 것인지에 따라 양자를 구별하면 될 것이다.

③ '그 본안의 소에 따른다'는 의미에 대하여 견해 대립이 가능하다. 예컨대 근로자 갑이 사용자를 피고로 하여 해고무효확인청구 및 임금지급청구를 본안소송으로 제기하기 전에 생계유지에 필요한 생활비 1,000만원의 지급을 구하는 단행가처분신청을 한 경우, 장차 제기되거나 현재 계속중인 본안사건의 소송목적의 값을 기준으로 정한다는 본안사건 표준설에 따르면 인지액은 115,000원[임금지급청구의 소송목적의 값은 5,000만원(소송목적의 값 산정의 표준시인 신청 시에 장차 본안에서 구할 임금의 액수를 계산할 수 없어 인지규칙 제18조의2 본문에 규정된 재산권상의 소로서 그 소송목적의 값을 산출할 수 없는 때에 해당)이고, 이에 대한 인지액 230,000원의 1/2]이다. 이에 비하여 신청사건 자체를 기준으로 정한다는 신청사건 표준설에 의하면 인지액은 25,000원[임금지급단행가처분의 피보전권리는 '그 지급을 구하는 임금 상당의 금전청구권'으로서 소송목적의 값은 1,000만원(민인규 제12조 제3호), 이에 대응한 인지액 5만원의 1/2]이다.

㉮ 본안사건 표준설은 민사소송등인지법 제9조 제2항 단서의 '그 본안의 소에 따른 인지액'이라는 문언은 현재 계속중이거나 장래 제기될 본안소송의 소

송목적의 값에 따른 인지액이라고 해석하는 견해이다. 그러나 이는 당해 사건 자체를 기준으로 소송목적의 값을 계산하는 일반원칙(민인규 제6조)에 어긋나고, 임시의 지위를 정하기 위한 가처분에서 인지액 계산의 기준과 소송비용에 산입되는 변호사 보수의 계산의 기준이 다르게 된다는 점에서 부당하다.

신청사건 표준설이 타당하며 실무례이기도 하다. 본안사건의 경우 소송비용에 산입되는 변호사 보수 계산방식을 인지액 계산방식에 따르도록 하여 양 기준을 일치시키고 있듯이(변호사보수의소송비용산입에관한규칙 제4조 제1항, 민인법 제2조) 임시지위를 정하기 위한 가처분의 경우에도 양 기준은 동일하다고 해석함이 상당하다. 결국 본안소송에서의 인지액 계산의 기초 및 변호사 보수 계산의 기초 그리고 임시의 지위를 정하기 위한 가처분에서 인지액 계산의 기초 및 변호사 보수 계산의 기초라는 네가지 사항은 소송목적의 값 계산에 관한 해석함이 상당하다.

㈏ 민사소송등인지법 제9조 제2항 단서의 '본안소송의 소에 따른다'는 것은 신청사건 자체를 기준으로 일반원칙에 따라 소송목적의 값(변호사보수의소송비용산입에관한규칙 제3조 제1항, 제2항에서 본안소송에서의 '소송목적의 값'에 대응하는 개념으로 보전소송에서 '피보전권리의 값'이라는 용어를 사용하여 양자를 구별하는 것이 일반적이지만 여기에서는 편의상 소송목적의 값이라는 표현을 사용한다)을 계산한다는 것을 의미한다(민인법 제2조, 민인규 제2장 등). 즉, 임시의 지위를 정하기 위한 가처분신청의 소송목적의 값 계산방식은 신청사건 자체를 기준으로 한다는 점에서 일반적인 본안소송과 동일하며, 다만 인지액 할인제와 인지액 상한제가 적용된다는 점에서 다를 뿐이다.

실무의 몇 가지 사례를 소개하면 다음과 같다.

○ 부동산의 인도단행가처분을 구하는 경우에는 부동산 가액의 1/2(민인규 제12조 제5호 가목, 나목)

○ 금전지급단행가처분을 구하는 경우에는 기간이 확정되지 않은 정기급이라면 기발생분 및 1년분의 정기금 합산액(민인규 제12조 제4호)으로 하되 그 이외에는 신청금액(민인규 제12조 제3항)

○ 피보전권리를 인격권으로 하여 접근금지, 업무방해금지, 시위금지, 명예훼손적 인터넷 게시글 삭제·차단 등을 구하는 경우에는 비재산권상의 소로서 5,000만원(민인규 제18조의2 본문)

○ 부동산소유권에 기한 방해예방·제거청구권을 피보전권리로 하여 인근 건축행위의 금지를 구하는 경우에는 부동산 가액의 1/2(민인규 제12조 제5호 가목, 대법원 2014. 5. 29.자 2014마329 결정)

○ 이른바 회사관련 가처분 및 그에 준하는 가처분으로서 주주총회결의 및 이사회의 개최금지, 결의 효력정지, 각종 열람금지, 각종 임원직무 집행정지, 각종 선거중지 등을 구하는 경우에는 1억원(민인규 제18조의2 단서, 제15조 1항 내지 제3항)

○ 상표·디자인 등 지식재산권에 기하여 침해금지가처분을 구하는 경우에는 1억원(민인규 제18조의2, 제18조)

본안소송에서 실체법상 권리 또는 법적 지위를 중심으로 소송목적의 값을 계산함에 비하여, 보전소송의 일종이므로 임시의 지위를 정하기 위한 가처분에서는 피보전권리를 중심으로 계산하게 될 것이다. 다만 임시의 지위를 정하기 위한 가처분의 특성상 피보전권리도 명확하지 않고 민사소송등인지규칙의 해당 조문을 찾기 어려운 경우도 있을 수 있는데 이러한 경우에는 일반원칙에 따라 신청인이 신청취지로써 구하는 범위내에서 전부인용될 경우에 직접 받게 될 경제적 이익을 객관적으로 평가한 금액을 소송목적의 값으로 하게 될 것이다(민인규 제6조).

또한, 재산권상의 신청으로서 그 소송목적의 값을 산출할 수 없거나 비재산권을 목적으로 하는 신청인 경우에 소송목적의 값은 5,000만원이 됨은 물론이다(민인규 제18조의2 본문).

㈐ 본안소송과 마찬가지로 신청의 개수가 단일한 경우는 물론 복수인 경우에도 일반원칙에 따라 합산·흡수·불산입법칙에 의하여 병합신청의 소송목적의 값을 계산한다. 예컨대 상법 제407조에서 정한 직무집행정지 가처분과 직무대행자선임 가처분을 신청하는 경우 각 신청의 소송목적의 값은 1억

원(민인규 제18조의2 단서, 제15조 제2항), 양 신청의 경제적 이익이 독립한 별개의 것에 해당하므로 합산법칙이 적용되어(민인규 제19조) 병합신청의 소송목적의 값은 2억원이 된다.

특허권 2개에 기하여 피신청인 1인에 대하여 제품 1개의 금지를 구하는 경우 각 특허권에 기한 금지신청의 소송목적의 값은 각 1억원(민인규 제18조의2 단서, 제17조의2)인데, 선택적 신청에 해당하여 하나의 특허에 기한 신청이 인용된다면 다른 특허에 기한 신청은 판단될 필요가 없으므로 경제적 이익이 동일하거나 중복되므로(민인규 제20조) 병합신청의 소송목적의 값은 1억원이 된다. 반면에 제1특허권에 기하여 제품1의 금지를 구하고 제2특허권에 기하여 제품 2의 금지를 구하는 경우처럼 복수의 지식재산권에 기하여 복수의 침해행위 금지를 구하는 경우에는 경제적 이익이 독립한 별개의 것에 해당하므로 합산법칙이 적용된다(민인규 제19조).

또한, 후발적으로 병합된 경우에도 일반원칙에 따른다(민인법 제4조, 제6조 등).

④ 그 본안의 소에 따른 '인지액의 2분의 1에 해당하는 인지'이다. 소송목적의 값의 2분의 1에 대응한 인지액이 아니라 소송목적의 값에 대응한 인지액의 2분의 1이다. 예컨대 소송목적의 값이 2억원인 신청사건의 경우 인지액은 455,000원(2억원의 2분의 1인 1억원에 대응한 인지액)이 아니라 427,500원(2억원에 대응할 인지액 855,000원×1/2)이다.

⑤ '인지액의 상한은 50만원으로 한다'. 인지액 상한제를 채택한 이 규정과 관련하여 한정설과 비한정설의 견해 대립이 있다. 한정설은 신청이 개수가 단일한 경우에만 한정적으로 적용되고 주관적 또는 객관적으로 병합되어 신청의 개수가 복수인 경우에는 적용되지 않는다고 함에 비하여, 비한정설은 신청의 개수가 단일한 경우에는 물론 복수인 경우에도 위 규정이 적용된다고 한다.

신청의 개수가 단일한 경우에는 견해 대립이 없다. 예컨대 A건물 신축공사로 인하여 그 주변에 있는 B건물이 붕괴될 우려가 발생하자 B건물(건물가액 10억원)의 소유자가 A건물의 건축주를 상대로 공사금지지가처분 신청을 한 경우 인지액의 50만원[피보전권리는 B건물의 소유권에 기한 방해배제 또는 방해예방청구권이고 그 소송목적의 값은 5억원(민인규 제12조 제5호 가목, 대법원 2014. 5. 29.자 2014마329 결정). 그에 대응한 인지액 2,055,000원의 1/2은 1,027,500원]이다.

주관적 또는 객관적으로 병합되어 신청의 개수가 복수인 경우에 견해 대립이 발생한다. 예컨대 근로자 100명이 사용자를 피고로 하여 해고무효확인청구 및 임금지급청구를 본안소송으로 제기하기 전에 생계유지에 필요한 생활비 1,000만원의 지급을 각 구하는 단행가처분신청을 한 경우, 한정설에 의하면 인지액이 250만원[근로자 1인의 소송목적의 값은 1,000만원(민인규 제12조 제3호). 이에 대한 인지액은 5만원, 그 1/2은 25,000원인데, 각 근로자가 승소할 경우 직접 받게 될 경제적 이익은 별개 독립된 것이므로 합산법칙이 적용되어 25,000원×100명, 복수신청에 인지액 상한제 미적용]이 되는데, 실질적으로 복수의 사건이 단지 하나의 사건으로 접수되어 하나의 사건번호가 부여되었다고 하여 인지액 상한제를 적용하는 것은 형평에 어긋나고 역진제 도입을 통해 무분별하게 늘어나는 임시의 지위를 정하기 위한 가처분을 억제한다는 입법취지를 악화시킬 우려가 있다는 점을 근거로 든다. 이에 비하여 비한정설에 의하면 인지액이 50만원[근로자 1인의 소송목적의 값은 1,000만원, 합산법칙이 적용되므로 복수신청의 소송목적의 값은 10억원(민인규 제19조), 이에 대한 인지액은 4,055,000원, 그 1/2은 2,027,500원, 복수신청에 인지액 상한 적용]이 되는데, 문리해석상 신청의 개수가 1개인 경우를 분리취급할 수 없다는 점을 근거로 든다.

앞에서 보았듯이 민사소송등인지법 제9조 제2항 단서에 의하여 인지액을 계산함에 있어서 일반 원칙이 적용되고 다만 인지액 상한제 및 인지액 할인제가 적용된다는 점에서 차이가 있을 뿐이다. 청구가 복수인 경우 합산·흡수·불산입법칙에 의하여 소송목적의 값을 구한 후 그에 기초하여 인지액을 계산함이 일반 원칙인데 한정설은 개별청구에 대한 인지액을 구한 후 각 인지액에 대하여 합산·흡수·불산입법칙을 적용함을 논리적 전제로 한다. 이에 의하면 합산법칙이 적용되는 사안에서 인지액 체감의 이익을 박탈하는 경우가 발생할 수 있고, '병합청구의 소송목적의 값 계산 → 그에 대한 인지액 계산'이라는 일반원칙에 대한 예외를 적용하게 된다. 따라서 비한정설이 타당하다.

나. 기 타

(1) 항 고

임시의 지위를 정하기 위한 가처분의 신청 및 그에 대한 이의 또는 취소의 신청에 관한 재판에 대한 항고장에는 해당 신청서에 붙인 인지액의 2배에 해당하는 인지를 붙여야 한다(민인법 제11조 제1항). 여기서 항고장에는 재항고장도 포함되므로 항고장과 재항고장의 인지액이 같다. 예컨대 1심 법원에 임시의 지위를 정하기 위한 가처분신청 ⇒ 가처분 결정과 그에 대한 가처분 이의신청 ⇒ 이의신청에 대한 기각결정과 그에 대한 즉시항고 ⇒ 항고법원의 즉시항고 기각결정과 그에 대한 재항고 순으로 절차가 진행된 경우(1, 2, 3심의 소송목적의 값이 같고 1심 인지액이 40만원이다) 임시의 지위를 정하기 위한 가처분신청서에 40만원, 가처분 이의신청에 40만원, 즉시항고장에 80만원, 재항고장에 80만원의 인지를 각 붙인다.

(2) 환 급

신청사건 심리도중 신청취하 등이 있더라도 민사소송등인지법 제14조, 민사소송등인지규칙 제33조에 따른 인지액 환급을 할 수는 없다.

신청취하 등에 기한 환급은 명문규정이 있어야 하는데 그러한 규정이 없기 때문이다.

물론 과오납을 이유로 하여 민사소송등인지규칙 제32조에 따른 반환청구를 할 수 있음을 당연하다.

제7장 도산 관련 소송

제1절 총 설

도산절차에 관한 각종 신청에는 정액제가 적용되어(민인법 제9조 제1항, 채무자회생및파산에관한규칙 제4조 등) 인지액 산정의 기초가 되는 소송목적의 값은 문제되지 않는다. 그러나 도산 관련 소송에서는 역진제가 적용되어 소송목적의 값 산정이 문제될 수 있다.

제2절 부인권 행사의 소, 환취권 행사의 소

부인권 행사의 소의 소송목적의 값에 관한 규정은 없다, 원고가 전부 승소할 경우 직접 받게 될 경제적 이익의 관점(민인규 제6조)에서 사해행위취소의 소(민인규 제12조 제9호)에 준하여 부인의 대상인 법률행위 목적의 가액을 소송목적의 값으로 함이 상당하다. 다만, 부인권은 파산관재인 등이 파산재단 등을 위하여 하는 것이므로 사해행위 취소의 소에서 소송목적의 값이 제1차적 산정기준인 원고의 채권액은 문제되지 않는다.

환취권 행사의 소의 소송목적의 값에 관한 규정은 없다. 환취권의 실현은 환취권의 목적물에 대한 권리의 확인 또는 급부청구라는 통상의 소를 통하여 이루어지는 것이므로 소송목적의 값의 산정도 소의 종류에 응하여 각각의 산정기준에 의해 산정하면 족하다. 예컨대, 파산관재인에 대하여 환취권이 되는 건물소유권에 기하여 건물인도소송을 제기하는 경우 소송목적의 값은 건물가액의 2분의 1이 된다(민인규 제12조 제5호 가목).

제3절 회생채권·회생담보권의 확정에 관한 소

1. 절 차

회생절차는 채무자의 원활한 회생을 통한 채권 등의 변제를 목표로 하므로 변제대상이 될 채권 등이 확정되어야 하는데, 채권 등의 확정을 위하여 일반 민사소송절차보다 간이·신속한 특별절차가 마련되어 있다.

신고된 채권 등에 대하여 채권조사기간 또는 특별조사기일에 관리인이나 다른 회생채권자 등으로부터 이의가 제기되지 않으면 회생채권 등이 확정되고, 그 조사결과를 기재한 회생채권자료 등은 회생채권자 등 전원에 대하여 확정판결과 동일한 효력이 있다(채무자회생법 제168조).

신고된 채권 등에 대하여 채권조사기간 또는 특별조사기일에 관리인이나 다른 회생채권자 등으로부터 이의가 제기된 경우, 채무자 회생 및 파산에 관한 법률은 이의 있는 채권 등의 유형에 따라 다음 세 가지의 채권 등의 확정방식을 인정하고 있다.

① 1유형 : 이의를 당한 이의채권 보유자는 이의자 전원을 상대로 회생법원에 채권액 등에 대한 채권조사확정재판을 신청할 수 있다(채무자회생법 제170조 제1항). 채권조사확정재판절차는 이의 있는 회생채권 등의 존부 및 액수 등을 법원이 심리하는 결정절차로서 이 결정에 대하여 불복이 있는 경우에는 최종적으로 판결절차에 의하도록 하고 있다. 이 소송이 회생채권조사확정재판에 대한 이의의 소인데, 이 소를 제기하는 자가 이의채권 보유자인 때에는 이의자 전원을 피고로 하고 이의자인 때에는 그 이의채권 보유자를 피고로 한다(채무자회생법 제171조).

② 2유형 : 그런데, 회생절차개시결정 당시 이의 있는 회생채권 등에 관하여 소송이 계속되어 있을 수 있는데 이 경우에는 새로이 이의의 소를 제기하지 않고 이의자 전원을 그 소송의 상대방으로 하여(회생절차개시결정으로 인하여 중단되어 있는) 계속중인 소송절차를 수계하도록 되어 있다(채무자회생법 제172조). 이는 계속중인 중단된 소송절차를 수계하는 것이 기존의 소송경과를 무시하고 새로이 조사확정재판과 이에 대한 이의의 소를 제기하는 것보다 합리적이기 때문

이다. 회생채권 등 확정소송의 법적 성질은 이의 있는 사항에 대한 확인소송에 해당하므로 이미 계속중인 이의채권에 관한 소송이 수계된 경우 수계 후의 소송은 확인소송의 성질에 부합하게 청구취지가 수정되거나 반소가 제기되어야 한다.

③ 3유형 : 이의 있는 회생채권 등에 관하여 집행력 있는 집행권원 또는 종국판결이 있는 경우에 그러한 채권 등은 일반의 회생채권 등에 비하여 유리한 지위에 있어 이를 존중할 필요가 있으므로 이의자는 채무자가 할 수 있는 소송절차에 의하여만 이의를 주장할 수 있다(채무자회생법 제174조). 구체적으로 집행력 있는 집행권원에 대하여는 재심의 소, 청구이의의 소 등으로써. 미확정의 종국판결에 대하여는 상소로써 이의를 주장하여야 한다.

이러한 회생채권 등의 확정에 관한 소송(위 1, 2, 3유형)의 판결은 회생채권자 등 전원에 대하여 효력을 가지며 확정판결과 동일한 효력이 인정된다(채무자회생법 제176조). 확정판결의 효력은 당해 소송 당사자 사이에서만 미치는 것이 민사소송의 원칙이지만 집단적 채무처리절차는 회생절차의 특성을 반영하여 소송 당사자가 아닌 회생채권자 등에게도 판결효의 확장을 인정한 것이다.

회생계획 인가결정이 있게 되면 관리인은 지체없이 회생계획을 수행하여야 하고(채무자회생법 제257조), 그 일환으로서 회생채권 등의 변제를 한다. 인가된 회생계획안의 내용에 따라 회생채권자 등의 권리가 그 채권액이 감액되거나 변제기가 연장되는 등의 방식으로 변경되기 때문에 회생채권자 등이 실제로 변제받게 되는 금액은 확정된 회생채권액보다 적은 것이 대부분이다.

2. 규 정

회생채권 또는 회생담보권의 확정에 관한 소송의 소송목적의 값은 회생계획으로 얻을 이익의 예정액을 표준으로 하여 회생법원이 정한다(채무자회생법 제178조).

소송목적의 값은 인지액 산정의 표준이 될 뿐 아니라 사물관할 결정의 표준이 되기도 하고(민사및가사소송의사물에관한규칙 제2조), 소송비용에 산입되는 변호사 보수의 계산기초가 되기도 한다(변호사보수의소송비용산입에관한규칙 제3조). 채무자회생및파산에관한법률 제178조가 사물관할 결정 및 변호사 보수의 계산에 관하여도 적용되는지 문제된다. 제1설은 소송목적의 값은 인지액, 사물관할, 변호사 보수의 세가지 모두에 동일하게 적용되어야 함이 원칙이고, 불리적용하기 위해서는 별도의 규정이 필요하다는 견해이다. 제2설은 위 세가지에 동일하게 적용되어야 함이 원칙이지만 특별한 사정이 있는 경우에는 해석상 분리적용을 인정할 수 있다는 견해이다. 제2설이 타당하다. 이에 의하면 사물관할(사건배당도 포함)은 제소시에 결정되어야 할 필요성이 크므로 채무자회생및파산에관한법률 제178조가 적용되지 아니하여 이의 있는 채권액이 기준이 됨에 비하여, 인지액 및 소송비용에 산입되는 변호사 보수와 관련하여 채무자회생및파산에관한법률 제178조가 적용되므로 회생법원이 결정한 소송목적의 값이 기준이 된다.

이하에서는 인지와 관련하여 분설한다.

가. 회생채권 또는 회생담보권의 확정에 관한 소송

① 이의채권을 보유한 권리자가 신청하는 회생채권 등의 조사확정재판(채무자회생법 제170조 제1항)은 간이·신속한 결정절차로서 판결절차인 조사확정재판에 대한 이의의 소와 다르므로 회생채권 또는 회생담보권의 확정에 관한 '소송'에 의하지 아니한다. 이에 대하여는 178조가 적용되지 아니하여 소송목적의 값 결정이 불필요하고 1,000원의 정액인지를 붙이면 된다(인지액·편철방법예규).

회생채권의 A, B, C가 있고, A, B의 채권에 대하여 C가 이의한 경우 이의채권 보유자 A, B는 하나의 신청서로 공동으로 조사확정재판을 신청할 수도 있고 별개의 신청서로 조사확정재판을 신청할 수도 있는데, 이 경우에는 실질적으로 2건의 신청으로 보아 인지액은 2,000원이 된다(별개의 신청서에 의하는 경우에는 각 신청서마다 1,000원이 됨은 당연하다). 반면에 이의채권을 보유한 회생채권자가 조사확정재판을 신청함에 있어서는 이의자 전원을 상대로 하여야 하고, 이의를 진술한 자 중 일부만을 상대로 하여 신청한 채권조사확정재판은 부적법하여 이 경우는 하나의 신청서로 복수의 이의자 전부를 대상으로 채권조사확정재판을 신청하게 된다. 따라서 회생채권자 A, B, C가 있고, A의 채권에 대하여 B, C가 이의하여 이의채권 보유자 A가

B, C에 대하여 조사확정재판을 신청하는 경우 인지액은 1,000원이 된다.

부인의 청구를 인용하는 결정에 대한 이의의 소(채무자회생법 제107조)에 대하여는 178조가 적용되지 아니하고 일반원칙에 따라 소송목적의 값을 산정한다. 178조의 회생채권 등의 확정에 관한 소송은 회생계획의 권리변경과 변제의 대상이 되는 회생채권 등의 액수 등을 정하는 것이고 그 소송의 경제적 이익은 시·부인된 회생채권 등의 액수가 아니라 회생계획에 따른 권리변경의 결과에 따라 정하여질 것이므로 소송목적의 값을 회생법원이 정하도록 한 것인데, 부인의 청구를 인용하는 결정에 대한 이의의 소는 부인권 행사로 채무자에게 회복될 재산에 관한 소송이므로 회생계획에 따른 권리변경의 결과에 영향을 받은 것이 아니기 때문이다.

이자 등에 대한 손해배상청구권 등의 조사확정재판에 대한 이의의 소(채무자회생법 제116조)의 경우도 채무자(법인)가 이사 등에 대하여 갖는 손해배상청구권 등에 관한 것이고 회생채권·회생담보권에 관한 것이 아니므로 178조가 적용되지 아니하고 일반원칙에 따라 소송목적의 값을 산정한다.

② '회생채권 또는 회생담보권의 확정에 관한 소송'에는 위 1유형, 2유형, 3유형의 소송 즉, 채권조사확정재판에 대한 이의의 소(채무자회생법 제171조), 이미 소송계속 중인 이의채권에 관한 소송이 수계된 경우(채무자회생법 제172조), 집행력 있는 집행권원 또는 종국판결 있는 회생채권·회생담보권의 확정에 관한 소송 및 수계(채무자회생법 제174조)가 모두 포함된다.

2유형 소송과 관련하여 본다. 이미 계속중인 이의채권에 관한 소송이 수계된 경우(채무자회생법 제172조) 수계 후의 소송은 확인소송의 성질에 부합하게 청구취지가 수정되거나 반소가 제기되어야 한다. 이 경우 민사소송등인지법 제4조, 제5조에 따른 인지액을 납부하여야 하는지 및 제178조에 의한 소송목적의 값 결정을 하여야 하는지 문제된다. 민사소송등인지법 제4조, 제5조에 따른 인지액을 납부하지도 않고, 소송목적의 값 결정도 아니하는 것이 실무례이다.

3유형 소송과 관련하여 본다. 이의채권에 관하여 집행력 있는 집행권원이 있거나 종국판결이 있는 경우에는 이의자는 채무자가 할 수 있는 소송절차에 의하여만 이의를 주장할 수 있다(채무자회생법 제174조). 예컨대, 원고 A가 피고 갑에 대하여 제기한 9억원의 대여금청구에 대한 전부승소판결이 이미 확정되었는데, 관리인이 9억원의 대여금채권은 변제로 인하여 전부소멸되었다고 주장하면서 청구이의의 소를 제기한 경우 채무자회생 및 파산에 관한 법률 제178조에 의하여 회생법원이 정한 소송목적의 값 3억원에 대한 인지액을 납부하여야 한다(민인규 제16조 제3호).

나. 소송목적의 값 결정의 표준

(1) 취 지

회생법원은 '회생계획으로 얻을 이익의 예정액을 표준으로 하여' 소송목적의 값을 결정한다. 소송목적의 값은 원고가 청구취지로써 구하는 범위 내에서 전부승소할 경우 원고가 직접 받게 될 이익을 표준으로 하여 정함을 원칙으로 하는데(민인규 제6조), 회생채권 등의 확정에 관한 소송을 통하여 회생채권자 등이 받은 경제적 이익은 확정된 회생채권 등의 액수 그 자체가 아니라 회생계획에 따른 권리변경의 결과에 따라 정하여질 것이므로 이와 같이 규정한 것이다.

(2) 이의자가 원고로서 제소하는 경우

이의채권 보유자가 원고로서 소송을 제기한 경우 소송목적의 값 결정을 함에 있어서 이의채권 보유자의 채권액이 고려요소가 된다. 관리인 또는 다른 회생채권자 등 이의자가 원고로서 소송을 제기하는 경우에도 동일하게 취급할 것인지 문제 될 수 있다.

① 관리인이 원고로서 소송을 제기하는 경우를 본다. 관리인이 조사확정재판에 대한 이의의 소를 제기하는 경우에는 대부분 '채권자 ○○○에 대한 회생채권은 존재하지 아니한다'는 내용으로의 변경판결을 구할 것이고, 여기에서 관리인이 전부승소하여 받게 될 경제적 이익(이의채권 보유자 이외의 다른 채권자들에게 귀속되는 이익과 같다)은 부존재의 확인을 구하는 채권액(민인규 제12조 제1호)이 되는데, 이는 결국 이의채권 보유자가 주장하는 채권액(조사확정재판 확인청구금액)과 같은 금액이므로 동일하게 취급함이 상당하다.

② 이의채권 보유자 이외의 다른 채권자가 원고로서 소송을 제기하는 경우를 본다. 예컨대, 일반 회생채권자 A, B, C 3명이 각 9억원을 신고하였고 A의 회생채권에

대하여 B가 이의를 제기한 후 채권조사확정재판을 거쳐 원고로서 채권조사확정재판에 대한 이의의 소를 제기할 경우(전체 회생채권자들 3명, 회생계획으로 얻을 예정이익액의 총액 9억원이라고 각 가정), 분리취급설은 B가 소를 통하여 얻게 될 예정이익액이 1억 5,000만원(승소할 경우의 예정이익액 4억 5,000만원과 패소할 경우의 예정이익액 3억원의 차액)이 되므로 회생법원은 이를 소송목적의 값으로 결정하면 된다는 견해이다. 동일취급설은 이의채권 보유자인 A가 이의소송을 제기할 경우의 값인 3억원(예정이익액의 총액 9억원×1/3)과 동일한 값으로 결정하면 된다는 견해이다.

분리취급설은 '원고가' 당해 소송을 통해 받게 될 경제적 이익을 표준으로 소송목적의 값이 정해지는 것이 원칙인데(민인규 제6조), 이의채권 보유자가 원고인 경우와 이의자가 원고인 경우에 회생채권으로 얻을 이익의 구도·상황이 다르다는 점을 근거로 한다.

동일취급설은 소송목적의 값 산정업무의 신속·획일성도 중요한 가치인데 분리취급설에 의하면 회생법원의 소송목적의 값 산정업무가 지나치게 번거롭게 된다는 점 등을 근거로 한다.

원고가 승소할 경우 승소금액 전액을 원고가 독점하는 것이 아니라 회생법원 또는 다른 채권자를 위하여도 사용된다는 점(즉, 민사집행법의 배당이의의 소에서 채권자가 다른 채권자를 상대로 승소하였을 경우에 상대적 효력에 의하여 승소 원고가 이익을 독점하는 것과 달리 이 소송에서는 이른바 절대적 효력이 인정된다)에서 동일취급설에 의하여라도 경제적 이익의 원리를 도외시 하는 것은 아니다. 동일취급설이 타당하다.

(3) 소송목적의 값 결정의 구체적인 표준

법은 '회생계획으로 얻을 이익의 예정액'을 표준으로 한다고 규정하고 있다. 회생법원이 소송목적의 값을 결정함에 있어 구제적인 표준에 관한 운용방식이 있다.

실무상 운용되고 있는 방식은, 채무자회생및파산에관한법률 제178조의 문언에 충실하게 회생계획으로 얻을 이익의 예정액을 기초로(주로 회생계획안을 통하여 이를 파악할 것이지만 회생계획안이 제출되기 전이라면 조사보고서를 통하여 파악하여도 무방할 것이다) 소송목적의 값을 결정하는 것이다(소송목적의 값 결정이 늦어지는 경우에는 소송목적의 값 결정신청 접수증명을 받아 수소법원에 제출하면 인지미보정으로 인한 불이익을 회피할 수 있다). 소송목적의 값 결정의 신속성이 희생하더라도 회생계획으로 얻을 이익을 최대한 정확히 반영하고, 소송목적의 값 결정신청의 여러 건 들어오는 경우에 소송목적의 값 결정기준의 통일을 기하기 위한 방식이라 할 수 있다.

다. 표 준 시

채무자회생및파산에관한법률 제178조는 소송목적의 값 산정의 표준시에 대한 원칙(민인규 제7조)에 대한 예외를 인정한 것이기도 하다.

제소시를 기준으로 소송목적의 값을 산정함이 원칙인데, 소장에 회생법원의 소송목적의 값 결정을 첨부하는 경우가 아닌 한 제소시에는 소송목적의 값이 미정인 상태에 있다가 그 후 회생법원의 소송목적의 값 결정이 있어야 비로소 소송목적의 값이 정해지기 때문이다.

재도의 소송목적의 값 결정에 관하여 본다. 채무자 회생 및 파산에 관한 법률 제178조는 소송목적의 값 산정 표준시를 제소시로 하는 것(민인규 제7조)에 대한 예외일 뿐 일단 고정된 소송목적의 값을 여러 번 변경할 수 있도록 한 것은 아니다. 따라서 조사보고서 등을 기초로 소송목적의 값 결정을 받은 원고가 그 후 제출된 회생계획안에 의하여 회생계획으로 받을 예정이익액이 회생법원이 결정한 소송목적의 값 이하로 밝혀졌음을 이유로 재도의 소송목적의 값 결정을 신청할 수 없다. 동일한 이유로 소송목적의 값 결정을 받은 후 회생계획이 수정되어 회생계획으로 받을 예정이익액이 변경되었음을 이유로 재도의 소송목적의 값 결정을 신청할 수 없다.

물론, 소송목적의 값 결정을 하고 난 다음 회생계획안이 수정 또는 변경되었고, 그 후에 다시 다른 소송목적의 값 결정신청이 들어왔을 경우에는 재도의 소송목적의 값 결정이 아니므로 수정 또는 변경된 회생계획안을 기준으로 하여 소송목적의 값을 결정하면 된다.

청구취지가 변경(확정)된 경우에는 변경된 청구에 관하여 소송목적의 값이 결정된 적이 없는 이상 이는 회생법원이 다시 그 소송목적의 값을 결정해 주어야 할 것이다. 반대로 청구취지가 감축(금액만 감축)된 경우에는 소송목적의 값 결정을 다시 할 필요가 없다.

라. 소송목적의 값 결정의 주체

소송목적의 값은 회생법원이 정한다(채무자회생법 제178조). 여기서 회생법원이란 회생절차를 주재하고 있는 법원을 가리키므로 수소법원이 소송목적의 값을 정하는 것은 위법하다. 수소법원은 원고에게 회생법원으로부터 소송목적의 값 결정을 받도록 촉구하여야 한다.

본래 소송목적의 값 계산은 실무상 회생사건을 담당하는 재판부가 이를 결정하고 있다.

마. 소송목적의 값 결정의 신청과 결정의 시기

제소 전에 소송목적의 값 결정신청을 하여 소장에 소송목적의 값 결정을 첨부하는 것이 가장 바람직하다. 그러나 소송목적의 값 결정신청의 시기를 제한하는 규정이 없으므로 소송목적의 값 결정이 첨부되어 있지 않음을 이유로 소장의 접수를 거부할 수 없는데(실무상 제소 전에 소송목적의 값을 결정하기 어려운 이유 중 하나는 회생법원에서는 접수된 소장에 기재된 '확정을 구하는 회생채권액'을 기준으로 하여 소송목적의 값 결정을 하기 때문이다. 예컨대 100만원의 회생채권조사확정재판에서 부존재 결정을 받은 채권자가 이의의 소를 제기하면서 80만원만 확정을 구할 수도 있는데, 80만원의 확정만을 구할 예정이라고 적시하여 회생재판부에 소송목적의 값 결정신청을 하여 소송목적의 값 결정을 받은 뒤 실제로는 100만원의 확정을 구할 수도 있기 때문에 통상 접수된 이의의 소장을 확인하여 소송목적의 값 결정을 하고 있다), 이 경우에는 소액의 인지[소값에 기초하여 인지액을 납부하는 최소금액인 1,000원으로 함이 실무이다(민인법 제2조 제2항)].를 첨부하여 제소한 후에 소송목적의 값 결정을 받아 인지액을 추납보정하는 것이 보통이다.

소송목적의 값 결정신청은 대부분의 경우 소 제기 직후에 신청되지만, 당사자가 제1심 종국판결이 내려진 후에 신청하는 경우도 있고, 심지어는 대법원의 판결로 소송이 종결된 후에 소송비용의 확정을 위해서 소송목적의 값 결정신청을 하는 경우가 있다.

회생법원이 소송목적의 값 결정을 하는 시기와 관련하여 앞에서 본 바와 같이 조사보고서 또는 회생계획안을 기초로 소송목적의 값을 결정하게 되므로 그러한 자료가 아직 없는 단계에서는 소송목적의 값 결정을 사실상 유보하였다가(이 경우 소송목적의 값 결정 신청인은 소송목적의 값 결정 신청 접수증명을 수소법원에 제출하여 수소법원으로부터 인지미보정에 따른 불이익을 피할 수 있다) 자료가 제출된 단계에서 소송목적의 값을 결정을 하는 것이 타당하다.

바. 소송목적의 값 결정 신청의 주체

회생채권 또는 회생담보권의 확정에 관한 소를 제기하려는 자 또는 제기한 자의 신청에 의하여 소송목적의 값 결정을 하는 것으로 해석되므로 회생법원이 직권으로 할 수는 없다.

회생채권 또는 회생담보권의 확정에 관한 소를 제기하려는 자가 신청하는 것이 일반적이나, 그 상대방도 그 소송에서 패소할 경우 소송비용을 부담하게 된다는 점에서 신청권이 있다고 해석되고 있다.

사. 소송목적의 값 결정에 대한 불복

소송목적의 값 결정에 대하여는 즉시항고를 할 수 있다는 규정이 없으므로 불복할 수 없다(채무자회생법 제13조 제1항). 특별항고는 가능하다.

아. 항소의 소송목적의 값

채권조사확정재판에 대한 이의의 소의 판결은 그 소가 부적법하여 각하하는 경우를 제외하고는 채권조사 확정재판의 결정을 인가하거나 변경하는 판결을 하여야 한다(채무자회생법 제171조 제6항). 이의의 소의 판결의 태양으로는 ① 채권조사확정재판의 결정이 정당하다고 판단되어 조사확정재판을 인가하는 경우, ② 회생채권 등의 내용의 일부를 변경하는 경우, ③ 회생채권 등이 부존재한다는 취지의 조사확정재판을 취소하고 새로이 회생채권 등의 내용을 인정하는 경우, ④ 회생채권 등의 내용을 인정한 조사확정재판을 취소하고 새로이 회생채권이 부존재한다는 취지의 판결을 하는 경우 등이 있다. 이의의 소의 판결은, 회생채권 등의 존부 및 내용을 확정할 필요가 있고 그 판단에는 확정판결과 동일한 효력이 부여되어 있기 때문에, 회생채권 등이 없다는 취지의 결론에 이른 경우에도 단순히 조사확정재판을 취소할 것이 아니라 위 ④와 같은 변경판결을 하여야 한다.

항소의 소송목적의 값도 1심 단계에서 결정된 소송목적의 값이 기준이 된다(민인규 제7조 참조). 이미 회생법원이 소송목적의 값 결정을 하였는데, 그 본안판결의 패소자가 항소하면서 종전에 결정된 소송목적의 값을 감액받을 의도로 재도의 소송목적의 값 결정신청하는 경우가 종종 있다, 그러나 이는 재도의 소송목적의 값 결정신청으로서 허용되지 아니한다. 일부 승소의 원심판결에 대하여 항소한 경우 1심 단계에서 결정된 소송목적의 값을 기준으로 항소된 부분의 비율에 상응하는 소송목적의 값을 계산하여 항소심의 소송목적의 값을 산정한다. 예컨대, 원고의 이의채권 보유자의 채권액 9억원, 1심 단계 소송목적의 값 결정 3억원, 채권존재 확인 9,000만원으로 일부변경, 원고가 패소부분 8억 1,000만원에 대하여 항소할 경우 항소의 소송목적의 값은 2억 7,000만원[1심 소송목적의 값 3억원×항소된 부분의 비율 0.9(항소액 8억 1,000만원 ÷ 1심 청구액 9억원)]이다.

항소의 소송목적의 값은 항소로써 불복하는 범위의 소송목적의 값을 표준으로 하되(민인규 제25조), 항소인 입장에서 보아 정해진다. 위 사안에서 이의자인 관리인이나 다른 채권자가 9,000만원에 대하여 항소할 경우 항소의 소송목적의 값은 3,000만원[1심 소송목적의 값 3억원×항소된 부분의 비율 0.1(항소액 9,000만원 ÷ 1심 청구액 9억원)]이다.

제4절 개인회생채권의 확정에 관한 소

개인회생절차(채무자회생법 제4편)와 제3절에서 다룬 회생절차(채무자회생법 제2편)는 다음과 같은 차이점이 있다. ① 개인회생절차가 개시되어도 채무자는 여전히 개인회생재단에 대한 관리처분권을 가지고 이미 계속중인 소송의 절차도 중단되지 않는데 반해, 회생절차가 개시되면 채무자의 재산에 대한 관리처분권은 관리인에게 이전되고 계속중인 소송절차는 관리인이 수계할 때까지 중단된다. ② 개인회생절차에는 변제계획안에 대한 채권자의 결의절차가 없고 법원은 법에 규정된 인가요건을 갖춘 변제계획안을 인가하여야 하는 반면, 회생절차에서는 채권자들의 결의절차를 거쳐 회생계획이 인가된다. ③ 개인회생절차에서 변제계획안이 인가되어도 개인회생채권에 대한 권리변경의 효력은 없고 변제계획에 따른 변제가 완료된 후 법원의 면책결정에 따라 나머지 채무에 대한 책임을 면할 뿐임에 반하여, 회생절차에 따라 회생계획이 인가되면 채권자들의 권리는 회생계획에 정해진 대로 변경된다.

위와 같은 차이점에도 불구하고 법은 개인회생채권의 확정에 관한 소송의 소송목적의 값에 대하여 변제계획으로 얻을 이익의 예정액은 표준으로 하여 개인회생법원이 정하도록 하였다(채무자회생법 제609조). 규정 형식에 있어서 양자는 닮아 있으므로 양자를 달리 해석해야 할 특별할 사정이 없는 한 채무자 회생 및 파산에 관한 법률 제178조에 대한 설명은 채무자 회생 및 파산에 관한 법률 제609조에도 유사하게 적용될 수 있을 것이다. 예컨대, 개인회생절차에서 회생담보권은 존재하지 아니하므로 회생담보권 확정에 관한 소는 문제 되지 않는다. 반면에 변제계획으로 얻을 예정이익액의 구체적인 표준에 관하여 회생절차에서와 동일한 기준에 의하여야 할 것인가 문제될 수 있으나 동일하게 취급하여도 무방할 것이다. 따라서 변제계획에서 채권자가 변제받게 될 채권액의 현재가치를 기준으로 소송목적의 값을 정하여야 할 것인데, 구체적으로는 미확정 개인회생채권이 확정될 경우 변제받는 조건에 따라 산출된 변제금액의 현가를 표준으로 정하여야 할 것이다.

제5절 파산채권의 확정에 관한 소

파산절차(채무자회생법 제3편)는 청산형 도산절차이고, 제3절에서 다룬 회생절차(채무자회생법 제2편)는 재건형 도산절차라는 점에서 많은 차이점이 있다.

그러한 차이점에도 불구하고 법은 파산채권의 확정에 관한 소송의 소송목적의 값은 배당예정액을 표준으로 하여 파산법원이 정하도록 하였다(채무자회생법 제470조). 규정 형식에 있어서 양자는 닮아 있으므로 양자를 달리 해석해야 할 특별할 사정이 없는 한 채무자 회생 및 파산에 관한 법률 제178조에 대한 설명은 채무자 회생 및 파산에 관한 법률 제470조에도 유사하게 적용할 수 있을 것이다. 예컨대, 파산절차에서 회생담보권은 존재하지 아니하므로 회생담보권 확정에 관한 소는 문제되지 않는다.

청산가치보장의 원칙이 적용되는 회생절차의 변제율이 파산절차의 배당률보다 많다고 볼 수 있지만, 파산법원이 소송목적의 값 결정을 함에 있어서 무엇을 가지고 배당예정액의 구체적인 표준으로 삼을 것인가 그 운용방식이 문제된다.

제1방식은 파산절차의 배당률이 회생절차의 변제율보다 낮다는 점, 소송목적의 값 결정업무의 신속·획일성을 도모하여야 한다는 점에서 일률적으로 이의 있는 파산채권액의 1/10로 결정한다는 것이다.

제2방식은 배당예정액은 제1회 채권자집회에서의 파산관재인 보고서에 기재한 예상배당률을, 예상배당률이 기재되어 있지 않으면 위 보고서에 기재된 환가 가능한 재산총액을 시인된 채권액으로 나누어 계산한 비율을 참조하여 정한다는 것이다.

제1방식에 의할 경우 1/10 수치에 아무런 근거가 없어 자의적이고, 경제적 이익의 권리를 충실히 반영하기 위한 채무자회생및파산에관한법률 제470조의 취지를 악화시키게 되므로 제2방식이 타당하다.

제8장 행정소송

제1절 총 설

행정소송에는 항고소송, 당사자소송, 기관소송, 민중소송이 있다(행소 제3조). 행정소송의 소송목적의 값 산정방식을 규율하는 민사소송등인지규칙 제17조는 행정소송법상 어떤 종류의 행정소송에 해당하는가를 기준으로 하지 않고, 그 실질이 원고의 경제적 이익과 직결되고 이를 객관적으로 손쉽게 평가할 수 있는 소송인가를 기준으로 하여 두 가지로 분류하고 있다.

첫째, 그 실질이 원고의 경제적 이익과 직결되고 이를 객관적으로 손쉽게 평가할 수 있는 소송(1호 내지 3호의 청구)에 있어서는 그 평가액을 기초로 소송목적의 값을 산정한다. 다만, 1호·2호의 청구에 있어서는 경제적 이익의 원리 외에 국민의 재판청구권 및 행정에 대한 재판통제도 고려하였다.

둘째, 그 밖의 소송(4호의 청구)에서는 모두 비재산권상의 소로 간주한다. 4호의 청구에는 그 실질이 비재산권상 청구인 경우와 재산권상 청구로서 소송목적의 값을 산출할 수 없는 경우가 포함되어 있는데 일률적으로 비재산권상의 소로 간주하였다.

지방자치법 제17조 제15항은 민사소송 등 인지규칙 제17조에 대한 특별규정으로서 주민소송은 그것이 어떤 유형에 해당하든 일률적으로 민사소송등인지법 제2조 제4항에 따른 비재산권을 목적으로 하는 소송으로 간주하도록 하였다.

한편, 행정소송에서의 소송목적의 값은 사물관할을 정하는 기준은 되지 아니하고(법원조직법 제7조 제3항), 인지액 및 소송비용에 산입되는 변호사 보수계산의 기준으로서만 가능하다.

제2절 조세 등 납부를 명한 처분의 무효확인·취소의 소(제1호)

1. 소송목적의 값

조세 기타 공법상의 금전, 유가증권 또는 물건의 납부를 명한 처분의 무효확인 또는 취소를 구하는 소송에 있어서는 그 청구가 인용됨으로써 원고가 납부의무를 면하게 되거나 환급받게 될 금전·유가증권 또는 물건가액의 3분의 1이고, 다만 그 금전·유가증권 또는 물건의 가액이 30억을 초과하는 경우에는 이를 30억원으로 본다(민인규 제17조 제1호).

물건 등의 가액 계산은 민사소송 등 인지규칙 제9조 및 제11조에 의한다.

가. 소송목적의 값 상한제

위 소송에서 전부승소할 경우 원고가 직접 받게 될 경제적 이익은 납부의무를 면하게 되거나 환급받게 될 금액이 되므로 이것을 소송목적의 값으로 하여야 할 것이다. 그러나 행정소송의 1차적 목적은 위법한 행정처분을 소송을 통하여 시정한다는데 있고 그로 인해 원고가 받는 경제적 이익은 부수적인 것이라고 볼 여지가 있다는 점을 고려하여 원고가 받게 될 경제적 이익에 3분의 1을 곱한 금액을 소송목적의 값으로 규정하였다. 한편, 소송목적의 값 및 인지액이 지나치게 고액일 경우 국민의 재판청구권을 침해할 염려가 있으므로 원고가 받게 될 경제적 이익이 30억원을 초과하더라도 이를 30억원으로 제한하는, 일종의 소송목적의 값 상한제를 채택하였다. 원고가 받게 될 경제적 이익에 3분의 1을 곱하여야 하므로 결국 소송목적의 값 상한은 10억원이 된다.

예컨대, 60억의 증여세부과처분을 하자 자신이 납부할 증여세액은 20억원이라고 주장하며 40억원의 증여세부과처분취소의 소를 제기한 경우, 소송목적의 값은 10억원(원고가 납부의무를 면하거나 환급받게 될 금액은 30억원을 한도로 하므로, 결국 소송목적의 값은 30억원의 3분의 1인 10억원이 된다)이다.

나. 병합한 경우의 소송목적의 값 상한제

민사소송등인지규칙 제17조 제1호 단서의 규정은 조세부과처분의 취소나 무효확인을 구하는 '각 청구별로' 그로써 원고가 얻을 가액이 30억원을 넘을 경우에 이를 30억원으로 본다는 것이지, '수개의 청구를 병합하여 1개의 소를 제기한 경우'의 그 합산액(민인규 제19조)에 대하여도 적용하는 것은 아니다. 그러므로 후자의 경우에는 각 청구별로 먼저 민사소송등인지규칙 제17조 제1호 단서를 적용하여 가액을 산정하되, 그 후 각 청구의 가액을 합산한 액에 대하여는 그것이 30억원을 넘더라도 그 합산액을 기준으로 하여 소송목적의 값을 산정하여야 한다(재특 93-1).

따라서 수개 사업연도의 법인세, 종합소득세 등 부과처분취소소송에서는 각 사업연도의 과세처분이 별개의 처분이므로 먼저 각 사업연도의 과세처분액이 30억원이 넘는지 여부만을 검토한 다음 각 사업연도의 소송목적의 값을 합산하되 그 합산의 결과가 30억을 초과하더라도 관계없다. 부가가치세의 경우에는 그 반기별로 부과되므로 반기마다의 처분이 별개의 처분이다.

예컨대, 2015년도 법인세 9억원, 2016년도 법인세 90억원, 2017년도 법인세 120억원, 2018년도 법인세 150억원이 부과되었는데, 자신이 납부할 법인세는 2015년도 법인세 3억원, 2016년도 법인세 30억원, 2017년도 법인세 30억원, 2018년도 법인세 40억원이라고 주장하며 이를 초과하는 금액에 대하여 법인세부과처분취소소송을 제기한 경우, 연도별 각 청구의 소송목적의 값은, ① 2015년도 법인세부과처분취소청구의 가액 2억원(6억원×1/3) ② 2016년도 법인세부과처분취소청구의가액 10억원(60억원이나, 30억원을 초과하므로 30억원×1/3) ③ 2017년도 법인세부과처분취소청구의 가액 10억원(90억원이나, 30억원을 초과하므로 30억원×1/3) ④ 2018년도 법인세부과처분취소청구의 가액 10억원(110억원이나, 30억원을 초과하므로 30억원×1/3)이고, 각 청구의 경제적 이익이 독립한 별개이므로 합산법칙을 적용하면(민인규 제19조) 병합청구의 소송목적의 값은 32억원(①+②+③+④)이 된다.

2. 적용범위

가. 제1호가 적용되는 경우

① 각종 조세 부과처분에 대한 소송
② 개발부담금 등 각종 부담금 부과처분에 대한 소송
③ 산재보험료 등 각종 보험료 부과처분에 대한 소송
④ 점용료 및 변상금 부과처분에 대한 소송
⑤ 지방자치법상의 사용료, 수수료, 분담금 부과처분에 대한 소송
⑥ 각종 과징금 부과처분에 대한 소송

나. 제1호가 적용되지 않는 경우

① 개별토지의 가격을 정하는 개별공시지가결정
② 상속세 및 증여세법상 또는 개발이익환수에 관한 법률상의 물납허가신청에 대한 거부처분취소소송

조세나 금전 또는 물건의 납부를 명한 처분이 아니므로, 4호의 비재산권상의 소로 보아 소송목적의 값을 산정한다.

다. 적용여부가 다투어지는 경우

① 국세기본법 제45조의2의 규정에 의한 경정청구에 대한 거부처분취소소송
② 지방세법상의 수정신고납부제도의 경우 경정청구거부처분에 대한 쟁송

그 실질이 원고의 경제적 이익과 이를 객관적으로 손쉽게 평가할 수 있는 소송이지만 물리해석상 제1호에 해당하지 않는 경우이다. 제4호를 적용해야 한다는 견해와 제1호를 유추적용해야 한다는 견해가 있으나, 조세 등 관련 소송에서 그 실질이 원고의 경제적 이익과 직결되고 이를 객관적으로 손쉽게 평가할 수 있는 경우에는 원고가 받게 될 경제적 이익을 기초로 소송목적의 값을 산정한다는 것이 제1호의 취지라는 점에 비추어 후자의 견해가 타당하다(아래 사례 41).

예시 1 법인세 등 부과처분취소(일정금액이상을 초과하는 부분취소)

> 피고가 2018. 7. 1. 원고에 대하여 한 2017 사업연도분 법인세 금 4억원과 2018 사업연도분 농어촌특별세 금 3억원의 부과처분 중 2017 사업연도분 법인세 금 3억5천만원과 2018 사업연도분 농어촌특별세 금 2억 3천만원을 초과하는 부분을 각 취소한다.

► 소가산정 ◄

1. 목적물의 종류에 따른 가액

"조세 기타 공법상의 금전, 유가증권 또는 물건의 납부를 명한 처분의 무효확인 또는 취소를 구하는 소송"은 그 청구가 인용됨으로써 원고가 납부의무를 면하게 되거나 환급받게 될 금전, 유가증권 또는 물건의 가액의 3분의 1을 소가로 한다. 다만 그 금전, 유가증권 또는 물건의 가액이 30억원을 초과하는 경우에는 이를 30억원으로 본다(민인규 제17조 제1호). 위 규칙 단서의 규정은 청구가 병합된 경우에는 각 청구별로 그로써 원고가 얻을 가액이 30억원을 넘을 경우에는 이를 30억원으로 본다는 것이지, 수 개의 청구를 병합하여 1개의 소로 제기한 경우의 그 합산액(민인규 제19조)에 까지 적용되는 것은 아니다. 따라서 각 청구별로 먼저 위 규칙 제17조 제1호 단서를 적용하여 가액을 산정하되, 그 후 각 청구의 가액을 합산한 액에 대하여는 그것이 30억원을 넘더라도 그 액을 기준으로 하여 소가를 산정하여야 할 것이다(재특 93-1).

2. 산출공식

가. 2017 사업연도분 법인세 : 금 4억원 − 금 3억5천만원 = 5천만원 × 1/3 = 가액

나. 2018 사업연도분 농어촌특별세 : 금 3억원 − 금 2억3천만원 = 7천만원 × 1/3 = 가액

3. 소　가

위 가액을 합산한 금액이 소가가 된다.

※ 본 소는 법인세 및 농어촌특별세의 부과처분에 대하여 일정금액 이상을 초과하는

부분의 취소를 구하는 소로써 조세 기타 공법상의 금전·유가증권 또는 물건의 납부를 명한 처분의 무효확인 또는 취소를 구하는 소송에 해당한다(민인규 제17조 제1호).

예시 2 증여세부과처분취소

피고 ○○세무서장이 2017. 6. 16. 원고 김○○에 대하여 한 2014. 귀속분 금 9,000만원, 금 3,000만원, 금 8,000만원의 각 증여세부과처분을 취소한다.

► **소가산정** ◄

1. **목적물의 종류에 따른 가액**

"조세 기타 공법상의 금전, 유가증권 또는 물건의 납부를 명한 처분의 무효확인 또는 취소를 구하는 소송"은 그 청구가 인용됨으로써 원고가 납부의무를 면하게 되거나 환급받게 될 금전, 유가증권 또는 물건의 가액의 3분의 1을 소가로 한다. 다만 그 금전, 유가증권 또는 물건의 가액이 30억원을 초과하는 경우에는 이를 30억원으로 본다(민인규 제17조 제1호).

위 규칙 단서의 규정은 청구가 병합된 경우에는 각 청구별로 그로써 원고가 얻을 가액이 30억원을 넘을 경우에는 이를 30억원으로 본다는 것이지, 수 개의 청구를 병합하여 1개의 소로 제기한 경우의 그 합산액(민인규 제19조)에 까지 적용되는 것은 아니다. 따라서 각 청구별로 먼저 위 규칙 제17조 제1호 단서를 적용하여 가액을 산정하되, 그 후 각 청구의 가액을 합산한 액에 대하여는 그것이 30억원을 넘더라도 그 액을 기준으로 하여 소가를 산정하여야 할 것이다(재특 93-1).

2. **산출공식**

금 9,000만원 + 금 3,000만원 + 금 8,000만원 = 2억원 × 1/3 = 소가

※ 본 소는 증여세부과처분에 대하여 그 취소를 구하는 경우의 소로써 조세 기타 공법상의 금전, 유가증권 또는 물건의 납부를 명한 처분의 무효확인 또는 취소를

구하는 소송에 해당한다(민인규 제17조 제1호).

예시 3 **건물에 관한 과태료부과처분무효**

> 피고가 원고에 대하여 한 ○○시 ○○구 ○○동 ○○○ 지상 건물에 관한 2,000만원의 과태료부과처분은 무효임을 확인하고, 피고는 원고에게 2,000만원과 이 중 1,000만원에 대하여는 2018. 7. 5.부터 원심판결 선고일까지는 연 5%, 그 다음날부터 다 갚는 날까지는 연 15%의 각 비율로 계산한 돈을 지급하라.

► 소가산정 ◄

1. 목적물의 종류에 따른 가액

가. 과태료부과처분무효청구 : 그 청구가 인용됨으로써 원고가 납부의무를 면하게 되거나 환급받게 될 금전, 유가증권 또는 물건의 가액의 3분의 1을 소가로 한다.

나. 금전지급청구 : 청구금액을 소가로 한다(민인규 제17조 제3호).

2. 산출공식

가. 과태료부과처분무효청구 : 금 2,000만원 × 1/3 = 소가

나. 금전지급청구 : 금 2,000만원 × 1/3 = 소가

3. 소 가

흡수법칙에 따라 위 금액 중 다액을 소가로 한다.

※1. 본 소는 건물에 대한 과태료부과처분무효확인과 이미 예납한 과태료에 관하여 그 지급을 구하는 소로써 조세 기타 공법상의 금전, 유가증권 또는 물건의 납부를 명한 처분의 무효확인 또는 취소를 구하는 소송에 해당한다(민인규 제17조 제1호). "금전지급청구의 경우"는 "과태료부과처분무효확인청구"에 기한 원인된 사실로부터 발생하는 경우에 해당되기 때문에 "경제적 이익"이 동일하거나 중복되는 청구에 해당되므로 위 청구취지의 경우에는 흡수법칙을 적용하여 산출하여야 한다.

2. 흡수법칙은 "1개의 소로써 주장하는 수 개의 청구의 경제적 이익이 동일하거나 중복되는 때(민인규 제20조)"와 "1개의 청구가 다른 청구의 수단에 지나지 않을 때(민인규 제21조)"로 나뉜다. 전자의 경우에는 중복되는 범위 내에서 흡수되고, 그중 가장 다액인 청구의 가액을 소가로 하고(민인규 제20조), 후자의 경우에는 특별한 규정이 있는 경우를 제외하고, 그 가액은 소가에 산입하지 아니한다. 다만, 수단인 청구의 가액이 주된 청구의 가액보다 다액인 경우에는 그 다액을 소가로 한다(민인규 제21조).
3. "조세 기타 공법상의 금전, 유가증권 또는 물건의 납부를 명한 처분의 무효확인 또는 취소를 구하는 소송"은 그 청구가 인용됨으로써 원고가 납부의무를 면하게 되거나 환급받게 될 금전, 유가증권 또는 물건의 가액의 3분의 1을 소가로 한다. 다만 그 금전, 유가증권 또는 물건의 가액이 30억원을 초과하는 경우에는 이를 30억원으로 본다(민인규 제17조 제1호).
   위 규칙 단서의 규정은 청구가 병합된 경우에는 각 청구별로 그로써 원고가 얻을 가액이 30억원이 초과할 경우에는 이를 30억원으로 본다는 것이지, 수개의 청구를 병합하여 1개의 소로 제기한 경우의 그 합산액(민인규 제19조)에까지 적용되는 것은 아니다. 따라서 각 청구별로 먼저 위 규칙 제17조 제1호 단서를 적용하여 가액을 산정하되, 그 후 각 청구의 가액을 합산한 액에 대하여는 그것이 30억원을 넘더라도 그 액을 기준으로 하여 소가를 산정하여야 할 것이다(재특 93-1).

❑ 사례 41 : 경정청구거부처분에 대한 취소에서의 소송목적의 값 (행정 1)

[문제 1]	소송목적의 값 • 국세기본법 제45조의2 규정에 의한 경정청구거부처분에 대한 취소의 소 • 지방세법상의 수정신고납부제도의 경우 경정청구거부처분에 대한 취소의 소 ○ 납부를 면하거나 환급할 금액 : 3억원
[답 변]	소송목적의 값은 1억원이다

※ 민사소송등인지규칙 제17조 제1호에 의한다.

1. 경정청구거부취소소송은 그 실질이 원고의 경제적 이익과 직결되고 이를 객관적으로 손쉽게 평가할 수 있는 소송에 해당하므로 민사소송등인지규칙 제17조 제1호에 의한다.
2. 경정청구제도가 기본적으로 조세소송의 또 다른 유형이고, 그 청구가 인용됨으로써 원고

가 납부의무를 면하거나 환급받게 되는 금액이 결과적으로 원고가 소송을 통하여 얻게 되는 경제적 이익이므로 민사소송등인지규칙 제17조 제1호에 의한다는 견해가 타당하다.

※ 규 정

민사소송등인지규칙 제17조(행정소송) 행정소송의 소가는 다음 각호에 규정된 가액 또는 기준에 의한다.

1. 조세 기타 공법상의 금전·유가증권 또는 물건의 납부를 명한 처분의 무효확인 또는 취소를 구하는 소송에 있어서는, 그 청구가 인용됨으로써 원고가 납부의무를 면하게 되거나 환급받게 될 금전, 유가증권 또는 물건의 가액의 3분의 1, 다만, 그 금전·유가증권 또는 물건의 가액이 30억원을 초과하는 경우에는 이를 30억원으로 본다.

4. 제1호 내지 제3호에 규정된 것 이외의 소송은 비재산권을 목적으로 하는 소송으로 본다.

제3절 체납처분취소의 소(제2호)

1. 소송목적의 값

체납처분취소의 소에 있어서는 체납처분의 근거가 된 세액을 한도로 한 목적물건 가액의 3분의 1이고, 다만 그 세액 또는 목적물건 가액이 30억원을 초과하는 경우에는 이를 30억원으로 본다(민인규 제17조 제2호 단서). 즉, 전부승소함으로써 원고가 직접 받게 될 경제적 이익은 체납처분된 목적물건과 체납세액에 의해 결정된다.

예컨대, 체납세액이 12억원이고 체납처분된 목적물건 가액이 15억원인 경우 5억원(목적물건 가액 15억원×1/3)이 소송목적의 값이다.

가. 목적물건 가액의 3분의 1

전부승소함으로써 직접 받게 될 경제적 이익은, 체납처분취소의 소를 제기하는 원고가 체납자인 경우와 제3자인 경우, 그리고 압류의 대상이 부동산인 경우와 채권인 경우에 각각 다를 수 있으나, 민사소송등인지규칙은 소송목적의 값 산정업무의 신속·획일성을 위해 일률적으로 목적물건 가액의 3분의 1로 하였다.

물건 등의 가액계산은 민사소송 등 인지규칙 제9조 내지 제11조에 의하여 산정한다.

나. 체납세액

매각대금 중 압류에 관계된 조세에 배당되는 것은 체납세액까지이고, 원고는 그 이상의 불이익을 받을 가능성이 없다. 따라서 체납처분된 목적물건 가액보다도 체납세액이 저액인 경우의 소송목적의 값은 체납세액을 한도로 한다고 규정하였다.

다. 소송목적의 값 상한제

제1호 소송과 같은 취지로 소송목적의 값 상한제를 취하고 있다.

2. 적용범위

가. 체납처분무효확인의 소

① 체납처분의 경우는 그 취소의 소만을 규정하고 있을 뿐 무효확인의 소에 대해서는 아무런 규정을 두고 있지 않는 점에 비추어 볼 때, 비재산권상의 소로 보아 4호에 의해야 한다는 견해와 ② 체납처분 취소의 소와 무효확인의 소는 그 청구원인상 하자의 정도에 있어 차이가 있을 뿐 질적인 차이가 있는 것이 아니므로 2호에 의해야 한다는 견해가 있지만, 후자가 타당하다. 체납처분취소의 소와 무효확인의 소는 경제적 이익과 산정업무의 신속·획일성의 측면에서 동일하기 때문에 양자를 달리 취급할 이유가 없다. 예컨대, 체납세액 27억원, 물건가액 30억원인데 체납처분무효확인의 소를 제기한 경우 소송목적의 값은 10억원(30억원 × 1/3)이다.

나. 압류해제신청거부처분취소의 소

① 체납처분취소의 소는 압류 자체의 하자를 이유로 한 취소소송인데 비하여, 압류해제신청거부처분취소의 소는 압류 자체의 하자를 이유로 한 것이 아니라 유효한 압류에 대하여 일정한 해제사유에 기하여 한 해제신청을 거부한 처분의 취소를 구하는 것이므로(국세징수법 제53조, 제54조), 체납처분취소의 소에 준하여 볼 것이 아니라 비재산권상의 소로 보아 4호에 의해야 한다는 견해와 ② 체납처분취소의 소에

준하여 2호에 의해야 한다는 견해가 있지만, 후자가 타당하다.

체납처분취소의 소에 있어서 그 실질이 원고의 경제적 이익과 직결되고 이를 객관적으로 손쉽게 평가할 수 있는 경우에는 원고가 받게 될 경제적 이익을 기초로 소송목적의 값을 산정한다는 것이 2호의 취지이고, 체납처분취소의 소와 압류해제신청거부처분취소의 소는 경제적 이익과 산정업무의 신속·획일성의 측면에서 동일하기 때문에 양자를 달리 취급할 이유가 없다.

실무상 압류해제신청거부처분취소소송은 조세와 관련된 경우보다는 그 징수에 있어 국세징수법상의 체납처분의 예에 의한다는 규정을 두고 있는 택지초과소유부담금 등 각종 부담금과 관련된 경우가 많다.

제4절 금전지급청구의 소(제3호)

1. 소송목적의 값

금전지급청구의 소에 있어서는 청구금액을 소송목적의 값으로 한다(민인규 제17조 제3호). 이는 소송의 실질이 원고의 경제적 이익과 직결되고 이를 객관적으로 손쉽게 평가할 수 있다는 점에서 통상의 금전지급청구의 소(민인규 제12조 제3호)와 동일하게 규정한 것이다. 다만, 1호, 2호 소송과 달리 원고가 받게 될 경제적 이익에 3분의 1을 곱하지도 않고, 소송목적의 값 상한도 없다.

예컨대, "피고는 원고에게 60억원과 이에 대하여 2017. 5. 1.부터 2018. 7. 4.까지는 연 5%, 그 다음날부터 다 갚는 날까지는 연 15%의 각 비율로 계산한 돈을 지급하라"는 수용보상금증액청구의 소를 제기한 경우 증액을 구하는 60억원이 소송목적의 값으로 된다.

2. 적용범위

가. 적용되는 경우

① 의원세비지급청구소송

② 공무원의 미지급보수 청구소송

③ 각종 손실보상금청구소송(당사자소송으로 볼 경우)

④ 관련청구소송으로 병합하여 청구할 경우의 손해배상, 부당이득반환청구소송 등

⑤ 토지수용사건에서 피수용자가 원고가 되어 기업자를 상대로 손실보상금의 증액을 구하는 소송

⑥ 석탄산업법령에 따른 석탄가격안정지원금 지급요령에 의하여 지원금의 지급을 구하는 소송(대법원 1997. 5. 30. 선고 95다28960 판결)

⑦ 구 '광주민주화운동관련자보상등에관한법률'에 의거하여 관련자 및 유족들의 보상금청구소송(대법원 1992. 12. 24. 선고 92누3335 판결) 및 '민주화운동관련자명예회복및보상등에관한법률'에 의거하여 관련자 및 유족들의 보상금청구소송

나. 적용되지 않는 경우

공무원징계처분 중 감봉처분취소의 소의 경우는 그 처분이 취소됨으로써 회복되는 급여액수와 관계없이 비재산권상의 소로 보아 소송목적의 값을 산정하는 것이 실무례이다. 특히 감봉처분취소를 구함과 함께 삭감된 급여액의 지급을 별도로 청구하는 경우에도, 위 급여지급청구부분이 소의 이익이 있는지 여부는 변론으로 하고, 민사소송등인지법 제2조 제5항의 취지에 따라 다액인 소송목적의 값에 흡수시켜 소송목적의 값을 산출한다.

다. 적용여부가 다투어지는 경우

토지수용사건에서 보상금의 '감액'을 위해 기업자가 원고가 되어 피수용자를 상대로 자신이 주장하는 보상금이 정당한 보상금임을 확인을 구하는 경우에 ① 민사소송등인지규칙 제17조 제3호에는 금전지급채무 부존재 확인의 소에 대한 규정이 없으므로 제4호에 의한다는 견해와 ② 3호를 유추적용하여야 한다는 견해가 있는데, 피수용자가 원고가 되어 보상금증액청구를 하는 경우와의 균형상 후자가 타당하다(아래 사례 42).

□ 사례 42 : 손실보상금감액소송에서의 소송목적의 값 (행정 2)

[문제 1]	소송목적의 값 중앙토지수용위원회에서 재결한 보상금이 9억원인데 기업자가 3억원만을 지급하겠다는 취지로 "원고의 피고에 대한 부동산 ○○에 대한 수용에 관한 손실보상금 3억원을 초과해서는 존재하지 아니함을 확인한다"는 소를 제기하였다.
[답 변]	소송목적의 값은 6억원이다

※ 민사소송등인지규칙 제17조 제3호에 의한다.

1. 피수용자가 원고가 되어 보상금 '증액'청구를 하는 경우와의 균형상 민사소송등인지규칙 제17조 제3호에 의하여 청구금액을 소송목적의 값으로 하여야 한다.
2. 민사소송등인지규칙 제17조는 그 실질이 원고의 이익과 직결되고 이를 객관적으로 손쉽게 평가할 수 있는 소송(1호 내지 3호)과 그렇지 않은 소송(4호)으로 분류하여 전자의 경우에는 원고가 받게 될 경제적 이익을 기초로 소송목적의 값을 산정하고, 후자의 경우에는 일률적으로 비재산권상의 소로 간주하도록 한 것이다. 그렇다면 금전지급채무부존재확인의 소야말로 원고의 경제적 이익과 직결되고 이를 객관적으로 손쉽게 평가할 수 있는 소송인 점, 피수용자가 보상금 '증액'을 위해 제소하는 경우와 기업자가 보상금 '감액'을 위해 제소하는 경우를 달리 취급하는 것은 형평에 맞지 않는다는 점 등을 고려할 때 민사소송등인지규칙 제17조 제3호에 의하여 산정함이 타당하다.
   따라서 소송목적의 값은 기업자가 주장하는 보상금과 이의재결에서 정한 보상금과의 차액인 6억원(9억원－3 억원)이다.

※ 규 정

제17조(행정소송) 행정소송의 소가는 다음 각호에 규정된 가액 또는 기준에 의한다.

3. 금전지급청구의 소에 있어서는 청구금액
4. 제1호 내지 제3호에 규정된 것 이외의 소송은 비재산권을 목적으로 하는 소송으로 본다.

예컨대, 중앙토지수용위원회에서 재결한 보상금이 9억원인데 기업자가 3억원만을 지급하겠다는 취지로 "원고의 피고에 대한 ○○부동산 수용에 관한 손실보상금은 3억원을 초과해서는 존재하지 아니함을 확인한다"는 소를 제기한 경우 소송목적의 값은 기업자가 주장하는 보상금과 이의재결에서 정한 보상금과의 차액인 6억원이다.

제5절 제1호 내지 제3호에 규정된 것 이외의 소송(제4호)

1. 소송목적의 값

조세 등 납부와 관련된 소송의 소송목적의 값은 제1호에 의해, 체납처분과 관련된 소송의 소송목적의 값은 제2호에 의해, 금전지급청구와 관련된 소송의 소송목적의 값은 제3호에 의해, 그리고 나머지 행정소송의 소송목적의 값은 제4호에 의해 각 산정한다(민인규 제17조 제4호).

민사소송등인지규칙 제17조는 그 실질이 원고의 경제적 이익과 직결되고 이를 객관적으로 손쉽게 평가할 수 있는 소송과 그렇지 않은 소송으로 유형화하여 전자의 경우에는 원고가 받게 될 경제적 이익을 기초로 소송목적의 값을 산정하고, 후자의 경우에는 일률적으로 비재산권상의 소로 간주하도록 하였다.

제4호의 청구에는 그 실질이 비재산권상 청구, 재산권상 청구로서 소송목적의 값을 산출할 수 없는 청구, 원고의 경제적 이익과 직결되고 이를 객관적으로 비재산권상의 소로 볼 수 밖에 없다. 예컨대, 선거와 관련된 소송, 국적과 관련된 소송 등은 그 실질이 비재산권상 청구이고, 공용부담과 관련된 소송은 그 실질이 재산권상 청구에 해당하는 것이 대부분이며, 농지전용불허가처분취소의 소는 전부승소함으로써 원고가 받게 될 경제적 이익을 손쉽게 계산할 수 있는 청구에 해당한다.

따라서 부동산에 관련된 처분의 소송, 예컨대, 환지예정지지정처분, 토지수용에 관한 사업인정처분 및 토지수용법상의 사업인정으로 간주하는 각종 특별법상의 실시(개발)계획인가처분, 재개발조합원이 재개발조합을 상대로 한 분양 아파트의 평수에 관하여 다투는 취지의 관리처분계획취소의 소 등은 제1호 내지 제3호가 적용되는 소송에 해당한다고 볼 수 없으므로 제4호에 의하여 비재산권을 목적으로 하는 소송으로 보아야 하고, 그 소송목적의 값은 5,000만 100원이다(민인규 제17조 제4호, 제18조의2 본문).

2. 적용범위

가. 항고소송

항고소송 중 1호·2호에 해당하지 않는 소송 예컨대, 각종 처분의 취소소송, 무효·부존재확인소송, 부작위위법확인소송은 비재산권상의 소로 본다.

① 각종 시험불합격처분

② 운전면허취소·정지처분

③ 공무원징계처분

④ 각종 인·허가처분 및 인·허가취소처분

⑤ 각종 영업의 허가취소·정지처분

⑥ 공무원연금법 또는 산업재해보상보험법상의 각종 급여부지급처분

⑦ 표준지 공시지가결정, 개별공시지가결정

⑧ 각종 신청·청구에 대한 거부·반려처분
산림형질변경·농지전용허가거부처분, 건축허가신청반려처분, 정보공개거부처분, 국가유공자등록거부처분, 임용거부처분, 난민인정거부처분, 물납허가거부처분 등

⑨ 출국금지처분

⑩ 병역처분취소처분, 징병검사통지처분

⑪ 부당해고구제재심판정, 부당노동행위구제재심판정

⑫ 행정심판(재결)

⑬ 행정처분성을 가진 조례(예컨대, ㅇㅇ초등학교 ㅇㅇ분교를 폐지하는 내용의 조례, 대법원 1996. 9. 20. 선고 95누8003 판결)

나. 당사자소송

3호에 해당하는 것 이외의 당사자소송은 비재산권상의 소로 본다. 각종 공법상의 지위·신분확인소송이 이에 해당한다.

① 침구사자격확인소송

② 국회의원 또는 지방의회의원의 지위와 관련된 소송

③ 전문직공무원채용계약의 해지에 관한 소송(대법원 1993. 9. 14. 선고 92누4611 판결)

다. 민중소송 및 기관소송

민중소송과 기관소송의 경우에는, 그것이 처분 등의 취소를 구하거나 처분 등의 효력 유무 또는 존재 여부나 부작위의 위법확인을 구하는 경우에는 취소소송·무효확인소송·부작위위법확인소송에 준하여, 그 외의 경우에는 그 성질에 반하지 아니하는 한 당사자소송에 준하여 산정하면 될 것이다.

(1) 민중소송

일반 선거인이 제기하는 선거소송(공직선거법 제222조), 일반 투표인이 제기하는 국민투표무효소송(국민투표법 제92조), 지방자치단체의 주민이 제기하는 주민소송(지방자치법 제17조 제2항) 등이 민중소송에 해당한다.

다만, 각종 선거소송의 소송목적의 값은 비재산권상의 소로 보는데(민인규 제17조 제4호), 인지계산에 관한 특별규정(공직선거법 제229조)에 의해 민사소송등인지법에 규정된 금액의 10배를 붙여야 한다. 예컨대, 국회의원당선무효소송을 대법원에 제기하는 경우 소송목적의 값은 5,000만원(민인규 제17조 제4호, 제18조의2 본문)으로서 그에 대한 1심 인지액은 23만원(민인법 제2조)이고, 국회의원당선무효소송은 대법원에 제기하므로(공직선거법 제223조) 1심 인지액의 2배인 46만원(민인법 제3조)을 붙여야 하는데, 여기서 다시 10배를 붙여야 하므로(공직선거법 제229조) 결국 460만원의 인지를 분여야 한다.

(2) 기관소송

기관소송은 지방의회나 교육위원회의 의결무효소송과 주무부서장관이나 상급지방자치단체장의 감독처분에 대한 이의소송으로 나눌 수 있다. 다만, 의결무효소송의 경우에도 행정안전부장관 등 감독기관이 제기하는 소송 및 이의소송은 동일 법인격 내부의 소송이 아니라는 점에서 기관소송에 속하지 아니하며, 특히 이의소송은 항고

소송으로 보아야 한다는 견해도 있다. 어느 견해에 의하든 4호를 적용하므로 인지와 관련하여 주의할 점은 당해 소송이 기관소송이냐 항고소송이냐가 아니라 원고가 국가기관인지 여부이다. 왜냐하면 행정안전부장관, 교육부장관 등 국가기관이 원고인 경우 인지를 붙이지 않기 때문이다(인지첩부·첨부및공탁제공에관한특례법 제2조).

예시 1 **주택건설사업계획승인취소처분취소**

> 피고가 2018. 6. 20. 원고에 대하여 한 주택건설사업계획승인취소 및 주택건설사업계획변경승인신청서반려처분을 취소한다.

► 소가산정 ◄

1. 목적물의 종류에 따른 가액

본 소는 비재산권을 목적으로 하는 소송이므로(민인규 제17조 제4호) 비재산권을 목적으로 하는 소송의 소가는 5,000만원을 소가로 한다(민인규 제18조의2, 전단).

2. 산출공식

가. 주택건설사업계획승인취소의 경우 : 5,000만원

나. 주택건설사업계획변경승인신청서반려처분취소의 경우 : 5,000만원

3. 소 가

흡수법칙에 따라 위 금액 중 다액을 소가로 한다. 따라서 5,000만원이 소가가 된다.

※1. 본 소는 주택건설사업계획승인취소 및 주택건설사업계획변경승인신청서반려처분의 취소를 구하는 소이다. "주택건설사업계획변경승인신청서반려처분의 취소의 경우"는 "주택건설사업계획승인취소"에 기한 원인된 사실로부터 발생하는 경우에 해당되기 때문에 "경제적 이익이" 동일하거나 중복되는 청구에 해당되므로 흡수법칙을 적용하여 산출하여야 한다.

2. 흡수법칙은 "1개의 소로써 주장하는 수 개의 청구의 경제적 이익이 동일하거나 중복되는 때(민인규 제20조)"와 "1개의 청구가 다른 청구의 수단에 지나지 않을 때(민인규 제21조)"로 나뉜다. 전자의 경우에는 중복되는 범위 내에서 흡수되

고, 그중 가장 다액인 청구의 가액을 소가로 하고(민인규 제20조), 후자의 경우에는 특별한 규정이 있는 경우를 제외하고, 그 가액은 소가에 산입하지 아니한다. 다만, 수단인 청구의 가액이 주된 청구의 가액보다 다액인 경우에는 그 다액을 소가로 한다(민인규 제21조).

예시 2 **재개발편입지구사업시행인가를 위한 공람공고무효확인 등**

피고가 2018. 7. 10. 미아 제○구역 제○지구 주택개량 재개발조합에 대하여 한 사업시행인가처분 중 별지 목록 기재 부동산에 대한 부분은 무효임을 확인한다.

► **소가산정** ◄

1. **목적물의 종류에 따른 가액**
   본 소는 비재산권을 목적으로 하는 소송이므로(민인규 제17조 제4호) 비재산권을 목적으로 하는 소송의 소가는 5,000만원을 소가로 한다(민인규 제18조의2, 전단).

※ 본 소는 주택개량 재개발조합에 대하여 한 사업시행인가 처분 중 일부 부동산에 대한 부분에 대하여 그 무효확인을 구하는 소이다.

예시 3 **도시계획결정취소**

피고가 2018 7. 10. 한 도시계획변경(재정비)결정 중 ○○시 ○○동 ○○○ 전 230㎡를 소로3류 182호 도로부지로 정한 부분은 이를 취소한다.

► **소가산정** ◄

1. **목적물의 종류에 따른 가액**
   본 소는 비재산권을 목적으로 하는 소송이므로(민인규 제17조 제4호) 비재산권을 목적으로 하는 소송의 소가는 5,000만원을 소가로 한다(민인규 제

18조의2, 전단).

※ 본 소는 도시계획변경(재정비)결정 중 일부토지를 도로부지로 정한데 대하여 그 취소를 구하는 경우의 소이다.

예시 4 토지수용이의재결처분취소 등

1. 피고 중앙토지수용위원회가 2017. 3. 26. 원고에 대하여 한 별표 수용토지란 기재 각 토지에 관한 이의재결에서 원고의 이의신청을 기각한 부분 중 5,000만원에 해당하는 부분을 취소한다.
2. 피고 대한민국은 원고에게 5,000만원과 이에 대하여 2015. 10. 28.부터 2017. 12. 4.까지는 연 5%, 그 다음날부터 다 갚는 날까지는 연 15%의 각 비율로 계산한 돈을 지급하라.

► 소가산정 ◄

1. 목적물의 종류에 따른 가액

가. 토지에 관한 이의재결취소의 경우 : 조세 기타 공법상의 금전, 유가증권 또는 물건의 납부를 명한 처분의 무효확인 또는 취소를 구하는 소송에 있어서는 그 청구가 인용됨으로써 원고가 납부의무를 면하게 되거나 환급받게 될 금전, 유가증권 또는 물건가액의 3분의 1을 소가로 한다.

나. 금전지급청구의 경우 : 청구금액을 소가로 한다(민인규 제17조 제3호).

2. 산출공식

가. 토지에 관한 이의재결취소의 경우 : 5,000만원 × 1/3 = 소가

나. 금전지급청구의 경우 : 5,000만원 × 1/3 = 소가

3. 소 가

흡수법칙에 따라 위 금액 중 다액을 소가로 한다.

※1. 본 소는 수용토지에 관한 이의재결에서 원고의 이의신청을 기각한 부분 중 일

부를 취소하고 그 취소된 금액에 관하여 지급을 구하는 소이다. "취소된 금액의 지급을 구하는 경우"는 "수용토지에 관한 이의재결취소"에 기한 원인된 사실로부터 발생하는 경우에 해당되기 때문에 "경제적 이익이" 동일하거나 중복되는 청구에 해당되므로 흡수법칙을 적용하여 산출하여야 한다.

2. 흡수법칙은 "1개의 소로써 주장하는 수 개의 청구의 경제적 이익이 동일하거나 중복되는 때(민인규 제20조)"와 "1개의 청구가 다른 청구의 수단에 지나지 않을 때(민인규 제21조)"로 나뉜다. 전자의 경우에는 중복되는 범위 내에서 흡수되고, 그중 가장 다액인 청구의 가액을 소가로 하고(민인규 제20조), 후자의 경우에는 특별한 규정이 있는 경우를 제외하고, 그 가액은 소가에 산입하지 아니한다. 다만, 수단인 청구의 가액이 주된 청구의 가액보다 다액인 경우에는 그 다액을 소가로 한다(민인규 제21조).

예시 5 **환지예정지지정처분취소**

피고가 2018. 6. 20. 원고에 대하여 한 별지 기재 내용의 환지예정지지정처분을 취소한다.

► 소가산정 ◄

1. 목적물의 종류에 따른 가액

본 소는 비재산권을 목적으로 하는 소송이므로(민인규 제17조 제4호) 비재산권을 목적으로 하는 소송의 소가는 5,000만원을 소가로 한다(민인규 제18조의2, 전단).

※1. 본 소는 환지예정지지정처분에 대하여 그 취소를 구하는 소이다.

2. 환지예정지지정처분이나 토지수용에 관한 사업인정처분과 같은 부동산에 관련한 소송에 관하여는 목적물가액을 기준으로 소가를 산정하여야할 것인가의 문제가 있으나, 민사소송등인지규칙 제17조 제1호의 물건의 납부를 명한 처분에 해당한다고 볼 수 없으므로 위 규칙 제17조 제4호에 의하여 비재산권을 목적으로 하는 소송으로 보아야 할 것이다.

예시 6 환지계획 등 무효확인 및 취소

1. 피고가 한 ○○지구 토지구획정리사업의 환지계획 및 이 환지계획을 근거로 한 2018. 6. 20.의 환지예정지 지정처분이 무효임을 확인하고 이를 취소한다.
2. ○○남도 ○○군의 ○○지구 토지구획정리사업시행조례 제16조 제1항 단서와 같은 조 제2항은 무효임을 확인한다.

► 소가산정 ◄

1. 목적물의 종류에 따른 가액

본 소는 비재산권을 목적으로 하는 소송이므로(민인규 제17조 제4호), 5,000만원을 소가로 한다(민인규 제18조의2, 전단).

2. 산출공식

가. 환지예정지지정처분무효 등 : 5,000만원
나. 토지구획정리사업시행조례무효 : 5,000만원

3. 소 가

합산원칙에 따라 위 금액을 합산한 금액이 소가가 된다. 따라서 소가는 5,000만원+5,000만원 = 1억원(소가)이 된다

※1. 본 소는 환지예정지 지정처분의 무효 및 취소와 토지구획정리사업시행조례의 무효를 구하는 청구의 소이다. 본 소는 경제적 이익이 독립한 별개의 것인 때에 해당하여 합산원칙을 적용하여 소가를 산출하여야 한다.
2. 민사소송법 제27조 제1항에서 "하나의 소로 여러 개의 청구를 하는 경우에는 그 여러 청구의 값을 모두 합하여 소송목적의 값을 정한다"고 하였으며, 민사소송등인지규칙 제19조에서 "1개의 소로써 수 개의 청구를 하는 경우에 그 수 개의 청구를 경제적 이익이 독립한 별개의 것인 때에 합산하여 소가를 산정한다"고 하였다.
3. 환지예정지지정처분이나 토지수용에 관한 사업인정처분과 같은 부동산에 관련한 처분의 소송에 관하여는 목적물가액을 기준으로 소가를 산정하여야 할 것인가를 문제가 있으나, 민사소송등인지규칙 제17조 제1호의 물건의 납부를 명한 처분에 해당한다고 볼 수 없으므로 위 규칙 제17조 제4호에 의하여 비재산권을

목적으로 하는 소송으로 보아야 할 것이다.

예시 7 **토지형질불허가처분취소**

피고가 2018. 2. 10. 및 2018. 6. 18. 원고에 대하여 한 별지 목록기재 토지에 관한 토지형질변경 불허가처분을 취소한다.

► 소가산정 ◄

1. **목적물의 종류에 따른 가액**
   본 소는 비재산권을 목적으로 하는 소송이므로(민인규 제17조 제4호) 비재산권을 목적으로 하는 소송의 소가는 5,000만원을 소가로 한다(민인규 제18조의2, 전단).

※ 본 소는 토지형질변경불허가처분에 대하여 그 취소를 구하는 소이다.

예시 8 **부당노동행위구제 재심판정취소**

피고가 2018. 7. 14. 원고와 피고 보조참가인 사이의 2018부노 124호 부당노동행위구제 재심신청사건에 관하여 한 재심판정은 이를 취소한다.

► 소가산정 ◄

1. **목적물의 종류에 따른 가액**
   본 소는 비재산권을 목적으로 하는 소송이므로(민인규 제17조 제4호), 5,000만원을 소가로 한다(민인규 제18조의2, 전단).

※ 본 소는 부당노동행위구제 재심신청사건에 관하여 한 재심판정에 대하여 그 취소를 구하는 경우의 소이다.

예시 9 교사임용후보자 선정경쟁시험시험불합격처분취소(단체법리적용)

피고가 2018. 3. 19. 원고 김○○, 이○○, 박 ○○에 대하여 한 2018년도 서울특별시 공립 중등학교 교사임용후보자 선정경쟁시험 제1차 불합격처분을, 2018. 4. 8. 원고 최○○에 대하여 한 2018년도 서울특별시 공립 중등학교 교사 임용후보자 선정경쟁시험 제2차 시험 불합격 처분을 각 취소한다.

► 소가산정 ◄

1. **목적물의 종류에 따른 가액**
   본 소는 비재산권을 목적으로 하는 소송이므로(민인규 제17조 제4호), 5,000만원을 소가로 한다(민인규 제18조의2, 전단).

※1. 본 소는 다수의 원고가 교사 임용후보자 선정경쟁시험 불합격처분에 대하여 그 취소를 구하는 소이다.
2. 민사소송규칙 제22조에서는 "1개의 소로써 수개의 비재산권을 목적으로 하는 청구를 병합한 때에는 각 청구의 소가를 합산한다(동조 본문). 다만, 청구의 목적이 1개의 법률관계인 때에는 1개의 소로 본다(동조 단서)."고 규율하고 있다. 본소의 경우에는 단체법리가 적용되는 경우이므로 하나의 법률관계에 해당하여 위 규칙 단서의 적용을 받는다. 따라서 다투는 행정처분의 건수가 수 개인 경우에 해당하여 그 소가를 합산하여야 하나(민인규 제19조), 다수인이 원고가 되어 동일한 소장으로 동일한 행정처분에 관하여 소를 제기하는 경우이므로 1개의 소로 보아 소가를 산정한다.

예시 10 임원취임승인취소처분 등 취소(단체법리적용)

피고가 2018. 7. 3. 원고들에 대하여 한 소외 학교법인 ○○학원 각 임원취임승인취소처분 및 같은 달 5. 소외 김○○, 이○○, 박○○, 최○○, 정○○, 노○○, 양○○를 위 학교법인의 임시 이사로 각 선임한 처분을 각 취소한다.

► **소가산정** ◄

1. **목적물의 종류에 따른 가액**

본 소는 비재산권을 목적으로 하는 소송이므로(민인규 제17조 제4호), 5,000만원을 소가로 한다(민인규 제18조의2, 전단).

※ 1. 본 소는 다수의 원고가 교사 학교법인에 대하여 임원취임승인취소처분 및 소외인들을 위 학교법인의 임시이사로 선임한 처분에 대하여 그 취소를 구하는 소이다.

2. 민사소송규칙 제22조에서는 "1개의 소로써 수개의 비재산권을 목적으로 하는 청구를 병합한 때에는 각 청구의 소가를 합산한다(동조 본문). 다만, 청구의 목적이 1개의 법률관계인 때에는 1개의 소로 본다(동조 단서)."고 규율하고 있다. 본 소의 경우에는 단체법리가 적용되는 경우이므로 하나의 법률관계에 해당하여 위 규칙 단서의 적용을 받는다. 따라서 다투는 행정처분의 건수가 수 개인인 경우에 해당하여 그 소가를 합산하여야 하나(민인규 제19조), 다수인이 원고가 되어 동일한 소장으로 동일한 행정처분에 관하여 소를 제기하는 경우이므로 1개의 소로 보아 소가를 산정한다.

예시 11 **공동어업권면허면적조정신청서 반려처분취소**

피고가 2018. 6. 23.자로 원고들에 대하여 한 공동어업권면허면적 조정신청서 반려처분은 이를 취소한다.

► **소가산정** ◄

1. **목적물의 종류에 따른 가액**

본 소는 비재산권을 목적으로 하는 소송이므로(민인규 제17조 제4호), 5,000만원을 소가로 한다(민인규 제18조의2, 전단).

※ 본 소는 공동어업권면허면적조정신청서 반려처분에 대하여 그 취소를 구하는 소이다.

예시 12 **조례무효확인**

> 피고가 2018. 6. 20. 의결한 경기도립학교설치조례 중 개정조례(경기도 조례 제1234호) 제2조 중 "[별표1] 초등학교의 시, 군 명칭, 위치의 ○○군 란 중 ○○란을 삭제한다."는 규정은 무효임을 확인한다.

► **소가산정** ◄

1. **목적물의 종류에 따른 가액**
   본 소는 비재산권을 목적으로 하는 소송이므로(민인규 제17조 제4호), 5,000만원을 소가로 한다(민인규 제18조의2, 전단).

※ 본 소는 경기도립학교설치조례 중 개정조례에 관하여 그 무효를 구하는 소이다.

예시 13 **공매처분취소**

> 피고가 원고 소유의 별지 목록 기재 부동산에 대하여 한 2018. 7. 10.자 공매처분을 취소한다.

► **소가산정** ◄

1. **목적물의 종류에 따른 가액**
   본 소는 비재산권을 목적으로 하는 소송이므로(민인규 제17조 제4호), 5,000만원을 소가로 한다(민인규 제18조의2, 전단).

※ 본 소는 원고 소유 부동산에 대하여 한 공매처분의 취소를 구하는 소이다.

예시 14 **체육시설업신고수리거부 처분취소**

> 피고가 2018. 6. 20.자로 원고에게 한 ○○시 ○○동 ○○○에서의 체육시설업신고수리거부처분을 취소한다.

► 소가산정 ◄

1. 목적물의 종류에 따른 가액
   본 소는 비재산권을 목적으로 하는 소송이므로(민인규 제17조 제4호), 5,000 만원을 소가로 한다(민인규 제18조의2, 전단).

※ 본 소는 체육시설업신고수리거부처분에 대하여 그 취소를 구하는 소이다.

예시 15 옥외광고물철거대집행 영장발부통보 처분취소

피고가 2018. 7. 14.자로 원고에 대하여 한 옥외광고물철거대집행영장 발부통보처분을 취소한다.

► 소가산정 ◄

1. 목적물의 종류에 따른 가액
   본 소는 비재산권을 목적으로 하는 소송이므로(민인규 제17조 제4호), 5,000 만원을 소가로 한다(민인규 제18조의2, 전단).

※ 본 소는 옥외광고물철거대집행영장발부통보처분에 대하여 그 취소를 구하는 소이다.

예시 16 장애물에 대한 철거거부처분취소

피고가 ○○시 ○○구청장이 2018. 7. 18. 원고에 대하여 한 ○○광역시 ○○구 ○○동 ○○○ 내의 도로통행을 방해하는 모든 장애물에 대한 철거거부처분은 이를 취소한다.

► 소가산정 ◄

1. 목적물의 종류에 따른 가액
   본 소는 비재산권을 목적으로 하는 소송이므로(민인규 제17조 제4호), 5,000

만원을 소가로 한다(민인규 제18조의2, 전단).

※ 본 소는 도로통행을 방해하는 장애물에 대한 철거거부처분에 대하여 그 취소를 구하는 소이다.

예시 17 주택건설업영업정지 처분취소

피고가 2018. 6. 20. 원고에 대하여 한 주택건설업영업정지처분을 취소한다.

► 소가산정 ◄

1. 목적물의 종류에 따른 가액

본 소는 비재산권을 목적으로 하는 소송이므로(민인규 제17조 제4호), 5,000만원을 소가로 한다(민인규 제18조의2, 전단).

※ 본 소는 주택건설업영업정지처분에 대하여 그 취소를 구하는 소이다.

예시 18 건축허가 및 준공검사취소 등에 대한 거부처분취소

피고가 2018. 7. 10. 원고에 대하여 한 ○○시 ○○동 ○○○ 영진주택건물의 건축허가 및 준공검사의 취소와 철거명령신청에 대한 거부처분은 이를 취소한다.

► 소가산정 ◄

1. 목적물의 종류에 따른 가액

본 소는 비재산권을 목적으로 하는 소송이므로(민인규 제17조 제4호), 5,000만원을 소가로 한다(민인규 제18조의2, 전단).

※ 본 소는 건축허가 및 준공검사의 취소와 철거명령신청에 대한 거부처분에 대하여

그 취소를 구하는 소이다. 본소는 "경제적 이익"이 동일하거나 중복되는 청구에 해당되므로 흡수법칙을 적용하여 산출하여야 한다.

예시 19 **농지취득자격증명발급거부처분취소**

원고가 2018. 7. 13. 피고에 대하여 한 농지취득자격증명발급신청에 관한 피고의 부작위가 위법임을 확인한다.

► **소가산정** ◄

1. **목적물의 종류에 따른 가액**

본 소는 비재산권을 목적으로 하는 소송이므로(민인규 제17조 제4호), 5,000만원을 소가로 한다(민인규 제18조의2, 전단).

※1. 본 소는 농지취득자격증명발급신청에 관한 피고의 부작위에 대하여 위법임을 확인하는 소이다.

2. 민사소송 또는 기관소송으로써 처분 등의 효력 유무 또는 존재 여부나 부작위에 대하여 위법임을 확인을 구하는 소송에는 그 성질에 반하지 아니하는 한 각각 무효 등 확인소송 또는 부작위위법확인소송에 관한 규정을 준용하여 소가를 산정한다(행정소송법 제46조 제2항).

예시 20 **택지개발예정지구지정처분 무효확인**

피고가 2018. 7. 8.자로 한 택지개발예정지구변경지정처분 및 택지개발계획승인처분 중 ○○시 ○구 ○○동 ○○○ 답 276㎡에 관한 각 부분을 취소한다.

► **소가산정** ◄

1. **목적물의 종류에 따른 가액**

본 소는 비재산권을 목적으로 하는 소송이므로(민인규 제17조 제4호), 5,000

만원을 소가로 한다(민인규 제18조의2, 전단).

※ 본 소는 택지개발예정지구변경지정처분 및 택지개발계획승인처분에 대하여 그 취소를 구하는 소이다. 본 소는 "경제적 이익"이 동일하거나 중복되는 청구에 해당되므로 흡수법칙을 적용하여 산출하여야 한다.

예시 21 자동차운전면허취소처분 취소

피청구인이 2018. 7. 5. 자로 청구인에 대하여 한 자동차운전면허취소처분(제1종 대형, 제1종 보통, 제2종 보통)을 취소한다.

► 소가산정 ◄

1. **목적물의 종류에 따른 가액**
   본 소는 비재산권을 목적으로 하는 소송이므로(민인규 제17조 제4호) 비재산권을 목적으로 하는 소송의 소가는 5,000만을 소가로 한다(민인규 제18조의2, 전단).

※1. 본 소는 3종의 자동차운전면허취소처분에 대하여 그 취소를 구하는 소이다. 소가는 원고가 본 소에서 구하는 범위 내에서 원고의 입장에서 보아 전부 승소할 경우에 직접 받게 될 경제적 이익을 객관적으로 평가하여 금액으로 정함을 원칙으로 하고 있다(민인규 제6조). 위 조항에 따르면 위 취소된 3종의 면허의 소가를 합산하여야 할 것이나, 음주운전으로 인한 위 운전면허취소의 경우에는 소지하고 있는 운전면허의 기능에 따라 음주운전차량의 운전가능한 면허는 모두 취소된다.
따라서 본 소는 음주운전에 기한 원인된 사실로부터 수종의 면허가 취소되는 경우로써 "경제적 이익"이 동일하거나 중복되는 청구에 해당되므로 흡수법칙을 적용하여 산출하여야 한다.

2. 흡수법칙은 "1개의 소로써 주장하는 수 개의 청구의 경제적 이익이 동일하거나 중복되는 때(민인규 제20조)"와 "1개의 청구가 다른 청구의 수단에 지나지 않을 때(민인규 제21조)"로 나뉜다. 전자의 경우에는 중복되는 범위 내에서 흡수되고, 그중 가장 다액인 청구의 가액을 소가로 하고(민인규 제20조), 후자의 경우에는 특별한 규정이 있는 경우를 제외하고, 그 가액은 소가에 산입하지 아니한

다. 다만, 수단인 청구의 가액이 주된 청구의 가액보다 다액인 경우에는 그 다액을 소가로 한다(민인규 제21조).

[판례] 제1종 대형, 보통, 특수면허와 제2종 소형면허를 가지고 있는 자가 승용차를 음주운전한 행위은 위 면허에 공통된 취소사유가 되는 여부(서울고법 1996. 3. 26. 선고 95구31296 판결).

예시 22 **자동차운행정지처분취소 등**

피고가 2018. 6. 20. 원고에 대하여 한 15일간의 택시운행정지처분 및 12일간의 택시운전자격정지처분을 각 취소한다.

► 소가산정 ◄

1. **목적물의 종류에 따른 가액**

본 소는 비재산권을 목적으로 하는 소송이므로(민인규 제17조 제4호) 비재산권을 목적으로 하는 소송의 소가는 5,000만원을 소가로 한다(민인규 제18조의2, 전단).

※ 본 소는 택시운행정지처분 및 택시운전자격정지처분에 대하여 그 취소를 구하는 소이다. 본 소는 "경제적 이익"이 동일하거나 중복되는 청구에 해당되므로 흡수법칙을 적용하여 산출하여야 한다.

예시 23 **노동쟁의중재회부결정 취소**

피고가 2018. 7. 12.자로 한 원고와 소외 ○○병원 사이의 노동쟁의중재회부결정을 취소한다.

► 소가산정 ◄

1. **목적물의 종류에 따른 가액**

본 소는 비재산권을 목적으로 하는 소송이므로(민인규 제17조 제4호) 비재산권을 목적으로 하는 소송의 소가는 5,000만원을 소가로 한다(민인규 제18조의2, 전단).

※ 본 소는 노동쟁의중재회부결정에 대하여 그 취소를 구하는 소이다.

예시 24 일반목욕장업 허가처분취소

피고가 2018. 7. 16. 소외 김○○에게 ○○시 ○구 ○○동 ○○○ 복리시설 체육관 276㎡에 대하여 한 일반목욕장업허가처분은 이를 취소한다.

► **소가산정** ◄

1. **목적물의 종류에 따른 가액**

본 소는 비재산권을 목적으로 하는 소송이므로(민인규 제17조 제4호) 비재산권을 목적으로 하는 소송의 소가는 5,000만원을 소가로 한다(민인규 제18조의2, 전단).

※ 본 소는 일반목욕장업허가처분에 대하여 그 취소를 구하는 소이다.

예시 25 주택개량재개발조합설립 및 사업시행인가처분무효

피고가 2018. 7. 6.자로 한 ○○시 ○○동 ○○ 3구역 4지구 주택개량재개발조합설립 및 사업시행인가처분이 무효임을 확인한다.

► **소가산정** ◄

1. **목적물의 종류에 따른 가액**

본 소는 비재산권을 목적으로 하는 소송이므로(민인규 제17조 제4호) 비재산권을 목적으로 하는 소송의 소가는 5,000만원을 소가로 한다(민인규 제18조의2, 전단).

※ 본 소는 주택개량재개발조합설립 및 사업시행인가처분에 대하여 그 무효를 구하는 소이다. 본 소는 "경제적 이익"이 동일하거나 중복되는 청구에 해당되므로 흡수법칙을 적용하여 산출하여야 한다.

예시 26 토지등급수정결정처분취소

피고가 2018. 7. 10. 원고에 대하여 한 별지 목록 기재 토지에 관한 토지등급수정결정처분은 이를 취소한다.

► 소가산정 ◄

1. **목적물의 종류에 따른 가액**
   본 소는 비재산권을 목적으로 하는 소송이므로(민인규 제17조 제4호) 비재산권을 목적으로 하는 소송의 소가는 5,000만원을 소가로 한다(민인규 제18조의2, 전단).

※ 본 소는 토지등급수정결정처분에 대하여 그 취소를 구하는 소이다.

예시 27 담장설치신고서 반려처분취소

피고가 2018. 7. 10.자로 원고에 대하여 한 ○○시 ○○구 ○○동 ○○○ 대한 담장설치신고서반려처분을 취소한다.

► 소가산정 ◄

1. **목적물의 종류에 따른 가액**
   본 소는 비재산권을 목적으로 하는 소송이므로(민인규 제17조 제4호) 비재산권을 목적으로 하는 소송의 소가는 5,000만원을 소가로 한다(민인규 제18조의2, 전단).

※ 본 소는 담장설치신고서반려처분에 대하여 그 취소를 구하는 소이다.

예시28 **현역병 입영처분취소**

> 피고가 2018. 6. 18.자로 원고에 대하여 한 현역병 입영처분을 취소한다.

► 소가산정 ◄

1. **목적물의 종류에 따른 가액**
   본 소는 비재산권을 목적으로 하는 소송이므로(민인규 제17조 제4호) 비재산권을 목적으로 하는 소송의 소가는 5,000만원을 소가로 한다(민인규 제18조의2, 전단).

※ 본 소는 현역병입영처분에 대하여 그 취소를 구하는 소이다.

예시29 **사업계획변경승인신청거부처분 및 준공검사신청거부처분취소**

> 피고가 원고에 대하여 2018. 6. 12.자로 한 사업계획변경승인신청거부처분 및 2018. 6. 15.자로 한 준공검사신청거부처분을 모두 취소한다.

► 소가산정 ◄

1. **목적물의 종류에 따른 가액**
   본 소는 비재산권을 목적으로 하는 소송이므로(민인규 제17조 제4호), 5,000만원을 소가로 한다(민인규 제18조의2, 전단).
2. **산출공식**
   가. 사업계획변경승인신청거부처분취소 : 5,000만원
   나. 준공검사신청거부처분취소 : 5,000만원
3. **소 가**
   위 금액을 합산한 금액이 소가가 된다. 따라서 소가는 5,000만원 + 5,000만원 = 1억원(소가)이 된다

※1. 본 소는 사업계획변경승인신청거부처분 및 준공검사신청거부처분에 대하여 그

취소를 구하는 소이다. 본 소는 경제적 이익이 독립한 별개의 것인 때에 해당하여 합산원칙을 적용하여 소가를 산출하여야 한다.

2. 민사소송법 제27조 제1항에서 "하나의 소로 여러 개의 청구를 하는 경우에는 그 여러 청구의 값을 모두 합하여 소송목적의 값을 정한다"고 하였으며, 민사소송등인지규칙 제19조에서 "1개의 소로써 수 개의 청구를 하는 경우에 그 수 개의 청구를 경제적 이익이 독립한 별개의 것인 때에 합산하여 소가를 산정한다"고 하였다.

예시30 액화석유가스충전사업 변경허가처분취소

피고가 원고에 대하여 2018. 7. 10.자로 행한 액화석유가스충전사업변경허가처분을 취소한다.

► 소가산정 ◄

1. **목적물의 종류에 따른 가액**

   본 소는 비재산권을 목적으로 하는 소송이므로(민인규 제17조 제4호), 5,000만원을 소가로 한다(민인규 제18조의2, 전단).

※ 본 소는 액화석유가스충전사업변경허가처분에 대하여 그 취소를 구하는 소이다.

예시31 영업수입금 압류처분취소

피고가 2018. 6. 10. 원고 소유 택시 95대에 대하여 한 압류처분 및 2018. 6. 20. 원고의 영업수입금 4,000만원에 대하여 한 압류처분은 이를 취소한다.

► 소가산정 ◄

1. **목적물의 종류에 따른 가액**

   본 소의 소가는 체납처분을 근거가 된 세액을 한도로 한 목적물건가액의 1/3을 소가로 한다. 다만, 그 세액 또는 목적물건가액이 30억원을 초과한 경우에는 이를 30억으로 본다(민인규 제17조 제1호).

※1. 본 소는 국세체납을 이유로 원고소유 택시 95대에 대하여 한 압류처분과 영업수입금 4,000만원에 대하여 한 압류처분의 취소를 구하는 소이다. 본 소는 민인규 제17조 제2호의 체납처분취소의 소에 해당하고, 체납처분의 근거가 된 세액을 가지고 위 택시 및 영업수입금에 대하여 압류한 것이므로 "경제적 이익"이 동일하거나 중복되는 청구에 해당되어 흡수법칙을 적용하여 산출하여야 한다.

2. 흡수법칙은 "1개의 소로써 주장하는 수 개의 청구의 경제적 이익이 동일하거나 중복되는 때(민인규 제20조)"와 "1개의 청구가 다른 청구의 수단에 지나지 않을 때(민인규 제21조)"로 나뉜다. 전자의 경우에는 중복되는 범위 내에서 흡수되고, 그중 가장 다액인 청구의 가액을 소가로 하고(민인규 제20조), 후자의 경우에는 특별한 규정이 있는 경우를 제외하고, 그 가액은 소가에 산입하지 아니한다. 다만, 수단인 청구의 가액이 주된 청구의 가액보다 다액인 경우에는 그 다액을 소가로 한다(민인규 제21조).

3. "체납처분의 근거가 된 세액을 한도로 한 목적물가액의 1/3"이라 함은 목적물가액이 4,500만원이고, 체납처분의 근거가 된 세액이 2,000만원일 경우에는 목적물가액의 1/3인 1,500만원이 소가가 되고, 체납처분의 근거가 된 세액이 1,000만원이라면 목적물가액의 1/3에 못 미치는 1,000만원이 소가가 된다. 즉 체납처분의 근거가 된 세액을 넘을 수 없다는 말이다.

예시32 국세체납처분에 의한 압류처분취소

피고가 2018. 6. 17. ○○시 ○○동 산○○ 임야 135㎡에 대하여 한 압류처분을 취소한다.

► 소가산정 ◄

1. 목적물의 종류에 따른 가액

본 소의 소가는 체납처분을 근거가 된 세액을 한도로 한 목적물건가액의 1/3을 소가로 한다. 다만, 그 세액 또는 목적물건가액이 30억원을 초과한 경우에는 이를 30억으로 본다.

※1. 본 소는 국세체납을 이유로 원고소유 임야에 대하여 한 압류처분에 대하여 그

취소를 구하는 소이다. 본 소는 민인규 제17조 제2호의 체납처분취소의 소에 해당한다.

2. "체납처분의 근거가 된 세액을 한도로 한 목적물가액의 1/3"이라 함은 목적물가액이 4,500만원이고, 체납처분의 근거가 된 세액이 2,000만원일 경우에는 목적물가액의 1/3인 1,500만원이 소가가 되고, 체납처분의 근거가 된 세액이 1,000만원이라면 목적물가액의 1/3에 못 미치는 1,000만원이 소가가 된다. 즉 체납처분의 근거가 된 세액을 넘을 수 없다.

예시33 도시계획용도지구 변경결정처분무효확인 등

피고가 2018. 6. 17. 별지 목록 기재 토지에 관하여 한 도시계획용도지구(고도지구) 변경결정처분(○○광역시 고시 제○○○○-○○○)은 무효임을 확인한다.

► 소가산정 ◄

1. **목적물의 종류에 따른 가액**

   본 소는 비재산권을 목적으로 하는 소송이므로(민인규 제17조 제4호), 5,000만원을 소가로 한다(민인규 제18조의2, 전단).

※ 본 소는 도시계획용도지구 변경결정처분에 대하여 그 무효를 구하는 소이다. 본 소는 별지 목록 기재의 각 토지에 관하여 도시계획용도지구 변경결정처분을 구하는 경우이므로 목적물은 두 개이나 행정처분은 1개의 처분이므로 소가산정은 1개의 처분에 대하여 한다.

예시34 광업권존속기간연장허가거부처분 등 취소

피고가 2018. 4. 5. 원고에 대하여 한 광업권(등록번호 제123호) 존속기간연장허가거부처분과 2018. 6. 23. 원고에 대하여 한 광업권(등록번호 제123호) 소멸등록처분은 각 취소한다.

► 소가산정 ◄

1. **목적물의 종류에 따른 가액**

본 소는 비재산권을 목적으로 하는 소송이므로(민인규 제17조 제4호), 5,000만원을 소가로 한다(민인규 제18조의2, 전단).

※ 본 소는 광업권의 존속기간연장허가거부처분과 광업권소멸등록처분에 대하여 그 처분의 취소를 구하는 소이다. 본 소는 "경제적 이익"이 동일하거나 중복되는 청구에 해당되므로 흡수법칙을 적용하여 산출하여야 한다.

예시35 의사면허자격정지처분취소(수인의 청구)

피고가 2018. 4. 5. 원고 김○○에 대하여 한 의사면허자격정지처분(정지기간 2018. 4. 13.~2018. 7. 12.) 및 같은 날 원고 이○○에 대하여 한 방사선사면허자격정지처분(정지기간 2018. 4. 13.~ 2018. 7. 12.)을 각 취소한다.

► 소가산정 ◄

1. **목적물의 종류에 따른 가액**

본 소는 비재산권을 목적으로 하는 소송이므로(민인규 제17조 제4호), 5,000만원을 소가로 한다(민인규 제18조의2, 전단).

※1. 본 소는 방사선사가 의사의 지시에 따라 엠알아이 검사에 필요한 조영제를 환자에게 주사한 후 환자가 사망하자 보건복지부장관이 의사 및 방사선사에 대한 각 3개월간의 면허자격정지처분을 한 경우이다.

2. 민사소송법 제22조에서 "한개의 소로써 수 개의 비재산권을 목적으로 하는 청구를 병합한 때에는 각 청구를 합산한다(동조 본문). 다만, 청구의 목적이 1개의 법률관계인 때에는 1개의 소로 본다(동조 단서)."고 규율하고 있다.
본 소의 경우 단체법리가 적용되는 경우이므로 하나의 법률관계에 해당하여 위 규칙 단서의 적용을 받는다. 따라서 다투는 행정처분의 건수가 수 개인 경우에 해당하여 그 소가를 합산하여야 하나(민인규 제19조), 다수인이 원고가 되어 동일한 소장으로 동일한 행정처분에 관하여소를 제기하는 경우이므로 1개의 소로 보아 소가를 산정한다.

제6절 병합청구

1. 개 요

병합청구란 한 개의 소로써 수개의 청구를 하는 것으로써 여기에는 주관적 병합과 객관적 병합이 있고 이는 다시 원시적 병합과 후발적 병합으로 분류할 수 있는데, 병합의 유형에 따른 소송목적의 값 인지액 산정방식에 관하여 총론에서 이미 검토하였다. 여기서는 행정소송과 관련하여 자주 문제되는 비재산권상 청구의 병합(민인규 제22조), 재산권상 청구와 비재산권상 청구의 병합(민인규 제23조), 주된 청구와 부대청구의 병합(민소 제27조 제2항)을 검토한다.

2. 수개의 비재산권상 청구

가. 소송목적의 값

1개의 소로써 수개의 비재산권상의 청구를 병합하는 경우에는 각 청구의 소송목적의 값을 합산한다. 다만, 청구의 목적이 1개의 법률관계인 때에는 1개의 소로 본다(민인규 제22조).

수개의 비재산권상 청구가 병합된 경우에 청구의 목적이 1개의 법률관계에 해당하는지 여부에 따라 본문에서는 합산하고 단서에서는 1개의 소로 본다고 규정하여 차이를 둔 것은 재판유상주의 관점에서 법원이 제공하는 역무의 량이 상이함을 반영하기 위한 것이다. 즉, 인근주민들이 건축허가처분취소의 소를 제기한 경우는 동일한 행정처분의 취소를 구하는 것이므로 원고 1인의 청구에 대해 심리하면 나머지 원고들의 청구에 대한 결론이 어느 정도 도출된다. 그러나 시험에서 탈락한 다수의 수험생이 불합격처분취소의 소를 제기한 경우는 원고들 각자에 대하여 각각 별개의 처분이 있고 원고들은 서로 다른 행정처분의 취소를 구하는 것이므로 법원은 모든 원고들의 청구에 대해 심리해야 한다. 따라서 전자보다 후자가 법원이 제공하는 역무의 량이 많으므로 전자는 흡수법칙을, 후자는 합산법칙을 적용하게 된다.

나. 청구의 목적이 1개의 법률관계에 해당하지 않는 경우(본문)

수개의 비재산권상 청구가 병합된 경우 청구의 목적이 수개의 법률관계에 해당하는지 1개의 법률관계에 해당하는지는 취소 또는 무효확인 등을 구하는 처분의 개수가 실질적으로 수개인지 1개인지에 의해 판단한다(아래 사례 43).

❑ 사례 43 : 비재산권상의 청구 병합에서의 소송목적의 값 (행정 3)	
[문제 1]	연탄공장 사업을 하려는 A에 대해 연탄공장건축허가가 나자 인근 주민 갑, 을이 1개의 소장으로 건축허가처분취소소송을 제기한 경우 소송목적의 값
[답 변]	소송목적의 값은 5,000만원이다. ※ 인근주민 갑·을은 실질적으로 동일한 1개의 행정처분의 취소를 구하고 있다. 즉, 갑·을은 A에 대한 연탄공장건축허가처분의 취소를 구하고 있기 때문에 각 청구의 목적이 1개의 법률관계에 해당한다고 볼 수 있다. 따라서 소송목적의 값은 5,000만원이다(민인규 제22조 단서).
[문제 2]	공동으로 뇌물을 받았다는 이유로 징계처분을 당한 공무원, 갑, 을은 소청심사를 거쳐 1개의 소장으로 징계처분취소소송을 제기한 경우 소송목적의 값
[답 변]	소송목적의 값은 1억원이다. ※ 징계처분의 사유는 뇌물수수로 동일하지만 취소를 구하는 행정처분은 실질적으로 두 개다. 즉, 갑이 취소를 구하는 것은 갑에 대한 징계처분이고, 을이 취소를 구하는 것은 을에 대한 징계처분이므로 각 청구의 목적이 1개의 법률관계에 해당하지 않는다. 따라서 소송목적의 값은 1억원(5,000만원+5,000만원)이다(민인규 제22조 본문).
[문제 3]	갑은 두 종류의 운전면허를 보유한 자인데. 음주운전을 이유로 두 종류의 운전면허를 모두 취소당하자 운전면허취소처분취소소송을 제기한 경우 소송목적의 값
[답 변]	소송목적의 값은 5,000만원이다. ※ 단일한 음주운전행위로 인하여 개인이 소지하고 있는 복수의 운전면허가 취소되고 그 각 취소처분의 취소를 구하는 경우 합산법칙을 적용할 것인지 흡수법칙을 적용할 것인지에 관하여 견해대립이 있다. 즉, ① 형식상 각 운전면허마다 별개의 처분이 존재하므로 합산법칙을 적용한다는 견해와 ② 복수의 운전면허가 1개의 면허번호에 의하여 통합관리되어 음주운전이 있으면 자동으로 여러 면허가 한꺼번에 취소된다는 점에서 실질적으로 1개의 처분으로 흡수법칙을 적용해야 한다는 견해가 그것인데, 후자가 실무례이다. 따라서 소송목적의 값은 5,000만원이다(민인규 제22조 단서).

(1) 객관적 병합

동일한 행정청의 영업정지처분과 영업정지기간중의 영업을 이유로 한 영업허가취소처분의 각 취소를 함께 구하는 경우, 운전면허정지처분과 면허정지기간중의 운전을 이유로 한 운전면허취소처분의 각 취소를 함께 구하는 경우 등은 실질적으로 취소를 구하는 행정처분의 개수가 수개이므로 청구의 목적이 1개의 법률관계에 해당하지 않고, 따라서 각 청구의 소송목적의 값을 합산한다.

(2) 주관적 병합

시민단체가 서울특별시장 및 그 산하 각 구청장을 피고로 하여 각 정보공개거부처분의 취소를 구하는 소를 제기하는 경우도 실질적으로 취소를 구하는 행정처분의 개수가 수개이므로 청구의 목적이 1개의 법률관계에 해당하지 않고, 따라서 각 청구의 소송목적의 값을 합산한다.

형식상으로는 다수의 원고들이 같은 날짜의 행정처분에 관하여 하나의 소장으로 제소하여 1개의 법률관계인 것처럼 보이지만, 실질적으로는 원고들 각자에 대하여 각각 별개의 처분이 있는 경우에는 당해 행정처분의 수에 상응하는 수개의 법률관계가 존재하는 것이므로 각 청구의 소송목적의 값을 합산하여야 한다.

예컨대, ① 각종 시험에서 다수인이 제기하는 불합격처분취소소송, ② 다수인이 각자의 토지에 대한 개별공시지가결정처분을 다투는 경우, ③ 재개발조합원들이 재개발조합을 상대로 한 분양아파트의 평수에 관하여 다투는 취지의 관리처분계획취소소송, ④ 사립학교법인이사들이 임원취임승인취소처분취소소송, ⑤ 정부직제개편으로 인하여 다수인에 대한 직권면직처분취소소송, ⑥ 다수 근로자들의 부당해고구제신청을 기각한 재심판정취소소송, ⑦ 비닐하우스촌 주민들의 주민등록거부처분취소소송 등이 있다.

다. 청구의 목적이 1개의 법률관계에 해당하는 경우(단서)

수개의 비재산권상 청구가 병합되고, 그 수개 청구의 목적이 1개의 법률관계에 해당하는 때에는 1개의 소로 보아 소송목적의 값을 계산한다. 청구의 목적은 소송물을 의미하고, 항고소송의 소송물은 '행정처분의 위법성 일반'이므로, 항고소송에서 청구의 목적이 1개의 법률관계에 해당한다는 것은 수개의 청구에 의해 실질적으로 동일한 행정처분의 취소 또는 무효확인을 구하는 것을 의미한다(아래 사례 44).

□ 사례 44 : 비재산권상의 청구 병합에서의 소송목적의 값 (행정 3)	
[문제 1]	연탄공장 사업을 하려는 A에 대해 연탄공장건축허가가 나자 인근 주민 갑, 을이 1개의 소장으로 건축허가처분취소소송을 제기한 경우 소송목적의 값
[답 변]	소송목적의 값은 5,000만원이다. ※ 인근주민 갑·을은 실질적으로 동일한 1개의 행정처분의 취소를 구하고 있다. 즉, 갑·을은 A에 대한 연탄공장건축허가처분의 취소를 구하고 있기 때문에 각 청구의 목적이 1개의 법률관계에 해당한다고 볼 수 있다. 따라서 소송목적의 값은 5,000만원이다(민인규 제22조 단서).
[문제 2]	공동으로 뇌물을 받았다는 이유로 징계처분을 당한 공무원, 갑, 을은 소청심사를 거쳐 1개의 소장으로 징계처분취소소송을 제기한 경우 소송목적의 값
[답 변]	소송목적의 값은 1억원이다. ※ 징계처분의 사유는 뇌물수수로 동일하지만 취소를 구하는 행정처분은 실질적으로 두 개다. 즉, 갑이 취소를 구하는 것은 갑에 대한 징계처분이고, 을이 취소를 구하는 것은 을에 대한 징계처분이므로 각 청구의 목적이 1개의 법률관계에 해당하지 않는다. 따라서 소송목적의 값은 1억원(5,000만원+5,000만원)이다(민인규 제22조 본문).
[문제 3]	갑은 두 종류의 운전면허를 보유한 자인데, 음주운전을 이유로 두 종류의 운전면허를 모두 취소당하자 운전면허취소처분취소소송을 제기한 경우 소송목적의 값
[답 변]	소송목적의 값은 5,000만원이다. ※ 단일한 음주운전행위로 인하여 개인이 소지하고 있는 복수의 운전면허가 취소되고 그 각 취소처분의 취소를 구하는 경우 합산법칙을 적용할 것인지 흡수법칙을 적용할 것인지에 관하여 견해대립이 있다. 즉, ① 형식상 각 운전면허마다 별개의 처분이 존재하므로 합산법칙을 적용한다는 견해와 ② 복수의 운전면허가 1개의 면허번호에 의하여 통합관리되어 음주운전이 있으면 자동으로 여러 면허가 한꺼번에 취소된다는 점에서 실질적으로 1개의 처분으로 흡수법칙을 적용해야 한다는 견해가 그것인데, 후자가 실무례이다. 따라서 소송목적의 값은 5,000만원이다(민인규 제22조 단서).

이 경우에는 비록 수개의 비재산권상 청구가 병합된 경우이지만 1개의 소로 보아 소송목적의 값을 계산한다. 1개의 소로 본다 함은 1개의 비재산권상 청구로 보아 소송목적의 값을 5,000만원으로 계산한다는 의미이다.

(1) 객관적 병합

1개의 소로써 1, 2, 3차 각 행정대집행계고처분의 취소를 구하는 경우에는 2, 3차 계고처분의 경우 1차 계고처분의 연기통지에 불과하여 항고소송의 대상이 되는 행정처분이 아니므로 1차 계고처분에 대한 하나의 소로 보아 소송목적의 값을 계산한다(대법원 1994. 10. 28. 선고 94누5114 판결).

(2) 주관적 병합

실질적으로 동일한 행정처분에 대한 소송이어서 청구의 목적이 1개의 법률관계에 해당한다고 인정될 경우에는 1개의 소로 보아 소송목적의 값을 산정한다. 예컨대, ① 인근주민들의 건축허가처분취소청구소송, ② 다수인의 특정한 도시계획결정처분취소청구소송, ③ 이해관계인들의 표준지 공시지가결정처분취소청구소송, ④ 지역주민들의 환경 악화 등을 이유로 한 공유수면매립면허취소청구소송, ⑤ 피수용자들의 사업인정처분취소청구소송, ⑥ 재개발조합원들의 인가 고유의 하자를 이유로 한 관리처분계획인가처분취소청구소송, ⑦ 이해관계인들이 행정청의 고시를 다투는 소송(의료수가 산정의 기초가 되는 보건복지부장관의 고시에 대한 의사들의 소송, 산재보험료 산정의 기초가 되는 고용노동부장관의 노무비를 고시에 대한 관련 업체들의 소송, 무도장영업시간의 제한에 관한 보건복지부장관의 고시에 대한 전국 무도장경영자들의 소송 등), ⑧ 다수인의 '전체로서의' 하천구역결정처분취소청구소송, '전체로서의' 도로구역결정처분취소청구소송(다만, 다수인이 각자 자신의 구체적인 개별 토지가 하천구역결정 또는 도로구역결정에 포함된 것이 위법·부당하다고 주장하면서 개별토지에 대한 구체적 구역결정처분을 다투는 경우에는 각 토지별로 고유한 위법사유를 주장하는 것이 되므로 민사소송등인지규칙 제22조 단서가 아닌 본문이 적용되어 소송목적의 값을 합산하여야 한다) 등이 있다.

3. 재산권상 청구와 비재산권상 청구

가. 합산법칙

1개의 소로써 재산권상의 청구와 비재산권상의 청구를 병합하는 경우의 값은 합산함을 원칙으로 한다(민인규 제23조 제1항). 예컨대, 공정거래법위반행위에 대한 시정명령, 공표명령, 9,000만원의 과징금부과처분에 대한 각 취소를 구하는 경우, 소송목적의 값은 1억 3,000만원{시정명령취소청구 5,000만원(민인규 제17조 제4호, 제18조의2 본문)+공표명령취소청구 5,000만원+과징금부과처분취소청구 3,000만원(9,000만원×1/3, 민인규 제17조 제1호)}이다.

나. 흡수법칙

(1) 비재상권을 목적으로 하는 청구와 그 소송의 원인된 사실로부터 발생하는 재산권상의 청구

비재산권상의 청구와 그로 인하여 생길 재산권을 목적으로 하는 청구를 병합한 때에는 다액인 소송목적의 값에 의하여 인지를 첩부한다(민인법 제2조 제5항). 흡수법칙을 채택한 취지는 재판유상주의에 근거한 것이다. 따라서 위 규정은 비재산권청구에 대한 심리에 의해 재산권상 청구에 대한 결론이 자동적으로 도출되는 관계에 있는 경우에 적용된다.

예컨대, 처분청에 대한 행정처분취소청구와 국가에 대한 국가배상청구를 병합하는 경우, 공무원파면처분취소청구와 파면기간동안의 임금지급청구를 병합하는 경우, 개별공시지가결정처분취소청구와 위 개별공시지가에 근거한 개발부담금부과처분취소청구를 병합하는 경우에 다액인 쪽을 소송목적의 값으로 한다.

(2) 수개의 비재산권을 목적으로 하는 청구와 그 원인된 사실로부터 생기는 재산권을 목적으로 하는 청구

수개의 비재산권상의 청구와 그 원인된 사실로부터 생기는 재산권상의 청구를 1개의 소로써 병합제기하는 때에는 그 수개의 비재산권상의 청구의 소송목적의 값의 합산액과 재산권상의 소송목적의 값 중 다액에 의한다(민인규 제23조 제2항). 흡수법칙을 채택한 취지는 민사소송등인지법 제2조 제5항과 같다. 따라서 수개의 비재산권상의 청구에 대한 심리를 통해 재산권상 청구에 대한 결론이 자동적으로 도출되는 관계에 있는 경우에 위 규정을 적용한다. 예컨대, 위법한 영업정지처분의 취소 및 영업정지기간중의 영업을 이유로 한 영업허가취소처분의 취소와 영업정지 및 영업허가취소처분으로 인하여 발생한 손해배상청구를 병합하여 제기하는 경우가 그것이다.

4. 주된 청구와 부대청구

가. 소송목적의 값

과실, 손해배상, 위약금 또는 비용의 청구가 소송의 부대목적이 되는 때에는 부대청구 가액의 계산번잡을 피하고 그 관할을 용이하게 판단할 수 있도록 하기 위해(대법원 1962. 10. 18.자 62라11 결정) 그 가액을 소송의 목적물 가액에 산입하지 아니한다(민소 제27조 제2항). 따라서 토지수용과 관련하여 '공익사업을위한토지등의취득및보상에관한법률' 제85조 제2항에 의해 피수용자 또는 이해관계인이 보상금 증액을 위해 소제기하는 경우 수용재결일 다음날부터 판결선고시까지의 지연손해금(손해배상)을 별도로 청구하는 경우 지연손해금은 소송목적의 값에 산입하지 않는다.

예컨대, "피고는 원고에게 1억원과 이에 대하여 2018. 7. 19.부터 이 사건 소장부본 송달일까지는 연 5%, 그 다음날부터 다 갚는 날까지는 연 15%의 각 비율로 계산한 돈을 지급하라"는 소를 제기한 경우 소송목적의 값은 1억원(주된 청구의 가액 1억원만이 소송목적의 값이 된다)이다(민인규 제17조 제3호, 민소 제27조 제2항).

나. 조세 등의 납부를 명한 처분의 무효확인·취소를 구하는 소

(1) 보통세와 목적세

어느 특정 보통세에 부가하여 부과되는 목적세(국세 중 교육세·교통세·농어촌특별세, 지방세 중 도시계획세·공동시설세·사업소세·지역개발세 등)의 경우는 부대청구라고 볼 수 없다. 예컨대, 인텔리전트빌딩시스템 시설(IBS)에 대한 재산세에 부가하여 부과되는 도시계획세, 공동시설세, 지방교육세의 각 취소를 구하는 경우에도 그 취소를 구하는 금액을 가액으로 하여 합산하여야 한다.

(2) 본세와 가산세, 본세와 가산금

(가) 본세와 가산세

본세의 부과처분과 각종의 가산세(신고불성실가산세, 납부불성실가산세 등)의 부과처분의 취소를 함께 구하는 경우에 관하여, 가산세는 그 실질이 민사소송법 제27조 제2항의 위약금에 해당하므로 부대청구불산입 원칙을 적용해야 한다는 견해와 가산세는 제재세로서 별도의 부과결정을 요하고 본세의 부과처분과는 별개의 처분에 해당하므로 부대청구불산입 원칙을 적용해서는 안된다는 견해가 있는데, 후자의 견해가 타당하다. 왜냐하면 부대청구 가액의 계산번잡을 피하고 그 관할을 용이하게 판단할 수 있도록 하기 위해 부대청구를 산입하지 않는 것인데, 소장에 기재된 가산세의 계산이 번잡하지 않고 행정소송에서 소송목적의 값은 사물관할과 무관하기 때문이다.

(나) 본세와 가산금

조세 또는 개발부담금 등 본세의 부과처분과 그 미납분에 관한 지연이자의 의미로 부과되는 부대세의 일종인 가산금의 부과처분의 취소를 함께 구하는 경우에 관하여, 가산금은 그 실질이 민사소송법 제27조 제2항의 손해배상에 해당하므로 부대청구불산입 원칙을 적용해야 한다는 견해와 부대청구불산입 원칙을 적용해서는 안된다는 견해가 있는데, 실무는 후자의 견해를 따르고 있다.

제7절 그 밖의 경우

1. 부적법한 소에서의 소송목적의 값

소제기가 당초부터 부적법한 경우(예컨대, 필요적 전치절차에서 전심미경유, 제소기간 도과, 행정처분성이 없는 경우, 원고적격·피고적격이 없는 경우 등)에도 원고가 어떤 이익이 있는 것으로 하여 소를 제기한 이상 위와 같은 기준에 의하여 소송목적의 값을 산정하여야 한다.

2. 인지첩부·첨부 및 공탁 제공에 관한 특례법

국가는 '행정소송절차에 있어서' 민사소송등인지법 규정의 인지를 붙이지 아니한다(제2조). 따라서 국가기관이 제소, 상소, 보조참가신청, 공동소송적 보조참가신청 등을 한 경우에는 인지를 붙이지 아니한다(아래 사례 45).

❑ 사례 45 : 국가나 지방자치단체가 제기하는 소송에서의 인지액	
[문제 1]	서울특별시 지방경찰청장을 상대로 한 자동차운전면허취소처분취소판결에 대하여 지방경찰청장의 소송수행자가 항소를 제기한 경우 인지액
[답 변]	① 항소인인 지방경찰청장은 국가공무원이므로 인지첩부·첨부 및 공탁제공에 관한 특례법 제2조의 국가에 해당하고, ② 자동차운전면허취소처분취소소송은 행정소송에 해당하므로(행소 제3조 제1호) 항소장에 인지를 붙이지 않는다.
[문제 2]	서울특별시장이 시의회가 재의결한 조례안에 대하여 지방자치법 제107조에 기하여 대법원에 조례안재의결무효확인의 소를 제기한 경우 인지액
[답 변]	① 조례안재의결무효확인소송은 행정소송에 해당하지만(행정소송법 제3조 제4호), ② 원고인 서울특별시장은 특례법 제2조의 국가에 해당하지 않으므로 소장에 인지를 붙여야 한다. 서울특별시장이 제기한 소는 기관소송이면서 무효확인소송에 해당하므로 그 소송목적의 값은 5,000만원이다(민인규 제17조 제4호, 제18조의2 본문). 대법원에 소장을 제출한 경우에는 1심 인지액의 2배액을 붙여야 하므로(민인법 제3조) 인지액은 460,000원(소송목적의 값 5,000만원에 대한 1심 인지액 230,000원 × 2배)이다.
[문제 3]	교육부장관이 지방자치법 제172조에 기하여 대법원에 조례안재의결무효확인의 소를 제기한 경우 인지액
[답 변]	① 원고인 교육부장관은 지방자치법 제2조의 국가에 해당하고, ② 조례안재의결무효확인소송은 행정소송에 해당하므로 소장에 인지를 붙이지 않는다.
[문제 4]	갑이 을을 상대로 제기한 민사소송에 국가가 을을 위하여 보조참가하였다가 항소장을 제출한 경우 항소 인지액

[답 변]	① 항소인이 지방자치법 제2조의 국가에 해당함은 명백하지만 ② 민사소송에서는 소송당사자이어야 하는데 보조참가인으로서 항소하는 것이므로 항소장에 인지를 붙여야 한다(대법원 1969. 10. 18.자 69마683 결정).

※ 인지면제요건

인지가 면제되기 위해서는, ① 인지첩부의무자 즉, 원고·상소인·참가신청인 등이 '국가'이고 ② '국가를 당사자로 하는 소송' 또는 '행정소송'이어야 한다.

1. 국가일 것

가. 민사소송

민사소송에서는 원고 등이 국가인지 아닌지 쉽게 구별할 수 있다. 국가를 당사자로 하는 소송에 있어서는 국가가 당사자로 표시되는 동시에 국가의 대표자로 법무부장관이 표시되기 때문이다.

나. 행정소송

기관소송과 당사자소송에서는 원고 등이 국가인지 쉽게 구별할 수 있다. 그러나 항고소송에서는 그 구별이 쉽지 않은 경우가 있다. 항고소송의 피고가 국가인지 아닌지는 항고소송의 대상인 처분·재결의 효과가 귀속되는 권리주체자 국가인지 아닌지에 의해 결정되어야 한다. 따라서 항고소송의 대상인 처분·재결의 효과가 귀속되는 권리주체가 국가인 경우에는 인지를 첨부하지 않아도 되고, 국가로부터 독립된 별개의 법인격을 갖춘 공공단체의 경우에는 인지를 붙여야 한다. 예컨대, 처분청이 지방자치단체, 공공조합(산림조합·재개발조합·도시재개발조합·변호사회 등과 같이 일정한 행정목적을 위해 설립되는 것), 영조물법인(한국도로공사·한국전력공사 등과 같이 공사나 특수은행 등), 공법상재단(한국정신문화연구원, 한국과학재단 등) 소속의 공무원인 경우에는 인지를 붙여야 한다.

2. 국가를 당사자로 하는 소송 또는 행정소송일 것

가. 국가를 당사자로 하는 소송

'민사소송 등'에서 국가는 원고·항소인·상고인·당사자참가인·독립참가인 등 소송당사자이어야 한다.

나. 행정소송

'행정소송'에서는 국가는 당사자인 경우는 물론이고 당사자 아닌 참가인(행소 제17조)인 경우에도 인지를 붙이지 않는다.

※ 규 정

인지첩부·첨부 및 공탁제공에 관한 특례법 제2조(인지불첩부 밑 불첨부) : 국가는 국가를 당사자로 하는 소송 및 행정소송절차에 있어서 민사소송등인지법에 따른 인지를 붙이지 아니한다.

3. 선정당사자

가. 민사소송법의 준용

행정소송법 제8조 제2항은 "행정소송에 관하여 이 법에 특별한 규정이 없는 사항에 대하여는 법원조직법과 민사소송법 및 민사집행법의 규정을 준용한다"고 규정하고 있다. 따라서 절차는 신속하고 경제적이어야 한다는 소송절차에 일반적으로 요구되는, 공평·신속·경제의 원리를 구현하는 민사소송법의 기술적인 여러 조항들이 행정소송에도 그대로 준용되는데 선정당사자(민소 제53조)도 그 중 하나이다. 행정소송에서 선정당사자가 자주 이용되는 분야는 조세소송, 변상금부과처분취소소송, 부당해고구제심판재심판정취소소송, 불합격처분취소소송, 아파트건축허가처분취소소송 등이다.

나. 선정자 기준

선정당사자에 의한 소제기시 소송목적의 값 산정에 있어서 두 가지가 문제된다. 첫째, 경제적 이익을 판단함에 있어 선정자를 기준으로 할 것인지, 선정당사자를 기준으로 할 것인지 둘째, 선정자를 기준으로 할 때 선정자들의 청구가 비재산권상 청구일 경우 민사소송등인지규칙 제22조 본문을 적용할 것인지 아니면 단서를 적용할 것인지이다.

소송에서 승소함으로써 얻을 수 있는 이익은 선정자마다 별개로 독립하여 존재하므로 선정자를 기준으로 경제적 이익을 판단함이 타당하다(대법원 1998. 10. 26.자 98무38 결정).

비록 선정자는 당사자가 아니지만 소송목적의 값 산정에 있어서는 당사자에 준할 것이므로 선정자 수 만큼의 비재산권상 청구가 병합된 것이므로 민사소송등인지규칙 제22조의 일반적인 해석론에 의한다.

다. 산 정 례

시험에서 탈락한 갑을 포함한 100명의 선정자가 불합격처분취소소송을 제기한 경우 이는 선정자 수 100명에 상응하는 100개의 비재산권상청구(민인규 제17조 제4호)가 병합된 것이고, 취소를 구하는 행정처분은 각 선정자에 대한 별개의 불합격처분이라는 점에서 실질적으로 100개의 행정처분이므로 각 청구의 목적은 1개의 법률관계에 해당하지 않는다(민인규 제22조 본문). 따라서 소송목적의 값은 50억원(5,000만원 × 100)이다.

이에 비하여 을을 포함한 인근주민 100명이 아파트 건축업자 A에게 한 아파트건축허가처분취소소송을 제기한 경우 이는 선정자 수 100명에 상응하는 100개의 비재산권상 청구(민인규 제17조 제4호)가 병합된 것이고, 취소를 구하는 행정처분은 A에게 한 아파트건축허가처분이라는 점에서 실질적으로 1개의 행정처분이므로 각 청구의 목적은 1개의 법률관계에 해당한다(민인규 제22조 단서). 따라서 소송목적의 값은 5,000만원이다.

제8절 소송유형별 산정례

위와 같은 일반원칙에 의한다고 하더라도 구체적인 사안에서 소송목적의 값을 산정함에 있어서는 의문이 있는 경우가 있는 바. 소송유형별로 검토하여 본다.

1. 개별공시지가결정처분취소의 소

가. 소송목적의 값

개별공시지가결정처분은 비재산권상의 소로 보아야 한다. 그러나 1개의 소로 특정 연도의 여러 필지의 토지에 대한 개별공시지가결정의 취소를 구하는 경우, 특정 토지에 대한 여러 연도의 개별공시지가결정의 취소를 구하는 경우, 그리고 이들의 복합형태인 경우(여러 필지의 토지에 대한 여러 연도의 개별공시지가결정의 취소를 구하는 경우)의 각 소송목적의 값 산정에 관하여는 의문이 있을 수 있다.

나. 특정 연도의 여러 필지에 대한 취소의 소

개별공시지가는 시장·군수·구청장이 정하는 '개별토지'의 단위면적당 가격이다(부동산가격공시 및 감정평가에 관한 법률 제11조). 따라서 원고가 1개의 소로써 특정 연도의 여러 필지의 토지에 대한 개별공시지가결정처분의 취소를 구하는 경우에는 각 필지별로 소송목적의 값을 산정하여 합산하여야 한다(민인규 제22조 본문). 이는 여러 필지가 동일한 시·군·구에 소재하든 또는 서로 다른 시·군·구에 소재하든 마찬가지이다. 특히 여러 필지가 다른 시·군·구에 소재하는 경우 그 처분청이 서로 다른 점을 산정하여 보면 필지별로 독립된 처분으로 보아야 함이 의문이 없다.

다. 특정 토지의 여러 연도에 대한 취소의 소

한편, 개별공시지가는 '매년' 공시기준일 현재의 가격으로 결정·공시 되는 것이므로 특정 필지에 대한 단위면적당 가격이 매년 새롭게 결정되는 것이다. 따라서 1개의 소로써 특정 토지에 대한 여러 연도의 개별공시지가결정의 취소를 구하는 경우에도 각 연도마다 각각 비재산권상의 소로 보아 소송목적의 값을 합산하여야 한다(민인규 제22조 본문).

라. 복합형태

이들의 복합형태인 경우, 즉 여러 필지의 토지에 대한 여러 연도의 개별공시지가결정의 취소를 구하는 경우의 각 소송목적의 값 산정에 관하여도 위와 같은 방법으로 한다.

예컨대, 갑·을 필지의 소유자인 원고가 갑 필지에 대한 2016년도, 2017년도 개별공시지가결정과 을 필지에 대한 2016년도, 2017년도 개별공시지가결정의 취소를 구하는 소를 제기한 경우 소송목적의 값은 2억원(갑 필지에 대한 청구의 소송목적의 값 1억원+을 필지에 대한 청구의 소송목적의 값 1억원)이다(민인규 제22조 본문).

예시 1 개별공시지가 정정결정처분 및 개발부담금부과처분취소

피고가 2017. 8. 20. ○○시 ○○읍 ○○리 ○○○ 답 2,000㎡에 관하여 한 ㎡당 금 20,000원의 2016년도 개별공시지가 정정결정처분과 원고에 대하여 2018. 7. 12.자로 한 위 토지에 대한 개발부담금 1억원의 부과처분을 각 취소한다.

► 소가산정 ◄

1. **목적물의 종류에 따른 가액**
   가. 개별공시지가 정정결정처분취소 : 비재산권을 목적으로 하는 소송으로 본다(민인규 제17조 제4호). 비재산권을 목적으로 하는 소송의 소가는 5,000만원을 소가로 한다(민인규 제18조의2, 전단).
   나. 개발부담금 1억원의 부과처분취소 : 청구가 인용됨으로써 원고가 납부의무를 면하게 되거나 환급받게 될 금전, 유가증권 또는 물건의 가액의 1/3을 소가로 한다.

2. **산출공식**
   가. 답 2,000㎡에 대한 개별공시지가 정정결정처분취소 : 5,000만원
   나. 개발부담금부과처분취소 : 1억원 × 1/3 = 소가

3. **소 가**
   흡수법칙에 따라 위 금액 중 다액인 금액을 소가로 한다.

※1. 본 소는 개별공시지가 정정결정처분과 개발부담금부과처분에 대하여 그 취소를 구하는 경우의 소로써 조세 기타 공법상의 금전, 유가증권 또는 물건의 납부를 명한 처분의 무효확인 또는 취소를 구하는 소송에 해당한다(민인규 제17조 1호). "개발부담금부과처분취소의 경우"는 "개별공시지가정정결정처분취소"에 기한 원인된 사실로부터 발생하는 경우에 해당되기 때문에 "경제적 이익"이 동일하거나 중복되는 청구에 해당되므로 위 청구취지의 경우에는 흡수법칙을 적용하여 산출하여야 한다. 또한 민인법 제2조 제5항은 "비재산권상의 청구와 그 원인된 사실로부터 발생하는 재산권을 목적으로 하는 청구를 병합한 때에는 다액인 소가에 의하여 인지를 첩부"하여야 한다.

2. 흡수법칙은 "1개의 소로써 주장하는 수 개의 청구의 경제적 이익이 동일하거나

중복되는 때(민인규 제20조)"와 "1개의 청구가 다른 청구의 수단에 지나지 않을 때(민인규 제21조)"로 나뉜다. 전자의 경우에는 중복되는 범위 내에서 흡수되고, 그중 가장 다액인 청구의 가액을 소가로 하고(민인규 제20조). 후자의 경우에는 특별한 규정이 있는 경우를 제외하고, 그 가액은 소가에 산입하지 아니한다. 다만, 수단인 청구의 가액이 주된 청구의 가액보다 다액인 경우에는 그 다액을 소가로 한다(민인규 제21조).

3. "조세 기타 공법상의 금전, 유가증권 또는 물건의 납부를 명한 처분의 무효확인 또는 취소를 구하는 소송"은 그 청구가 인용됨으로써 원고가 납부의무를 면하게 되거나 환급받게 될 금전, 유가증권 또는 물건의 가액의 3분의 1을 소가로 한다. 다만 그 금전, 유가증권 또는 물건의 가액이 30억원을 초과하는 경우에는 이를 30억원으로 본다(민인규 제17조 제1호).
   위 규칙 단서의 규정은 청구가 병합된 경우에는 각 청구별로 그로써 원고가 얻을 가액이 30억원이 초과할 경우에는 이를 30억원으로 본다는 것이지, 수개의 청구를 병합하여 1개의 소로 제기한 경우의 그 합산액(민인규 제19조)에까지 적용되는 것은 아니다. 따라서 각 청구별로 먼저 위 규칙 제17조 제1호 단서를 적용하여 가액을 산정하되, 그 후 각 청구의 가액을 합산한 액에 대하여는 그것이 30억원을 넘더라도 그 액을 기준으로 하여 소가를 산정하여야 할 것이다(재특 93-1).

예시 2 개별공시지가 결정처분취소

피고가 2018. 6. 20. ○○시 ○○동 100 대 50㎡ 및 위 같은 동 120 대 80㎡에 대한 2018년도 개별공시지가를 ㎡당 각 80,000원으로 결정한 처분을 각 취소한다.

► 소가산정 ◄

1. **목적물의 종류에 따른 가액**
   본 소는 비재산권을 목적으로 하는 소송이므로(민인규 제17조 제4호), 5,000만원을 소가로 한다(민인규 제18조의2).

2. **산출공식**
   가. 대 50㎡에 대한 개별공시지가결정처분취소 : 5,000만원

나. 대 80m^2에 대한 개별공시지가결정처분취소 : 5,000만원

3. 소 가

위 금액을 합산한 금액을 소가로 한다.

5,000만원 + 5,000만원 = 1억원(소가)

※ 본 소는 2필지의 토지에 대한 개별공시지가결정처분에 대하여 그 취소를 구하는 경우의 소이다.

소가는 원고가 청구취지로써 구하는 범위 내에서 원고의 입장에서 보아 전부 승소할 경우에 직접 받게 될 경제적 이익을 객관적으로 평가하여 금액으로 정함을 원칙으로 한다(민인규 제6조). 따라서 본 소는 목적물이 2개이므로 경제적 이익이 독립한 별개의 것인 때에 해당하여 합산원칙을 적용하여야 한다.

공시지가는 소유자별로 결정되는 종합토지세와 달리 개별토지마다 별도로 결정되는 처분이며, 원고가 1개의 소로써 특정연도의 여러 필지의 토지에 대한 개별공시지가 결정 처분의 취소를 구하는 경우에는 각 필지별로 소가를 산정하여 합산하여야 하고 또한 1개의 소로써 특정 토지에 대한 여러 해당연도의 개별공시지가 결정의 취소를 구하는 경우에도 각 연도마다 각각 비재산권의 소로 보아 소가를 합산하여야 한다.

2. 자동차운전면허취소처분취소의 소

한 사람이 여러 종류의 자동차운전면허를 취득하는 경우뿐만 아니라 이를 취소 또는 정지함에 있어서도 서로 별개의 처분으로 취급한다. 그리고 그 취소나 정지의 사유가 특정의 면허에 관한 것이 아니고 다른 면허와 공통된 것이거나 운전면허를 받은 사람에 관한 것일 경우에는 여러 운전면허 전부를 취소 또는 정지할 수 있는데 (대법원 1995. 11. 18. 선고 95누8850 전원합의체 판결), 복수의 운전면허는 각 면허마다 별개의 면허처분이 있는 것이므로 1개의 취소처분으로 위 각 면허처분을 취소하였어도 이는 면허에 대한 별개의 취소처분이 병합된 상태이고, 따라서 복수면허취소처분의 취소를 구하는 소송은 청구의 단순병합이다.

개인택시운송사업의 경우 운전면허가 취소되면 개인택시운송사업면허도 취소되는바, 운전면허취소의 취소 및 개인택시운송사업면허취소의 취소를 함께 구하는 경

우 이는 각 별개의 처분에 대한 소송이고 청구의 목적이 하나의 법률관계에 해당하지 않으므로 소송목적의 값을 합산한다(민인규 제22조 본문).

한편 단일한 음주운전행위로 인하여 개인이 소지하고 있는 복수의 운전면허취소가 되고 그 각 취소처분의 취소를 구하는 경우 합산법칙을 적용할 것인지 흡수법칙을 적용할 것인지에 관하여 견해 대립이 있다. 즉, ① 형식상 각 운전면허마다 별개의 처분이 존재하므로 합산법칙을 적용한다는 견해와 ② 복수의 운전면허가 1개의 면허번호에 의하여 통합관리되어 음주운전이 있으면 자동으로 여러 면허가 한꺼번에 취소된다는 점에서 실질적으로 1개의 처분으로 보아 흡수법칙을 적용해야 한다는 견해가 있는데, 후자가 실무례이다(아래 사례 46).

❑ 사례 46 : 비재산권상의 청구 병합에서의 소송목적의 값 (행정 3)

[문제 1]	연탄공장 사업을 하려는 A에 대해 연탄공장건축허가가 나자 인근 주민 갑, 을이 1개의 소장으로 건축허가처분취소소송을 제기한 경우 소송목적의 값
[답 변]	소송목적의 값은 5,000만원이다. ※ 인근주민 갑·을은 실질적으로 동일한 1개의 행정처분의 취소를 구하고 있다. 즉, 갑·을은 A에 대한 연탄공장건축허가처분의 취소를 구하고 있기 때문에 각 청구의 목적이 1개의 법률관계에 해당한다고 볼 수 있다. 따라서 소송목적의 값은 5,000만원이다(민인규 제22조 단서).
[문제 2]	공동으로 뇌물을 받았다는 이유로 징계처분을 당한 공무원, 갑, 을은 소청심사를 거쳐 1개의 소장으로 징계처분취소소송을 제기한 경우 소송목적의 값
[답 변]	소송목적의 값은 1억원이다. ※ 징계처분의 사유는 뇌물수수로 동일하지만 취소를 구하는 행정처분은 실질적으로 두 개다. 즉, 갑이 취소를 구하는 것은 갑에 대한 징계처분이고, 을이 취소를 구하는 것은 을에 대한 징계처분이므로 각 청구의 목적이 1개의 법률관계에 해당하지 않는다. 따라서 소송목적의 값은 1억원(5,000만원+5,000만원)이다(민인규 제22조 본문).
[문제 3]	갑은 두 종류의 운전면허를 보유한 자인데, 음주운전을 이유로 두 종류의 운전면허를 모두 취소당하자 운전면허취소처분취소소송을 제기한 경우 소송목적의 값
[답 변]	소송목적의 값은 5,000만원이다. ※ 단일한 음주운전행위로 인하여 개인이 소지하고 있는 복수의 운전면허가

> 취소되고 그 각 취소처분의 취소를 구하는 경우 합산법칙을 적용할 것인지 흡수법칙을 적용할 것인지에 관하여 견해대립이 있다. 즉, ① 형식상 각 운전면허마다 별개의 처분이 존재하므로 합산법칙을 적용한다는 견해와 ② 복수의 운전면허가 1개의 면허번호에 의하여 통합관리되어 음주운전이 있으면 자동으로 여러 면허가 한꺼번에 취소된다는 점에서 실질적으로 1개의 처분으로 흡수법칙을 적용해야 한다는 견해가 그것인데, 후자가 실무례이다. 따라서 소송목적의 값은 5,000만원이다(민인규 제22조 단서).

예컨대 음주운전을 이유로 3종류의 면허취소처분취소의 소를 제기한 경우 소송목적의 값은 5,000만원이다(민인규 제22조 단서).

3. 토지수용과 관련된 소송

가. 개 요

지방토지수용위원회 또는 중앙토지수용위원회의 재결은 당해 토지의 수용에 관한 것으로서의 '권리취득' 재결과 그에 따르는 '보상금' 재결로 분류할 수 있다. 그러므로 토지소유자 등이 이러한 수용재결에 대하여 불복하는 경우 관련 토지 등의 수용 그 자체에 불복과 보상금액에 대한 불복으로 나누어진다.

나. 재결의 흠을 이유로 하는 경우의 소송목적의 값

토지수용에 관한 사업인정처분 또는 토지수용법상의 사업인정으로 간주되는 각종 특별법상의 실시(개발)계획인가처분의 취소를 구하는 소의 경우에는 이를 비재산권상의 소로 보아 소송목적의 값을 산정한다. 다수인이 원고가 되어 특정의 사업인정처분의 취소를 구하는 경우에도 마찬가지이다.

중앙토지수용위원회 또는 지방토지수용위원회를 상대로 한 수용재결무효확인의 소 역시 비재산권상의 소로 본다. 피수용자(또는 기업자)가 지방토지수용위원회의 수용재결 또는 중앙토지수용회위원회의 이의재결의 취소를 구하는 경우 비재산권상의 소로 본다(민인규 제17조 제4호).

다. 보상금의 증액 또는 감액을 구하는 경우의 소송목적의 값

'공익사업을위한토지등의취득및보상에관한법률' 제85조 제2항에 의해 피수용자가 기업자를 피고로 하여 보상금 '증액'을 청구하는 경우 이는 금전지급청구소송에 해당하므로, 소송목적의 값은 증액을 구하는 금액이다(민인규 제17조 제3호). 그런데 위 규정에 의해 기업자가 피수용자를 피고로 하여 보상금 '감액'을 청구하는 경우 이는 금전지급청구의 소가 아니라 확인의 소라는 점에서 민사소송등인지규칙 제17조 제3호에 의할 것인지, 제4호에 의할 것인지가 문제인데, 피수용자가 원고가 되어 보상금 증액 청구를 하는 경우와의 균형상 제3호에 의함이 타당하다.

라. 병합된 경우의 소송목적의 값

① 피수용자가 중앙토지수용위원회의 이의재결취소와 기업자에 대한 보상금의 증액을 구하는 경우

이는 주위적으로 재결의 위법을 구하고 예비적으로 보상금의 증액을 구하는 것이므로 수개 청구의 경제적 이익이 중복된다고 보아 양 청구의 가액 중 다액인 쪽을 소송목적의 값으로 한다(민인규 제20조). 예컨대, 중앙토지수용위원회에 의해 이의재결의 취소를 구하면서 기업자에 대해 1억원의 보상금증액청구를 구하는 경우, 이의재결취소청구의 소송목적의 값 5,000만원과 보상금증액청구의 소송목적의 값 1억원 중 다액인 1억원이 소송목적의 값이다.

② 기업자가 중앙토지수용위원회의 이의재결취소와 수용재결에서의 보상금 또는 이의재결에서 증액된 금원의 감액을 주장하는 경우

그 감액의 범위와 관련하여 ①과 동일하게 산정한다.

③ 다수의 피수용자들이 서로 다른 부동산에 대하여 이의재결취소와 기업자를 상대로 손실보상금 증액을 구하는 경우

피수용자별로 소송목적의 값을 산정하여 이를 합산한다. 예컨대, 피수용자 갑이 A라는 부동산에 대한 이의재결취소와 1억원의 손실보상금 증액청구를, 피수용자 을이 B라는 부동산에 대한 동일한 이의재결취소와 1,000만원의 손실보상금청구를 각 제기한 경우, 갑 청구의 소송목적의 값은 다액인 1억원, 을 청구의 소송목적의

값은 다액인 5,000만원이고, 양 청구의 소송목적의 값은 합산한 1억 5,000만원이다.

④ 다수의 피수용자들이 하나의 부동산에 대하여 공유지분으로 소유하고 있으면서 5,000만원 미만의 손실보상금의 증액을 구하는 경우

㉮ 원고마다 이의재결 취소를 구하는 부분이 다액이므로 소송목적의 값을 5,000만원으로 보아 이를 합산하여야 한다는 견해와 ㉯ 하나의 부동산에 대한 이의재결이므로 원칙적으로 5,000만원이 소송목적의 값이나 원고들이 지급을 구하는 금액의 합계액이 5,000만원을 초과하면 그 합계액을 기준으로 소송목적의 값을 산정하여야 한다는 견해가 있다. 토지를 수용함으로 인한 보상은 물건별로 하는 것이 아니라 피보험자 개인별로 하는 것이어서 항목 상호간의 유용도 허용되고, 토지 소유의 형태가 공유지분이든 단독 소유이든 이의재결은 원고마다 개별로 행하여지며, 또한 토지의 가격, 공유지분의 유형에 따라 공유자들 전부 그 증액을 구하는 보상금이 5,000만원을 초과하는 경우 또는 일부 공유자는 5,000만원을 초과하나 다른 일부 공유자는 5000만원에 미달하는 경우는 위에서 본 원칙에 따라 원고별로 소송목적의 값을 산정하여 합산하여야 하는 점에 비추어 볼 때, 그 증액을 구하는 보상금이 각각 5,000만원 미만일 경우에도 이와 동일한 원칙에 따라야 함이 일관된 논리인 점에 비추어 보면 전자가 타당하다.

4. 주민소송

주민소송이란 지방자치법 제16조 제1항에 따라 공금의 지출에 관한 사항, 재산의 취득·관리·처분에 관한 사항, 해당 지방자치단체를 당사자로 하는 매매·임치·도급계약이나 그 밖의 계약의 체결·이행에 관한 사항 또는 지방세·사용료·수수료·과태료 등 공금의 부과·징수를 게을리한 사항을 감사청구한 주민이 그 감사청구한 사항과 관련이 있는 위법한 행위나 업무를 게을리한 사실에 대하여 해당 지방자치단체의 장(해당 사항의 사무처리에 관한 권한을 소속 기관의 장에게 위임한 경우에는 그 소속 기관의 장을 말한다)을 상대방으로 하여 제기하는 소송이다(지방자치법 제17조 제1항). 네 가지 유형의 주민소송, 즉, 중지소송(1호 소송), 행정처분의 취소·무효 등 확인소송(2호 소송), 해태사실의 위법확인소송(3호 소송), 이행청구 또는 변상명령요구소송(4호 소송)

이 인정되고 있다(지방자치법 제17조 제1항).

주민소송도 행정소송에 속하므로 본래는 주민소송의 각 유형에 상응하여 민사소송등인지규칙 제17조 각 호의 기준에 따라 소송목적의 값을 계산하여야 할 것이지만 구체적으로 들어가면 위 규칙의 몇 호에 해당하는지 논란이 있을 수 있다. 법은 주민소송을 제기함에 있어서 소장에 붙여야 하는 인지액을 명확히 함으로써 인지액에 관한 해석상 논란을 차단하고 저렴한 인지액을 붙여도 주민소송을 제기할 수 있게 함으로써 주민소송을 제기하려는 주민의 부담을 경감시켜 주민소송제도의 활성화를 도모하기 위하여 특칙을 두고 있다. 즉, 주민소송은 민사소송등인지법 제2조 제4항에 따른 비재산권을 목적으로 하는 소송으로 간주함으로써(지방자치법 제17조 제15항) 소송목적의 값을 일률적으로 5,000만원이 되도록 하였다(민인규 제18조의2 본문).

수인이 주민소송을 제기하는 경우 예컨대 3인의 주민이 원고가 되어 지방자치법 제17조 제1항 제4호 소송을 하는 경우 이는 3개의 비재산권상 청구이지만 청구의 목적은 1개의 법률관계에 해당하므로 소송목적의 값은 5,000만원이다(민인규 제22조 단서).

제9장 지식재산권에 관한 소송

제1절 총 설

1. 개 요

지식재산권(민사소송등인지규칙 제18조는 무체재산권이라는 용어를 사용하고 있다)은 인간의 지적활동의 성과로 얻어진 정신적, 무형적 재화에 대한 재산권을 지칭하는 것으로서 '저작권'과 '산업재산권'의 두 가지로 분류된다.

저작권은 학문이나 예술에 관한 정신적 창작물을 대상으로 하는 권리이다. 산업재산권은 특별법에 의해 보호되는 산업상의 배타적 보호권인 특허권, 실용신안권, 디자인권, 상표권만을 지칭하는 것이냐(협의의 산업재산권), 아니면 보다 폭넓게 사법상 보호할 만한 가치 있는 권리이다(예컨대, 노하우, 미등록주지상표 등 부정경쟁으로부터 보호되는 권리·이익 등)까지 포함하는 것으로 보느냐(광의의 산업재산권)에 관해서는 견해가 나뉘지만 소송목적의 값 산정과 관련해서는 광의로 파악한다.

광의의 특허소송이라고 하면 특허권, 실용실안권, 상표권, 디자인권 등의 산업재산에 관한 소송 전부, 즉 특허법원의 관할로 되어 있는 소송으로서 ① 특허법 제186조 제1항, 실용신안법 제33조, 디자인보호법 제166조 제1항, 상표법 제85조의3 제1항이 정하는 1심 사건(법원조직법 제28조의4 제1호)에 관한 소송 및 ② 다른 법률에 의하여 특허법원의 권한에 속하는 사건(법원조직법 제28조의4 제2호)에 관한 소송 뿐 아니라, 특허침해소송이라 불리는 ③ 특허법 제126조의 금지청구소송, ④ 민법 제750조, 특허법 제128조의 손해배상청구소송, ⑤ 특허법 제131조의 신용회복조치청구소송 등과, ⑥ 특허청이 한 행정상의 처분에 관한 소송 ⑦ 특허권 등의 귀속(주로 발명자의 특정, 상속, 양도 등의 승계에 관계된다)을 둘러싼 소송 등을 모두 포함한다. 이 중에서 ①, ②의 소송을 협의의 특허소송 또는 심결취소소송이라고 하며 이는 특허법원의 전속관할에 속하고, ③, ④, ⑤, ⑦의 소송은 민사사건으로서 지방법원의 관할에 속하고, ⑥의 소송은 행정법원의 관할에 속한다.

2. 소송목적의 값

지식재산권에 관한 소송에 있어서 소송목적의 값 산정방식에 관하여 민사소송등 인지규칙은 두가지로 분류하여 규정하고 있다.

첫째, 특허법원의 전속관할에 속하는 소송은 재산권상의 소로서 소송목적의 값을 산출할 수 없는 것으로 보아 그 소송목적의 값은 1억원으로 한다(민인규 제17조의2, 제18조의 2 단서).

둘째, 지식재산권에 관한 소송 중 금전의 지급이나 물건의 인도를 목적으로 하는 소는 청구금액 등을 소송목적의 값으로 하고(민인규 제18조 반대해석, 제12조 제3호), 그 이외의 소송은 소송목적의 값을 산출할 수 없는 소송으로 보아 그 소송목적의 값은 1억원으로 한다(민인규 제18조, 제18조의2 단서).

지식재산권을 저작권과 산업재산권으로 대별할 수 있는데, 민사소송등인지규칙은 소송목적의 값 산정에 있어서 양자를 구별하지 않고 있으므로 편의상 산업재산권 중 특허권을 중심으로 다루고자 한다.

특허권에 관한 소송목적의 값 산정방식은 특별한 사정이 없는 한 특허권 이외의 지식재산권의 그것에 동일하게 적용하여도 무방하다.

예시 1 **권리범위확인(특허) 청구**

특허심판원이 2018. 7. 10. 2018항원 2238호 사건에 관하여 한 심결을 취소한다.

► 소가산정 ◄

1. **목적물의 종류에 따른 가액**
   특허법원의 전속관할에 속하는 소송의 소가는 재산권상의 소로서 그 소가를 산출할 수 없는 것으로 보아(민인규 제17조의2), 1억원을 소가로 한다

(민인규 제18조의2, 단서).

예시 2 **특허권등록말소청구**

피고는 원고에게 별지 목록 기재의 특허권에 관하여 특허청 특허등록 2018. 7. 8. 접수 제○○○호로 마친 같은 달 5. 특허권지분양도를 원인으로 한 특허권등록의 말소등록절차를 이행하라.

► **소가산정** ◄

1. **목적물의 종류에 따른 가액**
   특허법원의 전속관할에 속하는 소송의 소가는 재산권상의 소로서 그 소가를 산출할 수 없는 것으로 보아(민인규 제17조의2), 1억원을 소가로 한다(민인규 제18조의2, 단서).

예시 3 **특허권이전등록말소청구(수 개를 1개의 소로 청구하는 경우)**

원고에게, 별지 목록 기재 특허권에 관하여, 피고 김○○은 특허청 2018. 6. 10. 접수 제2018-000239호로 마친, 피고 이○○은 특허청 2018. 7. 8. 접수 제2018-000245호로 마친 각 특허권이전등록의, 피고 박○○은 특허청 2018. 3. 17. 접수 제2011-000134호로 마친 전용실시권설정등록의 각 말소등록절차를 이행하라.

► **소가산정** ◄

1. **목적물의 종류에 따른 가액**
   특허법원의 전속관할에 속하는 소송의 소가는 재산권상의 소로서 그 소가를 산출할 수 없는 것으로 보아(민인규 제17조의2), 1원을 소가로 한다(민인규 제18조의2, 단서).

2. 산출공식
특허권이전등록말소 : 1억원(1건당) × 3건 = 3억원이 소가가 된다.

※ 본 소는 3개의 특허권이전등록의 말소와 1개의 전용실시권설정등록의 말소를 구하는 병합의 소이다. 따라서 본 소는 경제적 이익이 독립한 별개의 것인 때에 해당하여 합산원칙을 적용하여 소가를 산출하여야 한다.

예시 4 상표이전등록말소 청구

피고는 원고에게 등록상표 12549호 케이템플(K-temp○○l)에 대하여 2018. 7. 10. 특허청 상표등록 제459호로 한 이전등록의 말소 등록절차를 이행하라.

► 소가산정 ◄

1. **목적물의 종류에 따른 가액**
특허법원의 전속관할에 속하는 소송의 소가는 재산권상의 소로서 그 소가를 산출할 수 없는 것으로 본아(민인규 제17조의2), 1억원을 소가로 한다(민인규 제18조의2, 단서).

예시 5 실용신안권이전등록 등 청구(수개의 청구병합)

피고는 원고에게, 별지 제1목록 기재의 실용신안권에 관하여 2018. 7. 10. 양도계약을 원인으로 한 이전등록절차를 이행하고, 별지 제2목록기재의 고안에 관하여 그 실용신안등록을 받을 수 권리가 원고에게 있음을 확인하고 위 권리에 관하여 원고명의로 출원인 명의변경신고절차를 이행하라.

► 소가산정 ◄

1. **목적물의 종류에 따른 가액**
가. 별지 제1목록의 이전등록청구 : 특허법원의 전속관할에 속하는 소송

의 소가는 재산권상의 소로서 그 소가를 산출할 수 없는 것으로 보아 (민인규 제17조의2), 1억원을 소가로 한다(민인규 제18조의2, 단서).

나. 별지 제2목록의 실용신안권등록권리확인 : 위와 같다.

다. 별지 제2목록의 출원인명의변경신고이행청구 : 위와 같다.

2. 산출공식

별지 제2목록의 실용신안등록을 받을 수 있는 권리확인과 그 출원인 명의변경신고이행청구의 경우에는 흡수법칙을 적용하여 별지 제1목록의 이전등록이행청구와 합산한다.

가. 권리확인과 그 출원인 명의변경신고이행청구 : 1억원(흡수)

나. 이전등록이행청구 : 1억원

3. 소 가

합산원칙에 따라 위 금액을 합산한 금액인 1억원이 소가가 된다.

※1. 본소는 실용신안권에 관하여 양도계약을 원인으로 한 이전등록청구와 다른 실용신안권에 관하여 등록을 받을 수 있는 권리의 확인 및 그 권리에 관하여 원고 명의로 출원인 명의변경신고절차를 이행하라는 소이다. 위 소의 경우에는 흡수법칙과 합산원칙에 의하여 소가를 산출하여야 한다.

2. 소가는 원고가 청구취지로써 구하는 범위 내에서 원고의 입장에서 보아 전부 승소할 경우에 직접 받게 될 경제적 이익을 객관적으로 평가한 금액으로 정함을 원칙으로 한다(민인규 제6조).

병합청구의 소가산정에 있어서 합산원칙(민인규 제19조)을 적용할 것인가 아니면 흡수법칙(민인규 제20조, 제21조)을 적용할 것인가의 여부는, 위의 "경제적 이익"이 독립된 것인가(민인규 제19조), 아니면 동일하거나 중복되는 것인가(민인규 제20조), 또는 수단의 청구인 것인가(민인규 제21조)의 여부에 따라 결정된다.

병합청구의 소가산정에 있어서 합산, 흡수, 불산입 등의 원칙은 원고가 1개의 소로서 병합 제기한 경우에만 적용되고, 병합의 요건이 충족되어 있더라도 별개의 소장으로 제소하는 경우에는 적용되지 아니한다(민인규 제24조).

3. 흡수법칙은 "1개의 소로써 주장하는 수 개의 청구의 경제적 이익이 동일하거나 중복되는 때(민인규 제20조)"와 "1개의 청구가 다른 청구의 수단에 지나지 않을 때(민인규 제21조)"로 나뉜다. 전자의 경우에는 중복되는 범위 내에서 흡수되고, 그중 가장 다액인 청구의 가액을 소가로 하고(민인규 제20조). 후자의 경우

에는 특별한 규정이 있는 경우를 제외하고, 그 가액은 소가에 산입하지 아니한다. 다만, 수단인 청구의 가액이 주된 청구의 가액보다 다액인 경우에는 그 다액을 소가로 한다(민인규 제21조).

예시 6 전용실시권설정등록말소 등 청구

피고는 원고에게 별지 목록 기재 실용신안권에 관하여 같은 목록 기재 전용실시권설정등록의 말소등록절차를 이행하라.

► 소가산정 ◄

1. **목적물의 종류에 따른 가액**
   특허법원의 전속관할에 속하는 소송의 소가는 재산권상의 소로서 그 소가를 산출할 수 없는 것으로 본아(민인규 제17조의2), 1억원을 소가로 한다(민인규 제18조의2, 단서).

예시 7 상표 및 상호사용금지 등 청구

1. 피고는 원고에게, 별지 제1목록 서적, 카세트테이프, 카드와 그에 관한 카탈로그를 제작, 판매, 반모 및 수출함에 있어서 그 표지 또는 표면에 별지 제2목록 기재 상표 및 상호 또는 이에 유사한 상표 및 상호를 기재하여서는 아니된다.
2. 피고는 별지 1목록 기재 서적, 카세트테이프, 카드와 그에 관한 카탈로그에 원고와 독점출판계약을 체결하였다는 취지의 기재를 하여서는 아니된다.
3. 피고는 사무실, 창고 등에 보관 중에 그 표지 표면에 별지 제2목록 기재 상표 및 상호가 기재된 별지 제1목록 기재 서적, 카세트테이프 카드 및 그에 관한 카탈로그의 반제품, 그 제작에 사용되는 인쇄를 필름,

지형을 폐기하라.

4. 피고는 원고에게 12,000,000원과 이에 대하여 이 사건 소장부본 송달일 다음날부터 다 갚는 날까지 연 15%의 비율로 계산한 돈을 지급하라.

► **소가산정** ◄

1. 목적물의 종류에 따른 가액

가. 상표 및 상호사용금지 등 청구 : 1억원

나. 독점출판계약체결기재금지청구 : 1억원

다. 인쇄용필름, 지형폐기 : 폐기할 상품 등의 제작비용 등을 산출하여 방해배제 청구를 구하는 소의 민인규 제12조 제5호, 가목을 적용하여 목적물가액의 1/2을 소가로 한다.

라. 손해배상청구의 경우 : 청구금액을 소가로 한다.

2. 산출공식

가. 상호사용 및 표장부착금지 : 1억원

나. 상표부착, 상품생산, 판매, 반포, 수입·수출금지 : 1억원

다. 인쇄물 등 폐기 : 제작비용 × 1/2 = 소가

라. 손해배상청구의 경우 : 청구금액을 소가로 하나(민인법 제2조), 부대목적이 되는 손해배상·위약금 또는 이자, 약정지연손해금, 법정지연손해금은 소가에 산입하지 아니한다(민소법 제27조 제2항, 재판예규 재민 2003-1).

3. 소 가

흡수법칙에 따라 위 금액 중 다액을 소가로 한다.

※1. 본 소는 상표 및 상호사용금지 등 청구와 그 원인된 사실로부터 발생하는 경우의 재산권상의 소로써 "경제적 이익"이 동일하거나 중복되는 청구에 해당하므로 흡수법칙을 적용하여 산출하여야 한다.

2. 흡수법칙은 "1개의 소로써 주장하는 수 개의 청구의 경제적 이익이 동일하거나 중복되는 때(민인규 제20조)"와 "1개의 청구가 다른 청구의 수단에 지나지 않을 때(민인규 제21조)"로 나뉜다. 전자의 경우에는 중복되는 범위 내에서 흡수되고, 그중 가장 다액인 청구의 가액을 소가로 하고(민인규 제20조). 후자의 경우

에는 특별한 규정이 있는 경우를 제외하고, 그 가액은 소가에 산입하지 아니한다. 다만, 수단인 청구의 가액이 주된 청구의 가액보다 다액인 경우에는 그 다액을 소가로 한다(민인규 제21조).

3. 무체재산권에 관한 소 중 금전의 지급이나 물건의 인도를 목적으로 하지 아니하는 소(민인규 제18조)는 소가를 산출할 수 없는 소송이므로 1억원을 소가로 한다(민인규 제18조의2 단서).

예시 8 상표사용금지 청구

피고는 그가 제조판매하는 해열진통제(○○○, ○○○ 산정)와 그 은박포장지 또는 포장갑 또는 선전물 등에 상표 에프·그린·비(F-GREEN-B) 또는 그린(GREEN)을 각각 사용하거나 이를 사용한 위 각 약품을 판매, 반포하여서는 아니된다.

► 소가산정 ◄

1. **목적물의 종류에 따른 가액**

   무체재산권에 관한 소 중 금전의 지급이나 물건의 인도를 목적으로 하지 아니하는 소(민인규 제18조)는 소가를 산출할 수 없는 소송이므로 1억원을 소가로 한다.

2. **산출공식**

   가. 상표사용금지 : 1억원

   나. 상표표시상품판매금지 : 1억원

3. **소 가**

   흡수법칙에 따라 위 금액 중 다액을 소가로 한다. 따라서 소가는 1억원이 된다.

※1. 본 소는 상표사용 및 동 표시상품판매금지를 구하는 소이다. "상품판매금지청구의 경우"는 "상표사용금지청구"에 기한 원인된 사실로부터 발생하는 경우에 해당되기 때문에 "경제적 이익"이 동일하거나 중복되는 청구에 해당하므로 흡수법칙을 적용하여 산출하여야 한다.

2. 흡수법칙은 "1개의 소로써 주장하는 수 개의 청구의 경제적 이익이 동일하거나 중복되는 때(민인규 제20조)"와 "1개의 청구가 다른 청구의 수단에 지나지 않을 때(민인규 제21조)"로 나뉜다. 전자의 경우에는 중복되는 범위 내에서 흡수되고, 그중 가장 다액인 청구의 가액을 소가로 하고(민인규 제20조). 후자의 경우에는 특별한 규정이 있는 경우를 제외하고, 그 가액은 소가에 산입하지 아니한다. 다만, 수단인 청구의 가액이 주된 청구의 가액보다 다액인 경우에는 그 다액을 소가로 한다(민인규 제21조).
3. 무체재산권에 관한 소 중 금전의 지급이나 물건의 인도를 목적으로 하지 아니하는 소(민인규 제18조)는 소가를 산출할 수 없는 소송이므로 1억원을 소가로 한다(민인규 제18조의2 단서).

예시 9 상품판매금지 등 청구

피고는, 그가 제조판매하는 상품에 '○○'이란 표시를 사용하거나 동 표시를 사용한 상품을 판매하여서는 아니되고, 원고에게 1,200만원과 이에 대하여 이 사건 소송부본송달 다음날부터 다 갚는 날까지 연 5%의 비율로 계산한 돈을 지급하라.

► 소가산정 ◄

1. 목적물의 종류에 따른 가액

가. 상표사용금지 : 1억원

나. 상표사용표시상품판매금지 : 1억원

다. 금전지급의 경우 : 아래 산출공식 참조

2. 산출공식

가. 상표사용금지 : 1억원

나. 상표사용표시상품판매금지 : 1억원

다. 금전지급의 경우 : 청구금액을 소가로 하나(민인법 제2조), 부대목적이 되는 손해배상·위약금 또는 이자, 약정지연손해금, 법정지연손해금은 소가에 산입하지 아니한다(민소법 제27조 제2항).

3. 소 가

흡수법칙에 따라 위 금액 중 다액을 소가로 한다. 따라서 소가는 1억원이 된다.

※1. 본 소는 상표사용 및 동 표시상품판매금지와 손해배상을 구하는 소이다. "상품판매금지청구의 경우"는 "상표사용금지청구"에 기한 원인된 사실로부터 발생하는 경우에 해당되기 때문에 "경제적 이익"이 동일하거나 중복되는 청구에 해당하므로 흡수법칙을 적용하여 산출하여야 한다.

2. 흡수법칙은 "1개의 소로써 주장하는 수 개의 청구의 경제적 이익이 동일하거나 중복되는 때(민인규 제20조)"와 "1개의 청구가 다른 청구의 수단에 지나지 않을 때(민인규 제21조)"로 나뉜다. 전자의 경우에는 중복되는 범위 내에서 흡수되고, 그중 가장 다액인 청구의 가액을 소가로 하고(민인규 제20조). 후자의 경우에는 특별한 규정이 있는 경우를 제외하고, 그 가액은 소가에 산입하지 아니한다. 다만, 수단인 청구의 가액이 주된 청구의 가액보다 다액인 경우에는 그 다액을 소가로 한다(민인규 제21조).

3. 무체재산권에 관한 소 중 금전의 지급이나 물건의 인도를 목적으로 하지 아니하는 소(민인규 제18조)는 소가를 산출할 수 없는 소송이므로 1억원을 소가로 한다(민인규 제18조의2 단서).

예시10 **상호사용금지 청구**

1. 피고는 서울 ○○구 ○○대로 ○○○○에서 경영하는 스라이드 후아스나(일 지퍼 또는 재크) 판매의 영업행위에 에이, 케이 판매주식회사라는 상호를 사용하여서는 아니된다.
2. 피고는 원고에게 ○○지방법원 등기 제○○○호로 마쳐진 상호인 한국 에이, 케이 판매 주식회사에 대한 2018. 6. 20.자 상호등기의 말소등기의 절차를 이행하라.

► **소가산정** ◄

1. **목적물의 종류에 따른 가액**

무체재산권에 관한 소송 금전의 지급이나 물건의 인도를 목적으로 하지 아니하는 소(민인규 제18조)는 소가를 산출할 수 없는 소송이므로 1억원을 소가로 한다.

2. 산출공식

가. 상호사용금지청구의 경우 : 1억원

나. 상호등기말소의 경우 : 1억원

3. 소 가

흡수법칙에 따라 위 금액 중 다액을 소가로 한다. 따라서 소가는 1억원이 된다.

※ 본 소는 상호사용금지청구 및 그 말소를 구하는 소이다. "상호등기의 말소의 경우 상호사용금지청구의 원인된 사실로부터 발생하는 경우이므로 "경제적 이익"이 동일하거나 중복되는 청구에 해당되어 흡수법칙을 적용하여 산출하여야 한다.

예시11 표장 등 사용중지 청구

피고는

1. 별지 목록 표시 각 표장을 선전 광고물, 명함, 포장지, 쇼핑백 또는 내·외부 간판에 사용하여서는 아니되고,
2. 피고의 사무소, 공장, 창고, 영업소, 매장에 보관 또는 전시되어 있는 위 제1항 기재 선전 광고물, 명함, 포장지 및 쇼핑백의 완제품과 반제품, 내·외부 간판을 각 폐기하라.

► 소가산정 ◄

1. 목적물의 종류에 따른 가액

가. 표장사용금지 : 1억원

나. 표장이 인쇄된 선전물 등의 폐기 : 폐기할 상품 등의 제작비용 등을 산출하여 방해배제청구를 구하는 소의 민인규 제12조 제5호 가목을 적용하여 목적물가액의 1/2로 한다.

2. **산출공식**

가. 표장사용금지 : 1억원

나. 표장, 선전물 등 폐기 : 폐기할 상품의 제작비용 × 1/2 = 소가

3. **소 가**

흡수법칙에 따라 위 금액 중 다액을 소가로 한다.

※1. 무체재산권에 관한 소 중 금전의 지급이나 물건의 인도를 목적으로 하지 아니하는 소(민인규 제18조)는 소가를 산출할 수 없는 소송이므로 1억원을 소가로 한다.

2. 본 소는 표장사용금지와 표장이 인쇄된 선전물 등의 폐기를 구하는 소이다. 표장이 인쇄된 선전물 등의 폐기를 구하는 경우는 표장사용금지청구의 원인된 사실로부터 발생하는 경우이므로 "경제적 이익"이 동일하거나 중복되는 청구에 해당되어 흡수법칙을 적용하여 산출하여야 한다.

예시12 **의장권침해금지 청구**

피고는 별지 도면 제1도 내측 솥 주벽 (3)외측에 솥전 (2)을 씌운 다음 각각의 상주연부 즉 솥전 상부주연부(2)와 솥주변 상부주연부(3)를 별지 도면 제2도 표시와 같이 순차적으로 감압하여 완전 감합시킨 솥을 제조 판매 확포하여서는 아니된다.

► 소가산정 ◄

1. **목적물의 종류에 따른 가액**

무체재산권에 관한 소 중 금전의 지급이나 물건의 인도를 목적으로 하지 아니하는 소(민인규 제18조)는 소가를 산출할 수 없는 소송이므로 1억원을 소가로 한다.

예시13 특허권침해금지 등 청구

1. 피고는 시프로플록사신(Ciprofloxacin) 원체 및 그 완제품(염산시프로플록사신)을 생산, 사용, 판매 또는 확포하여서는 아니된다.
2. 피고는 피고의 본점 및 별지 제1기재 공장, 지점, 연구소, 창고 및 사무에 보관하고 있는 시프로플록사신 원체, 그 완제품(염산시프로플록사신) 및 그 제조에 사용되는 원료를 폐기하고 침해행위에 제공 및 사용되는 장치, 기계, 기구 및 설비를 제거하여야 한다.

► 소가산정 ◄

1. **목적물의 종류에 따른 가액**

   가. 완제품생산, 사용, 판매금지 : 1억원

   나. 원료폐기 및 설비제거 : 원료폐기 및 설비제거는 그 제작비용 등을 산출하여 방해배제청구를 구하는 소의 민인규 제12조 제5호 가목을 적용하여 목적물가액의 1/2을 소가로 한다. 제작비용 등은 취득가격 또는 감정서 등의 객관적인 자료에 의하여 산출한다.

2. **산출공식**

   가. 완제품생산, 사용, 판매금지 : 1억원

   나. 원료폐기 및 설비제거 : 제작비용 등×1/2 = 소가

3. **소　가**

   흡수법칙에 따라 위 금액 중 다액을 소가로 한다.

※1. 본 소는 완제품생산, 사용, 판매금지와 원료폐기 및 설비제거청구를 구하는 소이다. 원료폐기 및 설비제거청구를 구하는 경우는 완제품생산, 사용, 판매금지청구의 원인된 사실로부터 발생하는 경우이므로 "경제적 이익"이 동일하거나 중복되는 청구에 해당되어 흡수법칙을 적용하여 산출하여야 한다.

2. 무체재산권에 관한 소 중 금전의 지급이나 물건의 인도를 목적으로 하지 아니하는 소(민인규 제18조)는 소가를 산출할 수 없는 소송이므로 1억원을 소가로 한다(민인규 제18조의2 단서).

예시14 **컴퓨터프로그램의 저작권 확인, 물건인도, 대상청구**

1. 별지 제1목록 기재 컴퓨터프로그램의 저작권이 원고에게 있음을 확인한다.
2. 피고는 원고에게 별지 제2목록 기재 물건을 인도하라.
3. 위 물건에 대한 강제집행이 불능인 경우 피고는 원고에게 1억원을 지급하라.

► 소가산정 ◄

1. **목적물의 종류에 따른 가액**

가. 저작권확인 : 1억원을 소가로 한다(민인규 제18조의 2 단서).

나. 물건인도 : 소유권에 기한 물건인도의 경우는 목적물가액의 1/2을 소가로 한다(민인규 제12조 제5호 가목). 물건의 가액은 취득가격 또는 감정서 등의 객관적인 자료에 의하여 산출한다.

다. 대상청구 : 청구금액을 소가로 한다.

2. **산출공식**

가. 저작권확인 : 1억원

나. 물건인도 : 목적물가액 × 1/2 = 소가

다. 대상청구 : 소가에 산입하지 아니하나 수단인 청구의 가액이 주된 청구의 가액보다 다액인 경우에는 그 다액을 소가로 한다(민인규 제21조).

3. **소 가**

흡수법칙에 따라 위 금액 중 다액을 소가로 한다.

※1. 본 소는 저작권확인과 물건인도 및 위 물건에 대한 강제집행이 불능인 경우 금원의 지급을 구하는 대상청구를 병합한 소이다. 물건인도의 경우는 저작권확인청구의 원인된 사실로부터 발생하는 경우이므로 "경제적 이익"이 동일하거나 중복되는 청구에 해당하므로 흡수법칙을 적용하여야 한다.

2. 흡수법칙은 "1개의 소로써 주장하는 수 개의 청구의 경제적 이익이 동일하거나 중복되는 때(민인규 제20조)"와 "1개의 청구가 다른 청구의 수단에 지나지 않을 때(민인규 제21조)"로 나뉜다. 전자의 경우에는 중복되는 범위 내에서 흡수되

고, 그중 가장 다액인 청구의 가액을 소가로 하고(민인규 제20조). 후자의 경우에는 특별한 규정이 있는 경우를 제외하고, 그 가액은 소가에 산입하지 아니한다. 다만, 수단인 청구의 가액이 주된 청구의 가액보다 다액인 경우에는 그 다액을 소가로 한다(민인규 제21조).

3. 무체재산권에 관한 소 중 금전의 지급이나 물건의 인도를 목적으로 하지 아니하는 소(민인규 제18조)는 소가를 산출할 수 없는 소송이므로 1억원을 소가로 한다(민인규 제18조의2 단서).

예시15 **책자의 제작, 판매, 반포행위금지, 배상청구(외국환청구)**

1. 피고들은 별지 제1목록 기재의 저작물에 대한 복제, 제작, 판매, 반포하여서는 아니되고, 보관중인 위 각 서적들과 그 반제품, 그 제작에 사용되는 인쇄용 필름, 지형들을 각 폐기하라.
2. 원고에게, 피고들은 연대하여 미화 987,465.12 달러를 이에 대하여 이 사건 소장부본송달 다음날부터 다 갚는 날까지 연 15%의 비율로 계산한 돈을 지급하라.

► 소가산정 ◄

1. **목적물의 종류에 따른 가액**

가. 복제, 판매, 반포금지 등 : 1억원

나. 지형의 폐기 등 : 그 제작비용 등을 산출하여 방해배체청구를 구하는 소의 민인규 제12조 제5호 가목을 적용하여 목적물가액의 1/2을 소가로 한다. 제작비 등은 취득가격 또는 감정서 등의 객관적인 자료에 의하여 산출한다.

다. 손해배상청구의 경우 : 청구금액을 소가로 한다(민인법 제2조). 채권액이 외국통화이므로 그 환산기준시는 변제충당시이다.

2. **산출공식**

가. 복제, 판매, 반포금지 등 : 1억원

나. 지형의 폐기 등 : 목적물가액 × 1/2 = 소가

다. 손해배상청구의 경우 : 청구금액을 소가로 하나(민인법 제2조), 부대목적이 되는 손해배상·위약금 또는 이자, 약정지연손해금, 법정지연손해금은 소가에 산입하지 아니한다(민소법 제27조 제2항, 재판예규 재민 2003-1).

[판례] 우리나라 통화를 외화채권에 변제충당할 경우, 그 환산기준시 채권액이 외국통화로 정해진 금전채권인 외화채권을 채무자가 우리나라 통화로 변제하는 경우에 그 환산시기는 이행기가 아니라 현실로 이행하는 때, 즉 현실이행시의 외국환시세에 의하여 환산한 우리나라 통화로 변제하여야 하고, 우리나라 통화를 외화채권에 변제충당할 때도 특별한 사정이 없는 한 현실로 변제충당할 당시의 외국환시세에 의하여 환산하여야 한다(대법원 2000. 6. 9. 선고 99다56512 판결).

3. 소 가

흡수법칙에 따라 위 금액 중 다액을 소가로 한다.

※1. 본 소는 저작권침해에 따른 복제, 판매, 반포금지와 그 제작에 사용되는 인쇄용 필름, 지형의 폐기 및 손해배상을 구하는 소이다. 인쇄용지형 등의 폐기청구는 저작물에 대한 복제, 판매 등 청구의 원인된 사실로부터 발생하는 경우이므로 "경제적 이익"이 동일하거나 중복되는 청구에 해당하므로 흡수법칙을 적용하여야 한다.

2. 흡수법칙은 "1개의 소로써 주장하는 수 개의 청구의 경제적 이익이 동일하거나 중복되는 때(민인규 제20조)"와 "1개의 청구가 다른 청구의 수단에 지나지 않을 때(민인규 제21조)"로 나뉜다. 전자의 경우에는 중복되는 범위 내에서 흡수되고, 그중 가장 다액인 청구의 가액을 소가로 하고(민인규 제20조). 후자의 경우에는 특별한 규정이 있는 경우를 제외하고, 그 가액은 소가에 산입하지 아니한다. 다만, 수단인 청구의 가액이 주된 청구의 가액보다 다액인 경우에는 그 다액을 소가로 한다(민인규 제21조).

3. 무체재산권에 관한 소 중 금전의 지급이나 물건의 인도를 목적으로 하지 아니하는 소(민인규 제18조)는 소가를 산출할 수 없는 소송이므로 1억원을 소가로 한다(민인규 제18조의2 단서).

예시16 명예훼손사죄광고 청구

피고는 이 판결정본송달 이후 최초로 발행되는 월간 '○○'지에 3회에 걸쳐 제1면 전면에 제목은 특호활자로, 내용은 2호 활자로 하여 별지 2기재 사죄광고문을, 이 판결정본송달 후 3일 후 발행되는 ○○일보, ○○일보, ○○일보 16번 및 ○○신문 11면 광고란의 하단에 가로 38센티미터 크기로 제목은 2호, 내용은 3호의 활자로서 위와 같은 내용의 사죄광고를 각 게재하라.

► 소가산정 ◄

1. 목적물의 종류에 따른 가액

민법 제764조의 규정에 의한 명예회복을 위한 적당한 처분을 구하는 소(민인규 제14조)는 그 처분에 통상 소요되는 비용을 산출할 수 있는 경우에는 그 비용을 소가로 하고, 그 비용을 산출하기 어려운 경우에는 비재산권상의 소로 본다. 비재산권을 목적으로 하는 소송의 소가는 5,000만원으로 한다(민인규 제18조2 후단).

2. 산출공식

가. 월간지 3회 : 광고금액×3회 = 소가

나. 각 신문 : 광고금액×4개의 신문 = 소가

3. 소 가

위 금액을 합산한 금액(=총비용)이 소가가 된다.

※ 본 소는 명예훼손사죄광고를 구하는 소로써 사죄광고를 월간지 및 4개의 일간지에 게재할 것을 구하는 경우이다.

예시17 **도메인이름 등 사용금지 청구(부정경쟁방지 및 영업비밀보호)**

피고는

1. 별지 제1목록 기재 각 문자를 피고의 인터넷 도메인네임으로 사용하여서는 아니되고, 별지 제2목록 기재 각 문자를 피고의 인터넷 홈페이지에 사용하여서는 아니된다.
2. 피고는 '원고에게 한국전산원 산하 한국인터넷정보센터에 2018. 7. 10. 등록한 'mastercard.co.kr'도메인 네임의 등록말소절차를 이행하라.

► 소가산정 ◄

1. **목적물의 종류에 따른 가액**

   무체재산권에 관한 소 중 금전의 지급이나 물건의 인도를 목적으로 하지 아니 하는 소(민인규 제18조)는 소가를 산출할 수 없는 소송이므로 1억원을 소가로 한다(민인규 제18조의 2, 단서).

2. **산출공식**

   가. 도메인네임사용금지 : 1억원을 소가로 한다(민인규 제18조의 2 단서).
   나. 도메인네임등록말소 : 위와 같다

3. **소 가**

   위 금액 중 다액인 1억원을 소가로 한다.

※1. 본 소는 유사한 도메인에 대한 사용금지와 그 등록의 말소를 구하는 소이다. 위 소에서 "도메인 네임의 등록말소의 경우"는 "도메인사용금지청구"에 기한 원인된 사실로부터 발생하는 경우에 해당되기 때문에 "경제적 이익"이 동일하거나 중복되는 청구에 해당하므로 흡수법칙을 적용하여 산출하여야 한다.

2. 흡수법칙은 "1개의 소로써 주장하는 수 개의 청구의 경제적 이익이 동일하거나 중복되는 때(민인규 제20조)"와 "1개의 청구가 다른 청구의 수단에 지나지 않을 때(민인규 제21조)"로 나뉜다. 전자의 경우에는 중복되는 범위 내에서 흡수되고, 그중 가장 다액인 청구의 가액을 소가로 하고(민인규 제20조). 후자의 경우에는 특별한 규정이 있는 경우를 제외하고, 그 가액은 소가에 산입하지 아니한다. 다만, 수단인 청구의 가액이 주된 청구의 가액보다 다액인 경우에는 그 다

액을 소가로 한다(민인규 제21조).
3. 무체재산권에 관한 소 중 금전의 지급이나 물건의 인도를 목적으로 하지 아니하는 소(민인규 제18조)는 소가를 산출할 수 없는 소송이므로 1억원을 소가로 한다(민인규 제18조의2 단서).

예시18 **부정경쟁행위금지 등 청구(상호사용금지, 손해배상청구 등)**

1. 피고는 상호 또는 상호의 일부로서 현금 "아메리카" 또는 영문 "America"을 사용하여서는 아니되며, 피고가 생산하는 상품, 그 포장용기 및 선전광고물에 한글 "아메리카" 또는 영문 "America" 혹은 그것들을 병기한 표장을 부착 또는 인쇄하거나 기타의 방법으로 표시하여서는 아니된다.
2. 피고는 제1항 기재 표장 및 별지 제1목록 기재 Angel 상표가 부착 또는 표시된 상품을 생산, 판매, 반포, 수입 또는 수출하여서는 아니된다.
3. 피고는 피고 경영의 공장, 사무실, 창고 및 그 이외의 장소에 보관 또는 사용하고 있는 제1항 기재 표장 및 Angel를 사용한 상품 및 그 포장용기, 선전광고물 기타 인쇄물을 폐기하라
4. 피고는 원고에게 3,000만원과 이에 대하여 2017. 5. 1.부터 2018. 7. 20.까지는 연 5%, 그 다음날부터 다 갚는 날까지는 연 15%의 각 비율로 계산한 돈을 지급하라.
5. 피고는 원고에 대하여 별지 제3목록 기재 사죄광고를 ㅇㅇ일보, ㅇㅇ일보, ㅇㅇ일보, ㅇㅇ일보의 각 지상에 별지 제4목록 기재 규격으로 각 게재하라.

► 소가산정 ◄

1. **목적물의 종류에 따른 가액**
   가. 상호사용 및 표장부착금지 : 1억원을 소가로 한다(민인규 제18조의2).
   나. 상표부착, 상품생산, 판매, 반포, 수입·수출금지 : 1억원을 소가로 한다(민인규 제18조의2).

다. 인쇄물 등 폐기 : 폐기할 상품 등의 제작비용 등을 산출하여 방해배제청구를 구하는 소의 민인규 제12조 제5호 가목을 적용하여 목적물가액의 1/2을 소가로 한다.

라. 손해배상청구의 경우 : 청구금액을 소가로 한다(민인법 제2조).

마. 사죄광고게재청구 : 사죄광고게재청구는 민법 제764조의 규정에 의한 명예회복을 위한 적당한 처분을 구하는 소(민인규 제14조)에 해당한다. 따라서 ① 그 처분에 통상 소요되는 비용을 산출할 수 있는 경우에는 그 비용을 소가로 하고, ② 그 비용을 산출하기 어려운 경우에는 비재산권상의 소로 본다, 비재산권을 목적으로 하는 소송의 소가는 5,000만원이다(민인규 제18조의2, 후단).

2. 산출공식

가. 상호사용 및 표장부착금지 : 1억원

나. 상표부착, 상품생산, 판매, 반포, 수입·수출금지 : 1억원

다. 인쇄물 등 폐기 : 제작비용 × 1/2 = 소가

라. 손해배상청구의 경우 : 청구금액을 소가로 하나(민인법 제2조), 부대목적이 되는 손해배상·위약금 또는 이자, 약정지연손해금, 법정지연손해금은 소가에 산입하지 아니한다(민소법 제27조 제2항).

마. 사죄광고게재청구 : 총 광고비용(4개 일간지)

3. 소 가

흡수법칙에 따라 위 금액 중 다액을 소가로 한다.

※1. 본 소는 피고에 대하여 원고의 상표를 부착한 물건을 생산, 판매, 반포, 수입 또는 수출의 중지를 구하는 병합형태의 소이다. 위 소에서 "상호가 부착된 물건의 생산금지 등의 경우"는 "상호사용금지청구"에 기한 원인된 사실로부터 발생하는 경우에 해당되기 때문에 "경제적 이익"이 동일하거나 중복되는 청구에 해당하므로 흡수법칙을 적용하여야 한다.

2. 흡수법칙은 "1개의 소로써 주장하는 수 개의 청구의 경제적 이익이 동일하거나 중복되는 때(민인규 제20조)"와 "1개의 청구가 다른 청구의 수단에 지나지 않을 때(민인규 제21조)"로 나뉜다. 전자의 경우에는 중복되는 범위 내에서 흡수되고, 그중 가장 다액인 청구의 가액을 소가로 하고(민인규 제20조). 후자의 경우에는 특별한 규정이 있는 경우를 제외하고, 그 가액은 소가에 산입하지 아니한

다. 다만, 수단인 청구의 가액이 주된 청구의 가액보다 다액인 경우에는 그 다액을 소가로 한다(민인규 제21조).

3. 무체재산권에 관한 소 중 금전의 지급이나 물건의 인도를 목적으로 하지 아니하는 소(민인규 제18조)는 소가를 산출할 수 없는 소송이므로 1억원을 소가로 한다(민인규 제18조의2 단서).

제2절 특허법원의 전속관할에 속하는 소송

1. 소송목적의 값

특허법원의 전속관할에 속하는 소송은 재산권상의 소로서 그 소송목적의 값을 산출할 수 없는 것으로 보아 소송목적의 값은 1억원이다(민인규 제17조의2, 제18조의2 단서).

특허법원의 전속관할에 속하는 소송이란 협의의 특허소송 또는 심결취소소송을 의미하는데, ① 특허법 제186조 제1항, 실용신안법 제33조, 디자인보호법 제166조 제1항, 상표법 제85조의3 제1항이 정하는 1심사건(법원조직법 제28조의4 제1호)에 관한 소송과 ② 다른 법률에 의하여 특허법원의 권한에 속하는 사건(법원조직법 제28조의4 제2호)에 관한 소송이 이에 해당한다.

2. 산 정 례

"특허심판원이 2018. 6. 31. 2018당2378호 사건에 대하여 한 심결을 취소한다"라는 권리범위확인소송을 제기한 경우 소송목적의 값은 1억원으로써(민인규 제17조의2, 제18조의2 단서), 이에 대한 인지액은 455,000원이다(민인법 제2조 제1항 제3호). 특허법원의 판결에 대해 불복상고하는 경우 인지액은 1심 인지액의 2배인 910,000원(455,000원 × 2)이다(민인법 제3조).

제3절 민사사건으로서 지방법원의 관할에 속하는 소송

1. 금지청구

지식재산권에 대한 침해를 이유로 하여 침해행위의 금지(생산, 사용, 양도 등) 또는 예방을 구할 수 있는 권리를 '금지청구권'이라고 한다(특허법 제126조). 이는 물권에 대한 방해제거 및 예방청구와 그 성질을 같이 한다.

금지청구소송은 지식재산권에 관한 소 중 금전의 지급이나 물건의 인도를 목적으로 하지 아니하는 소에 해당하므로 소송목적의 값을 산출할 수 없는 소송으로 보아 1억원을 소송목적의 값으로 한다(민인규 제18조, 제18조의2 단서)(아래 사례 47).

❑ 사례 47 : 지식재산권에 관한 소의 소송목적의 값 (1)

[문제 1]	지식재산권침해금지청구에서의 소송목적의 값
[답 변]	소송목적의 값은 1억원이다. ※ 지식재산권에 대한 침해를 이유로 하여 침해행위의 금지 또는 예방을 구할 수 있는 권리를 금지청구권이라고 한다(특허법 제126조). 이 권리에 기한 금지청구소송은 피고가 실시(생산·사용·양도 등)하고 있는 물건 또는 방법이 원고의 특허권을 침해하는 것이므로 그 실시를 금지시켜 달라는 것이다. 이에 대하여는 물권에 대한 방해제거 및 예방청구와 그 성질을 같이 하므로 민사소송등인지규칙 제12조 제5호 가목을 적용해야 한다는 견해도 있을 수 있으나, 경제적 이익의 원리를 우선시하던 예규를 개정한 취지를 고려해 볼 때, 금지청구의 소에서 원고가 받게 될 경제적 이익과 상관없이 일률적으로 1억원을 소송목적의 값으로 함이 타당하다.
[문제 2]	지식재산권 등록절차에 관한 청구에서의 소송목적의 값
[답 변]	소송목적의 값은 1억원이다. ※ 경제적 이익의 실질을 중시하여 민사소송등인지규칙 제13조를 적용해야 한다는 견해도 있을 수 있다. 그러나 민사소송등인지규칙 제13조를 적용할 경우 지식재산권에 관한 소에 있어서 산정업무의 신속·획일성을 확보하고자 하는 민사소송등인지규칙의 입법목적을 저해할 수 있다. 따라서 이전등록을 구하는 경우이든 말소등록을 구하는 경우이든 구별하지 않고 1억원을 소송목적의 값으로 함이 타당하다.

[문제 3]	신용회복에 필요한 조치청구에서의 소송목적의 값
[답 변]	소송목적의 값은 1억원이다. ※ 위법한 침해행위에 의해 업무상의 신용을 실추하게 한 자를 상대로 손해의 배상에 갈음하여 또는 손해의 배상과 함께 업무상의 신용회복을 위하여 필요한 조치를 구할 수 있는데(특허법 제131조) 이는 경제적 이익의 관점에서 보면 명예훼손행위에 대해 민법 제764조의 규정에 의한 명예회복을 위한 적당한 처분을 구하는 소와 유사하므로 소송목적의 값 산정도 민사소송등인지규칙 제14조를 유추적용해야 한다는 견해가 있을 수 있다. 그러나 민사소송등인지규칙 제14조에 의할 경우 산정업무의 신속·획일성을 감소시킬 우려가 있다. 예컨대, 특허권 침해를 이유로 신문사에의 해명광고 게재청구를 하는 경우 게재비용을 산출할 수 있는 때에는 그 게재비용에 의하여야 하는데 이는 번거롭다. 따라서 신용회복을 취한 처분에 통상 소요되는 비용을 산출할 수 있는지 여부 등에 관계없이 일률적으로 1억원을 소송목적의 값으로 함이 타당하다.
[문제 4]	행정소송법의 규정에 따라 위법·부당한 특허청의 처분에 대한 불복으로서 행정법원의 관할에 속하는 청구에서의 소송목적의 값
[답 변]	소송목적의 값은 5,000만원이다. ※ 행정심판법 또는 행정소송법의 규정에 따라 위법·부당한 특허청의 처분에 대한 행정적인 불복이 가능하다, 그 중 중요한 것으로는 서류 등의 불수리(특허법시행규칙 제11조), 기간연장의 불허가(특허법 제15조 제1항, 제2항), 절차의 무효(특허법 제16조 제1항), 특허법의 수용(특허법 제106조), 통상실시권설정의 재정(특허법 제107조), 서류의 열람 등에 대한 불허가 등을 들 수 있다. 이 밖에 등록절차에 있어서의 거부처분에 대하여도 행정소송에 의해 다툴 수 있다. 이 경우 소송목적의 값 산정의 근거규정에 관하여 ① 민사소송등인지규칙 제17조 제4호의 규정에 의해야 한다는 견해와 ② 민사소송등인지규칙 제18조의 규정에 의해야 한다는 견해가 있다. 특허청장의 처분에 대한 취소소송이 통상의 행정소송과 다를 바 없다는 점, 민사소송등인지규칙 제17조 제4호의 규정 자체가 산정업무의 신속·획일성을 확보하기 위한 규정이라는 점, 후자에 의하면 통상의 행정소송과 특허청에 관련된 행정소송을 분리 취급하여 전자의 경우에는 5,000만원, 후자의 경우에는 1억원을 소송목적의 값으로 하여야 하므로 오히려 산정업무의 신속·획일성에 반한다는 점 등을 고려할 때 전자가 타당하고 실무례이다.

> 따라서 소송목적의 값은 5,000만원으로 한다(민인규 제17조 제4호, 제18조의2 본문).

이론적인 면에서 보면, 금지청구는 침해행위의 계속에 의해 원고(권리자)가 입게 될 손해의 발생을 방지하기 위한 청구이므로 금지청구가 인용됨으로써 원고가 받게 될 경제적 이익은 발생이 방지되는 원고의 손해액이라고 할 수 있다. 침해행위에 의한 손해는, ① 원고가 당해 권리를 실시하고 있는 경우에는 침해행위에 의해 감소된 원고의 이익액이라고 할 수 있다. 또한 특허법 등은 ② 피고(침해자)가 받는 이익액, ③ 실시료 상당액을 손해액이라고 규정하고 있다. 따라서 금지청구의 소송목적의 값에 관한 기준을 정함에 있어 경제적 이익의 원리에 충실하기 위해서는 위 규정들을 기초로 하면 될 것이다. 그러나 위와 같이 할 경우, 본안심리에 들어가기에 앞서 소송목적의 값 산정을 위하여 다대한 노력을 기울여야 한다는 점, 접수단계에서 이루어지는 산정업무의 신속·획일성을 저해한다는 점을 고려하여 위와 같이 규정한 것이다.

수개의 금지청구가 병합된 경우 합산·흡수 등의 일반원칙에 의하여 소송목적의 값을 산정한다. 지식재산권에 기한 금지청구의 실질은 물권에 기한 방해배제청구 또는 예방청구와 유사하므로 그에 준하여 산정하면 된다. 예컨대 특허권 2개에 기하여 피신청인 1인에 대하여 제품 1개의 금지를 구하는 경우 각 특허권에 기한 금지청구의 소송목적의 값은 각 1억원(민인규 제18조의2 단서, 제18조)인데, 양 청구는 선택적 청구에 해당하여 하나의 특허에 기한 청구가 인용된다면 다른 특허에 기한 청구는 판단될 필요가 없으므로 경제적 이익이 동일하거나 중복되므로(민인규 제20조), 병합청구의 소송목적의 값은 1억원이 된다. 반면에 제1특허권에 기하여 제품1의 금지를 구하고 제2특허권에 기하여 제품2의 금지를 구하는 경우처럼 복수의 지식재산권에 기하여 복수의 침해행위 금지를 구하는 경우에는 경제적 이익이 독립한 별개의 것에 해당하므로 합산법칙이 적용된다(민인규 제19조).

2. 폐기·제거청구

지식재산권자가 침해의 금지 또는 예방의 청구를 함에 있어서 침해행위를 조성한 물건(물건을 생산하는 방법의 발명인 경우에는 침해행위로 생긴 물건을 포함한다)의 폐기와 침해행위에 제공된 설비의 제거, 기타 침해의 예방에 필요한 행위 등을 아울러 구하는 경우가 있는데 이를 '폐기·제거청구'라고 한다.

폐기·제거청구는 금지청구의 실효성을 확보하기 위한 청구이고 본청구인 금지청구의 부대청구적인 성격을 가지므로, 독립하여 청구할 수 없으며 금지청구에 부대해서만 청구할 수 있다. 따라서 금지청구와 폐기·제거청구는 경제적 이익이 동일 또는 중복되거나(민인규 제20조), 목적과 수단의 관계에 있다고 할 수 있다(민인규 제21조 본문). 따라서 양 청구가 병합된 경우 폐기·제거청구는 금지청구에 흡수되거나(민인규 제20조) 불산입한다(민인규 제21조 본문).

3. 금전지급청구

가. 소송목적의 값

지식재산권에 관한 소 중 금전의 지급을 목적으로 하는 소의 소송목적의 값은 청구금액으로 한다(민인규 제18조 반대해석, 제12조 제3호). 따라서 손해배상청구권 또는 부당이득반환청구권에 기한 금전지급청구소송에서 전부승소할 경우 원고가 받게 될 경제적 이익은 청구금액이 되므로 이를 소송목적의 값으로 하여야 한다.

나. 병합청구에서의 소송목적의 값

침해행위의 금지청구와 침해행위로 입은 손해의 배상청구를 병합한 경우 민사소송등인지법 제2조 제5항을 적용할 수 있는지와 관련하여, ① 금지청구는 '비재산권상 청구'가 아니라 '재산권상 청구로서 그 소송목적의 값을 산출할 수 없는 청구'에 해당하므로 위 규정의 적용을 부정하고, 양 청구의 경제적 이익이 독립한 별개의 관계에 있으므로 합산법칙을 적용한다는 견해와 ② 위 규정을 유추적용하여 흡수법칙을 적용한다는 견해가 있다. '경제적 이익'에 의해 소송목적의 값을 산정함을 대원칙으로 하는 민사소송등인지규칙 제6조에 비추어 전자가 타당하다(아래 사례 48, 49).

❑ 사례 48 : 특허권 침해행위금지청구와 손해배상청구가 병합된 경우 소송목적의 값

[문제 1]	소송목적의 값 특허권침해를 원인으로, ㉠ 침해행위의 금지 ㉡ 특허권 침해로 인한 손해배상을 병합하여 소제기 ○ 손해배상액 : 2억원
[답 변]	소송목적의 값은 3억원이다.

※ 소송목적의 값

1. 각 청구

   가. 침해행위금지청구

   소송목적의 값은 1억원(민인규 제18조, 제18조의2 단서)이다.

   나. 손해배상청구

   소송목적의 값은 2억원(민인규 제12조 제3호)이다.

2. 병합청구

   재판유상주의에 근거한 규정인 민사소송등인지법 제2조 제5항 유추적용을 부정할 경우 경제적 이익의 원리에 근거한 규정인 민사소송등인지규칙 제19조, 제20조에 의해 합산·흡수여부를 결정하여야 한다. 침해행위금지청구와 손해배상청구는 경제적 이익이 독립한 별개의 것이므로 합산법칙을 적용하여야 한다(민인규 제19조). 따라서 소송목적의 값은 3억원(2억원+1억원)이다.

※ 민사소송등인지법 제2조 제5항을 유추적용할 수 없다.

1. 민사소송등인지법 제2조 제5항은 '비재산권을 목적으로 하는 청구'에 적용되는 규정이므로 사안과 같이 '재산권상의 소로서 그 소송목적의 값을 산출할 수 없는 소'에는 유추적용할 수 없다. 이 견해가 실무례이다.
2. 재판유상주의에 근거한 규정인 민사소송등인지법 제2조 제5항은 엄격하게 해석해야 한다. 이를 너그럽게 해석할 경우 '경제적 이익'의 원리에 의해 병합청구의 소송목적의 값을 산출함을 대원칙으로 하는 민사소송등인지규칙 제19조, 제20조의 원리를 훼손할 수 있기 때문이다.

❑ 사례 49 : 지식재산권에 관한 소의 소송목적의 값 (2)

[문제 1]	병합청구된 경우 소송목적의 값 ① 특허권침해금지청구 ② 침해물의 폐기청구 ③ 신용회복에 필요한 조치로써 신문사에서의 해명광고 게재청구(게재비용은 3천만원) ④ 특허권침해로 인한 손해배상청구(청구금액은 2억원)
[답 변]	소송목적의 값은 4억원이다.

※ 각 청구의 소송목적의 값

① 특허권침해금지청구

금지청구는 지식재산권에 관한 소 중 금전의 지급이나 물건의 인도를 목적으로 하지 아니하는 소에 해당하므로, 소송목적의 값은 소송목적의 값을 산출할 수 없는 소송으로 보아 1억원이다(민인규, 제18조, 제18조의2 단서).

② 폐기청구

폐기청구는 지식재산권에 관한 소 중 금전의 지급이나 물건의 인도를 목적으로 하지 아니하는 소에 해당하므로, 소송목적의 값은 소송목적의 값을 산출할 수 없는 소송으로 보아 1억원이다(민인규 제18조, 제18조의2 단서).

③ 신용회복에 필요한 조치의 청구

신용회복에 필요한 조치의 청구는 지식재산권에 관한 소 중 금전의 지급이나 물건의 인도를 목적으로 하지 아니하는 소에 해당하므로, 소송목적의 값은 소송목적의 값을 산출할 수 없는 소송으로 보아 1억원이다(민인규 제18조, 제18조의2 단서).

④ 손해배상청구

지식재산권에 관한 소 중 금전의 지급을 목적으로 하는 소는 청구금액이 소송목적의 값이므로(민인규 제18조 반대해석, 제12조 제3호), 소송목적의 값은 2억원이다.

※ 지식재산권 관련소송을 특별취급하지 않는다.

1. 지식재산권 관련 소송의 경우, 병합청구의 소송목적의 값 산정의 일반원칙에 따라, ①, ②청구는 사전적 구제수단이고, ③, ④청구는 사후적 구제수단이므로 경제적 이익이 독립한 별개의 것인지 동일 또는 중복관계에 있는지를 판단함에 있어서도 이 점을 고려해야 할 것이다.

   첫째, 폐기청구는 금지청구의 실효성을 확보하기 위한 청구이고 본청구인 금지청구의 부대청구적인 성격을 가지므로 그것만을 독립하여 청구할 수 없으며 금지청구에 부대해서만 청구할 수 있다. 따라서 금지청구와 폐기청구는 경제적 이익이 동일 또는 중복되거나 목적과 수단의 관계에 있으므로, ②청구는 ①청구에 흡수시키거나(민인규 제20조) 불산입한다(민인규 제21조 본문).

둘째, 침해방위에 의해 업무상의 신용을 실추하게 한 자를 상대로 손해의 배상에 갈음하여 또는 손해의 배상과 함께 업무상의 신용회복을 위하여 필요한 조치를 청구하는 것이므로(특허법 제131조) ③청구와 ④청구는 경제적 이익이 독립한 별개의 것으로 보아야 하므로, 합산법칙을 적용한다(민인규 제19조).

셋째, 사전적 구제수단인 ①청구와 사후적 구제수단인 ③, ④청구는 경제적 이익이 독립한 별개의 것으로 보아야 하고 합산법칙을 적용한다(민인규 제19조).

따라서 소송목적의 값은 4억원[(①, ②청구 1억원) + ③청구 1억원 + ④청구 2억원]이다.

2. 지식재산권 관련소송을 특별취급하여 손해배상청구를 제외한 청구들(사안에서는 ①, ②, ③청구)에 대해 일률적으로 흡수법칙을 적용하는 것은 법적 근거가 부족한 점(특히 손해배상청구와 금지청구에 대해 합산법칙을 적용하는 것과의 균형상 금지청구와 신용회복청구에 대해 흡수법칙을 적용하기 곤란하다)에서 지식재산권 관련소송을 특별취급하지 않는 것이 타당하다.

예컨대, 침해행위 금지청구와 침해행위로 입은 1억원의 손해배상청구를 병합제기한 경우, 합산법칙을 적용하여 침해행위 금지청구의 소송목적의 값인 1억원과 손해배상청구의 소송목적의 값인 1억원을 합한 2억원이 소송목적의 값이 된다(민인규 제19조).

4. 신용회복에 필요한 조치의 청구

위법한 침해행위에 의해 업무상의 신용을 실추하게 한 자에 대해서는 법원은 지식재산권자 등의 청구에 의하여 손해의 배상에 갈음하여 또는 손해의 배상과 함께 업무상의 신용회복을 위하여 필요한 조치를 명할 수 있다(특허법 제131조).

가. 소송목적의 값

신용회복을 위한 조치로써 신문 등 정기간행물에의 해명광고 등을 청구하는 경우 소송목적의 값 산정의 근거규정에 대하여 ① 민사소송등인지규칙 제14조의 규정을 유추적용하는 견해와 ② 민사소송등인지규칙 제18조의 규정에 의한다는 견해가 있다. 전자는 전부승소할 경우 원고가 받게 될 경제적 이익을 정확히 반영한다는 장점이 있으나, 산정업무의 신속·획일성을 우선시 하여야 하므로 후자가 타당하다(아래 사례 50).

따라서 신문사에 해명광고를 게재함에 있어 그 게재비용에 관계없이 소송목적의 값은 1억원이다.

❑ 사례 50 : 지식재산권에 관한 소의 소송목적의 값 (1)

[문제 1]	지식재산권침해금지청구에서의 소송목적의 값
[답 변]	소송목적의 값은 1억원이다. ※ 지식재산권에 대한 침해를 이유로 하여 침해행위의 금지 또는 예방을 구할 수 있는 권리를 금지청구권이라고 한다(특허법 제126조). 이 권리에 기한 금지청구소송은 피고가 실시(생산·사용·양도 등)하고 있는 물건 또는 방법이 원고의 특허권을 침해하는 것이므로 그 실시를 금지시켜 달라는 것이다. 이에 대하여는 물권에 대한 방해제거 및 예방청구와 그 성질을 같이 하므로 민사소송등인지규칙 제12조 제5호 가목을 적용해야 한다는 견해도 있을 수 있으나, 경제적 이익의 원리를 우선시하던 예규를 개정한 취지를 고려해 볼 때, 금지청구의 소에서 원고가 받게 될 경제적 이익과 상관없이 일률적으로 1억원을 소송목적의 값으로 함이 타당하다.
[문제 2]	지식재산권 등록절차에 관한 청구에서의 소송목적의 값
[답 변]	소송목적의 값은 1억원이다. ※ 경제적 이익의 실질을 중시하여 민사소송등인지규칙 제13조를 적용해야 한다는 견해도 있을 수 있다. 그러나 민사소송등인지규칙 제13조를 적용할 경우 지식재산권에 관한 소에 있어서 산정업무의 신속·획일성을 확보하고자 하는 민사소송등인지규칙의 입법목적을 저해할 수 있다. 따라서 이전등록을 구하는 경우이든 말소등록을 구하는 경우이든 구별하지 않고 1억원을 소송목적의 값으로 함이 타당하다.
[문제 3]	신용회복에 필요한 조치청구에서의 소송목적의 값
[답 변]	소송목적의 값은 1억원이다. ※ 위법한 침해행위에 의해 업무상의 신용을 실추하게 한 자를 상대로 손해의 배상에 갈음하여 또는 손해의 배상과 함께 업무상의 신용회복을 위하여 필요한 조치를 구할 수 있는데(특허법 제131조) 이는 경제적 이익의 관점에서 보면 명예훼손행위에 대해 민법 제764조의 규정에 의한 명예회복을 위한 적당한 처분을 구하는 소와 유사하므로 소송목적의 값 산정도 민사소송등인지규칙 제14조를 유추적용해야 한다는 견해가 있을 수 있다. 그러나 민사소송등인지규칙 제14조에 의할 경우 산정업무의 신속·획

	일성을 감소시킬 우려가 있다. 예컨대, 특허권 침해를 이유로 신문사에의 해명광고게재청구를 하는 경우 게재비용을 산출할 수 있는 때에는 그 게재비용에 의하여야 하는데 이는 번거롭다. 따라서 신용회복을 위한 처분에 통상 소요되는 비용을 산출할 수 있는지 여부 등에 관계없이 일률적으로 1억원을 소송목적의 값으로 함이 타당하다.
[문제 4]	**행정소송법의 규정에 따라 위법·부당한 특허청의 처분에 대한 불복으로서 행정법원의 관할에 속하는 청구에서의 소송목적의 값**
[답 변]	소송목적의 값은 5천만원이다. ※ 행정심판법 또는 행정소송법의 규정에 따라 위법·부당한 특허청의 처분에 대한 행정적인 불복이 가능하다, 그 중 중요한 것으로는 서류 등의 불수리(특허법시행규칙 제11조), 기간연장의 불허가(특허법 제15조 제1항, 제2항), 절차의 무효(특허법 제16조 제1항), 특허법의 수용(특허법 제106조), 통상실시권설정의 재정(특허법 제107조), 서류의 열람 등에 대한 불허가 등을 들 수 있다. 이 밖에 등록절차에 있어서의 거부처분에 대하여도 행정소송에 의해 다툴 수 있다. 이 경우 소송목적의 값 산정의 근거규정에 관하여 ① 민사소송등인지규칙 제17조 제4호의 규정에 의해야 한다는 견해와 ② 민사소송등인지규칙 제18조의 규정에 의해야 한다는 견해가 있다. 특허청장의 처분에 대한 취소소송이 통상의 행정소송과 다를 바 없다는 점, 민사소송등인지규칙 제17조 제4호의 규정 자체가 산정업무의 신속·획일성을 확보하기 위한 규정이라는 점, 후자에 의하면 통상의 행정소송과 특허청에 관련된 행정소송을 분리 취급하여 전자의 경우에는 5,000만원, 후자의 경우에는 1억원을 소송목적의 값으로 하여야 하므로 오히려 산정업무의 신속·획일성에 반한다는 점 등을 고려할 때 전자가 타당하고 실무례이다. 따라서 소송목적의 값은 5,000만원으로 한다(민인규 제17조 제4호, 제18조의2 본문).

나. 병합청구에서의 소송목적의 값

① 침해행위의 금지청구, ② 침해행위를 원인으로 한 손해배상청구(청구금액은 1억원), ③ 신용회복에 필요한 조치의 청구를 병합하여 제소하는 경우가 있는데, 이러한 경우의 소송목적의 값 산정방식에 관하여는 두 가지 견해가 있다.

첫째, 금전청구와 비금전청구(금지청구, 신용회복을 위한 조치의 청구, 폐기·제거청구 등)로 나누어, 비금전청구는 그것이 몇 개가 병합되어 있든 비금전청구 상호간에 흡수법칙을 적용한다(민인규 제18조는 개별청구의 소송목적의 값 산정에 있어서 신속·획일성을 확보하기 위한 규정인데, 개별 청구의 소송목적의 값을 산정할 때 뿐만 아니라 비금전청구 상호간의 병합청구의 소송목적의 값을 산정할 때에도 흡수법칙을 넓게 적용하는 예외를 인정한다면 결과적으로 위 규정이 추구하는 소송목적의 값 산정의 신속·획일성을 달성할 수 있다는 것이다)는 견해이다.

이에 의하면 병합청구의 소송목적의 값은 2억원(금전청구인 손해배상 청구의 소송목적의 값 1억원 + 비금전청구 상호간의 병합청구의 소송목적의 값 1억원)이다.

둘째, 지식재산권 관련 소송의 경우에도 병합청구의 소송목적의 값 산정의 일반원칙에 의해야 한다는 견해이다. 이에 의하면 ①청구의 실질은 방해제거 또는 예방임을 비하여 ②, ③청구의 실질은 침해행위에 대한 사후적 구제이고, 침해행위에 의해 업무상의 신용을 실추하게 한 자를 상대로 손해의 배상에 갈음하여 또는 손해의 배상과 함께 신용회복을 위하여 필요한 조치를 청구하는 것이기 때문에(특허법 제131조 등) ②청구와 ③청구는 경제적 이익이 독립한 별개의 것으로 보아야 하므로, 세 청구의 경제적 이익은 모두 독립한 별개의 것이라고 보는 견해이다.

따라서 소송목적의 값은 각 청구를 합산하여 3억원(①청구+②청구+③청구)이다.

손해배상청구를 제외한 비금전청구들(사안에서는 ①, ③청구)에 대해 일률적으로 흡수법칙을 적용함으로써 지식재산권에 관한 소송에 대하여 특별 취급하는데 이는 근거가 부족하므로(특히, 손해배상청구와 금지청구에 의해 합산법칙을 적용하는 것과의 균형상 금지청구와 신용회복청구에 대해 흡수법칙을 적용시키기 곤란하다는 난점이 있다) 둘째 견해가 타당하다(아래 사례 51).

□ 사례 51 : 지식재산권에 관한 소의 소송목적의 값 (2)

[문제 1]	병합청구한 경우 소송목적의 값 ① 특허권침해금지청구 ② 침해물의 폐기청구 ③ 신용회복에 필요한 조치로써 신문사에서의 해명광고 게재청구(게재비용은 3천만원) ④ 특허권침해로 인한 손해배상청구(청구금액은 2억원)

[답 변] 소송목적의 값은 4억원이다.

※ 각 청구의 소송목적의 값

① 특허권침해금지청구

금지청구는 지식재산권에 관한 소 중 금전의 지급이나 물건의 인도를 목적으로 하지 아니하는 소에 해당하므로, 소송목적의 값은 소송목적의 값을 산출할 수 없는 소송으로 보아 1억원이다(민인규, 제18조, 제18조의2 단서).

② 폐기청구

폐기청구는 지식재산권에 관한 소 중 금전의 지급이나 물건의 인도를 목적으로 하지 아니하는 소에 해당하므로, 소송목적의 값은 소송목적의 값을 산출할 수 없는 소송으로 보아 1억원이다(민인규 제18조, 제18조의2 단서).

③ 신용회복에 필요한 조치의 청구

신용회복에 필요한 조치의 청구는 지식재산권에 관한 소 중 금전의 지급이나 물건의 인도를 목적으로 하지 아니하는 소에 해당하므로, 소송목적의 값은 소송목적의 값을 산출할 수 없는 소송으로 보아 1억원이다(민인규 제18조, 제18조의2 단서).

④ 손해배상청구

지식재산권에 관한 소 중 금전의 지급을 목적으로 하는 소는 청구금액이 소송목적의 값이므로(민인규 제18조 반대해석, 제12조 제3호), 소송목적의 값은 2억원이다).

※ 지식재산권 관련소송을 특별취급하지 않는다.

1. 지식재산권 관련 소송의 경우, 병합청구의 소송목적의 값 산정의 일반원칙에 따라, ①, ②청구는 사전적 구제수단이고, ③, ④청구는 사후적 구제수단이므로 경제적 이익이 독립한 별개의 것인지 동일 또는 중복관계에 있는지를 판단함에 있어서도 이 점을 고려해야 할 것이다.

   첫째, 폐기청구는 금지청구의 실효성을 확보하기 위한 청구이고 본청구인 금지청구의 부대청구적인 성격을 가지므로 그것만을 독립하여 청구할 수 없으며 금지청구에 부대해서만 청구할 수 있다. 따라서 금지청구와 폐기청구는 경제적 이익이 동일 또는 중복되거나 목적과 수단의 관계에 있으므로, ②청구는 ①청구에 흡수시키거나(민인규 제20조) 불산입한다(민인규 제21조 본문).

   둘째, 침해방위에 의해 업무상의 신용을 실추하게 한 자를 상대로 손해의 배상에 갈음하여 또는 손해의 배상과 함께 업무상의 신용회복을 위하여 필요한 조치를 청구하는 것이므로(특허법 제131조) ③청구와 ④청구는 경제적 이익이 독립한 별개의 것으로 보아야 하므로, 합산법칙을 적용한다(민인규 제19조).

   셋째, 사전적 구제수단인 ①청구와 사후적 구제수단인 ③, ④청구는 경제적 이익이 독립한 별개의 것으로 보아야 하고 합산법칙을 적용한다(민인규 제19조).

   따라서 소송목적의 값은 4억원{(①, ②청구 1억원) + ③청구 1억원 + ④청구 2억원} 이다.

2. 지식재산권 관련소송을 특별취급하여 손해배상청구를 제외한 청구들(사안에서는 ①, ②, ③청구)에 대해 일률적으로 흡수법칙을 적용하는 것은 법적 근거가 부족한 점(특히 손해배상청구와 금지청구에 대해 합산법칙을 적용하는 것과의 균형상 금지청구와 신용회복청구에 대해 흡수법칙을 적용하기 곤란하다)에서 지식재산권 관련소송을 특별취급하지 않는 것이 타당하다.

5. 등록절차에 관한 청구

가. 소송목적의 값

민법 등이 부동산 물권의 공시를 위해 등기제도를 규정한 것과 동일한 취지로 지식재산권 관련 법령은 지식재산권의 등록제도를 규정하고 있다.

지식재산권의 등록절차에 관한 소에 있어서 소송목적의 값 산정의 근거규정에 관하여 ① 등록절차의 이행을 구하는 소이므로 민사소송등인지규칙 제13조의 규정에 의해야 한다는 견해와 ② 지식재산권에 관한 소이므로 민사소송등인지규칙 제18조의 규정에 의해야 한다는 견해가 있다. 전자는 전부승소할 경우 원고가 받게 될 경제적 이익을 정확히 반영한다는 장점이 있으나, 지식재산권에 관한 소에 있어서 산정업무의 신속·획일성을 우선시 하여야 하므로 후자가 타당하다(아래 사례 52).

□ 사례 52 : 지식재산권에 관한 소의 소송목적의 값 (1)

[문제 1]	지식재산권침해금지청구에서의 소송목적의 값
[답 변]	소송목적의 값은 1억원이다. ※ 지식재산권에 대한 침해를 이유로 하여 침해행위의 금지 또는 예방을 구할 수 있는 권리를 금지청구권이라고 한다(특허법 제126조). 이 권리에 기한 금지청구소송은 피고가 실시(생산·사용·양도 등)하고 있는 물건 또는 방법이 원고의 특허권을 침해하는 것이므로 그 실시를 금지시켜 달라는 것이다. 이에 대하여는 물권에 대한 방해제거 및 예방청구와 그 성질을 같이 하므로 민사소송등인지규칙 제12조 제5호 가목을 적용해야 한다는 견해도 있을 수 있으나, 경제적 이익의 원리를 우선시하던 예규를 개정한 취지를

	고려해 볼 때, 금지청구의 소에서 원고가 받게 될 경제적 이익과 상관없이 일률적으로 1억원을 소송목적의 값으로 함이 타당하다.
[문제 2]	지식재산권 등록절차에 관한 청구에서의 소송목적의 값
[답 변]	소송목적의 값은 1억원이다. ※ 경제적 이익의 실질을 중시하여 민사소송등인지규칙 제13조를 적용해야 한다는 견해도 있을 수 있다. 그러나 민사소송등인지규칙 제13조를 적용할 경우 지식재산권에 관한 소에 있어서 산정업무의 신속·획일성을 확보하고자 하는 민사소송등인지규칙의 입법목적을 저해할 수 있다. 따라서 이전등록을 구하는 경우이든 말소등록을 구하는 경우이든 구별하지 않고 1억원을 소송목적의 값으로 함이 타당하다.
[문제 3]	신용회복에 필요한 조치청구에서의 소송목적의 값
[답 변]	소송목적의 값은 1억원이다. ※ 위법한 침해행위에 의해 업무상의 신용을 실추하게 한 자를 상대로 손해의 배상에 갈음하여 또는 손해의 배상과 함께 업무상의 신용회복을 위하여 필요한 조치를 구할 수 있는데(특허법 제131조) 이는 경제적 이익의 관점에서 보면 명예훼손행위에 대해 민법 제764조의 규정에 의한 명예회복을 위한 적당한 처분을 구하는 소와 유사하므로 소송목적의 값 산정도 민사소송등인지규칙 제14조를 유추적용해야 한다는 견해가 있을 수 있다. 그러나 민사소송등인지규칙 제14조에 의할 경우 산정업무의 신속·획일성을 감소시킬 우려가 있다. 예컨대, 특허권 침해를 이유로 신문사에의 해명광고게재청구를 하는 경우 게재비용을 산출할 수 있는 때에는 그 게재비용에 의하여야 하는데 이는 번거롭다. 따라서 신용회복을 취한 처분에 통상 소요되는 비용을 산출할 수 있는지 여부 등에 관계없이 일률적으로 1억원을 소송목적의 값으로 함이 타당하다.
[문제 4]	행정소송법의 규정에 따라 위법·부당한 특허청의 처분에 대한 불복으로서 행정법원의 관할에 속하는 청구에서의 소송목적의 값
[답 변]	소송목적의 값은 5천만원이다. ※ 행정심판법 또는 행정소송법의 규정에 따라 위법·부당한 특허청의 처분에 대한 행정적인 불복이 가능하다, 그 중 중요한 것으로는 서류 등의 불수리(특허법시행규칙 제11조), 기간연장의 불허가(특허법 제15조 제1항, 제2항), 절차의 무효(특허법 제16조 제1항), 특허법의 수용(특허법 제106조), 통상실시권설정의 재정(특허법 제107조), 서류의 열람 등에 대한

> 불허가 등을 들 수 있다. 이 밖에 등록절차에 있어서의 거부처분에 대하여도 행정소송에 의해 다툴 수 있다.
> 이 경우 소송목적의 값 산정의 근거규정에 관하여 ① 민사소송등인지규칙 제17조 제4호의 규정에 의해야 한다는 견해와 ② 민사소송등인지규칙 제18조의 규정에 의해야 한다는 견해가 있다. 특허청장의 처분에 대한 취소소송이 통상의 행정소송과 다를 바 없다는 점, 민사소송등인지규칙 제17조 제4호의 규정 자체가 산정업무의 신속·획일성을 확보하기 위한 규정이라는 점, 후자에 의하면 통상의 행정소송과 특허청에 관련된 행정소송을 분리 취급하여 전자의 경우에는 5,000만원, 후자의 경우에는 1억원을 소송목적의 값으로 하여야 하므로 오히려 산정업무의 신속·획일성에 반한다는 점 등을 고려할 때 전자가 타당하고 실무례이다.
> 따라서 소송목적의 값은 5,000만원으로 한다(민인규 제17조 제4호, 제18조의2 본문).

따라서 양도를 원인으로 한 특허권이전등록절차 이행의 소, 원인무효를 원인으로 한 특허권이전등록의 말소등록절차 이행의 소에 있어서 소송목적의 값은 모두 1억원이다.

또한, 특허권의 전용실시권은 물권적인 권리로서 용익물건인 지상권 또는 전세권과 유사한데, 전용실시권설정등록절차 이행의 소와 전용실시권말소등록절차 이행의 소에 있어서 소송목적의 값은 모두 1억원이다.

나. 병합청구에서의 소송목적의 값

① 이전등록, 말소등록 등을 구하는 특허권이 수개인 경우
특허권의 수만큼의 청구가 병합된 것으로 보아야 한다. 따라서 하나의 소로써 2개의 특허권등록이전등록절차 이행의 소를 구하는 경우 소송목적의 값은 2억원(1억원+1억원)이다(민인규 제19조).

② 상표권 등 침해행위금지청구와 피고의 상업등기 중 상호부분의 말소를 구하거나 인터넷 도메인 이름 등록의 말소청구를 병합하여 제소하는 경우
말소청구는 그 실질이 침해행위를 조성한 물건(물건을 생산하는 방법의 발명인 경우에는 침해행위로 생긴 물건을 포함한다)의 폐기청구 또는 침해행위에 제공된

설비의 제거청구와 유사하므로, 금지청구와 폐기·제거청구가 병합된 경우에 준하여 금지청구에 흡수시키거나(민인규 제20조) 불산입한다(민인규 제21조 본문). 예컨대, "피고는 'ACM' 또는 'ACM B&B', '에이씨엠'이라는 문자를 피고의 인터넷 도메인이름 또는 전자우편주소로 사용하거나 피고의 인터넷 홈페이지에 사용하여서는 아니된다. 피고는 원고에게 재단법인 한국 인터넷정보센타에 2018. 7. 6. 등록한 acmbnb.com 인터넷 도메인이름의 등록말소절차를 이행하라"라는 소를 제기한 경우(침해당하는 원고의 도메인은 1개) 소송목적의 값은 1억원(말소청구의 소송목적의 값 1억원은 금지청구의 소송목적의 값 1억원에 흡수)이다.

6. 새로운 유형의 소송

도메인 이름, 캐릭터에 관한 권리, 퍼블리시티권 등 새로운 유형의 소송들이 등장하고 있다. 이들은 지식재산권에 관한 소송에 해당하므로 소송목적의 값은 1억원으로 한다(민인규 제18조, 제18조의2 단서).

제4절 행정법원의 관할에 속하는 소송

특허법은 심판을 청구할 수 있는 사항은 심결을 거치지 않고 직접 소를 제기할 수 없고(특허법 제224조의2, 행소 제18조, 행정심판법 제3조) 제척·기피신청에 대한 결정 등에 대하여는 특별히 불복을 금지하고 있다(특허법 제152조 제4항).

이상과 같은 특별한 규정이 없는 경우에는 행정심판법 또는 행정소송법의 규정에 따라 위법·부당한 특허청의 처분에 대한 행정적인 불복이 가능하다. 가장 중요한 것으로는 서류 등의 불수리(특허법시행규칙 제11조), 기간연장의 불허가(특허법 제15조 제1항, 제2항), 절차의 무효(특허법 제16조 제1항), 특허권의 수용(특허법 제106조), 통상실시권 설정의 재정(특허법 제107조), 서류의 열람 등에 대한 불허가 등을 들 수 있다. 이 밖에 등록절차에 있어서의 거부처분에 대하여도 행정소송에 의해 다툴 수 있다.

심사청구 반려처분취소소송과 같이 특허청이 한 행정상의 처분에 관한 소송은 행정법원이 관할한다. 이 경우 소송목적의 값에 관하여, ① 5,000만원으로 보는 견해(민인규 제17조 제4호, 제18조의2 본문)와 ② 1억원으로 보는 견해(민인규 제18조, 제18조의2 단서)가 있는데, 실무례는 전자에 의하고 있다(아래 사례 53).

□ 사례 53 : 지식재산권에 관한 소의 소송목적의 값 (1)

[문제 1]	지식재산권침해금지청구에서의 소송목적의 값
[답 변]	소송목적의 값은 1억원이다. ※ 지식재산권에 대한 침해를 이유로 하여 침해행위의 금지 또는 예방을 구할 수 있는 권리를 금지청구권이라고 한다(특허법 제126조). 이 권리에 기한 금지청구소송은 피고가 실시(생산·사용·양도 등)하고 있는 물건 또는 방법이 원고의 특허권을 침해하는 것이므로 그 실시를 금지시켜 달라는 것이다. 이에 대하여는 물권에 대한 방해제거 및 예방청구와 그 성질을 같이 하므로 민사소송등인지규칙 제12조 제5호 가목을 적용해야 한다는 견해도 있을 수 있으나, 경제적 이익의 원리를 우선시하던 예규를 개정한 취지를 고려해 볼 때, 금지청구의 소에서 원고가 받게 될 경제적 이익과 상관없이 일률적으로 1억원을 소송목적의 값으로 함이 타당하다.
[문제 2]	지식재산권 등록절차에 관한 청구에서의 소송목적의 값
[답 변]	소송목적의 값은 1억원이다. ※ 경제적 이익의 실질을 중시하여 민사소송등인지규칙 제13조를 적용해야 한다는 견해도 있을 수 있다. 그러나 민사소송등인지규칙 제13조를 적용할 경우 지식재산권에 관한 소에 있어서 산정업무의 신속·획일성을 확보하고자 하는 민사소송등인지규칙의 입법목적을 저해할 수 있다. 따라서 이전등록을 구하는 경우이든 말소등록을 구하는 경우이든 구별하지 않고 1억원을 소송목적의 값으로 함이 타당하다.
[문제 3]	신용회복에 필요한 조치청구에서의 소송목적의 값
[답 변]	소송목적의 값은 1억원이다. ※ 위법한 침해행위에 의해 업무상의 신용을 실추하게 한 자를 상대로 손해의 배상에 갈음하여 또는 손해의 배상과 함께 업무상의 신용회복을 위하여 필요한 조치를 구할 수 있는데(특허법 제131조) 이는 경제적 이익의 관점에서 보면 명예훼손행위에 대해 민법 제764조의 규정에 의한 명예회복을 위한 적당한 처분을 구하는 소와 유사하므로 소송목적의 값 산정도 민사소송등인지규칙 제14조를 유추적용해야 한다는 견해가 있을 수 있

다. 그러나 민사소송등인지규칙 제14조에 의할 경우 산정업무의 신속·획일성을 감소시킬 우려가 있다. 예컨대, 특허권 침해를 이유로 신문사에의 해명광고게재청구를 하는 경우 게재비용을 산출할 수 있는 때에는 그 게재비용에 의하여야 하는데 이는 번거롭다.

따라서 신용회복을 취한 처분에 통상 소요되는 비용을 산출할 수 있는지 여부 등에 관계없이 일률적으로 1억원을 소송목적의 값으로 함이 타당하다.

[문제 4] 행정소송법의 규정에 따라 위법·부당한 특허청의 처분에 대한 불복으로서 행정법원의 관할에 속하는 청구에서의 소송목적의 값

[답 변] 소송목적의 값은 5천만원이다.

※ 행정심판법 또는 행정소송법의 규정에 따라 위법·부당한 특허청의 처분에 대한 행정적인 불복이 가능하다, 그 중 중요한 것으로는 서류 등의 불수리(특허법시행규칙 제11조), 기간연장의 불허가(특허법 제15조 제1항, 제2항), 절차의 무효(특허법 제16조 제1항), 특허법의 수용(특허법 제106조), 통상실시권설정의 재정(특허법 제107조), 서류의 열람 등에 대한 불허가 등을 들 수 있다. 이 밖에 등록절차에 있어서의 거부처분에 대하여도 행정소송에 의해 다툴 수 있다.

이 경우 소송목적의 값 산정의 근거규정에 관하여 ① 민사소송등인지규칙 제17조 제4호의 규정에 의해야 한다는 견해와 ② 민사소송등인지규칙 제18조의 규정에 의해야 한다는 견해가 있다. 특허청장의 처분에 대한 취소소송이 통상의 행정소송과 다를 바 없다는 점, 민사소송등인지규칙 제17조 제4호의 규정 자체가 산정업무의 신속·획일성을 확보하기 위한 규정이라는 점, 후자에 의하면 통상의 행정소송과 특허청에 관련된 행정소송을 분리 취급하여 전자의 경우에는 5,000만원, 후자의 경우에는 1억원을 소송목적의 값으로 하여야 하므로 오히려 산정업무의 신속·획일성에 반한다는 점 등을 고려할 때 전자가 타당하고 실무례이다.

따라서 소송목적의 값은 5,000만원으로 한다(민인규 제17조 제4호, 제18조의2 본문).

제10장 가사사건

제1절 총 설

가정법원에 대하여 소의 제기, 심판의 청구, 조정의 신청이나 그 밖의 재판과 처분의 신청에는 수수료를 납부해야 한다(가소법 제5조). 수수료라 함은 일반적으로 국가 또는 공공단체가 특정인을 위하여 행하는 역무 등에 대한 반대급부 내지 보상으로써 그 특정인으로부터 징수하는 수익자부담의 성질을 갖는 요금이고, 그 중 사법절차에서의 수수료는 국가의 소송제도를 이용하는 당사자로부터 법원에 대하여 절차상의 일정한 행위를 구하는 보상으로써 법령의 규정에 의하여 징수하는 요금이다. 따라서 가사사건의 수수료는 민사소송등인지법의 인지액과 그 성질이 동일하다.

가사소송을 신청함에 있어서 민사소송 등에서의 전자문서이용등에관한법률 제8조에 따라 등록사용자로서 전산정보처리시스템을 이용한 민사소송 등의 진행에 동의한 자가 전자문서로 제출하는 소장, 항소장, 상고장, 반소장 및 재심소장에는 가사소송수수료규칙 제2조에 따른 수수료의 10분의 9에 해당하는 수수료를 납부하여야 하고, 가사비송, 병합청구, 조정신청에도 이를 준용한다(가수규 제8조).

당사자가 납부해야 할 수수료의 범위와 액에 관하여는 가사소송수수료 규칙이 적용되는 외에, 민사소송등인지법 및 민사소송등인지규칙이 보충적으로 적용된다(민인법 제1조).

제2절 가사소송절차

가사소송사건은 가류, 나류, 다류 사건으로 분류되고(가소법 제2조 제1항), 가사소송절차의 수수료는 사건의 종류 및 행위의 태양에 따라 다르다.

1. 소의 제기

가류 및 나류 가사소송사건의 소의 제기의 수수료는 1건당 20,000원이고(가수규 제2조 제1항), 다류 가사소송사건의 소제기 수수료는 민사소송등인지법 제2조의 규정에 의한다(가수규 제2조 제2항).

가사소송수수료규칙은 가류 및 나류 사건에 대하여 정액제를 규정하고 다류 사건에 대하여 역진제를 규정하고 있으므로 전자에 있어서는 소송목적의 값 산정이 불필요하지만 후자에 있어서는 소송목적의 값을 산정해야 한다. 예컨대, 이혼을 원인으로 하는 손해배상청구(5,000만원)를 하는 경우, 소송목적물 값은 청구금액 5,000만원이고(민인규 제12조 제3호) 이에 대한 수수료는 230,000원[(5,000만원×45/10,000)+5,000원)]이다(민인법 제2조 제1항 제2호).

한편, 실무상 단독판사의 사물관할에 속하는 나류 가사소송사건인 재판상이혼사건의 심리중에 재판상화해를 하면서 위자료의 지급 또는 재산분할에 관한 사항이 화해조항에 추가되는 경우의 처리가 문제될 수 있으나, 수수료를 추가 납부하지 않는 것이 실무이다.

2. 상 소

항소제기의 수수료는 소제기 수수료의 1.5배액이고, 상고제기의 수수료는 그 2배액으로 한다(가수규 제2조 제3항). 예컨대, 재판상이혼소송을 제기한 경우 수수료는 20,000원이고, 항소제기의 수수료는 30,000원, 상고제기의 수수료는 40,000원이다.

3. 반 소

1심에서 반소를 제기할 때의 수수료는 그 청구를 본소로 제기하는 경우의 수수료액과 같고, 항소심에서 반소를 제기할 때에는 1심 반소제기 수수료액의 1.5배액으로 한다(가수규 제2조 제4항).

본소와 그 목적이 동일한 반소를 제기하는 경우에 민사소송등인지법 제4조 제2항을 유추적용할 것인지와 관련하여 ① 유추적용을 긍정하여 본소 제기의 수수료를 공제해야 한다는 견해와 ② 유추적용을 부정하여 본소 제기의 수수료를 공제해서는 안 된다는 견해가 있다. 가사비송사건의 반대청구의 경우에는 민사소송등인지법 제4조 제2항에 대응하는 규정이 있지만(가수규 제3조 제3항) 가사소송사건의 반소청구의 경우에는 그와 같은 규정이 없다는 점에서 후자가 타당하다(아래 사례 54). 따라서 원고의 이혼청구에 대하여 피고가 항소심에서 반소로써 이혼을 청구하는 경우, 수수료는 30,000원(20,000원 × 1.5배액)이다.

❑ 사례 54 : 가사사건에서 반소(반대)청구의 수수료 (가사 1)

[문제 1]	청구인이 미성년자인 사건본인(1인)의 양육자로 자신을 지정할 것을 청구하자, 상대방도 반대청구로 자신을 양육자로 지정할 것을 청구한 경우 수수료
[답 변]	수수료를 납부하지 않는다. 〈해 설〉 가사비송사건에서 본래의 청구와 반대의 청구가 그 목적이 동일하면 수수료를 납부하지 않는다(가수규 제3조 제3항). 본래청구와 반대청구의 목적이 동일하다 함은, ① 본래청구 및 반대청구가 소송의 목적 즉, 소송물이 동일한 경우를 의미하지만, 실무례는 좀 더 넓게 해석하여 ② 본래청구 및 반대청구가 동일물을 서로 배척하는 청구의 목적물로 하고 있는 경우도 포함시킨다. 이와 같이 본래청구와 그 목적이 동일한 반대청구의 수수료에 관하여 특별 취급을 하는 이유는 본래청구에 대한 심리, 판단에 의하여 저절로 이에 상반되는 반대청구에 관한 결론을 얻을 수 있기 때문이다(재판유상주의).
[문제 2]	이혼청구의 본소에 대하여, 이혼 및 위자료 5,000만원을 구하는 반소를 제기한 경우 수수료
[답 변]	수수료는 230,000원이다. 〈해 설〉 1. 가사비송사건의 반대청구에 대해서는 민사소송등인지법 제4조 제2항에 대응하는 규정을 두면서(가수규 제3조 제3항 단서) 가사소송사건의 반소청구에 대해서는 그와 같은 규정을 두지 않고 있는 점(가수규 제2조 제4항), 가사소송수수료규칙 제2조 제4항은 민사소송등인지법 제4조의 특별규정에 해당하는 점을 고려할 때 유추적용을 부정함이 상당하다. 따라서 가사소송사건에서는 본소와 반소의 동일한 경우에도 본소의 인지액을 공제하지 않는다.

> 2. 수수료 산정
>   가. 재판상이혼청구
>   나류 4호 사건이므로 20,000원이다(가수규 제2조 제1항).
>   나. 위자료 청구
>   다류 2호 사건이므로 소송목적의 값은 청구금액 5,000만원이고(가수규 제2조 제2항, 민인규 제12조 제3호), 이에 대한 수수료는 230,000원이다(민인법 제2조 제1항 제2호).
>   다. 병합청구
>   가사소송법 제14조 제1항의 규정에 의해 수개의 가사소송청구를 병합한 것이므로 수개의 청구 중 다액인 수수료에 의한다(가수규 제5조 제1항). 따라서 병합청구의 수수료는 230,000원이다.

4. 재 심

재심청구의 수수료는 사건의 종류 및 심급에 따라 소, 반소, 상소 제기의 수수료와 같다(가수규 제2조 제5항). 예컨대, 이혼소송을 제기하여 1심, 항소심, 상고심에서 모두 패소한 원고가 대법원에 재심을 제기한 경우, 수수료는 40,000원(20,000원×2배액)이다.

제3절 가사비송절차

가사비송사건은 라류, 마류 사건으로 분류되고(가소법 제2조 제1항), 가사비송절차의 수수료는 사건의 종류 및 행위의 태양에 따라 다르다.

1. 심판청구

가. 규 정

라류 가사비송사건의 심판청구의 수수료는 1건당 5,000원, 마류 가사 비송사건의 심판청구는 수수료는 1건당 10,000원으로 한다(가수규 제3조 제1항).

정액제를 채택하고 있으므로 소송목적의 값 산정은 불필요하고, 신청인이 심판에 의해 받게 될 경제적 이익도 고려할 필요가 없다. 예컨대, 부부공유재산의 분할(민법 제829조 제3항), 이혼 등의 경우 배우자의 재산분할(민법 제839조의2 제2항, 제843조), 상속재산의 분할(민법 제1013조 제2항) 등은 마류 가사비송사건이므로 분할의 목적인 재산의 가액의 다과에 상관없이 그 심판청구의 수수료는 10,000원이다. 또한, 미성년의 자녀가 성년에 달하기까지 매월 또는 매년 일정액의 양육비지급을 청구하는 것 역시 양육에 관한 처분으로서 마류 가사비송사건이므로 수수료는 10,000원이다.

나. 청구의 개수를 정하는 기준

'1건당'은 '각 사건별로'라는 의미이고, 가사비송청구의 개수를 정하는 구체적인 기준은 다음과 같다.

첫째, 가사소송법 제2조 제1항 가, 나목 내의 각 번호를 달리하는 청구는 수개의 사건으로 본다(가수규 제5조 제3항 제1호 유추적용). 예컨대, 피성년후견인의 격리에 대한 허가[라류 21)]와 피성년후견인이 거주하는 건물 매도에 대한 허가[다류 21)의2]를 함께 청구하는 경우에는 2개의 청구이므로 10,000원(5,000원+5,000원)의 수수료를 납부하여야 한다. 반대해석상 가. 나목 내의 각 번호를 같이 하는 경우에는 별도의 예외규정이 없는 한 1개의 사건이므로, 청구취지가 수개라고 하여 수개의 사건인 것은 아니다. 예컨대 유언집행자의 선임과 그 임무에 관한 처분[라류 43)]을 함께 청구하더라도 이는 1개의 사건이므로 수수료는 5,000원이다(아래 사례 55). 마찬가지로 1인의 사건본인에 대한 양육자지정청구 및 양육비지급청구[마류 3)]를 하는 경우에도 1개의 사건이므로 수수료는 10,000원이다(아래 사례 55).

□ 사례 55 : 가사사건에서 병합청구의 수수료 (가사 3)

[문제 1]	병합청구의 수수료 ① 사건본인들(3인)의 친권자 및 양육자로 청구인을 지정한다. ② 사건본인들이 성년에 달할 때까지 상대방은 청구인에게 매월 25만원의 양육비를 지급한다.
[답 변]	병합청구의 수수료는 60,000원이다. ※ 가사소송규칙 제20조의 2의 규정에 의하여 수개의 가사비송청구를 병합

청구하는 경우에는 수개의 청구의 수수료를 합산하므로(가수규 제5조 제2항), 수수료는 60,000원(30,000 + 30,000원)이다.

☞ 각 청구의 소송목적의 값

① 친권자의 지정청구

부모가 이혼한 경우에 부모가 협의할 수 없거나 협의가 이루어지지 아니하여 가정법원에 친권자지정청구를 하는 경우, 이는 민법 제909조 제4항 및 가사소송법 마류 5)에 의한 별도의 청구이므로 수수료를 납부하여야 하고, 1건당 10,000원이다(가수규 제3조 제1항). 사건본인별로 각 1개의 청구로 보므로 수수료는 30,000원(10,000원 × 3)이다(가수규 제5조 제3항 제3호).

② 양육자지정청구, 양육비지급청구

마류 가사비송사건의 수수료는 '1건당' 10,000원이고(가수규 제3조 제1항), 1건당이라는 것은 '각 사건별로'라는 의미이다. 가사비송사건의 개수를 정함에 있어서, 가사소송법 제2조 제1항 제2호 가, 나목 내의 '각 번호를 달리하는 청구'는 수개의 사건으로 보고(가수규 제5조 제3항 제1호 유추적용) '각 번호를 같이하는 청구'는 가사소송수수료규칙 제5조 제3항 제2호, 제3호의 예외규정이 없는 한 1개의 사건으로 보아야 한다(가수규 제5조 제3항 제1호 반대유추해석). 청구취지가 수 개라고 하여 수개의 사건이 되는 것은 아니다.

양육자지정청구 및 양육비지급청구는 가사소송법 제2조 제1항 제2호 나목 3)의 양육에 관한 처분청구에 해당하므로 1개의 사건으로 보아야 한다. 다만, 마류 3) 사건은 사건본인별로 각 1개의 사건으로 보므로 수수료는 30,000원(10,000원 × 3)이다(가수규 제5조 제3항 제3호 유추적용).

[문제 2] 병합청구의 수수료

① 원고와 피고는 이혼한다.

② 사건본인들의 친권자 및 양육자로 원고를 지정한다(사건본인은 3명).

③ 상대방은 청구인에게 별지 목록 기재 부동산에 관하여 재산분할을 원인으로 한 소유권이전등기절차를 이행한다.

[답 변] 병합청구의 수수료는 60,000원이다.

☞ 각 청구의 소송목적의 값

① 재판상이혼청구

나류 4) 사건이므로 1건당 20,000원이다(가수규 제2조 제1항).

② 친권자의 지정청구

민법 제909조 제5항에 의하면 가정법원의 직권발동을 촉구하는 신청에 불과하므로 수수료의 납부를 요하지 아니한다(가수규 제4조 단서).

③ 양육에 관한 처분 청구

마류 3) 사건은 1건당 10,000원이고(가수규 제3조 제1항), 사건본인별로 각 1개의 청구이므로 수수료는 30,000원(10,000원 × 3)이다(가수규 제5조 제3항 제3호 유추적용).

④ 재산분할에 관한 처분 청구

마류 4) 사건이므로 1건당 10,000원이다(가수규 제3조 제1항).

☞ 병합청구의 수수료

① 가사소송수수료규칙 제5조 제2항을 적용하지 않는다.

가사소송법 제14조 제1항에 의하여 병합된 것이므로 가사소송규칙 제20조의2의 규정에 의하여 병합된 것에 대한 규정인 가사소송수수료규칙 제5조 제2항은 적용되지 않는다. 이에 의하면 재판상이혼청구의 수수료 20,000원, 양육에 관한 처분청구의 수수료 30,000원, 재산분할에 관한 수수료 10,000원 중 가장 다액인 30,000원의 수수료를 납부해야 한다.

수개 청구에 대한 병합의 근거규정이 가사소송법 제14조 제1항인 경우에는 가사소송수수료규칙 제5조 제1항을 적용하고, 가사소송규칙 제20조의2인 경우에는 가사소송수수료규칙 제5조 제2항을 적용한다고 해석해야 한다. 왜냐하면 문리해석상 가사소송규칙 제20조의2의 규정은 가사소송청구의 존재를 전제로 하지 않고 수개의 가사비송청구만을 병합한 경우에 적용된다고 해석해야 하기 때문이다.

둘째, 가사소송법 제2조 제1항 제2호 가, 나목 내의 각 번호를 같이하는 청구는 1개의 사건으로 보아야 하지만, 이에 대하여는 광범위한 예외규정이 있다. 라류 가사비송청구 중 가사소송법 제2조 제1항 제2호 가목의 1) 내지 6), 8) 내지 9), 11) 내지 24)의8은 사건본인마다, 31), 33) 내지 38)은 피상속인마다, 30)은 기간연장의 대상이 되는 상속인마다, 32), 39)는 청구인마다, 40)은 검인의 대상이 되는 구수증서마다, 41)은 검인의 대상이 되는 유언서·녹음대마다, 42)는 봉인된 유언서마다, 43) 내지 47)은 유언집행자마다, 48)은 부담 있는 유언마다 각 1개의 청구로 본다(가수규 제5조 제3항 제2호 유추적용). 마류 가사비송청구 중 가사소송법 제2조 제1항 제2호 나목의 3), 5), 6)은 사건본인마다, 8)은 부양권리자마다, 9)는 청구인마다, 10)은

피상속이마다 각 1개의 사건으로 본다. 다만, 6)의 청구 중 부모 쌍방에 대한 청구는 2건으로 본다(가수규 제5조 제3항 제3호 유추적용).

2. 항 고

항고제기 수수료는 사건의 종류에 따라 심판청구의 수수료의 2배액, 재항고 제기의 수수료는 그 3배액으로 한다(가수규 제3조 제2항).

3. 반대청구

반대청구의 수수료는 1건당 10,000원이다, 다만, 본래의 청구와 그 목적이 동일한 반대청구에는 수수료를 요하지 아니한다(가수규 제3조 제3항).

본래청구와 반대청구의 목적이 동일하다 함은, ① 본래청구와 반대청구가 소송의 목적 즉, 소송물이 동일한 경우를 의미하지만, 실무는 좀 더 넓게 해석하여 ② 본래청구와 반대청구가 동일물을 서로 배척하는 청구의 목적물로 하고 있는 경우도 포함한다.

이와 같이 본래청구와 그 목적이 동일한 반대청구의 수수료에 관하여 특별 취급을 하는 이유는 본래청구에 대한 심리, 판단에 의하여 저절로 이에 상반되는 반대청구에 관한 결론을 얻을 수 있기 때문이다(재판유상주의). 예컨대, 심판청구인이 미성년자인 자를 자신이 양육하도록 하여줄 것을 청구함에 대하여 상대방 역시 동일한 미성년자를 자신이 양육하겠다는 취지에서 양육에 관한 처분[마류 3호)]을 반대청구로 구하는 경우에 수수료를 요하지 아니한다(아래 사례 56).

□ 사례 56 : 가사사건에서 반소(반대)청구의 수수료 (가사 1)

[문제 1]	청구인이 미성년자인 사건본인(1인)의 양육자로 자신을 지정할 것을 청구하자, 상대방도 반대청구로 자신을 양육자로 지정할 것을 청구한 경우 수수료
[답 변]	수수료를 납부하지 않는다.

	〈해 설〉 가사비송사건에서 본래의 청구와 반대의 청구가 그 목적이 동일하면 수수료를 납부하지 않는다(가수규 제3조 제3항). 본래청구와 반대청구의 목적이 동일하다 함은, ① 본래청구 및 반대청구가 소송의 목적 즉, 소송물이 동일한 경우를 의미하지만, 실무례는 좀도 넓게 해석하여 ② 본래청구 및 반대청구가 동일물을 서로 배척하는 청구의 목적물로 하고 있는 경우도 포함시킨다. 이와 같이 본래청구와 그 목적이 동일한 반대청구의 수수료에 관하여 특별 취급을 하는 이유는 본래청구에 대한 심리, 판단에 의하여 저절로 이에 상반되는 반대청구에 관한 결론을 얻을 수 있기 때문이다(재판유상주의).
[문제 2]	**이혼청구의 본소에 대하여, 이혼 및 위자료 5,000만원을 구하는 반소를 제기한 경우 수수료**
[답 변]	수수료는 230,000원이다. 〈해 설〉 1. 가사비송사건의 반대청구에 대해서는 민사소송등인지법 제4조 제2항에 대응하는 규정을 두면서(가수규 제3조 제3항 단서) 가사소송사건의 반소청구에 대해서는 그와 같은 규정을 두지 않고 있는 점(가수규 제2조 제4항), 가사소송수수료규칙 제2조 제4항은 민사소송등인지법 제4조의 특별규정에 해당하는 점을 고려할 때 유추적용을 부정함이 상당하다. 따라서 가사소송사건에서는 본소와 반소의 동일한 경우에도 본소의 인지액을 공제하지 않는다. 2. 수수료 산정 가. 재판상이혼청구 나류 4) 사건이므로 20,000원이다(가수규 제2조 제1항). 나. 위자료 청구 다류 2) 사건이므로 소송목적의 값은 청구금액 5,000만원이고(가수규 제2조 제2항, 인지규칙 제12조 제3호), 이에 대한 수수료는 230,000원이다(민인법 제2조 제1항 제2호). 다. 병합청구 가사소송법 제14조 제1항의 규정에 의해 수개의 가사소송청구를 병합한 것이므로 수개의 청구 중 다액인 수수료에 의한다(가수규 제5조 제1항). 따라서 병합청구의 수수료는 230,000원이다.

4. 준 재 심

준재심청구의 수수료는 사건의 종류 및 심급에 따라 심판청구, 항고, 재항고, 반대청구의 수수료액과 같다(가수규 제3조 제4항).

5. 다른 법률에 의한 사건

가정법원은 가사소송법 제2조에서 정하는 사건뿐만 아니라 다른 법률이나 대법원규칙에서 가정법원의 권한으로 정한 사항에 대하여도 심리·재판하고, 이 사건에 관한 절차는 법률이나 대법원규칙으로 따로 정하는 경우를 제외하고는 라류 가사비송사건의 절차에 따르므로(가소법 2조 2항 및 3항) 이때의 수수료는 1건당 5,000원이다. 예를 들면 입양특례법 제11조에 따른 요보호아동 입양허가 신청서에는 5,000원의 인지를 붙인다.

다만 다른 법률에서 수수료를 면제하고 있는 경우에는 그에 따른다. 예를 들어 보호시설에 있는 미성년자의후견직무에관한법률 제3조 제3항에 따라 보호시설에 있는 고아 아닌 미성년자의 후견인 지정허가 신청의 경우 등 시행령 별표 서식 2호에 수수료 없음으로 표시되어 있으므로 수수료는 면제된다.

제4절 병합청구

1. 원시적 병합

가. 수개의 가사소송사건 병합 또는 가사소송사건과 가사비송사건 병합

(1) 가사소송법 제14조 제1항 의한 병합

수개의 가사소송사건 또는 가사소송사건과 가사비송사건의 청구의 원인이 동일한 사실관계에 기초하거나 1개의 청구의 당부가 다른 청구의 당부의 전제가 되는 때에는 이를 1개의 소로 제기할 수 있다(가소법 제14조 제1항). 청구의 원인이 동일한 사실관계에 기초한다는 것은, 각 청구가 하나의 사회현상인 사실로부터 발생하는 것을 말한다. 예컨대, 하나의 혼인관계를 둘러 싼 혼인의 무효청구와 혼인의 취소청구, 하나의 인지를 둘러 싼 무효청구와 취소청구, 하나의 이혼을 둘러싼 무효청구와 취소청구, 하나의 입양을 둘러싼 무효청구와 취소청구, 상대방의 귀책사유로 인하여 혼인관계가 파탄되었음을 이유로 하는 재판상이혼청구와 손해배상청구 등을 들 수 있다. 1개의 청구의 당부가 다른 청구의 당부의 전제가 된다는 것은, 병합되는 수개의 청구가 서로 논리적인 의존관계에 있어 기초가 되는 청구가 인용되거나 기각되면 나머지 청구 역시 그에 따라 인용되거나 기각되어야 하는 것을 가리킨다. 예컨대, 혼인의 무효·취소, 이혼의 무효·취소, 재판상이혼, 입양의 무효·취소, 파양의 무효·취소, 재판상 파양의 각 청구와 이를 원인으로 하는 손해배상 또는 원상회복의 청구, 재판상이혼청구와 이혼을 원인으로 하는 재산분할의 청구·자의 양육에 관한 처분청구 등을 들 수 있다.

(2) 소송목적의 값

가사소송법 제14조 제1항의 규정에 의하여 수개의 가사소송청구 또는 가사소송청구와 가사비송청구를 병합청구하는 경우에는 수개의 청구중 다액인 수수료에 의한다(가수규 제5조 제1항). 병합청구의 수수료 산정방식에 대해 흡수법칙을 채택하고 있는데, 민사소송등인지법 제2조 제5항과 동일한 취지로서 재판유상주의에 근거한 것이다. 이 점에서 원칙적으로 합산법칙을 채택하고 있는 민사소송에서의 병합(민소법 27조 1항 참조) 및 가사비송 사이의 병합(가수규 5조 2항)과 다르다.

즉, 수개의 청구원인이 동일한 사실관계에 기초하거나 1개의 청구의 당부가 다른 청구의 당부의 전제가 되는 관계에 있는 경우에는 서로 무관한 청구가 병합된 경우에 비해 법원이 제공하는 역무의 양이 적다고 말할 수 있기 때문에 병합청구의 수수료를 합산시키지 않고 흡수시킨 것이다.

(3) 산 정 례

상대방의 귀책사유로 인하여 혼인관계가 파탄되었음을 이유로 재판상이혼청구(나류 4)]와 5,000만원의 위자료청구[다류 2)]를 병합제기한 경우, 이는 수개의 청구원인이 동일한 사실관계에 기초하고 있다고 할 수 있으므로, 이혼청구의 수수료 20,000원과 위자료청구의 수수료 230,000원 중 다액인 230,000원의 수수료를 납부하면 된다. 또한 재판상이혼청구[나류 4)]와 이혼을 원인으로 하는 재산분할청구[마류 4)]가 병합된 경우, 이는 1개의 청구의 당부가 다른 청구의 당부의 전제가 되는 관계에 있다고 할 수 있으므로 이혼청구의 수수료액 20,000원과 재산분할청구의 수수료액 10,000원 중 다액인 20,000원의 수수료를 납부하면 된다(아래 사례 57).

□ 사례 57 : 가사사건에서 병합청구의 수수료 (가사 2)

[문제 1]	병합청구의 수수료 ① 원고와 피고는 이혼한다. ② 피고는 원고에게 위자료로 금 5,000만원을 지급한다. ③ 피고는 원고에게 재산분할로 1억원을 지급한다.
[답 변]	병합청구의 수수료는 230,000원이다.

※ 가사소송법 제14조 제1항의 규정에 의해 수개의 가사소송청구 또는 가사소송청구와 가사비송청구를 병합하는 경우에는 수개의 청구 중 다액인 수수료에 의한다(가수규 제5조 제1항). 따라서 병합청구의 수수료는 수개의 청구 중 가장 다액인 230,000원이다.

☞ 각 청구의 수수료

① 재판상이혼청구
나류 4) 사건이므로 1건당 20,000원이다(가수규 제2조 제1항).

② 위자료청구
다류 2) 사건이므로 소송목적의 값은 청구금액 5,000만원이고(가수규 제2조 제2항, 민인규 제12조 제3호), 이에 대한 수수료는 230,000원이다(민인법 제2조 제1항 제2호)

③ 재산분할청구
마류 4) 사건이므로 1건당 10,000원이다(가수규 제3조 제1항).

(4) 적용범위

가사소송청구와 '수개의 가사비송청구'가 병합된 경우 예컨대, 이혼청구[나류 4)], 재산분할청구[마류 4)], 양육에 관한 처분 청구(사건본인 3명)[마류 3)]을 병합하여 제기한 경우, 가사소송사건에 수개의 가사비송사건을 병합한 근거규정은 가사소송법 제

14조 제1항이라는 점에서 가사소송수수료규칙 제5조 제1항에 의해 흡수법칙을 적용하여야 하므로, 수수료는 다액인{이혼청구 20,000원, 재산분할청구 10,000원, 양육에 관한 처분청구 30,000원(3명)} 30,000원이다(아래 사례 58).

□ 사례 58 : 가사사건에서 병합청구의 수수료 (가사 3)

[문제 1]	병합청구의 수수료 ① 사건본인들(3인)의 친권자 및 양육자로 청구인을 지정한다. ② 사건본인들이 성년에 달할 때까지 상대방은 청구인에게 매월 25만원의 양육비를 지급한다.
[답 변]	병합청구의 수수료는 60,000원이다. ※ 가사소송규칙 제20조의2의 규정에 의하여 수개의 가사비송청구를 병합청구하는 경우에는 수개의 청구의 수수료를 합산하므로(가수규 제5조 제2항), 수수료는 60,000원(30,000+30,000원)이다. ☞ 각 청구의 소송목적의 값 ① 친권자의 지정청구 부모가 이혼한 경우에 부모가 협의할 수 없거나 협의가 이루어지지 아니하여 가정법원에 친권자지정청구를 하는 경우, 이는 민법 제909조 제4항 및 가사소송법 마류 5)에 의한 별도의 청구이므로 수수료를 납부하여야 하고, 1건당 10,000원이다(가수규 제3조 제1항). 사건본인별로 각 1개의 청구로 보므로 수수료는 30,000원(10,000원×3)이다(가수규 제5조 제3항 제3호 유추적용) ② 양육자지정청구, 양육비지급청구 마류 가사비송사건의 수수료는 '1건당' 10,000원이고(가수규 제3조 제1항), 1건당이라는 것은 '각 사건별로'라는 의미이다. 가사비송사건의 개수를 정함에 있어서, 가사소송법 제2조 제1항 제2호 가, 나목 내의 '각 번호를 달리하는 청구'는 수개의 사건으로 보고(가수규 제5조 제3항 제1호 유추적용) '각 번호를 같이하는 청구'는 가사소송수수료규칙 제5조 제3항 제2호, 제3호의 예외규정이 없는 한 1개의 사건으로 보아야 한다(가수규 제5조 제3항 제1호 반대유추해석). 청구취지가 수 개라고 하여 수개의 사건이 되는 것은 아니다. 양육자지정청구 및 양육비지급청구는 가사소송법 제2조 제1항 제2호 나목 3)의 양육에 관한 처분청구에 해당하므로 1개의 사건으

로 보아야 한다. 다만, 마류 3) 사건은 사건본인별로 각 1개의 사건으로 보므로 수수료는 30,000원(10,000원×3이다(가수규 제5조 제3항 제3호 유추적용).

[문제 2] **병합청구의 수수료**

① 원고와 피고는 이혼한다.
② 사건본인들의 친권자 및 양육자로 원고를 지정한다(사건본인은 3명).
③ 상대방은 청구인에게 별지 목록 기재 부동산에 관하여 재산분할을 원인으로 한 소유권이전등기절차를 이행한다.

[답 변] 병합청구의 수수료는 30,000원이다.

☞ 각 청구의 소송목적의 값

① 재판상이혼청구
나류 4) 사건이므로 1건당 20,000원이다(가수규 제2조 제1항).

② 친권자의 지정청구
민법 제909조 제5항에 의하면 가정법원의 직권발동을 촉구하는 신청에 불과하므로 수수료의 납부를 요하지 아니한다(가수규 제4조 단서).

③ 양육에 관한 처분 청구
마류 3) 사건은 1건당 10,000원이고(가수규 제3조 제1항), 사건본인별로 각 1개의 청구이므로 수수료는 30,000원(10,000원×3)이다(가수규 제5조 제3항 제3호 유추적용).

④ 재산분할에 관한 처분 청구
마류 4) 사건이므로 1건당 10,000원이다(가수규 제3조 제1항).

☞ 병합청구의 수수료

① 가사소송수수료규칙 제5조 제2항을 적용하지 않는다.
가사소송법 제14조 제1항에 의하여 병합된 것이므로 가사소송규칙 제20조의2에 의하여 병합된 것에 대한 규정인 가사소송수수료규칙 제5조 제2항은 적용되지 않는다. 이에 의하면 재판상이혼청구의 수수료 20,000원, 양육에 관한 처분청구의 수수료 30,000원, 재산분할에 관한 수수료 10,000원 중 가장 다액인 30,000원의 수수료를 납부해야 한다.
수개 청구에 대한 병합의 근거규정이 가사소송법 제14조 제1항인 경우에는 가사소송수수료규칙 제5조 제1항을 적용하고, 가사소송규칙 제20조의2인 경우에는 가사소송수수료규칙 제5조 제2항을 적용한다고 해석해야 한다. 왜냐하면 문리해석상 가사소송규칙

> 제20조의2의 규정은 가사소송청구의 존재를 전제로 하지 않고 수개의 가사비송청구만을 병합한 경우에 적용된다고 해석해야 하기 때문이다.

나. 수개의 가사비송사건의 병합

수개의 가사비송사건의 청구가 가사소송법 제14조 제1항의 요건을 갖춘 때에는 1개의 심판청구로 제기할 수 있는데(가소규 제20조의2), 이 경우에는 수개의 청구의 수수료를 합산한다(가수규 제5조 제2항).

병합요건이 가사소송수수료규칙 제5조 제1항의 경우와 동일함에도 흡수법칙이 아닌 합산법칙을 적용하므로 유의하여야 한다. 예컨대, 상속재산분할청구(피상속인 1인)와 기여분결정청구(청구인 1인)를 병합한 경우 수수료는 20,000원, 양육자지정청구(사건본인 1인)와 재산분할청구를 병합한 경우 수수료는 20,000원이다.

또한, 위 규정은 가사소송청구의 존재를 전제로 하지 않고 수개의 가사비용청구만을 병합한 경우에 적용된다. 예컨대, 재판상이혼청구[나류 4), 수수료 20,000원], 자의 양육에 관한 처분청구[마류 3), 수수료 10,000원], 이혼을 원인으로 하는 재산분할청구[마류 4), 수수료 10,000원]가 병합된 경우 가사소송수수료규칙 제5조 제1항을 적용하여, 수수료는 다액인 20,000원이다.

2. 후발적 병합

후발적 병합의 경우 수수료 산정방식에 관하여 가사소송수수료규칙에 특별규정이 있으면 그에 의하고, 그러한 규정이 없으면 일반규정인 민사소송등인지법 제5조, 제6조 등에 의한다(민인법 제1조). 예컨대, 재판상이혼청구[나류 4)] 소송계속중 5,000만원의 위자료청구를 병합하는 경우, 청구변경신청서에는 심급에 따라 변경 후 청구에 관한 인지액에서 변경 전 청구에 관한 인지액을 공제한 액의 인지를 붙여야 하므로(민인법 제5조) 수수료는 210,000원의 인지를 붙여야 한다. 변경 후 청구는 재판상이혼청구[나류 4) 사건이므로 수수료는 20,000원]와 위자료청구[다류 2) 사건이므로 민사소송등인지규칙 제12조 제3호, 민사소송등인지법 제2조 제1항에 의해 수수료는 230,000원]인데 수수료는 다액인 쪽에 의하므로 230,000원이고(가수규 제5조 제1항) 이 금액에서 변경 전 청구에 관한 인지액 20,000원을 공제한 금액이다.

3. 친권자지정청구

가. 혼인의 취소, 재판상이혼, 인지청구의 소와 함께 친권자지정청구를 하는 경우

민법 제909조 제5항에 의해, 이는 가정법원의 직권발동을 촉구한 신청에 불과하므로 수수료를 납부를 요하지 아니한다(민인법 제1조, 제10조 단서). 예컨대 재판상이혼청구와 사건본인 3인에 대한 친권자지정청구 및 양육에 관한 처분청구를 병합한 경우, 재판상이혼청구의 수수료는 20,000원(가수규 제2조 제1항), 사건본인 3인에 대한 친권자지정청구의 수수료는 0원(민인법 제1조, 제10조 단서), 사건본인 3인에 대한 양육에 관한 처분청구의 수수료는 30,000원(가수규 제3조 제1항, 제5조 제3항 제3호 유추적용)이고, 병합청구의 수수료는 다액인 30,000원이다(가수규 제5조 제1항).

나. 그 외 친권자 지정청구를 하는 경우

그 외 별도로 친권자 지정청구를 하는 경우에는 수수료를 납부하여야 한다(가수규 제3조 제1항).

예컨대 이혼청구에 부대하지 않은 사건본인 1인에 대한 양육에 관한 처분청구, 친권자지정청구를 병합한 경우 사건본인 1인에 대한 양육에 관한 처분청구 및 친권자지정청구의 수수료는 각 10,000원(가수규 제3조 제1항)이므로 합산법칙을 적용하여 수수료는 20,000원이다(가수규 제5조 제2항). 또한 개정 민법 시행 전에 재판상이혼청구사건이 종결되었으나 친권자에 관하여 아무런 정함이 없어 독립의 청구로 친권자지정을 구하는 경우에도 사건본인 1인당 10,000원의 수수료를 납부하여야 한다(가수규 제5조 제3항 유추적용).

제5절 가사조정절차

1. 수 수 료

가사조정신청의 수수료는 5,000원으로 한다(가수규 제6조 제1항).

1개의 가사사건의 청구를 조정신청하는 경우이든, 수개의 가사사건의 청구를 병합하여 조정신청하는 경우이든 동일하다. 예컨대, 이혼을 구하는 조정신청을 하는 경우와 이혼 및 5,000만원의 위자료 지급을 구하는 조정신청을 하는 경우에 모두 5,000원의 수수료를 납부하면 된다.

민사사건의 청구를 병합하여 조정신청하는 경우에는, 그 민사상의 청구에 대하여 민사조정법 제5조 제4항에 따른 수수료와 5,000원 중 다액을 수수료로 한다(가수규 제6조 제2항). 예컨대, 이혼, 5,000만원의 위자료 지급, 약정금 1억원 지급을 구하는 조정신청을 한 경우, 가사조정신청의 수수료 5,000원과 민사조정신청의 수수료 91,000원[{(1억원 × 40/10,000) + 55,000} × 1/5] 중 다액인 91,000원의 수수료를 납부한다.

2. 소제기 또는 심판청구가 있는 것으로 의제되는 경우에 추가납부할 수수료

이의신청 등에 의하여 사건이 조정절차에서 소송 또는 심판절차로 이행된 경우에는 조정신청인은 소제기 또는 심판청구를 하는 경우에 납부하여야 할 수수료와 조정신청시에 납부한 수수료의 차액을 추가로 납부하여야 한다(가수규 제6조 제4항). 예컨대, 이혼과 5,000만원의 위자료지급을 구하는 조정신청을 하였는데 조정불성립된 경우, 소제기할 경우에 납부할 수수료 230,000원[위자료청구의 수수료 230,000원(가수규 제2조 제2항, 민인법 제2조 제1항 민인규 제12조 제3호)과 이혼청구의 수수료 20,000원(가수규 제2조 제1항) 중 다액인 230,000원에 의한다(가수규 제5조 제1항)]에서 조정신청시에 납부한 수수료 5,000원을 공제한 액 225,000원을 추납한다(아래 사례 59).

❑ 사례 59 : 가사조정사건에서의 수수료 (가사 4)

[문제 1]	조정신청에 납부할 수수료
[답 변]	가사조정신청의 수수료는 5,000원으로 한다(가수규 제6조 제1항). 1개의 가사사건의 청구를 조정신청사항으로 한 경우는 물론 수개의 가사사건의 청구를 조정신청사항으로 한 경우도 포함한다.
[문제 2]	조정이 불성립되어 소로 의제될 경우의 추납할 수수료 ① 신청인과 피신청인은 이혼한다. ② 피신청인은 신청인에게 위자료 1억원을 지급한다. ③ 사건본인들의 양육자로 신청인을 지정한다(사건본인은 2인) ④ 피신청인은 신청인에게 별지 목록 기재 부동산에 관하여 재산분할을 원인으로 한 소유권이전등기절차를 이행한다.
[답 변]	추납할 수수료는 450,000원이다.

※ 소제기할 경우 납부해야 할 수수료에서 조정신청시에 납부한 수수료를 공제하면, 추납할 수수료는 450,000원(455,000원 − 5,000원)이다.

☞ **추납할 수수료 산정방식**

이의신청 등에 의하여 사건이 조정절차에서 소송 또는 심판절차로 이행된 경우에는 조정신청인은 소의 제기 또는 심판청구를 하는 경우에 납부하여야 할 수수료액과 조정신청시에 납부할 수수료액의 차액을 추가로 납부하여야 한다(가수규 제6조 제4항).

☞ **각 청구의 수수료**

① 재판상이혼청구
나류 4) 사건이므로 20,000원이다(가수규 제2조 제1항).

② 위자료청구
다류 2) 사건이므로 소송목적의 값은 청구금액 1억원이고(가수규 제2조 제2항, 민인규 제12조 제3호), 이에 대한 수수료는 455,000원이다(민인법 제2조 제1항 제3호)

③ 양육에 관한 처분청구
마류 3) 사건은 1건당 10,000원이고(가수규 제3조 제1항), 사건본인별로 각 1개의 청구로 보므로 수수료는 20,000원(10,000원×2)이다(가수규 제5조 제3항 제3호 유추적용).

④ 재산분할에 관한 처분
마류 4) 사건이므로 1건당 10,000원이다(가수규 제3조 제1항).

☞ **병합청구의 수수료**

가사소송법 제14조 제1항의 규정에 의해 가사소송청구와 가사비송청구를 병합하는 경우에는 수개의 청구 중 다액인 수수료에 의하므로(가수규 제5조 제1항), 수수료는 수개의 청구 중 다액인 455,000원이다.

예시 1 **이혼 등 청구(위자료, 재산분할, 친권행사자 및 양육자지정, 양육비청구)**

1. 원고와 피고는 이혼한다.
2. 피고는 원고에게 위자료로 5,000만원과 이에 대하여 2018. 7. 10.부터 다 갚는 날까지 연 15%의 비율로 계산한 돈을 지급하라.
3. 피고는 원고에게 재산분할로 7,000만원과 이에 대하여 이 사건 판결확정일다음날부터 다 갚는 날까지 연 5%의 비율로 계산한 돈을 지급하라.
4. 사건본인들의 친권행사자 및 양육자로 원고를 지정한다.
5. 피고는 원고에게 사건본인들에 대한 양육비로 이 사건 판결확정일 다음날부터 2024. 6. 20.까지 매월 100만원씩을 매월말일에 지급하라.

► 소가산정 ◄

1. **목적물의 종류에 따른 가액**

가. 이혼청구 : 나류 4호의 재판상이혼사건이므로 20,000원의 인지를 첨부한다.

나. 위자료 : 다류사건에 해당하고 청구금액을 소가로 한다(민인법 제2조, 가수규 제2조 제2항).

다. 재산분할 : 마류 4호의 사건이므로 청구금액을 소가로 한다(민인법 제2조, 가수규 제3조 제2항 제1호).

바. 친권행사자지정 : 마류 5호의 사건이다. 친권행사자지정은 사건본인마다 각 1개의 청구로 보므로(가수규 제5조 제3항), 사건본인이 1인이면 10,000원의 인지를, 2인이면 20,000원의 인지를 붙인다.

사. 양육자지정 및 양육비청구 : 양육자지정 및 양육비청구는 마류 3호에서 규정하고 있으므로 한 사건으로 보아 인지를 첩부한다. 다만 사건본인마다 각 1개의 청구로 보므로(가수규 제5조 제3항), 사건본인이 1인이면 10,000원의 인지를, 2인이면 20,000원의 인지를 붙인다.

2. **산출공식**

가. 이혼청구 : 금 20,000원(인지액)

나. 위자료 : 금 5,000만원(소가)

다. 재산분할 : 금 7,000만원(소가)

바. 친권행사자지정 : 위 청구취지에서 사건본인들을 2인으로 보고 20,000원의 인지를 붙인다.

사. 양육자지정 및 양육비청구 : 위 청구취지에서 사건본인들을 2인으로 보고 20,000원의 인지를 붙인다.

3. 인지액

위자료청구와 재산분할의 경우에는 위 소가에 인지액산정공식에 의하여 산정한 금액의 2분의 1의 금액이 인지액이 된다.

※1. 본 소는 가사소송사건의 나류, 다류사건과 마류 가사비송사건 중 제4호에 해당하는 재산분할을 병합하여 청구한 소이다. 본 소는 청구의 원인이 동일한 사실관계에 기초하거나 1개의 청구의 당부가 다른 청구의 당부의 전제가 되는 때에 해당하고 이를 1개의 소로 병합 제기한 경우이다(가소법 제14조 제1항).

2. 가사소송사건 중 다류사건은 민사소송등인지법에 따라 계산한 금액의 2분의1에 해당하는 인지를 납부하여야 하고(민인법 제2조, 가수규 제2조 제2항), 가사소송사건의 가류, 나류사건과 가사비송사건의 라류, 마류사건(제4호 사건과 제10호 사건은 제외)은 가사소송규칙에서 정한 수수료의 인지를 첩부하여야 한다(가수규 제3조 제1항). 따라서 가류 및 나류 가사소송사건의 소 제기의 수수료는 1건당 20,000원으로 하고(가수규 제2조 제1항), 라류 가사비송사건 심판청구의 수수료는 1건당 5,000원, 마류 가사비송사건(제4호 사건과 제10호 사건은 제외)의 심판청구의 수수료는 1건당 10,000원으로 한다(가수규 제3조 제1항).

예시 2 **이혼 등 청구(위자료 포함)**

1. 원고와 피고는 이혼한다.
2. 피고는 원고에게 위자료로 5,000만원을 지급하라.

► 소가산정 ◄

1. 목적물의 종류에 따른 가액

가. 이혼청구 : 나류 4호의 재판상이혼사건이므로 20,000원의 인지를 첨

부한다.

나. 위자료 : 다류사건에 해당하고 청구금액을 소가로 한다(민인법 제2조, 가수규 제2조 제2항).

2. 산출공식

가. 이혼청구 : 금 20,000원(인지액)

나. 위자료 : 금 5,000만원(소가), 금 115,000원(인지액)

= 5,000 + (5,000만원 × 0.0045) × 1/2

3. 인지액

위자료청구의 경우에는 위 소가에 인지액산정공식에 의하여 산정한 금액의 2분의 1의 금액이 인지액이 된다.

※1. 본 소는 가사소송사건에서 나류사건과 다류사건을 병합하여 청구한 소이다. 본 소는 청구의 원인이 동일한 사실관계에 기초하거나 1개의 청구의 당부가 다른 청구의 당부의 전제가 되는 때에 해당하고 이를 1개의 소로 병합 제기한 경우이다(가소법 제14조 제1항). 이 경우에는 수 개의 청구 중 다액을 소가로 한다(가수규 제5조 제1항).

2. 가사소송사건 중 다류사건은 민사소송등인지법 제2조에 따라 계산한 금액의 2분의1에 해당하는 인지를 납부하여야 하고(민인법 제2조, 가수규 제2조 제2항), 가사소송사건의 가류, 나류사건과 가사비송사건의 라류, 마류사건은 가사소송규칙에서 정한 수수료의 인지를 첩부하여야 한다(가수규 제3조 제1항). 따라서 가류 및 나류 가사소송사건의 소 제기의 수수료는 1건당 20,000원으로 하고(가수규 제2조 제1항), 라류 가사비송사건 심판청구의 수수료는 1건당 5,000원, 마류 가사비송사건 심판청구의 수수료는 1건당 10,000원으로 한다(가수규 제3조 제1항).

예시 3 **이혼 등 청구(위자료, 양육비, 재산분할로 인한 소유권이전등기)**

1. 원고와 피고는 이혼한다.
2. 피고는 원고에게 위자료로 5,000만원을 지급하라.
3. 피고는 원고에게 ○○시 ○○구 ○○동 ○○○-○○ 대 150㎡ 및 위 지상 시멘트 블록조 기와지붕 1층 주택 90㎡ 중 2분의 1 지분에 관하여

이 사건 판결확정일 재산분할을 원인으로 한 소유권이전등기절차를 이행하라.

4. 피고는 원고에게 사건본인들에 대한 양육비로 이 사건 판결확정일 다음날부터 2018. 6. 24.까지 월 100만원의 비율로 계산한 돈을 지급하라.

► **소가산정** ◄

1. **목적물의 종류에 따른 가액**
   가. 이혼청구 : 나류 4호의 재판상이혼사건이므로 20,000원의 인지를 첨부한다.
   나. 위자료 : 다류사건에 해당하고 청구금액을 소가로 한다(민인법 제2조, 가수규 제2조 제2항).
   다. 재산분할에 의한 소유권이전등기 : 마류 4호의 사건이므로 목적물의 가액을 소가로 한다(민인법 2조, 가수규 3조 1항 1호)
   ① 토지 : 공시지가 × 면적(㎡) × 50/100 = 가액
   ② 건물 : 건물기준가액 × 구조지구 × 용도지수 × 위치지수 × 경과년수잔가율 × 면적(㎡) × 가감산율 = 과세시가표준액 × 50/100 = 가액
   ③ (위 ①토지가액 + ②건물가액)② × 1/2(청구지분) = 소가
   라. 양육비청구 : 마류 3호의 사건이다. 양육비청구는 사건본인마다 각 1개의 청구로 보므로(가수규 제5조 제3항), 사건본인이 1인이면 10,000원의 인지를, 2인이면 20,000원의 인지를 붙인다.

2. **산출공식 : 위자료청구와 재산분할의 경우에는 위 소가에 인지액산출공식에 의하여 산정한 금액의 2분의 1의 금액이 인지액이 된다.**
   가. 이혼청구 : 20,000원(인지액)
   나. 위자료 : 금 5,000만원(소가) : 후술의 인지액납부 참조
   다. 재산분할 : 위 소가(예 : 소가가 6,000만원일 경우) : 10,000원(인지액) : 후술의 인지액납부 참조
   사. 양육비청구 : 위 청구취지에서 사건본인들을 2인으로 보고 20,000원의 인지를 붙인다.

3. 인지액납부

다류 가사소송청구와 마류 4호의 가사비송청구를 병합청구하는 경우에는 그 소송목적의 값과 청구목적의 값을 더한 금액에 관하여 1개의 다류 가사소송청구를 한 것으로 보아 민사소송등인지법 제2조에 따라 계산한 금액의 2분의 1에 해당하는 인지액을 납부하여야 한다(가수규 5조 1항 단서).

따라서 위 위자료청구금액 5,000만원＋재산분할청구금액 6,000만원＝1억1천만원이어서 위 인지액공식에 의하면 55,000＋(1억1천만원×0.004)＝495,000원×2분의1＝247,500원이 인지액이 된다.

한편 수개의 가사소송청구 또는 가사소송청구와 가사비송청구를 병합청구하는 경우에는 수개의 청구 중 다액인 수수료에 의하므로(가수규 제5조 제1항 본문), 이 사건의 경우에는 위자료청구와 재산분할청구에 따른 소유권이전등기의 인지액을 더한 금액이 인지액이 되는 것이다.

※1. 본 소는 가사소송사건의 나류, 다류사건과 가사비송사건의 마류 비송사건 중 제4호인 재산분할사건을 원인으로 한 소유권이전등기 청구를 병합하여 청구한 소이다. 본 소는 청구의 원인이 동일한 사실관계에 기초하거나 1개의 청구의 당부가 다른 청구의 당부의 전제가 되는 때에 해당하고 이를 1개의 소로 병합 제기한 경우로써(가소법 제14조 제1항). 이 경우에는 위자료청구와 재산분할청구를 더한 금액의 2분의 1이 인지액과 병합한 수개의 청구 중 다액을 인지액으로 납부하여야 한다(가수규 제5조 제1항).

2. 가사소송사건 중 다류사건은 민사소송등인지법 제2조에 따라 계산한 금액의 2분의 1에 해당하는 인지를 납부하여야 하고(민인법 2조, 가수규 제2조 제2항), 가사소송사건의 가류, 나류사건과 가사비송사건의 라류, 마류사건은 가사소송규칙에서 정한 수수료의 인지를 납부하여야 한다(가수규 제3조 제1항). 따라서 가류 및 나류 가사소송 사건의 소 제기의 수수료는 1건당 20,000원으로 하고(가수규 제2조 제1항), 라류 가사비송사건 심판청구의 수수료는 1건당 5,000원, 마류 가사비송사건 심판청구의 수수료는 1건당 10,000원(제4호 사건과 제10호 사건은 제외)으로 한다(가수규 제3조 제1항).

예시 4 이혼 등 청구(양육자지정, 면접교섭권청구포함)

1. 원고와 피고는 이혼한다.
2. 사건본인들의 양육자로 원고를 지정한다.
3. 피고는 매년 12. 11.부터 같은 달 17.까지 및 7. 1.부터 같은 달 7.까지의 각 1주일간씩 사건본인들의 주거지로 사건본인들을 방문하여 면접, 교섭을 할 수 있다.

► 소가산정 ◄

1. 목적물의 종류에 따른 가액

가. 이혼청구 : 나류 4호의 재판상이혼사건이므로 20,000원의 인지를 첨부한다.

나. 양육자지정 및 면접·교섭권 : 양육자지정 및 양육비청구는 마류 3호에서 규정하고 있으므로 한 사건으로 보아 인지를 납부한다. 다만 사건본인마다 각 1개의 청구로 보므로(가수규 제5조 제3항), 사건본인이 1인이면 10,000원의 인지를, 2인이면 20,000원의 인지를 납부한다.

2. 산출공식

가. 이혼청구 : 금 20,000원(인지액)

나. 양육자지정 및 면접·교섭권 : 위 청구취지에서 사건본인들을 2인으로 보고 20,000원의 인지를 붙인다.

3. 인지액

병합청구이므로 다액인 20,000의 인지액을 납부한다.

※1. 본 소는 가사소송사건의 나류, 다류사건과 가사비송사건의 마류사건을 병합하여 청구한 소이다. 본 소는 청구의 원인이 동일한 사실관계에 기초하거나 1개의 청구의 당부가 다른 청구의 당부의 전제가 되는 때에 해당하고 이를 1개의 소로 병합 제기한 경우이다(가소법 제14조 제1항). 이 경우에는 수 개의 청구 중 다액을 소가로 한다(가수규 제5조 제1항).

2. 가사소송사건 중 가류, 나류사건과 가사비송사건인 라류, 마류사건은 가사소송규칙에서 정한 수수료의 인지를 첨부하여야 한다(가수규칙 제2조 제1항, 제3조

제1항). 따라서 가류 및 나류 가사소송사건의 소 제기의 수수료는 1건당 20,000원으로 하고(가수규 제2조 제1항), 라류 가사비송사건 심판청구의 수수료는 1건당 5,000원, 마류 가사비송사건 심판청구의 수수료는 1건당 10,000원(제4호 사건과 제10호 사건은 제외)으로 한다(가수규 제3조 제1항).

예시 5 **이혼조정신청 등(민사사건인 위자료청구 포함)**

1. 원고와 피고는 이혼한다.
2. 피고는 원고에게 위자료로 5,000만원과 이에 대하여 2017. 5. 10.부터 2018. 6. 20.까지는 연 5%, 그 다음날부터 다 갚는 날까지는 연 15%의 각 비율로 계산한 돈을 지급하라.
3. 피고는 원고에게 재산분할로서 7,000만원을 지급하라.
4. 사건본인들의 양육자로 원고를 지정한다.
5. 피고는 원고에게 사건본인의 양육비로서 2017. 3. 12.부터 2024. 3. 24.까지 매월 100만원의 비율로 계산한 돈을 지급하라.

► 소가산정 ◄

1. **목적물의 종류에 따른 가액**
   가. 이혼조정신청 : 5,000원의 납부한다(가수류 제6조 제1항).
   나. 위자료 : 민사사건에 해당하고 청구금액을 소가로 하여, 그 2분의 1(가수규 제2조 제2항의 인지액)×10분의 1(민사조정인지액)을 인지액으로 한다(가수규 제6조 제2항, 민사조정규칙 제3조 제1항).
   다. 재산분할 : 마류 4호의 사건이므로 청구금액을 소가로 하여, 그 2분의 1(가수규 제2조 제2항의 인지액)×10분의 1(민사조정인지액)을 인지액으로 한다(가수규 제6조 제2항, 민사조정규칙 제3조 제1항).
   라. 양육자지정 및 양육비청구 : 5,000원의 인지를 납부한다(가수규 제6조 제1항).

2. 산출공식

위자료청구와 재산분할의 경우에는 위 소가에 인지액산출공식에 의하여 산정한 금액의 2분의 1인 금액의 10분의 1이 인지액이 된다.

가. 이혼조정신청 : 5,000원(인지액)

나. 위자료 : 금 5,000만원(소가) : 후술의 인지액납부 참조

다. 재산분할 : 금 7,000만원(소가) : 후술의 인지액납부 참조

라. 양육자지정 : 5,000원(인지액)

마. 양육비청구 : 5,000원(인지액)

3. 인지액납부

이 사건은 다류 가사소송청구와 마류 4호의 가사비송청구를 병합청구하는 경우이다. 따라서 이 사건의 경우에는 그 소송목적의 값과 청구목적의 값을 더한 금액에 관하여 1개의 다류 가사소송청구를 한 것으로 보아 민사소송등인지법 제2조에 따라 계산한 금액의 2분의 1에 해당하는 인지액(가수규 제5조 제1항 단서)의 10분의 1에 해당하는 인지액을 납부하여야 한다.

따라서 위 위자료청구금액 5,000만원+재산분할청구금액 7,000만원=1억 2천만원이어서 위 인지액공식에 의하면 55,000원+(1억2천만원×0.004) = 535,000원 × 2분의1 = 267,500원 × 10분의1 = 26,750원이 인지액이 된다.

한편 수개의 가사소송청구 또는 가사소송청구과 가사비송청구를 병합청구하는 경우에는 수개의 청구 중 다액인 수수료에 의하므로(가수규 제5조 제1항 본문), 이 사건의 경우에는 위자료청구와 재산분할을 더한 금액인 26,750원의 인지액을 납부하여야야 한다.

※1. 본 조정신청은 가사소송사건의 나류, 다류사건과 가사비송사건의 마류사건을 병합하여 청구한 경우이다. 본 조정신청은 원인이 동일한 사실관계에 기초하거나 1개의 신청의 당부가 다른 신청인 당부의 전제가 되는 때에 해당하고 이를 1개의 신청으로 병합 신청한 경우로써(가소법 제14조 제1항), 이 경우에는 수개의 신청 중 다액을 소가로 한다(가수규 제5조 제1항).

2. 가사조정신청의 수수료는 5,000원의 인지를 붙인다(가수규 제6조 제1항). 본 사건은 다류사건(위자료)을 병합하여 신청하였으므로, 다류사건의 신청에 대하여는 민사소송등인지법 제2조의 규정에 따라 산출한 액의 10분의 1의 인지

액과 위 수수료 5,000원의 인지액 중 다액을 소가로 한다(가수규 제6조 제2항).

3. 가사조정절차가 소송으로 이행하는 경우 :
조정신청을 한 때에 소의 제기 또는 심판의 청구가 있는 경우에는 소를 제기하거나 심판을 청구하는 경우에 납부하여야 할 수수료액으로부터 조정신청시에 납부한 수수료액을 공제한 액(즉, 10분의 9)의 수수료를 추가로 납부하여야 한다.

예시 6 사실혼관계해소로 인한 친생자인지청구, 양육자지정

1. 원고들은 피고의 친생자임을 인지한다.
2. 사건본인들의 친권행사자 및 양육자로 원고를 지정한다.
3. 피고는 원고에게 사건본인들의 양육비로 사건본인이 성년에 이르기까지 2024. 7. 12.부터 매월 말일에 100만원씩을 지급하라.

► 소가산정 ◄

1. 목적물의 종류에 따른 가액

가. 인지청구 : 나류 9호사건에 해당하고 20,000원의 인지를 붙인다.

나. 친권행사자지정 : 마류 5호사건에 해당한다. 친권행사자지정은 사건본인이다. 각 1개의 청구로 보므로(가수규 제5조 제3항), 사건본인이 1인이면 10,000원의 인지를, 2인이면 20,000원의 인지를 붙인다.

다. 양육자지정 및 양육비청구 : 마류 3호사건에 해당한다. 양육자지정 및 양육비청구는 마류 3호에서 규정하고 있으므로 한 사건으로 보아 인지를 첩부한다. 다만 사건본인마다 각 1개의 청구로 보므로(가수규 제5조 제3항), 사건본인이 1인이면 10,000원의 인지를, 2인이면 20,000원의 인지를 붙인다.

2. 산출공식

가. 인지청구 : 20,000원(인지액)

나. 친권행사자자지정 : 위 청구취지에서 사건본인들을 2인으로 보고 20,000

원의 인지를 붙인다.

다. 양육자지정 및 양육비청구 : 위 나항과 같다.

3. 인지액

위 금액 중 다액의 인지액 20,000원을 납부한다.

※1. 본 소는 가사소송사건의 나류사건과 가사비송사건의 마류사건을 병합하여 청구한 소이다. 본 소는 청구의 원인이 동일한 사실관계에 기초하거나 1개의 청구의 당부가 다른 청구의 당부의 전제가 되는 때에 해당하고 이를 1개의 소로 병합 제기한 경우로써(가소법 제14조 제1항), 이 경우에는 수 개의 청구 중 다액을 소가로 한다(가수규 제5조 제1항).

2. 가사소송사건의 가류, 나류사건과 가사비송사건인 라류, 마류사건은 가사소송규칙에서 정한 수수료의 인지를 첩부하여야 한다(가수규칙 제3조 제1항). 따라서 가류 및 나류 가사소송사건의 소 제기의 수수료는 1건당 20,000원으로 하고(가수규 제2조 제1항), 라류 가사비송사건 심판청구의 수수료는 1건당 5,000원, 마류 가사비송사건 심판청구의 수수료는 1건당 10,000원(제4호 사건과 제10호 사건은 제외)으로 한다(가수규 제3조 제1항).

예시 7 **사실혼관계해소확인 등**

1. 원고와 피고의 사실혼관계는 2018. 6. 20. 해소되었음을 확인한다.
2. 피고는 원고에게 5,000만원을 지급하라.
3. 피고는 ○○시 ○○면 ○○리 ○○○, ○○공원묘지내 소외 망 김○○의 분묘앞에 설치된 비석 뒷면에 새겨진 원고의 성명부분을 삭제하라.

► 소가산정 ◄

1. 목적물의 종류에 따른 가액

가. 사실혼관계해소확인 : 나류 1호사건이므로 20,000원의 인지를 첩부한다.

나. 위자료 : 다류 1호사건이므로 청구금액을 소가로 한다(민인법 제2조, 가수규 제2조 제2항).

다. 비석의 원고성명삭제 : 비재산권을 목적으로 하는 소송에 해당하여 소가는 5,000만원으로 한다(민인규 제18조의2, 전단).

2. 산출공식

가. 사실혼관계해소확인 : 20,000원(인지액)

나. 위자료 : 금 5,000만원(소가)

5,000 + (5,000만원 × 0.0045) = 230,000원(인지액) × 2분의 1

= 115,000원이 인지액이 된다.

다. 비석의 원고성명삭제 : 5,000만원(소가)

5,000 + (5,000만원 × 0.0045) = 230,000원이 인지액이 된다.

3. 인지액

위 인지액 중 다액의 인지액 230,000원을 납부한다.

※1. 본 소는 결혼식을 올렸으나 혼인신고를 하지않은 부부가 사실혼관계해소확인을 구하는 소이다. 본 소는 가사소송사건의 나류사건과 가사비송사건의 마류사건을 병합하여 청구한 소이다. 본 소는 청구의 원인이 동일한 사실관계에 기초하거나 1개의 청구의 당부가 다른 청구의 당부의 전제가 되는 때에 해당하고 이를 1개의 소로 병합 제기한 경우로써(가소법 제14조 제1항), 이 경우에는 수개의 청구 중 다액을 소가로 한다(가수규 제5조 제1항).

2. 가사소송사건 중 다류사건은 민사소송등인지법에 따라 구하는 금액을 소가로 하고(민인법 제2조, 가수규 제2조 제2항), 가사소송사건의 가류, 나류사건과 가사비송사건인 라류, 마류사건은 가사소송규칙에서 정한 수수료의 인지를 첨부하여야 한다(가수규칙 제3조 제1항). 따라서 가류 및 나류 가사소송사건의 소 제기의 수수료는 1건당 20,000원으로 하고(가수규 제2조 제1항), 라류 가사비송사건 심판청구의 수수료는 1건당 5,000원, 마류 가사비송사건 심판청구의 수수료는 1건당 10,000원으로 한다(가수규 제3조 제1항).

예시 8 **친생자관계부존재 청구**

피고 김○순은 피고 김○만, 피고 이○경 사이에 친생자 관계가 존재하지 아니함을 확인한다.

► **소가산정** ◄

본 소는 가사소송사건의 가류 4호사건이다. 가류사건의 소 제기의 수수료는 1건당 20,000원으로 한다(가수규 제2조 제1항). 따라서 위 인지액은 금 20,000원이다.

예시 9 **기여분 및 상속재산분할에 관한 처분(수 개의 가사비송사건병합)**

1. 피고들은 원고에게 별지 목록 기재 제1부동산(토지)에 대한 4분의 1 지분에 관하여 상속재산분할을 원인으로 한 소유권이전등기절차를 이행하라.
2. 원고와 피고들 사이에 별지 목록 기재 제2부동산(미등기건물)에 대한 사용·수익·처분권한이 원고에게 있음을 확인한다.
3. 기여분결정청구 : 원고의 기여분을 별지 목록 기재 각 부동산으로 정한다.

► **소가산정** ◄

1. **목적물의 종류에 따른 가액**

   민법 제1013조 제2항에 따른 상속재산의 분할에 관한 처분사건은 마류 가사 비송사건 중 제10호에 해당한다. 이 심판 청구의 수수료는 해당 청구를 공유물분할청구의 소로 보아 민사소송등인지법 제2조를 준용하여 계산한 금액으로 한다(가소규 제3조 제1항 제2호).

   공유물분할의 경우 목적물가액에 원고의 공유지분비율을 곱하여 산출한 가액의 1/3을 소가로 한다(민인규 제12조 제7호).

2. **산출공식**

   가. 부동산

   ① 토지 : 공시지가 × 면적(m^2) × 50/100 = 목적물가액 × 원고의 공유지분비율 = 가액

   ② 건물 : 건물기준가액 × 구조지수 × 용도지수 × 위치지수 × 경과년

수잔가율 × 면적(㎡) × 가감산율 = 과세시가표준액 × 50/100 = 가액 × 원고의 공유지분비율 = 가액

③ (①토지가액 + ②건물가액) × 1/3 = 소가

나. 기여분결정 : 마류 9호에 해당한다. 청구인마다 10,000원의 인지를 첩부한다(가수규 제5조 제3항 제2호).

3. 인지액

가. 위 부동의 소가가 6,000만원이라고 가정할 경우 :
5,000 + (6,000만원 × 0.0045) = 275,000원(인지액)

나. 청구인이 2인일 경우 : 20,000원(인지액)으로,

위 가, 나를 합산한 금액인 295,000원의 인지액을 납부한다(가수규 제5조 제2항).

※1. 본 소는 민법 제1008조의2 제2항의 규정에 의한 기여분 및 민법 제1013조 제2항의 상속재산의 분할을 원인으로 한 토지소유권이전등기와 미등기건물에 대한 사용, 수익, 처분권한의 확인청구이다(가사소송법 제2조 마류 제9호 제10호 사건).

2. 본 소는 청구의 원인이 동일한 사실관계에 기초하거나 1개의 청구의 당부가 다른 청구의 당부의 전제가 되는 때에 해당하고 이를 1개의 소로 병합 제기한 경우이다(가소규 제20조의2). 이 경우에는 수 개의 청구수수료를 합산한다(가수규 제5조 제2항).

[판례] 유류분반환청구와 기여분 청구를 병합할 수 있는지 여부(광주지법 1999. 12. 12. 선고 99가합207 판결)

[판례] 성년인 자(子)가 장기간 부모와 동거하면서 생계유지의 수준을 넘는 부양자 자신과 같은 생활수준을 유지하는 부양을 한 경우, 민법 제1008조의2 소정의 특별 부양자에 해당하는지 여부(대법원 1998. 12. 28. 선고 97무513, 520, 97스12 판결).

제6절 그 밖의 신청

가사소송절차 가사비송절차, 가사조정절차 및 가사신청절차에서 가사소송수수료 규칙에 규정되지 않은 그 밖의 신청수수료의 범위와 액은 대법원예규로 정한다(가수규 제4조, 제6조 제3항). 이에 따라 '가사접수서류에 붙일 인지액 및 그 편철방법 등에 관한 예규'(재판예규 제1510호)가 제정되었다.

위 예규는 민사소송등인지법 제9조, 제10조의 예에 준하여 가사사건의 수수료에 관하여 규정하고 있다. 예컨대 가사사건에서의 가압류·가처분신청(가소법 제63조)에는 10,000원의 인지를 붙이고, 다만, 임시의 지위를 정하기 위한 가처분의 신청(가소법 제63조) 및 그에 대한 이의 또는 취소의 신청은 그 본안의 소에 따른 인지액의 2분의 1에 해당하는 인지를 붙여야 하며, 이 경우 인지의 상한액은 50만원이다(민인법 제9조 제2항, 재판예규 제1510호 별표 참조).

또한 사전처분의 신청(가소법 제62조), 이행명령의 신청(가소법 제64조), 등에는 각 1,000원의 인지를 붙여야 한다(민인법 제9조 제5항 제4호, 재판예규 제1510호 별표 참조).

그리고 성년후견개시 신청[라류 1)] 성년후견인 선임에 대한 신청이 포함되어 있더라도 성년후견개시 심판시 성년후견인 선임은 직권사항이므로 성년후견인 선임에 대한 신청에는 별도의 인지를 납부하지 아니하고(민인법 제1조, 제10조 단서), 성년후견개시 신청에 대하여만 5,000원의 수수료를 납부하면 된다(가수규 제3조 제1항).

가사접수서류 중 위 예규에 기재되지 아니한 것에 붙일 인지액은 다른 법령에 특별한 규정이 있는 경우를 제외하고는 그 성질에 반하지 아니하는 한 "민사접수서류에 첨부할 인지액 및 그 편철방법에 관한 예규"(재민 91-1)의 예에 의한다(재판예규 제 1510호 제3조 제2항).

한편 과거에는 민사소송등인지법 제10조에 따라 500원을 붙여야 하는 신청서가 많았으나, 동조 단서에 따라 인지를 붙이지 않는 신청서(대법원규칙으로 정하는 신청서)의 범위가 확대되었으므로(민인규 제2조의2 신설), 현재는 민사소송법 제162조에 따른 신청서(열람·복사신청서 등)에만 500원의 인지를 붙인다.

– 가사사건의 소제기 수수료 –

가. 가류 가사소송사건(1건당 20,000원)

① 혼인의 무효
② 이혼의 무효
③ 인지의 무효
④ 친생자관계 존부 확인
⑤ 입양의 무효
⑥ 파양의 무효

나. 나류 가사소송사건(1건당 20,000원)

① 사실상혼인관계 존 부확인
② 혼인의 취소
③ 이혼의 취소
④ 재판상이혼
⑤ 아버지의 결정
⑥ 친생부인
⑦ 인지의 취소
⑧ 인지에 대한 이의
⑨ 인지청구
⑩ 입양의 취소
⑪ 파양의 취소
⑫ 재판상 파양
⑬ 친양자 입양의 취소
⑭ 친양자의 파양

다. 다류 가사소송사건(민사소송등인지법 제2조에 소정액)

① 약혼해제 또는 사실혼관계 부당 파기로 인한 손해배상청구(제3자에 대한 청구 포함한다) 및 원상회복의 청구(혼인예약불이행으로 인한 손해배상청구도 포함한다)
② 혼인의 무효·취소, 이혼의 무효·취소 또는 이혼을 원인으로 하는 손해배상청구(제3자에 대한 청구를 포함한다) 및 원상회복의 청구
③ 입양의 무효·취소, 파양의 무효·취소 또는 파양을 원인으로 하는 손해배

상청구(제3자에 대한 청구를 포함한다) 및 원상회복의 청구

④ 「민법」 제839조의3에 따른 재산분할청구권 보전을 위한 사해행위취소 및 원상회복의 청구

2. 가사비송사건의 소제기 수수료

가. 라류 가사비송사건(1건당 5,000원)

① 성년후견 개시의 심판과 그 종료의 심판(민법 9조 1항, 11조, 14조의3 2항, 959조의20)

①의 ② 취소할 수 없는 미성년후견인의 법률행위의 범위 결정 및 그 변경 (민법 10조, 10조 2항 및 3항)

①의 ③ 한정후견 개시의 심판과 그 종료의 심판(민법 12조 1항, 14조, 14조의3 1항 및 959조의20)

①의 ④ 한정후견인이 한정후견인의 동의를 받아야 하는 행위의 범위결정과 그 변경 및 한정후견인의 동의를 갈음하는 허가(민법 13조 1항부터 3항)

①의 ⑤ 특정후견인의 심판과 그 종료의 심판(민법 14조의3 및 959조의 20)

② 부재자 재산의 관리에 관한 처분(민법 22조 내지 26조)

③ 실종의 선고와 그 취소(민법 27조 내지 29조)

④ 성과 본의 창설과 허가(민법 781조 4항)

⑤ 자녀의 종전의 성과 본의 계속 사용허가(민법 781조 5항)

⑥ 자녀의 성과 본의 변경허가(민법 781조 6항)

⑦ 부부재산약정의 변경에 대한 허가(민법 829조 2항)

⑧ 후견인의 입양승낙에 대한 허가(민법 869조 단서)

⑨ 후견인의 입양동의 또는 파양동의에 대한 허가(민법 871조, 900조)

⑩ 친양자 입양 허가(민법 908조의2)

⑪ 친권행사방법의 결정(민법 909조 2항)

⑫ 감화 또는 교정기관에 위탁함에 대한 허가(민법 915조, 945조)

⑬ 재산관리인의 선임 또는 개임과 재산관리에 관한 처분(민법 918조)

⑭ 특별대리인의 선임(민법 921조)

⑮ 친권자의 법률행위대리권 및 재산관리인의 사회 또는 회복에 대한 허가 (민법 927조)

⑯ 미성년후견감독인·성년후견감독인·한정후견감독인·특정후견감독인의 선임 또는 변경(민법 940조의7, 940조, 940조의3, 940조의4, 959조의5, 959조의

10)

⑯의 ② 성년후견인의 법정대리인의 범위 결정과 그 변경 및 성년후견인이 피성년후견인의 신상에 관하여 결정할 수 있는 권한의 범위 결정과 그 변경(민법 938조 1항부터 4항)

⑯의 ③ 미성년후견감독인·성년후견감독인·한정후견감독인·특정후견감독인의 선임 또는 변경(민법 940조의7, 940조와 940조의3, 940조의4, 959조의5 및 959조의10)

⑰ 미성년후견인·성년후견인·한정후견인·특정후견인·미성년후견감독인·성년후견감독인·한정후견감독인·특정후견감독인·임의후견감독인의 사임에 대한 허가(민법 939조, 940조의7, 959조의3 2항, 959조의 5 2항, 959조의 9 2항, 959조의10 2항, 959조의16 3항, 940조의 7)

⑱ 후견인의 재산목록 작성을 위한 기간의 연장허가(민법 941조 1항)

⑲ 피성년후견인 또는 피한정후견인의 격리에 대한 허가 및 피미성년 후견인, 피성년후견인 또는 피한정후견인에 대한 의료행위의 동의에 대한 허가(민법 947조의2 2항, 959조의6, 947조의2 4항, 940조의7, 959조의5 2항, 959조의6)

⑲의 ② 피미성년후견인, 피성년후견인 또는 피한정후견인이 거주하는 건물 또는 그 대지에 대한 매도 등에 대한 허가(민법 947조의2 5항, 940조의7, 959조의5 2항, 959조의6)

⑲의 ③ 여러 명의 성년후견인·한정후견인·특정후견인·성년후견감독인·한정후견감독인·특정후견감독인·임의후견감독인의 권한 행사에 관한 결정과 그 변경 또는 취소 및 성년후견인·한정후견인·특정후견인·성년후견감독인·한정후견감독인·특정후견감독인·임의후견감독인의 의사표시를 갈음하는 결정(민법 949조의2, 940조의7, 959조의5 2항, 959조의6, 959조의10 2항, 959조의12, 959조의16 3항, 940조의7)

⑲의 ④ 미성년후견감독인·성년후견견감독인·한정후견감독인의 동의를 갈음하는 허가(민법 950조 2항, 948조, 959조의6)

⑳ 피미성년후견인, 피성년후견인, 피한정후견인 또는 피특정후견인의 재산상황에 대한 조사 및 그 재산관리 등 후견임무 수행에 관하여 필요한 처분명령(민법 954조, 948조, 959조의6, 959조의12)

㉑ 미성년후견인·성년후견인·한정후견인·특정후견인·미성년후견감독인·

성년후견감독인·한정후견감독인·특정후견감독인·임의후견감독인에 대한 보수의 수여(민법 955조, 940조의7, 948조, 959조의5 2항, 959조의6, 959조의10 2항, 959조의12, 959조의16 3항, 940조의 7)

㉒ 후견종료시의 관리 계산기간의 연장허가(민법 957조 1항)

㉒의 ② 한정후견인에게 대리권을 수여하는 심판과 그 범위 변경 및 한정후견인이 피한정후견인의 신상에 관하여 결정할 수 있는 권한의 범위 결정과 그 변경(민법 959조의4)

㉒의 ③ 피특정후견인의 후원을 위하여 필요한 처분명령(민법 959조의8)

㉒의 ④ 특정후견인에게 대리권을 수여하는 심판(민법 959조의11)

㉒의 ⑤ 임의후견감독인의 선임 또는 변경(민법 959조의16 3항, 940조의7, 940조 및 959조의15 1항·3항·4항)

㉒의 ⑥ 임의후견감독인에 대한 감독사무에 관한 보고 요구, 임의후견인의 사무 또는 본인의 재산상황에 대한 조사명령 또는 임의후견감독인의 직무에 관하여 필요한 처분명령(민법 959조의16 2항)

㉒의 ⑦ 임의후견인의 해임(민법 959조의 17 2항)

㉒의 ⑧ 후견계약 종료의 허가(민법 959조의18 2항)

㉓ 상속의 승인 또는 포기를 위한 기간의 연장허가(민법 1019조)

㉔ 상속재산보존을 위한 처분(민법 1023조)

㉕ 상속의 한정승인 또는 포기신고의 수리와 그 취소신고의 수리(민법 1024조 2항, 1030조, 1041조)

㉖ 감정인의 선임(민법 1035조 2항, 1113조 2항)

㉗ 공동상속재산을 위한 관리인의 선임(민법 1040조 1항)

㉘ 상속재산의 분리(민법 1045조)

㉙ 상속재산의 분리 후의 상속재산 관리에 관한 처분(민법 1047조)

㉚ 관리인의 선임 및 그 공고와 재산에 관한 처분(민법 1053조)

㉛ 상속인수색의 공고(민법 1057조)

㉜ 상속재산의 분여(민법 1057조의2)

㉝ 유언의 검인(민법 1070조 2항)

㉞ 유언의 증서 또는 녹음의 검인(민법 1091조)

㉟ 유언증서의 개봉(민법 1092조)

㊱ 유언집행자의 선임 및 그 임무에 관한 처분(민법 1096조)

㊲ 유언집행자의 승낙 또는 사태를 위한 통지의 수단(민법 1097조)
㊳ 유언집행자에 대한 보수의 결정(민법 1104조 1항)
㊴ 유언집행자의 사퇴에 대한 허가(민법 1105조)
㊵ 유언집행자의 해임(민법 1106조)
㊶ 부담 있는 유언의 취소(민법 111조)

그 외에 특별법에서 인정하고 있는

① 부재선고 등에 관한 특별조치법에 의한 부재선고 사건(가소법 2조 3항)
② 입양촉진 및 절차에 관한 특례법에 의한 국외입장의 인가 사건(가소법 2조 3항)
③ 혼인신고 특례법에 따른 사망자와 사이의 사실혼존재 확인(가소법 제2조 제2항)
④ 가족관계등록법 제96조에 의한 국적취득자의 성과 본의 창설허가(가소법 2조 3항)
⑤ 보호시설에 있는 미성년자의 후견사무에 관한 법률에 의한 후견인지정 허가사건(가소법 2조 3항)

나. 마류 가사비송사건(1건당 10,000원)

① 부부의 동거·부양, 협조 또는 생활비용의 부담에 관한 처분(민법 826조, 833조)
② 재산관리자의 변경 또는 공유물의 분할을 위한 처분(민법 829조 3항)
③ 자의 양육에 관한 처분(유아인도 포함)과 그 변경, 면접교섭권의 제한 또는 배제(민법 837조, 837조의2)
④ 재산분할에 관한 처분(민법 839조의2 2항)
⑤ 친권을 행사할 자의 지정과 변경(민법 909조 4항, 6항)
⑥ 친권, 법률행위대리권, 재산관리권의 상실선고 및 실권회복의 선고(민법 924조 내지 926조)
⑦ 부양에 관한 처분(민법 976조 내지 978조)
⑧ 기여분의 결정(민법 1008조의2 2항, 4항)
⑨ 상속재산의 분할에 관한 처분(민법 1013조 2항)

제3편

소가 및 인지 관련 판례 관련

제1장 인지 관련 판례

[판례 1] 청구취지의 변경으로 소송물가액이 감축된 경우 소송비용에 산입되는 인지액

청구취지의 변경으로 소송물가액이 감축된 경우라 하더라도 이미 감축전의 소송물가액을 기준으로 하여 소장이나 청구취지 변경신청서 등에 첩부되었던 인지액은 그 전액이 소송비용으로 산입된다고 보아야 한다(대법원 1989. 12. 19.자 89라16 결정).

[판례 2] 국(國)이 보조참가하고 있는 소송의 인지첨부 여부

국(國)은 인지첩부및공탁제공에관한특례법에 의하여 국가를 당사자로 하는 소송 및 행정소송절차에 있어서 민사소송등인지법 규정의 인지를 첩부하지 아니하나(위법 제2조) 국이 당사자 일반을 위하여 보조참가하고 있는 소송은 위 법률에서 말하는 국가를 당사자로 하는 소송이 아니므로 국이 보조참가인의 자격으로 제1심판결에 불복하여 항소를 제기함에 있어서는 응당 민사소송등인지법 소정의 인지를 첨부하여야 한다(대법원 1969. 10. 18.자 69마683 결정).

[판례 3] 법원이 당사자참가신청서의 인지첩용부족을 간과한 경우

독립당사자 참가신청서에 소정의 인지를 첩용하지 아니하였을 때 그 참가신청은 부적법하다 할 것이나, 제1, 2심 재판장이 모두 그 흠결을 발견 못하여 보정명령을 하지 않고 간과하였다면 이러한 경우까지도 참가인의 당사자 참가신청이 부적법한 것으로 그 흠결을 보정할 수 없는 것이라 하여 각하하여야 할 것은 아니라 한 것인바(대법원 1963. 10. 22. 선고 66다34 판결 참조), 기록에 의하면 참가인의 본건 당사자참가신청서에는 소론과 같이 첩용인지의 부족이 있음에도 불구하고 제1심 재판장은 이를 간과하여 이에 대한 보정을 명한 흔적이 없고 원심법원도 이를 간과하고 보정을 명한바 없음이 분명하므로(참가인은 상고심에 와서 전액 보정함) 원심으로서는 참가인의 본건 당사자참가신청을 부적법한 소로서 그 흠결을 보정할 수 없는 경우라

하여 각하할 수 없다(대법원 1969. 12. 26. 선고 67다1744, 1745, 1746 판결).

[판례 4] 인지보정명령에 따라 인지 상당액의 현금을 납부하는 경우, 인지보정의 효력발생 시기

인지 첩부 및 그에 갈음하는 현금 납부의 절차에 관한 민사소송등인지법 제1조, 제13조, 민사소송등인지규칙 제27조 제1항, 제28조, 제29조 제1항, 제2항, 송무예규인 인지의보정명령및그현금납부에따른유의사항 등 관계 규정들을 종합하면, 인지보정명령에 따른 인지 상당액의 현금 납부는 송달료처리의특례에관한규칙 제3조에 정한 송달료 수납은행에 현금을 납부한 때에 인지보정의 효과가 발생하고 이 납부에 따라 발부 받은 영수필확인서들을 보정서 등 소송서류에 첨부하여 접수담당 법원사무관 등에게 제출하고 또 그 접수담당 법원사무관이 이를 소장 등 소송서류에 첨부하여 소인하는 등행위는 소송기록상 그 납부 사실을 확인케 하기 위한 절차에 불과하다(대법원 2000. 5. 22.자 2000마2434 결정).

[판례 5] 인지부족액을 계산착오로 한 인지보정명령

항소심 재판장이 항소장에 첨부할 인지부족액 계산을 잘못하여 적은 금액의 인지보정명령을 발하였다 하여 그 명령의 효력이 없다고는 할 수 없고 항소인이 보정기간 내에 액수가 적은 인지부족액마저 보정하지 아니한 경우에 항소장을 각하한 재판장의 명령은 정당하다(대법원 1970. 7. 23.자 70마424 결정).

[판례 6] 인지의 보정명령에 대하여 일부만을 보정하자 각하명령을 한 경우 재보정 여부

원심 재판장이 상고장에 첩부할 인지의 부족액이 있음을 이유로 보정명령을 하였으나 이에 대하여 상고인이 보정기간 내에 일부만을 보정하자 상고장 각하명령을 한 경우 위와 같은 상고장의 각하명령이 있은 후에는 그 부족인지액을 보정하고 불복을 신청하였다고 하더라도 그 각하명령을 취소할 수 없는 것이다(대법원 1991. 1. 16.자 90마878 결정).

[판례 7] 실지부족액보다 적은 액수의 인지보정을 명한 경우

보정해야 할 인지액이 금 43,380원임에도 불구하고 이보다 적은 40,040원의 인지의 보정을 명하였다 하여 이를 위법이라 할 수 없다(대법원 1978. 7. 29.자 78마134 결정).

[판례 8] 불복공소의 범위로 하지 아니한 부분에 대하여 인지보정명령을 한 경우

원심이 항고인의 불복 공소의 범위로 하지 아니한 부분을 불복 공소의 범위라고 착각하여 보정명령을 하였음은 부당하고 따라서 그 인지 보정이 없다는 이유로써 공소장을 각하하였음을 부당하다(대법원 1962. 10. 18. 선고 62라11 판결).

[판례 9] 인지가첨의 보정명령에 따라 인지상당액의 현금을 납부하는 경우 보정의 효과발생시기

인지가첨의 보정명령에 따른 인지상당액의 현금납부는 그 가첨명령을 한 법원 소속의 수입금 출납공무원에게 현금을 납부한 때에 인지가첨의 효력이 발생하고 이 납부에 따라 발부 받은 영수필확인서들을 보정서 등 소송서류에 첨부하여 소장 등의 접수담당자에게 제출하고 또 그 접수담당자가 이를 소장 등 소송서류에 첨부하여 소인 하는 등 행위는 소송기록상 이 납부사실을 확인케 하기 위한 절차에 불과하다(대법원 1984. 6. 23.자 84마카36 결정).

[판례 10] 보정할 흠결사항으로 첩부할 인지액을 명시하지 않고 인지액을 전혀 표시함이 없이 막연히 "항소장의 인지첩부액"으로 기재한 보정명령의 가부

항소장에 첩용인지를 첩부하지 아니한 경우에 재판장은 첩부할 인지액을 명시하여 보정을 명하여야 하고, 보정할 흠결사항으로 인지액을 전혀 표시함이 없이 막연히 "항소장의 인지첩부액"이라고 기재한 명령은 적법한 보정명령이라고 볼 수 없으므로 당사자가 보정기간 내에 보정하지 아니하였다고 하여 항소장을 각하할 수 없다(대법원 1991. 11. 20.자 91마616 결정).

[판례 11] 인지미보정에 따른 항소장 각하명령의 적법여부 판단시기

항소장각하명령의 적법여부는 항소장을 각하하는 명령을 한 때를 기준으로 하여야 하므로 그 때까지 보정명령에 따른 부족액 인지를 첩부하지 아니하여 항소장을 각하한 경우에는 그 명령은 정당하다(대법원 1968. 4. 19. 고지 67사89 결정).

[판례 12] 인지미보정에 따른 항소장 각하명령 후 부족인지를 첩부한 경우

재판장의 인지보정명령에 따르지 아니한 탓으로 항소장 각하명령을 받고 이에 대한 각하항고를 이유있게 하기 위하여 부족인지를 첩부한 것이었다면 그 인지보정은 법률상 원인없이 이루어진 것이라고는 할 수 없다 할 것이다(대법원 1969. 10. 14. 선고 69다1331 판결).

[판례 13] 부당한 인지보정명령에 대한 불복

소장 또는 상소장에 관한 재판장의 인지보정명령은 민사소송법에서 일반적으로 항고의 대상으로 삼고 있는 같은 법 제409조 소정의 "소송절차에 관한 신청을 기각하는 결정이나 명령"에 해당하지 아니하고 또 이에 대하여 불복할 수 있는 특별규정도 없으므로, 인지보정명령에 대하여는 독립하여 이의신청이나 항고를 할 수 없고 다만 보정명령에 따른 인지를 보정하지 아니하여 소장이나 상소장이 각하되면 그 각하명령에 대하여 즉시항고로 다툴 수 밖에 없다(대법원 1995. 6. 30.자 94다39086, 94다39093 결정).

[판례 14] 인지보정명령에 대하여 이의신청 등 불복이 있는 경우 이에 대한 법원의 판단 여부

재판장의 인지보정명령에 대하여는 이의신청, 항고 등 독립하여 불복할 수 없으므로 인지보정명령에 대하여 이의신청 등 불복이 있더라도 이는 소송법상의 권리에 터잡은 신청으로 볼 수 없고 법원의 직권에 의한 시정을 촉구하는 것에 불과하다 할 것이어서 소장각하명령에 이에 대한 판단을 명시할 필요는 없다(대법원 1993. 8. 19.선고 93재수13 판결).

[판례 15] 인지보정명령이 송달받을 권한이 없는 자에게 잘못 송달된 결과 상고장이 각하된 경우와 준재심사유 유무

인지보정명령이 송달받을 권한이 없는 자에게 잘못 송달되어 이 사건 청구인이 인지보정명령이 있었는지 조차 알지 못한 상태에서 상고장 각하명령을 받게 되었다 하더라도 이러한 사유는 민사소송법 제431조에 의하여 준용되는 동법 제 422조 제1항 제3호의 "법정대리권, 소송대리권 또는 대리인이 소송행위를 함에 필요한 수권의 흠결이 있는 때"의 준재심사유에는 해당되지 아니하며 달리 동법 제422조 제1항 소정의 어느 준재심사유에도 해당하지 아니한다(대법원 1982. 11. 24. 선고 81사6 판결).

[판례 16] 우편송달보고서에 사망한 동거인에게 송달된 인지보정명령

우편송달보고서에 인지보정명령이 동거인에게 송달된 것으로 기재되어 있더라도 그 동거인이 그 일시 이전에 사망한 것이 사실이라면 위 인지보정명령이 원고에게 송달된 것이라고 볼 수 없다(대법원 1978. 6. 30.자 78마70 결정).

[판례 17] 인지보정명령의 적법한 송달없이 한 항소장각하명령의 효력

인지보정명령의 적법한 송달없이 한 항소장 각하명령은 위법이지만 당연 무효라고는 볼 수 없고 항소인은 민사소송법 제371조, 제231조 2항, 제412조에 의하여 즉시 항고기간 내에 대법원에 재항고를 하여서 그 시정을 구하여야 한다(대법원 1975. 9. 23. 선고 75다1109 판결).

[판례 18] 보정기간이 지정되지 아니한 보정명령의 적법 여부

보정명령서에 보정기한이 공란으로 되어있어 보정기간이 언제까지라고 지정된 바 없다면 이는 적법한 보정명령이라고 할 수 없다(대법원 1980. 6. 12.자 80마160 결정).

[판례 19] 주소변경신고를 하였으나 법원이 인지보정명령과 항소장각하명령을 공시송달의 방법으로 한 경우 불변기간 준수 여부

원심법원에 주소변경신고를 하였으나 법원이 재항고인의 전주소에 인지보정명령을 송달했으나 송달불능이 되어 공시송달의 방법으로 위 보정명령을 송달하고 다시 같은 방법으로 항소장각하명령을 송달한 후에 재항고인은 즉시항고장을 제출하고 항소장에 첩부할 부족인지를 첨용하였다면 재항고인이 불변기간을 준수하지 못한 것이 그 책임을 질 수 없는 사유로 인한 것이다(대법원 1968. 1. 31.자 67마1324 결정).

[판례 20] 인지보정명령에 따라 인지 상당액의 현금을 납부하는 경우, 인지보정의 효력발생시기(=송달료 수납은행에 현금을 납부한 때)

인지 첩부 및 그에 갈음하는 현금 납부의 절차에 관한 민사소송등인지법 제1조, 제13조, 민사소송등인지규칙 제27조 제1항, 제28조, 제29조 제1항, 제2항, 송무예규인 인지의 보정명령 및 그 현금납부에 따른 유의사항 등 관계 규정들을 종합하면, 인지보정명령에 따른 인지 상당액의 현금 납부는 송달료처리의특례에관한규칙 제3조에 정한 송달료 수납은행에 현금을 납부한 때에 인지보정의 효과가 발생되고 이 납부에 따라 발부받은 영수필확인서들을 보정서 등 소송서류에 첨부하여 접수담당 법원사무관 등에게 제출하고 또 그 접수담당 법원사무관이 이를 소장 등 소송서류에 첨부하여 소인하는 등 행위는 소송기록상 그 납부 사실을 확인케 하기 위한 절차에 불과하다(대법원 2000. 5. 22.자 2000마2434 결정).

[판례 21] 인지미보정을 이유로 항소장을 각하한데 대하여 재항고를 함과 동시에 인지를 가첩한 경우

소장에 첩용한 부족인지의 가첩에 관한 보정이 없었음을 이유로 재판장이 소장을 각하하였을 경우에는 이에 대한 즉시항고로 인하여 그 명령이 확정되기 전에 부족인지액의 가첩이 있게 되었다 할지라도 그 재판장이 속한 법원은 본법 제416조 제1항에 따른 재판의 경정을 할 수 없다(대법원 1968. 7. 30.자 68마756 결정).

[판례 22] 공시송달에 의한 인지보정 및 항소장 각하명령과 이에 대한 즉시항고의 추완

원심법원이 항소장에 기재된 재항고인 회사대표자의 주소지로 부족인지의 보정을 명하였으나 이 명령이 송달불능이 되자 위 대표자가 그 주소지에 거주하고 있는지를 조사하여 보지도 아니하고 공시송달에 의하여 인지보정명령을 하고 다시 같은 방법으로 항소장각하명령을 송달하였는데 뒤에 위 대표자가 이를 알고 항소장 각하명령에 대한 즉시항고장을 제출하면서 부족인지를 첨용하였다면 재항고인이 위 인지보정기간 및 즉시항고기간을 준수하지 못한 것은 책임없는 사유로 인한 것이라고 할 것이므로 재항고인의 즉시항고는 추완되어 적법하고 그 부족인지를 첨부하였으니 항소장 각하의 원명령은 취소되어야 한다(대법원 1980. 6. 3. 선고 80마193 판결).

[판례 23] 인지보정이 제대로 이행되었다고 한 사례

재항고인이 원심재판장의 인지 보정명령에 따라 보정기간 안에 수납은행에 부족 인지액을 납부하였으나 그 납부서를 원심법원에 제출하지 않은 사안에서, 위 명령에 따른 보정이 제대로 이행되었다고 한 사례(대법원 2008. 8. 28.자 2008자1073 결정).

[판례 24] 해고무효확인청구와 해고무효를 전제로 한 임금지급청구의 병합시 첩부할 인지액

해고무효확인청구와 그 해고가 무효임을 전제로 한 임금지급청구가 1개의 소로 병합된 경우에는 비재산권을 목적으로 하는 소송(민인규 제15조 제4항)과 그 소송의 원인된 사실로부터 발생하는 재산권상의 소송을 병합한 때에 해당하여 그중 다액인 소가에 의한 인지만을 붙이면 됨(민인법 제2조 제5항)에도, 해고무효확인청구의 소가와 임금지급청구의 소가를 합산한 금액을 위 소의 소가로 보고 한 제1심 재판장의 인지보정명령은 위법하고, 그 보정명령이 적법한 것임을 전제로 한 제1심 재판장의 항소장 각하명령 역시 위법하다(대법원 1994. 8. 31.자 94마1390 결정).

[판례 25] 소액사건의 병합심리로 그 소가합산액이 소액사건의 소가를 초과하게 된 경우에도 소액사건심판법 제3자 적용되는지 여부기

소액사건심판법의 적용대상인 소액사건에 해당하는 여부는 제소당시를 기준으로 정해지는 것이므로 병합심리로 그 소가 합산액이 소액사건의 소가를 초과하였다고 하여도 소액사건임에는 변함이 없어 소액사건심판법 제3조 각호의 소정의 사유가 있는 때에 한하여 상고를 할 수 있다(대법원 1991. 9. 10.선고 91다20579, 20586 판결).

[판례 26] 소액사건인지 여부의 판단기준시기

소액사건심판법의 적용을 받은 소액사건인지의 여부는 제소한 때를 표준으로 하여 정하여지는 것이므로 소액사건으로 제소되어 소액사건심판법에 따라 심리하여야 할 수개의 소액사건을 병합심리하게 되어 그 소가의 합산액이 소액사건의 범위를 넘게 된다 하더라도 이미 결정된 소액사건임에 변동이 생기는 것은 아니다(대법원 1986. 5. 27. 선고 86다137, 138 판결).

[판례 27] 원고가 근저당권설정등기, 소유권이전등기의 각 등기명의인을 공동피고로 하여 승소판결이 선고된 후, 등기명의인들이 상소할 경우 첩부인지액

소유권보존등기가 이루어지고 이에 터잡아 근저당권설정등기가 경료된 후 그 소유등기명의가 전전 이전된 동일 부동산에 대하여 소유권보존등기명의자, 근저당권자 및 전득자 등을 공동피고로 하여 제기된 소유권보존등기, 근저당권설정등기, 소유권이전등기의 각 말소를 구하는 소송에 있어서는 1개의 소로써 주장하는 수 개의 청구의 경제적 이익이 동일하거나 중복되는 때에 해당하므로 중복되는 범위 내에서 흡수되고 그 중 가장 다액의 청구가액을 소가로 할 것이며, 위 소송에서 원고의 전부승소판결이 선고되어 그 등기명의인들이 전부 불복하여 상소를 제기하는 경우에도 하나의 상소장으로써 공동명의로 상소를 제기한 등기명의인들 사이에는 경제적 이익이 동일하거나 중복되는 때에 해당하므로 중복되는 범위 내에서 흡수된다고 할 것이어서 제1심에서 산정된 소가를 기준으로 하여 항소장 또는 상고장으로 인지를 첩부하면 된다고 할 것이나, 다만 그 등기명의인들이 수 개의 항소장 또는 상고장으로 나누어 상소를 제기하는 경우에는 각각 별도로 제1심의 소가를 기준으로 하여 산정한 인지를 항소장 또는 상고장에 첩부하여야 할 것이고, 그 등기명의인들이 당초에는 수 개의 항소장 또는 상고장으로 나누어 상소를 제기하였다가 나중에 공동명의로 하여 하나의 항소장 또는 상고장을 다시 제출하였다고 하더라도 이와 달리 취급할 것은 아니다(대법원 1998. 7. 27.자 98마938 결정).

[판례 28] 재심소장에 잘못 계산한 인지가 첩부된 채로 판결한 경우 상고장의 인지액

재심판결법원이 재심소장에 잘못 계산한 인지가 첩부된 채로 판결을 하였다고 하여 상고장에 그 1.5배액에 해당하는 인지만을 첩부하면 된다고 할 수 없고, 그 재판에 대한 상고장에는 민사소송등인지법 소정의 법정액의 정당한 인지를 첩부하여야 한다(대법원 1991. 1. 16.자 90마878 결정).

[판례 29] 판결 중 지연손해금의 일부에 대하여 항소를 한 경우 인지액

판결 중 지연손해금의 일부에 대하여 항소를 한 경우에 이를 독립된 소송물로 보고 인지액을 계산하여야 한다(대법원 1962. 10. 18. 선고 62라11 판결).

[판례 30] 쌍방이 항소하였으나 피고의 항소장은 인지미첩부로 각하되고 원고의 항소는 기각된 경우, 피고에게 상고할 이익이 있는지 여부

원고일부승소판결에 대하여 피고와 원고가 모두 항소를 제기하였으나 피고는 항소장에 법률의 규정에 의한 인지를 첩부하지 아니한 결과 재판장의 명령으로 피고의 항소장이 각하되었고, 원심은 원고의 항소를 기각하는 판결을 선고하였으므로, 피고로서는 원심판결로 인하여 불이익을 받은 것이 없어 상고를 할 이익이 없음이 명백하므로, 피고의 원고에 대한 상고는 부적법한 것으로서 흠결을 보정할 수 없는 것이다(대법원 1991. 12. 10. 선고 91다36116 판결).

[판례 31] 3면소송에서 패소한 2당사자가 공동으로 낸 항소장의 인지액

3면 소송에서 패소한 2당사자가 공동으로 낸 항소장에 붙인 인지는 두 당사자가 균등액씩 부담한 것으로 보아야 할 것이니 양인이 낸 항소장에 붙인 소송용 인지를 양인이 균등하게 붙인 것으로 보고 각 부족액의 보정을 양인에게 명하고 이에 안 따른 재항고인의 항소장을 각하한 원심 조치는 정당하다(대법원 1974. 11. 25.자 74마372 결정).

[판례 32] 당초 추가판결의 신청을 한다는 뜻으로 소장을 제출하였으나 이를 취하하지 아니하여 이에 대하여 소각하판결이 선고된 경우, 그 판결에 대하여 상고를 제기함에 있어서 첩부하여야 할 인지액

재항고인이 당초 추가판결의 신청을 한다는 뜻으로 소장을 제출하였다 하더라도 신청절차에 의하지 아니하고 독립한 소송을 제기하였고, 이를 취하하지 아니하여 이에 대하여 원심이 추가판결이라는 이름 아래 동일한 소송을 제기함은 부적법하다고 하여 소각하판결을 선고한 이상 그 판결에 대하여 상고를 제기함에 있어서는 그 소송에서의 청구취지에 의한 소송물의 가액에 따른 인지를 첩부하여야 한다(대법원 1991. 12. 30. 선고 91두35 판결).

[판례 33] 상고장에 첩부할 인지의 유예를 받기 위한 소송구조신청에 대하여 결정을 할 법원

소송상의 구조신청은 그 구조를 구하는 심급의 법원에 하여야 하지만 그 내용이 상고장에 첩부하여야 할 인지의 첩부를 유예받고자 하는 경우에는 상소법원에 직접 신청을 하지 않고 원심법원을 경유하여도 무방하되, 이 경우 원심법원은 이를 상소법원에 송부하여야 하고 그 신청에 대한 구조의 부여 또는 각하결정은 당해 상소법원만이 할 수 있다(대법원 1994. 6. 20.자 94마812 결정).

[판례 34] 구조신청시 인지첩부하지 아니하여 기각결정이 확정되었으나 새로운 구조신청을 한 경우

처음의 소송상구조신청의 기각결정이 확정된 후 재차 소송상구조신청이 있었다고 하더라도 이 구조신청이 이유있어 받아 들여졌다면 모르되 그렇지 아니하는 한 다음의 구조신청에 대한 기각결정의 확장여부는 상관없이 항소장을 각하할 수 있다(대법원 1993. 1. 25.자 92마1134 결정).

[판례 35] 인지를 첩부하지 아니하고 구조신청을 한 데 대한 기각결정 후 다시 구조신청을 한 경우 인지보정 여부

항소인이 항소장을 제출하면서 소정의 인지를 첩부하지 아니하고 소송상 구조신청을 한 경우, 소송상 구조신청에 대한 결정이 확정되기 전에 항소장의 인지가 첩부되지 아니함을 이유로 항소장을 각하하여서는 안된다고 할 것이나, 일단 소송상 구조신청을 기각하는 결정이 확정된 후 인지 등 보정을 명하고 이를 보정하지 아니하였음을 이유로 항소장을 각하하는 것은 정당하고, 처음의 소송상 구조신청에 대한 기각결정이 확정된 후 재차 소송상 구조신청이 있었다고 하더라도 이 구조신청이 이유 있어 받아들여졌다면 모르되 그렇지 아니하는 한 다음의 구조신청에 대한 기각결정의 확정여부와는 상관없이 항소장을 각하할 수 있다(대법원 1993. 1. 25.자 92마1134 결정).

[판례 36] 구조신청서에 인지를 첩부하지 않아 보정기간을 도과한 경우

상고장을 소송상의 구조신청서와 동시에 원심법원에 제출한 경우에는 상고장에 인지를 첩부하지 않았고 보정기간을 도과하였어도 그 소송구조신청에 대한 상고심의 각하결정이 있기 전에는 기록을 인지의 첩부 없는 채로 상고심에 송부하여야 하고 그 신청에 대한 결정은 상소법원만이 할 수 있다(대법원 1957. 8. 1.자 4290민항70 결정; 대법원 1957. 8. 1.자 4290민항66 결정).

[예규 1] 수개의 집행권원에 기하여 1건으로 채권압류 및 전부명령을 신청할 경우 첩부할 인지액(재민 87-9) (개정 2002. 6. 27. 재판예규 제871호)

수개의 집행권원에 기하여 1건의 신청으로 채권압류 및 전부명령을 신청할 경우, 압류명령은 수개의 신청을 편의상 1건으로 신청한 것이므로 집행권원의 수에 상응하는 인지를 첩부하여야 하고, 전부명령은 수개의 압류된 채권 전체가 하나로써 첩부되는 것이므로 1건으로 취급하여 2000원의 인지를 첩부하여야 할 것이니 업무처리에 유념하시기 바랍니다.

부칙(2002. 6. 27. 제871호) 이 예규는 2002. 7. 1.부터 시행한다.

[예규 2] 수개의 저당권에 기하여 1개의 경매신청을 하는 경우의 첩부인지 (1969. 1. 17. 민사 제3호 : 재민 69-1)

동일채권자가 동일의 채무자 또는 수인의 채무자에 대한 각별 수개의 채권에 관하여 저당권이 설정된 1개 또는 수개의 부동산에 대하여 경매신청을 1건으로 1통의 신청서로써 할 경우에 동 신청서에 첩용할 인지액의 기준이 각 법원마다 구구한 바, 위와 같은 경우는 본래 수개의 독립된 신청으로 할 것을 편의상 1건으로 한데 불과한 것이니 첩용인지는 저당권마다 소정의 인지를 첩용하도록 하여 동 사무처리에 착오 없도록 하여 주시기 바랍니다.

[예규 3] 청구가 병합된 조세소송에 있어서의 소가산정에 관한 지침(재특 93-1) (제정 1993. 1 20. 송무심의 제6호 : 재특 93-1)

청구가 병합된 조세소송에 있어서의 소가산정에 관하여 혼선을 빚고 있어 아래와 같이 처리지침을 시달하니 업무에 참고하시기 바랍니다.

아 래

민사소송등인지규칙 제17조 제1호 단서는 조세부과처분의 취소나 무효확인을 구하는 행정소송에서 그 청구가 인용됨으로서 원고가 얻을 금전 등의 가액이 30억원을 넘을 경우 가액을 30억원으로 보아 그 1/3을 당해 소송의 소가로 하고 있는바, 이 규정은 조세부과처분의 취소나 무효확인을 구하는 각 청구별로 그로써 원고가 얻을 가액이 30억원이 넘을 경우에 이를 30억원으로 본다는 것이지, 수 개의 청구에 대하여까지 적용되는 것이 아니라 할 것입니다.

따라서 후자의 경우에는 병합된 각 청구별로 먼저 민사소송인지규칙 제17조 제1호 단서를 적용하여 가액를 산정하되, 그 후 각 청구의 가액을 합산한 액에 대하여는 그것이 30억원을 넘더라도 그 액을 기준으로 하여 소가를 산정하여야 할 것입니다.

[선례 1] 사건본인 1인의 호적정정과 개명을 하나의 서면으로 신청한 경우 사건번호 부여 및 첩부할 인지액(호적선례3-503, 1996. 6. 29. 법정 3202-176 서울가정법원장 대 법원행정처장 질의회답)

호적정정허가신청과 개명허가신청은 호적법규에 구분하여 규정한 별개의 사건이므로 비록 하나의 신청으로 사건본인 1인의 호적정정과 개명을 함께 구하고 있을지라도 2개의 사건번호를 부여하고 인지도 2건분을 첩부하도록 하여야 할 것이며, 또한 각종의 호적비송사건 건수를 정확히 파악하여 법원 운영의 자료로 활용할 필요성도 있으므로 호적비송사건부에도 각 별개의 사건번호 및 사건명을 기재하여야 할 것이다.

제2장 소가 관련 판례

[판례 1] 작위나 부작위 명령을 구하는 소송에 있어서의 소가

작위나 부작위 명령을 구하는 소송에 있어서의 소가는 작위나 부작위 자체의 소가가 아니고 그 작위나 부작위의 명령을 받음으로써, 원고가 받은 이익을 표준으로 하여 소가를 산정하여야 할 것이라고 풀이됨으로 본건에 있어서의 소가는 재항고인이 구하는 피고들에 대한 부작위 명령이 있을 때에 재항고인이 계쟁대지에 관하여 얻는 이익, 즉 재항고인의 그 대지에 관한 점유사용권의 가액이 민사소송법 제23조의 이른바, 위 소송목적물의 가액이 된다고 할 것이고, 한편 대지에 관한 점유사용권의 가액은 결국 그 대지의 임대가격이었다고 할 것이었을 즉, 원심이 위와 같은 취지로 결정한 것은 정당하다(대법원 1969. 12. 30.자 65마198 결정).

[판례 2] 특정부동산에 설정된 근저당권설정등기의 말소를 구하는 소송에 있어서의 소가 산정의 기준

특정부동산에 설정된 근저당권등기의 말소를 구하는 소송에 있어서의 소가는 일응 그 피담보채권액에 의할 것이나 그 근저당권이 설정된 당해 부동산의 가격이 피담보채권액보다 적을 때는 부동산의 가격이 소가산정의 기준이 되는 것이다(대법원 1976. 9. 28. 선고 75다2064 판결).

[판례 3] 국가를 상대로 낙찰자지위확인을 구하는 소는 소가를 산출할 수 없는 재산권상의 소인지 여부

민사소송법 제23조 제1항, 제24조, 민사소송등인지법 제2조 제1항, 민사소송등인지규칙 제6조, 예산회계법 제77조 제3항, 예산회계법 및 같은법시행령에 기초한 재무부령인 계약사무처리규칙 제44조, 제55조의 규정들에 비추어 볼 때, 낙찰자의 지위는 계약상대자로 결정되어 계약을 체결할 수 있는 지위에 불과하고 계약을 체결하여 계약상의 권리의무가 발생한 계약당사자의 지위와는 다르다고 보여지므로, 최초입찰에 있어서 낙찰자지위확인을 구하는 소에서 원고가 승소하더라도 원고는 계약당사자와 같이 공사대금의 청구 등 계약상의 권리를 취득하게 되는 것이 아니라 단순히 원고가 유효한 낙찰자의 지위에 있음을 확인받아 그에 따른 계약을 체결하여 줄 것을 청구할 수 있는 권리를 취득하는 것이고 이는 결국 금전으로 가액을 산출하기 어려운 경제적 이익을 얻은 데 불과하므로 낙찰자지위확인을 구하는 소는 재산권상의 소로서 그 소가를 산출할 수 없는 경우에 해당한다(대법원 1994. 12. 2. 선고 94다41454 판결).

[판례 4] 선박소유자 등의 책임제한절차개시 신청사건이 소가를 산출할 수 없는 재산권상의 신청에 해당하는지 여부

상법 제752조 및 선박소유자등의책임제한절차에관한법률에 의한 선박소유자 등의 책임제한절차개시 신청은 어디까지나 신청인의 책임한도액을 확정하여 책임제한절차의 개시를 구하는 신청에 불과하고, 비록 책임제한절차가 개시된 경우에는 제한채권자들이 선박소유자등의책임제한절차에관한법률의 규정에 의하여 공탁된 금전 및 이에 대한 이자의 합계액에서 같은 법이 정하는 바에 따라 배상을 받을 수 있을 뿐 기금 이외의 신청인 또는 수익채무자의 재산에 대하여 권리를 행사하지 못하는 효과가 있는 것이기는 하나, 책임한도액을 초과한 제한채권자들의 채권의 존부나 범위가 책임제한절차개시 신청사건에서 직접 재판의 대상으로 되는 것이 아니고, 또 모든 제한채권자들의 채권은 같은 법이 정하는 바에 따라 장차 조사 및 확정의 절차를 거쳐야 비로소 배당을 받을 수 있게 되는 것으로서, 절차의 특성상 책임제한절차개시 신청시에는 제한채권자들의 총채권을 확정할 방법도 없으므로, 책임제한절차개시 신청사건에서는 신청 목적의 가액 산정의 기준시인 책임제한절차개시 신청시를 기준으로 할 때 책임제한절차개시 결정이 되는 경우에 신청인이 직접 받게 될 경제적 이익을 객관적으로 평가할 수 없고, 따라서 그 사건은 어느 심급에서건 재산권상의 신청으로서 그 신청 목적의 가액을 산출할 수 없는 경우에 해당한다(대법원 1994. 12. 2. 선고 94다41454 판결).

[판례 5] 소의 일부분에 관하여만 재심청구를 한 경우 소송목적물의 가액

재항고인이 소송목적물에 대하여 말소등기청구 부분에 대하여는 재심청구를 하지 아니하고, 이전등기 또는 보존등기청구부분에 대하여만 재심청구를 하였다고 하여 소송목적물의 가액이 달라지는 것은 아니다(대법원 1991. 1. 16. 90마878 판결).

[판례 6] 토지 임차인의 건물매수청구권 행사에 따라 임대인이 임차인에게 지급해야 할 건물가액을 산정함에 있어 그 건물에서 얻었던 영업상의 수익까지도 고려해야 하는지 여부

건물매수청구권 행사로 인하여 토지 소유자가 임차인에게 지급하여야 할 건물의 시가를 산정함에 있어서 그 건물에서 임차인이 영업을 하면서 얻고 있었던 수익까지 고려하여야 할 것은 아니다(대법원 1997. 12. 23. 선고 97다37753 판결).

[판례 7] 해고무효확인청구와 그 해고가 무효임을 전제로 한 임금지급청구가 1개의 소로 병합된 경우의 소가

해고무효확인청구와 그 해고가 무효임을 전제로 한 임금지급청구가 1개의 소로 병합된 경우에는 비재산권을 목적으로 하는 소송(민인규 제15조 제4항)과 그 소송의 원인된 사실로부터 발생하는 재산권상의 소송을 병합한 때에 해당하여 그중 다액인 소가에 의한 인지만을 붙이면 됨(민인법 제2조 제5항)에도, 해고무효확인청구의 소가와 임금지급청구의 소가를 합산한 금액을 위 소의 소가로 보고 한 제1심 재판장이 인지보정명령은 위법하고, 그 보정명령이 적법한 것임을 전제로 한 제1심 재판장의 항소장 각하명령 역시 위법하다(대법원 1994. 8. 31.자 94마1390 결정).

[예규 1] 건물의 과세시가표준액 산정방식의 변경에 따른 소가산정에 관한 업무처리지침(재민 93-3) (개정 2002. 6. 27. 재판예규 제871-36호)

소가산정의 표준이 되는 지방세법 시행령 제4조 제1항 제1호의 규정에 의한 건물의 과세시가표준액을 산출함에 있어서 이에 적용되는 지역지수의 산정방식이 종래의 지역별 고정지수산정방식에 1993. 11. 1.부터 건물의 부속토지에 대한 개별공시지가를 기준으로 하여 해당지수를 산정하는 방식으로 변경되었으니, 접수담당자는 건물의 과세시가표준액을 산출함에 있어 건물의 부속토지에 대한 개별공시지가를 공시지가확인원 등 관련자료에 의하여 파악한 후 이를 기초로 하여 지역지수를 산정하고, 아울러 각 시·도 발행의 "1993년 1월 1일 시행 부동산과세시가표준액표"에

게재된 과세시가표준액 산출요령의 내용을 숙지하여 소가산정 업무에 착오 없기 바랍니다.

부칙(2002. 6. 27. 제871호) 이 예규는 2002. 7. 1.부터 시행한다.

[예규 2] 고등법원 항소·항고심을 관할하는 민사단독사건에 관한 업무처리지침(재민 2001-1) (개정 2001. 2. 16. 재판예규 제814호)

1. 목 적

이 예규는 민사및가사소송의사물관할에관한규칙(이하 '규칙'이라 한다) 제4조의 규정에 의하여 고등법원에서 항소 또는 항고심을 관할하는 민사단독사건(이하 '고등법원 관할사건'이라 한다)의 처리에 관하여 필요한 사항을 정함을 목적으로 한다.

2. 고등법원 관할사건

가. 다음 사건은 고등법원 관할사건으로 해당한다.

① 소가가 5,000만원을 초과하는 민사단독사건(규칙 제2조 제1 내지 3호에 규정된 사건 포함) 및 이에 대한 재심·준재심 사건

② 위 ①항의 사건을 본안으로 하는 가압류·가처분 및 이에 대한 이의·취소신청, 담보취소·강제집행정지신청 등 각종 신청사건(본안사건이 없는 집행사건이나 공시최고사건은 제외)

나. 병합의 경우

변론의 병합으로 인하여 합산한 소가가 5,000만원을 초과하게 된 경우에는 고등법원 관할사건에 해당한다. 다만 병합된 수 개의 청구의 경제적 이익이 동일하거나 중복되는 때(예컨대 주채무자를 상대로 한 소송과 보증인을 상대로 한 소송이 병합된 경우) 가장 다액의 소가를 기준으로 고등법원 관할사건인지 여부를 결정한다.

다. 변론진행 도중에 참가소송이 제기된 경우

변론진행 도중 소가가 5,000만원을 초과하는 반소나 독립당사자참가소송이 제기된 경우에는 고등법원 관할사건에 해당한다.

3. 고등법원 관할사건의 결정 기준시점

고등법원 관할사건의 결정 기준시점은 제소당시, 청구취지 확장당시 또는 병

합당시이므로(규칙 제4조 제1호 참조), 변론진행 도중 청구취지 감축, 일부취하·각하 등에 의하여 소가가 5,000만원 이하로 내려가더라도 여전히 고등법원 관할사건에 해당한다. 병합된 청구, 본·반소나 본소·참가소송 중 일부에 대해서만 항소가 제기된 경우에도 같다.

4. 고등법원 관할사건의 표시
   민사단독사건의 소가가 제소당시 5,000만원을 초과하거나, 청구취지 확장 또는 병합·반소제기 등에 의하여 5,000만을 초과하게 된 경우에는 별지 기재례와 같이 기록표시 좌측상단에 동그라미 안에 고(지름 1,5㎝)라고 청색 고무인을 찍어 그 사건이 고등법원 관할사건임을 표시한다.

부칙 이 예규는 2001. 3. 1.부터 시행한다.

[예규 3] 청구가 병합된 조세소송에 있어서의 소가산정에 관한 지침(재특 93-1)(제정 1993. 1. 20. 송무심의 제6호 : 재특 93-1)

민사소송등인지규칙 제17조 제1호 단서는 조세부과처분의 취소나 무효확인을 구하는 행정소송에서 그 청구가 인용됨으로써 원고가 얻을 금전 등의 가액이 30억원을 넘을 경우 가액을 30억원으로 보아 그 1/3을 당해 소송의 소가로 하고 있는 바, 이 규정은 조세부과처분의 취소나 무효확인을 구하는 각 청구별로 그로써 원고가 얻을 가액이 30억원을 넘을 경우에 이를 30억원으로 본다는 것이지, 수개의 청구에 대하여까지 적용되는 것은 아니라 할 것이다.

따라서 후자의 경우에는 병합된 각 청구별로 먼저 민사소송등인지규칙 제17조 제1호 단서를 적용하여 가액을 산정하되, 그 후 청구의 가액을 합산한 액에 대하여는 그것이 30억원을 넘더라도 그 액을 기준으로 하여 소가를 산정하여야 할 것이다.

[예규 4] 부동산의 명도, 인도와 임료 등을 병합하여 청구하는 경우의 소가산정에 관한 업무처리지침(재민 98-5) (개정 2002. 6. 27. 재판예규 제871-34호)

1개의 소로써 부동산의 명도, 인도와 그 부동산에 관한 임료 내지 임료 상당의 손해배상금 또는 부당이득금(이하 '임료 등'이라고 한다.)을 병합하여 청구하는 경우, 그 임료 등 청구는 부동산의 명도, 인도 소송의 부대목적이 된다 할 것이므로(민소법

제27조 제2항), 그 청구가 이미 발행한 임료 등인가, 장래 발생할 임료 등인가에 관계없이 그 임료 등의 값을 소가에 산입하지 않도록 하여 주시기 바랍니다. 다만, 임료 등의 청구만을 독립하여 청구하는 경우에는 민사소송등인지규칙 제12조 제4호를 준용하여 기발생분 및 1년분의 임료 등 합산액을 그 소가로 하시기 바랍니다.

부칙(2002. 6. 27. 제871호) 이 예규는 2002. 7. 1.부터 시행한다.

제3장 소가 관련 참조 판례

[판례 1] 이미 발생한 이자에 대한 지연손해금을 청구할 수 있는지 여부

이미 발생한 이자에 관하여 채무자가 이행을 지체한 경우에는 그 이자에 대한 지연손해금을 청구할 수 있다(대법원 1996. 9. 20. 선고 96다25302 판결).

[판례 2] 불법행위로 인한 손해배상청구와 금원의 지급청구 부분이 병합된 경우 민사소송법 제24조 제2항(개정법 제27조)의 과실, 손해배상, 위약금 또는 비용에 해당하는지 여부

가. 원인무효로 인한 부동산 소유권이전등기 및 근저당권설정등기의 말소, 유체동산의 인도와 불법행위로 인한 손해배상청구가 병합된 경우 금원의 지급청구 부분은 등기의 말소청구 등과 독립하여 하는 청구이지 이에 부대하여 청구하는 민사소송법 제24조 제2항의 과실, 손해배상, 위약금, 또는 비용이라고 볼 수 없다(대법원 1992. 1. 7.자 91마692 결정 참조).

나. 위 "가"항과 같은 법 조항의 소송의 부대목적이 되는 손해배상"의 의미란 위 "가"항과 같은 법 조항에 의하여 소송의 목적의 가액에 산입하지 아니하는 '소송의 부대목적이 손해배상'이라 함은 주된 청구의 이행을 지연하였기 때문에 생기는 지연배상을 의미한다.

[판례 3] 민사소송법 제24조 제2항(개정법 제27조)의 "소송의 부대목적이 되는 손해배상"의 의미

민사소송법 제24조 제2항에 의하여 소송의 목적의 가액에 산입하지 아니하는 '소송의 부대목적이 되는 손해배상'이라 함은 주된 청구의 이행을 지연하였기 때문에 생기는 지연배상을 의미한다(대법원 1992. 1. 7.자 91마692 결정 참조).

[판례 4] 채무자가 유일한 채산인 부동산을 일부 채권자에게 대한 정당한 변제에 충당하기 위하여 상당한 가격으로 매각한 경우 사해행위에 해

당하는지 여부

채무자가 그 채무 있음을 알면서 자기의 유일한 재산인 부동산을 매각하여 소비하기 쉬운 금전으로 바꾸는 행위는 그 매각이 일부채권자에게 대한 정당한 변제에 충당하기 위하여 상당한 가격으로 이루어졌다는 특별한 사정이 있는 경우 사해행위에 해당하지 않는다(서울지법 1999. 10. 20. 선고 98가합101847 판결).

[판례 5] 사해행위당시 아직 성립되지 않은 채권이 예외적으로 채권자취소권의 피보전채권이 될 수 있는 경우

채권자취소권에 의하여 보호될 수 있는 채권은 원칙적으로 사해행위라고 볼 수 있는 행위가 행하여지기 전에 발생된 것임을 요하지만, 그 사해행위 당시에 이미 채권 성립의 기초가 되는 법률관계가 발생되어 있고 가까운 장래에 그 법률관계에 기하여 채권이 성립되리라는 점에 대한 고도의 개연성이 있으며 실제로 가까운 장래에 그 개연성이 현실화되어 채권이 성립된 경우에는, 그 채권도 채권자취소권의 피보전채권이 될 수 있다(대법원 1997. 10. 28. 선고 97다34334 판결).

[판례 6] 채무자의 보증인에 대한 구상채무를 연대보증한 자가 연대보증 후 그 소유 부동산을 제3자에게 증여한 사안에서, 증여 당시 주채무자의 재정 상태에 비추어 볼 때 채권자취소권의 피보전채권인 구상채권이 성립할 고도의 개연성이 있었다고 본 사례

채무자가 보증인의 보증하에 은행으로부터 대출을 받음에 있어 채무자의 보증인에 대한 구상채무에 대하여 연대보증한 자가 연대보증 후 소유부동산을 제3자에게 증여한 사안에서, 증여계약 당시 채무자가 당해 대출금을 당초 변제기까지 변제하지 못하고 변제기를 연장하였을 뿐만 아니라 그 외에도 원금을 변제하지 못하고 있는 대출금이 많이 있었고, 거래처의 부도로 인하여 막대한 손해를 보고 있었던 점 등 증여계약 당시의 채무자의 재정 상태에 비추어 볼 때 채권자취소권의 피보전채권인 구상채권의 성립의 개연성이 있었다고 인정한 사례(대법원 1997. 10. 28. 선고 97다34334 판결).

[판례 7] 저당권이 설정되어 있는 부동산에 관하여 사해행위가 이루어진 후 그 저당권설정등기가 말소된 경우, 사해행위 취소의 범위와 원상회복의 방법

부동산에 관한 법률행위가 사해행위에 해당하는 경우에는 원칙적으로 그 사해행위를 취소하고 소유권이전등기의 말소 등 부동산 자체의 회복을 명하는 것이 원칙이지만, 저당권이 설정되어 있는 부동산에 관하여 사해행위가 이루어진 경우에 그 사해행위는 부동산의 가액에서 저당권의 피담보채권액을 공제한 잔액의 범위 내에서만 성립한다고 보아야 하므로, 사해행위 후 변제 등에 의하여 저당권설정등기가 말소된 경우, 사해행위를 취소하여 그 부동산 자체의 회복을 명하는 것은 당초 일반채권자들의 공동담보로 되어 있지 아니하던 부분까지 회복을 명하는 것이 되어 공평에 반하는 결과가 되므로, 그 부동산의 가액에서 저당권의 피담보채무액을 공제한 잔액의 한도에서 사해행위를 취소하고 그 가액의 배상을 구할 수 있을 뿐이고, 그와 같은 가액 산정은 사실심 변론종결시를 기준으로 하여야 한다(대법원 2001. 12. 27. 선고 2001다33734 판결).

[판례 8] 수 개의 저당권이 설정되어 있는 부동산에 관하여 사해행위가 이루어진 후 일부 저당권설정등기가 말소된 경우, 사해행위 취소의 범위와 원상회복의 방법

어느 부동산에 관한 법률행위가 사해행위에 해당하는 경우에는 원칙적으로 그 사해행위를 취소하고 소유권이전등기의 말소 등 부동산 자체의 회복을 명하는 것이나, 저당권이 설정되어 있는 부동산에 관하여 사해행위가 이루어진 경우에 그 사해행위는 부동산의 가액에서 저당권의 피담보채권액을 공제한 잔액의 범위 내에서만 성립한다고 보아야 하므로, 사해행위 후 변제 등에 의하여 저당권설정등기가 말소된 경우, 사해행위를 취소하여 그 부동산 자체의 회복을 명하는 것은 당초 일반채권자들의 공동담보로 되어 있지 아니하던 부분까지 회복시키는 것이 되어 공평에 반하는 결과가 되어, 그 부동산의 가액에서 저당권의 피담보채무액을 공제한 잔액의 한도에서 사해행위를 취소하고 그 가액의 배상을 명할 수 있을 뿐이므로, 사해행위의 목적인 부동산에 수개의 저당권이 설정되어 있다가 사해행위 후 그 중 일부의 저당권만이 말소된 경우에도 사해행위의 취소에 따른 원상회복은 가액배상의 방법에 의할 수밖에 없을 것이고, 그 경우 배상하여야 할 가액은 사해행위 취소시인 사실심 변론종결시를 기준으로 하여 그 부동산의 가액에서 말소된 저당권의 피담보채권액과 말소되지 아니한 저당권의 피담보채권액을 모두 공제하여 산정하여야 한다(대법원 1998. 2. 13. 선고 97다6711 판결).

[판례 9] 채권양도행위가 사해행위인 경우의 주문례 및 사해행위 취소의 범위

임차인이 임대인에 대한 임대보증금반환채권을 전차인 갑에 대한 전대보증금반환채무의 변제에 갈음하여 양도한 행위가 전차인 을에 대하여 사해행위가 되는 경우, 을의 전대보증금반환채권액이 임차인이 갑에게 양도한 임대보증금반환채권액에 미달하더라도 위 양도계약 전부를 취소한 사례(서울지법 동부지원 1997. 12. 5. 선고 97가합1516 판결).

[판례 10] 약속어음 발행행위가 사해행위 취소의 대상이 되는 경우

무자력 상태인 채무자가 채권자 중 1인에게 약속어음을 발행, 교부한 다음 공정증서까지 작성해주어 그 약속어음증서에 기하여 채무자의 책임재산 중 대부분인 제3채무자에 대한 물품대금·채권을 전부받을 수 있도록 하였다면 그 약속어음 발행행위는 채무자의 일반채권자를 해하는 사해행위에 해당한다(수원지법 1999. 7. 1. 선고 98가합20168 판결).

[판례 11] 채권자 취소권의 주관적 요건인 사해의사의 의미

채권자 취소권의 주관적 요건인 채무자가 채권자를 해함을 안다는 이른바 채무자의 악의, 즉 사해의사는 채무자의 재산처분 행위에 의하여 그 재산이 감소되어 채권의 공동담보에 부족이 생기거나 이미 부족 상태에 있는 공동담보가 한층 더 부족하게 됨으로써 채권자의 채권을 완전하게 만족시킬 수 없게 된다는 사실을 인식하는 것을 의미하고, 그러한 인식은 일반 채권자에 대한 관계에서 있으면 충분하고 특정의 채권자를 해한다는 인식이 있어야 하는 것은 아니다(대법원 1998. 5. 12. 선고 97다57320 판결).

[판례 12] 채권자 취소권의 대상이 되는 사해행위의 의미

채권자 취소권의 대상이 되는 사해행위는 채무자의 총재산에 감소를 초래함으로써 채권자를 해하는 채무자의 재산적 법률행위를 말하므로 채무자의 총재산에 감소를 초래하지 않는 경우에는 사해행위라 할 수 없다(대법원 1982. 5. 25. 선고 80다1403 판결).

[판례 13] 채권자 취소권에 있어서의 피보전채권을 산정하는 기준시점과 그 범위

채권자가 채권자 취소권을 행사할 때에는 원칙적으로 자신의 채권액을 초과하여 취소권을 행사 할 수 없고, 이 때 채권자의 채권액에서 사해행위 이후 사실심 변론종결시까지 발생한 이자나 지연손해금이 포함된다(대법원 2002. 4. 12. 선고 2000다63912 판결).

[판례 14] 물상담보에 의하여 채권자에게 우선변제권이 확보되는 경우, 채권자 취소권에 있어서의 피보전채권의 범위

주채무자 또는 제3자 소유의 부동산에 대하여 채권자 앞으로 근저당권이 설정되어 채권자에게 우선변제권이 확보되어 있다면 그 범위 내에서는 채무자의 재산처분행위는 채권자를 해하지 아니하므로 그 담보물로부터 우선변제받을 액을 공제한 나머지 채권액에 대하여만 채권자취소권이 인정된다(대법원 2002. 4. 12. 선고 2000다63912 판결).

[판례 15] 채무초과 상태인 채무자가 유일한 재산인 부동산을 무상양도하거나 일부채권자에게 대물변제로 제공한 것이 사해행위에 해당하는지 여부

채무자의 재산이 채무의 전부를 변제하기에 부족한 경우에 채무자가 그의 유일한 재산인 부동산을 무상양도하거나 일부 채권자에게 대물변제로 제공하였다면, 특별한 사정이 없는 한 이러한 행위는 사해행위가 된다(대법원 1998. 5. 12. 선고 97다57320 판결).

[판례 16] 채무자가 채무액 전액을 변제할 수 없는데도 그 소유의 부동산을 일부채권자에게 대물변제로 양도한 경우 사해행위의 성부

채무자들이 11억 5천만원 상당의 채무를 부도내고 잠적하면서 그들 소유의 부동산을 채무자들의 가까운 친척들에게 매매를 원인으로 소유권이전등기를 넘겨준 경우 채무자들에게 다른 재산이 다소간 있다고 하더라도 그것이 위 채무액 금액을 변제하고 남을 정도가 된다는 증명이 없는 한 사해행위가 성립하고 위 전득자들이 채무자에게 채권이 있더라도 채무가 초과된 채무자가 특정부동산을 일부채권자에게 대물변제로 넘겨주는 것도 사해행위가 될 수 있다(대법원 1990. 11. 23. 선고 90다카27198 판결).

[판례 17] 사해행위의 취소에 따른 원상회복에서 사해행위의 목적물이 동산이고 현물반환이 가능한 경우, 채권자가 직접 자기에게 그 목적물의 인도를 청구할 수 있는지 여부

민법 제406조에 의한 사해행위의 취소에 따른 원상회복은 원칙적으로 그 목적물 자체의 반환에 의하여야 하는 바, 이 때 사해행위의 목적물이 동산이고 그 현물반환이 가능한 경우에는 취소채권자는 직접 자기에게 그 목적물의 인도를 청구할 수 있다(대법원 1999. 8. 24. 선고 99다23468 판결).

[판례 18] 사해행위취소에서 원물반환 대신 가액배상을 구할 수 있음에도 원물반환을 구하는 것이 허용되는지 여부

사해행위취소의 소에서 만일 원물반환이 불가능하거나 현저히 곤란한 경우에는 원상회복의무의 이행으로서 사해행위 목적물의 가액 상당을 배상하여야 하는 바, 여기에서 원물반환이 불가능하거나 현저히 곤란한 경우라 함은 원물반환이 단순히 절대적, 물리적으로 불능인 경우가 아니라 사회생활상의 경험법칙 또는 거래상의 관념에 비추어 그 이행의 실현을 기대할 수 없는 경우를 말하는 것이므로, 사해행위 후 그 목적물에 관하여 제3자가 저당권이나 지상권 등의 권리를 취득한 경우에는 수익자가 목적물을 저당권 등의 제한이 없는 상태로 회복하여 이전하여 줄 수 있다는 등의 특별한 사정이 없는 한 채권자는 수익자를 상대로 원물반환 대신 그 가액 상당의 배상을 구할 수도 있다고 할 것이나, 그렇다고 하여 채권자가 스스로 위험이나 불이익을 감수하면서 원물반환을 구하는 것까지 허용되지 아니하는 것으로 볼 것은 아니다(대법원 2001. 2. 9. 선고 2000다57139 판결).

[판례 19] 상속재산에 대한 협의분할이 사해행위 취소의 대상이 되는지 여부

상속인간의 협의에 의하여 법정상속분을 초과하여 상속재산을 취득한 상속인은 피상속인으로부터 직접 상속받은 것이지, 공동상속인으로부터 증여를 받은 것으로 보기는 어렵다고 할 것이므로, 이미 무자력 상태에 있는 채무자가 그의 유일한 재산이라고 할 수 있는 상속재산의 법정상속분을 협의분할의 방식으로 포기함으로써 다른 상속인에게 그 법정상속지분을 초과하여 상속재산을 취득하게 하더라도, 그와 같은 협의분할 행위는 신분법상의 법률행위일 뿐만 아니라 상속재산의 무상양도에 해당한다고 할 수 없어서 사해행위의 대상이 된다고 할 수 없다고 한 사례(울산지법 1998. 5. 20. 선고 97가합7901 판결).

[판례 20] 채무자가 유일한 재산인 부동산을 신탁한 경우, 사해행위에 해당하는지 여부

채무자가 채무를 변제하지 아니한 채 그의 유일한 재산인 부동산에 관하여 제3자와 사이에 신탁계약을 체결하고 그 제3자 명의로 소유권이전등기를 경료한 경우, 그 신탁계약은 채권자를 해함을 알고서 한 사해행위라고 봄이 상당하다(대법원 1999. 9. 7. 선고 98다41490 판결).

[판례 21] 연대보증 채무자의 사해행위에 있어서 사해의 의사가 있었는지 여부의 판단 기준

연대보증인에게 부동산의 매도행위 당시 사해의 의사가 있었는지 여부는 연대보증인이 자신의 자산상태가 채권자에 대한 연대보증채무를 담보하는 데 부족이 생기게 되리라는 것을 인식하였는가 하는 점에 의하여 판단하여야 하고, 연대보증인이 주채무자의 자산상태가 채무를 담보하는 데 부족이 생기게 되리라는 것까지 인식하였어야만 사해의 의사를 인정할 수 있는 것은 아니다(대법원 1998. 4. 14. 선고 97다54420 판결).

[판례 22] 채무자가 유일한 재산을 매각하여 소비하기 쉬운 금전으로 바꾼 경우, 사해행위의 성부 및 사해의사 추정 여부와 수익자의 악의에 관한 입증책임

채무자가 자기의 유일한 재산인 부동산을 매각하여 소비하기 쉬운 금전으로 바꾸는 행위는 특별한 사정이 없는 한 항상 채권자에 대하여 사해행위가 된다고 볼 것이므로 채무자의 사해의 의사는 추정되는 것이고, 이를 매수한 자가 악의가 없었다는 입증책임은 수익자에게 있다(대법원 1998. 4. 14. 선고 97다54420 판결).

[판례 23] 사해행위취소소송에 있어서 수익자 또는 전득자의 악의에 관한 입증책임

사해행위취소소송에 있어서 채무자의 악의의 점에 대하여는 그 취소를 주장하는 채권자에게 입증책임이 있으나 수익자 또는 전득자가 악의라는 점에 관하여는 입증책임이 채권자에게 있는 것이 아니고 수익자 또는 전득자 자신에게 선의라는 사실을 입증할 책임이 있다(대법원 1997. 5. 23. 선고 95다51908 판결).

[판례 24] 채무자가 유일한 재산인 부동산을 매도한 경우, 민법 제406조 제2항 소정의 '채권자가 취소원인을 안 날'의 의미

채무자가 유일한 재산인 부동산을 매각하여 소비하기 쉬운 금전으로 바꾸는 행위는 특별한 사정이 없는 한 사해행위가 되고, 사해행위의 주관적 요건인 채무자의 사해의사는 채권의 공동담보에 부족이 생기게 되리라는 것을 인식하는 것을 말하는 것으로서, 채권자를 해할 것을 기도하거나 의욕하는 것을 요하지 아니하며, 채무자가 유일한 재산인 부동산을 매각하여 소비하기 쉬운 금전으로 바꾸는 경우에는 채무자의 사해의사는 추정되므로, 채무자가 유일한 재산인 부동산을 매도한 경우 그러한 사실을 채권자가 알게 된 때에 채권자가 채무자에게 당해 부동산 외에는 별다른 재산이 없다는 사실을 알고 있었다면 그 때 채권자는 채무자가 채권자를 해함을 알면서 사해행위를 한 사실을 알게 되었다고 보아야 한다(대법원 1999. 4. 9. 선고 99다2515 판결).

[판례 25] 가등기에 기하여 본등기가 경료된 경우, 사해행위 여부의 판단 기준 시기

가등기에 기하여 본등기가 경료된 경우, 가등기의 원인인 법률행위와 본등기의 원인인 법률행위가 명백히 다른 것이 아닌 한 사해행위의 요건의 구비 여부는 가등기의 원인된 법률행위 당시를 기준으로 하여 판단하여야 한다(대법원 2010. 7. 27. 선고 2000다73377 판결).

[판례 26] 경락으로 아파트 소유권을 취득한 자에게 그 소유권취득 이전의 체납관리비 납부의무가 있는지 여부

경락으로 아파트 소유권을 취득한 자는 원시취득자로서 집합건물및관리에관한법률 제27조 제2항, 공동주택관리령 제9조 제4항 소정의 '승계인'이라 할 수 없으므로, 그 소유권취득 이전의 체납관리비에 대하여는 납부의무가 없다(창원지법 1997. 7. 25. 선고 97나3501 판결. 원심 ; 창원지법 1997. 4. 16. 선고 97가소5364 판결).

[판례 27] 입주자대표회의가 주택관리업자를 선정하여 공동주택을 관리하게 하는 경우, 관리비채권의 귀속주체

입주자대표회의가 주택관리업자를 선정하여 공동주택을 관리하게 하는 경우, 관리비 징수는 주택관리업자의 업무에 속하는 것이기는 하나, 이러한 주택관리업자의 관리비 징수는 입주자대표회의로부터 그 징수업무를 위임받아 수행하는데 지나지 아니하여 관리비 채권은 입주자대표회의에 귀속한다(수원지법 1999. 12. 17. 선고 99나4587 판결).

[판례 28] 동업관계가 종료된 경우 탈퇴한 조합원의 지분계산을 위한 영업용 재산평가의 기준시기

2인의 동업관계가 종료된 경우 남아서 영업을 계속하는 자는 다른 특별한 사정이 없는 한 동업계약이 종료된 당시의 평가액에 의하여 그 1/2을 탈퇴하는 자에게 지급하여야 할 것이고, 따라서 그 영업시설인 지상건축물과 구축물에 대한 평가도 동업관계 종료시를 기준하여야 하고 그 후에 생긴 사정을 참작할 것이 아니다(대법원 1990. 3. 9. 선고 89다카24728 판결).

[판례 29] 법정해제의 경우 원상회복으로서 반환하여야 할 금전에 부가하는 법정이자의 법적 성질

법정해제의 경우 당사자 일방이 그 수령한 금전을 반환함에 있어 그 받은 때로부터 법정이자를 부가함을 요하는 것은 민법 제548조 제2항이 규정하는 바로서, 이는 원상회복의 범위에 속하는 것이며, 일종의 부당이득반환의 성질을 가지는 것이고 반환의무의 이행지체로 인한 것이 아니므로, 부동산 매매계약이 해제 된 경우 매도인의 매매대금 반환의무과 매수인의 소유권이전등기 말소등기절차 이행의무가 동시이행의 관계에 있는지 여부와는 관계없이 매도인이 반환하여야 할 매매대금에 대하여는 그 받은 날로부터 민법이 정한 법정이율인 연 5푼의 비율로 의한 법정이자를 부가하여 지급하여야 한다(대법원 1996. 4. 12. 선고 95다28892 판결).

[판례 30] 금전 대여 당시 대주가 받은 소개비가 이자를 포함되는지 여부

이자제한법 제3조에 의하면 예금, 할인금, 수수료, 공제금, 체당금 기타 여하한 명칭을 불구하고 금전의 대차에 채권자가 받은 것은 이를 이자로 간주한다고 규정하고 있는 바, 위 규정의 취지는 채권자가 할인금, 소개료 등의 명목으로 채무자로부터 금전을 징수하여 법을 잠탈하기 위한 수단으로 사용되는 탈법행위를 방지하는 데 있다고 할 것이므로, 비록 소개료의 명목이라고 하더라도 채권자와 채무자 사이의 금전대차와 관련된 것으로서 금전대차의 대가로 볼 수 있는 것이라면 이자로 간주된다고 할 것이고, 따라서 채권자가 이를 대여금에서 미리 공제하는 것은 선이자의 공제에 해당한다(대법원 1997. 9. 30. 선고 97다24023 판결).

[판례 31] 임차보증금 반환채권을 피전부채권으로 한 경우, 전부명령의 효력이 미치는 범위

임차보증금 반환채권을 피전부채권으로 한 전부명령으로 확정된 경우, 제3채무자에게 송달한 때에 소급하여 그 효력이 발생하지만, 임차보증금 반환채권은 임대인의 채권이 발생하는 것을 해제조건으로 하여 발생하는 것이므로, 임대차관계 종료 후 그 목적물이 명도되기까지 사이에 발생한 임대인의 채권을 공제한 잔액에 관하여서만 전부명령이 유효하다(대법원 1998. 10. 20. 선고 98다31905 판결).

[판례 32] 금전채권의 압류의 효력 범위와 압류경합된 채권에 대한 전부명령의 효력

일반적으로 금전채권의 압류에 관하여 특히 피압류채권의 수액에 특별한 제한을 둔 바 없다면 압류의 효력은 채권 전액에 미치는 것이며, 압류가 경합된 채권에 대한 전부명령은 그 효력이 없다(대법원 1991. 10. 11. 선고 91다12233 판결).

[판례 33] 지상권설정시 지료에 관한 약정이 없는 경우, 지료의 지급을 청구할 수 있는지 여부

지상권에 있어서 지료의 지급은 그의 요소가 아니어서 지료에 관한 유상 약정이 없는 이상 지료지급을 구할 수 없다(대법원 1999. 9. 3. 선고 99다24874 판결).

[판례 34] 지상권에 있어서 지료에 관한 약정을 제3자에게 대항하기 위하여는 이를 등기하여야 하는지 여부 및 지료에 관하여 등기되지 않은 경우에는 지료증액청구권도 발생하지 않은지 여부

지상권에 있어서 유상인 지료에 관하여 지료액 또는 그 지급시기 등의 약정은 이를 등기하여야 그 뒤에 토지소유권 또는 지상권을 양수한 사람 등 제3자에게 대항할 수 있고, 지료에 관하여 등기되지 않은 경우에는 무상의 지상권으로서 지료증액청구권도 발생할 수 없다(대법원 1999. 9. 3. 선고 99다24874 판결).

[판례 35] 법정지상권이 있는 건물의 양수인이라도 그 대지를 점유·사용함으로 인해 얻은 이득을 대지 소유자에게 부당이득으로 반환해야 하는지 여부

법정지상권자라 할지라도 대지 소유자에게 지료를 지급할 의무가 있는 것이고, 법정지상권이 있는 건물의 양수인으로서 장차 법정지상권을 취득할 지위에 있어 대지 소유자의 건물 철거나 대지 인도청구를 거부할 수 있다 하더라도 그 대지를 점유·사용함으로 인하여 얻은 이득은 부당이득으로서 대지 소유자에게 반환할 위무가 있다(대법원 1997. 12. 26. 선고 96다34665 판결).

[판례 36] 자기 소유의 건물을 위하여 타인의 대지 위에 법정지상권을 취득한 자가 그 대지소유자에게 지급하여야 할 지료액

자기 소유의 건물을 위하여 그 대지소유자 "갑"의 대지 위에 법정지상권을 취득한 "을"은 그 사용에 있어서 어떠한 제한이나 하자도 없는 타인 소유의 토지를 직접적으로 완전하게 사용하고 있다고 할 수 있고, 이 경우에 "을"이 "갑"에게 지급하여야 할 지료는 아무런 제한 없이 "갑"소유의 토지를 사용함으로써 얻는 이익에 상당하는 대가가 되어야 하고 건물이 건립되어 있는 것을 전제로 한 임료상당 금액이 되어서는 안된다(대법원 1975. 12. 23. 선고 75다2066 판결).

[판례 37] 치료비 청구액이 과다하여 불공정한 법률행위로서 무효가 되는 경우

의료기관 또는 의사가 환자를 치료하고 그 치료비를 청구함에 있어서 그 치료행위와 그에 대한 일반의료수가 사이에 현저한 불균형이 존재하고 그와 같은 불균형이 피해 당사자의 궁박, 경솔 또는 무경험에 이루어진 경우에는 민법 제104조의 불공정한 법률행위에 해당하여 무효이므로 그 지급을 청구할 수 없다(대법원 1995. 12. 8. 선고 95다3282 판결).

[판례 38] 채무변제를 위한 채권양도의 경우에 원채권의 소멸 여부

채권자에 대한 채무변제를 위하여 어떤 다른 채권을 채권자에게 양도함에 있어서는 특단의 사정이 없는 한, 그 채권양도는 채무변제를 위한 담보 또는 변제의 방법으로 양도되는 것이지 채무변제에 갈음하여 양도되어 원채권이 소멸하는 것이 아니다(대법원 1981. 10. 13. 선고 81다354 판결).

[판례 39] 매매계약의 당사자가 목적물의 지번에 관하여 착오를 일으켜 계약서상 목적물을 잘못 표시한 경우 매매계약의 목적물

부동산의 매매계약에 있어 쌍방당사자가 모두 특정의 갑 토지를 계약의 목적물로 삼았으나 그 목적물의 지번 등에 관하여 착오를 일으켜 계약을 체결함에 있어서는 계약서상 그 목적물을 갑 토지와는 별개인 을 토지로 표시하였다 하여도 갑 토지에 관하여 이를 매매의 목적물로 한다는 쌍방당사자의 의사합치가 있는 이상 위 매매계약은 갑 토지에 관하여 성립한 것으로 보아야 할 것이고, 을 토지에 관하여 매매계약이 체결된 것으로 보아서는 안 될 것이며, 만일 을 토지에 관하여 위 매매계약을 원인으로 하여 매수인 명의로 소유권이전등기가 경료되었다면 이는 원인이 없이 경료된 것으로서 무효이다(대법원 1993. 10. 26. 선고 93다2629,2636 판결).

[판례 40] 전세권과 임차권의 구별

전세권이라 함은 차임을 정기적으로 지급하는 대신 부동산 사용권설정에 관한 계약시 일정액의 목돈인 이른바 전세금을 지급하고 그 이자를 차임과 상계하기로 하여 타인의 부동산을 그 용도에 좇아 점유·사용·수익할 수 있는 권리이고, 이러한 권리에 대한 공시방법으로써 등기를 경료하느냐의 여부에 따라 민법이 정하고 있는 물권으로서의 전세권과 미등기전세 이른바 채권적 전세권으로 구분되는 것이며, 반면 임대차라 함은 당사자 일방이 상대방에게 어떤 물건을 사용·수익하게 할 것을 약정하고 상대방이 이에 대하여 차임을 지급할 것을 약정함으로써 성립하는 계약으로서 주로 차임의 지급방법에 따라 전세와 구별된다(대전지법 천안지원 1999. 2. 25. 선고 98가합2948 판결).

[판례 41] 민법 제219조 제1항 소정의 주위토지통행권의 범위

민법 제219조 제1항 소정의 주위토지통행권은 주위토지 소유자에게 가장 손해가 적은 범위 내에서 허용되는 것이지만 적어도 통행권자가 그 소유토지 및 지상주택에서 일상생활을 영위하기 위하여 출입을 하고 물건을 운반하기에 필요한 범위는 허용되어야 하며, 어느 정도를 필요로 볼 것인가는 통행권자의 소유토지와 주위토지의 각 지리적 상황 및 이용관계 등 제반사정을 참작하여 정하여야 한다(대법원 1989. 7. 25. 선고 88다카9364 판결).

[판례 42] 주위토지통행권 범위의 판단기준

민법 제219조에 규정된 주위토지통행권은 공로와의 사이에 그 용도에 필요한 통로가 없는 토지의 이용을 위하여 주위토지의 이용을 제한하는 것이므로 그 통행권의 범위는 통행권을 가진 자에게 필요할 뿐만 아니라 이로 인한 주위토지소유자의 손해가 가장 적은 장소와 방법의 범위 내에서 인정되어야 하며, 그 범위는 결국 사회통념에 비추어 쌍방 토지의 지형적, 위치적 형상 및 이용관계, 부근의 지리상황,

상린지 이용자의 이해득실 기타 제반 사정을 참작한 뒤 구체적 사례에 응하여 판단하여야 하고, 또 현재 토지의 용법에 따른 이용의 범위에서 인정되는 것이지 더 나아가 장차의 이용상황까지 미리 대비하여 통행로를 정할 것은 아니다(대법원 1995. 2. 3. 선고 94다50656 판결).

[판례 43] 상속등기신청시에 법정상속분과 다른 비율의 지분이전등기를 신청하는 경우

등기신청인이 산정한 상속분이 그 상속재산을 둘러싼 소송에서도 받아들여져 판결로써 확정된 바 있다고 하더라도 상속등기신청에 대하여 등기공무원이 부동산등기법 소정의 서면만에 의하여 형식적 심사를 함에 있어서는 위 확정판결의 기판력이 미칠 여지가 없는 것이고, 또 상속을 증명하는 시·구·읍·면의 장의 서면 또는 이를 증명함에 족한 서면과 관계법령에 기한 상속인의 범위 및 상속지분의 인정은 등기공무원의 형식적 심사권한의 범위 내라고 할 것이므로, 위와 같은 서면과 관계법령에 의하여 인정되는 정당한 상속인의 범위 및 상속지분과 다른 내용으로 상속등기를 신청하였을 경우 등기공무원으로서는 신청내용이 확정된 판결의 내용과 동일하다고 하더라도 위 등기신청을 각하하여야 할 것이다(대법원 1995. 2. 22.자 94마2116 결정).

[판례 44] 가등기에 기한 본등기청구에 있어 그 등기원인을 매매예약완결이라고 주장하면서 위 가등기의 피담보채권을 대여금채권이라고 하다가 나중에는 손해배상채권이라고 주장한 경우 청구의 변경에 해당하는지 여부

가등기에 기한 본등기청구를 하면서 그 등기원인을 매매예약완결이라고 주장하는 한편 위 가등기의 피담보채권을 처음에는 대여금채권이라고 주장하였다가 나중에는 손해배상채권이라고 주장한 경우 가등기에 기한 본등기청구의 등기원인은 위 주장의 변경에 관계없이 매매예약완결이므로 등기원인에 변경이 없어 청구의 변경에 해당하지 아니하고, 위 가등기로 담보되는 채권이 무엇인지는 공격방어방법에 불과하다(대법원 1992. 6. 12. 선고 92다11848 판결).

[판례 45] 소유권이전등기청구소송의 소송물

소유권이전등기청구사건에 있어서 등기원인을 달리하는 경우에는 그것이 단순히 공격·방어방법의 차이에 불과한 것이 아니고 등기원인별로 별개의 소송물로 인정된다(대법원 1996. 8. 23. 선고 94다49922 판결).

[판례 46] 제소전화해조항에 채무의 변제기와 채무원금만 정하고 변제기 이후의 지연손해금에 관하여 아무런 규정을 두고 있지 아니한 경우 지연손해금의 비율

제소전화해조항에 채무의 변제기와 채무원금만 정하고 변제기 이후의 지연손해금에 관하여 아무런 규정을 두고 있지 아니한 경우에는 원칙으로 돌아가 변제기 이후에는 민법 소정의 연 5푼의 비율에 의한 지연손해금을 지급하여야 할 것이다(대법원 1992. 5. 26. 선고 91다28528 판결).

[판례 47] 근저당권설정계약서가 부동문자로 인쇄된 일반거래약관의 형식을 취하는 경우, 피담보채무 범위에 관한 의사표시의 해석 방법

근저당권설정계약서는 처분문서이므로 특별한 사정이 없는 한 그 계약 문언대로 해석하여야 함이 원칙이나, 근저당권설정계약서가 일률적으로 일반거래약관의 형태로 부동문자로 인쇄하여 두고 사용하는 계약서인 경우에 그 계약조항에 피담보채무의 범위를 근저당권 설정으로 공급받는 계속적인 물품공급거래로 인한 대금채무 외에 기존의 채무나 장래에 부담하게 될 다른 원인에 의한 모든 채무를 포괄적으로 포함하는 것으로 기재하였다고 하여도, 당사자의 의사는 당해 물품공급거래로 인한 대금채무만을 그 근저당권의 피담보채무로 약정한 취지라고 해석하는 것이 합리적일 때에는 그 계약서상의 피담보채무에 관한 포괄적 기재는 부동문자로 인쇄된 일반거래약관의 예문에 불과한 것으로 보아 그 구속력을 배제하는 것이 타당하다(대법원 1996. 10. 29. 선고 95다2494 판결).

[판례 48] 근저당권설정 후 부동산 소유권이 이전된 경우 근저당권설정자인 종전의 소유자도 피담보채무의 소멸을 이유로 근저당권설정등기의 말소를 청구할 수 있는지 여부

근저당권이 설정된 후에 그 부동산의 소유권이 제3자에게 이전된 경우에는 현재의 소유자가 자신의 소유권에 기하여 피담보채무의 소멸을 원인으로 그 근저당권설정등기의 말소를 청구할 수 있음은 물론이지만, 근저당권설정자인 종전의 소유자도 근저당권설정계약의 당사자로서 근저당권소멸에 따른 원상회복으로 근저당권자에게 근저당권설정등기의 말소를 구할 수 있는 계약상 권리가 있으므로 이러한 계약상 권리에 터잡아 근저당권자에게 피담보채무의 소멸을 이유로 하여 그 근저당권설정등기의 말소를 청구할 수 있다고 봄이 상당하고, 목적물의 소유권을 상실하였다는 이유만으로 그러한 권리를 행사할 수 없다고 볼 것은 아니다(대법원 1994. 1. 25. 선고 93다16338 판결).

[판례 49] 대리인이 수권범위를 넘어서 대리행위를 한 경우 무권대리행위가 유효로 인정하는 범위

갑이 을로부터 금 100만원을 차용하면서 그 채무를 담보하기 위해 자기소유의 자동차에 대해 을 앞으로 채무액에 상당한 저당권을 설정하라고 그 자동차등록원부, 담보설정용 인감증명서와 갑의 인장만 날인하고 나머지는 백지로 된 저당권설정계약서, 영수증, 약속어음용지 각 1통 및 상호합의공증각서 2통을 교부하였다면 이는 갑이 을에게 자기를 대리하여 위 자동차에 저당권을 설정하는 법률행위를 할 권한을 수여함과 동시에 그 대리인수여의 범위도 위 자동차에 의하여 담보되는 피담보채무의 범위가 금 100만원인 이상 그 담보의 형식(즉 담보권자가 누구인지 여부)이 무엇이든지 무방하다는 뜻이 포함된 것으로 볼 것인 바, 을이 수권의 범위를 넘어 위 자동차에 관하여 병을 채권자로, 피담보채권최고액만을 금 600만원으로 하는 저당권설정을 한 경우, 그 행위가 무원대리행위에 해당한다 할지라도 갑이 위임한 금 100만원을 담보하는 한도에서는 을이 수여받은 대리인의 범위 내에 속하는 것이므로 위 저당권설정행위는 금 100만원을 담보하는 범위에서는 을의 대리행위에 의하여 본인인 갑에게 그 효력을 미치는 유효한 것이라고 보아야 할 것이다(서울지법 북부지원 1987. 12. 2. 선고 87가합520 판결).

[판례 50] 도급인이 하자보수에 갈음한 손해배상을 청구하는 경우, 이를 이유로 지급을 거절할 수 있는 보수액의 범위 및 하자보수 산정시점

완성된 목적물에 하자가 있어 도급인이 수급인에 대하여 하자보수에 갈음한 손해배상을 청구하는 경우 그 손해배상의 액에 상응하는 보수의 액에 관하여는 그 지급을 거절할 수 있고, 이 경우 그 손해배상의 액수 즉 하자보수비는 목적물의 완성시가 아니라 손해배상 청구시를 기준으로 산정함이 상당하다(대법원 1994. 10. 11. 선고 94다26011 판결).

[판례 51] 도급인의 하자보수청구권과 수급인의 공사대금 채권과의 관계

도급계약에 있어서 완성된 목적물 또는 완성전의 성취된 부분에 하자가 있는 경우에는 도급인은 수급인에게 하자의 보수를 청구할 수 있고 하자보수에 갈음하거나 하자보수와 함께 손해배상을 청구할 수 있으며 이들 청구권은 특별한 사정이 없는 한 수급인의 공사대금채권과 동시이행의 관계에 있는 것이므로 이와 같은 하자가 있어 도급인이 하자보수나 손해배상청구권을 보유하고 이를 행사하는 한에 있어서는 도급인의 공사비 지급채무는 이행지체에 빠지지 아니하고, 도급인이 하자보수나 손해배상채권을 자동채권으로 하고 수급인의 공사잔대금 채권을 수동채권으로 하여 상계의 의사표시를 한 다음날 비로소 지체에 빠진다고 보아야 할 것이다(대법원 1989. 12. 12. 선고 88다카18788 판결).

[판례 52] 경매절차에서 채권자가 실제 채권액보다 적은 금액을 채권계산서에 기재하여 경매법원에 제출한 경우, 채권자의 나머지 채권액이 소멸되는지 여부

경매절차에서 채권자가 실제채권액보다 적은 금액을 채권계산서에 기재하여 경매법원에 제출하였다고 하여 채권자의 나머지 채권액이 소멸되는 것은 아니다(대법원 2000. 12. 8. 선고 2000다51339 판결).

[판례 53] 보증보험사가 표현대리의 책임을 지는데 불과한 자를 신용불량거래자로 등록한 것이 불법행위를 구성한다고 본 사례

표현대리의 책임을 지는데 불과한 자가 보증보험계약을 체결한 당사자가 아니라고 부인하는데도, 보증보험회사가 사실관계를 제대로 조사하지 않은 채 신용거래불량자로 등록하여 그로 하여금 은행대출 등 경제활동을 하는 데 지장을 받게 하였다면 이는 불법행위를 구성하고, 보증보험사는 그로 인한 정신적 고통을 위자할 의무가 있다고 한 사례(대법원 2001. 3. 23. 선고 2000다57511 판결).

[판례 54] 국가를 상대로 한 토지소유권확인 청구가 확인의 이익이 있는 경우

국가를 상대로 한 토지소유권확인 청구는 그 토지가 미등기이고 토지대장이나 임야대장상에 등록명의자가 누구인지 알 수 없을 때와 그 밖에 국가가 등기 또는 등록명의자인 제3자의 소유를 부인하면서 계속 국가 소유를 주장하는 등 특별한 사정이 있는 경우에 한하여 그 확인의 이익이 있다(대법원 1995. 7. 25. 선고 95다14817 판결).

[판례 55] 타인소유의 토지에 식재된 수목의 소유권귀속

일반적으로 수목이 다른 사람 소유의 토지에 부속한 때에는 원칙적으로 토지소유자의 소유가 되고 예외적으로 임차권 등의 적법한 권한에 의하여 부속케 한 때에만 그 수목을 식재한 자의 소유로 된다(광주고법 1984. 11. 30. 선고 84나112 판결).

[판례 56] 골프장 회원권의 법률적 성질

예탁회원제로 운영되는 골프장의 회원권은 일정한 기간이 경과한 후 퇴회할 때에 청구할 수 있는 예탁금반환청구권과 골프장 시설의 우선적 이용권, 정례회비 및 기타 요금 등의 납부의무를 포괄하는 구체적인 채권관계라 할 것이다. 클럽의 회칙상 회원에게 시설출입증을 발행·교부하여 주도록 되어 있고, 또한 실제로 이를 소지하고 있지 않으면 골프장 시설에 대한 출입·우선적 이용권이 배제되고 있다면, 이의 발행·교부를 구하는 소의 이익이 있고, 시설출입증의 발행·교부청구에 대한 판결의 기판력은 그 소송물인 출입증의 발행·교부청구권에만 미치므로, 별도로 골프장 회원으로서의 시설출입·이용권의 존부확인도 구할 수 있다(서울민사지법 1987. 7. 29. 선고 86가합2350 판결).

[판례 57] 지급제시기간을 경과한 수표에 대하여 제권판결을 할 수 있는지 여부

수표법 제29조 제1항에 의하면 수표는 발행일로부터 10일 이내에 지급제시를 하여야 하고 지급제시기간이 경과하면 수표의 소지인은 수표상의 권리를 상실하도록 되어 있으며, 이 경우 그 수표의 정당한 소지인은 이득상환청구권을 취득하게 되나 이득상환청구권은 지명채권으로서 그 양도방법 역시 지명채권의 양도방법에 의하여야 하므로 지급제시기간을 경과한 수표는 상법 제65조가 예상하는 유가증권이 아니라 할 것이어서 제권판결의 대상이 될 수 없다(서울지법 동부지원 1997. 10. 29. 선고 97가단12045 판결).

[판례 58] 원금과 이에 대한 변제일까지의 부대채권을 집행채권으로 한 전부명령이 확정된 경우, 전부채권자에게 이전되는 피압류채권의 범위

전부명령이 확정되면 피압류채권은 제3채무자에게 송달된 때에 소급하여 집행채권의 범위 안에서 당연히 전부채권자에게 이전하고 그와 동시에 채무자는 채무를 변제한 것으로 간주되므로, 원금과 이에 대한 변제일까지의 부대채권을 집행채권으로 하여 전부명령을 받은 경우에는 집행채권의 원금의 변제일은 전부명령이 제3채무자에게 송달된 때가 되어 결국 집행채권액은 원금과 제3채무자에 대한 전부명령 송달시까지의 부대채권액을 합한 금액이 되므로 피압류채권은 그 금액 범위 안에서 전부채권자에게 이전한다(대법원 1999. 12. 10. 선고 99다36860 판결).

[판례 59] 주식에 대한 압류방법

민사소송법 제566조에 의하여 배서로 이전할 수 있는 증권인 주식의 압류 등은 집달리가 증권을 점유하지 아니한 이상 일반채권에 대한 압류 등의 방법에 의하였다 하여도 이는 법률상 아무런 효력이 없다(대법원 1974. 6. 11. 선고 73다1345 판결).

[판례 60] 건설공제조합의 조합원 지분권이 피전부채권으로서의 적격이 있는 지 여부

건설공제조합법에 의하여 설립된 특수법인인 건설공제조합의 조합원의 출자는 출자증권에 표상된 조합원의 지분이며 위 조합원의 지분내지 지분권은 민사소송법 제563조 제1항에서 말하는 금전채권이 아니므로 피전부채권의 적격이 없다(대법원 1979. 12. 11. 선고 79다1487 판결).

[판례 61] 부가 부동산을 취득·유지함에 처의 가사노동 등 내조가 기여하였다면 그 부동산은 재산분할의 대상이 되는 지 여부

부동산의 매수대금 중 일부가 부의 상속재산을 처분한 대금으로 충당되었다 하더라고 그 부동산을 취득하고 유지함에 있어 처의 가사노동 등에 의한 내조가 상당한 정도로 기여하였다면 그 부동산은 재산분할의 대상이 된다(대법원 1994. 10. 25. 선고

94므734 판결).

[판례 62] 일방 당사자의 사업상의 채무가 재산분할의 대상인 소극재산에 포함되는지 여부

사업을 하는 일방 당사자의 영업거래상의 채무는 다른 사정이 없는 한 그 채무 상당의 물품 또는 판매대금 채권이 현존하고 있다고 보아야 하므로, 이는 재산분할 대상 적극재산에서 공제하여야 할 성질의 채무가 아니다(서울가법 1996. 4. 17. 선고 95드18004 판결).

[판례 63] 재산분할청구권이 채권자대위권행사의 대상이 되는지 여부

이혼당사자 사이의 재산분할청구권은 그들 사이의 협의나 법원의 심판 등에 의하여 그 범위 및 내용이 구체화되기 전에는 추상적인 권리에 지나지 않아 채권자대위권행사의 대상이 될 수 없다(서울가법 1993. 11. 11. 선고 93느2877 판결).

[판례 64] 법률상의 배우자가 있는 남녀 쌍방이 내연관계에 있으면서 형성한 재산에 대하여 민법상 재산분할청구권이 인정되는지의 여부

사실혼관계란 남녀 모두가 혼인의사를 가지고 혼인공동생활의 실체를 형성하고 있으나 단지 혼인신고를 마치지 않았기 때문에 법률상의 혼인으로 인정되지 않을 뿐 사회적으로는 법률혼에 준하여 보호할 가치가 있는 혼인형태라고 할 것이고, 부부 쌍방이 모두 법률상의 배우자가 있어 혼인신고 자체가 불가능한 상태에서 종전의 혼인관계를 해소하고 새로운 법률혼관계를 형성하려는 노력 없이 단순히 동거만 같이하는 경우에는 이른바 내연관계에 불과하며 내연관계에 있는 동안 형성한 재산에 관하여는 재산분할청구권이 인정되지 않는다(대법원 1994. 6. 16. 선고 93드1750 판결).

제4편

요건사실과 입증방법

제1장 금전청구 등

1. 대 여 금

가. 청구원인

○ 금전소비대차계약(변제기 포함)을 체결한 사실

○ 금전을 지급할 사실

나. 부대청구

○ 이자를 약정한 사실

다. 주의사항

☆ 동업자 1인에게 동업하는 사업과 관련하여 대여한 경우

- 상법 제57조 제1항에 의하여 연대채무가 되므로 연대청구 가능
- 민법상 조합(그 업무집행조합원)에 돈을 대여하였다면 조합원 전원(조합재산에 집행하기 위하여) 또는 일부(조합원 개인재산에 집행하기 위하여)를 상대로 지분별로 분할청구 가능

☆ 상속인을 상대로 청구하는 경우 제적등본, 가족관계증명서, 기본증명서, 주민등록등(초)본 제출하고, 제출된 등본에 따라 상속비율에 맞게 청구하여야 함

라. 항변 등

○ 본안전 항변

- 채권의 압류·추심 항변

○ 주요항변

- 변제 항변

- 주요서증 : 영수증, 무통장입금증, 합의충당서
- 변제공탁 : 일부변제공탁은 원고가 이를 출급하지 아니하면 일부변제의 효력도 없음

● 면책적 채무인수 항변(민법 제453조)

다른 사람이 대신 지급하기로 하였다는 등의 주장이 있더라도, 면책적 채무인수가 아닌 이상 피고가 책임을 지는 것이고, 특별한 사정이 없는 한 병존적 채무인수가 되는 것임

● 상속포기나 한정승인 항변(민법 제1019조)

- 차용인의 상속인으로서 상속포기가 한정승인에 관한 심판서를 내면, 원고에게 그 효력을 다투는지 여부를 확인한 후 다투지 않는 경우 피고경정(상속포기시)이나 청구취지정정(한정승인시 "상속받은 재산의 한도에서"라는 문구)을 하도록 보정권고
- 보정권고 : 피고가 상속포기(한정승인) 주장을 하고 있는 바, 이를 다투는지를 밝히고, 만일 다투지 않는다면 청구취지를 정정할 것(한정승인을 인정하는 경우에는 "상속받은 재산의 한도에서"라는 문구를 기재)

● 소멸시효 항변(민법 제162조, 상법 제64조)

- 상사시효나 민법상 단기소멸시효에 해당하는지 여부를 검토하여 보정권고
- (원고) 소제기, 압류나 가압류·가처분, 또는 일부변제 등으로 채무를 승인하였다는 소멸시효중단의 재항변

● 대여금채권이 원고의 채권자에 의하여 압류·전부(또는 추심)되었다는 항변

- 압류·전부된 경우에는 본안에 관한 항변이고, 압류·추심된 경우에는 각하의 본안전 항변임
- 대여금 채권이 단순히 압류·가압류되었음을 들어 항변할 수 없음(대법원 2000. 4. 11. 선고 99다23888 판결)

● 취소의 항변(민법 제5조②)

피고가 미성년자이므로 계약을 취소한다(하였다)는 항변

2. 보 증 금

가. 청구원인

○ 주채무가 발생한 사실

○ 보증계약을 체결한 사실

- 보증한도를 정한 보증(한도보증)이고(제출된 보증서에 한도보증인지를 확인) 이미 주채무자에 대한 채권액이 지연손해금을 합하여 보증한도를 초과하는 경우, 보증인에 대한 청구는 그 특정의 한도금액만을 정액으로 청구하도록 보정권고

나. 항변 등

○ 본안전 항변

- 채권의 압류·추심항변

○ 주요항변 등

- 서명·날인 위조 주장
- 주채무자가 변제·공탁·상계·면제를 받았다는 항변
- 변제 항변(민법 제460조)
  일부 변제공탁은 원고가 이를 출급하지 아니하면 일부 변제의 효력도 없음
- 채무인수 항변
  면책적 채무인수 항변(민법 제453조) : 다른 사람이 대신 지급하기로 하였다는 등의 주장이 있더라도, 면책적 채무인수가 아닌 이상 피고가 책임을 지는 것이고, 특별한 사정이 없는 한 병존적 채무인수가 되는 것임
- 상속포기나 한정승인 항변(민법 제1019조)
  - 차용인의 상속인으로서 상속포기나 한정승인에 관한 심판서를 내면, 원고에게 그 효력을 다투는지 확인한 후 다투지 않는 경우 피고경정(상속포기시)이나 청구취지정정(한정승인시 “상속받은 재산의 한도에서”라는 문구)을 하도록 보정권고
  - 피고가 상속포기(한정승인) 주장을 하고 있는 바, 이를 다투는지를 밝히고,

만일 다투지 않는다면 청구취지를 정정할 것(한정승인을 인정하는 경우에는 "상속받은 재산의 한도에서"라는 문구를 기재)

- 소멸시효 항변(민법 제162조, 상법 제64조)
  상사시효나 민법상 단기소멸시효에 해당하는지 여부를 검토하여 보정권고
- 채권의 압류·전부 항변
  - 압류·전부된 경우에는 본안에 관한 항변이고 압류·추심된 경우에는 각하의 본안전 항변임
  - 대여금채권이나 보증금채권이 단순히 압류·가압류되었음을 들어 항변할 수는 없음
- 취소의 항변(민법 제5조 제2항)
  피고가 미성년자이므로 보증계약을 취소한다(하였다)는 항변
- 최고·검색의 항변
  - 단순보증에서 피고는 주채무자에게 변제자력이 있고 그 집행이 쉽다는 최고·검색의 항변
  - 연대보증의 경우에는 최고·검색의 항변권을 행사할 수 없음

3. 임대차보증금반환

가. 청구원인

○ 임대차계약을 체결하고 보증금을 지급한 사실

○ 임대차가 종료한 사실

☆ 임대차종료를 원인으로 한 임대보증금반환을 구하는 경우에는 기간만료 또는 해지원인 등을 밝혀야 함

나. 부대청구

○ 지연손해금을 구하는 경우에는 임대목적물을 인도한 사실

다. 항변 등

○ 본안전 항변

- 채권의 압류·추심 항변(대법원 2000. 4. 11. 선고 99다23888 판결)

○ 주요항변

- 묵시의 갱신 항변
  - 기간만료로 종료되었다는 원고의 주장에 대하여, 원고가 종료 후에도 목적물을 계속 사용·수익하였고, 종료 후 상당한 기간 내에 이의를 제기하지 않았다는 묵시의 갱신 항변
  - 다만, 주택임대차에서는 임차인만이 묵시의 갱신을 주장할 수 있다는 견해가 다수설이므로 주택임대인인 피고는 위 항변을 못함
- 공제 항변

  반환을 구할 수 있는 보증금액은 목적물을 반환할 때까지의 연체차임과 관리비, 차임 상당의 부당이득금, 목적물의 훼손 등으로 인한 손해배상채무액 등을 공제한 잔액이므로, 피고(임대인)는 차임·관리비 약정사실과 목적물훼손사실 및 손해액을 주장·입증하여 공제항변을 할 수 있음
- 임대인지위 양도 항변(주택임보법 제3조②, 상가임보법 제3조②)

  피고는 원고가 대항력 있는 주택임차인 또는 상가임차인이라는 점과 임대차목적물을 타에 양도하여 신 소유자가 임대인지위를 승계하였다는 항변
- 동시이행의 항변

  목적물을 인도받을 때까지 보증금을 지급할 수 없다는 항변
- 보증금반환채권이 양도·전부(또는 추심)되었다는 항변

4. 매매대금

가. 청구원인

○ 매매계약을 체결한 사실

나. 부대청구

○ 매매목적물에 대한 소유권이전·인도를 마친 사실

- 매매목적물의 소유권이전·인도는 요건사실이 아님, 다만, 지연손해금을 같이 청구하는 경우에는 매매목적물을 인도한 사실이 요건사실임 ⇒ 지급일 약정이 없다면 인도일 다음날이 기산일이고, 약정이 있다면 지급일 전에 인도하였더라도 약정지급일 다음날이 기산일임
- 동업자에게 매도한 경우
  - 상법 제57조 제1항에 의하여 연대채무가 되므로 연대청구 가능
  - 민법상 조합(그 업무집행조합원)에 매도하였다면 조합원 전원(조합재산에 집행하기 위하여) 또는 일부(조합원 개인재산에 집행하기 위하여)를 상대로 지분별로 분할청구 가능.

다. 항변 등

○ 주요항변

- 동시이행항변
  - 매매목적물의 이전 인도와 동시이행 항변을 할 수 있음
  - 동시이행약정 없어도 법리에 의해서 동시이행관계가 성립
- 취소의 항변(민법 제5조②)

  피고는 미성년자이므로 매매계약을 취소한다(하였다)는 항변
- 소멸시효의 항변
  - 일반이 매매한 물건의 대가는 10년의 소멸시효(민법 제162조)
  - 상인이 판매한 상품의 대가는 3년의 단기소멸시효(민법 제163조 제6호)
- 하자담보책임 항변(민법 제570조, 상법 제69조)
  - 매매목적물에 하자가 있다고 하여 하자담보책임을 물어 매매계약을 해제하였으므로 대금지급의무가 없다고 하거나(하자가 중대함), 대금을 감액하여야 한다는(하자가 중대하지 아니함) 항변
  - 상인간의 매매일 경우에는 매매목적물을 수령한 즉시 검사하여 발견된 하자를 원고에게 통지하였다는 사실(즉시 발견할 수 없는 하자의 경우에는 6개월

내에 통지)도 주장하여야 함

- 계약해제의 항변(매매목적물 이전·인도의무이행을 이유로 함)
  동시이행관계에 있는 자기의 대금지급의무(선이행의무였던 중도금 지급의무도 잔금 기일까지 지체하면 그때부터는 잔금과 함께 동시이행에 걸리게 됨)를 이행 또는 이행제공하고 상당한 기간을 정해 원고에게 이행최고를 하였으며 그래도 해제의사를 표시할 때까지 원고가 이행의무를 이행하지 아니하였음을 주장하여야 함.

5. 계약금반환

가. 청구원인

○ 매매계약을 체결한 사실
○ 계약금을 지급한 사실
○ 매매계약이 취소, 해제 등으로 소멸한 사실

- 이행지체를 이유로 계약해제의 경우에는 특정한 채무를 이행하지 아니한 사실만으로는 부족하고, 원고가 상당한 기간을 정하여 피고에게 이행을 최고하였는데도 이행하지 아니하여 해제의사표시를 한 사실까지가 요건사실임

나. 항변 등

○ 주요항변

- 계약금 몰취의 항변
  합의해제를 원인으로 한 계약금반환청구에 대하여, 피고는 원고가 오히려 채무불이행하였고 그 경우 계약금을 몰취하기로 약정하였으니 계약금을 반환할 수 없다는 항변
- 기한유예의 항변
  이행지체로 인한 해제를 원인으로 한 계약금반환청구에 관하여, 원고로부터 당초의 인도일을 연기(유예)받았기에 해제가 부적법하다는 항변

6. 구 상 금

가. 청구원인

○ 보증관계 등이 성립한 사실

○ 대위변제한 사실

〈부담부분〉

- 다른 연대보증인 또는 공동불법행위자에 구성하는 경우
  자기 부담부분을 넘는 금액을 채권자에게 변제(공동면책)하여야만 그 넘는 금액만큼은 구상할 수 있음(민법 제448조 제2항, 대법원 1997. 12. 2. 선고 96다50896 판결).
- 다른 연대채무자에게 구상하는 경우
  자기 부담부분을 넘지 않는 금액을 변제하였더라도 그 변제금액에 다른 사람의 부담비율을 곱한 금액을 그 다른 사람에게 구상할 수 있다는 것이 다수설임.
- 구상금청구와 구상권의 범위 내에서 변제자대위(민법 제480조, 제481조)나 보험자대위(상법 제682조)에 의하여 채권자의 채권을 대위행사하는 것과는 구분해야 함.
- 지연손해금을 청구하는 경우에 기산일은 변제일(공동면책일)당일임(민법 제424조②, 성질은 법정이자).

나. 항변 등

○ 주요항변

- 사전통지결여 항변(민법 제445조①)
- 사후통지결여 항변(민법 제445조②)

7. 보 험 금

가. 청구원인

○ 보험계약을 체결한 사실

○ 보험사고가 발생한 사실

〈지연손해금〉

- 책임보험에서는 보험금액 자체가 피보험자의 배상금액으로서 손해금과 보험사고일부터의 지연손해금으로 구성되기 때문에 거기에다가 다시 보험금액에 대한 지연손해금을 구하는 경우가 드묾.
- 다만, 보험금액에 대한 지연손해금은 약정기한이 있으면 그 기일의 다음날부터, 약정기한이 없으면 원고의 보험사고발생통지일(상법 제657조)부터 10일 이상이 지난 다음날(상법 제658조)부터 각 발생함.

〈손해액 주장·입증〉

- 자동차배상책임보험과 같이 보험금이 피보험자의 손해배상책임액으로 약정된 경우에는 손해배상청구소송과 동일하게 손해액을 구체적으로 주장·입증하여야 함.
- 생명보험과 같이 보험금이 정액으로 약정되어 있는 경우에는 손해액을 주장·입증 필요 없음.

나. 항변 등

○ 주요항변

- 고의·중과실 항변
- 해지 항변
- 소멸시효 항변(상법 제662조)
  보험금을 청구할 수 있는 날부터 2년이 경과하였다는 항변

8. 할부매매대금

가. 청구원인(청구별 요건사실이 다름)

○ 할부판매계약을 체결한 사실

○ 할부금을 연속하여 2회 이상 연체하였고, 합계액이 매매대금의 10%를 넘는 사실

○ 할부금 청구

- 원고(할부판매업자)가 피고와 할부판매계약을 체결한 사실

○ 잔여금 전체 일시청구

- 할부금을 청구하는 것이 아니라 할부가격(=할부금의 총 합계액)을 청구하는 경우에는 피고가 할부금을 연속하여 2회 이상 지급하지 아니하고 그 지급하지 아니한 금액의 합계가 매매대금의 10%를 초과하는 사실이 요건사실로 추가됨.

○ 카드대금

- 피고가 은행과 금전소비대차계약을 하고 원고(신용제공자 = 카드업자)가 피고로부터 보증위탁을 받아 위 금전소비대차를 연대보증한 사실
- 피고가 원고의 가맹점에서 할부로 물건을 구입하고 카드결제를 한 사실
- 피고가 대출금(카드할부금)을 은행에 입금하지 아니하고 원고가 대위변제한 사실(주요서증 : 금전소비대차계약서, 보증계약위탁계약서, 연대보증계약서, 대위변제증서)

나. 항변 등

○ 주요항변

- 철회 항변(할부법 제5조⑤)
  피고(할부구매자)는 계약서를 교부받지 못한 사실과 목적물을 인도받은 날부터 7일 내에 원고에게 할부청약의 철회의사를 발송하였다는 항변
- 지급거절 항변(할부법 제12조①)
  - 할부거래에관한법률 제12조 제1항의 사유
  - 할부거래에관한법률 제12조 제2항의 사유
- 소멸시효 항변(민법 제166조 제6호) : 통상 3년의 단기소멸시효

9. 공사대금

가. 청구원인

○ 도급계약을 체결한 사실

○ 건축공사를 전부 또는 일부 완성한 사실

- 완성한 건물을 인도한 사실은 지연손해금 청구시 요건사실로 추가
- 공동수급인이 동업(민법상 조합)으로 도급계약을 체결한 경우 공사대금청구는 필수적 공동소송이므로, 원고 추가여부확인
- 공동도급인이 동업(민법상 조합)으로 도급계약을 체결한 경우 공사대금채무는 불가분채무 또는 상법 제57조 제1항의 연대채무이므로, 청구취지에 중첩적의무관계 즉, "각자 또는 "연대하여"의 표시 사용

나. 항변 등

○ 동시이행항변

- 하자보수청구(민법 제667조①)

  피고(도급인)는 완공된 목적물이나 기성고 부분에 하자가 있음과 상당한 기간을 정하여 하자보수청구를 하였음을 들어 하자보수가 완료될 때까지 공사대금의 지급을 거절할 수 있음. 제척기간은 1년임(민법 제670조)
- 손해배상(민법 제667조①)

  피고(도급인)은 완공된 목적물이나 기성고 부분에 하자가 있음과 하자보수에 갈음(중요하지 아니한 하자이고 그 보수에 과다한 비용이 드는 경우가 그 대표적인 경우임)하거나 또는 하자보수에 추가하여 손해배상을 청구한 사실을 들어 그 배상을 받을 때까지 공사대금의 지급을 거절한다는 동시이행 항변. 제척기간은 1년임(민법 제670조).

○ 해제 항변(민법 제668조)

- 피고는 목적물(건물 기타 공작물은 제외)에 계약의 목적을 달성할 수 없을 정도의 중대한 하자가 있음과 이를 이유로 도급계약을 해제하였다는 항변. 제척기간은 1년임(민법 제670조).

○ 상계 항변

- 피고가 지체상금 약정과 지체일수를 주장하여 지체상금(손해배상예정액)을 청구하면서 공사대금과 상계한다는 항변

10. 용역비·임가공비

가. 청구원인

○ 용역을 의뢰받은 사실

○ 용역을 제공한 사실

☆ 용역의뢰계약은 통상 위임이지만 계약내용에 따라서는 도급, 고용, 매매가 될 수도 있으니, 그 계약내용의 중요부분을 명확히 해야 함

나. 항변 등

○ 주요항변

- 해제, 하자의 항변

  원고의 채무불이행으로 계약을 해제하였다거나, 제공한 용역에 하자가 있어 목적달성이 불가능하다는 점을 들어 용역비 지급을 거절할 수 있음

11. 투 자 금

가. 청구원인

○ 동업계약을 맺은 사실

○ 다른 동업자 전원에게 탈퇴의사를 표시한 사실

○ 손익분배의 비율(약정이 없을 때는 출자자액의 비율)과 탈퇴 당시의 동업재산의 가액

☆ 다른 동업자가 동업계약을 위반하였다는 이유로 동업계약을 해제하고 자기가 출자한 돈을 반환하라는 청구(원상회복청구)는 할 수 없음(대법원 1979. 1. 23. 선고 78다2008 판결)

☆ 다만, 동업계약상의 채무를 위반하였고 위반자가 다른 동업자에게 출자금을 반환하기로 약정되어 있다면 그 약정금청구는 가능함

12. 양 수 금

가. 청구원인

○ 갑이 피고에게 돈을 대여한 사실

○ 갑이 원고에게 위 대여금 채권을 양도한 사실

○ 갑이 피고에게 양도통지를 하였거나 피고가 승낙한 사실

☆ 계약해제권

- 3면 계약이나 채무자의 동의에 의하여 성립되는 계약상 지위양도와는 달리, 양도권 채권의 발생원인이 되는 계약관계를 해제하는 등의 계약상 권리는 원고(양수인)에게 양도되지 아니함

  "예" 임대차계약에서 발생한 임대보증금반환채권이 양도된 경우 임대차계약 해제권은 양도인이 행사
- 원고(양수인)가 양도인을 대위하여 해제권을 행사하는 것은 가능함

  ☆ 양도통지 ⇒ 대법원 1997. 6. 27. 선고 95다40977, 40984 판결
- 주채무자에만 통지해도 보증인에 대한 통지는 불필요

나. 항변 등

○ 주요항변

- 양도금지 항변(민법 제449조 내지 제452조)

  대상채권이 성질상 양도를 허용하지 아니하는 것이라는 사정, 또는 갑과 사이에 양도금지의 특약을 하였는데, 양수인이 악의 또는 과실 있는 선의였다는 항변
- 양도 항변
  - 확정일자 있는 증서에 의한 원고로의 양도통지를 받았을 경우에는 그 이전에 확정일자 있는 증서에 의한 다른 양도통지, 전부명령, 추심명령을 받았다는 항변
  - 확정일자 없는 양도통지를 받은 경우에는 그 이후에 위 전부명령 등을 받았더라도 항변가능

13. 어 음 금

가. 청구원인

○ 피고가 어음행위(발행, 배서, 보증 등)를 한 사실

○ 어음상 권리가 원고에게 귀속된 사실

○ 원고가 어음을 소지한 사실

- 발행인에 대하여는 지연손해금을 구할 경우에만 지급제시사실이 요건사실이 됨(어음원금만 구할 경우에는 지급제시사실 불필요)
- 발행인, 어음금액, 만기, 지급지, 지급장소, 수취인, 발행일 발행지 등을 모두 기재하여야 하나, 국내어음의 발행지는 어음요건이 아님(대법원 1998. 4. 23. 선고 95다36466 전원합의체판결)
- 발행인에 대한 청구 : 제시기간 중에 지급제시를 하지 않았거나, 지급거절증서 작성 기간 내에 거절증서를 작성하지 않은 경우라도, 발행인에 대하여 어음금의 지급을 청구할 수 있은데, 이러한 권리는 만기로부터 발행인의 채무의 소멸시효기간인 만기의 날 이후 3년 내에서는 언제든지 청구할 수 있음. 다만, 지연손해금은 어음제시한 날 또는 소장부본 송달다음날부터 구할 수 있음
- 수취인란이 백지인 경우 : 수취인란 등이 보충되지 않았다는 이유로 원고의 청구를 기각한 원심판결에 석명의무를 다하지 아니한 위법이 있다고 한 사례(대법원 1993. 12. 7. 선고 93다25165 판결)
- 배서인에 대한 청구 : 소구요건(제시기간 내 적법한 지급제시+지급거절+지급거절증서 작성 또는 면제)이 요건사실로 추가됨. 다만, 지급거절증서 작성을 면제한 경우 적법한 지급제시가 있었던 것으로 추정
- 어음사본 중 어음요건(특히 수취인)이 백지인 경우 : 제시기간 내에 하였더라도 그 지급제시는 부적법한 것이고 이후에는 백지를 보충하더라도 제시기간이 지났기 때문에 적법한 지급제시를 할 방법이 없음(청구기각 대상)

나. 항변 등

○ 주요항변

- 물적항변
  - 어음시효완성, 무능력 등의 항변
  - 어음시효 기산일 : 장래 발생할 구상채권을 담보하기 위하여 발행된 약속어음상 청구권과 소멸시효 기산일은 구상채권이 현실적으로 발생하여 그 약속어음상의 청구권을 행사하는 것이 법률적으로 가능하게 된 때부터 진행함(대법원 2004. 12. 10. 선고 2003다33769 판결)
  - 어음의 분실 또는 제권판결을 받았다는 항변
  - 기명·날인이 위조되거나 어음기재가 변조되었다는 주장 : 피고가 입증
- 인적항변
  - 원인관계의 부존재·무효·취소 또는 해제·어음행위에 대한 사기·강박, 담보용(견질용)으로 한 사용한다는 특약의 존재 주장 등
  - 원고가 피고로부터 직접 어음을 취득한 경우(예컨대 원고 수취인, 피고 발행인)
  - 원고가 제3자로부터 어음을 취득한 경우
  - 융통어음 항변

14. 부당이득반환

가. 청구원인

○ 원고에게 손실이 발생하고 그로 인하여 피고에게 이득이 발생한 사실

○ 이득의 발생에 법률상 원인이 없는 사실

○ 이득을 얻는 물건의 가액(가액반환을 구하는 경우)

- 취득한 이익 전부와 그 이익을 취득한 날부터의 법정이자(민법 제748조 제2항)를 구하는 경우에는 피고가 악의의 취득자(법률상 원인 없음을 아는 취득자)임을 원고가 주장·입증하여야 함

나. 항변 등

○ 주요항변

- 불법원인급여 항변(민법 제746조)
  피고는 불법한 원인(예컨대 도박계약, 부첩계약)으로 이익을 취득하였음을 들어 항변
- 악의의 변제 또는 도의관념 적합 항변(민법 제742조, 제744조)
  비채변제를 요건사실로 하는 경우, 원고가 채무 없음을 알면서 변제한 것이라거나, 또는 그 변제가 도의관념에 적합함을 들어 반환 의무가 없다는 항변

제2장 등기 관련

1. 매매로 인한 소유권이전등기청구

가. 청구원인

○ 매매계약체결사실
- 매매대금 지급사실은 요건사실이 아님(약정된 대금액만을 기재)
- 1필의 토지의 일부에 대한 이전등기청구의 경우에는 분필절차를 거쳐야 함

나. 항변 등

○ 주요항변
- (가)압류 항변(원고의 소유권이전등기청구권을 제3자가 (가)압류하였다는 항변)
  소유권이전등기청구권에 대한 압류, 가압류 또는 처분금지가 처분이 되어 있는 경우, 채무자가 제3채무자를 상대로 그 이행을 구하는 소송을 제기할 수 있고, 법원은 "가압류의 집행해제를 조건"으로 판결선고(대법원 1999. 2. 9. 선고 98다42615 판결)
- 동시이행 항변
  - 피고는 매매대금 잔액을 지급받을 때까지 소유권이전등기를 해 줄 수 없다는 동시이행 항변
  - 대금잔액에 있음을 주장만 하면 됨(미변제사실은 입증 불요)
- (대금 미지급을 원인으로)계약해제 항변(민법 제543조, 제544조)
  - 이전등기의무의 이행제공을 계속하였다는 사실
  - 상당한 기간을 정해 최고하였는데도 잔금을 지급받지 못한 사실

2. 취득시효완성으로 인한 소유권이전등기청구

가. 청구원인

○ 20년간 자주·평온·공연하게 부동산을 점유한 사실

- 자주·평온·공연한 점유는 민법 제197조에 의하여 추정

나. 항변 등

○ 타주점유

○ 무단점유

○ 시효중단 항변

- 피고는 ① 원고가 성질상 타주점유로 보이는 권원에 기하여 점유를 취득한 사실, ② 원고가 타인의 소유권을 배제하여 자기의 소유물처럼 배타적 지배를 행사하는 의사를 가지고 점유하는 것으로 볼 수 없는 객관적 사정이 있다는 사실, 또는 ③ 원고가 점유개시 당시에 소유권 취득의 원인이 될 수 있는 법률행위 기타 법률요건이 없음에도 그러한 사정을 잘 알면서 타인 소유의 부동산을 무단 점유한 사실을 주장·입증하여 자주점유의 추정을 깨뜨리는 항변을 할 수 있음(대법원 1997. 8. 21. 선고 95다28625 판결)
- 피고는 또한 평온·공연하지 아니하였음을 추인하게 하는 간접사실을 주장·입증하여 평온·공연의 법률상 추정을 깨뜨리는 항변도 할 수 있음
- 취득시효의 중단 항변 : 사유가 되는 재판상 청구에는 시효취득의 대상인 목적물의 인도 내지는 소유권존부확인이나 소유권에 관한 등기청구소송은 말할 것도 없고, 소유권 침해의 경우에 그 소유권을 기초로 하는 방해배제 및 손해배상 혹은 부당이득반환청구소송도 포함(대법원 1997. 4. 25. 96다46484 판결)

3. 가등기에 기한 본등기청구

가. 청구원인

○ 돈을 대여한 사실

○ 대물변제예약을 한 사실
○ 가등기한 사실
○ 대물변제예약 완결의 의사표시가 도달한 사실
○ 청산절차를 마친 사실
☆ 대물변제예약 당시를 기준으로 부동산 가액이 대여 원리금을 초과하는 경우 가등기담보등에관한법률(제3조 제1항)이 적용되므로, 원고가 변제기 후 청산금 평가액을 피고에게 통지하여 도달시킨 사실, 그 도달일부터 2개월(청산기간)이 경과한 사실은 요건사실로 추가됨.
☆ 가등기권자가 복수인 경우 : 그 전부가 예약완결권을 행사하고 본등기청구를 하여야 하는 필수적 공동소송임(대법원 1984. 6. 12. 선고 83다카2282 판결)

나. 항변 등

○ 주요항변

- 동시이행 항변

  청산금을 지급할 때까지 본등기를 해줄 수 없다는 동시이행 항변
- 취소 항변

  대물변제예약이 무효이거나 또는 취소사유가 있어 취소하였다는 항변
- 해제 항변

  대여하기로 한 돈을 일부 대여하지 아니하였기에(채무불이행) 대물변제예약을 해제하였다는 항변

4. 소유권보존등기말소청구

가. 청구원인

○ 원고 소유인 사실
○ 피고 명의의 등기가 마친 사실

- 소유권보존등기의 추정력은 소유권이전등기의 그것보다 약하여 권리변동에 대하여는 미치지 아니하므로 원시취득자(예컨대 사정받은 자)가 따로 있음을

원고가 주장·입증하거나, 또는 피고가 스스로 원시취득한 것이 아니라 원시취득자로부터 매수한 것이라고 자인하고 원시취득자가 양도사실을 부인하면 추정력은 깨어짐(대법원 1982. 9. 14. 선고 82다카797 판결)

○ 허위의 보증서, 확인서에 의하여 경료된 사실(특별조치법)

- 추정력이 더욱 강력하여 보존등기이든 이전등기이든 가리지 아니하고 그 등기원인서류인 보증서와 확인서가 허위, 위조되었다거나 그밖에 적법하게 등기된 것이 아니라는 점이 주장·입증되어야만 권리보유의 추정력이 깨어짐(대법원 1987. 10. 13. 선고 86다카2928 판결)

나. 항변 등

○ 주요항변

- 실체관계에 부합하는 유효한 등기라는 항변
  피고는 비록 불법하게 등기를 하였지만 실제로 원고로부터 매수하고 그 대금을 모두 지급하였다는 점을 들어 실체관계에 부합하는 유효한 등기라는 항변
- 취득시효 항변
  피고는 10년간 등기부상 소유자로 등재되어 있으면서 같은 기간 자주·평온·공연·선의 무과실 점유한 사실(자주·평온·공연·선의 점유는 민법 제197조에 의하여 법률상 추정됨)을 주장하여 등기부 시효취득하였다고 주장하거나, 앞서 본 점유취득시효를 주장하여 실체관계에 부합한다는 항변
- 등기의 유용 항변
  피고는 비록원인무효의 등기이지만 이를 원고에 대한 채권의 양도담보등기로 유용하기로 원고와 합의하였다는 항변

5. 소유권이전등기말소청구

가. 청구원인

○ 원고 소유인 사실

○ 피고 명의의 등기가 마친 사실

- 소유권이전등기의 추정력은 권리변동(등기원인)에 대하여도 미치므로 그 등기원인이 처음부터 없었다거나 처음엔 있었지만 나중에 소급하여 소멸되었다는 사정을 입증하여야만 추정력이 깨어짐

○ 등기원인서류가 위조되었거나 등기원인인 매매가 무효·취득·해제된 사실(특별조치법)

- 추정력이 더욱 강력하여 보존등기이든 이전등기이든 가리지 아니하고 그 등기원인서류인 보증서와 확인서가 허위, 위조되었다거나 그밖에 적법하게 등기된 것이 아니라는 점이 주장·입증되어야만 권리보유의 추정력이 깨어짐(대법원 1987. 10. 13. 선고 86다카2928 판결)

나. 항변 등

○ 주요항변

- 실체관계에 부합하는 유효한 등기라는 항변
  피고는 비록 불법하게 등기를 하였지만 실제로 원고로부터 매수하고 그 대금을 모두 지급하였다는 점을 들어 실체관계에 부합하는 유효한 등기라는 항변
- 취득시효 항변
  피고는 10년간 등기부상 소유자로 등재되어 있으면서 같은 기간 자주·평온·공연·선의·무과실 점유한 사실(자주·평온·공연·선의 점유는 민법 제197조에 의하여 법률상 추정됨)을 주장하여 등기부 시효취득하였다고 주장하거나, 앞서 본 점유취득시효를 주장하여 실체관계에 부합한다는 항변
- 등기의 유용 항변
  피고는 비록 원인무효의 등기이지만 이를 원고에 대한 채권의 양도담보등기로 유용하기로 원고의 합의하였다는 항변

6. (근)저당권말소청구

가. 청구원인

○ 원고 소유의 사실

○ 피고 명의의 등기가 마친 사실

○ 등기원인서류 위조, 등기원인의 무효·취소·해제

○ 피담보채무가 변제된 사실(후발적 실효)

- 피담보채무가 없는 상황에서 근저당권이 해지된 사실

☆ (근)저당권이전의 부기등기

- 피담보채권이 이전·부기되어(근저당권의 경우에는 피담보채권이 확정된 후에 이전·전부되어) (근)저당권이전의 부기등기가 되어 있는 경우, 그 양수인만을 상대로 부기등기가 아닌 설정등기의 말소를 청구하여야 하고 양도인은 피고적격이 없음(대법원 2000. 4. 11. 선고 2000다5640 판결).

  "예" 소외 ○○○을 근저당권자로 하는 1998. 10. 23.자 근저당권설정등기가 마쳐졌다가, 피고가 ○○○의 원고에 대한 근저당권부 채권에 관하여 2001. 2. 8.자 압류 및 전부명령을 받아 확정됨에 따라 이를 원인으로 한 피고 명의의 2001. 2. 19.자 근저당권이전의 부기등기가 마친 경우 피고를 상대로 근저당권설정등기의 말소등기절차이행을 구하여야 함.

- (근)저당권 부동산의 제3취득자나 물상보증인 : 채무자의 채무가 더 많더라도 민법 제360조의 금액(저당권의 경우) 또는 채권최고액(근저당권의 경우)만을 변제하고 근저당권말소청구를 할 수 있음(민법 제364조)

- 전(前) 소유자 : (근)저당권을 설정해 준 후 당해 부동산의 소유권을 타에 이전해준 전 소유자도, 비록 소유자는 아니지만 (근)저당권설정계약자의 지위에서 매도인의 채무이행을 위하여 확정된 피담보채권의 소멸을 이유로 말소청구할 수 있음. 그러나 원인무효로 인한 말소청구는 소유자만이 할 수 있으므로 전 소유자는 할 수 없음

나. 항변 등

○ 등기유용합의

피고는 비록 피담보채무가 소멸하였지만 다른 채무의 담보로 근저당권을 유용하기로 원고와 합의하였다는 항변

7. 말소승낙의 의사표시를 구하는 소

가. 청구원인

○ 피고 명의가 등기가 마친 사실

- 말소원인이 있는 등기에 터잡아 제3자인 피고 명의의 등기가 마친 사실

○ 말소원인이 있는 등기에 터잡아 마쳐진 사실

☆ 피고 명의의 등기가 이전등기인 경우에는 피고가 제3자가 아닌 당사자이므로 그를 상대로 바로 말소청구를 할 수 있을 뿐이고(이견있음), 근저당권설정등기인 경우에는 제3자의 등기이어서 그를 상대로 말소승낙의 의사표시를 구하여야 할 것이지만 판례가 그를 상대로 바로 말소청구를 하는 것도 허용함

8. 말소등기회복청구

가. 청구원인

○ 원고 명의의 등기가 말소된 사실

○ 말소원인이 없었거나 무효·취소된 사실

☆ 피고는 회복등기의 등기의무자(등기가 말소됨으로써 등기부상이익을 본 사람)가 되어야 함(제3자에 의하여 불법 말소되었다고 해서 그 제3자를 피고로 하면 피고적격이 없음)

☆ 말소등기 후에 등기부상 이해관계 있는 제3자가 생겼다면 그 사람도 함께 피고로 하여 회복등기에 대한 승낙의 의사표시를 하라는 내용의 청구를 하여야만 회복등기의 목적을 달성할 수 있음

나. 항변 등

○ 주요항변

- 실체관계에 부합하는 등기

  말소된 상태가 다른 실체적 원인에 의하여 실체관계에 부합하게 되었다는 항변

제3장 건물·토지 관련

1. 불법점유를 이유로 한 건물인도청구

가. 청구원인

○ 원고 소유의 부동산인 사실

○ 피고가 점유중인 사실

- 불법하게 점유하고 있다는 것은 요건사실이 아니고, 적법하게 점유하고 있다는 사실이 피고의 항변사실임

○ 차임 상당 손해가 발생한 사실(부대청구)

- 불법점유로 인한 손해배상청구를 부대청구하는 경우에는 손해가 차임 상당액으로 추정되므로 차임의 요건사실임

나. 항변 등

○ 주요항변

- 적법한 권원(임대차 등)에 의한 점유 항변
- 유치권 항변(민법 제230조, 제320조)
  - 피고가 전 소유자와의 임대차에 기하여 점유 중에 유익비 등을 지출한 경우 : 전 소유자에 대하여 민법 제626조에 의한 유익비 등 상환청구를 할 수 있을 뿐, 원고에게는 민법 제203조에 의한 유익비 등 상환청구를 할 수 없지만(대법원 2003. 7. 25. 선고 2001다64752 판결), 전 소유자에 대한 유익비상환청구권을 위하여 현 소유자인 원고에게 유치권항변을 할 수는 있음
  - (원고) 피고가 선의의 점유자로서 과실취득권을 가지고 과실을 취득하였으니 통상의 필요비 부분에 한하여는 상환청구권이 없다는 재항변(민법 제203조 제1항 단서, 제201조 제1항)

2. 임대차종료를 이유로 한 건물인도청구

가. 청구원인

○ 임대차계약을 체결한 사실
○ 피고가 점유중인 사실
○ 임대차가 종료한 사실
○ 임대목적물을 계속 사용·수익한 사실(부대청구)
☆ 공동임차인에 대한 청구 : 공동임차인의 상호간의 관계는 불가분채무이므로 "각자"인도하라고 청구해야 함
☆ 임차인의 이행보조자, 임대인의 동의를 얻지 아니한 전차인이나 임차권 양수인에 대하여는 위 청구를 할 수 없고, 퇴거청구를 구하여야 함
☆ 임대차 종료 후에 피고가 건물을 계속 사용·수익하고 있음을 들어 차임 상당의 부당이득반환청구를 병합한 경우에는 사용·수익을 계속한 사실을 요건사실로 추가하여야 함

나. 항변 등

○ 주요항변

- 묵시의 갱신 항변(민법 제639조)
  기간만료로 종료되었다는 원고의 주장에 대하여, 피고는 원고가 종료 후에도 목적물을 계속 사용·수익하였고, 종류 후 상당한 기간 내에 이의 제기하지 않았다는 묵시의 갱신 항변
- 동시이행 항변
  - 부속물매수청구 항변(민법 제646조) : 건물의 사용편익을 위하여 원고의 동의를 얻어서 또는 임대인에게서 매수하여 건물에 부착함으로써 건물의 객관적 이용가치를 증가시키는 부속물이 있음과 그 부속물의 가격 및 원고에게 이를 매수하라고 통보하였음을 들어 그 부속물 대금을 지급받기까지는 건물을 인도해줄 수 없다는 동시이행 항변
  - 인정례 : 5층 건물 중 공부상 용도가 음식점인 1, 2층을 임차하여 대중음식점

을 경영하면서 음식점경영의 편익을 위하여 한 시설물이 건물의 사용에 객관적인 편익을 가져온 경우(대법원 1993. 2. 26. 선고 92다41627 판결)

- (원고) 부속물매수청구권을 미리 배제하는 특약이 있고, 그것이 임차인에게 불리하지 아니하다는 재항변 : 건물 임차인이 자신의 비용을 들여 증축한 부분을 임대인소유로 귀속시키기로 하는 약정은 임차인이 원상회복의무를 면하는 대신 투입비용의 변상이나 권리주장을 포기하는 내용이 포함된 것으로서 특별한 사정이 없는 한 유효함(대법원 1996. 8. 20. 선고 94다44705, 44712 판결)

● 유치권 항변

- 피고는 점유 중에 화장실 등을 보수하였거나 개축하였고 그로 인하여 현재 그 지출액 이상으로 건물의 가치가 증가된 사실을 주장·입증하면서 그 필요비나 유익비를 상환받기까지는 인도해 줄 수 없다는 항변
- (원고) 유익비포기약정(임대차가 종료되면 원상복구하여 인도하기로 한 약정)이 있다는 재항변

3. 건물철거 및 토지인도청구

가. 청구원인

○ 토지가 원고의 소유인 사실

○ 피고가 그 지상에 건물을 소유하면서 토지를 점유하고 있는 사실

○ 차임 상당 손해가 발생한 사실(부대청구)

☆ 임대차종료를 원인으로 토지인도를 구할 경우 : 토지임대차계약을 체결한 사실과 토지를 임차인에게 인도한 사실 및 임대차종료의 원인이 되는 사실(기간만료, 해지)이 요건사실로 추가되고, 토지점유사실은 요건사실에서 제외됨

☆ 무허가 건물의 철거를 구할 경우 : 사실상 처분권자를 피고로 하여야 함

● 건물철거는 그 소유권의 종국적 처분에 해당하는 사실행위이므로 원칙적으로는 그 소유자(등기명의자)에게만 그 철거처분권이 있다고 할 것이나 그 건물을 매수하여 점유하고 있는 자는 등기부상 아직 소유자로서의 등기명의가

없다 하더라도 그 권리의 범위 내에서 그 점유중인 건물에 대하여 법률상 또는 사실상 처분을 할 수 있는 지위에 있으므로 그 건물의 건립으로 불법점유를 당하고 있는 토지 소유자는 위와 같은 지위에 있는 건물 점유자에게 그 철거를 구할 수 있음(대법원 1988. 9. 27. 선고 88다카4017 판결)

- 불법점유로 인한 손해배상청구를 병합청구 : 손해는 토지의 차임 상당액으로 추정되므로 그 차임이 요건사실임

나. 항변 등

○ 주요항변

- 묵시의 갱신 항변
  기간만료로 종료되었다는 원고의 주장에 대하여, 피고는 종료 후에도 목적물을 계속사용·수익하였고 종료 후 상당한 기간 내에 이를 제기하지 않았다는 묵시적 갱신 항변
- 지상물매수청구 항변
  지상물매수청구권을 미리 배제하는 특약으로서 토지임차인에게 불리한 것은 무효이므로 원고가 그러한 특약을 들어 재항변 할 수 없음

☆ 지상물매수청구권의 항변이 있으면 법원은 원고에게 건물소유권이전등기와 건물인도청구로 변경하도록 석명할 의무가 있음(대법원 1995. 7. 11. 선고 94다34265 전원합의체판결)

☆ 지상물매수청구권을 미리 배제하는 특약으로서 토지임차인에게 불리한 것은 무효이므로 원고가 그러한 특약을 들어 재항변을 할 수 없음

4. 공유물분할

가. 청구원인

○ 원고와 피고들이 공유하고 있는 사실

☆ 법률상 분할금지되는 경우

- 수인이 한 채의 건물을 구분하여 일부분씩을 소유한 경우 그 건물과 그 부속

물 중 공유하는 부분(민법 제215조)

- 상린자의 공유로 추정되는 경계선상에 설치된 경계표, 담, 구거(민법 제239조)
- 구분소유권의 목적인 건물이 속하는 1동의 건물의 대지(집합건물의소유및관리에관한법률 제8조)

☆ 공동명의수탁자의 분할청구

- 명의신탁자가 수인에게 부동산의 명의를 신탁한 경우 공동명의수탁자의 일부가 나머지 공동명의수탁자를 상대로 공유물분할청구를 제기할 수 없음(대법원 1993. 2. 9. 선고 92다37482 판결)

☆ 당사자가 주장하는 분할방법에 대한 근거가 있어야 하고 그에 대한 설명이 있어야 함

나. 항변 등

○ 주요항변

- 분할금지의 항변
  - 분할금지 특약은 당연히 승계되지 아니함(대법원 1975. 11. 11. 선고 75다82 판결)
  - 분할금지 기간을 정하지 아니하거나 5년을 초과한 경우에도 그 기간은 5년으로 봄
- 분할합의 항변

  공유자 사이에 분할합의가 성립한 경우 공유자는 이에 따라야 하고 공유물분할소송을 할 수 없음, 이 경우 합의에 따른 지분이전등기절차이행 또는 대금지급청구소송을 할 수 있을 뿐이고, 제기된 공유물분할소송은 각하됨(대법원 1995. 1. 12. 선고 94다30348, 30355 판결)

5. 경계확정의 소

가. 청구원인

○ 공부상 등록된 토지 또는 건물인 사실

- 임야대장에는 분할되어 지번, 지적이 부여된 것으로 표시되어 있고, 등기부상 분필등기까지 되어 있으나 임야도상으로는 표시가 전혀 되지 아니한 경우 비록 분할측량원도의 기재가 있다 하더라도 지적법상 분할절차를 거쳐 지적공부상분할등록이 마쳐졌다고 할 수 없으므로 이러한 임야는 토지로서 이에 존재하지 아니하거나 특정할 수 없고 그 등기도 1개 토지의 일부에 대한 것으로서 무효임(대법원 1998. 11. 27. 선고 97다24948 판결).

나. 항변 등

○ 시효취득의 항변을 하지 못함

- 경계확정의 소는 인접하는 토지의 경계를 확정을 구하는 소이고, 그 토지에 관한 소유권의 범위나 실체상 권리의 확인을 목적으로 하는 것은 아니므로, 당사자가 토지 일부를 시효취득하였는지의 여부는 토지경계확정의 소에게 심리할 대상이 되지 못함(대법원 1993. 10. 8. 선고 92다44503 판결).

제4장 손해배상

1. 감독자 또는 사용자의 배상책임

가. 청구원인

○ 피용자(피감독자)의 고의, 과실로 원고가 손해를 입은 사실

- 피용자가 그 사무집행에 관하여 또는 책임능력 없는 미성년자(판례상 13세 5월이나 14세 2월 된 중학생이 이에 해당함)나 심신상실자가 고의 또는 과실로, 각 원고의 일정한 권리나 보호법익을 침해하였고, 그로 인하여 원고에게 일정한 손해가 발생한 사실.

☆ 책임능력 있는 미성년자(판례상 16세 5월의 고등학생이 이에 해당함)가 불법행위를 한 경우 : 미성년자 본인에게 책임을 묻는 것 이외에, 보호자에게도 그 감독의무를 게을리하였음과 그것과 손해와의 인과관계를 주장·입증하여 일반불법행위책임(민법 제750조)을 물을 수 있음. 민법 제750조와 제755조·제756조에 의한 불법행위책임은 별개임.

☆ 책임능력 있는 미성년 학생의 불법행위에 대하여 학교 교사에게 일반 불법행위책임을 묻는 경우 : 불법행위가 학교에서의 교육활동 및 이와 밀접·불가분한 생활관계에서 발생하였고 제반 사정에 비추어 그러한 불법행위발생이 통상 발생할 수 있다고 예측되거나 예측가능성이 있어야 함

○ 피고가 사용자(감독자)인 사실

- 피고가 사용자(그에 갈음하여 사무를 감독하는 자 포함) 또는 보호자(친권자·후견인) 또는 이들에 갈음하여 무능력자를 감독하는 자)인 사실

나. 항변 등

○ 위법성 조각 항변

- 정당방위 : 타인의 불법행위에 대하여 자기 또는 제3자의 이익을 방위하기 위하여 부득이 원고에게 손해를 가하였다는 항변
- 긴급피난 : 급박한 위난을 피하기 위하여 부득이 원고에게 손해를 가하였다는 항변
- 자력구제 : 자기의 권리를 보전하기 위하여 국가기관의 구제를 기다릴 여유가 없어서 스스로 선량한 풍속이나 사회질서에 반하지 아니하고 사회적으로 허용되는 정도의 수단을 사용하여 원고에게 손해를 가하였다는 항변
- 기타 : 선량한 풍속이나 사회질서에 반하지 아니하는 피해자의 승낙을 얻었거나 기타 정당한 사무관리·권리행사·업무행위라는 항변
- 공공의 이익 : 명예훼손의 불법행위 청구에 대하여, 국민 모두가 알아야 하는 공공의 이익을 위하여 한 행위라는 항변

○ 소멸시효 항변(민법 제766조)

- 손해 및 가해자를 안 날부터 3년 또는 불법행위를 한 날부터 10년이 경과하여 소를 제기하였다는 항변

○ 과실상계(민법 제763조, 제396조)

- 원고가 불법행위를 유발하였다는 등 과실상계 주장 : 직권조사사항(대법원 1996. 10. 25. 선고 96다30113 판결)이지만, 자기에게 유리한 결과를 얻기 위한 주장·입증은 필요함

○ 손익공제주장

- 불법행위로 인하여 원고에게 이득이 생겼음을 주장하여 손해배상에서 그 이득을 공제한다는 내용의 손익공제주장을 할 수 있음(상계항변과는 다름)

2. 공작물점유자·소유자의 배상책임

가. 청구원인

○ 피고가 공작물을 설치한 사실

○ 공작물에 하자가 있어 피고가 손해를 입은 사실

☆ 원고는 점유와 소유자를 모두 피고로 하는 주관적·예비적병합청구를 할 수

있음(민소 제70조)

☆ 설치·보존의 하자 : 공작물이 그 용도에 따라 통상 갖추어야 할 안정성을 갖추지 못한 상태를 의미하고, 그것을 판단하는 데에는 객관적 요소만이 아니라 피고가 사회통념상 요구되는 정도의 방호조치의무를 다하였는지 여부도 판단기준이 됨

☆ 객관적으로 보아 시간적·장소적으로 손해발생에 대한 예견 가능성과 회피가능성이 없었다면 설치·보존의 하자가 있다고 할 수 없겠지만 이 부분은 피고가 입증해야 함.

나. 항변 등

○ 주요항변

- 주의를 해태하지 않았다는 등의 항변

  피고가 점유자인 경우, 손해의 방지에 상당한 주의를 해태하지 아니하였다거나 또는 상당한 주의를 하였더라도 손해발생을 피할 수 없었다는 항변

- 소멸시효 항변(민법 제766조)

  손해 및 가해자를 안날부터 3년 또는 불법행위를 한날부터 10년이 경과하여 소를 제기하였다는 항변

- 과실상계(민법 제763조, 제396조)

  원고가 불법행위를 유발하였다는 등 과실상계 주장 : 직권조사사항(대법원 1996. 10. 25. 선고 96다30113 판결)이지만, 자기에게 유리한 결과를 얻기 위한 주장·입증은 필요함

- 손익공제

  불법행위로 인하여 원고에게 이득이 생겼음을 주장하여 손해배상액에서 그 이득을 공제한다는 내용의 손익공제 주장(상계항변과는 다름)

3. 제조물책임법에 의한 손해배상

가. 청구원인

○ 제조물에 결함이 있고 그로 인하여 생명·신체 재산상의 손해를 입은 사실

○ 피고가 제조자 등인 사실

- 결함 : 제조상·설계상·표시상의 결함으로 구분되며 통상적으로 기대할 수 있는 안정성이 결여된 것을 말함
  - 제조상 결함에 대한 책임은 무과실책임이지만, 설계상 결함이나 표시상 결함에 대한 책임은 과실책임이므로 원고가 합리적인 대체설계를 채용하였더라면, 또는 합리적인 설명·지시·경고 등을 표시하였다면 각 피해나 위험을 피하거나 줄일 수 있었음을 입증해야 함. 다만, 제품이 정상적으로 사용되는 상태에서 사고가 발생한 경우 원고는 그 사고가 제조업자의 배타적 지배하에 있는 영역에서 발생하였다는 점과 그 사고가 어떤 자의 과실 없이는 통상 발생하지 않는다고 하는 사정을 증명하면 족함(입증책임완화, 대법원 2004. 3. 12. 선고 2003다16771 판결)
- 판매·대여업자에 대한 손해배상청구
  - 제조물이 제조·수입업자를 알 수 없는 객관적 사정과 피고가 제조물의 판매·대여업자로서 위 제조물을 판매·대여하였음을 주장·입증하여 판매·대여업자에게도 손해배상을 구할 수 있음(제조물책임법 제3조②)
- 연대책임 : 배상책임자가 2명 이상이면 연대책임을 짐(제조물책임법 제5조)
- 원고적격 : 피고가 소비자이어야만 하는 것은 아니고, 다른 제조업자라도 가능함.
- 하자담보책임과의 구별
  - 제조물책임이란 제조물에 통상적으로 기대되는 안전성을 결여한 결함으로 인하여 생명·신체나 제조물 그 자체 외에 다른 재산에 손해가 발생한 경우에 제조업자 등에게 지우는 손해배상책임이고, 제조물에 상품적합성이 결여되어 제조물 그 자체에 발생한 손해는 제조물책임의 적용 대상이 아니므로, 하자담보책임으로서 그 배상을 구하여야 함(대법원 2000. 7. 28. 선고 98다

35525 판결)

- 하자담보책임 : 지하주차장에 주차해 둔 차량의 운전석에서 원인불명의 화재가 발생하여 차량만 전소한 경우
- 제조물책임 : 동일한 사안에서 원인불명의 화재가 발생하여 운전자나 동승자가 상해를 입은 경우

나. 항변 등

○ 주요항변

- 면책 항변
  - 제조물 공급 당시의 과학·기술수준으로 결함의 존재를 발견할 수 없었다는 항변
  - 제조물 공급 당시의 법령이 정하는 기준을 준수함으로써 결함이 발생하였다는 항변
  - 제조물이 원재료·부품인데 그것을 사용한 제조업자의 설계·제작에 관한 지시로 인하여 결함이 발생하였다는 항변
- 고지 항변

  피고가 판매·대여업자인 경우, 상당한 기간 내에 그 제조업자나 자기에게 제작물을 공급한 자를 원고에게 알려주었다는 항변

4. 교통사고로 인한 손해배상

가. 청구원인

○ 자동차의 운행 중 교통사고가 발생하여 원고의 피상속인이 사망하거나 원고가 상해를 입은 사실

○ 피고가 자기를 위하여 그 자동차를 운행한 사실

○ 망인이나 원고가 입은 손해액

나. 항변 등

○ 주요항변

- 면책 항변(자동차손배법 제3조 단서)
- 운행자 지위상실의 항변
- 위법성 조각 항변
  - 정당방위 : 타인의 불법행위에 대하여 자기 또는 제3자의 이익을 방위하기 위하여 부득이 원고에게 손해를 가하였다는 항변
  - 긴급피난 : 급박한 위난을 피하기 위하여 부득이 원고에게 손해를 가하였다는 항변
  - 자력구제 : 자기의 권리를 보전하기 위하여 국가기관의 구제를 기다릴 여유가 없어서 스스로 선량한 풍속이나 사회질서에 반하지 아니하고 사회적으로 허용되는 정도의 수단을 사용하여 원고에게 손해를 가하였다는 항변
  - 기타 : 선량한 풍속이나 사회질서에 반하지 아니하는 피해자의 승낙을 얻었거나 기타 정당한 사무관리·권리행사·업무행위라는 항변
  - 공공의 이익 : 명예훼손의 불법행위 청구에 대하여, 국민 모두가 알아야 하는 공공의 이익을 위하여 한 행위라는 항변
- 소멸시효 항변(민법 제766조)

  손해 및 가해자를 안 날부터 3년 또는 불법행위를 한 날부터 10년이 경과하여 소를 제기하였다는 항변
- 과실상계(민법 제763조, 제396조)

  원고가 불법행위를 유발하였다는 등 과실상계 주장 : 직권조사사항(대법원 1996. 10. 25. 선고 96다30113 판결)이지만, 자기에게 유리한 결과를 얻기 위한 주장·입증은 필요함
- 손익공제주장

  불법행위로 인하여 원고에게 이득이 생겼음을 주장하여 손해배상액에서 그 이득을 공제한다는 내용의 손익공제주장을 할 수 있음(상계항변과는 다름)

5. 인접공사로 인한 손해배상

가. 청구원인

○ 피고가 인접지에서 공사한 사실

○ 건물 등에 일정액의 손해가 발생한 사실

☆ 직접 시공자 이외에 도급인 또는 건축주도 피고로 한 경우에는 도급인 또는 건축주에게 도급 또는 지시에 관한 중대한 과실이 있다거나(민법 제757조), 또는 공작물 등의 설치·보존에 하자가 있음(민법 제758조)을 요건사실로 추가하여야 함.

나. 항변 등

○ 주요항변

- 손해배상액 감경

  피고는 원고의 손해에는 건물노후화에 따른 자연발생적인 현상도 경합되어 발생하였다는 손해배상액 감액 항변

6. 의료사건

가. 청구원인

○ 피고로부터 의료행위를 받은 사실

○ 의료행위에 과실이 있다는 사실

○ 의료행위로 인하여 신체적 장애가 발생한 사실

- 일련의 의료행위 과정에서 일반인의 상식에 바탕을 둔 의료상의 과실 있는 행위를 하였고, 그 결과와의 사이에 일련의 의료행위 외에 다른 원인이 개재될 수 없다는 점만을 입증하면 됨(인과관계를 추정하여 입증책음을 완화. 대법원 2000. 2. 11. 선고 98다9816 판결)

나. 항변 등

○ 피고는 의료행위를 한 측이 그 결과가 의료상의 과실로 말미암은 것이 아니라 전혀 다른 원인으로 말미암은 주장·입증(항변은 아니지만 사실상 추정의 번복을 위한 주장이고, 그 증거는 간접반증임)

7. 지식재산권 관련소송

가. 청구원인

○ 특허권자인 사실

○ 피고의 행위가 특허권을 침해하는 사실(또는 침해로 인하여 손해가 발생한 사실)

- 저작권은 크게 저작인격권, 저작재산권, 저작인접권으로 나누어 볼 수 있는데, 모두 이른바 권리의 다발로서 그 속에 여러 종류의 지분적 권리가 내포되어 있음
- 저작권법은 ① 저작인격권의 내용으로 공표권, 성명표시권, 동일성 유지권, 출판에 관한 수정·증감권을, ② 저작재산권의 내용으로 복제권, 공연권, 방송권, 전시권, 배포권, 2차적 저작물과 편집저작물 작성권을, ③ 저작인접권의 내용으로 실연자의 복제권, 실연방송권, 보상금청구권, 음반제작자의 복제·배포권, 보상금 청구권, 방송사업자의 복제·동시중계방송권을 열거하고 있으므로, 청구원인에서 위 각 지분적 권리 중 어느 권리를 침해하였는지를 특정하여야 함
- 손해배상액의 산정내역을 구체적으로 밝혀야 함

나. 항변 등

○ 주요항변

- 원고의 지식재산권이 무효라는 항변
- 원고의 지식재산권을 침해하지 않았다는 항변

8. 환경사건

가. 청구원인

○ 일반불법행위

- 고의나 과실에 의한 가해행위
- 행위의 위법성(수인한도)
- 손해의 발생
- 행위와 손해 사이의 인과관계

○ 공작물 또는 영조물의 하자

- 공작물 또는 영조물의 설치·관리상의 하자(수인한도)
- 손해의 발생
- 인과관계

☆ 환경침해를 원인으로 하는 민사소송은 손해배상청구소송으로서, ① 자연적인 환경이익(일조, 조망 등)을 소극적으로 차단하여 그 향유를 방해하거나 제한하는 소극적 침해에 대한 일반불법행위 손해배상청구, ② 자연상태의 일상생활의 평온이나 안락을 파괴하거나 변형케 하는 물질(소음, 진동, 분진 등)을 발산하여 환경이익이나 신체의 평온성의 향유를 방해하거나 제한하는 적극적 침해에 대한 손해배상청구인데, 이 중 건설공사장 소음으로 인한 피해의 경우는 일반불법행위 손해배상청구이고, 교통소음 및 항공기소음으로 인한 피해의 경우는 공작물의 하자에 따른 손해배상청구나 영조물의 하자로 인한 손해배상청구임

9. 언론관련소송

가. 청구원인

○ 신문기사가 게재된 사실

○ 신문기사로 인하여 인격권 침해 등 손해가 발생한 사실

나. 항변 등

○ 주요항변

- 진실하다고 믿을만한 상당한 이유가 있다는 항변

제5장 노 동

1. 해고무효항변

가. 청구원인

○ 피고의 근로자인 사실

○ 피고가 원고를 해고한 사실

- 해고가 부당노동행위에 해당하여 무효라는 주장을 하는 경우에는 부당노동행위(실제로는 노조활동을 이유로 해고하였다)가 요건사실로 추가됨

☆ 의원면직이지만 원고의 자의에 의한 것이 아니거나, 또는 형식상의 기간제 고용에서 계약갱신거절임을 각 들어 사실상 해고당한 것이라고 주장할 수 있음

☆ 해고기간 중 임금청구가 병합되는 경우 임금이 얼마인지가 요건사실로 추가되는데, 그 임금은 평균임금이나 통상임금이 아니고, 평균임금산정의 기초로 되는 임금총액에 들어갈 임금이 모두 포함됨(월 얼마로 청구하는 경우가 대부분인데 이때는 1년분 임금을 월할 계산하는 것이 적당함)

나. 항변 등

○ 주요항변

- 정당한 해고사유가 있다는 항변
  - 단체협약, 취업규칙에 규정된 해고절차를 준수함(위반한 경우에도 그 절차조항의 취지에 따라 해고무효사유로 안될 수도 있음)
  - 취업규칙과 단체협약에 규정된 해고사유에 해당함

☆ 해고사유가 위 두 규범 사이에 달리 규정되어 있을 경우에는 단체협약이 우선함

☆ 해고 당시에 이유로 든 해고사유만을 기준으로 해고무효 여부를 판단하고 재심절차가 있는 경우에 재심절차에서 해고사유를 추가할 수 없으므로 그 추가된 사유는 판단대상에서 배제됨

- 공제항변

병합된 임금청구에 대하여는 해고기간 중 원고가 다른 직장에 종사하여 수입을 얻었음을 주장·입증하여 이를 원고의 임금 중 휴업수당(평균임금의 70%)을 초과하는 금액에서 공제한다는 항변(대법원 1991. 6. 28. 선고 90다카25277 판결)

2. 미지급 임금·퇴직금청구소송

가. 청구원인

○ 피고의 근로자로서 일정기간 근무한 사실

○ 지급하기로 되어 있는 임금액

☆ 퇴직금청구 : 정당한 퇴직금을 산정하는 3요소는 평균임금액과 근속연수 및 지급률인데, 위 3요소에 의해 산정된 약정퇴직금은 법정퇴직금(1년당 30일분 평균임금)보다 많아야 유효함

☆ 임원의 보수나 퇴직금 : 정관이나 주주총회에 정하여진 경우에만 청구할 수 있음. 다만, 임원이 실질적으로 근로자임을 주장·입증하여 일반 근로자에게 정해진 약정퇴직금 또는 법정퇴직금을 청구할 수는 있음

☆ 퇴직금에 대한 지연손해금은 퇴직 후 15일이 되는 날부터 기산함(근로기준법 제26조, 이견 있음)

나. 항변 등

○ 주요항변

- 포기 항변

노동조합과 체불임금 삭감합의를 하였다고 항변하는 것은 개별 조합원에게 이미 발생한 임금의 포기를 내용으로 하는 것이어서 원고 등 전 근로자의 위임에 의한 것이 아닌 한 허용 안됨

- 근속연수 단절의 항변
  퇴직금 청구에 관하여 중간퇴직을 하였다는 항변
- 퇴직금지급률 등 변경 항변
  누진율 폐지 등으로 퇴직금지급률이 낮게 변경되었고 그에 대한 근로자들의 집단적 의사결정방식에 의한 동의 또는 과반수 노조의 동의를 얻었다는 항변

3. 법정수당(임금)청구

가. 청구원인

○ 통상임금을 구성하는 금품항목과 그 액수

○ 원고가 연장·야간·휴일근로를 한 사실

☆ 휴업수당, 연차휴가 대체수당·연차휴가수당, 해고예고수당, 연장근로수당· 야간근로수당·휴일근로수당 등으로 구별하여 청구액을 명시하여야 함. 특히 가장 많은 연장근로수당·야간근로수당·휴일근로수당은 통상임금(정기적·일률적으로 근로에 대하여 지급하기로 정해진 임금액)의 100분의 50을 가산하므로 통상임금 산정자료 제출

나. 항변 등

○ 주요항변

- 포괄임금제 약정

☆ 포괄임금제는 근로자에게 불이익이 없고 제반사정에 비추어 정당하여야만 유효한데, 장거리트럭운전사, 감시·단속업무자, 교대근로자, 도급제근로자, 일용근로자와 같이, 근로의 성질상 근로계약체결 당시부터 연장·야간·휴일근로가 예상되는 경우가 포괄임금제의 유효성에 근접한 경우들임

☆ 퇴직금은 포괄임금제가 적용되지 않음(대법원 1998. 3. 24. 선고 96다24699 판결)

제6장 집행 관련

1. 청구이의

가. 청구원인

○ 집행권원(확정판결, 집행증서)의 존재

○ 집행권원에 표시된 청구권이 소멸된 사실

- 판결에 표시된 청구권이 변론종결 후에 변제·상계로 소멸되었거나 청구권발생원인이 된 법률행위의 취소·해제사유가 변론종결 후에 발생하여 행사됨으로써 청구권이 소멸한 사실
- 집행증서나 지급명령, 이행권고결정에 표시된 청구권에 대하여는 시기의 제한 없이 소멸사유를 주장할 수 있음

☆ 집행채무자나 그 승계인이 원고적격자이지만, 집행채무자의 채권자가 대위하여 소제기를 할 수도 있음

☆ 모든 종류의 집행권원의 집행력 자체의 배제를 구하는 소임으로 집행권원 자체의 취소를 구하는 것은 인되며, 이러한 경우 상소나 재심의 소 또는 채무부존재확인의 소로 제기

- 구체적 집행력의 배제를 구할 수 없음(각하대상)

☆ 임의경매에 있어서는 청구이의의 소를 제기할 수 없으므로(대법원 2002. 9. 24. 선고 2002다43684 판결) 채무부존재확인의 소 또는 (근)저당권말소 청구의 소로 변경

☆ 가집행선고판결, 가압류·가처분명령, 대체집행에 의한 수권결정, 검사의 집행명령은 청구이의의 대상이 아님

☆ 집행정지의 잠정처분 : 청구이의의 소제기 없이 청구하거나 일반 가처분으로 청구하는 것은 각하됨(대법원 2003. 9. 8.자 2003그74 결정). 기록에 집행정지결정

문이 없는 경우 보정권고

나. 항변 등

○ 본안전 항변

- 강제집행이 종료된 사실

  강제집행이 완료되어 채권자가 권리만족을 얻은 때(배당절차까지 완료된 때)에는 소의 이익이 없다는 본안전 항변이 가능함. 이 경우에는 부당이득반환청구 또는 손해배상청구로 소 변경.

2. 제3자이의

가. 청구원인

○ 집행권원에 기하여 집행행위가 개시된 사실

○ 집행된 목적물이 원고의 소유 등인 사실

- 집행목적에 대하여 원고가 소유권을 가진 사실 또는 양도·인도를 저지할 수 있는 권리(양도담보권, 채무자에 대한 채권적 청구권)
- 채권적 청구권에 의한 권리 : 집행목적물이 집행채무자 소유가 아닌 경우에는 집행채무자와의 사이에 임대차, 사용대차, 위임, 임치 등의 계약관계에 의거하여 채무자에 대하여 목적물의 반환을 구하는 채권적 청구권이 있는 제3자는 집행에 의한 양도나 인도를 막을 이익이 있음(대법원 2003. 6. 13. 선고 2002다16576 판결)

나. 항변 등

○ 본안전 항변

- 강제집행이 개시되지 아니하였거나 종결한 사실

☆ 배당절차가 남아있는 한 종료된 것이 아님(승소 후 배당권자로서 배당받음)

☆ 소송계속 중에 종료된 경우에도 소의 이익이 없음(집행정지결정을 받지 아니하면 집행절차가 그대로 진행됨)

3. 배당이의

가. 청구원인

○ 배당이의를 한 사실

- 채권자가 배당기일에 출석하여 다른 채권자(피고)에게 실체상의 이의를 제기한 사실, 또는 채무자가 배당기일에 출석하거나 배당기일 3일 전부터 배당기일 끝날 때까지 집행력 있는 집행권원의 정본을 가지지 아니한 채권자(피고)에게 실체상의 이의를 제기한 사실

○ 배당순위 오류 또는 배당채권소멸 사실

- 피고의 채권이 부존재(가장채권)하거나 소멸된 사실 또는 배당표 기재의 채권액보다 적은 액수인 사실, 또는 피고의 채권이 배당표 기재의 배당순위에 있지 아니한 사실

○ 배당수령권이 있는 사실

- 원고의 배당수령권 발생원인사실

☆ 원고가 채권자일 경우 : 채무자의 피고에 대한 항변권을 행사할 수 있고 그 전제로서 채무자의 취소·해제·상계권을 대위행사 할 수 있음

☆ 피고가 확정판결 기타 기판력 있는 집행권원을 가지고 있는 경우 : 원고는 그 기판력의 표준시 이전에 생긴 실체상의 사유를 주장하여 그 채권의 존재·액수를 부인할 수 있음

☆ 채무자가 통정하여 허위의 집행권원을 가지고 배당에 참가한 채권자의 채권에 대하여 이의를 한 채권자는 그 채권의 존재·액수를 부인할 수 있음

나. 항변 등

○ 본안전 항변

- 제소기간 도과

  제소기간 도과(배당기일부터 1주일)의 본안전 항변, 이 경우 원고에게 부당이득반환청구로 소변경

○ 본안에 관한 항변

- 원고의 배당수령권에 대한 장해, 소멸, 저지사유를 들어 항변
  배당기일에 피고가 원고에 대하여 이의를 하지 않은 경우에도 원고의 채권 자체를 부인할 수 있음(반대견해 있음).
- 피고의 채권이 부존재하는 경우 : 원고의 채권보다 다른 선순위채권자가 있어서 그 채권자의 채권에 배당되어야 하고 원고에게 배당되어서는 안된다는 항변은 할 수 없음(대법원 2001. 2. 9. 선고 2000다41844 판결)

○ 집행력 있는 집행권원의 정본을 가진 채권자에 대하여 이의한 채무자는 청구이의의 소를 제기하여야 함(민사집행법 제154조 제2항)

☆ 채무자가 7일 이내에 청구이의의 소와 집행정지결정의 정본을 제출하지 않고 배당이의의 소만 제기한 경우에는 이의가 취하 간주되어 배당이의의 소는 부적법하여 각하된다.

제7장 증권 관련

1. 포괄적 일임매매에서의 과당매매로 인한 손해배상청구

가. 청구원인

○ 주식매매거래계좌설정약정을 체결한 사실

○ 금전 또는 증권을 예탁한 사실

○ 증권회사 직원에게 주식거래를 포괄적으로 위임한 사실

○ 회전매매로 인하여 손해를 입은 사실

- 과도한 거래에 대하여 지급한 수수료 등

나. 항변 등

○ 주요항변

- 과실상계 : 원고에게도 과실이 있어서 손해액을 감액하여야 한다는 주장

2. 부당권유로 인한 손해배상청구

가. 청구원인

○ 투자수익보장으로 투자를 권유한 사실

○ 손실을 입은 사실

☆ 부당권유로 인한 불법행위 성립 기준 : 거래 경위와 거래 방법, 고객의 투자 상황, 거래의 위험도 및 이에 관한 설명의·정도 등을 종합적으로 고려한 후 당해 권유행위가 경험이 부족한 일반 투자가에게 거래행위에 필연적으로 수반되는 위험성에 관한 올바른 인식형성을 방해하거나, 고객의 투자 상황에 비추어 과대한 위험성을 수반하는 거래를 적극적으로 권유한 경우에 해당하

여 결국 고객에 대한 보호의무를 저버려 위법성을 띤 행위인 것으로 평가될 수 있어야 함

☆ 부수적인 사실 : 부당권유를 판단하기 위한 간접사실로 원고의 투자상황(나이, 학력, 직업, 재산상태, 사회적 경험 및 투자경험 등)이 중요

나. 항변 등

○ 주요항변

- 과실상계

  원고에게도 과실이 있어서 손해액을 감액하여야 한다는 주장

3. 선물옵션거래에서의 손해배상청구

가. 청구원인

○ 투자수익보장으로 투자를 권유한 사실

○ 선물옵션거래의 특성 및 위험성에 대한 충분한 설명 결여

○ 피고의 투자운용상의 과실로 손실을 입은 사실

- 여유자금을 확보해 두지 않은 채 예탁금의 거의 전부를 담보로하여 매우 큰 위험을 초래하는 대규모 거래를 수회 반복한 사실.

나. 항변 등

○ 주요항변

- 과실상계

  원고에게도 과실이 있어서 손해액을 감액하여야 한다는 주장

제8장 회사 관련

1. 분식결산의 손해배상청구

가. 청구원인

○ 임직원으로 일정기간 재직한 사실

○ 분식결산을 한 사실

○ 그로 인하여 손실을 입은 사실

- 손해배상의 범위 : ① 금융기관의 대출손해 - 실제 회수하지 못한 금액 상당액. ② 주식투자자의 손해
- 민법상 손해의 범위 : 분식결산으로 인하여 상실하게 된 주가 상당액인데, 통상은 분식결산이 밝혀져 거래가 정지되기 직전에 정상적으로 형성된 주가와 분식결산으로 인한 거래정지가 해제되고 거래가 재개된 후 계속된 하종가를 벗어난 시점에서 정상적으로 형성된 주가와의 차액 상당액임. 만약 주가가 다시 정상적으로 형성되기 이전에 매도가 이루어지고 그 가액이 그 후 다시 형성된 정상적인 주가를 초과하는 경우에는 그 매도가액과 차액 상당액임.

나. 항변 등

○ 주요항변

- 인과관계 부존재 항변
- 현금변제 또는 출자전환으로 변제충당되었다는 항변
- 소멸시효 항변(3년)
- 과실상계

  원고에게도 과실이 있어서 손해액을 감액하여야 한다는 주장

2. 외부감사인의 부실감사 손해배상청구

가. 청구원인

○ 감사보고서에 중요사항 미기재 또는 허위기재

○ 감사보고서를 믿고 이용하여 손해를 입은 사실

○ 인과관계

☆ 손해액 : ① 금융기관의 대출손해 - 실제 회수하지 못한 금액 상당액. ② 주식투자자의 손해. 다만, 주식회사의외부감사에관한법률에 있어서의 배상책임은 민법상 손해배상책임의 범위 적용

3. 주주총회결의취소

가. 청구원인

○ 원고가 주주, 이사, 감사인 사실

○ 주주총회 소집 및 존재 사실

○ 결의에 취소사유가 있는 사실

- 취소사유 : 총회의 소집절차 또는 결의방법이 법령 또는 정관에 위반하거나 현저하게 불공정한 경우 또는 결의의 내용이 정관에 위반하는 경우
  - ① 소집절차상의 하자 : 이사회의 총회 소집결의의 하자, 소집권한이 없는 자에 의한 소집, 통지상의 하자 및 기타의 소집절차상의 하자
  - ② 결의방법의 하자 : 주주들의 의사가 충분히 반영되지 않은 경우, 결의가 정족수를 결한 경우, 정관상 의장이 될 사람이 아닌 자가 의장이 되어 의사에 관여한 경우

나. 항변 등

○ 본안전 항변

- 제척기간도과(제척기간 : 결의일로부터 2월내)

4. 주주총회결의무효확인

가. 청구원인

○ 원고가 주주, 이사, 감사인 사실
○ 주주총회 소집 및 존재 사실
○ 결의에 무효사유가 있는 사실

- 무효사유

  총회의 결의 내용이 법령에 위반하는 경우 : 주주평등의 원칙에 반하는 결의, 주주 유한책임의 원칙에 반하여 추가출자의무를 지우는 결의, 총회권한사항을 이사회, 이사 등 타인에게 일임하는 결의, 선량한 풍속 기타 사회질서에 위반하는 결의, 위법한 재무제표를 승인하는 결의, 상법 제462조의 규정에 위반하는 배당결의, 주주의 고유권을 침해하는 결의 등

나. 항변 등

○ 제척기간은 없음

5. 주주총회결의부존재확인

가. 청구원인

○ 원고가 주주, 이사, 감사인 사실
○ 주주총회결의가 부존재한 사실

- 부존재 사유 : 총회의 소집절차나 결의방법에 총회결의가 존재한다고 볼 수 없을 정도의 중대한 하자가 있는 경우 : 이사회의 결의도 없이 소집권한이 없는 자가 소집한 총회에서 이루어진 결의, 유효한 주주가 아닌 자들에 의한 총회의 결의, 대부분의 주주에게 소집통지를 하지 않은 결의 등

나. 항변 등

○ 제척기간은 없음

6. 주식명의개서청구

가. 청구원인

○ 원고가 실질주주인 사실

○ 주주명부상 타인이 주주로 기재되어 있는 사실

7. 주주권확인

가. 청구원인

○ 원고가 주주인 사실

○ 피고가 다투고 있는 사실

☆ 주주권 인정 여부 : 명의신탁의 경우 명의대여자는 주주가 아니므로 명의신탁 해지의 의사표시사실을 같이 주장해야 하고, 주권의 발행이 없는 주식을 양수한 것이라면 회사에 대한 주식양도통지사실을 같이 주장해야 함

8. 주권인도청구

가. 청구원인

○ 주식을 양수 등으로 취득한 사실

○ 피고가 주권을 소지하고 있는 사실

- 피고가 권한 없이 당해 주권을 소지하고 있는 사실

9. 주주대표소송(상법 제403조)

가. 청구원인

○ 원고가 발행주식 총수의 100분의 1이상에 해당하는 주식을 가진 주주명부 등재 주주인 사실

○ 피고들이 이사 등인 사실

- 상법 제401조의2 소정의 '이사로 볼 자'인 사실

○ 회사에 제소청구를 한 사실

○ 이사 등의 임무해태(선관주의 의무 내지 충실의무 위반)로 회사에 손해가 발생한 사실

나. 항변 등

○ 주요항변

- 경영판단에 기한 적법절차를 거쳤다는 항변

10. 회계장부서류 열람 등사 청구(상법 제466조)

가. 청구원인

○ 원고가 발행주식 총수의 100분의 3 이상에 해당하는 주식을 가진 주주명부 등재 주주인 사실

- 주권상장법인 또는 협회등록법인인 경우에는 6월 전부터 계속하여 발행주식 총수의 1만분의 10 이상에 해당하는 주식을 대통령령이 정하는 바에 의하여 보유한 자

○ 열람·등사를 서면청구한 사실

나. 항변 등

○ 주요항변

- 원고의 청구가 부당하다는 항변(상법 제466조②)

11. 위법행위유지의 소(상법 제402조)

가. 청구원인

○ 원고가 발행주식 총수의 100분의 1이상에 해당하는 주식을 가진 주주명부

등재 주주인 사실

- 주권상장법인 또는 협회등록법인인 경우에는 6월 전부터 계속하여 발행주식 총수의 10만분의 50이상(최근 사업연도 말 자본금이 1천억 원 이상인 법인의 경우 10만분의 25)에 해당하는 주식을 대통령령이 정하는 바에 의하여 보유한 자

○ 피고가 이사인 사실

○ 위법행위로 회사에 손해가 생길 염려가 있는 사실

☆ 유지대상이 되는 위법행위 : 법령·정관에 위반하는 행위(상법에서 특별히 규정하고 있는 구체적인 규정에 위반하여, 자기주식을 취득하거나 이사회 결의 없이 신주 또는 사채를 발행하려고 하는 경우, 정관에서 주주의 신주인수권을 인정하고 있는데도 이를 무시하고 신주를 발행하려고 하는 경우, 이사의 선관주의의무나 충실의무 등 일반적인 의무를 정한 법령에 위반하는 행위)

12. 신주발행무효의 소(상법 제429조)

가. 청구원인

○ 원고의 주주, 이사, 감사인 사실

○ 신주의 발행이 법령 또는 정관의 규정에 위반한 사실

☆ 무효사유 : 정관에서 정하지 않은 종류의 주식을 발행한 경우, 발행예정 주식총수를 초과하여 발행한 경우, 주주의 신주인수권을 무시하고 신주를 발행한 경우, 주주의 유지청구에 대한 판결과 가처분명령을 무시하고 신주가 발행된 경우, 신주의 현저한 불공정발행의 경우, 이사회결의 없이 신주를 발행한 경우

제9장 회사정리·파산

1. 정리채권·정리담보권확정의 소

가. 청구원인

○ 정리채권 등의 내용(발생원인, 종류, 액수 등)

○ 정리채권 등의 신고사실(일자)

○ 정리담보권 및 정리채권 특별조사기일에서 관리인에 의해 이의가 제기된 사실(이의제기일)

나. 항변 등

○ 주요항변

• 부인권 행사

☆ 부인권의 개별적 성립요건

① 고의부인 : 회사가 정리채권자 또는 정리담보권자를 해할 것을 알고 한 행위 → ㉠ 객관적 요건으로 정리채권자 등을 해하는 행위가 있어야 하고(사해행위), ㉡ 주관적 요건으로 회사가 행위 당시 그 행위에 의하여 정리채권자 등을 해한다는 사실을 알고 있어야 함(사해의사)

② 본지행위에 대한 위기부인 : 회사가 지급의 정지 또는 파산, 화의개시, 정리절차개시의 신청이 있은 후에 한 사해행위와 담보의 제공 또는 채무의 소멸에 관한 행위 → ㉠ 객관적 요건으로 정리채권자 등을 해하는 행위와 담보의 제공 또는 채무의 소멸에 관한 행위, ㉡ 시기적 요건으로 회사가 지급정지, 파산, 화의개시 또는 정리절차개시의 신청이 있은 후에 한 행위, ㉢ 주관적 요건으로 수익자가 행위 당시 지급정지 등이 있는 것 또는 정리채권자 등을 해하는 사실을 알고 있을 것

③ 비본지행위에 대한 위기부인 : 회사가 지급의 정지 등이 있은 후 또는 그 전 60일 내에 한 담보의 제공 또는 채무의 소멸에 관한 행위로서 회사의 의무에 속하지 아니하거나 그 방법 또는 시기가 회사의 의무에 속하지 아니하는 것 → ㉠ 객관적 요건으로 담보의 제공 또는 채무의 소멸에 관한 행위로서 그 행위 자체나 방법 또는 시기가 회사의 의무에 속하지 아니하는 행위, ㉡ 시기적 요건으로 회사가 지급정지 등이 있은 후 또는 그 전 60일 내에 한 행위

④ 무상행위의 부인 : 회사가 지급의 정지 등이 있은 후 또는 그 전 6월 내에 한 무상행위(증여 등)와 이와 동일시하여야 할 유상행위 → ㉠ 객관적 요건으로 회사의 행위가 무상행위(회사가 대가를 받지 않고 재산을 감소시키거나 채무를 증가시키는 일체의 행위 → 입증 필요) 또는 이와 동일시하여야 할 유상행위, ㉡ 시기적 요건으로 회사가 지급정지 등이 있은 후 또는 그 전 6월 내에 한 행위

☆ (원고) 부인권 소멸의 재항변

원고는 정리절차개시가 있은 날부터 2년간 부인권을 행사하지 아니하였거나 부인의 대상이 되는 행위를 한 날부터 10년을 경과하여 소멸시효가 완성되었다는 재항변. 다만, 지급정지의 사실은 안 것을 이유로 하여 부인하는 경우에는 정리절차개시신청이 있은 날로부터 1년 전에 행하여진 행위는 부인할 수 없음

2. 부인의 소

가. 청구원인

○ 정리채권자 등에게 해를 끼치는 행위(또는 회사의 행위, 이와 동일시되는 행위부인 사유)가 존재하는 사실

○ 관리인의 부인권 행사인 사실

☆ 부인권의 개별적 성립요건

① 고의부인 : 회사가 정리채권자 또는 정리담보권자를 해할 것을 알고 한

행위 → ㉠ 객관적 요건으로 정리채권자 등을 해하는 행위가 있어야 하고 (사해행위), ㉡ 주관적 요건으로 회사가 행위 당시 그 행위에 의하여 정리채권자 등을 해한다는 사실을 알고 있어야 함(사해의사)

② 본지행위에 대한 위기부인 : 회사가 지급의 정지 또는 파산, 화의개시, 정리절차개시의 신청이 있은 후에 한 사해행위와 담보의 제공 또는 채무의 소멸에 관한 행위 → ㉠ 객관적 요건으로 정리채권자 등을 해하는 행위와 담보의 제공 또는 채무의 소멸에 관한 행위, ㉡ 시기적 요건으로 회사가 지급정지, 파산, 화의개시 또는 정리절차개시의 신청이 있은 후에 한 행위, ㉢ 주관적 요건으로 수익자가 행위 당시 지급정지 등이 있는 것 또는 정리채권자 등을 해하는 사실을 알고 있을 것

③ 비본지행위에 대한 위기부인 : 회사가 지급의 정지 등이 있은 후 또는 그 전 60일내에 한 담보의 제공 또는 채무의 소멸에 관한 행위로서 회사의 의무에 속하지 아니하거나 그 방법 또는 시기가 회사의 의무에 속하지 아니하는 것 → ㉠ 객관적 요건으로 담보의 제공 또는 채무의 소멸에 관한 행위로서 그 행위 자체나 방법 또는 시기가 회사의 의무에 속하지 아니하는 행위, ㉡ 시기적 요건으로 회사가 지급정지 등이 있은 후 또는 그 전 60일 내에 한 행위

④ 무상행위의 부인 : 회사가 지급의 정지 등이 있은 후 또는 그 전 6월 내에 한 무상행위(증여 등)와 이와 동일시하여야 할 유상행위 → ㉠ 객관적 요건으로 회사의 행위가 무상행위(회사가 대가를 받지 않고 재산을 감소시키거나 채무를 증가시키는 일체의 행위 → 입증 필요) 또는 이와 동일시하여야 할 유상행위, ㉡ 시기적 요건으로 회사가 지급정지 등이 있은 후 또는 그 전 6월 내에 한 행위

☆ (원고) 부인권 소멸의 재항변

원고는 정리절차개시가 있은 날부터 2년간 부인권을 행사하지 아니하였거나 부인의 대상이 되는 행위를 한 날부터 10년을 경과하여 소멸시효가 완성되었다는 재항변. 다만, 지급정지의 사실은 안 것을 이유로 하여 부인하는 경우에는 정리절차개시신청이 있은 날로부터 1년 전에 행하여진 행위는 부인할 수

없음

나. 항변 등

○ 주요항변

- 소멸의 항변

원고는, 정리절차개시가 있은 날부터 2년간 부인권을 행사하지 아니하였거나 부인의 대상이 되는 행위를 한 날부터 10년을 경과하여 소멸시효가 완성되었다는 항변. 다만, 지급정지의 사실을 안 것을 이유로 하여 부인하는 경우에는 정리절차개시신청이 있은 날로부터 1년 전에 행하여진 행위는 부인할 수 없음

3. 파산채권확정의 소

가. 청구원인

○ 파산채권의 내용 및 신고사실

○ 채권조사기일에서 파산관재인에 의해 이의가 제기된 사실

☆ 부수적인 사실 : 파산자가 파산선고에 이르게 된 경위 및 파산관재인 선임에 관한 사실

나. 항변 등

○ 주요항변

- 부인권 행사

☆ 부인권의 개별적 성립요건

① 고의부인 : 파산자가 파산채권자를 해할 것을 알고 한 행위 → ㉠ 객관적 요건으로 파산채권자 등을 해하는 행위가 있어야 하고(사해행위), ㉡ 주관적 요건으로 파산자의 행위 당시 그 행위에 의하여 파산채권자 등을 해한다는 사실을 알고 있어야 함(사해의사)

② 본지행위에 대한 위기부인 : 파산자가 지급의 정지 또는 파산, 화의개시,

정리절차개시의 신청이 있은 후에 한 사해행위와 담보의 제공 또는 채무의 소멸에 관한 행위 → ㉠ 객관적 요건으로 파산채권자 등을 해하는 행위와 담보의 제공 또는 채무의 소멸에 관한 행위, ㉡ 시기적 요건으로 파산자가 지급정지, 파산, 화의개시 또는 정리절차개시의 신청이 있은 후에 한 행위, ㉢ 주관적 요건으로 수익자가 행위 당시 지급정지 등이 있는 것 또는 파산채권자 등을 해하는 사실을 알고 있을 것

③ 비본지행위에 대한 위기부인 : 파산자가 지급의 정지 등이 있은 후 또는 그 전 60일내에 한 담보의 제공 또는 채무의 소멸에 관한 행위로서 파산자의 의무에 속하지 아니하거나 그 방법 또는 시기가 파산자의 의무에 속하지 아니하는 것 → ㉠ 객관적 요건으로 담보의 제공 또는 채무의 소멸에 관한 행위로서 그 행위 자체나 방법 또는 시기가 파산자의 의무에 속하지 아니하는 행위, ㉡ 시기적 요건으로 파산자가 지급정지 등이 있은 후 또는 그 전 60일 내에 한 행위

④ 무상행위의 부인 : 파산자가 지급의 정지 등이 있은 후 또는 그 전 6월 내에 한 무상행위(증여 등)와 이와 동일시하여야 할 유상행위 → ㉠ 객관적 요건으로 파산자의 행위가 무상행위(파산자가 대가를 받지 않고 재산을 감소시키거나 채무를 증가시키는 일체의 행위 → 입증 필요) 또는 이와 동일시하여야 할 유상행위, ㉡ 시기적 요건으로 파산자가 지급정지 등이 있은 후 또는 그 전 6월 내에 한 행위

☆ (원고) 부인권 소멸 사유의 재항변

- 파산선고가 있은 날부터 2년간 행사하지 아니하거나 부인의 대상이 되는 행위가 있던 날부터 10년을 경과하여 소멸시효가 완성되었다는 재항변
- 지급정지의 사실을 안 것을 이유로 부인하는 경우에는 파산선고가 있은 날로부터 1년 전에 행하여진 행위는 부인할 수 없음

제10장 사해행위·채권자대위·채무부존재

1. 사해행위취소소송

가. 청구원인

○ 원고의 甲에 대한 채권이 있는 사실(채권발생의 원인이 되는 사실)

○ 甲이 피고에게 유일한 재산(부동산, 동산 등)을 매도하거나 채무초과상태에서 채권자들 중 한사람인 피고에게만 근저당설정을 해 주거나 대물변제한 사실

○ 甲이 원고를 해할 의사(사해의사)가 있었다는 사실

- 주요서증 : 소비대차약정서, 부동산등기부등본, 재산세 과세자료, 제적등본, 가족관계증명원 등(친족관계인 경우),
- 유일한 재산의 매도인 경우 사해의사는 사실상 추정됨

☆ 사해행위 이후에 그 전에 있던 부동산상의 부담(근저당권 등)이 소멸된 경우(반드시 피고가 소멸시켜야 할 필요 없음) : 원물반환(등기말소나 진정명의회복의 이전등기)을 할 수 없고, 그 부동산의 사실심 변론종결 당시의 시가를 기준으로 일반채권자의 공동 담보로 되어 있는 책임재산 부부의 액수를 계산하여 그 범위 내에서 원고의 채권액만큼을 가액배상하여야 함

☆ 사해행위 후 당해 부동산이 경매되어 타에 낙찰된 경우: 피고에게 배당된 돈이 있으면(없으면 원고청구가 기각됨) 그 배당금청구권을 원고에게 양도하는 의사를 표시하고, 국가에 그 양도통지를 하라는 내용으로 청구취지를 변경하여야 함 → 등기부에 경매개시결정기입등기가 있는 경우 사건검색 등을 통하여 검토 후 청구취지변경 등 보정권고

나. 항변 등

○ 본안전 항변

- 제척기간
  - 원고가 사해행위임을 안 날부터 1년, 사해행위일부터 5년이 지나서 이 사건 소를 제기하였다는 본안전 항변
  - 부동산등기부등본에 의하여 가처분등기 후 1년이 경과한 사실이 확인될 경우 보정권고
  - 보정권고 : 채권자취소소송은 그 행위를 안 날로부터 1년 내에 제기하여야 하는 바(민법 제406조 제2항), 근저당권처분금지가처분등기 후 1년이 경과 후 제기된 이 사건 소송이 적법하다는 법적 근거를 밝힐 것

○ 본안에 관한 항변

- 원고의 채권 소멸 항변

  피보전채권(원고의 갑에 대한 채권)이 시효 소멸하였거나 변제되었다(갑이 변제하였음)는 항변
- 선의의 항변

  피고는 사해행위 당시에 그것이 원고 등의 일반채권자를 해하는 것임을 몰랐다는 선의의 항변 → 특별한 친족관계나 친지관계가 아닌 사이로 정상적인 가격과 절차에 따라 매매나 근저당설정을 한 경우가 이에 해당할 것임

2. 채권자대위관련소송

가. 청구원인

○ 甲이 피고로부터 부동산 등을 매수한 사실

○ 그 후 원고가 甲으로부터 그 부동산 등을 매수한 사실

☆ 특정물(부동산등기청구권 등)에 관한 권리 보전

- 甲이 피고로부터 부동산 등을 매수한 사실
- 그 후 원고가 甲으로부터 그 부동산 등을 매수한 사실

☆ 금전채권 보전

- 원고가 甲에게 금전을 대여한 사실
- 甲이 피고에게 부동산을 얼마에 매도한 사실

- 甲은 위 매매대금채권 이외에는 원고의 대여금채권을 위한 책임재산이 없는 사실(무자력한 사실)
- 甲이 자신의 권리를 행사하지 않은 사실(대위 요건)
- 원고의 甲에 대한 채권이 이행기에 도래한 사실(대위 요건) → 도래하지 않아도 법원의 허가를 받으면 가능함(민법 제404조 제2항)

나. 항변 등

○ 본안전 항변

- 피보전채권의 소멸
- 甲이 이미 권리를 재판상이나 재판 외에서 행사하였거나 행사하고 있는 사실

○ 본안에 관한 항변

- 피고의 甲에 대한 일반적인 항변

① 피고의 甲에 대한 일반적인 항변 : 피고는 피대위채권(甲의 피고에 대한 채권)의 행사에 관하여 甲에게 할 수 있는 일반적인 항변을 모두 원고에게 할 수 있음

② 甲의 원고에 대한 항변권 행사

- 피고는 피보전채권(원고의 甲에 대한 채권)의 발생원인이 무효라거나 변제되었다는 본안전 항변을 할 수 있음. 다만, 채권자대위권에 기한 청구에서 제3채무자는 채무자가 채권자에 대하여 가지는 항변으로 대항할 수 없을뿐더러, 채권의 소멸시효가 완성된 경우 이를 원용할 수 있는 자는 시효이익을 직접 받는 자뿐이고 채권자대위소송의 제3채무자는 이를 행사할 수 없음(대법원 1993. 3. 26. 선고 92다25472 판결)
- 피보전채권의 부존재는 대위 요건의 흠결로서 소각하사유임

③ 피고는 甲이 이미 권리를 재판상이나 재판 외에서 행사하였거나 행사하고 있는 사실을 들어 본안전 항변(이때 甲의 권리행사가 소제기인 경우에는 중복제소로 부적법하다는 본안전 항변도 가능)

대위 요건의 흠결은 소각하 사유이고 법원이 직권으로 조사하여야 함

3. 채무부존재확인

가. 청구원인

○ 소송물인 특정채무의 발생원인사실이 아예 없거나, 있었지만 그것이 무효, 취소, 해제되었다거나, 발생한 채무가 변제되었다는 등의 주장

- 소송물인 특정채무의 발생원인사실이 아예 없었다고 주장하는 경우에는 원고는 소송물을 특정할 정도의 주장만을 하면 되고, 피고가 그 발생원인사실을 주장·입증하여야 함
- 소송물인 특정채무의 발생원인이 있었지만 그것이 무효, 취소되었다거나 또는 발생한 채무가 사후에 소멸되었다는 주장을 하는 경우에는 소멸원인(무효, 취소, 변제, 소멸시효 등) 사실이 요건사실임

○ 확인의 이익이 있음을 인정할 수 있는 사실

제 5 편

소송실무 양식 및 예시

[서식 1] 공시송달신청서 양식

공 시 송 달 신 청

사 건 20○○가단 ○○○ 대여금

원 고 ○○농업협동조합

피 고 ○ ○ ○

위 사건에 관하여 피고는 주민등록상 등재된 주소지에 소송서류를 송달하였으나 이사불명이란 사유로 송달불능되었는 바, 사실상 주민등록상 등재된 주소지에 거주하지 않고 있으며, 기타 거소 또는 송달할 장소를 알지 못하여, 통상의 방법으로는 위 사건에 관한 관계서류가 송달이 되지 않으므로, 민사소송법 제195조 소정의 공시송달을 신청합니다.

첨 부 서 류

1. 주민등록초본 1통

20○○. ○. ○.

위 원고 ○○농업협동조합
조합장 ○ ○ ○ (인)

○○지방법원 ○○지원 귀중

[접수방법]

제출법원	소송계속법원
제출부수	신청서 1부
관련법규	민사소송법 제194조~제196조
요 건	당사자의 주소 또는 근무장소를 알 수 없는 경우 또는 외국에서 하여야 할 송달에 관하여 제191조(외국에서 하는 송달방법)의 규정에 따를 수 없거나 이에 따라도 효력이 없을 것으로 인정되는 경우에는 재판장은 직권으로 또는 당사자의 신청에 따라 공시송달을 명할 수 있음(민사소송법 제194조).

[서식 2] 공시송달신청서 양식: 소장과 함께 제출하는 경우

공 시 송 달 신 청

사 건 20○○가단 ○○○○ 대여금
원 고 ○ ○ ○
피 고 ○ ○ ○

위 사건에 관하여 원고는 피고가 주소를 ○○시 ○○구 ○○로 ○○에 두고 있으나 장기간 거주하지 아니하고 주민등록이 말소되었을 뿐만 아니라, 현재 소재불명으로 더 이상 피고의 거주지나 송달장소를 알 수 없어 공시송달의 방법에 의하지 않고서는 송달이 불가능하므로 소장제출과 함께 공시송달을 신청하오니 허가하여 주시기 바랍니다.

첨부 : 직권 말소된 주민등록표등본(피고) 1부

20○○. ○. ○.

위 원고 ○ ○ ○ (인)

○○지방법원 귀중

[접수방법]

제출법원	소송계속법원
제출부수	신청서 1부
관련법규	민사소송법 제194조~제196조
요 건	당사자의 주소 또는 근무장소를 알 수 없는 경우 또는 외국에서 하여야 할 송달에 관하여 제191조(외국에서 하는 송달방법)의 규정에 따를 수 없거나 이에 따라도 효력이 없을 것으로 인정되는 경우에는 재판장은 직권으로 또는 당사자의 신청에 따라 공시송달을 명할 수 있음(민사소송법 제194조).

[서식 3] 공시송달신청서 양식: 의사표시

의사표시의 공시송달신청서

사 건 20○○가단 ○○○○ 대여금

신 청 인 ○ ○ ○

상 대 방 ○ ○ ○

신 청 취 지

신청인의 소유인 ○○시 ○○구 ○○동 ○○○ 임야 ○○○㎡에 대하여 신청인과 상대방 사이에 매매대금 10,000,000원으로 정하여 체결한 20○○. ○.○.자 매매계약에 관하여, 신청인이 상대방에게 할 계약해제의 의사표시를 기재한 별지 계약해제통고서를 공시송달할 것을 명한다.

라는 재판을 구합니다.

신 청 원 인

1. 신청인은 상대방과 20○○. ○.○. 신청인 소유의 ○○시 ○○구 ○○동 ○○○ 임야 ○○○㎡에 대하여 매매대금 10,000,000원으로 정하여 매매계약을 체결하면서 계약금 1,000,000원은 지급받고 중도금 4,000,000원은 같은 해 ○. ○, 잔금 5,000,000 원은 같은 해 ○.○.에 지급받기로 약정하고 상대방의 잔금지급과 동시에 소유권이전등기에 필요한 서류를 교부해주기로 약정하였습니다.

2. 그런데 상대방은 신청인에게 계약금만 계약당일 지급하고, 잔금지급기일이 수개월 경과하도록 아무런 연락도 없이 약정한 중도금 및 잔금을 지급하지 아니하여 신청인은 상대방에게 이 건 매매계약을 해제한다는 의사표시를 하기 위해 계약해제통지서를 작성하여 계약서상의 주소지로 내용증명우편으로 우송하였으나, 피고는 위 주소지에 살지 아니하고 실제 거주하는 거주지를 알 방법이 없어 계약해제통고를 할 방법이 없습니다.

3. 따라서 별지의 계약해제통고서를 민사소송법 제194조에 따른 공시송달로서 송달하여 주시기를 민법 제113조에 따라 신청합니다.

첨 부 서 류

1. 매매계약서 사본 1통
1. 계약해제통고서 사본 1통
1. 반송봉투 사본 1통
1. 말소된 주민등록표등본 1통

20○○. ○. ○.

위 신청인 ○ ○ ○ (인)

○○지방법원 귀중

[자료 1] 공시최고신청서 양식: 자기앞수표 분실

공 시 최 고 신 청

신 청 인 ○ ○ ○ (000000-0000000) (전화 :)
○○시 ○○로 ○○

자기앞수표 공시최고 신청사건

증서의 중요한 취지

별지 목록 기재 같음

신 청 취 지

별지 목록 기재 증서에 대하여 민사소송법 제481조에 의한 공시최고기일 내에 권리의 신고가 없을 때에는 무효선언의 제권판결을 한다.

라는 재판을 구합니다.

신 청 원 인

신청인은 신청취지 기재의 자기앞수표의 최후소지인인 바, 20○○. ○.○. 08 : 30경 전남 ○○군 ○○면 ○○리, ○○리간 버스 내에서 신청인의 부주의로 분실하였는 바, 위 분실사실을 확인한 후, 곧바로 이를 찾기 위해 사방으로 탐색 및 신고하였으나 위 수표를 찾지 못하였으므로, 부득이 위 수표의 무효를 선고하는 공시최고 신청을 합니다.

첨 부 서 류

1. 주민등록등본 1통
1. 미지급확인서 1통
1. 분실신고접수증 1통

20○○. ○. ○.

위 신청인 ○ ○ ○ (인)

○○지방법원 ○○지원 귀중

목 록 (2-1)

1. 종 류 : 자기앞수표 2매
1. 수표번호 : 거바 ○○○○○○○ ~ 거바 ○○○○○○○

1. 액 면 금 : 각 일십만원권 (총 이십만원)
1. 발 행 일 : 20○○. ○.○.
1. 발 행 지 : 불명
1. 지 급 지 : 불명
1. 발행인 및 지급장소 : ○○농업협동조합
1. 최후소지인 : ○ ○ ○

– 이 상 –

목 록 (2–2)

1. 종 류 : 자기앞수표 7매
1. 수표번호 : 거바 0000000 ~ 거바 0000000
1. 액 면 금 : 각 일십만원권 (총 칠십만원)
1. 발 행 일 : 20○○. ○.○.
1. 발 행 지 : 불명
1. 지 급 지 : 불명
1. 발행인 및 지급장소 : ○○농업협동조합
1. 최후소지인 : ○ ○ ○

– 이 상 –

[주] 공시최고

1. 의의 및 종류

   법원이 당사자의 신청에 의하여 불특정 상대방에 대하여 청구, 또는 권리의 신고를 할 것을 최고하고 그 신고가 없으면 실권의 효력이 생길 수 있다는 취지의 경고를 붙여 공고하는 재판상의 최고를 말하며, 권리신고가 없으면 최고에 의하여 경고한 실권을 제권판결로서 선고하는 절차로써 여기서는 실무상 대부분을 차지하고 있는 증서의 무효선고를 위한 공시최고만을 살펴보기로 한다.

2. 증서의 무효선고를 위한 공시최고

   증권이나 증서를 도난, 분실, 멸실당한 때에는 최종소지인은 제권판결을 받은 후 판결문을 은행 등에 제시하여 그 지급을 구할 수 있다. 즉 유가증권(어음, 수표, 주권, 국채증권 및 그 이권, 화물상환증 사채권, 지하철도채권, 전신전화채권, 국민주택채권, 징발보상증권, 농어촌지역개발채권, 남북협력기금채권 등)의 제권판결문이 증서의 역할을 하게 된다.

3. 관할 법원
   - 실권될 권리자의 보통재판적이 있는 지방법원(민사소송법 제476조 제1항)
   - 이행지의 표시가 있는 경우 : 이행지 법원(어음, 수표의 지급지, 화물상환증의 도착지)
   - 이행지의 표시가 없는 경우 : 발행인의 주소지 지방법원(민사소송법 제476조 제1항, 제2항)
4. 필요한 서면 등
   - 신청서
   - 정부수입인지 : 1,500원(신청서용 1,000원, 접수증명서용 500원)
   - 송달료 : 14,400원(당사자수×3회×4,800원)
   - 신문공고료는 별도
   - 분실신고접수증, 미지급(미제시)증명서 : 약속어음, 당좌수표, 가계수표의 경우 신청인과 발행인이 다른 경우 증권발행증명서 및 인감증명서(법인의 경우 법인등기사항증명서)이 필요하며, 증권의 사본이 있는 경우 증권의 사본으로 가능하고. 주권인 경우 주권발행증명서 및 발행회사의 법인등기사항증명서가 필요하다.
   - 신청인의 신분증 및 도장
     (* 대리인이 제출하는 경우 인감도장이 찍힌 위임장과 인감증명서 각 1부 제출)
5. 공시최고신청 전에 해야 할 일
   가. 발행지, 지급지 은행에 사고신고를 접수한 다음 자기앞수표의 경우 미지급증명서(또는 미제시증명서)를 발급 받는다.
   나. 분실이나 도난의 경우 분실이나 도난이 발생한 장소의 관할 경찰관서에서 분실신고접수증을 발급 받음. 화재의 경우 화재장소를 관할하는 소방관서에서 화재증명서를 발급 받음(* 분실, 도난에 대한 신문공고문으로 대체할 수 있음).

[자료 2] 공시최고신청서 양식: 자기앞수표 분실

공 시 최 고 신 청

신 청 인 ○ ○ ○ (000000-0000000) (전화 :)
전남 ○○군 ○○면 ○○로 ○○ (우 :)

자기앞수표 공시최고 신청사건

증서의 중요한 취지

별지 목록 기재 같음

신 청 취 지

별지 목록 기재 증서에 대하여 민사소송법 제481조에 의한 공시최고기일 내에 권리의 신고가 없을 때에는 무효선언의 제권판결을 한다.

라는 재판을 구합니다.

신 청 원 인

신청인은 신청취지 기재의 자기앞수표의 최후소지인인 바, 20○○. ○.○. 14:00경 전남 ○○군 ○○면 ○○리 앞 노상(장터)에서 물품을 구입하던 중 100만원권 자기앞 수표 3매, 액면금 총액 3,000,000원 상당을 지갑과 함께 분실하였으므로, 부득이 위 수표의 무효를 선고하는 공시최고 신청을 합니다.

첨 부 서 류

1. 미지급증명서 1통
1. 분실신고접수증 1통
1. 송달료납부서 1통

20○○. ○. ○.

위 신청인 ○ ○ ○ (인)

○○지방법원 ○○지원 귀중

[자료 3] 공시최고신청서 양식: 가계수표 분실

공 시 최 고 신 청

신 청 인 ○ ○ ○ (000000-0000000) (전화 :)
○○시 ○○구 ○○로 ○○ (우 :)

가계수표 공시최고 신청사건

증서의 중요한 취지

별지 목록 기재 같음

신 청 취 지

별지 목록기재 증서에 대하여 민사소송법 제481조에 의한 공시최고기일 내에 권리의 신고가 없을 때에는 무효선언의 제권판결을 한다.
라는 재판을 구합니다.

신 청 원 인

신청인은 신청취지 기재의 가계수표의 최후소지인인 바, 같은 가계수표를 20○○○.○.○.경 ○○시 ○구 도매시장에서 물품을 구입하던 중 신청인의 부주으로 지갑과 함께 분실하였으므로, 부득이 위 수표의 무효를 선고하는 공시최고 신청을 합니다.

첨 부 서 류

1. 미지급증명서 1통
1. 발행증명원 1통
1. 분실신고접수증 1통
1. 송달료납부서 1통

20○○. ○. ○.

위 신청인 ○ ○ ○ (인)

○○지방법원 ○○지원 귀중

목 록

1. 종 류 : 자기앞수표 3매
1. 수표번호 : 가나 ○○○○○○○가나 ○○○○○○○
가나 ○○○○○○○
1. 액 면 금 : 각 일백만원권 (총 삼백만원)
1. 발 행 일 : 20○○. ○.○.
1. 발 행 지 : 백이지
1. 지 급 지 : 백이지
1. 발행인 및 지급장소 : ○○군수산업협동조합 ○○지점
1. 최후소지인 : ○ ○ ○

– 이 상 –

목 록

1. 종 류 : 가계수표
1. 수표번호 : 아바 ○○○○○○○○
1. 액 면 금 : 2,500,000원

1. 발 행 인 : ○ ○ ○
1. 발 행 일 : 20○○. ○.○.
1. 발 행 지 : 백이지
1. 지 급 지 : 백이지
1. 지급장소 : ○○농업협동조합
1. 최후소지인 : ○ ○ ○

– 이 상 –

발 행 증 명 원

1. 종 류 : 가계수표
1. 수표번호 : 아바 ○○○○○○○○
1. 액 면 금 : 2,500,000원
1. 발 행 인 : ○ ○ ○
1. 발 행 일 : 20○○. ○.○.
1. 발 행 지 : 백이지
1. 지 급 지 : 백이지
1. 지급장소 : ○○농업협동조합
1. 최후소지인 : ○ ○ ○

상기와 같이 발행하였음을 증명합니다.

20○○. ○. ○.

발행인 ○ ○ ○ (인)

[자료 4] 공시최고신청서 양식: 약속어음 분실

공 시 최 고 신 청

신 청 인 ○ ○ ○ (000000-0000000) (전화 :)
전남 ○○군 ○○읍 ○○로 ○○ (우 :)

약속어음 공시최고 신청사건

증서의 중요한 취지

별지 목록 기재 같음

신 청 취 지

별지 목록 기재 약속어음에 대하여 민사소송법 제481조에 의한 공시최고기일 내에 권리의 신고가 없을 때에는 무효선언의 제권판결을 한다.

신 청 원 인

신청인은 신청취지 기재의 약속어음의 최종 소지인인 바, 위 약속어음중 별지 목록 (3) 기재 약속어음 2매는 20○○. ○.○. 장소 불상의 길에서 지갑과 함께 분실하였고, 별지 목록 (1), (2) 기재 약속어음 2매는 20○○. ○.○. 전남 ○○군 ○○읍 ○○로 ○○ 소재, ○○산업주식회사 공장의 화재발생 당시 사무실비품을 옮기면서 분실하였으므로, 부득이 위 약속어음의 무효를 선고하는 공시최고 신청을 합니다.

첨 부 서 류

1. 미지급증명원 3통
1. 약속어음발행사실증명원 1통
1. 분실신고접수증 1통
1. 공고료납부서 1통
1. 송달료납부서 1통

20○○. ○. ○.

위 신청인 ○ ○ ○ (인)

○○지방법원 ○○지원 귀중

목 록(1)

1. 종 류 : 약속어음
1. 번 호 : 자가 ○○○○○○○
1. 액 면 금 : 50,000,000원
1. 발 행 인 : ○○유한회사, ○○○
1. 발 행 일 : 20○○. ○.○.
1. 발 행 지 : 백 지
1. 지급기일 : 20○○. ○.○.
1. 지 급 지 : 백 지
1. 지급장소 : ○○군수산업협동조합
1. 최후소지인 : ○○○

목 록(2)

1. 종 류 : 약속어음
1. 번 호 : 자가 ○○○○○○○
1. 액 면 금 : 60,000,000원

1. 발 행 인 : ○○유한회사, ○○○
1. 발 행 일 : 20○○. ○.○.
1. 발 행 지 : 백 지
1. 지급기일 : 20○○. ○.○.
1. 지 급 지 : 백 지
1. 지급장소 : ○○군수산업협동조합
1. 최후소지인 : ○○○

목 록(3)

1. 종 류 : 약속어음
1. 번 호 : 자가 ○○○○○○○○, 자가 ○○○○○○○○○
1. 액 면 금 : 각 일천만원권 (총 이천만원)
1. 발 행 인 : ○○유한회사, ○○○
1. 발 행 일 : 백 지
1. 발 행 지 : 백 지
1. 지급기일 : 20○○. ○.○.(어음책을 교부받은 날임)
1. 지 급 지 : 백 지
1. 지급장소 : ○○군수산업협동조합
1. 최후소지인 : ○○○

접 수 증 명 원

신 청 인 ○ ○ ○

위 신청인의 별지 목록 기재증서에 관한 공시최고신청서가 20○○. . . 귀원 20○○카공 호로 접수되었음을 증명하여 주시기 바랍니다.

20○○. ○. ○.

위 신청인 ○ ○ ○ (인)

○○지방법원 ○○지원 귀중

공시최고제출증명원

신 청 인 ○ ○ ○
○○광역시 ○○구 ○○로 ○○

별지 목록 기재 수표에 관하여 공시최고 신청이 귀원 20○○카공 호로 이미 제출된 사실을 증명하여 주시기 바랍니다.

20○○. ○. ○.

위 신청인 ○ ○ ○ (인)

○○지방법원 ○○지원 귀중

[자료 5] 이의신청포기서 양식

이 의 신 청 포 기 서

사　　건　　20○○차 ○○○　대여금

채 권 자　　○○신용협동조합

채 무 자　　○　○　○

위 사건에 관하여 귀원으로부터 채무자는 20○○. ○.○. 지급명령정본을 송달받았으나, 동 채무에 대하여 이의를 제기할 아무런 이유가 없으므로 본 신청서를 제출합니다.

첨　부　서　류

1. 위임장　　1통

20○○. ○. ○.

위 채무자　○ ○ ○　(인)

○○지방법원 ○○지원 ○○군법원　귀중

[주] 포기서 제출 즉시 확정됨

[자료 6] 승계집행문부여신청서 양식: 상속인

승 계 집 행 문 부 여 신 청

사 건 20○○가소 ○○○○ 대여금

원 고 ○ ○ ○ (000000-0000000)
전남 ○○군 ○○읍 ○○로 ○○

피 고 (망)○ ○ ○ (000000-0000000)
최후주소 : 전남 ○○군 ○○읍 ○○로 ○○
집행권원상주소 : 전남 ○○군 ○○읍 ○○로 ○○

피고승계인(상속인) (1) ○ ○ ○ (000000-0000000)
전남 ○○군 ○○읍 ○○로 ○○

(2) ○ ○ ○ (000000-0000000)
전남 ○○군 ○○읍 ○○로 ○○

위 사건에 관하여 귀원에서 20○○. ○.○. 선고한 원고승소판결이 이미 확정되고, 피고 ○○○은 20○○. ○.○. 사망하여, 위 상속인들은 그 지위를 승계하였으므로, 위 승계인에 대하여 강제집행을 위하여 집행력있는 승계집행문을 1통을 부여하여 주시기 바랍니다.

첨 부 서 류

1. 제적등본 ○통(각 상속인용 포함)
1. 가족관계증명서 ○통(각 상속인용 포함)
1. 위임장 1통

20○○. ○. ○.

위 원고 ○ ○ ○ (인)

○○지방법원 ○○지원 ○○시법원 귀중

[주] 승계집행문 부여신청

1. 의 의

   판결, 지급명령, 이행권고결정 등에 표시된 원고(채권자)의 승계인이 집행하거나, 판결 등에 표시된 피고(채무자)의 승계인에 대한 집행을 하고자 하는 때에 재판상의 명령(허가)을 받아, 피고(채무자) 또는 승계인의 재산에 대하여 집행하기 위한 경우이다(민사집행법 제21조). 승계는 포괄승계이든 특정승계이든 불문한다.

2. 관할 법원

   소송기록을 보관하는 법원

3. 승계의 시점 기준

   사실심 변론종결 후 임을 요한다(변론없이 종결된 판결의 경우에는 판결선고 후)

4. 첨부할 서면 등

   - 승계집행문부여신청서(인지 500원 첨부)
   - 송달료(우표) : 피고 또는 피고의 승계인수×2×4,800원
   - 당사자인 법인이 합병되어 법인번호가 변경되거나 새로운 법인이 신설된 경우에는 법인번호 변경 또는 합병사실이 나타나는 법인등기사항증명서
   - 당사자가 사망한 경우에는 상속인의 제적등본 및 폐쇄등록부에 대한 등록사항별 증명서, 가족관계증명서
   - 채권양도인 경우에는 채권양도증서, 채무자의 승낙서 또는 양도인이 채무자에게 통지한 내용증명
   - 면책적 채무인수인 경우에는 원고(채권자), 피고(채무자) 및 인수인 등에 의하여 성립된 계약서
   - 판결에 의하여 전부명령을 받은 경우에는 전부명령의 정본 또는 등본, 확정증명
   - 대위변제한 경우에는 변제영수증 또는 임의대위인 경우에는 원고(채권자)의 승낙서, 대위변제를 함에 있어서 원고(채권자)가 피고(채무자)에게 통지한 사실을 증명하는 서면 또는 피고(채무자)의 대위승낙서
   - 당사자 또는 승계인을 위하여 청구한 목적물을 소지하는 자에 대하여 강제집행을 하고자 할 때에는 본인을 위하여 목적물을 보관하고 있는 수취인, 창고업자 또는 운송인이라는 사실을 증명하는 서면

[자료 7] 승계집행문부여신청서 양식: 상속인

승계집행문부여신청

사 건 20○○가소 ○○○ 대여금

원 고 ○ ○ ○ (000000-0000000)
전남 ○○군 ○○읍 ○○로 ○○

피 고 (망)○ ○ ○ (000000-0000000)
최후주소 : 전남 ○○군 ○○읍 ○○로 ○○
집행권원상주소 : 전남 ○○군 ○○읍 ○○로 ○○

피고승계인(상속인) (1) ○ ○ ○ (000000-0000000)
전남 ○○군 ○○읍 ○○로 ○○

(2) ○ ○ ○ (000000-0000000)
전남 ○○군 ○○읍 ○○로 ○○

위 사건에 관하여 귀원에서 20○○. ○. ○. 결정한 이행권고결정이 확정되고, 피고 ○○○은 20○○. ○. ○. 사망함으로써, 위 승계인들이 상속인들로서 그 지위를 전부 승계하였으므로, 승계인들에 대하여 집행할 수 있도록 각 상속지분 비율에 따라 승계집행문을 1통을 부여하여 주시기 바랍니다.

첨 부 서 류

1. 제적등본 ○통(각 상속인용 포함)
1. 가족관계증명서 ○통(각 상속인용 포함)
1. 위임장 1통

20○○. ○. ○.

위 원고 ○ ○ ○ (인)

○○지방법원 ○○지원 ○○시법원 귀중

[주] 인지 500원을 붙이며(신청통수에 따라 인지 500원씩 추가), 소정의 송달료와 함께 제출한다.

[자료 8] 승계집행문부여신청서 양식: 대환

승계집행문부여신청

채 권 자 ○○농업협동조합 (000000-0000000)
전남 ○○군 ○○면 ○○로 ○○
조합장 ○ ○ ○

위 승계인 농업협동조합중앙회 (000000-0000000)
○○시 ○○구 ○○로 ○○(○○동) (신용보증기금)
대표자 전무이사 ○ ○ ○
위 업무수탁기관 : ○○농업협동조합 (000000-0000000)
대표자 조합장 ○ ○ ○
송달장소 : 전남 ○○군 ○○면 ○○로 ○○ (○○농협)

채 무 자 ○ ○ ○ (000000-0000000)
전남 ○○군 ○○면 ○○로 ○○

1. 채권자가 채무자를 상대로 귀원 20○○카단 ○○○호 부동산가압류신청사건에 관하여 20○○. ○.○. 귀원에서 가압류결정을 하고 20○○. ○.○. 가압류집행이 경료되었으나, 그 후인 20○○. ○.○. 채무자가 채권자에게 위 가압류결정에 관한 대출금을 서환하면서, 위 채무는 동 일자로 소멸되었고, 위 승계인이 동 대출금을 가지고 20○○. ○.○. 농림수산업자 신용보증서 담보대출에 의한 새로운 대출(저리대체자금대출)방식으로 대환처리하였습니다.

2. 따라서 승계인은 채권자의 승계인으로서 보전의 효력을 승계하기 위하여 이 승계집행문을 부여하여 주시기 바랍니다.

첨 부 서 류

1. 대출거래약정서 1통
1. 대출금원장 1통
1. 회수조회표 1통
1. 신용보증신청서 1통

1. 신용보증서 1통
1. 신용보증약정서 사본 1통
1. 법인등기사항증명서 2통
1. 부동산등기사항증명서 2통
1. 위임장 1통

20○○. ○. ○.

위 원고(승계인) ○○농업협동조합
조합장 ○ ○ ○ (인)

○○지방법원 ○○지원 ○○시법원 귀중

[주] 인지 500원을 붙이며(신청통수에 따라 인지 500원씩 추가), 소정의 송달료와 함께 제출한다.

[자료 9] 승계집행문부여신청서 양식: 서환

승계집행문부여신청

채 권 자 ○○농업협동조합 (000000-0000000)
전남 ○○군 ○○면 ○○로 ○○
조합장 ○ ○ ○

위 승계인 농업협동조합중앙회 (000000-0000000)
○○시 ○○구 ○○로 ○○ (신용보증기금)
대표자 전무이사 ○ ○ ○
위 업무수탁기관 : ○○농업협동조합 (000000-0000000)
대표자 조합장 ○ ○ ○
송달장소 : 전남 ○○군 ○○면 ○○로 ○○ (○○농협)

채 무 자　　　○ ○ ○ (000000-0000000)
전남 ○○군 ○○면 ○○로 ○○

위 당사자간 귀원 20○○차 ○○○호 구상금 청구의 독촉사건에 관하여 20○○. ○.○. 확정된 집행력 있는 지급명령정본을 가지고 있으나, 위 채권은 별지 부동산 목록 기재 부동산에 대하여 가압류 피고가 20○○. ○.○. 서환하면서 대출금 ○○○○원(미상환 원,리금합계액)으로 하여 위 원고 승계인이 그 지위를 승계하였으므로 위 승계인에게 집행력있는 정본을 부여하여 줄 것을 이에 신청합니다.

첨 부 서 류

1. 대출거래약정서	1통
1. 대출금원장	1통
1. 회수조회표	1통
1. 신용보증신청서	1통
1. 신용보증서	1통
1. 신용보증약정서 사본	1통
1. 법인등기사항증명서	2통
1. 위임장	1통

20○○. ○. ○.

위 원고(승계인)　○○농업협동조합
조합장 ○ ○ ○ (인)

○○지방법원 ○○지원 ○○시법원　귀중

[주] 인지 500원을 붙이며(신청통수에 따라 인지 500원씩 추가), 소정의 송달료와 함께 제출한다.

[자료 10] 승계집행문부여신청서 양식: 신설합병

승계집행문부여신청

사 건	20○○카단 ○○○ 채권가압류
채 권 자	동부농업협동조합 (000000-0000000) 전남 ○○군 ○○읍 ○○로 ○○ 조합장 ○ ○ ○
위 승계인	서부농업협동조합 (000000-0000000) 전남 ○○군 ○○읍 ○○로 ○○ 조합장 ○ ○ ○
채 무 자	○ ○ ○ (000000-0000000) 전남 ○○군 ○○면 ○○로 ○○
제3채무자	전 라 남 도 송달장소 : 광주 ○구 ○○로 ○○, 전라남도 교육청 위 교육·학예에 관한 법률상 대표자 교육감 ○ ○ ○ 소관 : ○○초등학교

1. 위 사건에 관하여 20○○. ○. ○. 귀원에서 가압류결정을 하고 채권자는 20○○. ○. ○. 동 결정문을 송달받았으나 위 채권자 조합은 20○○. ○. ○. 위 승계인에게 합병되어, 같은 날 신설합병등기를 마치고, 같은 날 채권자 조합은 해산등기되어 소멸함으로써, 서부농업협동조합이 그 지위를 승계하였습니다.
2. 따라서 승계인은 채권자의 승계인으로서 승계집행문을 1통을 부여하여 주시기 바랍니다.

첨 부 서 류

1. 법인등기사항증명서	2통
1. 채권가압류결정정본	1통
1. 위임장	1통

20○○. ○. ○.

위 승계인 서부농업협동조합
조합장 ○ ○ ○ (인)

○○지방법원 ○○지원 귀중

[주] 인지 500원을 붙이며(신청통수에 따라 인지 500원씩 추가), 소정의 송달료와 함께 제출한다.

[자료 11] 승계집행문부여신청서 양식: 신설합병

승계집행문부여신청

사 건 20○○차 ○○○ 대여금

채 권 자 동부농업협동조합 (000000-0000000)
전남 ○○군 ○○읍 ○○로 ○○
조합장 ○ ○ ○

위 승계인 서부농업협동조합 (000000-0000000)
전남 ○○군 ○○읍 ○○로 ○○
조합장 ○ ○ ○

채 무 자 ○ ○ ○ (000000-0000000)
전남 ○○군 ○○면 ○○로 ○○

1. 위 사건에 관하여 채무자는 이미 지급명령이 확정되어서 채권자 조합은 귀원으로부터 집행력 있는 지급명령정본을 교부받았으나, 채권자 조합은 20○○. ○. ○. 위 승계인에게 신설합병되어, 같은 날 신설합병등기를 마치고, 같은 날 채권자 조합은 해산등기되어 소멸함으로써, 서부농업협동조합이 그 지위를

승계하였습니다.

2. 따라서 승계인은 채권자의 승계인으로서 보전의 효력을 승계하기 위하여 이 승계집행문을 1통을 부여하여 주시기 바랍니다.

첨 부 서 류

1. 법인등기사항증명서 2통
1. 지급명령정본 1통
1. 위임장 1통

20○○. ○. ○.

위 승계인 서부농업협동조합
조합장 ○ ○ ○ (인)

○○지방법원 ○○지원 ○○시법원 귀중

[주] 인지 500원을 붙이며(신청통수에 따라 인지 500원씩 추가), 소정의 송달료와 함께 제출한다.

[자료 12] 승계집행문부여신청서 양식: 흡수합병

승계집행문부여신청

사 건 20○○가단 ○○○ 대여금

채 권 자 동부수산업협동조합 (000000-0000000)
전남 ○○군 ○○읍 ○○로 ○○
조합장 ○ ○ ○

위 승계인 서부수산업협동조합 (000000-0000000)

전남 ○○군 ○○읍 ○○로 ○○
조합장 ○ ○ ○

채 무 자 ○ ○ ○ (000000-0000000)
전남 ○○군 ○○면 ○○로 ○○

1. 위 사건에 관하여 귀원에서 20○○. ○.○. 선고한 판결이 확정되어서 채권자 조합은 이미 집행문을 부여받았으나, 채권자 조합은 20○○. ○.○. 위 승계인에게 흡수합병되어 소멸하였으므로, 합병후 존속하는 서부수산업협동조합이 그 지위를 승계하였습니다.

2. 따라서 승계인은 채권자의 승계인으로서 보전의 효력을 승계하기 위하여 이 승계집행문을 1통을 부여하여 주시기 바랍니다.

첨 부 서 류

1. 법인등기사항증명서 2통
1. 집행력있는 판결정본 1통
1. 확정증명원 1통
1. 위임장 1통

20○○. ○. ○.

위 승계인 서부수산협동조합
조합장 ○ ○ ○ (인)

○○지방법원 ○○지원 귀중

[주] 인지 500원을 붙이며(신청통수에 따라 인지 500원씩 추가), 소정의 송달료와 함께 제출한다.

[자료 13] 승계집행문부여신청서 양식: 공정증서

승계집행문부여신청

채 권 자　　○ ○ ○

위 승계인　　○ ○ ○

채 무 자　　○ ○ ○

위 당사자간 공증인가 ○○법률사무소 작성의 20○○년 등부 ○○○호 공정증서에 기한 채권을 위 승계인이 양수하였으므로, 위 채무자에 대한 강제집행을 위하여 집행력있는 승계집행문을 1통을 부여하여 주시기 바랍니다.

첨 부 서 류

1. 채권양도예약서　　○통
1. 채권양도통지서　　○통
1. 위 내용증명서　　1통
1. 위임장　　1통

20○○. ○. ○.

위 승계인　○ ○ ○　(인)

공증인가 ○○합동법률사무소　귀중

[자료 14] 승계집행문부여신청서 양식: 제소전화해조서

승계집행문부여신청

채 권 자 ○ ○ ○

위 승계인 ○ ○ ○

채 무 자 ○ ○ ○

위 당사자간 귀원 20○○자 ○○ 건물철거 등 제소전화해조서에 기한 20○○ 타기 1222 대체집행 결정문에 의하여 채권자는 20○○. ○.○. 건물철거를 집행하려 하였으나 채무자는 점유이전가처분집행실시(20○○. ○.○.)이후 제3자인 김○○. 이○○에게 별지 도면과 같이 전대하여 강제집행할 수 있는 집행력 있는 승계집행문을 1통을 부여하여 주시기 바랍니다.

첨 부 서 류

1. 회해조서 1통
1. 집행불능조서 등본 1통
1. 부동산점유이전금지가처분 집행조서등본 1통
1. 위임장 1통

20○○. ○. ○.

위 채권자 ○ ○ ○ (인)

○○지방법원 ○○지원 귀중

[주] 인지 500원을 붙이며(신청통수에 따라 인지 500원씩 추가), 소정의 송달료와 함께 제출한다.

[자료 15] 소송절차수계신청서 양식: 상속인

소 송 절 차 수 계 신 청

사　　건　　20○○가소 ○○○ 대여금

원　　고　　○ ○ ○ (000000-0000000)
최후주소 : 전남 ○○군 ○○읍 ○○로 ○○

신청인(상속인) (1) ○ ○ ○ (000000-0000000)
전남 ○○군 ○○읍 ○○로 ○○

(2) ○ ○ ○ (000000-0000000)
전남 ○○군 ○○읍 ○○로 ○○

피　　고　　○ ○ ○ (000000-0000000)
전남 ○○군 ○○읍 ○○로 ○○

위 사건에 관하여 귀원에서 원고 ○○○는 20○○. ○.○. 사망하여 소송절차가 중단되었는 바, 신청인들은 원고의 유산을 상속받았으므로, 본 소송절차를 수계하고자 하오니 중단된 소송절차를 속행하여 주시기 바랍니다.

첨 부 서 류

1. 제적등본　　○통(각 상속인용포함)
1. 가족관계증명서　　○통(각 상속인용포함)
1. 위임장　　1통

20○○. ○. ○.

위 신청인 ○ ○ ○ (인)
○ ○ ○ (인)

○○지방법원 ○○지원 ○○시법원　귀중

[주] 1. 인지를 붙이지 아니하며, 상대방 수만큼의 부본을 첨부하여 소정의 송달료와 함께 소송계속법원에 제출한다.
2. 이미 사망한 사람을 생존하는 사람으로 잘못 알고 소송을 제기한 후 사망사실이 발견되면 사망자의 재산상속인으로 당사자표시정정신청을 하고, 제소 당시에는 생존하였으나 제소 후 사망한 경우에는 사망자의 재산상속인을 상대로 소송을 계속하고자 할 때에는 소송수계신청을 한다.

[자료 16] 소송절차수계신청서 양식: 상속인

소 송 절 차 수 계 신 청

사　　건　　20○○가단 ○○○ 대여금

신청인(원고)　○ ○ ○ (000000-0000000)
전남 ○○군 ○○읍 ○○로 ○○

피　　고　　○ ○ ○ (000000-0000000)
최후주소 : 전남 ○○군 ○○읍 ○○로 ○○

피신청인(상속인)　(1) ○ ○ ○ (000000-0000000)
전남 ○○군 ○○읍 ○○로 ○○

(2) ○ ○ ○ (000000-0000000)
전남 ○○군 ○○읍 ○○로 ○○

(3) ○ ○ ○ (000000-0000000)
전남 ○○군 ○○읍 ○○로 ○○

위 사건에 관하여 피고가 20○○. ○.○. 사망하여 소송절차가 중단되었는 바, 피고가 20○○. ○.○. 사망하여 소송절차가 중단되었는 바, 피신청인들이 피고의 유산을 공동상속하였으므로 동인들에게 본 소송절차를 수계하도록 하여 주시기 바랍니다.

첨 부 서 류

1. 제적등본 ○통(각 상속인용 포함)
1. 가족관계증명서 ○통(각 상속인용 포함)
1. 위임장 1통

20○○. ○. ○.

위 원고 ○ ○ ○ (인)

○○지방법원 ○○지원 귀중

[주] 1. 인지를 붙이지 아니하며, 상대방 수만큼의 부본을 첨부하여 소정의 송달료와 함께 소송계속법원에 제출한다.
2. 이미 사망한 사람을 생존하는 사람으로 잘못 알고 소송을 제기한 후 사망사실이 발견되면 사망자의 재산상속인으로 당사자표시정정신청을 하고, 제소 당시에는 생존하였으나 제소 후 사망한 경우에는 사망자의 재산상속인을 상대로 소송을 계속하고자 할 때에는 소송수계신청을 한다.

[자료 17] 소송절차중지신청서 양식: 피고의 천재지변 사유

소 송 절 차 중 지 신 청

사 건 20○○가단 ○○○ 대여금

원 고 ○ ○ ○

피 고 ○ ○ ○

위 사건에 관하여 귀원에서 피고는 금번 ○○지방에 폭설로 인하여 교통이 두절되어 귀원에 출석할 수가 없으며 또한 소송절차를 속행할 수 없으므로 소송절차중지를 결정하여 주시기를 신청합니다.

20○○. ○. ○.

위 피고 ○ ○ ○ (인)

○○지방법원 ○○지원 귀중

[주] 인지를 붙이지 아니하며, 송달료 납부없이 신청서 1통을 사건계속법원에 제출한다.

[자료 18] 소송절차중지신청서 양식: 피고의 중병 사유

소 송 절 차 중 지 신 청

사 건 20○○가단 ○○○ 대여금

원 고 ○ ○ ○

피 고 ○ ○ ○

위 사건에 관하여 귀원에서 피고는 금번 중병인 당뇨병으로 인하여 병원에 입원 중에 있어 귀원에 출석할 수가 없으며 또한 소송절차를 속행할 수 없으므로 소송절차중지를 결정하여 주시기를 신청합니다.

첨 부 서 류

1. 입원증명서 1통

20○○. ○. ○.

위 피고 ○ ○ ○ (인)

○○지방법원 ○○지원 귀중

[주] 인지를 붙이지 아니하며, 송달료 납부없이 신청서 1통을 사건계속법원에 제출한다.

[자료 19] 집행문수통부여신청서 양식: 재산이 산재

집 행 문 수 통 부 여 신 청

사　　건　　　20○○가단 ○○○　대여금
원　　고　　　○○○
피　　고　　　○○○

위 사건에 관하여 20○○. ○.○. 선고한 판결에 대한 피고는 전남 ○○군 ○○읍 ○○로 ○○에 거주하고, ○○시 ○○구 ○○로 ○○ 소재의 부동산을 소유하고 있는 바, 거주지의 유체동산과 부동산을 동시에 집행하지 않으면 재산의 처분 또는 은닉할 우려가 있어서 동시에 집행하고자 하오니 집행문 2통을 부여하여 주시기 바랍니다.

20○○. ○. ○.

위 원고　○ ○ ○　(인)

○○지방법원 ○○지원　귀중

[주] 집행문 수통(재도)부여 수수료(법원마다 견해가 대립)

1. 판결정본을 첨부하지 않고 집행문 2통 부여를 신청하는 경우
   - 3,000천원의 인지를 첨부하여야 한다.
     (2,500원 또는 3,500원의 인지를 첨부하도록 하는 법원도 있음)
   - 송달료 : 9,600원
   - 내역 : 판결정본(2통) 작성인지대(2,000원), 집행문부여(2통)에 대한 인지대(1,000원)
   - 참고 : 재판예규 제913호
2. 판결정본을 첨부하지 않고 집행문 재도부여신청을 하는 경우
   (2,000원의 인지를 첨부하도록 하는 법원도 있음)
   - 1,500천원의 인지를 첨부하여야 한다.
   - 송달료 : 9,000원
   - 내역 : 판결정본(1통) 작성인지대(1,000원), 집행문부여(1통)에 대한 인지대(500원)

[자료 20] 집행문수통부여신청서 양식: 재산이 산재

집 행 문 수 통 부 여 신 청

사　　건　　20○○가단 ○○○　대여금

원　　고　　○　○　○

피　　고　　○　○　○

위 사건에 관하여 20○○. ○.○. 선고한 판결에 대한 피고에 대하여 원고는 그 집행을 보전하기 위하여 피고 소유의 유체동산에 유체동산가압류, 피고의 제3채무자인 ○○○에 채권가압류를 하였던 바, 판결금의 수령을 위하여 동시에 집행하고자 하오니 집행문 2통을 부여하여 주시기 바랍니다.

첨　부　서　류

1. 유체동산가압류결정 사본　　1통
1. 채권가압류결정 사본　　1통

20○○. ○. ○.

위 원고　○　○　○　(인)

○○지방법원 ○○지원　귀중

[주] 집행문 재도·수통 부여신청

1. 의　의

원고(채권자)가 여러통의 집행문을 신청하거나, 전에 부여한 집행문을 반환하지 아니하고 다시 집행문(재도부여)을 신청하고자 하는 때에 재판장의 명령(허가)을 받아, 피고(채무자)의 재산에 대하여 집행하기 위한 경우이다(민사집행법 제35조). 다만, 확정된 지급명령, 이행권고결정은 재판장의 허가를 받지 아니한다.

2. 관할 법원

소송기록을 보관하는 법원

3. 첨부할 서면 등
   - 집행문재도(수통)부여신청서(인지 500원 첨부)
   - 송달료(우표) : 4,800원(실무상 받지 않고 있음)
   - 분실 또는 화재신고접수증
   - 수통부여의 신청의 경우에는 여러 가지 방법으로 집행하지 아니하면 채권의 완전한 변제를 받을 수 없다는 사실

[자료 21] 집행문재도부여신청서 양식: 분실을 이유로

집행력있는 판결정본 재도부여신청

사　　건　　20○○가단 ○○○　대여금

원　　고　　○ ○ ○

피　　고　　○ ○ ○

위 사건에 관하여 원고는 20○○. ○.○. 귀원에서 선고한 판결의 집행력 있는 판결정본 1통을 기히 부여받았으나 동 집행력 있는 정본을 별첨 분실신고접수증과 같이 본인 부주의로 분실하였으므로(또는 집행의 목적물이 산재하여 그 관할이 다르므로), 집행력 있는 판결정본 1통을 재도부여 하여 주시기를 신청합니다.

첨　부　서　류

1. 분실신고접수증　　　　1통

20○○. ○. ○.

위 원고　○ ○ ○　(인)

○○지방법원　귀중

[주] 집행문 500원, 판결정본 1,000원의 인지를 붙이며 소정의 송달료와 함께 제출한다.

[자료 22] 집행문재도부여신청서 양식(동산, 부동산집행)

집행력있는 판결정본 재도부여신청

사 건 20○○가단 ○○○ 대여금

원 고 ○ ○ ○

피 고 ○ ○ ○

위 사건에 관하여 원고는 20○○. ○.○. 귀원에서 선고한 판결의 집행력 있는 판결정본 1통을 기히 부여받아 피고의 동산에 대한 강제집행을 위하여 사용하였으나, 위 집행동산은 채권액의 5분의 1정도 밖에 안되므로 피고 소유의 부동산에 대한 강제집행을 위하여 집행력 있는 판결정본(또는 화해조서정본)의 1통을 재도 부여 하여 주시기를 신청합니다.

20○○. ○. ○.

위 원고 ○ ○ ○ (인)

○○지방법원 귀중

[주] 집행문 500원, 판결정본 1,000원의 인지를 붙이며 소정의 송달료와 함께 제출한다.

[자료 23] 주소보정기간연장신청서 양식

보 정 기 간 연 장 신 청

사　　건　　20○○가소 ○○○　대여금

원　　고　　○　○　○

피　　고　　○　○　○

위 사건에 관하여 원고는 귀원의 주소보정명령을 20○○. ○.○. 받았으나 다음과 같은 사유로 보정기간을 연장하여 주시기를 신청합니다.

다　　음

□ 피고가 주소지에 거주하고 있지 않아서 관할 읍사무소에 주민등록말소신청을 하였으며, 피고에 대한 공시송달신청을 하기 위하여 준비중입니다.

□ 피고가 주거를 옮기고 행방을 감추어 현재 피고의 소재를 찾고 있습니다.

□ 기타사유 :

20○○. ○. ○.

위 원고　○　○　○　(인)

○○지방법원 ○○지원 ○○시법원　귀중

[주] 해당란에 ✓하여 제출한다.

[자료 24] 변론기일연기신청서 양식 (출타중)

변 론 기 일 연 기 신 청

사　　건　　20○○가단 ○○○○ 어음금

원　　고　　○　○　○

피　　고　　○　○　○

위 사건에 관하여 귀원에서 20○○. ○.○. ○○ : ○○로 변론기일을 지정하였으나 피고는 타지역으로 출타중이어서 위 변론기일의 참석이 불가능하므로, 금번에 한하여 위 기일을 변경하여 주시기 바랍니다.

20○○. ○. ○.

위 피고　○ ○ ○ (인)

○○지방법원 ○○지원　귀중

[접수방법]

제출법원	소송계속법원
제출부수	신청서 1부
관련법규	민사소송법 제165조

[자료 25] 변론기일연기신청서 양식: 예비군훈련

변 론 기 일 연 기 신 청

사　　건　　20○○가단 ○○○○ 어음금

원　　고　　○ ○ ○

피　　고　　○ ○ ○

위 사건에 관하여 20○○. ○.○. ○○:○○시로 제2회 변론기일이 지정되었으나, 원고는 동원예비군 소집훈련에 참석해야 하므로 변론기일을 변경하여 주시기 바랍니다.

첨 부 서 류

1. 예비군훈련통지서　　1부

20○○. ○. ○.

위 피고 ○ ○ ○ (인)

○○지방법원 ○○지원 귀중

[접수방법]

제출법원	소송계속법원
제출부수	신청서 1부
관련법규	민사소송법 제165조

[자료 26] 변론기일지정신청서 양식: 쌍방불출석

변 론 기 일 지 정 신 청

사 건 20○○가단 ○○○○ 대여금

원 고 ○ ○ ○

피 고 ○ ○ ○

위 사건에 관한 20○○. ○.○. ○○:○○시 변론기일에 당사자 쌍방의 불출석으로 인하여 귀원은 기일을 추후 지정한다고 하였는 바, 원고는 기일을 다시 지정하여 줄 것을 신청합니다.

20○○. ○. ○.

위 원고 ○ ○ ○ (인)

○○지방법원 ○○지원 귀중

[주] 변론기일소환장을 받고도 원고가 2회 출석하지 아니하면 소를 취하한 것으로 간주된다(이때 원고는 1개월 이내에 변론기일지정신청을 하면 된다).

[자료 27] 변론기일지정신청서 양식: 취하간주

변 론 기 일 지 정 신 청

사 건 20○○가소 ○○○ 대여금

원 고 ○ ○ ○

피 고 ○ ○ ○

위 사건에 관하여 쌍방의 불출석으로 인하여 귀원은 취하간주로 처리하였던 바, 원고는 변론기일을 다시 지정하여 속행하여 줄 것을 민사소송법 제268조 제2항에 의하여 신청합니다.

20○○. ○. ○.

위 원고 ○ ○ ○ (인)

○○지방법원 ○○지원 ○○군법원 귀중

[접수방법]

제출법원	소송계속법원
제출부수	신청서 1부
관련법규	민사소송법 제268조 제2항

[자료 28] 변론기일지정신청서 양식: 변론불출석

변 론 기 일 지 정 신 청

사　　건　　20○○가소 ○○○○ 대여금

원　　고　　○ ○ ○

피　　고　　○ ○ ○

위 사건에 관하여 원고는 20○○. ○.○. ○○ : ○○시에 변론에 출석하지 아니하여 2회째 양쪽 당사자가 출석하지 아니한 경우가 되었는 바, 새로이 변론기일을 지정하여 줄 것을 신청합니다.

20○○. ○. ○.

위 원고 ○ ○ ○ (인)

○○지방법원 ○○지원 완도군법원 귀중

[접수방법]

제출법원	소송계속법원
제출부수	신청서 1부
관련법규	민사소송법 제268조 제2항

[자료 29] 변론기일지정신청서 양식: 공시송달

변 론 기 일 지 정 신 청

사 건 20○○가소 ○○○ 신용카드이용대금

원 고 ○○군수산업협동조합

피 고 ○ ○ ○

피고의 주소를 알 수 없으므로, 공시송달에 의하여 진행될 수 있도록 변론기일을 지정하여 주시기 바랍니다.

20○○. ○. ○.

위 원고 ○○군수산업협동조합

조합장 ○ ○ ○ (인)

○○지방법원 ○○지원 ○○군법원 귀중

[접수방법]

제출법원	소송계속법원
제출부수	신청서 1부
관련법규	민사소송법 제268조 제2항

[자료 30] 문서제출명령신청서 양식

문 서 제 출 명 령 신 청 서

사건번호 20○○○○가단 ○○○ 대여금 [담당재판부 : 제 단독(부)]
원 고 ○ ○ ○
피 고 ○ ○ ○

위 사건에 관하여 원(피)고는 주장사실을 입증하기 위하여 다음과 같이 문서제출명령을 신청합니다.

1. 문서의 표시 :
2. 문서의 취지(내용) :
3. 문서를 가진 사람 :
4. 증명할 사항 :
5. 문서제출의무의 원인(해당란에 ✓표시)
   - □ 상대방이 소송에서 인용한 문서를 가지고 있음(인용문서)
   - □ 신청자가 문서를 가지고 있는 사람에게 그것을 넘겨달라고 하거나 보겠다고 요구할 수 있는 사법상의 권리를 가지고 있음(인도·열람문서)
   - □ 문서가 신청자의 이익을 위하여 작성되었음(이익문서)
   - □ 문서가 신청자와 문서를 가지고 있는 사람사이의 법률관계에 관하여 작성된 것임(법률관계문서)
   - □ 그 밖에 제출이 필요한 문서 :

     사유 :

20○○. ○. ○.

신청인 원(피)고 ○ ○ ○ (날인)
(연락처 :)

○○지방법원 ○○지원 귀중

[주] 1. 양식중 원·피고 해당란에 원고의 경우에는 '원'에, 피고의 경우에는 '(피)'에 ○표를 한다.
2. 연락처에는 언제든지 연락 가능한 전화번호나 휴대전화번호를 기재하고, 그 밖에 팩스번호, 이메일 주소 등이 있으면 함께 기재한다.

[자료 31] 사실조회신청서 양식

사 실 조 회 신 청 서

사건번호 20○○가단 ○○○○ 대여금 [담당재판부 : 제 단독(부)]

원 고 ○ ○ ○

피 고 ○ ○ ○

위 사건에 관하여 주장사실을 입증하기 위하여 다음과 같이 사실조회를 신청합니다.

1. 사실조회의 목적 :
1. 사실조회 기관 :
1. 사실조회 사항
   가.
   나.

20○○. ○. ○.

신청인 원(피)고 ○ ○ ○ (날인)

(연락처 :)

○○지방법원 ○○지원 귀중

[자료 32] 변론재개신청서 양식: 새로운 증거

변 론 재 개 신 청 서

사건번호 20○○가단 ○○○ 매매대금 [담당재판부 : 제 단독(부)]

원 고 ○○○

피 고 ○○○

위 사건에 관하여 20○○. ○.○. 변론을 종결하고 20○○. ○.○. ○○ : ○○로 판결선고기일을 지정하였으나 원고는 다음과 같은 사유로 변론의 재개를 신청합니다.

신 청 사 유

1. 변론종결 후 다음과 같은 새로운 증거를 발견하였으므로 이를 제출하고자 합니다.

20○○. ○. ○.

원(피)고 ○ ○ ○ (날인)
(연락처 :)

○○지방법원 ○○지원 귀중

[주] 연락처에는 언제든지 연락 가능한 전화번호나 휴대전화번호를 기재하고, 그 밖에 팩스번호, 이메일 주소 등이 있으면 함께 기재하기 바랍니다.

[자료 33] 변론재개신청서 양식: 준비서면 제출

변 론 재 개 신 청 서

사　　건　　20○○가단 ○○○ 대여금

원　　고　　○○군수산업협동조합

피　　고　　○ ○ ○외 1

위 사건에 관하여 20○○. ○.○. 변론을 종결하고 같은 해 20○○. ○.○. 10 : 00에 선고기일이 지정되었는 바, 동 사건에 대하여 원고는 준비서면을 제출하고자 하오니 변론을 재개하여 주시기 바랍니다.

20○○. ○. ○.

위 원고　○○군수산업협동조합
조합장 ○ ○ ○ (인)
(연락처 :　　　　　)

○○지방법원 ○○지원　귀중

[주] 연락처에는 언제든지 연락 가능한 전화번호나 휴대전화번호를 기재하고, 그 밖에 팩스번호, 이메일 주소 등이 있으면 함께 기재한다.

[자료 34] 증거설명서 양식

증 거 설 명 서

사건번호　　20○○가단 ○○○ 매매대금 [담당재판부 : 제　　단독(부)]

원　　고　　○ ○ ○

피　　고　　○ ○ ○

호증	서증명	작성일자	작성자	입 증 취 지	비고

20○○. ○. ○.

원(피)고 ○ ○ ○ (날인)

○○지방법원 ○○지원　귀중

[자료 35] 검증·감정신청서 양식

검증·감정신청서

사건번호 20○○가단 ○○○ 매매대금 [담당재판부 : 제 (단독)부]

원 고 ○ ○ ○

피 고 ○ ○ ○

위 사건에 관하여 원(피)고는 주장사실을 입증하기 위하여 다음과 같이 검증 및 감정을 신청합니다.

1. 검증·감정의 목적 :

1. 검증의 목적물 :

1. 감정의 목적물 :

1. 검증·감정사항 :

20○○. ○. ○.

원(피)고 ○ ○ ○ (날인 또는 서명)
(연락처 :)

○○지방법원 ○○지원 귀중

[주] 1. 양식의 이름란에 원고의 경우에는 '원'에, 피고의 경우에는 '(피)'에 ○표를 한다.
2. 연락처에는 언제든지 연락 가능한 전화번호나 휴대전화번호를 기재하고, 그 밖에 팩스번호, 이메일 주소 등이 있으면 함께 기재한다.

[자료 36] 집행문(재도·수통)부여신청서 양식

집행문(재도·수통)부여신청서

사건번호 20○○가단 ○○○ 대여금

원 고 ○ ○ ○

피 고 ○ ○ ○

인 지

위 사건에 관하여 귀원에서 선고한 판결의 집행력있는 정본 1통을 이미 부여받은 바 있으나, 다음 사유로 집행력있는 정본 1통을 (재도, 수통)부여해 주시기 바랍니다.

사 유 :

첨부서류 :

20○○. ○. ○.

신청인(원·피고) ○ ○ ○ (인)

○○지방법원 ○○지원 귀중

[주] 1. 재도부여신청은 이미 법원으로부터 부여받은 집행력있는 정본을 분실·멸실 등의 경우에 다시 집행력있는 정본(집행력부여 및 집행권원정본 신청)을 부여받고자 하는 신청으로 재판장의 허가가 필요하다.

2. 수통부여신청은 원고가 동시에 여러 지역에 대한 강제집행을 하거나 여러 개의 서로 다른 집행방법에 의하여 강제집행을 할 경우에 하는 신청으로 재판장의 허가가 필요하다.

3. 위 신청의 경우에는 사유를 기재하여야 하며 이를 증명할 서류(분실신고접수증) 또는 집행력있는 정본이 다른 곳으로 사용중임을 증명하는 서류 등을 첨부하여야 한다.

4. 집행문부여신청인지액은 500원이고, 정본이 없는 경우에는 정본교부대금(5장 이하인 경우 1,000원)은 별도로 지급하여야 한다.

[자료 37] 지급명령정본 재교부신청서 양식

지급명령정본 재교부신청서

사건번호 20○○차 ○○○ 대여금

채 권 자 ○ ○ ○

채 무 자 ○ ○ ○

위 사건에 대하여 지급명령정본 1통을 교부하여 주시기 바랍니다.

20○○. ○. ○.

위 신청인 ○ ○ ○ (인)

(전화 :)

위 정본 1통을 영수하였습니다.

20○○. ○. ○.

신청인 ○ ○ ○ (인)

○○지방법원 귀중

[주] 재판서·조서의 정본·등본·초본 교부에 대하여 신청인이 납부하여야 수수료 금액은 원본 5장까지 1,000이고, 초과 1장마다 50원이 추가됩니다.

[자료 38] 지급명령에 대한 이의신청서 양식

지급명령에 대한 이의신청서

사건번호 20○○차 ○○○ 대여금

채 권 자 ○ ○ ○

채 무 자 ○ ○ ○

위 사건에 관하여 채무자는 귀원으로부터 20○○. ○.○. 지급명령정본을 송달받았으나, 그 지급에 응할 하등의 이유가 없으므로 본 이의신청서를 제출합니다.

20○○. ○. ○.

위 채무자 ○ ○ ○ (인)
(전화 :)

○○지방법원 귀중

[주] 1. 채무자는 연락처란에 언제든지 연락 가능한 전화번호나 휴대전화번호(팩스번호, 이메일 주소 등도 포함)를 기재하기 바랍니다.

2. 채무자는 지급명령 정본을 송달받은 날로부터 2주 이내에 이의신청서를 제출하는 것과 별도로 지급명령의 신청원인에 대한 구체적인 진술을 적은 답변서를 함께 제출하거나 늦어도 지급명령 정본을 송달받은 날부터 30일 이내에 제출하여야 합니다.

[자료 39] 접수증명서 양식

접 수 증 명 서

사건번호 20○○가단 ○○○ 대여금

원 고 ○ ○ ○

피 고 ○ ○ ○

위 당사자간 위 사건에 관하여 20○○. . . 귀원에 소장을 접수한 사실을 증명하여 주시기 바랍니다.

20○○. ○. ○.

위 원고 ○ ○ ○ (인)

○○지방법원 귀중

[자료 40] 재판기록 열람·복사/출력·복제 신청서 양식

<table>
<tr><td colspan="4" rowspan="2">재판기록 열람·복사/출력·복제 신청서</td><td>허</td><td>부</td></tr>
<tr><td></td><td></td></tr>
<tr><td rowspan="3">신 청 인</td><td rowspan="2">성 명</td><td rowspan="2"></td><td>전화 번호</td><td colspan="2"></td></tr>
<tr><td>담당사무원</td><td colspan="2"></td></tr>
<tr><td>자 격</td><td></td><td>소 명 자 료</td><td colspan="2"></td></tr>
<tr><td>신 청 구 분</td><td colspan="5">☐ 열람 ☐ 복사 ☐ 출력 ☐ 복제</td></tr>
<tr><td>사 용 용 도</td><td colspan="5">법원제출용</td></tr>
<tr><td rowspan="2">대 상 기 록</td><td colspan="2">사건번호</td><td colspan="2">사 건 명</td><td>재 판 부</td></tr>
<tr><td colspan="2"></td><td colspan="2">부동산가압류</td><td></td></tr>
<tr><td>복사/출력·
복제할 부분</td><td colspan="5">(복사/출력 매수 매)
(복제용량 메가바이트)</td></tr>
<tr><td>복사/출력방법</td><td colspan="5">☐ 법원 복사기 ☐ 변호사단체 복사기 ☐ 신청인 복사설비 ☐ 필사</td></tr>
<tr><td colspan="6">이와 같이 신청하고, 신청인은 열람·복사/출력·복제에 관련된 준수사항을 엄수하며, 열람·복사/출력·복제의 결과물을 통하여 알게 된 개인정보, 영업비밀 등을 개인정보 보호법 등 관계법령 상 정당한 용도 이외로 사용하는 경우 민사상, 형사상 모든 책임을 지겠습니다.
2018년 월 일
신청인 원고 (서명 또는 날인)</td></tr>
<tr><td>비 고
(재판장지정
사 항 등)</td><td colspan="5"></td></tr>
<tr><td>영 수 일 시</td><td colspan="2">2018. . . :</td><td>영 수 인</td><td colspan="2"></td></tr>
<tr><td>신 청 수 수 료</td><td colspan="2">☐ 500 원 ☐ 면 제</td><td colspan="3" rowspan="2">(수입인지 첨부란)</td></tr>
<tr><td>복사/출력·
복 제 비 용</td><td colspan="2">원</td></tr>
</table>

※ **준수사항 및 작성요령**

1. [개인정보 보호법 제19조] 개인정보처리자로부터 개인정보를 제공받은 자는 다음 각 호의 어느 하나에 해당하는 경우를 제외하고는 개인정보를 제공받은 목적 외의 용도로 이용하거나 이를 제3자에게 제공하여서는 아니 된다. 1. 정보주체로부터 별도의 동의를 받은 경우 2. 다른 법률에 특별한 규정이 있는 경우
2. [민사소송법 제162조 ④항] 소송기록을 열람·복사한 사람은 열람·복사에 의하여 알게 된 사항을 이용하여 공공의 질서 또는 선량한 풍속을 해하거나 관계인의 명예 또는 생활의 평온을 해하는 행위를 하여서는 아니 된다.
3. 신청인·영수인란은 서명 또는 날인하고, 소송대리인·변호인의 사무원이 열람·복사하는 경우에는 담당사무원란에 그 사무원의 성명을 기재
4. 신청수수료는 1건당 500원(수입인지로 납부). 다만, 사건의 당사자 및 그 법정대리인·소송대리인·변호인(사무원 포함)、보조인 등이 그 사건의 계속 중에 열람하는 때에는 신청수수료 면제
5. 법원복사기/프린터로 복사/출력하는 경우에는 1장당 50원의 비용을 수입인지로 납부(다만, 100원 단위 미만 금액은 이를 계산하지 아니함)
6. 매체를 지참하여 복제하는 경우에는 700메가바이트 기준 1건마다 500원, 700메가바이트 초과시 350메가바이트마다 300원의 비용을 수입인지로 납부(매체를 지참하지 아니한 경우 매체 비용은 별도)
7. 복사/출력·복제할 부분 란에 복사대상(기록의 일부를 복사/출력·복제하는 경우에는 대상을 열거하여 특정하여야 함) 및 복사/출력을 정확하게 기재하여야 함
8. 열람·복사 담당 법원공무원의 처분에 대하여 불복하는 경우에는 이의신청을 할 수 있음

제6편

소송실무 자료

[자료 1] 소멸시효일람표

소멸시효일람표

<table>
<tr><th colspan="2">채 권 의 종 류</th><th>소멸시효
기 간</th><th>근 거</th></tr>
<tr><td colspan="2">보통채권</td><td>10년</td><td>민법 제162조 제1항</td></tr>
<tr><td colspan="2">채권 및 소유권 이외의 재산권</td><td>20년</td><td>민법 제162조 제2항</td></tr>
<tr><td colspan="2">소유권</td><td>없음</td><td>민법 제162조</td></tr>
<tr><td colspan="2">① 이자, 부양료, 급료, 사용료 기타 1년 이내의 기간으로 정한 금전 또는 물건의 지급을 목적으로 한 채권
② 의사, 조산사, 간호사, 약사의 치료, 근로 및 조제에 관한 채권
③ 도급받은 자, 기사 기타의 공사의 설계 또는 감독에 종사하는 자의 공사에 관한 채권
④ 변호사, 변리사, 공증인, 공인회계사 및 법무사에 대한 직무상 보관한 서류의 반환을 청구하는 채권
⑤ 변호사, 변리사, 공증인, 공인회계사 및 법무사의 직무에 관한 채권
⑥ 생산자 및 상인이 판매한 생산물 및 상품의 대가
⑦ 수공업자 및 제조자의 업무에 관한 채권</td><td>3년</td><td>민법 제163조 각호</td></tr>
<tr><td colspan="2">① 여관, 음식점, 대석, 오락장의 숙박료, 음식료, 대석료, 입장료, 소비물의 대가 및 체당금의 채권
② 의복, 침구, 장구 기타 동산의 사용료의 채권
③ 노역인, 연예인의 임금 및 그에 공급한 물건의 대금채권
④ 학생 및 수업자의 교육, 의식, 유숙에 관한 교주, 숙주, 교사의 채권</td><td>1년</td><td>민법 제164조</td></tr>
<tr><td colspan="2">① 판결에 의하여 확정된 채권
② 파산절차에 의하여 확정된 채권 및 재산상의 화해, 조정 기타 판결과 동일한 효력이 있는 것에 의하여 확정된 채권, 다만 판결확정당시에 변제기가 도래하지 아니한 채권은 제외함</td><td>10년</td><td>민법 제165조
제1, 2, 3항</td></tr>
<tr><td rowspan="2">불법행위에 기한
손해배상청구채권</td><td>손해 및 가해자를 안 날로부터</td><td>3년</td><td>민법 제766조 제1항</td></tr>
<tr><td>불법행위를 한 날로부터</td><td>10년</td><td>민법 제766조 제2항</td></tr>
</table>

상행위채권	5년	상법 제64조
• 보험금액의 청구권과 보험료 또는 적립금의 반환청구권 • 보험료의 청구권	2년 1년	상법 제662조
근로기준법상 임금채권	3년	근로기준법 제49조

어음·수표채권의 소멸시효

종류	채 권 내 용	시 효 기 간	근 거
약속어음, 환어음	○ 약속어음 발행인 및 환어음 인수인에 대한 청구권	○ 만기일로부터 3년	○ 어음법 제70조 제1항, 제77조 제8호
	○ 소지인의 배서인·환어음의 발행인에 대한 청구권(소구권)	○ 적법한 기간 내에 작성시킨 거절증서의 일자, 무비용상환의 문언이 기재된 경우에는 만기의 날로부터 1년간	○ 어음법 제77조 제1항 제8호, 제70조 제2항
	○ 배서인의 다른 배서인과 환어음의 발행인에 대한 청구권(재소구권)	○ 그 배서인이 어음을 환수한 날 또는 그 자가 제소한 날로 부터 6개월간	○ 어음법 제77조 1항 제8호, 제70조 제3항
수 표	○ 소지인의 배서인, 발행인 기타 채무자에 대한 소구권	○ 제시기간 경과 후 6개월간	○ 수표법 제51조 제1항
	○ 수표 채무자의 다른 채무자에 대한 소구권	○ 그 채무자가 수표를 환수한 날 또는 그 자가 제소된 날로 부터 6개월간	○ 수표법 제51조 제2항
	○ 지급보증을 한 지급인에 대한 청구권	○ 제소기간 경과 후 1년간	○ 수표법 제58조
어음, 수표	○ 이득상환청구권	○ 어음·수표상의 권리가 소멸한 때, 어음의 시효기간 또는 권리보전절차의 만료일의 익일부터 10년간(통설)	○ 어음법 제79조 ○ 수표법 제63조

[자료 2] 송달료조견표

(2019. 5. 1. 기준)

송 달 료								
		2인	3인	4인	5인	6인	7인	납부기준
민사	민사제1심합의사건(가합)	144,000	216,000	288,000	360,000	432,000	504,000	당사자수 ×15회분
	민사제1심단독사건(가단)	144,000	216,000	288,000	360,000	432,000	504,000	당사자수 ×15회분
	민사소액사건(가소)	96,000	144,000	192,000	240,000	288,000	336,000	당사자수 ×10회분
	민사항소사건(나)	115,200	172,800	230,400	288,000	345,600	403,200	당사자수 ×12회분
	민사상고사건(다)	76,800	115,200	153,600	192,000	230,400	268,800	당사자수 ×8회분
	민사항고사건(라)	48,000	72,000	96,000	120,000	144,000	168,000	당사자수 ×5회분
	민사재항고사건(마)	48,000	72,000	96,000	120,000	144,000	168,000	당사자수 ×5회분
	화해사건(자)	38,400	57,600	76,800	96,000	115,200	134,400	당사자수 ×4회분
	독촉사건(차)	57,600	86,400	115,200	144,000	172,800	201,600	당사자수 ×6회분
	민사조정사건(머)	48,000	72,000	96,000	120,000	144,000	168,000	당사자수 ×5회분
가사	가사제1심소송사건(드합, 드단)	144,000	216,000	288,000	360,000	432,000	504,000	당사자수 ×15회분
	가사항소사건(르)	115,200	172,800	230,400	288,000	345,600	403,200	당사자수 ×12회분
	가사상고사건(므)	76,800	115,200	153,600	192,000	230,400	268,800	당사자수 ×8회분
	가사조정사건(너)	48,000	72,000	96,000	120,000	144,000	168,000	당사자수 ×5회분
행정	행정제1심사건(구합)	96,000	144,000	192,000	240,000	288,000	336,000	당사자수 ×10회분
	행정항소사건(누)	96,000	144,000	192,000	240,000	288,000	336,000	당사자수 ×10회분

	행정상고사건(두)	76,800	115,200	153,600	192,000	230,400	268,800	당사자수×8회분
신청비송	가압류, 가처분 사건(카단, 카합)	28,800	43,200	57,600	72,000	86,400	100,800	당사자수×3회분
	임시의지위를정하는 가처분사건(카합, 카단)	76,800	115,200	153,600	192,000	230,400	268,800	당사자수×8회분
	가압류, 가처분결정에 대한 이의, 취소(집행취소 제외) 사건(카합, 카단)	76,800	115,200	153,600	192,000	230,400	268,800	당사자수×8회분
	재산명시(카명)	48,000	72,000	96,000	120,000	144,000	168,000	당사자수×5회분
	채무불이행자등재, 말소사건(카불)	48,000	72,000	96,000	120,000	144,000	168,000	당사자수×5회분
	공시최고신청(카공)	14,400(3회분)						
	담보취소사건(카담)	19,200	28,800	38,400	48,000	57,600	67,200	당사자수×2회분
	담보권리행사최고사건(카담)	28,800	43,200	57,600	72,000	86,400	100,800	당사자수×3회분
	소송비용액확정신청사건(카확)	28,800	43,200	57,600	72,000	86,400	100,800	당사자수×3회분
	기타민사신청사건(카기)	19,200	28,800	38,400	48,000	57,600	67,200	당사자수×2회분
	개명사건(호명)	28,800(6회분)						
	성본변경, 입양허가, 친권자지정, 후견에관한사건등(느합, 느단)	96,000	144,000	192,000	240,000	288,000	336,000	당사자수×10회분
	가사비송(느합, 느단), 상속포기, 한정승인, 상속재산분할	57,600	86,400	115,200	144,000	172,800	201,600	당사자수×6회분
집행	부동산경매사건	(이해관계인＋3)×10회분						
	채권등집행사건(타채), 기타집행사건(타기)	19,200	28,800	38,400	48,000	57,600	67,200	당사자수×2회분
파산회생	개인회생사건(개회)	10회＋(채권자수×8회)						
	회생사건(회합, 회단)	40회＋(채권자수×3회)						
	파산합의사건(하합)	40회＋(채권자수×3회)						
	파산단독사건(하단)	10회＋(채권자수×4회)						
	면책사건(하면)	10회＋(채권자수×3회)						

[자료 3] 인지액산정방법

– 민사소송등인지법(법률 제11156호 2012. 1. 17)

구 분	소 가	인 지 액
소장·반소장	1천만원 미만	소가×0.005
	1천만원 이상~1억원 미만	소가×0.0045 + 5,000원
	1억원 이상 ~10억원 미만	소가×0.004 + 55,000원
	10억원 이상	소가×0.0035 + 555,000원
항 소 장		제1심소장의 1.5배
상 고 장		제1심소장의 2배
지급명령		제1심소장의 1/10
조정신청		제1심소장의 1/5
제소전 화해		제1심소장의 1/5

※ 위와 같은 기준에 의하여 산출된 인지액이 1천원 미만인 때에는 이를 1천원으로 하고, 1천원 이상의 경우에 100원 미만의 단수(端數)가 있는 때에는 그 단수는 이를 계산하지 아니함.

※ 제16조 (전자소송에서의 특례)

① 「민사소송 등에서의 전자문서 이용 등에 관한 법률」제8조에 의하여 등록사용자로서 전산정보처리시스템을 이용한 민사소송 등의 진행에 동의한 자가 전자문서로 제출하는 소장에는 제2조에 따른 인지액의 10분의 9에 해당하는 인지를 붙여야 한다.

② 제1항은 규정은 제3조부터 제10조까지의 경우에 준용한다.

※ 현금납부의 범위

소장 등에 첩부하거나 보정하여야 할 인지액(이미 납부한 인지액이 있는 경우에는 그 합산액)이 10만원을 초과하는 때에는 그 인지의 첩부 또는 보정에 갈음하여 인지액 상당의 금액 전액을 현금으로 납부하여야 하고, 위와 같은 규정에 해당하지 아니하는 경우에도 신청인 등은 인지의 첩부에 갈음하여 인지액 상당의 금액을 현금으로 납부할 수 있음. 그러나 시·군법원에 제출하는 소장 등과 법 제9조 내지 제12조에 규정된 신청서 등의 경우에는 그러하지 아니함. 다만, 소를 제기하는 경우에 소장에 붙여야 할 인지액이 1만원을 초과하는 화해, 지급명령 또는 조정신청 사건에 대하여 민사소송법 제388조, 제472조 또는 민사조정법 제36조의 규정에 의하여 소의 제기가 있는 것으로 보아 인지를 보정하는 경우에는 현금으로 납부하여야 함(민사소송등인지규칙 제27조 참조).

※ 현금납부절차

원 고 상소인	➡	인 지 액 현금납부	➡	송 달 료 수납은행	➡	영수필확인서 및 동 통지서	➡	법원접수

※ 1. 지급명령신청에 첩부할 인지액은 위 방법에 의하여 산출한 금액의 1/10로 함 : 민사소송등 인지법 제7조 제2항

2. 민사소송 등 인지법 신설

제16조 【전자소송에서의 특례】 ①「민사소송 등에서의 전자문서 이용 등에 관련 법률」 제8조에 의하여 등록사용자로서 전산정보처리시스템을 이용한 민사소송 등의 진행에 동의한 자가 전자문서로 제출하는 소장에는 제2조에 따른 인지액의 10분의 9에 해당하는 인지를 붙여야 한다. ② 제1항은 규정은 제3조부터 제10조까지의 경우에 준용한다.

[자료 4] 소가계산방법

소의 종류	청 구 취 지	소 가 산 정
채무부존재 확인	원고의 피고에 대한 소비대차에 기한 금 5,000만원과 이에 대한 이자 채무는 부존재한다를 확인한다.	소가 5,000만원
소유권확인	피고는 원고에 대해 별지 목록 기재 부동산 500㎡가 원고 소유임을 확인한다.	500 × 공시지가 × 50/100
건물인도	피고는 원고에게 별지 목록 기재 부동산을 인도하라.	공시지가, 지역번호, 건축연도, 구조, 용도에 따른 ㎡당 가격 × 면적 × 1/2 × 50 / 100
토지인도	피고는 원고에게 별지 목록 기재 부동산 500㎡를 인도하라.	공시지가 × 500 × 1/2 × 50/100
담장철거 및 토지인도 등	피고는 원고에게 별지 도면 300㎡ 중 도면상 건립된 담장을 철거하고 도면표시 선내 부분 20㎡를 인도하라.	20 × 공시지가 × 1/2 × 50/100
토지경계 확인	원고 소유의 부동산과 피고 소유 부동산의 경계선은 가, 나로 연결하는 선임을 확인한다.	다툼이 있는 부분 × 공시지가 × 50/100
공유물분할	별지 목록 기재 토지 중 1, 2 3, 4, 1의 각 점을 순차로 연결한 선내 (가)부분은 원고의 소유로 6, 7, 8, 6의 각점을 순차로 연결한 선내 (나)부분은 피고의 소유로 각 분할한다.	개별공시지가 × ㎡ × 50/100 × 원고지분 × 1/3
사해행위 취소	1. 피고와 ○○○사이의 별지 목록 기재 부동산에 대한 2018. 7. 20.자 매매계약을 취소한다. 2. 피고는 ○○○에게 ○○지방법원 등기국 2018. 7. 25. 접수 제5634호로 마친 소유권이전등기의 말소등기절차를 이행하라.	○○○지분 × 공시지가 × 50/100 * 목적물건가액에 1/2를 곱해서는 아니된다.
소유권이전 등기	피고는 원고에게 별지 목록 기재 부동산에 대하여 매매를 원인으로 한 소유권이전등	토지공시지가 × 면적 × 50/100 건물㎡가격 × 면적

	기절차를 이행하라.	
가등기에 대한 본등기이행	피고는 원고에게 별지 목록 기재 부동산에 관하여 ㅇㅇ지방법원 ㅇㅇ등기소 2018. 7. 20. 접수 제123호로 마친 소유권이전등기청구권 가등기에 기한 2018. 3. 15. 매매예약완결을 원인으로 한 소유권이전등기를 이행하라.	건물과세시가표준액×면적 토지공시지가×면적×50/100(토지+건물)×1/2
소유권보존 등기말소	피고는 원고에게 별지 목록 기재 부동산에 대하여 ㅇㅇ지방법원 ㅇㅇ등기소 2018. 7. 20. 접수 제123호로 마친 소유권보존등기의 말소절차를 이행하라.	공시지가×면적×50/100×1/2
소유권이전 등기말소	피고는 원고에게 별지 기재 부동산에 관하여 ㅇㅇ지방법원 ㅇㅇ등기소 2018. 7. 20. 접수 제123호로 마친 소유권이전등기의 말소등기절차를 이행하라(*등기원인의 무효, 취소를 원인으로 한 말소등기청구의 경우)	건물과세시가표준액×면적 토지공시지가×면적×50/100(토지+건물)×1/2
전부금	피고 김갑동은 피고 홍길동에게 별지 기재 부동산을 인도하고 피고 홍길동은 피고 김갑동으로부터 인도 받음과 동시에 원고에게 금 5,000만원을 지급하라.	소가 : 5,000만원
청구이의	피고는 원고에게 ㅇㅇ지방법원 2018가소987호 임대차보증금 사건의 집행력있는 판결정본에 기한 별지 목록 기재 부동산에 대한 강제집행은 불허한다.	소가 : 이의금액(집행권원에서 인정된 권리의 가액
근저당권 부채권 가압류 설정등기 말소		가압류금액
증서진부 확인	공증인가 ㅇㅇ합동법률사무소 공정증서 액면가 600만원, 발행인 원고 및 소외 김갑동,	600만원×1/2

	수취인 피고로 된 별지 사본 약속어음 공정증서는 진정한 성립이 아님을 확인한다.	
승계집행문 무여	○○지방법원 ○○지원 2018가합 125 대여금 사건의 확정판결에 의한 집행권원에 있어 이 법원사무관 등은 피고 김갑동에게 대한 강제집행을 위하여 원고의 승계인 홍길동에게 집행문을 부여한다. 라는 판결을 구함.	소가×1/100
자동차소유권이전등록 절차이행	피고는 원고에게 별지 목록 기재 자동차에 대하여 이 사건 소장부본 송달다음날로써 대물변제를 원인으로 하는 소유권이전등록 절차를 이행하라. (소유권을 권원으로 자동차 인도를 구할 경우에는 인도로써 소가의 1/2)	목적물가액
근저당권 말소등기	피고는 원고에게 별지 목록 기재 부동산에 관하여 ○○지방법원 ○○등기소 접수 제○○○호로 경료된 근저당권설정등기의 말소등기절차를 이행하라.	1) 목적물건 가액(토지인 경우 개별공시지가×면적×50/100) 2) 근저당권 채권최고액 1)과 2) 중 적은금액이 소가임
건물명도 및 임료	피고는 원고에게, 가. 별지 목록 기재 부동산을 인도하고, 나. 금 300만원과 이에 대하여 이 사건 소장부본 송달다음날부터 다 갚는 날까지 연 15%의 비율로 계산한 돈을 지급하고, 다. 2018. 7. 10.부터 위 인도완료일까지 월 금 150,000원의 비율로 계산한 돈을 지급하라.	공시지가, 지역번호, 건축연도, 구조, 용도에 따른 ㎡당 가격×면적×1/2(나.항의 300만원 및 다.항 기재 돈이 이미 발생한 임료 또는 장래 발생할 임료인 경우 위 돈을 소가에 합산하지 않아야 한다.)

[자료 5] 부동산등기신청수수료액

등 기 의 목 적		수수료			비 고
		서면방문	전자표준 양 식	전자신청	
소유권보존등기		15,000원	13,000원	10,000원	
소유권이전등기		15,000원	13,000원	10,000원	
소유권이외의 권리설정 및 이전등기		15,000원	13,000원	10,000원	
가등기 및 가등기의 이전등기		15,000원	13,000원	10,000원	
변경 및 경정등기 (다만, 착오 또는 유류발견을 원인으로 하는 경정등기 신청의 경우는 수수료 없음	등기명의인표시	3,000원	2,000원	1,000원	행정구역·지번변경·주민등록번호(또는 부동산등기용등록번호)정정의 경우에는 신청수수료 없음
	각종 권리	3,000원	2,000원	1,000원	
	부동산의 표시	없 음	없 음	없 음	
분할·구분·합병등기		없 음	없 음	없 음	대지권에 관한 등기는 제외 (각 부분 건물별 3,000원)
멸실등기		없 음	없 음	없 음	
말소등기		3,000원	2,000원	1,000원	예고등기의 말소등기 경우에는 신청수수료 없음
말소회복등기		3,000원	-	-	
멸실회복등기		없 음	-	-	
가압류·가처분등기		3,000원	-	-	

단, 수입인지의 경우에는 가압류·가처분 결정에 대한 이의 또는 취소의 신청 10,000원, 다만 임시의 지위를 정한 가처분의 신청 및 그에 따른 이의 또는 취소의 신청은 그 본안의

<table>
<tr><td colspan="6">소에 따른 인지액의 2분의 1에 해당하는 인지를 붙인다. 이 경우 인지액의 상한액을 50만원으로 한다.</td></tr>
<tr><td rowspan="2">압류(체납처분 등 등기)</td><td>지방세</td><td>3,000원</td><td>2,000원</td><td>1,000원</td><td></td></tr>
<tr><td>의료보험 등 공과금</td><td>3,000원</td><td>2,000원</td><td>1,000원</td><td></td></tr>
<tr><td colspan="2">경매개시결정등기, 강제관리등기</td><td>3,000원</td><td>-</td><td>-</td><td></td></tr>
<tr><td colspan="2">파산·화의·회사정리등기</td><td>없 음</td><td>-</td><td>-</td><td></td></tr>
<tr><td rowspan="2">신탁등기</td><td>신탁등기</td><td>없 음</td><td>없 음</td><td>없 음</td><td></td></tr>
<tr><td>신탁등기의 변경, 말소등기 등 신탁 관련 기타 등기</td><td>없 음</td><td>없 음</td><td>없 음</td><td></td></tr>
<tr><td rowspan="2">환매권등기</td><td>환매권특약의 등기 및 환매권 이전등기</td><td>15,000원</td><td>13,000원</td><td>10,000원</td><td></td></tr>
<tr><td>환매권변경, 말소 등 환매권 관련 기타 등기</td><td>3,000원</td><td>2,000원</td><td>1,000원</td><td></td></tr>
<tr><td colspan="2">위에서 열거한 등기 이외의 기타 등기</td><td>3,000원</td><td>2,000원</td><td>1,000원</td><td></td></tr>
</table>

[자료 6] 인지세율

과세문서	세 액	
부동산·선박소유권 이전에 관한 증서 (검인계약서 등)	기재금액이 1,000만원 초과 3,000만원까지	2만원
	기재금액이 3,000만원 초과 5,000만원까지	4만원
	기재금액이 5,000만원 초과 1억원까지	7만원
	기재금액이 1억원 초과 10억원까지	15만원
	기재금액이 10억원 초과	35만원

- 광업권, 무체재산권, 어업권, 출판권, 저작인접권, 자산의 양도에 관한 증서 : 3,000원

※ 비과세대상문서 : 부동산임대차계약서, 전세권에 관한 증서, 부동산증여계약서, 부동산매매예약서, 상속재산분할협의서, 지상권·지역권설정계약서, 상속재산분할협의서, 공유물분할계약서, 매매예약서, 신탁계약서, 경락이전, 채무자변경계약서, 판결문, 1억원이하의 주택 소유권이전계약서, 보존등기서류, 4천만원이하의 금전소비대차에 관한 증서, 건물에 대한 등기신청 후 토지에 대하여 신청하는 경우의 분양계약서, 국가 또는 지방자치단체(지방자치단체조합 포함)가 작성하는 문서

[자료 7] 국민주택채권매입대상 및 금액표

[별표 12] 〈개정 2016. 11. 1.〉

제1종 국민주택채권 매입대상자와 매입기준(주택도시기금법시행령 제8조 제2항 관련)

등기하고자 하는 부동산이 공유물인 때에는 공유지분율에 따라 산정한 세대당 시가표준액(과세표준)을 기준으로, 공동주택인 경우에는 세대당 시가표준액을 각각 기준으로 하며, 이 경우 공유 지분율에 따라 시가표준액을 산정함에 있어서 둘 이상의 필지가 모여서 하나를 대지를 형성하고 있는 때에는 그 필지들을 합하여 하나의 필지로 본다.

가. 소유권보존(건축물의 경우를 제외한다) 또는 소유권이전(공유물을 공유지분율에 따라 분할하여 이전등기를 하는 경우와 신탁 또는 신탁종료에 따라 수탁자 또는 위탁자에게 소유권이전등기를 하는 경우를 제외한다)

(1) 주택(주택만 또는 토지+주택 이전시, 주택가격확인서에 기재된 금액), (건물보존은 채권을 매입하지 않음)
(시가표준액이 공시되지 아니한 신규분양 공동주택의 경우에는「지방세법」 제10조 제5항 제3호 및 같은 법 시행령 제18조 제3항 제2호의 규정에 의한 취득가격을 말한다)(공동주택, 일반주택 분양/건물을 공급받고자 할 때 신규분양시 시가표준액 또는 분양가 : 시가표준액 : 해당비율)

(가) 시가표준액 2,000만원 이상 5,000만원 미만 : 시가표준액의 13/1,000

(나) 시가표준액 5,000만원 이상 1억원 미만

1) 특별시 및 광역시 : 시가표준액의 19/1,000

2) 그 밖의 지역 : 시가표준액의 14/1,000

(다) 시가표준액 1억원 이상 1억6천만원 미만

1) 특별시 및 광역시 : 시가표준액의 21/1,000

2) 그 밖의 지역 : 시가표준액의 16/1,000

(라) 시가표준액 1억6천만원 이상 2억원6천만원 미만

1) 특별시 및 광역시 : 시가표준액의 23/1,000

2) 그 밖의 지역 : 시가표준액의 18/1,000

(마) 시가표준액 2억6천만원 이상 6억원 미만

1) 특별시 및 광역시 : 시가표준액의 26/1,000

2) 그 밖의 지역 : 시가표준액의 21/1,000

(바) 시가표준액 6억원 이상

1) 특별시 및 광역시 : 시가표준액의 31/1,000

2) 그 밖의 지역 : 시가표준액의 26/1,000

(2) 토 지

(가) 시가표준액 500만원 이상 5,000만원 미만

1) 특별시 및 광역시 : 시가표준액의 25/1,000

2) 그 밖의 지역 : 시가표준액의 20/1,000

(나) 시가표준액 5,000만원 이상 1억원 미만

1) 특별시 및 광역시 : 시가표준액의 40/1,000

2) 그 밖의 지역 : 시가표준액의 35/1,000

(다) 시가표준액 1억원 이상

1) 특별시 및 광역시 : 시가표준액의 50/1,000

2) 그 밖의 지역 : 시가표준액의 45/1,000

(3) 주택외 및 토지외의 부동산 (창고 등)

(가) 시가표준액 1,000만원 이상 1억3천만원 미만

1) 특별시 및 광역시 : 시가표준액의 10/1,000

2) 그 밖의 지역 : 시가표준액의 8/1,000

(나) 시가표준액 1억3천만원 이상 2억5천만원 미만

1) 특별시 및 광역시 : 시가표준액의 16/1,000

2) 그 밖의 지역 : 시가표준액의 14/1,000

(다) 시가표준액 2억5천만원 이상

1) 특별시 및 광역시 : 시가표준액의 20/1,000

2) 그 밖의 지역 : 시가표준액의 18/1,000

(4) 상속, 증여, 무상취득

(가) 시가표준액 1,000만원 이상 5,000만원 미만

1) 특별시 및 광역시 : 시가표준액의 18/1,000

2) 그 밖의 지역 : 시가표준액의 14/1,000

(나) 시가표준액 5,000만원 이상 1억5천만원 미만

1) 특별시 및 광역시 : 시가표준액의 28/1,000

2) 그 밖의 지역 : 시가표준액의 25/1,000

(다) 시가표준액 1억5천만원 이상

1) 특별시 및 광역시 : 시가표준액의 42/1,000

2) 그 밖의 지역 : 시가표준액의 39/1,000

(5) 저당권, 근저당권 설정 및 이전

신탁 또는 신탁종료에 따라 수탁자 또는 위탁자에게 저당권을 이전하는 경우는 제외한다.

저당권설정금액의 2,000만원이상 : 저당권설정금액의 10/1,000

(다만, 매입금액이 10억원을 초과하는 경우에는 10억원으로 한다)

[자료 8] 민법개정에 따른 상속지분의 변천

항 목	유 형
○ 구관습법하의 상속(1959. 12. 31.까지의 상속)	
1. 호주상속인의 재산상속 : 단독상속(호주사망시) 호주가 사망한 때는 재산상속은 호주상속에 수반	※ 호주상속순위 제1순위 : 직계비속남자(적출장남·장손·생전양자·유언양자·서자·사후양자순으로 단독 상속) : 대습상속 인정 제2순위 : 직계존속 여자(존비 순으로 단독상속) 제3순위 : 피상속인의 처(단독 상속) 제4순위 : 가족인 직계비속 여자(수인이 있는 경우에는 제1순위 남자의 경우와 동일) ※ 호주인 미혼남자가 직계비속없이 사망시 1) 弟(兄亡弟及, 연장자순) 2) 모·처·딸이(남자가 없을 때) 존비의 순서에 따라 사망 호주의 사후양자 선임시까지 일시 상속 3) 무후가가 된 경우 직계비속인 출가녀들이 균분상속
2. 유상상속(가족사망시)	※ 가족인 기혼남자의 상속인 제1순위 : 동일가적 내에 있는 직계비속이 공동상속(양자포함, 남자는 동일시적 불문 여자는 동일가족관계등록부 내에 있어야 함) 제2순위 : 亡男이 장남인 경우에는 父, 亡男이 차남 이하인 경우에는 처가 단독상속 제3순위 : 직계존속(亡장남의 경우 제외) : 최근친, 동순위자와 공동상속 제4순위 : 호주 ※ 가족인 미혼의 남자 또는 여자의 상속인 제1순위 : 父, 없으면 母 제2순위 : 호주 ※ 가족인 母의 상속인 제1순위 : 동일가적 내에 있는 직계비속이 평등비율로 공동상속(서출자녀는 반분, 남자는 동일가적 여부 불문) 제2순위 : 夫 제3순위 : 호주 ※ 가족인 처의 상속인 피상속인의 직계비속인 남녀가 동일 가적내의 유무를 불문하고

	제1순위로 상속
3. 근친자 등에 권리귀속	絕家된 망호주의 유산은 근친자에게 귀속, 근친자도 없으면 호주가 거주하던 동리에 귀속(단, 지방자치법 시행 후에 시군)
○ 신민법하의 상속(피상속인의 사망만이 상속개시원인)	
주의사항	① 구민법당시 실종기간이 만료되었으나 신민법시행 후에 실종선고를 받은 경우 신민법을 적용(대법원 1983. 4. 12. 선고 82다카1376) ② 상속인이 없는 경우에는 국가에 귀속(다만, 민법 제1057조의 2에 의한 특별연고자에 대한 분여 있음) ③ 양자는 생가의 父 또는 母가 사망한 경우에는 직계비속으로서 상속권 있음 ④ 피상속인 사망하기 전 외국귀화한 직계비속도 상속결격사유가 없는 한 상속인이 됨 ⑤ 사후양자는 재산상속권이 없다.
상속순위	제1순위 : 피상속인의 직계비속(대습有)과 피상속인의 배우자 제2순위 : 피상속인의 직계존속과 피상속인의 배우자(※ 이혼한 부모와 양부모, 생모도 상속권 있음) 제3순위 : 피상속인의 형제자매(대습有)(※ 이성동복 즉 동모이부의 형제자매도 포함) 제4순위 : 피상속인의 4촌 이내의 방계혈족(91. 1. 1.이전에는 8촌 이내)
상속분	가. 1960. 1. 1.부터 1978. 12. 31.까지의 상속 (1) 원칙 : 공동상속인은 균분 (2) 예외 : ① 여자는 남자의 1/2 ② 동일가적 내에 없는 여자는 남자의 1/4 ③ 호주상속인은 고유분에 5할 가산 ④ 처는 직계비속과 공동상속시는 남자의 1/2, 직계존속과 공동상속시는 남자와 동일의 상속지분 나. 1979. 1. 1.부터 1990. 12. 31.까지의 상속 (1) 원칙 : 공동상속분 균등 (2) 예외 : ① 호주상속인은 고유분에 5할 가산 ② 동일가적 내에 없는 여자는 남자의 1/4 ③ 처는 직계비속과 공동상속시는 동일가적 내 직계

비속의, 직계 존속과 공동상속시 직계존속의 상속분의 각 5할 가산

다. 1991. 1. 1.이후의 상속

(1) 상속분

(가) 원칙 : 남녀 상속비율의 균등

(나) 예외 : 배우자는 남녀 구별 없이 다른 상속인의 상속분의 5할 가산

(2) 상속인의 범위

(가) 4순위 상속인의 범위 변경(민법 제1000조 제1항 제4호) : 피상속인의 8촌 이내 방계혈족(종래) ⇒ 피상속인의 4촌 이내 방계혈족(변경)

(나) 혈족의 정의 변경(민법 제768조)

(다) 직모서자, 계모자 관계 폐지

(3) 배우자의 상속권 변경(민법 제1003호 제1항)

처가 피상속인인 경우, 처의 직계존속이 있으면 공동상속(종래 직계비속이 없으면 단독상속)

[자료 9] 통일된 사건명 부여

- 매매대금 : 매매잔대금, 분양대금, 납품대금, 외상매출금, 가축판매대금 등 선수금(용역비일 수 있음), 선급금(용역비일 수 있음)
- 매매대금반환 : 중도금반환, 매매잔대금반환, 분양대금반환, 계약금반환, 계약금반환청구, 계약보증금, 선수금반환, 선급금반환(용역비일 수 있음), 기타 위 매매대금 사건으로서 그 반환을 구하는 사건
- 물품대금 : 상품대금, 유류대금, 주류대금, 가스대금, 음식대금 등
- 대여금 : 대여금반환, 대여금반환청구, 대출금, 대출금반환, 차용금, 차용금반환, 상속채무금, 입체금, 입체금청구 등
- 신용카드이용대금 : 신용카드 대금, 외환카드이용대금, 비씨카드사용대금, 카드대금, 각종 백화점카드대금 등
- 어음금 : 약속어음금, 환어음 등
- 수표금 : 가계수표, 가계수표금, 당좌수표금, 수표금반환, 수표반환, 이득상환금(부당이득금사건일 수 있음) 등
- 건물인도 : 가옥명도, 점포명도, 사무실명도, 아파트명도, 공장명도, 부동산명도, 주택명도 등
- 소유권이전등기 : 부동산소유권이전등기, 토지소유권이전등기, 건물소유권이전등기, 소유권이전등기절차이행, 지분이전등기, 신탁에 의한 소유권이전등기, 신탁해지에 의한 소유권이전등기, 가등기에 의한 본등기, 가등기에 기한 본등기 절차이행
- 임금 : 노임, 급료, 급여, 체불임금, 퇴직금, 인건비 등
- 보증채무금 : 보증금반환, 보증금, 보증채무금청구, 연대보증금
- 공사대금 : 공사금, 공사대금반환, 공사비, 공사잔대금
- 부당이득금 : 부당이득금반환, 부당이득반환, 이득금반환, 이득금상환, 이득상환금(수표와 관련된 것은 수표금사건임)
- 가등기 말소 : 가등기말소등기
- 건물등 철거 : 가옥철거, 가건물철거, 가스관철거, 공작물철거, 가설물철거
- 계금 : 계금반환

- 광고대금 : 광고비, 광고게재비, 광고료, 신문광고료, 광고대행료, 광고물설치비
- 근저당권말소 : 근저당권말소등기, 근저당권설정등기말소, 근저당권설정등기, 말소등기
- 보험금 : 보험금반환, 보험금반환청구
- 사용료 : 저작권사용료, 장비사용료, 전산단말기사용료, 중기사용료, 렌탈콤, 각종 리스료, 장비임대료, 중기임대료, 중장비임대료, 전화요금 등)
- 소유권말소등기 : 소유권보존등기말소등기, 부동산소유권이전등기말소, 소유권이전등기말소등기절차이행
- 소유권 확인 : 부동산소유권확인
- 소유권이전등록 : 명의변경 등록, 자동차소유권이전등록
- 손실보상금 : 규정손실금
- 손해배상(공) : 공해사고
- 손해배상(자) : 자동차손해배상보험법에서 정한 사고
- 손해배상(산) : 근로자의 업무상재해사고(근로기준법 10조의 적용을 받는 사업 또는 사업장의 사고)
- 손해배상(의) : 의료과오사고
- 손해배상(지) : 지적소유권의 침해
- 손해배상(기) : 기타 사건(사취금, 위약금, 횡령금, 손해배상금, 위조매출대금)
- 약정금 : 정산금, 보관금, 보관금반환, 출자금, 출자금반환 등
- 양수금
- 용역비 : 설계비, 설계용역비, 용역대금, 인쇄대금, 인쇄비, 진료비, 진료비청구, 치료비, 간병료, 감리비, 감정료, 강사료, 개발료, 번역료, 수임료 반환, 법무사보수료, 자동차수리비, 차량수리대금, 부동산중개수수료, 임가공비, 관리비 등
- 운송료 : 운반비, 운송대금, 운송비 운임, 해상운임, 항공운임료, 항공료, 항공화물운송료
- 위자료
- 유익비
- 유체동산인도 : 각종 물품 인도

- 예금 : 정기예금반환, 가계금전신탁예금
- 저당권설정등기 : 근저당권설정등기
- 임대차보증금 : 임대보증금반환, 임차보증금반환, 월세보증금, 전세보증금, 전세금반환, 전세보증금반환, 임료, 임대료청구 등
- 채무부존재확인
- 청구이의 : 청구에 관한 이의

＊주 의

선급금, 선수금 (매매대금인지 용역비인지 판단할 것)

이득상환금, 이득금상환 (수표와 관련된 것은 수표금사건으로 처리할 것)

[자료 10] 재판기록열람수수료표

- 재판기록열람, 복사규칙(2013. 1. 1. 시행 대법원규칙 제2441호)

재 판 기 록 열 람 수 수 료 표

서류의 종류	수 수 료
1. 기록의 열람·복사 (이 경우 복사가 열람과 동시에 또는 열람 후 즉시 이루어지는 때에는 1건의 복사로 본다.)	• 1건마다 500원
2. 재판서·조서 정본·등본·초본의 교부	• 1건마다 1,000원
3. 사건에 관한 증명서의 교부	• 1건마다 500원
4. 집행문 부여 (다만, 재판서 정본도 교부하는 때에는 위 2.재판서 조서 정본, 등본, 초본의 교부 수수료를 따로 납부)	• 1통마다 500원
사건의 당사자 및 그 법정대리인, 소송대리인, 변호인, 보조인 등이 그 사건의 계속 중에 재판기록의 열람을 신청하는 때에는 위 1. 기록의 열람, 복사에 규정된 수수료를 납부하지 아니함.	

[자료 11] 민사접수서류에 붙일 인지액

서류의 종류	조 문	인지액
관할법원지정신청서	민소 28	1,000원
관할합의서	민소 29	–
소송이송신청서	민소 34 ①	–
소송이송신청서	민소 34②, 35, 36	1,000원
당사자선정서, 변경서, 취소서	민소 53	–
특별대리인선임신청서	민소 62, 64	1,000원
보조참가신청서	민소 71	–
보조참가에 대한 이의신청서	민소 73	–
공동소송적 보조참가신청서	민소 78	–
독립당사자 참가신청서	민소 79	민사소송등인지법 (이하 민소인지법이라 한다) 제2조, 제6조 소정액
소송탈퇴서, 동의서	민소 80	–
원고측 공동소송참가신청서	민소 83	민소인지법 제2조, 제6조 소정액
피고측 공동소송참가신청서	민소 83	–
소송고지신청서	민소 85	–
소송대리인 허가신청서	민소 88	–
소송대리권의 증명서(위임장, 지정서)	민소 89	–
소송대리인 해임(사임)신고서	민소 89	–
소송비용액 확정신청서	민소 110, 113, 114	1,000원
담보취소신청서	민소 125, 127	1,000원
담보권리행사최고신청서	민소 125 ③	1,000원
담보취소결정확정증명원	민소 162	500원
담보물변경신청서	민소 126	1,000원
소송구조신청서	민소 128	1,000원
소송구조취소신청서	민소 131	1,000원
변호사(또는 집행관)의 보수지급신청서	민소규 26 ①	–
변호사(또는 집행관)의 보수와 체당금의	민소 132 ②, ③	1,000원

비용액확정신청서		
구석명신청서	민소 136	–
법원의 석명처분(당사자본인 또는 법정대리인출석 명령, 당사자가 소지하는 문서 또는 물건제출명령) 신청서	민소 140 ①	–
변론의 제한, 분리, 병합 또는 재개를 구하는 신청서	민소 141, 142	–
변론의 속기(또는 녹음)신청서	민소 159 ①	–
녹음테이프(또는 속기록) 요지의 조서기재 신청서	민소 159 ③	–
소송기록의 열람·복사신청서	민소 162 ①	500원
재판서, 조서의 정본·등본·초본 교부 신청서	민소 162 ①	1,000원(5장을 초과하면, 초과 1장당 50원 추가)
확정된 소송기록에 대한 열람신청서	민소 162 ②	1,000원
비밀보호를 위한 열람 등의 제한 신청서	민소 163 ①	1,000원
조서의 기재에 대한 이의	민소 164	–
기일지정(또는 연기, 속행, 변경)신청서	민소 165 ①	–
기간 신장 또는 단축신청, 부가기간의 신청서	민소 172	–
재송달신청서	민소 174	–
집행관송달신청서(특별송달신청)	민소 176 ①	–
송달영수인신고서	민소 184	–
송달장소변경신고서	민소 185	–
휴일(또는 야간) 송달신청서	민소 190	–
공시송달신청서	민소 194	–
판결(또는 화해, 인낙, 포기 등의 조서, 지급명령 기타 결정명령) 경정신청서	민소 211	–
가집행선고신청서	민소 213 ①	–
	민소 406, 435	–
가집행선고면제신청서	민소 213 ②	–
가집행선고 실효로 인한 원상회복(또는 손해배상) 신청서	민소 215 ②, ③	민소인지법 제4조② 소정액

법원사무관 등의 처분에 대한 이의신청서	민소 223	1,000원
화해권고결정에 대한 이의신청서	민소 226	–
화해권고결정에 대한 이의신청의 취하서	민소 228	–
화해권고결정 취소 신청서	민소규 59 ①	–
소송절차수계신청서	민소 233부터 241 (238제외)	–
당사자의 장애로 인한 중지신청 및 그 취소신청서	민소 246	–
소장	민소 248	민소인지법 제2조 소정액
정기금판결에 대한 변경의 소장	민소 252	민소인지법 제2조 소정액
인지·주소보정서	민소 254 ①	–
피고경정신청서	민소 260	–
청구취지(또는 청구원인)변경신청서	민소 262	민소인지법 제5조 소정액
청구취지(또는 청구원인)변경불허신청서	민소 263	–
중간확인의 소	민소264	민소인지법 제5조(원고가 제기한 경우) 또는 제4조 ②(피고가 제기한 경우) 소정액
소(상소)취하서	민소 266 ①, 393 ①, 425	–
소 취하에 대한 이의(또는 부동의서)	민소 266 ⑥	–
기일지정신청서	민소 268 ②	–
소취하 효력을 다투는 기일지정 신청서	민소규 67	–
반소장	민소269	민소인지법 제4조 소정액
준비서면, 답변서	민소 272, 256	–
사실조사촉탁신청서	민소 294	–
증인신문신청서	민소 308	–
촉탁신문신청서	민소 313	–
증인불출석신청서	민소규 83	–

증인구인신청서	민소 312	–
증언거부신청서	민소 314, 315	–
증인대질신청서	민소 329	–
감정신청서	민소 333	–
감정인기피신청서	민소336	–
감정증인신문신청서	민소 340	–
문서제출명령신청서	민소 343	–
서증의 신청서	민소 343, 360	–
문서송부촉탁신청서	민소 352	–
법원외서증조사신청서	민소규 112	–
검증신청서	민소 364	–
당사자본인(또는 법정대리인) 신문신청서	민소 367, 372	–
증거보전신청서	민소 375	1,000원
제소전화해신청서	민소 385	민소인지법 제7조① ④ 소정액
화해불성립으로 인한 소제기신청서	민소 388	민소인지법 제7조③ 소정액(피신청인이 소제기신청을 하는 경우에는 첩부하지 않음)
항소장	민소 397	민소인지법 제3조 소정액
항소취지확장신청서	민소 390, 397, 408	민소인지법 제2조, 제3조 소정액
불항소합의서	민소 390 단서	–
상소취하서	민소 393 ① 425, 443	–
상소권포기서	민소 394, 425, 443	–
부대상소장	민소 403, 425, 443	민소인지법 제3조 소정액
상고장(비약상고장 포함)	민소 422	민소인지법 제3조 소정액
상고이유서	민소 427	–
상고이유에 대한 답변서	민소 428 ②	–
추완항소(상고)장	민소 173, 397, 422	민소인지법

		제3조 소정액
항고장(보통항고장, 즉시항고장, 재항고장, 준항고장), 추완항고장	민소 439, 441 ②, 442, 443, 444	민소인지법 제11조 소정액
특별항고장	민소 449	민소인지법 제11조 소정액
재심소장(준재심소장)	민소 451	민소인지법 제8조 소정액
지급명령신청서	민소 462	민소인지법 제7조②④소정액
소제기신청서	민소466 ①	민소인지법 제2조 소정액에서 지급명령 신청서에 붙힌 인지액을 뺀 금액
지급명령에 대한 이의신청서	민소 469 ②	–
공시최고신청서	민소 477	1,000원
관리 또는 청구의 신고서	민소 482, 485	–
재권판결에 대한 불복의 소장	민소 490 ②	민소인지법 제2조 소정액
판결확정증명신청서	민소 499	500원
강제집행정지 등의 신청서	민소 500, 501	1,000원
야간(휴일)집행허가신청서	민집 8	1,000원
즉시항고장	민집 15	민소인지법 제11조 소정액
집행에 관한 이의신청서	민집 16 ①	1,000원
집행에 관한 이의신청에 기한 잠정처분 신청서	민집 16 ②	–
집행관의 집행위임거부 등에 대한 이의신청서	민집 16 ③	1,000원
집행판결을 구하는 소장	민집 26	민소인지법 제2조 소정액
집행(승계집행)문 부여신청	민집 28, 31, 58, 292	500원
집행문부여의 소장	민집 33, 59 ④	민소인지법 제2조 소정액

집행문부여에 대한 이의신청서	민집 34	1,000원
집행문부여에 대한 이의신청에 기한 잠정처분신청서	민집 34 ②	–
집행문 수통(또는 재도)부여신청서	민집 35	500원
판결등 집행권원 정본의 송달증명원	민집 39	500원
청구에 관한 이의의 소장	민집 44	민소인지법 제2조 소정액
집행문부여에 대한 이의의 소장	민집 45	민소인지법 제2조 소정액
잠정처분신청서	민집 46 ②, 48 ③	1,000원
제3자이의 소장	민집 48	민소인지법 제2조 소정액
경매절차정지신청서	민집 49	–
채무자 유산의 강제집행을 위한 특별대리인선임신청서	민집 52	1,000원
집행비용액확정결정신청서	민집 53, 민집규 24 ①	1,000원
공증인의 집행문부여에 대한 이의신청서	민집 59 ②	1,000원
재산명시신청서	민집 61	1,000원
명시명령에 대한 이의신청서	민집 63	1,000원
재산목록 정정허가 신청서	민집 66	–
재산목록의 열람·복사신청서	민집 67	500원
감치재판개시결정	민집 68 민집규 30 ②	–
명시명령 이행 신청서	민집 68 ⑤	–
채무불이행자명부등재신청서	민집 70	1,000원
채무불이행자명부 열람·복사신청서	민집 72 ④	500원
명부등재말소신청서	민집 73	1,000원
재산조회신청서	민집 74	1,000원
재산조회결과의 열람·복사·출력신청서	민집 75	500원
부동산경매신청서	민집 80, 264	5,000원
매각기일연기(변경)신청서		–

미등기 부동산에 대한 집행관조사신청서	민집 81③	–
부동산에 대한 침해행위방지조치신청서	민집 83 ③	–
채권계산서	민집 253, 84	–
경매개시결정에 대한 이의신청서	민집 86, 265	1,000원
경매개시결정에 대한 이의신청에 기한 잠정처분 신청서	민집 86 ②	–
채권자의 배당요구신청서	민집 247, 88	–
경매신청취하서	민집 93	–
부동산의 멸실 등에 의한 경매취소신청서	민집 96	–
부동산재평가신청서	민집 97	–
부동산일괄매각신청서	민집 98	–
채권자의 매수신청서	민집 102 ②	–
합의에 의한 매각조건변경신청서	민집 110	–
최고가(차순위)매수신고인의 송달영수인 신고서	민집 118	–
매각허가결정에 관한 이의신청서	민집 120	–
매각부동산지정서	민집 124 ②	–
부동산훼손등에 의한 매각불허가신청서	민집 127 ①	1,000원
부동산훼손등에 의한 매각허가결정의 취소신청서	민집 127 ①	1,000원
매각허가여부에 대한 항고장, 재항고장	민집 129	2,000원
매각부동산인도명령신청서	민집 136 ①	1,000원
매각부동산관리명령신청서	민집 136 ②	1,000원
공유자의 우선매수신고서	민집 140	–
매수대금과 배당액의 상계신청서	민집 143 ②	–
매수인의 채무인수신청서	민집 143 ①	–
매수인의 채무인수 또는 차액지급신고에 대한이의 신청서	민집 143 ③	–
배당표에 대한 이의신청서	민집 151 ②	–
배당이의의 소장	민집 154	민소인지법 제2조소정액
집행력있는 정본의 환부신청서	민집 159 ③, 172	–
배당액계좌입금신청서	민집 160 ②	–

	민집규 82 ②	
부동산강제관리신청서	민집 163	5,000원
관리인해임신청서	민집 167 ③	–
강제관리에 대한 제3자 이의의 소장	민집 168	민소인지법 제2조소정액
관리인의 계산에 대한 이의신청서	민집 170 ②	500원
선박에 대한 강제집행신청서	민집 172	5,000원
선박국적증서인도명령신청서	민집 175	1,000원
선박국적증서등 수취불능신고서	민집규 97	–
압류선박의 항행허가신청서	민집 176 ②	–
선박감수보전처분	민집 178	1,000원
자동차인도명령신청서	민집규 113 ①	1,000원
자동차운행허가신청서	민집규 117, 210 ③	–
선박지분에 대한 강제집행신청서	민집 185	2,000원
제3자 점유물인도명령신청서	민집 193 ①	1,000원
압류금지물의 범위변경신청서	민집 196	1,000원
유체동산 특별현금화명령신청서	민집 214	1,000원
집행관에 대한 매각실시명령신청서	민집 216	1,000원
공유부인의 소장	민집 221 ③	민소인지법 제2조소정액
매각대금의 공탁사유신고서	민집 222 ③	–
가압류를 본압류로 전이하는 신청서	민집 225	2,000원
채권압류명령신청서	민집 225	2,000원
저당권있는 채권압류명령의 등기부기입 신청서	민집 228 ①	–
전부명령신청서	민집 229	2,000원
채권압류 및 전부(추심)명령신청서	민집 229	4,000원
추심명령신청서	민집 229	2,000원
저당권있는 채권전부명령의 등기부기입신청서	민집 230	–
압류액의 제한(또는 초과액처분) 허가신청서	민집 232	–
압류채권자의 추심신고서	민집 236 ①	–

추심금액공탁사유신고서	민집 236 ②	–
제3채무자에 대한 진술최고신청서	민집 237	–
추심권포기신고서	민집 240	–
채권 기타 재산권 특별현금화명령 신청서	민집 241	2,000원
압류금지채권의 범위변경신청서	민집246 ②,③, 291	1,000원
제3채무자의 채무액공탁사유신고서	민집 248 ④	–
채권가압류를 원인으로 한 제3채무자의 권리공탁신고서	민집규 172조 ①,②	–
추심의 소장	민집 249 ①	민소인지법 제2조소정액
배당요구채권자의 압류채권추심허가 신청서	민집 250	1,000원
그 밖의 재산권의 압류명령신청서	민집 251	2,000원
대체집행신청서	민집 260 ①	2,000원
대체집행비용선지급결정신청 서	민집 260 ②	1,000원
간접강제신청서	민집 261	2,000원
가압류신청서	민집 276	10,000원
가압류결정에 대한 이의신청서	민집 283	10,000원
가압류신청취하서	민집 285	–
가압류이의에 관한 판결에 대한 항소장, 상고장		신청에 붙일 인지액의 2배
제소명령신청서	민집 287 ①	10,000원
제소기간도과에 의한 가압류취소신청서	민집 287 ③	10,000원
사정변경등에 의한 가압류취소 신청서	민집 288 ①	2,000원
강제관리의 방법에 의한 가압류 집행신청서	민집 294	5,000원
채권자의 가압류(가처분) 집행취소(해제) 신청서		–
채권자의 가압류(가처분)신청취하를 이유로 하는 채무자의 집행취소신청서		–
가압류취소재판의 취소재판에 의한 가압류집행신청서	민집 298 ②	–
해방공탁에 의한 가압류집행의	민집 299	1,000원

취소신청서		
가처분신청서	민집 300	10,000원
가처분신청취하서		–
가처분결정에 대한 이의신청서	민집 301, 283	10,000원
사정변경등에 의한 가처분취소 신청서	민집 301, 288	10,000원
특별사정에 의한 가처분취소신청서	민집 307	10,000원
변론기일지정신청서	소액사건심판규칙 3조의3	–
이행권고결정에 대한 이의신청서	소액사건심판법 5조의4	–
민사조정신청서	민사조정법 2	민사조정규칙 제3조①소정액
조정사건이송신청서	민사조정법 4①	–
조정사건이송신청서	민사조정법 4②	1,000원
조정회부신청서	민사조정법 7②	–
피신청인경정신청서	민사조정법 17①	–
대표당사자선정신고서	민사조정법 18①	–
조정에 갈음하는 결정에 대한 이의신청서	민사조정법 34①	–
재산조회	채무자 회생 및 파산에 관한 법률 (이하, 채무자 회생) 29①	1,000원
회생절차개시의 신청서	채무자 회생34①	30,000원
보전처분(회생절차)	채무자 회생43①	2,000원
중지 또는 금지명령신청서(회생절차)	채무자 회생44①	2,000원
포괄적 금지명령신청서(회생절차)	채무자 회생45①	2,000원
포괄적 금지명령의 적용 배제신청서 (회생절차)	채무자 회생47①	2,000원
중지된 절차 또는 처분의 속행 또는 취소신청서(회생절차)	채무자 회생44④, 45⑤, 58⑤	2,000원
부인의 청구서(회생절차)	채무자 회생105①	1,000원
부인의 청구인용결정에 대한 이의의 소	채무자 회생107①	민소인지법

(회생절차)		제2조 소정액
이사등의 재산에 대한 보전처분신청서(회생절차)	채무자 회생114 ①, ③	2,000원
손해배상청구권등의 조사확정재판신청서(회생절차)	채무자 회생115①	1,000원
손해배상청구권 등의 조사확정재판에 대한 이의의 소(회생절차)	채무자 회생116①	민소인지법 제2조 소정액
회생채권, 회생담보권 조사확정재판 신청서	채무자 회생170①	1,000원
회생채권, 회생담보권 조사확정재판에 대한 이의의 소	채무자 회생171①	민소인지법 제2조 소정액
파산신청서	채무자 회생294①	30,000원[단, 채무자(법인 포함)가 신청하는 경우에는 1,000원]
보전처분 신청서(파산절차)	채무자 회생323①	2,000원
이사등의 재산에 대한 보전처분신청서(파산절차)	채무자 회생351 ①, ③	2,000원
손해배상청구권등의 조사확정재판신청서(파산절차)	채무자 회생352①	1,000원
손해배상청구권 등의 조사확정재판에 대한 이의의 소(파산절차)	채무자 회생353①	민소인지법 제2조 소정액
면제재산 결정 신청서(파산절차)	채무자 회생383②	–
부인의 청구서	채무자 회생396①	1,000원
부인의 청구인용결정에 대한 이의의 소(파산절차)	채무자 회생396④, 107①	민소인지법 제2조 소정액
파산채권 조사확정재판 신청서	채무자 회생462①	1,000원
파산채권 조사확정재판에 대한 이의의 소	채무자 회생463①	민소인지법 제2조 소정액
배당표에 대한 이의신청서	채무자 회생514①	–
면책신청서(파산절차)	채무자 회생556	1,000원
면책의 취소신청서	채무자 회생569①	1,000원
복권신청서	채무자 회생575①	1,000원
면제재산 결정 신청서(개인회생절차)	채무자 회생580③,	–

	383②	
부인의 청구서(개인회생절차)	채무자 회생584①, 396①	1,000원
부인의 청구인용결정에 대한 이의의 소(개인회생절차)	채무자 회생584①, 396④, 107①	민소인지법 제2조 소정액
개인회생절차 개시신청서	채무자 회생588	30,000원
보전처분신청서(개인회생절차)	채무자 회생592①	2,000원
중지 또는 금지명령신청서(개인회생절차)	채무자 회생593①	2,000원
중지 또는 금지명령의 취소 또는 변경신청서(개인회생절차)	채무자 회생593④	2,000원
포괄적 금지명령신청서(개인회생절차)	채무자 회생593⑤, 45①	2,000원
포괄적 금지명령의 적용 배제신청서(개인회생절차)	채무자 회생593⑤, 47①	2,000원
중지된 절차 또는 처분의 속행 또는 취소신청서(개인회생절차)	채무자 회생593⑤, 45⑤, 600③	2,000원
개인회생채권 조사확정재판 신청서	채무자 회생604①	1,000원
개인회생채권 조사확정재판에 대한 이의의 소	채무자 회생605①	민소인지법 제2조 소정액
면책신청서(개인회생절차)	채무자 회생624①	–
면책 취소 신청서(개인회생절차)	채무자 회생626①	1,000원
사건 이송 신청서(국제도산)	채무자 회생630	1,000원
외국도산절차의 승인신청서	채무자 회생631①	1,000원
승인전 명령신청서	채무자 회생635①, 636①	2,000원
외국도산절차에 대한 지원신청서	채무자 회생636①	2,000원
외국도산절차의 지원 결정의 변경 또는 취소신청서	채무자 회생636⑥	2,000원
중지된 절차의 취소신청서(국제도산)	채무자 회생636⑦	2,000원

제7편

(인지 관련) 법률·규칙·예규

제1장 법 률

◐ 민사소송 등 인지법

[시행 2015. 7. 1.] [일부개정 2014. 12. 30. 법률 제12892호]

제1조 (인지의 부착)

민사소송절차, 행정소송절차, 그 밖에 법원에서의 소송절차 또는 비송사건절차에서 소장이나 신청서 또는 신청의 취지를 적은 조서에는 다른 법률에 특별한 규정이 있는 경우가 아니면 이 법에서 정하는 인지를 붙여야 한다. 다만, 대법원규칙으로 정하는 바에 따라 인지를 붙이는 대신 그 인지액에 해당하는 금액을 현금이나 신용카드·직불카드 등으로 납부하게 할 수 있도록 하되, 신용카드·직불카드 등으로 납부하는 경우 인지납부일, 인지납부대행기관의 지정 및 운영과 납부대행 수수료 등에 필요한 사항은 대법원규칙으로 정한다. 〈개정 2011.3.7〉

제2조 (소장)

① 소장(반소장 및 대법원에 제출하는 소장은 제외한다)에는 소송목적의 값에 따라 다음 각 호의 금액에 해당하는 인지를 붙여야 한다.

1. 소송목적의 값이 1천만원 미만인 경우에는 그 값에 1만분의 50을 곱한 금액
2. 소송목적의 값이 1천만원 이상 1억원 미만인 경우에는 그 값에 1만분의 45를 곱한 금액에 5천원을 더한 금액
3. 소송목적의 값이 1억원 이상 10억원 미만인 경우에는 그 값에 1만분의 40을 곱한 금액에 5만5천원을 더한 금액
4. 소송목적의 값이 10억원 이상인 경우에는 그 값에 1만분의 35를 곱한 금액에 55만5천원을 더한 금액

② 제1항에 따라 계산한 인지액이 1천원 미만이면 그 인지액은 1천원으로 하고, 1천원 이상이면 100원 미만은 계산하지 아니한다.

③ 소송목적의 값은 「민사소송법」 제26조제1항 및 제27조에 따라 산정하되, 대법원규칙으로 소송목적의 값을 산정하는 기준을 정할 수 있다.

④ 재산권에 관한 소로서 그 소송목적의 값을 계산할 수 없는 것과 비재산권을 목적으로 하는 소송의 소송목적의 값은 대법원규칙으로 정한다.

⑤ 1개의 소로서 비재산권을 목적으로 하는 소송과 그 소송의 원인이 된 사실로부터 발생하는 재산권에 관한 소송을 병합한 경우에는 액수가 많은 소송목적의 값에 따라 인지를 붙인다.

제3조 (항소장, 상고장)

항소장에는 제2조에 따른 금액의 1.5배에 해당하는 인지를 붙이고, 상고장(대법원에 제출하는 소장을 포함한다)에는 제2조에 따른 금액의 2배에 해당하는 인지를 붙여야 한다.

제4조 (반소장)

① 제1심에 제출하는 반소장에는 제2조에 따른 금액의 인지를 붙이고, 항소심에 제출하는 반소장에는 제2조에 따른 금액의 1.5배에 해당하는 인지를 붙여야 한다.

② 본소와 그 목적이 같은 반소장에는 심급에 따라 다음 각 호에 해당하는 금액의 인지를 붙여야 한다.

1. 제1심의 경우에는 제1항 전단에 따른 금액에서 본소의 소송목적의 값에 대한 제2조에 따른 금액을 뺀 금액
2. 항소심의 경우에는 제1항 후단에 따른 금액에서 본소의 소송목적의 값에 대한 제2조에 따른 금액의 1.5배를 뺀 금액

제5조 (청구변경신청서)

청구변경신청서에는 심급에 따라 다음 각 호에 해당하는 금액의 인지를 붙여야 한다.

1. 제1심의 경우에는 변경 후의 청구에 관한 제2조에 따른 금액에서 변경 전의 청구에 관한 인지액을 뺀 금액
2. 항소심의 경우에는 변경 후의 청구에 관한 제2조에 따른 금액의 1.5배에서 변경 전의 청구에 관한 인지액을 뺀 금액

제6조 (당사자참가신청서)

①「민사소송법」 제79조 또는 제83조에 따라 소송에 참가하는 경우 제1심 참가신청서에는 제2조에 따른 금액의 인지를 붙이고, 항소심 참가신청서에는 제2조에 따른 금액의 1.5배에 해당하는 인지를 붙여야 한다.

②「민사소송법」 제81조에 따른 참가신청에 대하여 피신청인이 신청인의 승계주장사실을 다투는 경우에도 제1항과 같다.

제7조 (화해신청서 등)

① 화해신청서에는 제2조에 따른 금액의 5분의 1에 해당하는 인지를 붙여야 한다.

② 지급명령신청서에는 제2조에 따른 금액의 10분의 1에 해당하는 인지를 붙여야 한다.

③ 「민사소송법」 제388조 또는 제472조에 따라 화해 또는 지급명령 신청을 한 때에 소가 제기된 것으로 보는 경우에는 해당 신청인은 소를 제기할 때 소장에 붙여야 할 인지액에서 해당 신청서에 붙인 인지액을 뺀 금액에 해당하는 인지를 보정하여야 한다.

④ 제1항과 제2항에 따른 인지액에 관하여는 제2조제2항을 준용한다.

제8조 (재심소장 등)

① 재심소장에는 심급에 따라 제2조, 제3조 또는 제4조제1항에 따른 금액에 해당하는 인지를 붙여야 한다.

② 「민사소송법」 제220조의 조서에 대한 준재심의 경우에도 제1항과 같다. 다만,「민사소송법」 제386조의 조서에 대한 준재심의 소장에는 제7조제1항에 따른 금액에 해당하는 인지를 붙여야 한다.

[전문개정 2009.5.8]

제9조 (그 밖의 신청서)

① 다음 각 호의 신청을 위한 신청서에는 3만원의 인지를 붙여야 한다.

1. 채권자가 하는 파산의 신청
2. 회생절차 또는 간이회생절차 개시의 신청
3. 개인회생절차 개시의 신청
4. 그 밖에 제1호부터 제3호까지의 신청에 준하는 신청으로서 대법원규칙으로 정하는 신청

② 「민사집행법」에 따른 가압류·가처분의 신청이나 가압류·가처분 결정에 대한 이의 또는 취소의 신청을 위한 신청서에는 1만원의 인지를 붙여야 한다. 다만, 임시의 지위를 정하기 위한 가처분의 신청 및 그에 대한 이의 또는 취소의 신청은 그 본안의 소에 따른 인지액의 2분의 1에 해당하는 인지를 붙여야 한다. 이 경우 인지액의 상한액은 50만원으로 한다. 〈신설 2011.7.18〉

③ 다음 각 호의 신청을 위한 신청서에는 5천원의 인지를 붙여야 한다.

〈개정 2011.7.18〉

1. 부동산의 강제경매의 신청, 담보권 실행을 위한 경매의 신청, 그 밖에 법원에 의한 경매의 신청
2. 강제관리의 신청이나 강제관리 방법으로 하는 가압류 집행의 신청
3. 그 밖에 제1호 또는 제2호의 신청에 준하는 신청으로서 대법원규칙으로 정하는 신청

④ 다음 각 호의 신청을 위한 신청서에는 2천원의 인지를 붙여야 한다.
〈개정 2011.4.12, 2011.7.18〉

1. 채권의 압류명령의 신청, 그 밖에 법원에 의한 강제집행의 신청(제2항에 따른 신청은 제외한다)
2. 「행정소송법」에 따른 집행정지의 신청
3. 「부동산등기법」 제90조제1항에 따른 가처분명령의 신청, 그 밖에 등기 또는 등록에 관한 법령에 따른 가등기 또는 가등록의 가처분명령의 신청
4. 즉시항고로 불복을 신청할 수 있는 결정 또는 명령이 확정된 경우에 하는 준재심의 신청
5. 그 밖에 제1호부터 제4호까지의 신청에 준하는 신청으로서 대법원규칙으로 정하는 신청

⑤ 다음 각 호의 신청을 위한 신청서에는 1천원의 인지를 붙여야 한다.
〈개정 2011.7.18〉

1. 「민사소송법」 제475조에 따른 공시최고의 신청
2. 「비송사건절차법」에 따라 재판을 구하는 신청
3. 재산명시신청이나 채무불이행자명부 등재신청 또는 그 말소신청
4. 그 밖에 대법원규칙으로 정하는 각종 사건부에 등재할 신청(제1항부터 제3항까지의 신청은 제외한다)

제10조 (그 밖의 신청서)

제2조부터 제9조까지에 규정되지 아니한 신청서에는 500원의 인지를 붙여야 한다. 다만, 답변서, 증거신청서 및 법원의 직권 발동을 촉구하는 의미의 신청서 및 대법원규칙으로 정하는 신청서에는 인지를 붙이지 아니한다. 〈개정 2011. 7.18〉

제11조 (항고장 등)

① 제9조 또는 제10조의 신청에 관한 재판(항고법원의 재판을 포함한다)에 대한 항고장 및 상소장에는 해당 신청서에 붙인 인지액의 2배에 해당하는 인지를 붙여야 한다.

② 제1항의 항고장 외의 항고장에는 2천원의 인지를 붙여야 한다.

제12조 (재판서 등의 등본·초본의 청구)

재판서 또는 조서의 등본 또는 초본 발급을 청구하는 경우에는 대법원규칙으로 정하는 금액의 인지를 붙여야 한다.

제13조 (인지를 붙이지 아니한 경우의 효력)

이 법에 따른 인지를 붙이지 아니하거나 인지액에 해당하는 금액을 현금이나 신용카드·직불카드 등으로 납부하지 아니하고 한 신청은 부적법하다. 다만, 법원은 신청인에게 보정을 명할 수 있고, 신청인이 그 명령에 따라 인지를 붙이거나 인지액에 해당하는 금액을 현금이나 신용카드·직불카드 등으로 납부한 경우에는 그러하지 아니하다. 〈개정 2011.3.7〉

제14조 (인지액 중 일정액의 환급)

① 원고, 상소인, 그 밖의 신청인은 다음 각 호의 어느 하나에 해당하는 경우에는 해당 심급의 소장·항소장·상고장·반소장·청구변경신청서·당사자참가신청서 및 재심소장(이하 "소장 등"이라 한다)에 붙인 인지액의 2분의 1에 해당하는 금액(인지액의 2분의 1에 해당하는 금액이 10만원 미만이면 인지액에서 10만원을 빼고 남은 금액)의 환급을 청구할 수 있다.

1. 소장 등에 대한 각하명령이 확정된 경우
2. 제1심 또는 항소심에서 해당 심급의 변론종결 전에 소·항소·반소·청구변경신청·당사자참가신청 또는 재심의 소가 취하(취하로 간주되는 경우를 포함한다)된 경우
3. 상고이유서 제출기간이 지나기 전에 상고가 취하된 경우
4. 제1심 또는 항소심에서 청구의 포기 또는 인낙이 있은 경우
5. 제1심 또는 항소심에서 재판상 화해 또는 조정이 성립된 경우(「민사소송법」 제231조 및 민사조정법」 제34조 제4항에 따라 재판상 화해와 동일한 효력이 있는 경우를 포함한다)
6. 「상고심절차에 관한 특례법」 제4조에 해당하여 기각된 경우
7. 「민사소송법」 제429조에 해당하여 기각된 경우

② 제1항에 따른 청구는 그 사유가 발생한 날부터 3년 이내에 하여야 한다.

③ 제1항에 따른 인지액의 환급 절차 등에 관하여 필요한 사항은 대법원규칙으로 정한다.

제15조 (위임규정)

제8조부터 제11조까지의 규정에 따른 인지액은 경제사정이 변동된 경우에는 이 법이 개정될 때까지 대법원규칙으로 올리거나 내릴 수 있다.

제16조 (전자소송에서의 특례)

① 「민사소송 등에서의 전자문서 이용 등에 관한 법률」 제8조에 따라 등록사용자로서 전산정보처리시스템을 이용한 민사소송 등의 진행에 동의한 자가 전자문서로 제출하는 소장에는 제2조에 따른 인지액의 10분의 9에 해당하는 인지를 붙여야 한다.

② 제1항은 제3조부터 제10조까지의 경우에 준용한다.

[본조신설 2011.7.18.]

부 칙 〈제10860호, 2011.7.18〉

제1조 (시행일)

이 법은 공포 후 3개월이 경과한 날부터 시행한다. 다만, 제16조 의 개정규정은 공포한 날부터, 제10조의 개정규정은 공포 후 1개월이 경과한 날부터 각각 시행한다.

제2조 (적용례)

제9조, 제10조 및 제16조의 개정규정은 같은 개정규정 시행 후 최초로 접수되는 소장 또는 신청서 등부터 적용한다.

부 칙 〈제11156호, 2012.1.17〉

이 법은 공포한 날부터 시행한다.

부 칙(채무자 회생 및 파산에 관한 법률) 〈제12892호, 2014.12.30〉

제1조 (시행일)

이 법은 공포 후 6개월이 경과한 날부터 시행한다.

제2조부터 제4조까지 생략

제5조 (다른 법률의 개정)

① 및 ② 생략

③ 민사소송등인지법 일부를 다음과 같이 개정한다.

제9조 제1항 제2호 중 "회생절차"를 "회생절차 또는 간이회생절차"로 한다.

④ 및 ⑤ 생략

제2장 규 칙

◐ 민사소송 등 인지규칙

[시행 2015. 12. 1] [일부개정 2015. 10. 29. 대법원규칙 제2624호]
[시행 2019. 1. 29] [일부개정 2019. 1. 29. 대법원규칙 제2827호]

제 1 장 통 칙

제1조 (목적)

이 규칙은 「민사소송 등 인지법」(이하 "법"이라 한다)에서 대법원규칙으로 정하도록 위임한 사항 기타 필요한 사항에 관하여 규정함을 목적으로 한다.

제2조 (인지의 확인 등)

① 소장·상소장 기타의 신청서(신청의 취지를 기재한 조서를 포함한다. 이하 같다)(이하 "소장등"이라 한다)의 인지확인은 접수사무를 담당하는 법원서기관, 법원사무관, 법원주사 또는 법원주사보(이하 "법원사무관등"이라 한다)가 한다.

② 접수담당 법원사무관등은 소장등의 인지가 첩부된 마지막 인지대지나 인지액 상당의 금액을 현금이나 신용카드·직불카드 등(이하 "신용카드등"이라 한다)으로 납부한 내역을 기재한 영수필확인서(소장등에 은행납부번호를 기재하거나 현금자동입출금기를 통해 납부하고 그 이용명세표를 첨부한 경우 위 납부번호기재나 이용명세표도 영수필확인서로 본다. 이하 같다)가 첩부된 용지의 여백 또는 조서용지의 여백에 별지 1과 같은 양식의 고무인을 찍어야 한다. 다만, 정액의 인지를 첩부하는 항고장·재항고장 그 밖의 신청서의 경우에는 그러하지 아니하다.

③ 접수담당 법원사무관등은 소장등의 첩부인지액 또는 현금이나 신용카드등으로 납부한 인지액 상당의 금액(이하 "납부액"이라 한다)의 상당여부를 조사하여 소송목적의 값(이하 "소가"라 한다), 첩부하여야 할 인지액과 첩부한 인지액 등을 기재하고 날인하며, 제5조에 따른 조치를 한 후 첩부된 인지에 소인하여야 한다. 〈개정 2019. 1.29.〉

④ 접수담당 법원사무관등이 청구취지(항소취지 포함) 변경신청서를 접수한 후 총인지액과 기첩부 인지액 등을 확인하기 어려울 경우에는 별지 1 양식의 청구취지 변경용 고무인만을 찍어 참여 법원사무관등에게 보내어 참여 법원사무관등으로 하여금 제3항의 조치를 취하게 할 수 있다.

⑤ 법원사무관등은 원고·상소인 그 밖의 신청인(이하 "신청인등"이라 한다)이 산정, 신고한 소가 또는 첩부인지액이나 납부액이 상당하지 아니하다고 인정한 때에는 신청인등에게 보정을 권고하거나 재판장의 명령을 받아 직접 보정명령을 하고, 별지 1 양식의 고무인 비고란에 그 사유를 부기하여야 한다. 소가의 산정을 위한 자료의 미비 그 밖의 사유로 소가를 산정하기 어려운 경우에도 같다.

⑥ 원심법원의 법원사무관등이 상소장에 대하여 제2항 내지 제4항의 규정에 따른 인지확인을 하지 아니한 경우에는 상소법원의 접수담당 법원사무관등이 이를 한다.

제2조의2 (인지를 붙이지 아니하는 신청서)

법 제10조 단서에 따라 인지를 붙이지 아니하는 신청서는 민사소송절차와 민사소송법이 준용되는 소송절차, 집행절차 및 비송절차에서 민사소송법 제162조에 따른 신청서를 제외한 나머지 신청서를 말한다.

제3조 (소가의 인정)

소가의 산정을 위한 자료의 미비, 그 밖의 사유로 인하여 소가를 산정하기 어려운 때에는 재판장이 소가인정을 한다. 이 경우 재판장은 소장등의 소송물가액표시 기재 오른쪽에 별지 2와 같은 양식의 고무인을 찍고 해당사항을 기입한 후 날인하여야 한다.

제4조 (인지의 보정명령)

재판장은 소장등에 첩부된 인지액 또는 그에 갈음한 납부액이 상당하지 아니하다고 인정한 때에는 지체 없이 신청인등에게 인지 또는 납부액의 보정을 명하여야 한다. 이 경우 재판장은 법원사무관등으로 하여금 이 보정명령을 하게 할 수 있다.

제5조 (과첩인지등의 처리)

① 소장등에 상당액수를 초과하여 첩부된 인지가 있는 때에는 접수담당 법원사무관등은 이를 떼어내어 신청인등에게 반환하여야 한다. 신청인등이 그 인지의 반환청구를 포기할 뜻을 표시한 때에는 인지가 첩부된 마지막 인지대지의 여백 또는 별지 1 양식의 고무인 비고란에 그 취지를 기재하고 신청인등의 기명날인 또는 서명을 받아야 한다.

② 소장등에 상당액수를 초과하여 인지의 첩부에 갈음한 영수필확인서가 첩부되어

있는 때에는 접수담당 법원사무관등은 신청인등에게 제32조에 따라 과오납금의 반환을 청구할 수 있음을 고지하고, 신청인등이 그 반환청구를 포기할 뜻을 표시한 때에는 영수필확인서가 첩부된 용지의 여백 또는 별지 1 양식의 고무인 비고란에 그 취지를 기재하고 신청인등의 기명날인 또는 서명을 받아야 한다.

제 2 장 소가산정의 기준

제 1 절 총 칙

제6조 (소가산정의 원칙)

법 제2조제1항의 규정에 의한 소가는 원고가 청구취지로써 구하는 범위내에서 원고의 입장에서 보아 전부 승소할 경우에 직접 받게 될 경제적 이익을 객관적으로 평가하여 금액으로 정함을 원칙으로 한다.

제7조 (소가산정의 기준시)

소가는 소를 제기한 때(법률의 규정에 의하여 소의 제기가 의제되는 경우에는 그 소를 제기한 것으로 되는 때)를 기준으로 하여 산정한다.

제8조 (소가산정의 방법등)

① 소장에는 소가의 산정을 위한 자료를 첨부하여야 한다.

② 토지 또는 건물에 관한 소송을 제기하는 경우에는 목적물의 개별공시지가 또는 시가표준액을 알 수 있는 토지대장등본, 공시지가확인원 또는 건축물대장등본 등을 제출하여야 한다.

③ 법원은 소가의 산정을 위하여 필요한 때에는 직권 또는 신청에 의하여 공무소 기타 상당하다고 인정되는 단체 또는 개인에게 사실조사 또는 감정을 촉탁하고, 필요한 사항의 보고를 요구할 수 있다. 이 경우에는 「민사소송법」 제140조, 「민사소송규칙」 제29조의 규정을 준용한다.

④ 소가의 산정을 위하여 필요한 비용은 당사자가 예납하여야 하며, 소송비용의 일부가 된다.

제 2 절 소가산정의 표준

제9조 (물건 등의 가액)

① 토지의 가액은 「부동산 가격공시 및 감정평가에 관한 법률」에 의한 개별공시지가

(개별공시지가가 없는 경우에는 시장·군수 또는 구청장이 같은 법 제9조에 따라 국토교통부장관이 제공한 토지가격비준표를 사용하여 산정한 가액)에 100분의 50을 곱하여 산정한 금액으로 한다.

② 건물의 가액은 「지방세법 시행령」 제4조 제1항 제1호의 방식에 의하여 산정한 시가표준액(이 경우 같은 법 시행령 제4조 제1항 제1호의 건축물은 건물로 한다)에 100분의 50을 곱한 금액으로 한다.

③ 선박·차량·기계장비·입목·항공기·광업권·어업권·골프회원권·승마회원권·콘도미니엄 회원권·종합체육시설이용회원권 그 밖에 「지방세법」 제10조 제2항 단서, 같은 법 시행령 제4조에 따른 시가표준액의 정함이 있는 것의 가액은 그 시가표준액으로 한다.

④ 유가증권의 가액은 액면금액 또는 표창하는 권리의 가액으로 하되, 증권거래소에 상장된 증권의 가액은 소 제기 전날의 최종거래가격으로 한다.

⑤ 유가증권 이외의 증서의 가액은 200,000원으로 한다.

제10조 (물건에 대한 권리의 가액)

① 물건에 대한 소유권의 가액은 그 물건가액으로 한다.

② 물건에 대한 점유권의 가액은 그 물건가액의 3분의 1로 한다.

③ 지상권 또는 임차권의 가액은 목적물건 가액의 2분의 1로 한다.

④ 지역권의 가액은 승역지 가액의 3분의 1로 한다.

⑤ 담보물권의 가액은 목적물건 가액을 한도로 한 피담보채권의 원본액(근저당권의 경우에는 채권최고액)으로 한다.

⑥ 전세권(채권적전세권을 포함한다)의 가액은 목적물건 가액을 한도로 한 전세금액으로 한다.

제11조 (기타의 물건등의 가액)

제9조 및 제10조에 규정되지 아니한 물건 또는 권리(이하 이 조에서는 "물건등"이라 한다)의 가액은 소를 제기할 당시의 시가로 하고, 시가를 알기 어려운 때에는 그 물건등의 취득가격 또는 유사한 물건등의 시가로 한다.

제 3 절 각종의 소의 소가산정

제12조 (통상의 소)

통상의 소의 소가는 다음 각호에 규정된 가액 또는 기준에 의하여 산정한다.

1. 확인의 소(소극적확인의 소를 포함한다)에 있어서는 권리의 종류에 따라 제10조 및 제11조의 규정에 의한 가액
2. 증서진부확인의 소에 있어서는 그 증서가 유가증권인 경우에는 제9조제4항의 규정에 의한 가액의 2분의 1, 기타의 증서인 경우에는 제9조제5항의 규정에 의한 가액
3. 금전지급청구의 소에 있어서는 청구금액
4. 기간이 확정되지 아니한 정기금청구의 소에 있어서는 기발생분 및 1년분의 정기금 합산액
5. 물건의 인도·명도 또는 방해배제를 구하는 소에 있어서는 다음의 구별에 의한다.
   가. 소유권에 기한 경우에는 목적물건 가액의 2분의 1
   나. 지상권·전세권·임차권 또는 담보물권에 기한 경우 또는 그 계약의 해지·해제·계약기간의 만료를 원인으로 하는 경우에는 목적물건 가액의 2분의 1
   다. 점유권에 기한 경우에는 목적물건 가액의 3분의 1
   라. 소유권의 이전을 목적으로 하는 계약에 기한 동산인도청구의 경우에는 목적물건의 가액
6. 상린관계상의 청구에 있어서는 부담을 받는 이웃 토지 부분의 가액의 3분의 1
7. 공유물분할청구의 소에 있어서는 목적물건의 가액에 원고의 공유지분 비율을 곱하여 산출한 가액의 3분의 1
8. 경계확정의 소에 있어서는 다툼이 있는 범위의 토지부분의 가액
9. 사해행위취소의 소에 있어서는 취소되는 법률행위의 목적의 가액을 한도로 한 원고의 채권액
10. 기간이 확정되지 아니한 정기금의 지급을 명한 판결을 대상으로 한 「민사소송법」 제252조에 규정된 소에 있어서는 그 소로써 증액 또는 감액을 구하는 부분의 1년간 합산액

제13조 (등기·등록 등 절차에 관한 소)

① 등기 또는 등록 등(이하 이 조에서는 "등기"라고만 한다) 절차의 이행을 구하는 소의 소가는 다음 각호에 규정된 가액 또는 기준에 의한다.

1. 소유권이전등기의 경우에는 목적물건의 가액
2. 제한물권의 설정등기 또는 이전등기의 경우에는 다음의 구별에 의한다.
   가. 지상권 또는 임차권인 경우에는 목적물건가액의 2분의 1
   나. 담보물권 또는 전세권인 경우에는 목적물건가액을 한도로 한 피담보채권액(근

저당권의 경우에는 채권최고액)

다. 지역권인 경우에는 승역지 가액의 3분의 1

3. 가등기 또는 그에 기한 본등기의 경우에는 권리의 종류에 따라 제1호 또는 제2호의 규정에 의한 가액의 2분의 1

4. 말소등기 또는 말소회복등기의 경우에는 다음의 구별에 의한다.

가. 설정계약 또는 양도계약의 해지나 해제에 기한 경우에는 제1호 내지 제3호의 규정에 의한 가액

나. 등기원인의 무효 또는 취소에 기한 경우에는 제1호 내지 제3호의 규정에 의한 가액의 2분의 1

② 등기의 인수를 구하는 소의 소가는 목적물건 가액의 10분의 1

제14조 (명예회복을 위한 처분 청구의 소)

「민법」 제764조의 규정에 의한 명예회복을 위한 적당한 처분을 구하는 소는, 그 처분에 통상 소요되는 비용을 산출할 수 있는 경우에는 그 비용을 소가로 하고, 그 비용을 산출하기 어려운 경우에는 비재산권상의 소로 본다.

제15조 (회사등 관계소송등)

① 주주의 대표소송, 이사의 위법행위유지청구의 소 및 회사에 대한 신주발행유지청구의 소는 소가를 산출할 수 없는 소송으로 본다.

② 제1항에 규정된 것을 제외하고 상법의 규정에 의한 회사관계 소송은 비재산권을 목적으로 하는 소송으로 본다.

③ 회사 이외의 단체에 관한 것으로서 제2항에 규정된 소에 준하는 소송은 비재산권을 목적으로 하는 소송으로 본다.

④ 해고무효확인의 소는 비재산권을 목적으로 하는 소송으로 본다.

제15조의2 (단체소송)

다음 각 호의 단체소송은 비재산권을 목적으로 하는 소송으로 본다.

1. 「소비자기본법」 제70조에 따른 금지·중지 청구에 관한 소송
2. 「개인정보 보호법」 제51조에 따른 금지·중지청구에 관한 소송

제16조 (집행법상의 소)

「민사집행법」에 규정된 각종 소의 소가는 다음 각호에 규정된 가액 또는 기준에 의한다.

1. 가. 집행판결을 구하는 소에 있어서는 외국판결 또는 중재판정에서 인정된 권리의

가액의 2분의 1

나. 중재판정취소의 소에 있어서는 중재판정에서 인정된 권리의 가액

2. 집행문부여 또는 집행문부여에 대한 이의의 소에 있어서는 그 대상인 집행권원에서 인정된 권리의 가액의 10분의 1
3. 청구이의의 소에 있어서는 집행력 배제의 대상인 집행권원에서 인정된 권리의 가액
4. 제3자이의의 소에 있어서는 집행권원에서 인정된 권리의 가액을 한도로 한 원고의 권리의 가액
5. 삭제 〈2002.6.28. 제1773호〉
6. 배당이의의 소에 있어서는 배당증가액
7. 공유관계부인의 소에 있어서는 원고의 채권액을 한도로 한 목적물건 가액의 2분의 1

제17조 (행정소송)

행정소송의 소가는 다음 각호에 규정된 가액 또는 기준에 의한다.

1. 조세 기타 공법상의 금전·유가증권 또는 물건의 납부를 명한 처분의 무효확인 또는 취소를 구하는 소송에 있어서는, 그 청구가 인용됨으로써 원고가 납부의무를 면하게 되거나 환급받게 될 금전, 유가증권 또는 물건의 가액의 3분의 1. 다만, 그 금전·유가증권 또는 물건의 가액이 30억원을 초과하는 경우에는 이를 30억원으로 본다.
2. 체납처분취소의 소에 있어서는 체납처분의 근거가 된 세액을 한도로 한 목적물건의 가액의 3분의 1. 다만, 그 세액 또는 목적물건의 가액이 30억원을 초과하는 경우에는 이를 30억원으로 본다.
3. 금전지급청구의 소에 있어서는 청구금액
4. 제1호 내지 제3호에 규정된 것 이외의 소송은 비재산권을 목적으로 하는 소송으로 본다.

제17조의2 (특허소송)

특허법원의 전속관할에 속하는 소송의 소가는 재산권상의 소로서 그 소가를 산출할 수 없는 것으로 본다.

제18조 (무체재산권에 관한 소)

무체재산권에 관한 소중 금전의 지급이나 물건의 인도를 목적으로 하지 아니하는

소는 소가를 산출할 수 없는 소송으로 본다.

제 4 절 병합청구의 소가산정

제18조의2 (소가를 산출할 수 없는 재산권상의 소 등)

재산권상의 소로서 그 소가를 산출할 수 없는 것과 비재산권을 목적으로 하는 소송의 소가는 5천만 원으로 한다. 다만, 제15조제1항 내지 제3항, 제15조의2, 제17조의2, 제18조에 정한 소송의 소가는 1억 원으로 한다.

제18조의3 (시효중단을 위한 재판상 청구 확인소송)

판결로 확정된 채권의 소멸시효 중단을 위한 재판상의 청구가 있다는 점에 대하여만 확인을 구하는 소송을 제기한 경우 그 소가는 그 대상인 전소 판결에서 인정된 권리의 가액(이행소송으로 제기할 경우에 해당하는 소가)의 10분의 1로 한다. 다만, 그 권리의 가액이 3억원을 초과하는 경우에는 이를 3억원으로 본다.

[본조신설 2019. 1. 29.]

제19조 (합산의 원칙)

1개의 소로써 수개의 청구를 하는 경우에 그 수개의 청구의 경제적 이익이 독립한 별개의 것인 때에는 합산하여 소가를 산정한다.

제20조 (중복청구의 흡수)

1개의 소로써 주장하는 수개의 청구의 경제적 이익이 동일하거나 중복되는 때에는 중복되는 범위 내에서 흡수되고, 그중 가장 다액인 청구의 가액을 소가로 한다.

제21조 (수단인 청구의 흡수)

1개의 청구가 다른 청구의 수단에 지나지 않을 때에는, 특별한 규정이 있는 경우를 제외하고, 그 가액은 소가에 산입하지 아니한다. 다만, 수단인 청구의 가액이 주된 청구의 가액보다 다액인 경우에는 그 다액을 소가로 한다.

제22조 (비재산권상의 청구의 병합)

1개의 소로써 수개의 비재산권을 목적으로 하는 청구를 병합한 때에는 각 청구의 소가를 합산한다. 다만, 청구의 목적이 1개의 법률관계인 때에는 1개의 소로 본다.

제23조 (재산권상의 청구와 비재산권상의 청구의 병합)

① 법 제2조 제5항에 규정된 경우를 제외하고, 1개의 소로써 비재산권을 목적으로 하는

청구와 재산권을 목적으로 하는 청구를 병합한 때에는 각 청구의 소가를 합산한다.

② 수개의 비재산권을 목적으로 하는 청구와 그 원인된 사실로부터 생기는 재산권을 목적으로 하는 청구를 1개의 소로써 제기하는 때에는 제22조의 규정에 의한 소가와 재산권을 목적으로 하는 청구의 소가 중 다액을 소가로 한다.

제24조 (수개의 소장에 의한 소)

1개의 소로써 병합제기할 수 있는 청구를 수개의 소장으로 나누어 소를 제기하는 경우에는 각각 별도로 소가를 산정한다.

제 5 절 상소장에 첩부할 인지액의 산정

제25조 (원칙)

항소장 또는 상고장에 첩부할 인지액은 상소로써 불복하는 범위의 소가를 기준으로 하여 산정한다.

제26조 (부대상소)

제25조의 규정은 부대항소장 또는 부대상고장에 이를 준용한다. 다만, 반소의 제기 또는 소의 변경을 위한 부대항소장에 첩부할 인지액은 법 제4조 및 제5조의 규정에 의하여 산정한다.

제 3 장 현금, 신용카드등에 의한 인지납부

제27조 (현금납부의 범위)

① 소장등에 첩부하거나 보정하여야 할 인지액(이미 납부한 인지액이 있는 경우에는 그 합산액)이 1만원 이상인 때에는 그 인지의 첩부 또는 보정에 갈음하여 인지액 상당의 금액 전액을 현금으로 납부하여야 한다.

② 제1항의 규정에 해당하지 아니하는 경우에도 신청인등은 인지의 첩부에 갈음하여 인지액 상당의 금액을 현금으로 납부할 수 있다.

③ 법 제10조 및 제12조에 규정된 신청서 등의 경우에는 제1항 및 제2항을 적용하지 아니한다.

④ 시·군법원에 제출하는 소장에는 인지를 첩부하거나 인지액 상당의 금액을 현금 또는 신용카드등으로 납부할 수 있다. 다만, 소를 제기하는 경우에 소장에 붙여야 할 인지액이 10만원을 초과하는 화해, 지급명령 또는 조정신청 사건에 대하여 「민사소송법」 제388조, 제472조 또는 「민사조정법」 제36조에 따라 소의 제기가 있는 것으

로 보아 인지를 보정하는 경우에는 현금 또는 신용카드등으로 납부하여야 한다.

제28조 (수납기관)

제27조의 규정에 의한 인지액 상당의 금액의 현금납부는 송달료규칙 제3조제1항에 규정된 송달료수납은행(이하 "수납은행"이라 한다)에 하여야 한다.

제28조의2 (신용카드등에 의한 인지납부)

① 신청인등은 제27조에 따라 인지액 상당의 금액을 현금으로 납부할 수 있는 경우 이를 수납은행 또는 인지납부대행기관의 인터넷 홈페이지에서 인지납부대행기관을 통하여 신용카드등으로도 납부할 수 있다.

② 제1항의 "인지납부대행기관"이란 정보통신망을 이용하여 신용카드등에 의한 결제를 수행하는 기관으로서 인지납부대행기관으로 지정받은 자를 말한다.

③ 제1항에 따라 인지액 상당의 금액을 신용카드등으로 납부하는 경우에는 인지납부대행기관의 승인일을 인지납부일로 본다.

④ 인지납부대행기관은 신청인등으로부터 인지납부 대행용역의 대가로 납부대행수수료를 받을 수 있다. 납부대행수수료는 법원행정처장이 인지납부대행기관의 운영경비 등을 종합적으로 고려하여 승인한다.

⑤ 제4항의 납부대행수수료는「민사소송비용법」제9조에 따라 그 전액을 소송비용으로 본다.

제29조 (납부절차)

① 신청인등은 현금납부 또는 신용카드등에 의한 납부의 경우에는 대법원예규로 정하는 양식의 납부서, 영수증, 영수필확인서에 의하여 납부하고, 수납은행이나 인지납부대행기관은 그 중 영수증, 영수필확인서에 해당사항을 기입하여 신청인등에게 교부하여야 한다. 다만, 인터넷뱅킹을 이용하여 현금으로 납부하거나 인지납부대행기관의 인터넷 홈페이지에서 신용카드등으로 납부하는 때에는 수납은행이나 인지납부대행기관은 영수증, 영수필확인서의 해당사항을 기재한 정보를 인터넷으로 제공하여 신청인등이 출력할 수 있도록 하여야 한다.

② 신청인등은 제1항에 따라 수납은행이나 인지납부대행기관으로부터 교부받거나 출력한 영수필확인서를 소장등에 첨부하여 법원에 제출하여야 한다.

③ 접수담당 법원사무관등은 소장등에 첨부된 영수필확인서를 확인한 후 제2조제2항부터 제5항까지 및 제5조제2항에 따른 조치를 하고, 은행납부번호를 전산등록하여야 한다.

④ 第27조제4항 단서에 따라 인지액 상당의 금액을 현금으로 납부하거나 이를 신용카드등으로 납부한 경우에는 시·군법원의 접수담당 법원사무관등은 소장등에 첨부된 영수필확인서를 확인한 후 제2조제2항부터 제5항까지 및 제5조제2항에 따른 조치를 하고 기록을 관할법원에 송부하며, 관할법원의 접수담당 법원사무관은 기록 접수 시에 은행납부번호를 전산등록하여야 한다.
⑤ 인지액 상당의 금액을 현금으로 납부받은 수납은행과 인지납부대행기관은 지체 없이 「송달료규칙」 제3조 제4항에 규정된 송달료관리은행(이하 “관리은행”이라 한다)에 그 수납내역을 전송하여야 한다. 또한 수납은행은 매 영업일의 수납마감 후 지체 없이 인지액 상당 금액의 현금수납금을 법원별로 구분하여 한국은행의 국고대리점계정에 입금하고 수납일계표를 작성하여 관리은행에 송부하여야 하며, 인지납부대행기관은 매일의 수납내역을 법원별로 구분하여 한국은행에 전송하고 수납명세서를 작성하여 관리은행에 전송하여야 한다.
⑥ 관리은행은 매 영업일마다 제5항에 따라 수납은행과 인지납부대행기관으로부터 전송받은 송금내역에 근거하여 인지액 상당 금액의 납부자의 성명, 주민등록번호(법인인 경우에는 사업자등록번호), 사건번호를 알 수 있는 경우에는 사건번호, 사건명, 수납은행 또는 인지납부대행기관 및 납부금액을 기재한 인지액 상당 금액의 수납명세표를 지체 없이 관할법원의 수입징수관에게 전송하여야 한다.

제30조 (수입징수결정등)

① 수입징수관은 제29조제3항 및 제6항까지의 규정에 따라 송부받은 수납정보를 근거로 하여 수입징수결정을 하여야 한다.
② 제1항의 경우에, 수입징수결정의 근거로 되는 수납정보의 내용이 추후 정정되거나 오류가 있음을 발견한 때에는 수입징수관은 그 사실을 당해사건의 재판장에게 서면으로 통지하여야 한다.

제31조 (보고)

수입징수관은 별지 5와 같은 양식에 의하여 매월의 인지액 상당 금액의 현금 및 신용카드등에 의한 납부상황을 그 다음달 10일까지 법원행정처장에게 보고하여야 한다.

제32조 (과오납금의 반환)

① 신청인등이 소장등에 첨부한 인지가 소인되거나 인지액 상당의 금액을 현금이나 신용카드등으로 납부한 후 과오납금이 있음을 발견한 때에는 해당 법원의 수입징수관에게 그 반환을 청구할 수 있다. 다만, 신청인등이 소송등 인지의 납부서에 환급계

좌를 기재한 경우에는 반환청구가 있는 것으로 보아 해당 사건의 법원사무관등이 수입징수관에게 반환을 의뢰하여야 한다.

② 제1항의 청구는 서면으로 하여야 하고, 당해사건의 담당 법원사무관등이 과오납을 확인한 서면을 첨부하여야 한다.

③ 수입징수관은 제1항의 청구가 이유있을 때에는 당해 법원의 수입징수금에서 과오납금을 반환하는 결정을 하고, 이유없을 때에는 청구를 기각하는 결정을 하여야 한다.

④ 과오납금의 반환결정은 반환을 신청하거나 소송등 인지의 납부서에 환급계좌의 명의인으로 기재된 신청인등에게 서면이나 기타 적당한 방법으로 통지하여야 한다.

제33조 (환급청구절차등)

① 법 제14조제1항의 규정에 따른 환급청구는 서면으로 당해 법원의 수입징수관에게 하여야 한다. 다만, 신청인등이 소송등 인지의 납부서에 환급계좌를 기재한 경우에는 환급청구가 있는 것으로 보아 해당 사건의 법원사무관등이 수입징수관에게 환급을 의뢰하여야 한다.

② 제1항의 청구서에는 당해 사건의 담당 법원사무관등이 환급사유 및 환급금액을 확인한 서면을 첨부하여야 한다.

③ 「민사소송법」 제27조 제1항의 규정에 따른 합산이 이루어진 경우 수개의 청구 중 일부에 대하여 환급사유가 생긴 때에는 각 청구의 가액에 따라 안분한 후 환급사유가 있는 청구부분의 인지액에 해당하는 금액에서 환급금액을 계산한다.

④ 제32조제3항·제4항의 규정은 수입징수관이 법 제14조제1항의 규정에 따라 수입금을 환급하는 경우에 이를 준용한다.

제34조 (여럿이 신청인등이 소송등 인지를 공동으로 납부한 경우의 특례)

① 여럿의 신청인등이 소송ㅇ등 인지를 공동으로 납부한 경우에는 그 과오납금 반환 또는 환급도 공동으로 청구하여야 한다.

② 소송등 인지를 공동으로 납부한 여럿의 신청인등은 그 가운데서 모두를 위하여 제32조에 따른 과오납금 반환청구 또는 제33조에 따른 환급청구를 할 한사람(이하 "대표청구인"이라 한다)을 지정하여 신고할 수 있다.

③ 법원은 필요하다가 인정하면 소송 등 인지를 공동으로 납부한 여럿의 신청인등에 대하여 소장등을 제출할 때 대표청구인을 지정하여 신고할 것을 권고할 수 있다.

④ 제1항부터 제3항까지는 여럿의 신청인등 중 일부에게만 소송등 인지의 과오납금 반환사유 또는 환급사유가 있는 경우에도 적용한다.

제35조 (준용규정)

과오납금의 반환 및 인지액 환급절차 기타 수입징수관의 사무처리에 관하여는 이 규칙에 정한 것을 제외하고는 「국고금관리법 시행규칙」의 규정을 준용한다.

부 칙 〈2014.7.01. 제2541호〉

제1조 (시행일)

이 규칙은 2014년 10월 1일부터 시행한다.

제2조 (경과규정)

이 규칙은 규칙 시행 전에 법원에 접수된 사건에 대해서는 적용하지 아니한다.

부 칙 〈2015.6.29. 제2607호〉

제1조 (시행일)

이 규칙은 2015년 7월 1일부터 시행한다.

제2조 (계속사건에 관한 경과조치)

이 규칙은 규칙 시행 당시 법원에 계속 중인 사건에도 적용한다.

부 칙 〈2015.10.29. 제2624호〉

제1조 (시행일)

이 규칙은 2015년 12월 1일부터 시행한다.

부 칙 〈2019.1.29. 제2827호〉

이 규칙은 공포한 날부터 시행하되, 2018년 10월 18일 이후 제1심에 최초로 접수되는 사건부터 적용한다.

◐ 가사소송수수료규칙

[시행 2016. 7. 1] [일부개정 2016.2.19. 대법원규칙 제2639호]

제1조 (목적)

이 규칙은 가사소송법(이하 "법"이라 한다) 제5조의 규정에 의하여 가사사건에 있어서 당사자가 납부하여야 할 수수료의 범위와 액을 정함을 목적으로 한다.

제2조 (가사소송절차의 수수료)

① 가류 및 나류 가사소송사건의 소의 제기의 수수료는 1건당 20,000원으로 한다.

② 다류 가사소송사건의 소의 제기의 수수료는 민사소송등인지법 제2조의 규정에 따라 계산한 금액의 2분의 1로 한다.

③ 항소제기의 수수료는 사건의 종류에 따라 제1항 또는 제2항 규정액의 1.5배액으로 하고, 상고제기의 수수료는 그 2배액으로 한다.

④ 제1심에서의 반소제기의 수수료는 사건의 종류에 따라 제1항 또는 제2항 규정액으로 하고, 항소심에서의 반소제기의 수수료는 그 1.5배액으로 한다.

⑤ 재심청구의 수수료는 사건의 종류 및 심급에 따라 제1항, 제2항, 제3항 또는 제4항 규정액으로 한다.

제3조 (가사비송절차의 수수료)

① 라류 가사비송사건의 심판 청구의 수수료는 1건당 5,000원, 마류 가사비송사건의 심판청구의 수수료는 1건당 다음 각 호의 금액으로 한다.

1. 법 제2조제1항제2호 나목 4) 사건 : 민사소송 등 인지법 제2조를 준용하여 계산한 금액의 2분의 1
2. 법 제2조제1항제2호 나목 10) 사건 : 해당 심판 청구를 공유물분할청구의 소로 보아 민사소송 등 인지법 제2를 준용하여 계산한 금액
3. 제1호, 제2호 외의 사건 : 10,000원

② 항고 및 재항고 제기의 수수료는 사건의 종류에 따라 제1항 규정액의 배액으로 한다. 다만, 제1항 후단 제1호·제2호 사건에 관한 항고 제기의 수수료는 그 규정액의 1.5배액으로 한다.

③ 반대청구의 수수료는 사건의 종류에 따라 제1항 규정액으로 한다. 이 경우 반대청구가 본래의 청구와 그 목적이 동일한 같은 때에는 본래의 청구의 수수료를 뺀다.

④ 가사비송사건의 재판에 대한 준재심 청구의 수수료는 사건의 종류 및 심급에 따라

제1항, 제2항 또는 제3항 규정액으로 한다.

제4조 (그 밖의 신청의 수수료)

이 규칙에 규정된 것을 제외하고, 가사소송절차, 가사비송절차, 가사조정절차 및 가사신청절차에서 그 밖의 신청수수료의 범위와 액은 대법원예규로 정한다.

제5조 (병합청구의 수수료)

① 법 제14조 제1항의 규정에 의하여 수개의 가사소송청구 또는 가사소송청구와 가사비송청구를 병합청구하는 경우에는 수개의 청구 중 다액인 수수료에 의한다.

다만, 다류 가사소송청구와 법 제2조제1항제2호 나목 4)의 가사비송청구를 병합청구하는 경우에는 그 소송목적의 값과 청구목적의 값을 더한 금액에 관하여 1개의 다류 가사소송청구를 한 것으로 보아 제2조제2항에 따라 계산한다.

② 가사소송규칙 제20조의2의 규정에 의하여 수개의 가사비송청구를 병합청구하는 경우에는 수개의 청구의 수수료를 합산한다.

③ 가사비송청구의 개수를 정하는 기준은 다음 각 호와 같다.

1. 법 제2조제1항가목, 나목 내의 각 번호를 달리하는 청구는 수개의 청구로 본다.
2. 라류 가사비송청구 중 법 제2조제1항제2호가목의 1)부터 6), 9), 11)부터 24)의8은 사건본인마다, 31), 33)부터 38)은 피상속인마다, 30)은 기간연장의 대상이 되는 상속인마다, 32), 39)는 청구인마다, 40)은 검인의 대상이 되는 구수증서마다, 41)은 검인의 대상이 되는 유언서·녹음대마다, 42)는 봉인된 유언서마다, 43)부터 47)은 유언집행자마다, 48)은 부담 있는 유언마다 각 1개의 청구로 본다.
3. 마류 가사비송청구 중 법 제2조제1항제2호나목의 3), 5), 6), 7)은 사건본인마다, 8)은 부양권리자마다, 9)는 청구인마다 각 1개의 청구로 본다. 다만, 7)의 청구 중 부모 쌍방에 대한 청구는 2건으로 본다.

제6조 (조정절차의 수수료)

① 가사조정신청의 수수료는 5,000원으로 한다.

② 민사사건의 청구를 병합하여 조정신청하는 경우에는 그 민사상의 청구에 대하여 민사조정법 제5조제4항에 따른 수수료와 제1항 규정액 중 다액을 수수료로 한다.

③ 제1항 및 제2항에 규정된 것을 제외하고, 조정절차에 있어서의 기타 신청의 수수료에 관하여는 제4조의 규정을 준용한다.

④ 법 제49조 및 법 제60조의 규정에 의하여 준용되는 민사조정법 제36조의 규정에 의하여 조정신청을 한 때에 소의 제기 또는 심판의 청구가 있는 것으로 보는 경우에

는, 조정신청인은 소를 제기하거나 심판을 청구하는 경우에 납부하여야 할 수수료액으로부터 제1항 또는 제2항의 규정에 의하여 납부한 수수료액을 공제한 액의 수수료를 추가로 납부하여야 한다.

제7조 (수수료의 납부)

① 수수료는 수입인지로 납부하여야 한다. 다만, 법원은 따로 대법원규칙으로 정하는 바에 의하여 이를 현금이나 신용카드·직불카드 등으로 납부하게 할 수 있다.

② 이 규칙이 정한 수수료를 납부하지 아니한 신청은 부적법하다. 다만, 법원은 신청인에게 보정을 명할 수 있고, 신청인이 그 명령에 의하여 상당한 수수료를 납부한 때에는 그러하지 아니하다.

제8조 (전자소송에서의 특례)

① 민사소송 등에서의 전자문서 이용 등에 관한 법률 제8조에 따라 등록사용자로서 전산정보처리시스템을 이용한 민사소송 등의 진행에 동의한 자가 전자문서로 제출하는 소장, 항소장, 상고장, 반소장 및 재심소장에는 제2조에 따른 수수료의 10분의 9에 해당하는 수수료를 납부하여야 한다.

② 제1항은 제3조, 제5조 및 제6조의 경우에 준용한다.

부 칙 〈2015.07.28. 제2613호〉

제1조 (시행일)

이 규칙은 2015년 10월 16일부터 시행한다.

제2조 (경과규정)

이 규칙은 이 규칙 시행 전에 법원에 접수된 사건에 대하여 는 적용하지 아니한다.

부 칙 〈2016.02.19. 제2639호〉

제1조 (시행일)

이 규칙은 2016년 7월 1일부터 시행한다.

제2조 (경과규정)

이 규칙은 이 규칙 시행 전에 법원에 접수된 사건에 대하여 는 적용하지 아니한다.

◐ 재판기록 열람·복사 규칙

전부개정 2012.12.2.7 규칙 제2441호
개정 2018.12.4. [규칙 제2810호, 시행 2019.1.1.]

제1조【목적】

이 규칙은 재판기록의 열람·복사, 재판서·조서의 정본·등본·초본 및 사건에 관한 사항의 증명서의 교부, 집행문 부여에 대한 수수료와 열람·복사의 방법 및 절차 등에 필요한 사항을 규정함을 목적으로 한다.

제2조【용어의 정의】

이 규칙에서 사용하는 용어의 정의는 다음과 같다.

1. “재판”이라 함은 민사소송법, 민사집행법, 민사조정법, 형사소송법, 가사소송법, 행정소송법, 비송사건절차법 및 그 밖의 다른 법령에 의한 법원의 재판을 말한다.
2. “재판기록”이라 함은 재판사무 등에 관한 문서와 기록, 증거물 기타 관계 서류(도면, 사진, 슬라이드, 필름, 테이프, 디스크, 전자파일 등의 특수매체기록을 포함한다)를 말한다.
3. “법원사무관 등”이란 법원서기관·법원사무관·법원주사 또는 법원주사보를 말한다.
4. “비실명 처리”란 재판기록에 나타난 정보 중에서 그대로 공개될 경우 개인의 사생활이 침해될 수 있는 사항에 관하여 비실명으로 표시되거나 그 밖의 적절한 방법으로 제3자가 인식하지 못하도록 하는 것을 말한다.
5. “개인정보”란 「개인정보 보호법」 제2조제1호의 개인정보를 말한다.

제3조【적용범위】

재판기록의 열람·복사, 재판서·조서의 정본·등본·초본 및 사건에 관한 사항의 증명서의 교부, 집행문 부여에 관하여는 다른 법령에 특별한 규정이 있는 경우를 제외하고는 이 규칙이 정하는 바에 의한다.

제4조【수수료】

① 재판기록의 열람·복사, 재판서·조서의 정본·등본·초본 및 사건에 관한 사항의 증명서의 교부, 집행문 부여를 신청인이 납부하여야 할 수수료의 금액은 다음 각 호와 같다. 다만, 「민사소송 등에서의 전자문서 이용 등에 관한 규칙」 제2조제2호에 정한 전자소송홈페이지를 통해 증명서를 자동 발급하는 경우의 수수료는 무료로

한다.

1. 기록의 열람·복사의 경우 1건마다 500원(이 경우 복사가 열람과 동시에 또는 열람 후 즉시 이루어지는 때에는 1건의 복사로 본다)
2. 재판서·조서의 정본·등본·초본의 교부의 경우 1건마다 1,000원
3. 사건에 관한 증명서의 교부의 경우 1건마다 500원
4. 집행문 부여의 경우 1통마다 500원(다만, 재판서 정본도 교부하는 때에는 제2호에 규정된 수수료를 따로 납부하여야 한다)

② 「민사소송법」 제162조제2항에 따라 확정된 소송기록의 열람을 신청할 경우 신청인이 납부하여야 할 수수료는 1건마다 1,000원이다.

③ 「형사소송법」 제59조의3에 따라 법원에서 형사 판결서 등의 열람 및 복사를 신청할 경우 신청인이 납부하여야 할 수수료는 교부받은 종이로 된 복사물 1장마다 50원으로 한다. 다만 법원 인터넷 홈페이지를 통하여 열람 및 출력하는 경우 신청인이 납부하여야 할 수수료는 1건마다 1,000원으로 한다.

④ 수수료는 수입인지로 납부하고, 100원 단위 미만 금액은 계산하지 아니한다.

⑤ 사건의 당사자 및 그 법정대리인, 소송대리인, 변호인, 보조인 등이 그 사건의 계속 중에 재판기록의 열람·복사를 하는 때에는 제1항제1호에 규정된 수수료를 납부하지 아니한다.

제5조【특수매체기록 수수료】

① 재판기록 중 슬라이드, 필름, 테이프, 디스크, 전자파일 등의 특수매체기록에 대한 열람(청취, 시청을 포함한다)·복사(복제, 인화를 포함한다. 이하 같다)를 신청하는 사람이 납부하여야 할 수수료의 금액은 별표 1과 같다.

② 조서의 일부인 녹음물, 영상녹화물, 속기록 전자파일, 녹취서 전자파일의 열람·복사를 신청하는 사람이 납부하여야 할 수수료의 금액은 별표 2와 같다.

③ 제1항과 제2항의 경우 사건의 당사자 및 그 법정대리인, 소송대리인, 변호인, 보조인 등이 그 사건의 계속 중에 열람을 하는 때에는 수수료(복사하는 경우에는 제4조제1항 제1호에 규정된 수수료 포함)를 납부하지 아니한다.

제6조【복사의 방식 등】

① 재판기록 복사 신청인은 법원이 지정한 장소에서 재판기록을 스스로 필사하거나 복사 신청인의 설비(복사기, 스캐너, 사진기 등을 말한다. 이하 같다)를 이용하여 복사할 수 있다.

② 재판기록 복사 신청인은 필요한 부분을 특정하여 법원의 복사기 등 법원설비를

이용한 복사물의 교부를 신청할 수 있다. 이 경우에는 제4조제1항제1호에 규정된 수수료를 납부하는 외에 교부받은 종이로 된 복사물 1장마다 50원의 수수료를 납부하여야 한다. 다만, 교부받은 복사물이 법원설비를 이용하여 재판기록을 스캔한 전자파일인 경우에는 별표 1에서 정한 수수료를 납부하여야 한다.

③ 제1항의 경우에 소송대리인 또는 변호인[변호사, 법무법인, 법무법인(유한) 또는 법무조합에 한한다. 이하 같다]은 변호사단체가 법원 또는 그 지원의 장의 허가를 얻어 법원 안에 설치한 복사기 등의 설비를 이용하여 복사할 수 있다.

제7조【열람·복사의 절차 등】

① 소송대리인 또는 변호인은 그 사용인, 사무원, 그 밖의 사람(이하"사용인 등"이라 한다)으로 하여금 재판기록의 열람·복사를 하게 할 수 있다. 다만, 재판장이 이를 금지하는 경우에는 그러하지 아니하다.

② 재판장은 사건이 계속 중인 재판기록의 열람·복사에 관하여 그 일시, 장소, 대상 및 방법 등을 지정할 수 있다.

③ 재판장은 피해자, 증인 등 사건관계인의 생명 또는 신체의 안전을 현저히 해칠 우려가 있는 경우 법원사무관 등에게 형사소송법 제35조제3항에 따른 개인정보 보호조치를 명할 수 있다. 이 경우에 법원사무관 등은 재판기록에 대하여 사건관계인의 개인정보 보호를 위한 비실명 처리를 하여야 한다.

④ 재판기록을 열람하거나 제6조제1항 또는 제3항에 따라 재판기록을 복사하는 경우 신청인 또는 그 사용인 등(이하 "신청인 등"이라 한다)은 다음 각 호의 사항을 준수하여야 한다.

1. 제2항에 따라 재판장이 지정한 사항
2. 법원이 특히 정하는 사항
3. 재판기록을 필사의 방법으로 복사할 때에는 재판기록에 가필을 하는 등 변경을 가하지 말 것
4. 재판기록이 멸실, 손상 또는 변질되지 아니하도록 주의할 것
5. 제3항에 따라 비실명 처리된 재판기록의 비실명 조치를 훼손하거나 그 밖의 부정한 수단이나 방법으로 개인정보를 취득하지 말 것

⑤ 열람·복사 담당 법원공무원은 신청인 등이 제4항 각 호의 사항을 위반한 경우, 그 밖에 사고가 발생하거나 발생할 염려가 있는 경우에는 열람·복사의 중지, 제한 그 밖의 적절한 조치를 취할 수 있다.

⑥ 제5항의 열람·복사 담당 법원공무원의 처분에 관한 이의신청에 대하여는 그 법원

공무원이 속한 법원이 결정으로 재판한다.

부 칙(2016.10.04 제2683호)

제1조【시행일】

이 규칙은 공포한 날부터 시행하되, 2016년 10월 1일부터 적용한다.

제2조【경과규정】

이 규칙은 이 규칙 시행 당시 법원에 계속 중인 사건에도 적용한다. 다만, 이 규칙 시행 전에 종전의 규정에 따라 행한 행위의 효력에는 영향을 미치지 아니한다.

제3조【다른 규칙과의 관계】

이 규칙 시행 당시 다른 법령에서 종전의 규칙 또는 그 규정을 인용하고 있는 경우 이 규칙 중 그에 해당하는 규정이 있는 때에는 종전의 규정에 갈음하여 이 규칙 또는 이 규칙의 해당 조항을 인용한 것으로 본다.

부 칙(2016.11.29. 제2695호)

이 규칙은 공포한 날부터 시행하되, 2016년 11월 21일부터 적용한다.

부 칙(2018.12.04. 제2810호)

제1조【시행일】

이 규칙은 2019년 1월 1일부터 시행한다.

제2조【경과조치】

이 규칙 시행 전 접수된 판결문 열람 및 복사 신처에 대하여는 종전 규정을 적용한다.

제3장 예 규

제정 2003. 04. 7. 재판예규 제889호(재민 2003-1)

◐ 부대청구가 있는 금전지급청구소송에 있어서의 소송목적의 값 산정요령

제1조 [목적]

이 예규는 금전지급청구소송에서 있어서 민사소송법 제27조 제2항에 의하여 소송목적의 값에 넣지 아니하는 부대청구(소송의 부대목적이 되는 과실·손해배상·위약금 또는 비용의 청구)와 관련하여 소송목적의 값을 산정하는 사무처리요령을 정함을 목적으로 한다.

제2조 [부대청구의 범위]

① 다음 각 호의 청구가 금전지급청구소송의 부대목적이 되는 경우에는 부대청구에 해당한다.

1. 이자
2. 약정 지연손해금
3. 법정 지연손해금(민법, 상법, 어음법, 수표법, 소송촉진등에관한특례법 등에서 정한 법정이율을 적용한 청구)
4. 제1호 내지 제3호와 유사한 내용의 금전지급청구

② 다음 각 호의 청구는 부대청구에 해당되지 아니한다.

1. 채권의 보전 또는 실행을 위한 법적 절차비용
2. 신용보증기금법 제33조의 규정에 의한 보증료 및 제34조의 규정에 의한 위약금
3. 기술신용보증기금법 제33조의 규정에 의한 보증료 및 제33조2의 규정에 의한 수수료
4. 시설대여업자(리스회사)와의 약정에 따른 규정손해금
5. 제1호 내지 제4호와 유사한 내용의 금전지급청구

제3조 [소송목적의 값 산정요령]

① 청구취지에서 특정된 금액에 부대청구가 포함되어 있지 아니한 경우에는 그 특정된 금액을 소송목적의 값으로 한다.

② 청구취지에서 특정된 금액에 부대청구가 포함되어 있는 경우에는 위 특정된 금액에서 부대청구에 해당하는 금액을 공제한 나머지 금액을 소송목적의 값으로 한다.

③ 제2조 제1항 각호의 청구가 독립하여 이루어진 경우에는 그 청구금액을 그 소송목적의 값으로 한다.

제4조 [구체적인 산정례]

제3조의 규정에 의하여 소송목적의 값을 산정하는 구체적인 산정례는 아래와 같다.

[예시 1]

원금이 2,000만원, 지연손해금(1999. 1. 1.부터 2002. 12. 31.까지 발생)이 500만원인 경우 청구취지가 다음 중 하나의 방식으로 기재되어 있더라도 소송목적의 값은 모두 2,000만원으로 산정함

① 2,000만원 및 이에 대한 1999. 1. 1.부터 다 갚을 때까지의 지연손해금

② 2,500원(2,000+500) 및 이 중 2,000만원에 대한 2003. 1. 1.부터 다 갚을 때까지의 지연손해금

[예시 2]

대위변제금 2,000만원, 위약금(신용보증기금법상) 40만원, 채권보전비용 60만원, 지연손해금 (2002. 12. 31.까지 발생분)이 500만원인 경우, 청구취지가 다음 중 어느 하나의 방식으로 기재되어 있더라도 소송목적의 값은 모두 2,100만원으로 산정함

① 2,100만원(2,000+40+60) 및 이 중 2,000만원에 대한 1999. 1. 1.부터 다 갚을 때까지의 지연손해금

② 2,600만원(2,000+40+60+500) 및 이 중 2,000만원에 대한 2003. 1. 1.부터 다 갚을 때까지의 지연손해금

[예시 3]

원금 잔액 500만원(2,000만원 중 1,500만원은 2002. 12. 31. 변제완료), 이미 변제한 1,500만원에 대하여 1999. 1. 1.부터 2002. 12. 31.까지 발생한 지연손해금 300만원, 원금 잔액 500만원에 대하여 1999. 1. 1.부터 2002. 12. 31.까지 발생한 지연손해금이 100만원인 경우, 위 300만원의 지연손해금 청구부분은 부대청구가 아니므로, 청구취지가 다음 중 어느 하나의 방식으로 기재되어 있더라도 소송목적의 값은 모두

800만원으로 한정함

① 800만원 및 이 중 500만원에 대한 1999. 1. 1.부터 다 갚을 때까지의 지연손해금

② 900만원 및 이 중 500만원에 대한 2003. 1. 1.부터 다 갚을 때까지의 지연손해금

부 칙

이 예규는 2003. 4. 11.부터 시행한다.

판례색인

사항색인

ㄴ

ㄷ

ㅁ

ㅇ

ㅈ

ㅎ

편 저 약 력

■ 김 덕 원(이메일 kdb9004@naver.com)

- 광주지방법원 완도등기소 근무
- 광주지방법원 해남지원 근무
- 법무사 유재룡사무소 외 사무장(11년)
- 법률사무소 율산 사무장
- 변호사 이철원 법률사무소 사무장
- 법무법인 빛고을 종합법률사무소(해남) 사무장

[주요논저]

- 금융기관 민사사건 실무(법률미디어)
- 유형별로 본 답변서·준비서면 총서(진원사)
- 소가·인지산정 사례집(진원사)
- 계약서·내용증명·고소(발)장(진원사)
- 청구·신청취지 작성방법(진원사)
- 가사소송 서식대전(진원사)
- 신 민사집행 서식대전 [1], [2](진원사)
- 신 행정소송 서식대전(진원사)
- 주택·상가건물임대차보호법(진원사)
- 유형별 소장의 정리(진원사)
- 신 형사소송 서식총람(진원사)
- 종합법률실무핸드북(진원사)
- 행정소송과 행정심판(진원사)
- 법인등기실무총람(진원사)
- 신 종합법률 실무대전 Ⅰ·Ⅱ·Ⅲ(진원사)
- 알기 쉽게 풀이한 주택·상가건물임대차보호법(진원사)
- 법률실무가를 위한 공탁법 실무(진원사)
- 법률실무가를 위한 가압류·가처분 실무(진원사)
- 부동산등기실무총람(진원사)
- 민사소송 & 전자소송(진원사)

■ 이 창 희

- 법원공채 7기
- 청주지방법원 영동지원
- 서울지방법원 등기소 각 근무
- 1998년 11월 법무사 개업
  현) 법무사

[주요논저]

- 법인등기실무총람(진원사)
- 부동산등기실무총람(진원사)
- 민사소송 & 전자소송(진원사)

[제3판] **소가·인지산정 사례집**

저　　자	김덕원 / 이창희 공편	2010년 10월 22일 초 판 발행
발 행 인	양 진 수	2012년 9월 28일 개정판 발행
발 행 처	진 원 사	2019년 6월 24일 제 3 판 인쇄
		2019년 7월 8일 제 3 판 발행

서울시 송파구 법원로 9길 26, C동 1107호 (문정동, H비즈니스파크)
전화 : 02) 916-1850 / 팩스 : 02) 916-3442
신고번호 제2018 - 000026호
http://www.jinwonsa.co.kr
http://www.lawbookstore.co.kr
e-mail : hhansin@hanmail.net

ISBN : 978-89-6346-555-5 93360 **정가 60,000원**